ספר הלכות נדה
Halachos of
Niddah

טור ושלחן ערוך יו״ד

הלכות נדה

ס׳ קצ״ה

Rabbi Shimon D. Eider

ספר הלכות נדה

Halachos of Niddah

FELDHEIM PUBLISHERS

Jerusalem / New York

FELDHEIM PUBLISHERS
200 Airport Executive Park
Nanuet NY 10954

POB 35002 Jerusalem, Israel

Distributed in Europe by
J. Lehmann
20 Cambridge Terrace
Gateshead Co.Durham
England NE 81 RP

Typography by
Simcha Graphics Associates
Brooklyn, New York

Printed in Israel

לעילוי נשמת

האשה הכבודה רבת החסד

מרת ציפא שרה בת ר׳ יצחק אייזיק ע״ה

טננבוים

נפטרה י״ט תמוז תש״ו

תנצב״ה

This sefer is dedicated

In everlasting memory of

my beloved mother

Mrs. Chippa Sura Tanenbaum ע״ה

A woman of valour in Israel

Dedicated by her loving son

Joseph Tanenbaum

Toronto, Canada

ספר הלכות נדה
HALACHOS OF NIDDAH
TABLE OF CONTENTS

הסכמת מרן הגאון מוהר"ר יעקב קאמענצקי שליט"א
ר"מ תורה ודעת

יעקב קאמענצקי

מאנסי, נוא יארק

RABBI J. KAMENTZKY

38 SADDLE RIVER RD.

MONSEY, NEW YORK 10952

אל כבוד הרב הגאון הנעלה איש האשכולות כש"ת מהור"ר שמעון דוד איידער שליט"א שלו' וברכה וכט"ס.

שמחתי מאד בראותי כי כב' עומד להוציא לאור את החלק הראשון מספר מקיף על הלכות טהרת המשפחה בשפה המדוברת, שיביא לפני קהל הקוראים את כל הדינים הנחוצים להם מסודרים בטוב טעם ודעת ובלשון צח ובהיר. הנהו עושה דבר חשוב מאד במפעלו זה כי ההלכות מסובכות ולדאבוננו הטעות וחסרון הידיעה מצויים מאד אפילו בין חוגי הלומדים ורבנים הצעירים עד שספרו יהי' לתועלת גדולה גם להם. והנני לברכו שיזכה לברך על המוגמר ויהי' ספרו זה חולי' נוספת בשלשלת החבורים החשובים שבהם כב' מזכה את הרבים, למען הרמת קרן התורה וישרא'.

החותם בידידות נאמנה, ביום א' כ"ו סיון תשמ"א,

יעקב קמנצקי

פתיחה

יתברך הבורא ויוצא הכל ששם חלקי מיושבי בית המדרש ושהחייני וקיימני לסדר ולהוציא לאור עולם חלק ראשון **מספר הלכות נדה**.

לא נאריך כאן בדברי הקדמה, מכיון שביארנו באריכות בהקדמה באנגלית כוונתינו בו ומטרתו, ובהקדמה הכללית לספר הלכות שבת ביארנו הצורך והתכלית לחיבורנו, והדרך שנכתב ואופן לימודו משתייך גם כאן, והקורא הנכבד מתבקש לעיין שמה. וגם לא חזרנו והדפסנו הסכמות שזכינו לקבלם מגדולי ישראל על הספרים הקודמים שכבר נדפסים בספר הלכות שבת ח״א וספר הלכות עירובין, ורק אנו מדפיסים ההסכמה שזכינו לקבלו לספר הנוכחי ממרן הגאון מוהר״ר יעקב קאמענצקי שליט״א ר״מ תורה ודעת.

כבר מלתינו אמורה בהקדמה הכללית לספר הלכות שבת והננו חוזרים ומגידים „שאין מטרת ספר זה לפסוק הלכות — כי אם ללקטם, להסבירם, ולסדרם באופן שנקל ללמדם. וחלילה לי לאמר קבלו דעתנו והכרעתנו. ולכן במקום שיש ספק או פקפוק במה שכתבנו, ובפרט אם מנהג קהילה או עיר שונה ממה שכתבנו, וכן במקרה ששונה קצת מהציור או המשל שהבאנו בפנים [דהלא ידוע שבהלכות אלו בהבדל קל עלולה להתהפך ההלכה לאיסור או להיתר] ישאלו את פי מורה הוראה, ויסמכו על דעתו״.

ובקשתי שטוחה לפני הקוראים שמי שיש לו הערה או תיקון או הוספה להודיע לי ואהיה לו אסיר תודה, ואם יזכני הבורא להוציא מהדורא שניה אתקננו שם.

חיבה יתירה נודעת לספר זה שנתברר ונתלבן בדיבוק חברים, שומעי לקחי בביהכ״נ בני יוסף בברוקלין בשיעור הנוסד ע״י צעירי אגודת ישראל באמריקה וביחוד בלימוד בחבורה בבית מדרש גבוה בלייקוואוד.

מקום אתי פה להביע תודתי העמוקה לבעלי בית הדפוס „שמחה גראפיק״ כבוד האדונים התורניים ר׳ נחום קארנפעלד נ״י ור׳ אברהם וואלצער נ״י בעד התמסרותם ופעולתם הנמרצה וסבלותם המרובה והצליחו בחסדי ה׳ להוציא ספר מהודר דבר נאה ומתקבל. ישלם ה׳ משכורתם כפולה מן השמים.

ברכה ותודה לכבוד הרב ר׳ מרדכי טענדלער שליט״א נכד מרן הגאון רשכבה״ג מוהר״ר משה פיינשטיין שליט״א בעד עזרתו הפוריה להמציא לי תשובותיו של מרן שליט״א הנוגעים לעניני הספר הנוכחי.

מחוייב אני בזה לברך על הטובה, על אשר זיכני ה׳ יתברך להיות אף מקטני התלמידים שזכו להסתופף בצלו ולהתאבק באפר רגליו של הרב הדומה למלאך ה׳ צבקות רבן של ישראל וקברניטו של הדור רשכבה״ג הרה״ג מוהר״ר אהרן קוטלר זצוק״ל זי״ע ראש ישיבת עץ חיים בקלעצק ובית מדרש גבוה בלייקוואוד. והבעת תודה לבנו ממלא מקומו הרה״ג הגדול מוהר״ר יוסף חיים שניאור שליט״א שעזרתו והמרצתו איפשרו לי להתמסר לעבודה זו. ובכלל לחבורת החכמים חברי **בית מדרש גבוה** בלייקוואוד, שיצרו אוירת התורה שגדלתי בתוכה. כן אני מחוייב להכיר תודה לכמה ידידים נאמנים שעברו על חלקים מסויימים של הספר ושיפרו אותו בכמה הערות והצעות נכונות.

אביע בזה תודתי וברכתי לכבוד אמי מורתי מרת ברכה שתחי׳ שעזרה וסעדה אותי למען אוכל לישב באהלה של תורה ולהרביץ תורה ברבים. יעזור השי״ת שתזכה לרוות רוב נחת מתוך הרחבה מיוצאי חלציה ומזרעם וזרע זרעם ושתזכה לאריכות ימים ושנים טובים מתוך בריאות הגוף עד ביאת משיח צדקנו בב״א.

ותפלתי ליוצרי לסייעני לברך על המוגמר בהשלמת כל הלכות נדה. ויזכני להתחיל ספרים אחרים ולסייעם ללמוד וללמד לשמור ולעשות ולקיים. ושלא אכשל בדבר הלכה ושאזכה לאסוקי שמעתתא אליבא דהלכתא לאמיתה של תורה. ויה״ר **שספר הלכות נדה** יעלה על שלחן מלכים — מאן מלכי רבנן, ושיתרבה על ידו לימוד הלכות נדה ושמירתה כראוי, ושאזכה להיות ממזכי הרבים. וזכות שמירת טהרת המשפחה יעמוד לי עם זוגתי נות ביתי מנשים באוהל תבורך מרת שפרה שתחי׳ ולזרעינו, ונזכה לראות כל יוצאי חלצינו עוסקים בתורה ובמצוות לשמה מתוך נחת והרחבה, ושלא תמוש התורה מפינו ומפי זרעינו עד עולם, ויקויים בנו מאמר ר׳ פנחס בן יאיר „טהרה מביאה לידי קדושה״ ושנזכה לקבל פני משיח צדקינו במהרה בימינו אכי״ר.

לייקוואוד, נ. דז.

תשרי תשמ״ב

ש.ד.א.

כללים אחדים ב„הערות ומראה מקומות"

א) ייחסנו את הפירושים ומקורי הדינים בדרך כלל אחרי אחרוני הפוסקים [כגון חכ"א, הגר"ז, קש"ע, ערה"ש, פת"ת וכד'] שמהם לוקחו, אף שמפורשים כבר בגמ' או בראשונים, כדי להראות שנתקבל אצל הפוסקים לדינא.

ביאור הנמצא בין במפרשי הש"ס בין בספרי הפוסקים הובא מקורו על הרוב על שם הפוסקים.

הבאנו בדרך כלל המקורות על שם פוסקים הנ"ל וכד' בתורת בתראה, אף שכבר נמצא בפוסק קדום כגון הש"ך או שארי אחרונים.

כשענין מסויים נמצא בין ברמב"ם בין בתוס' וכד' ושניהם לדינא אז במקרה שלא הבאנו לשון שניהם, העתקנו בדרך כלל לשון הרמב"ם היותר נקל ומסודר. וכן פירוש המובא במאירי ועוד ראשונים העתקנו בדרך כלל לשון המאירי מטעם הנ"ל.

ב) כיון שאין תכלית החיבור הנוכחי להערות, קצרנו בהם בכל האפשר, ולהרבה דברים מועילים הסתפקנו ברמיזה. כמו כן, אף שלא חסרנו מקור כמעט לשום דבר, לא הבאנו כולם, אך מקצתם. המקורות שכן הבאנו, יספיקו בדרך כלל לפתוח פתח למי שרוצה לחפש יותר ולהרחיב העיון. לדבר פשוט ומוסכם ציינו אחת או שתי מקורות, לדברים מחודשים ולדברים שיש בהם שאלות אצל הפוסקים הרבינו מקורות וראיות. לדברים שכתבנו מדעתינו הקדמנו מלת „נראה" וכו'.

כשמציינים אנו שתי אותיות תכופות בהפסק שתי נקודות, כמו למשל ב:ג וכד' אזי האות הראשון מורה על המדור הכללי שבמקור, והאות השני על המדור הפרטי. דרך משל, פרק ב' פסוק ג' (בפסוקי תנ"ך), או כלל ב' סימן ג' (בחכמת אדם), או סימן ב' אות ג' (באג"מ) וכד'.

ג) לפעמים הצגנו המראה מקום בתחלת הענין או בסופו, ולא חזרנו להעתיקו אצל כל פרט ופרט בהמשך הענין.

ד) כשהבאנו שם הפוסק וכד' לבד, בלי תוספת, אזי הדין מפורש בדבריהם. כשהקדמנו ציון „עיין" (ע') או „על פי" (ע"פ) כגון „ע' חכ"א" או „ע"פ הרמ"א" — הכוונה שאין הדין נמצא מפורש בפנים באותה צורה, אלא שכתבתיו על פי דעתו או ששניתי מהמקור למען תוספת ביאור או ייחוס הדין לעובדא מעשיית. ולפעמים הוא בא כדי להעיר לקורא לעיין יותר בענין בעצמו. הערה: לפעמים ה„וע'" מורה על שיטה מחולקת.

ה) לפעמים יצאנו בהערות מענין לענין באותו ענין, ובמקומות אלו בדרך כלל סימנתי ע"י הדפסת אותיות יותר גדולות בתחלת הענין.

ו) „חי' הר"ן" הם חידושים המיוחסים לר"ן. „הר"ן" סתם הוא הר"ן שסביבות הרי"ף.

ז) ספר מעדני מלך (מע"מ) הובא באחרונים הוא ספר דברי חמודות על הרא"ש, ונשתנה השם משום סיבה ידועה.

ח) העט"ז הובא בנו"כ דשו"ע ובאחרונים, הוא פי' הלבוש על עניני יורה דעה.

ט) כשהוספנו דברי ביאור ובירור באמצע דברי ראשון או פוסק כתבנו בסימן { } להורות שזה מדברינו ולא מדברי הספר.

PREFACE

„זכאין אינון ישראל, דאע״ג דהוו בגלותא דמצרים אסתמרו מכל הני תלתא: מנדה,
ומבת אל נכר, ומקטול זרעא, ואשתדלו בפרהסיא בפריה ורביה וכו׳. מנדה, דתני רבי
חייא מאי דכתיב ויעש את הכיור נחשת ואת כנו נחשת במראות הצובאות. מפני מה זכו
נשין להאי? בגין דאסתמרו גרמייהו בגלותא דמצרים, דלבתר דאתדכיין הוו אתיין
מתקשטן ומסתכלן במראה בבעליהון ומעוררן לון בפריה ורביה״ (זהר פ׳ שמות).

"Worthy is Israel, for, although they were in exile in Egypt, they
guarded themselves from these three: the Niddah, the non-
Jewess, and the killing of the fetus; and they endeavored un-
ceasingly to procreate" (*Zohar, Shemos*).

The *Zohar* explains "They guarded themselves from the *Nid-
dah* as Rabbi Chiya taught: 'What is the meaning of the *posuk*
"and he made the כיור (the laver used in the *Mishkan*, the Taber-
nacle) of copper and its base of copper from the mirrors of the
gathered women?" Why were the women deemed worthy of this?
Because they guarded themselves while they were exiled in Egypt.
For after they purified themselves, they would adorn themselves
and gaze in the mirror together with their husbands, thereby
stimulating them to fulfill the mitzvah of procreation'" (ibid.).

I. The Niddah Laws—Reservoir of Purity

MOSHE WAS RELUCTANT
TO ACCEPT THE MIRRORS

When the time came to construct the *Mishkan* in the desert, a
call was issued to the people to donate their valuables for this holy
task. The Jewish women, upon hearing this call, gathered en
masse, in order to have the privilege of contributing their most
prized possessions, their copper mirrors. Our sages tell us that
Moshe was reluctant at first to accept the mirrors, since, he
assumed that their function was primarily to satisfy their *Yetzer
Horah* (evil inclination). Hashem, however, instructed him to
accept them. Hashem told Moshe, "these gifts are more precious
to Me than the rest; because through these, Jewish women were
able to produce great multitudes in Egypt" (*Medrash Tanchuma*).

HOW FINE THE DIVISION
CAN BE BETWEEN HOLINESS
AND THE PROFANE

The marital act when performed with adherence to the Nid-
dah laws and with the proper intentions, can elevate man and wife
to the highest levels of *kedusha*, holiness. Therefore, even the
medium responsible for its stimulation is appropriate for use in
the Sanctuary. Yet, this very same act, when performed irrespon-
sibly, with a prohibited mate, or without proper observance of the
laws of family purity, lowers the participants to the level of ani-
mals. It is interesting to note that the word קדושה and the word

קדשה (a harlot) share the same grammatical root. This indicates how fine the division between holiness and the profane can be.

The כיור expresses this contrast vividly

How appropriate then that the כיור was constructed from the mirrors of women, for this contrast is vividly expressed in the כיור. The כיור, on the one hand, is the symbol of purity, it is the medium for sanctity; the *Kohanim* would purify themselves by washing their hands and feet from its waters before beginning any service in the *Mishkan*. Yet, it was also the source of the water used to determine the guilt of the *Sotah*—a woman suspected of adultery.

Jewish History is replete with countless incidents of self-sacrifice

The full extent of the trials and tribulations endured by Jewish women in Egypt in their observance of the laws of Niddah is not fully revealed to us. However, Jewish history is replete with countless incidents of *mesiras nefesh* (self-sacrifice) and *kiddush Hashem* (sanctification of G-d's name), by thousands of men and women who guarded meticulously these sacred laws—which are the very foundation of our faith, reservoir of purity for future generations, and source of our continuing survival and sanctity as the people of G-d.

II. Importance of Learning Hilchos Niddah

One cannot observe Hilchos Niddah properly without a diligent study of its laws

Proper observance of Hilchos Niddah—as with other areas of Halacha—is contingent upon the knowledge of its laws. One who has not studied all of Hilchos Niddah thoroughly and diligently, cannot avoid its violation. A mere perfunctory study may even contribute to the inadvertent violation of its laws. One may erroneously assume that something is permissible, yet because of the complexity of these halachos and the fine distinctions between seemingly similar cases, one may actually be committing a major transgression.

For example, a woman may be aware of the requirement for a הפסק טהרה examination (the examination performed before beginning the Seven Clean Days, see Chapter III), but she may assume, erroneously, that by merely washing herself or examining herself externally she has observed this requirement properly. Yet without a proper and thorough הפסק טהרה examination the purification process cannot begin, and she remains completely in her state of *Niddus*.

We have heard of instances of women who assumed that the day the הפסק טהרה is performed is counted as the first day of the

Seven Clean Days. This is a serious mistake, since she will end up immersing before the completion of the Seven Clean Days (see Chapter III A 2).

The author has heard of women assuming that a הפסק טהרה is required only if one experienced bleeding that day. This is, of course, incorrect. *Every* woman who has experienced bleeding—regardless of whether it occurred on *that* day or on a previous day, is required to perform a הפסק טהרה examination before beginning the Seven Clean Days.

ERRORS CAN COME FROM A
MERE PERFUNCTORY STUDY
WITHOUT COMPREHEND-
ING ITS CONCEPTS

We have heard of women confusing the Five Day Waiting Period with the Seven Clean Days. Instead of the Five Day Waiting Period followed by the Seven Clean Days, they erroneously waited seven days and then counted only five clean days.

These and comparable errors arise from a mere perfunctory study of the laws, without comprehending its concepts.

III. Why The Confusion In Hilchos Niddah?

Many excellent *seforim* and pamphlets have been published in various languages, summarizing Hilchos Niddah—geared to both men and women. In many communities, there are *shiurim* in these halachos—for both men and women. Why, then, is this confusion still prevalent? The author believes that there are numerous causes for this confusion.

HILCHOS NIDDAH IS
RELEGATED TO THE PRI-
VACY OF THE HOME

Hilchos Niddah—unlike other areas of Halacha—is relegated to the privacy of the home and concerns the most personal relationship between husband and wife. If, on Shabbos, for example, a person were to add cold water to a cooking pot, assuming, erroneously, that it is permissible, it is quite possible that someone would see him and inform him that he is desecrating the Shabbos. Yet, if a woman learned a halacha of Niddah in error—unless her husband is aware of the error—she will conduct herself this way her entire life. Her habit will be reinforced monthly—to a point where she assumes and in her own mind is *certain* that this is the way she was taught. This error will then become part of a faulty "tradition" when she passes it on to her daughter.

HILCHOS NIDDAH IS
USUALLY LEARNED JUST
BEFORE THE WEDDING

The setting in which Hilchos Niddah is initially studied lends itself to this confusion. It is usually learned for the first time just before the wedding—when concepts of marriage and marital relations are nebulous to most men and women. Frequently, the

groom has only a vague understanding of the menstrual cycle, and specifically how it relates to his future wife and affects their relationship.

SUFFICIENT TIME IS USUALLY NOT ALLOTED TO STUDY IT PROPERLY

These halachos are also usually studied when the *chasan* (groom) and *kallah* (bride) are preoccupied with planning the wedding and setting up a home, when their minds are on the invitations and the furniture. They usually do not allot sufficient time to learn these halachos properly. It has been this author's experience to be approached by *chasanim* the week before their wedding and even on the day of the *Aufruf* and informed that they had not yet learned the halachos. Many of those who had the opportunity to study the halachos do so superficially and are confused, because they did not *comprehend the concepts* in Hilchos Niddah. Errors such as described previously (see pages xiv, xv) can only come from a lack of *comprehension* of these halachos. Even if they have learned the halachos properly before the wedding, many couples are blessed soon afterwards with a child. Since most of these halachos do not apply during pregnancy, this knowledge is not reinforced by habit and they soon begin to forget and confuse the halachos. Many couples have not yet developed a relationship with a Rav with whom they could discuss their questions and doubts frankly and comfortably.

IV. The Need for a Work in Hilchos Niddah

THERE WAS NO NEED FOR WORKS ON HILCHOS NIDDAH WHEN MOTHERS TAUGHT THEIR DAUGHTERS

Rabbi Chaim Hazarfati, who lived in Augsberg about six hundred years ago, intended to render Hilchos Niddah into German—which was the language spoken at that time. He asked the *Maharil* (Rabbi Yaakov Moellin) for his opinion; the *Maharil* (שו״ת מהרי״ל החדשות ס׳ ס״ב) discouraged it. His reason was that even great works such as the *Shaarei Durah, Smak, Tur* and the like were being misused by people with inadequate backgrounds. "For these people do not know the reasons, and the halacha changes as the reasons behind them change." This would be even more serious should Hilchos Niddah be written in the vernacular. The *Maharil* said that there is no need for such a work. "Leave the daughters of Israel alone. If they are not prophetesses they are daughters of prophetesses, and from their youth they are proficient in these halachos from their mothers and their instruction."

TRADITION WAS TRANSFERRED IN THE HOME

During the period of the *Rishonim* and even until recent times, daughters were taught by their mothers, the responsibilities of Jewish womanhood. Tradition was transferred—in the home—from generation to generation. The halachos themselves, the severity of their violation and the need to ask a Rav were

inculcated in the hearts of Jewish women by their mothers. Despite the validity of the fears of the *Maharil*, yet *Gedolim* felt a need to write summaries of Hilchos Niddah (such as מעין טהור, גדר עולם, אמירה לבית יעקב and the like).

The years of the holocaust and the upheaval it caused cast a gap in the Jewish family. Mothers, who would have otherwise instructed their daughters, perished at the hands of the latter day Amalek. As a result, their daughters lost this vital link in the chain of tradition. Unfortunately, many women today, even those who are intelligent and knowledgeable, find it difficult to teach their daughters these halachos. In addition, we are blessed, nowadays, with the new phenomenon of women whose own parents and even grandparents were not adherent to the laws of the Torah, and who, through their own awakening, yearn to observe these mitzvos impeccably. Therefore, in many Jewish communities, this responsibility has been transferred or assumed by Yeshivos for girls, *kallah* classes, and individual instruction by Rebbetzins.

THE MAIN RESPONSIBILITY IS ON THE WIFE

Although the primary responsibility for the observance of Hilchos Niddah is on the wife, the husband must also be knowledgeable of the halachos. If the husband is not aware of these halachos, errors and confusion such as described previously would certainly become reinforced. To meet this need many Jewish communities have recently instituted classes and individual instruction for *chasanim*. The need for a comprehensive text in Hilchos Niddah written in an organized manner, with an emphasis on comprehension, has, therefore, become that much more acute.

V. The Purpose Of This Work

AN EMPHASIS ON COMPREHENSION

The purpose of this work is to present Hilchos Niddah in an organized manner, with an emphasis on the comprehension of the halachos and its concepts. It is geared to serve both as a text for the *chasan* and *kallah* and as a reference work for them to refer to for review and clarification during the course of married life.

THE REASON IT IS WRITTEN IN ENGLISH

This work has been written in English, because it is the author's feeling that it thereby benefits the maximum number of people. This is especially true today, when we are witnessing a renaissance of young men and women with a strong commitment of Torah and *mitzvos*, who yearn to meticulously observe Halacha, yet come from varied backgrounds. Additionally, we have dealt in this work with contemporary situations resulting from

modern technology and medicine, and errors may arise from mis-interpretation or inaccuracy in translation. Since our aim is to prevent misunderstanding and confusion, we have attempted to discuss these halachos—even those which are sensitive—in a frank and straightforward manner.

Since this work has been geared to both the scholar and the layman, a special effort has been made to maintain clear, simple and terse language throughout. Occasionally, however, brevity has been sacrificed for accuracy and clarity. In order to facilitate discussing a question or problem with a Rav, we have used Hebrew terms and defined them at their point of introduction. Sources for each halacha are printed on the same page as the material discussed—instead of as part of the appendix—in order to encourage and facilitate their use.

MANY PRACTICAL SUG-GESTIONS ARE INCORPOR-ATED IN THE SEFER

Many practical suggestions have been incorporated into the *sefer*, some in the English text and others in the Hebrew footnotes. Some of these are based upon the advice of *Gedolim* and *Pos-kim*—with whom it has been the author's privilege to have been in contact, and others are based upon medical information and prac-tical experience.

THIS WORK IS NOT MEANT TO FUNCTION IN PLACE OF PROPER STUDY

It is not the author's purpose that this work function in place of proper study of these halachos. In order to know and fully comprehend Hilchos Niddah or any other area of halacha, the proper method is first to learn the *mesechta* in the Talmud with its commentaries—*Rishonim* and *Achronim*, and then to learn the *Tur* with the *Bais Yoseph* and the *Shulchan Aruch* with its com-mentaries. Yet, even this is insufficient without proper direction of a Rav in a מחלוקת פוסקים (controversy among the *Poskim*) and *shimush*—practical halachic experience.

SPECIAL NEED FOR A COMPREHENSIVE TEXT

Many, however, who thirst for a comprehensive knowledge of these halachos are unable to learn them properly from the sources, nor is constant guidance by a Rav readily available to all. Frequently questions may arise which are not discussed or are not found in their anticipated place in the *Shulchan Aruch* or are dis-cussed in the responsa or by contemporary *Poskim*. Sometimes a question may arise when a Rav is unavailable or cannot be reached. Therefore, we have attempted to develop a comprehen-sive text, in an organized manner, to promote a proper under-standing of the many concepts and halachos which are applicable to the married couple.

MAXIMUM BENEFIT WHEN
USED IN CONJUNCTION
WITH THE SHULCHAN
ARUCH

Although this work has been formulated so that it may be used by itself, it is the author's opinion that its maximum benefit will be realized when used in conjunction with a study of the *Shulchan Aruch*. Since it is geared to serve as a text—and not as a compilation of halachic decisions—where there is any question concerning a specific halacha or difference in minhag a מורה הוראה should be consulted. This brings us to the important topic of the function of the Rav in these halachos.

VI. The Function of the Rav

HILCHOS NIDDAH
REQUIRES CONSTANT RUL-
ING OF A COMPETENT RAV

No area of halacha requires as much constant and ongoing consultation with, and the ruling and advice of a competent Rav, as does Hilchos Niddah. Many unfortunate and unnecessary situations of lengthy or too frequent Niddah periods could have been avoided, curtailed or minimized as a result of a frank and thorough discussion with a competent Rav, who is experienced in Hilchos Niddah.

DIFFICULTY IN CONCEIV-
ING OR STRAINED MAR-
RIAGES COULD BE AVOIDED

The author is aware of numerous incidents of women who have had difficulty conceiving or of strained marriages, because of frequent or continuous staining problems. Many of these problems could be avoided, controlled or at least minimized, by consulting with a Rav. Sometimes, by discussing the problem with a Rav, a simple recommendation may be offered to eliminate the problem.

EXAMPLES OF SUGGES-
TIONS WHICH COULD HELP
HER

In some instances, she may be performing more *bedikos* (internal examinations) than the halacha requires for her individual circumstances (see Chapter III C 5, Chapter IV B 4, 8, 9). Occasionally, douching—where medically and halachically recommended—may assist her for her condition. Sometimes there may be an injury, irritation or other medical condition, which may be responsible for the staining. A Rav may inform her that she is not considered a Niddah—even though she is staining; or he may advise her how to become halachically clean, even with a staining problem.

THE FUNCTION OF THE
RAV IS TO TEACH, GUIDE
AND PASKEN

In years past, it was self-understood that the function of the Rav was to teach and *pasken she'alos*. Every small village and hamlet would have a Rav who would rule on questions in Hilchos Niddah. It is unfortunate how some communities have denigrated the role of the Rabbi to that of a synagogue administrator, fund raiser, speaker at luncheons and banquets—instead of his primary task of *Rebbi*, *Posek*, teacher and guide. Although it may be true

that, at present, there may not be enough competent Rabbinic authorities available for all Jewish communities, this author firmly believes that the demand would create the supply.

It is unfortunate how few she'alos are asked

It is unfortunate how few *she'alos* (questions) are asked of Rabbonim nowadays. This author has heard observant people say that when they have a *she'aloh* they are מחמיר—that is, they conduct themselves on the assumption that it is prohibited—instead of asking the Rav. Unfortunately, this type of conduct prevents the fulfillment of the mitzvah of פרו ורבו (procreation), the mitzvah of עונה (performance of the marital duty), places an unnecessary burden on the marriage, and may lead to major transgressions. Many Rabbonim are, in fact, skeptical as to whether they are truly being מחמיר.

One of the major reasons people do not ask she'alos is that they don't know how and what to ask

One of the major reasons that people do not ask *she'alos* is that they don't know *how* and *what* to ask. Therefore, we have listed (on pages 12–14) suggestions of factors to be mentioned to the Rav. One of the main functions of this work is to offer guidance on how to ask and what to ask.

Being embarrased is little cause for not asking nowadays

One of the claims made for not asking *she'alos* is that the wife is *embarrassed* to discuss her problem. Yet, nowadays, with the availability of the telephone, there is little cause for such discomfort. If she is too embarrassed to use the phone, her husband can ask for her. If there is a need to view an examination cloth or garment containing a stain, she can send it to the Rav in the mail with an identifying code, and then telephone to ask of his decision; or her husband can show it to the Rav.

One should not think that she is imposing on the Rav with her questions, or that it is disrespectful or humiliating for the Rav to inspect her stained garments. The greatest of our kings, King David, prided himself with „ואני ידי מלוכלכות בדם וכו' כדי לטהר אשה לבעלה" "my hands are soiled with blood . . . in order to permit a woman to her husband" (ברכות ד').

Would a woman hesitate to ask her doctor if her health would be involved?

Some women may even claim that their reason for not asking is because of צניעות (modesty). Yet, would a woman hesitate to discuss her most intimate medical problems with a gynecologist, if her health were involved? If even the most remote possibility of having a serious condition were involved, would she hesitate to check this out with a physician or even with numerous physicians; and many doctors, unfortunately, do not always approach these questions with proper humility, modesty and trepidation.

Having relations with a Niddah is punishable with excision

The Torah says „ואיש אשר ישכב את אשה דוה וגלה את ערותה את מקורה הערה והיא גלתה את מקור דמיה ונכרתו שניהם מקרב עמם" (ויקרא כ:י"ח) punishment of living with a Niddah is כרת ר"ל (premature death). Therefore, a woman who discovers a stain and assumes that it is probably permissible, and, in consequence has relations with her husband without first consulting a Rav, is trifling with an *issur* punishable with excision.

This severe punishment does not only apply to violation of a Torah prohibition of Hilchos Niddah, for we find in the Talmud that even violation of an *issur d'rabonon* (rabbinical injunction) of Hilchos Niddah can incur premature death (ע' שבת י"ג: תד"א מעשה בתלמיד א' וכו' ופיר"ת בתוס' שם וע' גר"א משלי ו:ל"ה). Therefore, wherever one is in doubt, a Rav *must* be consulted. One who observes Hilchos Niddah meticulously and diligently will be rewarded with sons who are outstanding Torah scholars and with long life.

****

Acknowledgements

The author would like to express his gratitude and appreciation to the administration of BETH MEDRASH GOVOHA, Lakewood, N.J. and especially to the Rosh Yeshiva הרה"ג הגדול מוהר"ר שניאור קוטלר שליט"א whose continuous encouragement and assistance has enabled him to devote himself to the preparation of works of this nature, and whose community of תלמידי חכמים and environment of Torah and יראת שמים has made it possible.

Special gratitude is due to those individuals who, as sponsors, have eased the burden of the publication of this work.

The author would like to acknowledge the generosity of the Memorial Foundation for Jewish Culture for their assistance in the preparation and publication of this work.

At the time of the publication of this volume, the preparation of the entire work has not yet been completed. In order to ease the burden of its preparation and publication and to make it available in the interim, HALACHOS OF NIDDAH will be published בע"ה in sections. This is the first of the projected series.

It is the author's fervent hope and *Tfilah* that he should be זוכה to complete this work, that it should contribute to the awareness of Hilchos Niddah and to its proper observance.

S.D.E.

Lakewood, N.J.
Tishrei 5742

ספר הלכות נדה

Halachos of
Niddah

Section One

הקדמה להלכות נדה

AN INTRODUCTION TO HILCHOS NIDDAH

Chapter One

הקדמה

INTRODUCTION

A. The Torah's Concept Of Marriage.
B. When Is A Woman Considered A Niddah?
C. If A Woman Feels Her Uterus Had Opened Or She Feels A Discharge.
D. Stains Through An Examination, On A Garment, Or On The Body.
E. How Does A Woman Leave Her State Of Niddus?

HALACHOS OF NIDDAH

Chapter I Introduction

A. THE TORAH'S CONCEPT OF MARRIAGE

The first mitzvah of the Torah

1. The Torah's concept of marriage is *kedusha* — sanctity, holiness (**א**). Betrothal — **אירוסין** — is called *kedushin,* sanctification (**ב**). The *chasan* (groom) declares to his *kallah* (bride) under the *chupah* (bridal canopy) — "**הרי את מקודשת לי**" (**ג**) — you are consecrated to me — with *kedusha,* with sanctity.

The very first mitzvah of the Torah declares man's obligation to marry (**ד**). The Creator, cognizant of the work of His hands, enjoined man that in the

---

(א) ע׳ ר״ן (כתובות ז:) בטעם נוסח ברכת אירוסין שכ׳ „ותקנו לברך בה על קדושתן של ישראל והיינו שהקב״ה בחר בהם וקדשן בענין זווג וגו׳״ וברמב״ן שם „שהקב״ה קדש את ישראל בקדושת קידושין וגו׳״ (משימ״ק) ובריטב״א שם „אלא ע״כ ברכה זו אינו אלא בענין קדושה על שקדשנו הקב״ה יותר מעכו״ם בענין פו״ר וגו׳ מעתה ראוי היה לאומרה אחר הקידושין שכן כל ברכה של קדושה מברך אותה אחר שחלה קדושה״ ובכ״מ. [ונראה דכוונת הגמ׳ ריש קידושין (ב:) „ומאי לישנא דרבנן דאסר לה אכ״ע כהקדש״ להסביר לשון קדושין כשעושה חלות קדושין דאשה אינה מתקדשת יותר אחר קדושין ממה שהיתה קודם לכן ודוק].

(ב) כ׳ הרמב״ם (פ״א דאישות ה״ב) „וליקוחין אלו הן הנקראין קידושין או אירוסין בכ״מ״.

(ג) ע׳ קידושין (ה:) „כיצד בכסף נתן לה כסף או שוה כסף ואמר לה הרי את מקודשת לי וגו׳״ וברמב״ם (שם פ״ג ה״א) „אומר לה הרי את מקודשת לי״ וע׳ מחבר (אה״ע ס׳ כ״ז ס״א) ורמ״א (שם ס׳ נ״ה ס״א) „והמנהג פשוט וגו׳ ומקדשה שם וגו׳״. [ואף דפי׳ באבודרהם „מקודשת״ „כלומר תהי לי ולא לאחרים מזומנת ומוכנת ע״י טבעת זו והוא מלשון וקדשתם היום (שמות י״ט:י)״ ע׳ לעיל הערה א׳ בסוגריים].

(ד) מצוה ראשונה בתורה היא מצות פרו ורבו (בראשית פ״א פ׳ כ״ח) [ואף דמצות פו״ר נתנה לאדם ובני נח הא לא נשנית בסיני (ע׳ סנהדרין נ״ט:)] וע׳ בראש פ״ק דכתובות (ס׳ י״ב) שכ׳ דאם קיים פו״ר בלא קדושין יצא וז״ל „ונ״ל כי ברכה זו אינה ברכה לעשיית המצוה כי פו״ר היינו קיום המצוה ואם לקח פלגש וקיים פו״ר אינו מחויב לקדש אשה וגו׳״ [הרמב״ם (פ״ד מהל׳ מלכים ה״ד) אוסר פלגש להדיוט ובערה״ש (אה״ע ס׳ כ״ו ס״ז) כ׳ הטעם כיון דלרמב״ם (המחולק על רש״י בראשית כ״ה:ו שפי׳ דנשים בכתובה פלגשים בלא כתובה) פלגש בלא כתובה ובלא קידושין והרמב״ם כ׳ במנין המצוות ריש הל׳ אישות ובכ״מ „לישא אשה בכתובה וקידושין ושלא תבעל אשה בלא כתובה ובלא קידושין״ ואכמ״ל. ואף לרא״ש אין היתר בפלגש (כמ״ש בק״נ שם אות ה׳ ודלא כב״ש) דאיירי בדיעבד. וע׳ ערה״ש (אה״ע שם ס״ט) הטעם דאסור להשהות פלגש וכ״ש לשיטת רש״י ע״ש]. לרמב״ם (פ׳ ט״ו מאישות ה״א וספה״מ עשה רי״ב) ולחינוך (מצוה א׳) פריה ורביה מ״ע והיה אפשר לומר דאין בחיוב מצוה זו קדושין ונשואין דהוא מצוה בפ״ע (רמב״ם סה״מ עשה רי״ג וס׳ החינוך מצוה תקל״ט), מ״מ כיון שצותה תורה במצות פו״ר ואסרה בלא כתובה וקדושין בהכרח שצותה תורה גם במצוה ראשונה לישא בכתובה וקדושין כדי לפרות ולרבות, וכן לשון המחבר (אה״ע ס״א ס״א) „חייב כל אדם לישא אשה כדי לפרות ולרבות״ וע׳ העמק שאלה (ס׳ קס״ה ס״ק א׳).

same manner as he was created — with sanctity, so shall he procreate — with sanctity (**ה**).

Kedusha is a product of separation

2. *Kedusha,* which implies spiritual elevation, is only attained through separation, restriction and abstinence (**ו**). The Torah declares "קדושים תהיו" (**ז**), "you shall be holy"; Rashi explains (**ח**) "קדושים תהיו. הוו פרושים מן העריות" "you shall be holy by separating yourself from prohibited sexual relations." "שכל מקום שאתה מוצא גדר ערוה אתה מוצא קדושה" (**ט**), "For wherever you find in the Torah a restriction against such relations you also find mention of holiness."

When a man's own wife is a Niddah, marital relations with her are prohibited (**י**). Man and wife who abstain from relations while she is a Niddah and abide by the restrictions of Hilchos Niddah, sanctify themselves (**יא**). Children conceived by adherence to the Niddah laws and by modest conduct during cohabitation, enter this world in a state of holiness (**יב**).

Penalty for violating Hilchos Niddah

3. How severe is the penalty for violating the halachos of Niddah? A man

---

(ה) ע׳ שבועות (י״ח:) „אמר רבי בנימין בר יפת אמר רבי אליעזר כל המקדש את עצמו בשעת תשמיש הויין לו בנים זכרים שנאמר והתקדשתם והייתם קדושים וסמיך ליה אשה כי תזריע״ [ובקרא שם (ויקרא י״א:מ״ד) כתיב אח״כ „כי קדוש אני״ ע׳ תו״ת שם].

(ו) ע׳ רמב״ם (פ״ה מהל׳ דעות ה״ד, ה׳), וכ׳ במסלת ישרים (פ׳ כ״ו) „והנך רואה שדרך קניית זאת המדה הוא ע״י רוב הפרישה וגו׳״ וע״ע לקמן.

(ז) ויקרא י״ט:ב.

(ח) שם ובתו״כ איתא „פרושים תהיו״ וע׳ ברא״ם „ופרש״י ז״ל שהפרישות הזה אינו אלא מן העריות שדרך הכתוב לומר בהם לשון קדושה ולפ״ז אין מאמר קדושים תהיו דבק רק עם מה שלמעלה הימנו כאילו אמר קדושים תהיו מן העריות האמורות לעיל וגו׳״ ע״ש וברמב״ן.

(ט) רש״י שם (מויקרא רבה) וע׳ ירושלמי פ״ב דיבמות „אר״י בן פזי ולמה סמך הכתוב פרשת עריות לפרשת קדושים ללמדך שכל מי שהוא פורש מן העריות נקרא קדוש״ ע״ש ובמדרש שם.

(י) מקור לאיסור נדה „ואל אשה בנדת טומאתה לא תקרב״ (רמב״ם בסה״מ לאו שמ״ו, חינוך מצוה ר״ז) והוא בויקרא (י״ח:י״ט). **כתב** הריב״ש (ס׳ תכ״ה) „דבר ברור הוא שאיסור ביאת הנדה לא באשתו בלבד אלא בין באשתו בין באשת חבירו בין בפנויה״.

(יא) ע׳ לעיל הערה ט׳ וע׳ בן איש חי ריש פ׳ שמיני (שנה ב׳).

(יב) ע׳ שבועות (י״ח:) „אמר ר׳ חייא בר אבא אמר ר׳ יוחנן כל הפורש מאשתו סמוך לוסתה וגו׳ ר׳ יהושע בן לוי אמר הויין לו בנים ראויין להוראה דכתיב להבדיל ולהורות וגו׳ א״ר בנימין בר יפת אמר ר׳ אליעזר כל המקדש את עצמו בשעת תשמיש [פרש״י „דרך צניעות״] הויין לו בנים זכרים שנאמר והתקדשתם והייתם קדושים וסמיך ליה אשה כי תזריע״ וע׳ מנורת המאור (פ׳ קע״ט) „המשמשין מטותיהן בצנעה ובוחרים העתים הראוים לדבר יוצאין מהם בנים הגונים ונעימים

and woman who voluntarily and deliberately (יג) have marital relations when she is a Niddah are liable to suffer a premature death (חייב כרת) (יד). No sin affects future generations as severely as prohibited relations (טו). The first reason mentioned in the Mishna (טז) as the cause for women dying during childbirth is that they were not observant of the laws of Niddah (יז). A man who, under duress, is coerced to have marital relations with a Niddah is required to resist, even under threat of death — although she is his own wife (יח).

Reward for observing Hilchos Niddah

4. How great is the reward for observance of the halachos of Niddah? A

ונחמדים לכל דבר וגו׳״ וע׳ בבעלי הנפש (שער הקדושה) ואגרת הקדש (פ״ו).

(יג) ברצון פרט לאונס, ואע״פ שבעריות יהרג ואל יעבר (רמב״ם פ״ה דיסודי התורה ה״ב) לגבי האשה היכא דהיא קרקע עולם אף לכתחילה אינה מחוייבת למסור את עצמה (ע׳ יו״ד ס׳ קנ״ז ס״א בהגה). ואם עברו, האשה פטורה שנאמר ולנערה לא תעשה דבר (רמב״ם פ״א דאיסורי ביאה ה״ט), לענין האיש ע׳ רמב״ם ורה״מ ובאחרונים. במזיד פרט לשוגג (ע׳ רמב״ם שם ה״א).

(יד) ויקרא כ: י״ח, רמב״ם (שם פ״ד ה״א). וע״ש דאף בהערעה ושלא כדרכה חייב כרת. **תשובה** לבועל נדה ע׳ חת״ס (או״ח ס׳ קע״ג) וע׳ אג״מ (יו״ד ח״ג ס׳ מ״ה ד״ה אבל ובאו״ח ח״ד ס׳ קי״ח). ואף באיסור דרבנן בשוגג צריך כפרה ע׳ שו״ת בית שלמה (יו״ד ח״ב ס״ד) והג״ה מבן המחבר [ודלא כנתיבות המשפט (ס׳ רל״ד ס״ק ג׳) וע׳ ת׳ רדב״ז (ח״ד ס׳ י״ט) שלמד פי׳ אחר בסוגיא ונסתר ראית הנתיבות].

(טו) ע׳ גדר עולם (בהקדמה להל׳ נדה) „בנות ישראל התעוררו נא ורחמו על עצמכן וזכרו את אלקים היושב בשמים וגם רחמו על בניכם כי לבד העונש החמור שיש בעון נדה שהוא עונש כרת עוד הבנים נחשבים בני נדות אשר הם פגומים ומתועבים כמעט כמו ממזרים״. ע׳ מס׳ כלה (פ״א) „פעם אחת היו זקנים יושבים בשער ועברו לפניהם ב׳ תינוקות א׳ כסה את ראשו וא׳ גילה את ראשו זה שגילה את ראשו ר״א אומר ממזר ר״י אומר בן הנדה ר״ע אומר ממזר ובן הנדה וגו׳״. ע׳ מחבר אה״ע (ס״ד ס׳ י״ג) דהבא מהנדה „אע״פ שהוא פגום אינו ממזר אפילו מדרבנן״ וכ׳ הבית שמואל (שם ס״ק ט״ו) מד״מ „הוא פגום ואין משפחתו מיוחס וראוי להרחיק מהם אבל אינו פגום מכח איסור וכשירה אפילו לכהונה וגו׳״ והט״ז ביו״ד (ס׳ קצ״ו ס״ק י״א) תמה אם שמשה תוך ז״נ „היה לנו להפריש׳ אחר שבא עליה באיסור כדי להבחין אם נתעברה באיסור כשטבלה שלא כראוי״ וע׳ ב״ש שם שמתרץ „כי ליכא כאן חשש איסור כ״כ שתצרך הבחנה״ פי׳ שהוא פגם יחוס אבל אינו פגם איסור ע״ש. **ובדורנו** שזכינו לראות הרבה בעלי תשובה יראים ושלמים מבניהם של אלו שלא נזהרו בטהרת המשפחה שמעתי בשם כמה גדולי הדור שאם בן או בת הנדה מתוקן במדות ודבוק בה׳ ובתורתו אין לחוש לפגם זה ומובטח שאמם טבלה שלא בכוונה או שתקנו פגם הזה. וע׳ בס׳ קהלות יעקב (לקוטים ח״ב ס׳ כ״ג) ובתשובות הגרמ״פ שליט״א בסוף הספר (אות י״ט) שמסיק „ונמצא שאלו שהם יראים ושלמים אף שהם בני ובנות נשי שלא שמרו הלכות נדה וגם הם בעלי מדות טובות מתנהגים בדרך ארץ כראוי אין לעכב מלהתחתן עמהם אף מצד המעלה״.

(טז) שבת פ״ב מ״ו.

(יז) שם.

(יח) גילוי עריות ביהרג ואל יעבר ע׳ רמב״ם פ״ה דיסודי התורה ה״ב, וע׳ פ״ד דאיסורי ביאה ה״א „הנדה הרי היא כשאר כל העריות וגו׳״ ומפורש כן בש״ך (ס׳ קצ״ה ס״ק כ׳) וע׳ ריב״ש ס׳ תכ״ה.

husband and wife who observe Hilchos Niddah meticulously and diligently will be rewarded with sons who are outstanding Torah scholars (**יט**) and with long life (**כ**).

B. WHEN IS A WOMAN CONSIDERED A NIDDAH?

If a woman experienced bleeding

1. Any woman (**כא**) who experienced bleeding* from her uterus (מקור) (**כב**), regardless of how minute, is considered a Niddah (**כג**). Whether the flow

*See Note on page 5.

(יט) ע׳ שבועות (י״ח:) ר׳ יהושע בן לוי אמר וגו׳ (הובא לעיל הערה יב).

(כ) ע׳ גדר עולם שם „ובזכות זה יתברכו ממעון הברכות ויזכו לבנים ת״ח ואריכת ימים״.

(כא) כ׳ החכ״א (כלל ק״ז ס״א) „ואין הפרש אם היא גדולה או קטנה או פנויה בין שפחה בין משוחררת וגיורת וגו׳״ וע׳ לקמן.

(כב) כ׳ הטור (ר״ס קפ״ג) „ואשה כי תהיה זבה דם יהיה זובה בבשרה שבעת ימים תהיה בנדתה ולמדו חכמים ממדרש הפסוקים שלא בכל מקום שתזוב ממנה דם טמאה אלא דוקא דם הבא מן המקור וגו׳״ וז״ל הרא״ש (פ״י דנדה ס״ו) „ת״ר ואשה כי תהיה זבה יכול אפילו זבה מכל מקום תהיה טמאה ת״ל והיא גילתה את מקור דמיה לימד על הדמים שאינן אלא מן המקור״ וכן כ׳ המחבר (ס׳ קפ״ג ס״א) „אשה שיצא דם ממקורה וגו׳ טמאה״ וכ׳ הש״ך (ס״ק א׳) „ממקורה. מדכתיב והיא גלתה את מקור דמיה למדו חז״ל שאינה טמאה אלא בדם הבא מן המקור״. **מה היא המקור** ע׳ טה״י (ס׳ קפ״ג בא״י ס״ק י״ז), גר״ז (ס׳ קפ״ג ס״ק א׳), נוב״י (מה״ת אה״ע ס׳ כ״ג ד״ה ואמנם.) **וצריך לצאת דרך ערותה** „דאמר ר׳ יוחנן משום ר״ש בן יוחי מנין שאין אשה טמאה עד שיצא מדוה דרך ערותה שנאמר (ויקרא כ:י״ח) ואיש אשר ישכב את אשה דוה וגלה את ערותה את מקורה הערה מלמד שאין אשה טמאה עד שיצא מדוה דרך ערותה״ (נדה מ״א: וכ״פ המחבר ס׳ קצ״ד ס׳ י״ד). **ואף שיוצא דרך ערותה** בעינן שיצא דרך כותלי בית הרחם בלי מפסיק כגון שפופרת „בבשרה אמר רחמנא ולא בשפופרת״ (כ״א: וכ״פ המחבר ס׳ קפ״ח ס״ג). **באיזה אופן** לובשת השפופרת ולמאי מהני ע׳ בקונטרס „הצעה לתקנת נשים בעניני נדה״ (בסוף ס׳ אמרי אברהם) שהאריך בזה וש״א וצ״ע לדינא, ואכמ״ל, וע׳ בגר״א (ס׳ קפ״ח ס״ק כ״ג) דמוכח דהשפופרת בתוך המקור. **האשה** טמאה אף שלא יצא הדם לחוץ דתנן „כל הנשים מטמאות בבית החיצון שנאמר דם יהיה זובה בבשרה״ (מ.) וכ״כ בערה״ש (ס׳ קפ״ג ס׳ מ״ד) „אע״ג דכל הטומאות היוצא מגוף האדם כמו בעל קרי וזב אינן מטמאין עד שתצא טומאתן לחוץ מ״מ בנדה וזבה מטמאות משנעקר הדם מהמקור אף שלא יצא לחוץ עדיין הוא בבית החיצון דכותלי בית הרחם העמידוהו מ״מ מטמאה דכתיב דם יהיה זובה בבשרה וגו׳ וכשיצא לחוץ לא נתחדש דבר זולת מה שביכולתה לעשות בדיקה וגו׳״ ע״ש וע׳ פת״ת (ס׳ קפ״ג ס״ק ב׳). **אין האשה** טמאה מן התורה עד שתרגיש ביציאת הדם דאמר שמואל „בבשרה עד שתרגיש בבשרה״ (נ״ז:) וע׳ לקמן בהערה לד.

(כג) כ׳ המחבר (ס׳ קפ״ג) „ואפילו לא ראתה אלא טיפת דם כחרדל״ ובש״ך (ס״ק ג׳) כ׳ „כחרדל. וה״ה פחות כ״כ האגור בשם ש״ד והגש״ד וכ״כ האחרונים ופשוט הוא״ וע׳ בפר״ד שהקשה על הש״ך שכ׳ בשם האגור והפוסקים „דהא משנה מפורשת בנדה מ׳ ע״א ר״פ יוצא דופן דה״ה פחות מחרדל ול״ל להביא זה בשם האגור״ וע״ש שתירץ דחידוש הש״ך בחומרא דר״ז דהו״א דפחות מחרדל לא שכיחא ולא אחמרו ביה כולי האי קמ״ל דאפילו בפחות מחרדל היתה חומרא דר״ז להצריך ז״נ ע״ש ובפת״ז ס״ק ד׳. [וע׳ באגור (אות א׳ שס״ב)

or emission occurred during her normal menstrual period or at any other time, she is a Niddah (**כד**).

*Note: One is not considered a Niddah where the cause of the bleeding is known to be attributed to a wound, inflammation (e.g. cervicitis, vaginitis), cervical erosion [or its treatment by cauterization] or any other form of internal injury or irritation [of a type which would cause bleeding in other organs of the body] (**כה**). However, a Rav must be consulted.

Ruling in this area of halacha requires special training. Questions should be submitted to a Rav who is known to be proficient, trained and experienced in this area of halacha (**כו**).

Bleeding caused by an accident or the doctor

2. Even if the bleeding (from her uterus) (**כז**) was caused as a result of an accident (e.g. by jumping) (**כח**) or some other unusual occurrence (e.g. the doctor inserted an instrument into her uterus)* she is a Niddah (**כט**). These hala-

*See Note on Page 6.

שכתבו לענין ז"נ ומביא מתני' דריש יוצא דופן הנ"ל. ועוד י"ל דאילו ממתני' דהתם איכא למימר דהיינו ליטמא האשה לטהרות אבל לבעלה אימא לא מתטמאת בכל שהוא קמ"ל האגור דאיירי בטומאת אשה לבעלה ע"ש ודוק].

(כד) ע' חכ"א ס' ק"ז ס' י"ז.

(כה) ע' ס' קפ"ז ס"ה, ס' ק"צ ס' י"ח. **מש"כ** בסוגריים ע' מכתביו של החזו"א לד"ר טאוב (הודפסו בהפרדס שנה ל"ה חוברת ו' דף 33 ובס' פאר הדור ח"ד דף קל"א) שכ' „רצוני לציין, כי ההלכה קובעת ג' עניני דמים: א) מותר הדם הניגר מן הגוף לחוץ, כעין דם הפסולת המוכרח להסירו מן הגוף שלא ירעיל את דם החיים, וזו עיקר הוסת, ב) דם הבא שלא בזמן הוסת על ידי אונס כמו דחיקה או הכאה ברחם הגורם נזילות הדם, [וכעין דם הנוזל מחמת לידה או הפלה], ג) דם הבא מחמת שרט בעור הרחם, **שבצבוץ הדם בא באותו האופן שבא בפצע בשאר הגוף.** השנים הראשונים, מצד ההלכה הם אוסרים את האשה ומצריכים לה הפסקה של ז' ימים נקיים וטבילה, והדם השלישי טהור". וע' חזו"א (ס' פ"ב ס"א) לענין מכה מוציאה דם. וע' אג"מ (יו"ד ח"ב ס' ס"ט) לענין רפואה ע"י אינסטרומענט עלעקטרי לרפאות פצעים.

(כו) ע' נדה (כ:) דכמה אמוראי לא חזו דמא משום דלא היו בקיאים (הובא בבאה"ג ריש ס' קפ"ח) ואף דיש לחלק דהם היו להם קבלה ובקיאות להפריש בין דם לדם (ע' רא"ש ספ"ב דנדה) מ"מ יש „מורה שאין עינו יפה ואינו בקי במראות" (ערה"ש ס' קפ"ח ס"ז). וכן ע' אג"מ יו"ד (ח"ב ס' ע"ח) „וצריכה להראות לחכם שבקי להורות לפי הבקיאות של חכמי דורנו וגו'".

(כז) ע' לעיל הערה כב ומחבר ולבוש ס' קפ"ג ס"א.

(כח) כ' המחבר שם „אשה שיצא דם ממקורה בין באונס בין ברצון טמאה וגו'" וכ' הט"ז (ס"ק א') „באונס. פירוש ע"י קפיצה וגו'" וברמב"ם (פ"ה מהל' א"ב ה"א) „האשה מתטמאת באונס בין לנדה בין לזיבות. כיצד כגון שקפצה ממקום למקום וגו'".

(כט) ע' ערה"ש (ס' קפ"ג ס' מ"ג) שפי' „באונס כגון ע"י קפיצה או שהרופא פתח לה פי המקור ועי"ז יצאה דם".

chos apply to all women, married or single (**ל**), pregnant or nursing (**לא**), young or after their menopause (**לב**).

*Note: She is not considered a Niddah after an internal examination [or other medical procedure] — if the doctor did not penetrate the cervix or uterus in any manner, nor did the woman experience any bleeding.

However, it is not to be assumed that she is necessarily a Niddah after every examination or procedure in which the doctor inserted an instrument into the cervix or uterus — even if she experienced bleeding.

The exact nature and description of the procedure and the cause of the bleeding should be obtained from the doctor, and a Rav must be consulted for his determination (**לג**).

(ל) כ׳ הרמ״א שם „ואין חילוק בין פנויה לנשואה לענין איסור נדה״ מריב״ש וע׳ תוה״ש ס״ק ד׳.

(לא) ע׳ ס׳ קפ״ט ס׳ ל״ג.

(לב) ע׳ חכ״א (כלל ק״ז ס״א) ורמב״ם (פ״ד דא״ב ה״א) וס׳ קפ״ד ס״ג וס׳ קפ״ט ס׳ כ״ז לענין קטנה, וע׳ ס׳ קפ״ד שם וס׳ קפ״ט ס״ח ודוק.

(לג) כ׳ בפת״ת (ס׳ קצ״ד ס״ק ד׳) „עי׳ בנודע ביהודה תניינא חיו״ד ס״ס ק״כ דמה שאמרו א״א לפה״ק בלא דם אין חילוק בין גרם הפתיחה מבפנים ובין מבחוץ כגון שהרופא הכניס אצבעו או איזה כלי ופתח פי המקור גם אין חילוק בין אם היא ילדה או זקנה מעוברת או מניקה תמיד אין פה״ק בלא דם ע״ש.״ [ועי׳ בספר בינת אדם (סי׳ כ״ג) דכתב עליו דמ״ש כגון שהרופא הכניס אצבעו „אגב שיטפיה כ״כ אמ״ו ולא דק בזה״ וטעמו דהא „כאשר ימשמש הבעל באצבע בשעת תשמיש או כשמכניס האבר ג״כ נימא א״א בלא דם ועוד שהרי עיקר הבדיקה בהפסק טהרה שתכניס אצבעה בעומק א״ו דאין זה ענין לפה״ק שהרי אפילו האבר כשהוא גדול הרבה אינו מגיע רק עד הפרוזדור ולא לחדר כמ״ש התוי״ט בשם רמב״ן פ״ב דנדה מ״ה ע״ש.״ גם בתשו׳ ח״ס (סי׳ קע״ט) כתב דהן אשה הבודקת עצמה בחו״ס לטהר לבעלה והן המילדת שבדקה לעולם לא יגעו בפה״ק שהוא המקור אלא בבה״ח ובשום אופן אינה יכולה להכניס אצבעה לפנים עד שתפתח בטבע וזה נקרא פה״ק שא״א בלא דם ע״ש]. ועי׳ בשו״ת תשובה מאהבה (ח״א סי׳ קט״ז) בתשובת הגאון בעל נו״ב ז״ל שם שכתב דמה שאמרו אין פה״ק בלא דם היינו אם הקבר נפתח ויצא ממנו דבר גוש כמו ולד או חתיכה כל שאינו דק כשפופרת דק של קש או שילדה רוח אבל כשלא יצא דבר או שיצא דבר דק מאד או משקה לא אמרינן אין פה״ק בלא דם דאל״כ היכא משכחת כלל דַּם טוהר הרי עכ״פ נפתח הקבר ע״ש עוד״. [ע׳ שו״ת מהרי״ל דיסקין (קו״א ס׳ קמ״ח) שכ׳ „ע׳ נוב״י מה״ת (יו״ד ס׳ ק״כ) החליט לאסור באשה שנפתח מקורה מבחוץ, וע׳ כתבי א״א הג׳ הכ״מ ז״ל השיג עליו. ולענ״ד מבואר בחולין (ע״ב.) בחיה שהכניסה ידה, דגזר שמא יוציא ראשו, ופריך אשה נמי נטמא לה, משמע דהיא טהורה לגמרי אף דע״כ נפתח מקורה וגו׳״ ע״ש. ע׳ חזו״א (ס׳ פ״ג) דמצדד דאין פתיחה מבחוץ בכלל פתה״ק ודלא כנוב״י ומ״מ מסיק „וצ״ע למעשה״]. וע׳ אג״מ (יו״ד ח״א ס׳ פ״ג) שאם הרופא הכניס אינסטרומענט במקור יש כאן פתיחת הקבר כנוב״י שם אף שגם הפתיחה מבחוץ [וכ׳ „ועיין בערה״ש (ס׳ קפ״ח ס׳ נ״א) שיש מי שרוצה לומר דלא נחשב פתיחה מבחוץ פתיחת הקבר (תפל״מ) ודחה דבריו שחלילה לומר כן״] מ״מ כ׳ (שם ס׳ פ״ט) „דלא לכל פתיחה חוששין לדם וגו׳״ וכ׳ לשער בשיעור פיקה וכ׳ „אף שלא ידוע לנו שיעור פיקה מ״מ ודאי אם אינו עב מאצבע קטנה יש להקל״

If a woman discovered a stain or discharge

3. Even if she did not feel* the flow of blood as it came out of her uterus or vagina (**לד**) but found a stain (**כתם**) on her body (**לה**), her undergarments, her

*See Note on page 8.

ובאג"מ (או"ח ח"ג ס' ק') כ' „ולכן יש להקל באינסטרומענט שעביו פחות מאצבע הסמוך לאגודל דהוא ג' רבעי אינטש בערך" וע' במהרש"ם (ח"ד ס"ס קמ"ו) שכ' מתפארת צבי עד עובי ב' אצבעות הוא דקה מן הדקה [שמעתי מרופאים דהכנסת אינסטרומענט כ"כ רחב הוא דבר שלא שכיח כלל בבדיקת הרופא הנהוגה]. [הנה מש"כ באג"מ שם דהשיעור כפיקה היא באמת מש"כ הגר"א (ס"ס קפ"ח) וכן יש דעה במאירי (נדה כ"א. בא"ד אמר) אולם מרא"ש ריש המפלת (פ"ד סס"א) ומש"פ הובאו בב"י דלקמן משמע דלא ס"ל הכי דהא אם יצאה דבר מגופה פחות משיעור כפיקה יש לחוש לא"א לפתיחת הקבר בלא דם ולפי מה שמבואר באג"מ (או"ח שם) דפחות מפיקה אין לחוש לפה"ק. אולם בטור ושו"ע ס' קפ"ח מבואר דנפל אף פחות ממ' יום א"א לפה"ק בלא דם ודעת השאלתות (הובא בב"י שם ד"ה ומ"ש רבינו דא"א) בעינן נגמר צורתו והיינו מ' יום אבל שיעור כפיקה יותר מזה כדמוכח ממתנ' דאהלות (פ"ז מ"ד). **בביאור** כפיקה ע' מתרגם כלים פ' כ"א]. וע' ת' נחלת שבעה ס"ט, חוו"ד ס' קצ"ד ס"ק א', לבושי מרדכי (יו"ד ס' פ"ז), הרי בשמים (ח"א ס' נ"ג), בית יצחק (יו"ד ס' י"ד), דברי מלכיאל (ח"ב ס' נ"ו), בית שלמה (ס' ל"ט), אב"נ (ס' רכ"ד), דובב מישרים (ח"ב ס' ל"א), הר צבי (ס' קנ"ב), חזו"א (ס' פ"ג), מנחת יצחק (ח"ג ס' פ"ד), דר"ת (ס' קצ"ד ס"ק י"ט), ציץ אליעזר (ח"י ס' כ"ה פ' י"א), טה"י (ס' קצ"ד ס"ט), שעהמ"ב (ס' קנ"ג אות ט"ז). וע' אג"מ (יו"ד ח"ב ס' ס"ט) לענין דם הבא מאינסטרומענט עלעקטרי. **ולענין** סמיכות על הרופא ע' תשובת הגרמ"פ שליט"א בסוף הספר (אות י"ז) שכ' שיש לסמוך על הבחנת הרופא וכ' „אבל יש חלוק דלענין שהמכה מוציאה דם יש להאמינו גם בסברא, ולענין שיש שם מכה אם אומר זה בסברא בעלמא קשה להאמינו אף שהוא מומחה אבל כשאומר שרואה ממש ע"י מה שהשקיף שם כדכתבתי נאמן אף שסתם אינשי לא יראו כלום דהוא משום שאין יודעין איך צריך להיות ואין מבינין שיש שם שינוי אבל לרופאים שיודעין איך צריך להיות ורואין איך שבזו איכא שינוי בין במראה בין בעובי המקום הוא ראיה פשוטה לפניהם ויש להאמינם לא רק כשהן שומרי תורה, אלא אפילו כשאינם שומרי תורה ואפילו נכרים דלא מרעי אומנתייהו".

(לד) כ' המחבר (ס' ק"צ ס"א) „דבר תורה אין האשה מטמאה ולא אסורה לבעלה עד שתרגיש שיצא דם מבשרה וחכמים גזרו על כתם שנמצא בגופה או בבגדיה שהיא טמאה ואסורה לבעלה אפילו לא הרגישה" וכ"כ הרמב"ם (פ"ט דא"ב ה"א) „אין האשה מתטמאה מן התורה בנדה או בזיבה עד שתרגיש ותראה דם ויצא בבשרה וגו'" ומקורם (כמ"ש הב"י והרה"מ) ממימרא דשמואל ריש פ' הרואה כתם (נ"ז:) „בבשרה (ויקרא ט"ו:י"ט) עד שתרגיש בבשרה". **במהות** ההרגשה פרש"י (ג. ד"ה מרגשת) „כלומר יודעת בעצמה כשיוצא דם ממנה" וכ' התוס' שם „מרגשת בעצמה. פי' כשנעקר דם מן המקור". **כתב** בפת"ת (ס' קפ"ג ס"ק א') „ודע דשלשה מיני הרגשות יש לענין שתהא טמאה מדאורייתא, א' שנזדעזע גופה כמ"ש הרמב"ם פ"ה מהל' א"ב דין י"ז. ב' שנפתח מקורה כמבואר בסי' קפ"ח ובסי' ק"צ ס"א. והג' נמצא בשו"ת האחרונים ז"ל כשמרגשת שדבר לח זב ממנה בפנים וע' בזה בת' נוב"י [קמא] חיו"ד ס' נ"ה ובס' ח"ד סי' ק"צ סק"א [אמנם בת' ח"ס חולק ע"ז בכמה תשובות והאריך לבאר דזיבת דבר לח לאו הרגשה הוא ע"ש בסי' קמ"ה וקנ"ג וקס"ז וקע"א וכתב שם שכן הוא מורה ובא הלכה למעשה וכן קיבל ממורו הגאון מוהר"ר נתן אדלר ז"ל]. ע' בחוו"ד שם דאף דס"ל דזיבת דבר לח הוי הרגשה מ"מ ס"ל דדוקא שהרגישה שזב ממקורה „דאם לא הרגישה שזב ממקורה רק שמרגשת שזב

bedsheet, or any other place (**לו**) (e.g. chair) if she cannot positively attribute it (**לז**) to any cause other than a discharge from her uterus (see Notes on B 1,2 and 4) she may possibly be considered a Niddah (**לח**) (see 4-6, also see D 1-5 for the halachos of stains).

*Note: According to Torah law, a woman is not considered a Niddah unless she experienced a sensation (הרגשה) at the time she experienced menstrual bleeding. Concerning the nature of this sensation, there are various opinions among the Poskim (**לט**) (see C). However, any woman who experiences bleeding or staining — even without this feeling — [unless attributed to other causes (see Notes on B 1,2 and 4)] is considered a Niddah מדרבנן.

Color stains which render her a Niddah

4. What color discharges and stains render a woman a Niddah? If a woman discovers a red or black* (**מ**) discharge or stain, regardless of how light or dark a

*See Note on page 9.

בפרוזדור נראה דטהורה וגו׳״ ע״ש דפליג אנוב״י דמשמע מדבריו „דאפילו במרגשת שדבר לח זב בפרוזדור אפילו לא הרגישה בשעה שזב ממקורה ג״כ מקרי הרגשה״ ושמעתי מפי הגרמ״פ שליט״א שזיבת דבר לח הוי הרגשה ולאו דוקא שהרגישה שזב ממקורה אלא אף בפרוזדור כדברי הנוב״י אבל לא כשהרגישה ליחות מבחוץ על רגליה וכ״כ בתשובותיו בסוף הספר (אות ז׳) ע״ש. וע׳ אב״נ ס׳ רכ״ב, רכ״ג. וע׳ ערה״ש (ס׳ קפ״ג ס״ס) שמפרש ההרגשה צער קצת כעקיצה קטנה (ומשם עד ס׳ ס״ו שהאריך בענין הרגשה, ומש״כ שם ס׳ ס״א „והבל יפצה פי וגו׳״) וע׳ בתשובות הגרמ״פ שליט״א בסוף הספר (אות י״ב) בענין הרגשה דנשים בזה״ז ובדברי ערה״ש שם. ע׳ דר״ת (ס׳ קפ״ג ס״ק ה׳) שמביא משו״ת מהר״ח או״ז (ס׳ קי״ב) בשם מורו הר״ר עובדי׳ ז״ל שפי׳ שתרגיש בבשרה שמצאה דם בבשרה אפילו אינה מרגשת ביציאתו כגון דם הנמצא בפרוזדור וגו׳״ וע׳ בחזקת טהרה (ס׳ קפ״ג בדר״י ס״ק ב׳ ובד״ק ס״ק ח׳).

(לה) כ׳ המחבר (ס׳ ק״צ ס״א) „וחכמים גזרו על כתם שנמצא בגופה״.

(לו) כ׳ המחבר שם „או בבגדיה״, על חלוקה בס׳ י״ב ובכ״מ, סדין ע׳ ס׳ נ׳ וש״ך ס״ק ס״ז. **ומש״כ** במקומות אחרות ע׳ ס׳ מ״ט היינו אם מקבלים טומאה כגון כסא וכדו׳ וע׳ ס״י. ע׳ פת״ת (ס׳ ק״צ ס״ק י״ט) לענין כסא ביה״כ אי נחשב כקרקע כיון שמחובר לקרקע, וע׳ לקמן הערה קכז.

(לז) כ׳ המחבר (שם ס׳ י״ח) „כיון שכתמים דרבנן מקילין בהם ותולה בכל דבר שיכולה לתלות וגו׳״. כתבנו בלשון שצריכה להיות בטוחה כדי לתלות אף שתולין בספק (ע׳ ס׳ ק״צ ס׳ י״ח ובכ״מ) מ״מ יש נ״מ בג׳ ימים ראשונים דאין תולין ע׳ רמ״א ס׳ קצ״ו ס״י [וע׳ ערה״ש שם ס׳ ל״ד], ועוד כדי שלא להניח הכרעת ספק זה בידי ההמון ולא ישאלו לחכם לפיכך כתבנו בלשון זה.

(לח) היינו אם יש בו תנאי טומאה כגון כגריס ועוד ושיהא נמצא על בגד לבן ושמקבל טומאה כמו שיתבאר לקמן.

(לט) ע׳ לעיל הערה לד.

(מ) תנן „חמשה דמים טמאים באשה האדום והשחור וכקרן כרכום וכמימי אדמה וכמזוג״ (י״ט.) ובגמ׳ שם „מנלן דאיכא דם טהור באשה וגו׳״. בימי חכמי הש״ס היו בקיאים לחלק בין דם טהור לדם טמא אבל „בדורות הללו אין בקי במראות דמים לישען על חכמתו ולהפריד בין דם לדם ואפילו בימי חכמי הש״ס היו מן החכמים שהיו נמנעים מלראות דמים. כ״ש האידנא שאין לטהר שום דם הנוטה למראה אדמומית אם לא שיהא לבן וירוק כמראה

hue or shade (מא) [unless attributed to other causes, see Note below and on pages 5, 6] she is considered a Niddah (מב).

If a woman discovers white, blue, green (מג), or pale yellow discharges or stains she is not considered a Niddah (מד).

> *Note: Sometimes a stain which is red or black [or one of the questionable colors, see 5] may appear to be blood while it may be a thread, lint, lipstick, nailpolish, coffee, chocolate, dirt or the like (מה). Where there is any question, the stain (מראה) must be shown to a Rav for his determination (see Note on pages 5, 6).

הזהב" (רא"ש פ"ב דנדה ס"ד). וכן ע' בטור (ס"ס קפ"ג) „משרבו הגליות ותכפו הצרות ונתמעטו הלבבות חשו שמא יבאו לטעות באיסור כרת וגו' החמירו לטמא כל מראה דם אדום" ובב"י שם כ' „אע"פ שלא מצינו בפירוש שגזרו על כל מראה דם אדום מ"מ מדאמרינן בס"פ כל היד (כ:) דר' יוחנן ור' זירא ועולא לא חזו דמא ממילא שמעינן שדורות הבאים לא חזו דמא". לפיכך כ' המחבר (ס' קפ"ח ס"א) „כל מראה אדום בין אם היא כהה הרבה או עמוק טמאים". **לענין** כהה או עמוק בשחור ע' דר"ת (ס' קפ"ח ס"ק ה') וטה"י ס' קפ"ח ס"א וע' פר"ד (פתיחה שער ב') וע' נדה (כ.) „עולא אקלע לפומבדיתא חזייה לההוא טייעא דלבוש לבושא אוכמא אמר להו שחור דתנן כי האי מרטו מיניה פורתא פורתא יהבו ביה ד' מאה זוזי" [דהא במשנה תנן „שחור כחרת" ובגמ' פי' „חרת שאמרו דיו"], וע' בדר"ת (ס' קפ"ח ס"ק ו') דגם שחור הוא איסור כרת מה"ת כמו אדום וע' אג"מ (יו"ד ח"ג ס' קמ"ב אות ד').

(מא) ע' שם. ולענין מראה לבן שאינו לבן לגמרי אלא כמראה בגד לבן שנפל עליו אבק שהוכהה לבנוניתו כ' הש"ך (ס"ק ב') מב"י וד"מ להתיר.

(מב) שם.

(מג) כ' המחבר שם „ואין טהור אלא מראה לבן וכן מראה ירוק אפי' כמראה השעוה או הזהב וכ"ש הירוק ככרתי או כעשבים" וכ' הרמ"א „וכן מראה שקורין בל"א בלו"א בכלל ירוק הוא וגו'" [וע' ש"ך (ס"ק ה') שכ' „בל"א בלו"א. וכ"ש גרי"ן שהוא כעשבים" והקשה בפרדס רמונים „ולא ידענא מה חידש בזה ה"ה כבר מבואר בדברי המחבר" ע"ש תירוצו]. **מראה** גרֵי ע' דר"ת (ס' קפ"ח ס"ק ו').

(מד) כ' המחבר שם „וכן מראה ירוק אפי' כמראה השעוה או הזהב וגו'" ובש"ך (ס"ק ד') הוסיף „או אתרוג או חלמון ביצה". וע' חכ"א (קי"א:א) שכ' „וכן מראה ירוק אפילו כמראה שעוה או זהב או חלמון ביצה וכ"ש ירוק ככרתי שקורין גרין או כתכלת שקורין בלאָה דכל אלו אין נוטין לאדמומית כלל" וע' חכ"א (קי"ז:ט) שכ' לענין בדיקת הפסק טהרה „ונ"ל אפילו כמראה געל כשעוה ופשיטא כזהב יש להחמיר בבדיקה זו" וכן שמעתי מפי הגרמ"פ שליט"א להחמיר בבדיקת הפסק טהרה במראה געל כשעוה וזהב וכ"ש כשנוטה לאדמימות וע' בסמוך מה שנכתוב בזה (וע' לקמן הערה נ'). וע' בפת"ז (ס' קצ"ו ס"ק ו' ד"ה ועי') שהביא דברי החכ"א „דאף במראה געל יש להחמיר כיון דהשל"ה מחמיר" וכ' ע"ז „והנה אם בדקה סמוך לביהש"מ בדיקה אחת והיה נקי ואח"כ הכניסה עוד הפעם להיות שמה כל ביהש"מ והי' עליו מראה געה"ל י"ל דבכה"ג גם החכ"א יודה להקל כיון שיצאה מחזק"ט בבדיקה הראשונה וצע"ק" וע' בתשובות הגרמ"פ שליט"א בסוף הספר (אות ו') שכ' על זה „מסתבר לע"ד שראוי להחמיר בבדיקות כל שלשה ימים הראשונים מעת שבדקה וראתה שפסקו דמיה והיא יכולה להתחיל למנות ז' נקיים, ואח"כ אין לחוש למראות געל כשעוה וכזהב אפילו בבדיקות, וכן אין לחוש כשהיא טהורה אף שהגיע יום וסתה ובדקה ומצאה מראה געל כשעוה וכזהב וכו'" ע"ש.

Color stains which are questionable

5. Since blood inside a woman's body mixes with other secretions and enzymes (**מו**) and upon exposure to air may appear in various hues and shades (**מז**), certain other colors [aside from red and black] are questionable (**מח**).

Colors which are included in this category are: brown (**מט**), dark yellow* (**נ**), gold (**נא**), pale pink (**נב**).

*Note: After one's wedding, a Rav should be consulted in order to learn what is considered pale yellow, dark yellow and the like.

(מה) ע' ערה"ש (ס' קפ"ח ס"י) „וכן יש על המורה להבין דלפעמים כשבודקת בבגד מכוער נדמה המראה כשחור ולכן צריך לדקדק **אם** השחרות הוא **בעצם או** מפני הלכלוך וכיו"ב" וע"ש (ס' ק"צ ס"ע) „וכן **אם** לובשת בגדים אדומים עליונים **או** פוזמקאות אדומים ולפעמים בעת הזיעה נופל האדמימות על החלוק וגו'" ע"ש שמסיק „ותן לחכם ויחכם עוד" וכן ע' פת"ת (ס' ק"צ ס"ק ל"א). וכן ע' תה"ד (ס"ס רמ"ו) „דלפעמים כה"ג **בא** מלכלוך זוהמות בית החיצון וגו'". **כתב** ביד אברהם (ס' ק"צ ס' ל"א) „מצאה כתם וא"י **אם הוא דם או** צבע יש לצדד ולהקל כיון דעכשיו **א"א בבדיקה** ולא מקרי ספק חסרון ידיעה בכה"ג כמו שמבואר מדברי האחרונים והוי ס' דרבנן ועיין במ"י" וע' בח' רע"א (שם ס' כ"ג) שצידד לאסור בספק צבע וע' בתשובות הגרמ"פ שליט"א בסוף הספר (אות ג') בביאור המחלוקת, וכתב „ובודאי הנכון כיד אברהם וכדסובר כן גם בתוה"ש בעצמו וכו'" ע"ש.

(מו) כידוע מחכמי הרפואה.

(מז) ע' נדה (י"ט.) „א"ר חנינא שחור אדום **הוא אלא** שלקה" ובגמ' שם „ושחור זה **לא** מתחלתו **הוא** משחיר **אלא** כשנעקר **הוא** משחיר משל לדם מכה לכשנעקר הוא משחיר".

(מח) כמו שיתבאר.

(מט) כ' הסד"ט (ס' קפ"ח ס"ק א') „מ"כ דם הנוטה לצבע ברוין בל"א **שהוא** כעין קליפות ערמונים וכמשקה הקאווי **שהוא** טהור ואצ"ל בכתם לפי **שאין** נוטה לאדמימות כ"א לשחור וכבר שנינו דיהה מכן טהור" (וע' סד"ט ס' ק"צ סס"ק נ"ב) [ונראה דהיינו בזמן חז"ל שהיו בקיאין במראות אבל בזה"ז כ' הראב"ד בבעלי הנפש (שער הפרישה) „הילכך כל מראה שחרות (י"ג שחור) נמי טמא לפי **שאין** אנו בקיאין עכשיו בין שחור לדיהה ממנו" ולפי דברי הסד"ט שם מראה ברוין נוטה לשחור וכן הקשה החכ"א (קי"א:א מל' הר"ן ורמב"ן, וע' פת"ז ס' קפ"ח ס"ק ב' סד"ה מראה) וראש אפרים (ס' ל"ח ס"ק נ"ט) ובית שלמה (יו"ד ח"ב ס"ד) וש"א. ומלשון המחבר (ס' קפ"ח ס"א) אין הכרח דחילק בין אדום לשחור שכ' „כל מראה אדום בין אם היא כהה הרבה **או** עמוק טמאים" ואח"כ כ' „וכן כל מראה שחור" אפשר דלמחבר מראה ברוין אינו מראה שחור כלל ואפילו לא דיהה דדיהה **אלא** כמראה ירוק כמראה השעוה או הזהב ודוק, וע' ערה"ש (ס' קפ"ח ס"ה) מש"כ לתרץ „ויותר נ"ל לומר דכל אלו מיני דמים הם מדרגות חלוקות לגמרי זה מזה כלומר לא שזה יותר **אדום** מזה בעומק **אלא** שהוא מין אחר וגו'" ע"ש] והביאו דבריו בפ"ת שם ס"ק א' וכ' „וגם אני מצאתי זאת כתוב והוא בשאילת יעב"ץ ח"א ס' מ"ד ע"ש" וטעמו „דודאי עדיף ממימי בשר צלי וגו' ואע"ג דאנן מחמרינן ביה היא גופה חומרא גדולה דהא שפיר בקיאינן בגוויה **אלא** משום דלא ליתי לאחלופי כיון דאית ביה נטייה לאודם משא"כ במראה ברוי"ן הנז' **שאין** לו נטייה לאדמומית **אלא** לשחרות וכבר שנינו משנה שלמה בשחור עצמו דיהה מכן טהור וגו' ועוד ק"ו מירוק דמקילינן ביה טובא ואפי' במראה הזהב שהרי יש בו ודאי נטייה חזקה אל האודם וגו' ולכן אין

להחמיר כלל בברוי"ן הנז' ובכתם פשיטא דלית דחש ליה" [והנה מש"כ „דמראה ברוין אין לו נטייה לאדמומית אלא לשחרות" תמוה דיש מראה ברוין שיש לו נטייה לאדמומית ויש שיש לו נטייה לשחרות. ומש"כ „וכבר שנינו" ע' לעיל בסוגריים מראב"ד ר"ן ורמב"ן, וממילא מש"כ „ק"ו מירוק" אינו מוכרח ודוק] וכ"ד החכ"א (קי"א:א), חופת חתנים (ס' י"ח), גליון מהרש"א (ס' קפ"ח), פת"ז (ס' קפ"ח ס"ק ב'), בטה"י (קפ"ח ס"ק ב') כ' „יש להקל בכתם והמיקל אף בבדיקה לאחרים לא הפסיד", ובערה"ש (ס' קפ"ח ס"ט) כ' „מ"מ בצבע ברוי"ן חלילה להחמיר" וע' בלבושי מרדכי (יו"ד ס' ק"י, קי"א) דמסיק „והנה לדינא מ"ש ברוין כמו קאסטאמען או קאפפע חרוך וכן מ"ש שווארצען קאפפע בלא תערובת חלב ודאי יש להחמיר וכן אני נוהג. אבל מראה קאפפע כמ"ש בא מחנות או מראה קאפפע בתערובת חלב שהוא כמ"ש הש"ך בלבן שהוכה' לבנותה ע"י עפר פשיטא שאין מקום להחמיר שאין בזה לא שחרות ולא אדמומית כלל". אבל בס' ראש אפרים (ס' ל"ח ס"ק נ"ט) הביא דברי סד"ט הנ"ל וחלק עליו, וכ"נ דעת הבית שלמה (יו"ד ח"ב ס"ד), וכ"כ בבית מאיר (ס' קפ"ח) „ובזה הברור דכל מראה בראהן טמא דתמיד או דנוטה למראה אדום או למראה שחור", וכ"כ בפרדס רמונים (ס' קפ"ח ס"ק א'), וכ"מ מפרי דעה (ס' קפ"ח ס"ק א') וכן בלחם ושמלה (ס"ק ב'), ובפת"ז הביא מעצי לבונה ומי נדה להחמיר ובדר"ת (ס"ק ג') הביא בשם תשורת ש"י להחמיר ומאמרי יושר באשה שאינה יכולה לטהר עצמה לבעלה והעלה שם להיתרא „אמנם לענין בדיקת הפסק טהרה וז"נ דעתו להחמיר גם בזה" ע"ש וע' בדר"ת (ס"ק ו') שמסיק „גם במראה ברוין יש להחמיר מספק". וע' בשמלה (שם ס"ק ב') „ולפע"ד לא נהירא [כסד"ט] דהא עינינו הרואות דמראה ברוין הוא מהול מאדום ושחור וא"כ מסתבר לומר דאדום הוא אלא שלקה קצת". [ופליאה שהזכירו הפוסקים מראה ירוק ככרתי או כעשבים דאינו שכיח כ"כ כברוין וכ"ש מראה בלו"א שהזכירו המרדכי והרמ"א דכמעט לא שכיח ומראה ברוין דשכיח הרבה השמיטו הראשונים והמחבר והרמ"א לגמרי, ודוחק לומר בזה דנשתנה הטבע. והנראה בזה דבלשון חז"ל נכלל בצבע מסויים גוונים שונים כגון בירוק נכלל גם ירוק ככרתי או כעשבי השדה שקורין גרי"ן (ע' ס' קפ"ח ס"א וש"ך ס"ק ה') גם בלו"א (כמ"ש הרמ"א שם וע' רש"י ברכות ט: ד"ה תכלת) וגם ירוק כמראה השעוה או הזהב (ע' מחבר שם) וגם ירוק כאתרוג או כחלמון ביצה (ע' ש"ך ס"ק ד') שקורין יעל"א (ע' נדה י"ט: תד"ה הירוק). ונראה דבלשון חז"ל מראה ברוין הנוטה לאדום או שיש בו אדמומית נכלל בצבע אדום והנוטה לשחור או שיש בו שחרות נכלל בצבע שחור וכשאינו נוטה לא לאדום ולא לשחור נכלל במראה ירוק. ע' רע"ב (ב"ב פ"ה מ"ו) דתנן „שחמתית ונמצאת לבנה" שכ' „שחמתית. אדומה וכל חום (בראשית ל') מתרגמינן שחום" וכן ע' רשב"ם שם. וכן ע' גיטין (ס"ט.) „סומקא דלולבא" פרש"י „דבר אדום הגדל בלולב" ועינינו רואות דהוי ברוין אלא כיון שנוטה לאדום קרוי אדום. וכן ע' סוכה (ל"ה:) „האי אתרוגא דאגליד כאהינא סומקא כשרה" פרש"י „כאהינא סומקא. תמרה אדומה ואף זה לאחר שנקלף נהפך לאדמומית כדרך כל הנקלפים בפירות" ויש בזה ב' ראיות חדא התמרה מראה ברוין ולא אדום וכן פירות הנקלפים נהפכים לברוין ולא לאדום אלא כיון שנוטה לאדום קרוי אדום. וכן ע' רש"י בכורות (ו.) „חמור אדום בעלמא הוא וליחייב בבכורה קמ"ל סתם סוסים אדומים הן" והלא סתם סוסים מראה ברוין אלא כיון שנוטה לאדום קרוי אדום וכהנה רבות ואכמ"ל. מ"מ לענין הלכתא כיון דפליגי בזה הפוסקים מידי ספיקא לא נפקי, וע' אגרות משה (יו"ד ח"ב ס' ע"ח) שכ' במראה ברוין אם ראתה כתם בהרגשה תוך ג' ימים של פסיקת הדם יש להחמיר, ובלא הרגשה יש להקל בכתם אף בתוך ג' ימים ראשונים, „ואם היה זה בלא הרגשה אבל ע"י בדיקה שהוא ספק שמא הרגישה יש מקום להקל בשעת הדחק במראה געל וברוין אף בג' ימים ראשונים כיון שהוא רק ספק הרגשה" ושמעתי מפיו שליט"א חילוק בין ברוין עז שיש בו אדמימות שאסור בבדיקה אף בשעת הדחק ואף ביום ז' וחזקת טהרה וע' אג"מ (יו"ד ח"ג ס"ס נ"ה) ואכמ"ל.

(נ) כ' המחבר (ס' קפ"ח ס"א) **„ואין טהור**

A Rav must be consulted

Therefore, if a woman discovers any of these questionable colors, a Rav must be consulted and the cloth or garment containing this stain must be shown to the Rav for his determination (**נג**). Various factors *may possibly* affect this determination. Where applicable, these should be mentioned to the Rav.

Factors to be mentioned to the Rav

6. The following is a list of examples* of factors which *may possibly* affect the determination and should be mentioned to the Rav:

*Note: The purpose of this list is only to offer examples of factors which *may possibly* affect the Rav's determination and, where applicable, should be mentioned to the Rav. It is by no means a comprehensive list, nor should one assume that the presence of one or more of these factors *will* affect the determination. This *must* be decided by the Rav.

Examples: a) Was the stain found on an examination cloth (**עד**, בדיקה, see D 1 and Chapter III B 3) or was it found on a garment (כתם) (**נד**) (see D 2)?

[If found on a garment, what color is the garment (see D 2 b)? From what type of material is it made (see D 2 c)? How large is the stain (see D 2 a)? If found on an examination cloth, was the cloth prechecked (see Note on D 3)]?

b) Prior to the discovery of the stain, did she feel her uterus opening? Did she feel liquid or discharge, as during menstruation (**נה**) (see C)?

c) Was it found during the הפסק טהרה examination (see Chapter III A)? Is it the מוך דחוק (see Chapter III C)? Is it from the שבעה נקיים (Seven Clean Days, see Chapter IV A)? If so, which day is it from (**נו**)?

אלא מראה לבן וכן מראה ירוק אפילו כמראה השעוה או הזהב" ע' פ"ת ס"ק ב' משל"ה וס"ט, וע' בחכ"א (קי"ז:ט) שכ' „ונ"ל אפילו כמראה געל כשעוה ופשיטא כזהב יש להחמיר בבדיקה זו" וע' ערה"ש (ס' קפ"ח ס"ז). **שמעתי** מפי הגרמ"פ שליט"א להחמיר במראה געל כשעוה וזהב וכ"ש כשנוטה לאדמימות בבדיקת הפסק טהרה (וע' בדבריו לעיל בהערה מד).

(נא) שם ונראה דמראה זהב הוא כעין געל אדום שמבהיק.

(נב) שמעתי מפי הגרמ"פ שליט"א להקל במראה ראז"ע, אכן אין להקל בזה בלא שימוש (וע' ת' צ"צ יו"ד ס' קכ"ד, בינת אדם שער או"ה ס' י"ב).

(נג) כמבואר בפוסקים (ע' לעיל הערה כו). **אשה** פקחת רואה דם ע' שו"ת דברי חיים (יו"ד ח"ב ס' פ"א) וע' אג"מ (יו"ד ח"ג ס' מ"ה).

(נד) דכתם בלא הרגשה הוי דרבנן כמ"ש המחבר (ס' ק"צ ס"א) וע"י בדיקה הוי ספק דאורייתא ע' פת"ת (ס' קפ"ג ס"ק א') ולקמן בהערות צא, קיח, וע' לעיל סוף הערה מט מש"כ מאג"מ.

(נה) ע' ס' ק"צ ס"א ולקמן בהערות סג, סד.

(נו) הנה בדיקת ההפסק טהרה היא היותר חמורה דמחזיק שפסקה דמיה, וע' לעיל הערה מד מש"כ בפת"ז אדברי החכ"א בבדיקת המוך דחוק, ובדיקת שחרית של יום ראשון יותר חמורה משאר בדיקות דתוך ג', ותוך ג' יותר

d) Did the stain occur during the days she is permissible to her husband (ימי טהרה)? Did it occur on a day she is anticipating her period (יום הוסת) (**נז**)?

e) Is she a bride prior to her wedding? Did she recently marry (**נח**)?

f) Is she pregnant? Did she recently give birth? Is she nursing (**נט**)?

g) Was it found right after cohabitation? Was it found right after urination? How long afterwards was it found (**ס**) (see D 5)?

h) Is there a suspicion of internal injury or irritation (e.g. are internal examinations (**בדיקות**) or marital relations painful)? Does she have an external injury or irritation (e.g. hemorrhoids) (**סא**)?

חמור מאחר ג׳ [לענין כתם על בגד צבוע תוך ג׳ ע׳ פת״ת (ס׳ קצ״ו ס״ק י״ב), **אג״מ** (יו״ד ח״א ס׳ צ״ה וח״ב ס׳ ע״ח)] ולפי דעת הגרמ״פ שליט״א יש דינים שג׳ ימים ראשונים תלוים בפסיקת זיבת הדם ולא בהפסק טהרה ולכתחלה בעינן מעל״ע [ע׳ אג״מ יו״ד ח״ב ס׳ ע״ח סד״ה בדבר ויו״ד ח״ג ס׳ נ״ה ענף ו׳, ובד״ה עכ״פ, וס׳ נ״ו אות א׳ וכן שמעתי מפיו שליט״א וע׳ בתשובות הגרמ״פ שליט״א בסוף הספר (אות ו׳) ודוק] וע׳ בס׳ טהרת מים (מה״ר ס׳ ע״ו, מה״ב ס׳ נ״ז) מש״כ מס׳ מחשבות בעצה להמציא עצה לדעת אם ספירת נקיים של אשה זו הבאה לשאל הם מה״ת או מדרבנן, ובאופן זה כ׳ להקל בכמה דברים ע״ש.

(נז) אף דבימי טהרה קיל טפי דהא אית לה חזקת טהרה מ״מ יום הוסת חמור יותר משאר ימי טהרה דחזקה אורח בזמנו בא, לפיכך שמעתי מפי הגרמ״פ שליט״א דבדיקות וכתמים ביום הוסת דינם כאחר ג׳ ולא כשאר ימי טהרה ובתשובותיו בסוף הספר (אות ו׳) כ׳ „הא אין לחוש מצד וסתה אלא למראה הוסת וכיון שדרך וסתה הוא בדם אדום אין לחוש לגעל״.

(נח) כלה קודם החתונה דינה כשעת הדחק כדי שלא תהא חופת נדה ולפעמים יש לתלות שבבדיקות נגעה בבתולים (ע׳ אג״מ יו״ד ח״א ס׳ פ״ז ומנחת יצחק ח״ד ס׳ נ״ח אם דם בתולים שלא ע״י תשמיש אוסר). אחר החתונה לפעמים לא נשברו הבתולים לגמרי (ע׳ ערה״ש ס׳ קצ״ג ס׳ י״א) או לא חיתה המכה (ע׳ ס׳ ק״צ ס׳ מ״ב וט״ז ס״ק ל״ב).

(נט) מעוברת מסולקת דמים שהעובר מעכב (ע׳ ס׳ קפ״ט ס׳ ל״ג וט״ז ס״ק מ״ח ובכ״מ), ביולדת יש לצרף לפעמים דם טוהר דאסור מגזרת הגאונים ולא מה״ת (ע׳ טור ס׳ קצ״ד ורמ״א סס״א), וכן יש לתלות בתפירות שאחר הלידה (כמו שנכ׳ בפנים לקמן), וכן שכיח הרבה שיש להם אחר הלידה חולי שקורין העמארויד״ס ורואים מחמת זה כתמים ובקינוח. נשים המניקות אע״ג שמסולקות דמים (ע׳ ס׳ קפ״ט ס׳ ל״ג) מ״מ בזה״ז יש הרבה נשים שאחר שמיניקות רואות דם ואומרים חכמי הרפואה שבא מן המקור וע׳ בתשובות הגרמ״פ שליט״א (אות ב׳) מש״כ בזה.

(ס) ראתה מחמת תשמיש בס׳ קפ״ז. אשה שמצאה דם בהשתנה בס׳ קצ״א [ע׳ רמ״א ס׳ קפ״ז ס״א „וי״א שאין אנו בקיאין איזה מיקרי מחמת תשמיש כי אין אנו בקיאין בשיעור הנזכר וגו׳״ ע״ש ובאחרונים. ולענין שיעור דאחר אחר בנדה (י״ד:) אף שאינו מפורש באחרונים ע׳ בערה״ש (ס׳ קפ״ז ס׳ י״ד) שכ׳ „אבל מ״מ אם החכם מבין ברור לפי דבריה שלא היה סמוך כדין נ״ל דאין לאסור אף לדידן וגו׳״ ע״ש. ושמעתי מפי הגרמ״פ שליט״א שאשה שמצאה דם בקינוח אחר השתנה אם מיהרה לקנח דין הקינוח כבדיקה ואם לא מיהרה דין הקינוח ככתם וכ״כ בתשובותיו בסוף הספר (אות י״ג) וביאר שם טעמו]. לענין נייר שמשתמשים לקינוח ביה״כ ע׳ לקמן בהערה קטז.

(סא) לתלות במכה ע׳ ס׳ ק״צ ס׳ י״ה ובכ״מ. אשה מוכת שחין ע׳ ערה״ש ס׳ ק״צ ס׳ קל״ט. אשה שמרגישה כאב כשבודקת או משמשת הרבה פעמים הוא מחמת שיש לה מכה באו״מ וצריך לברר ע״י הרופא, ולענין סמיכות על

[Is there any other cause to which the stain could be attributed? Examples: she gave birth recently and had stitches; she found blood on her bedsheet and she or a child had a nosebleed; she was examined internally by the doctor (see Notes on B 1,2 and 4 also see D 2 d)].

i) Is her period unusually long? Is she having difficulty in conceiving (**סב**)?

C. IF A WOMAN FEELS THAT HER UTERUS HAD OPENED OR SHE FEELS A DISCHARGE

She should examine herself immediately

1. If a woman feels that her uterus had opened (**סג**), or she feels liquid or discharge *as during menstruation* (**סד**), she should examine herself immediately* (**סה**). If she discovers a clear white discharge or one of the colors which do *not* render her a Niddah (see B 4) she is not considered a Niddah (**סו**).

*See Note on page 15.

הרופא ע׳ לעיל (סוף הערה לג). וע׳ ט״ז (ס׳ ק״צ ס״ק כ״ג) וערה״ש (ס׳ ק״צ ס״ע) באשה שרגילה לראות דם מבית הרעי שלה וכן בבינת אדם (שער בית הנשים ס״ז).

(סב) שמעתי מפי הגרמ״פ שליט״א דבכה״ג הוי מקום צורך או שעת הדחק והוא לפי ראות עיני המורה להקל אם יש ספק בהמראה ואין בו אדמימות. ובכה״ג יש כשהטבילה נדחה יום או יומים מטעם שאין מקוה בעיר וחל ליל הטבילה בשבת או יו״ט ואם נחמיר ידחה. ונראה דאם השואלים אינם זהירים בשמירת מצוות כגון שמטפלים עמהם להשיבם בתשובה ואם נחמיר עליהם חוששין שמא ח״ו יחזרו לסורם הוי שעת הדחק. וכל מה שכתבנו כאן הוא רק להעיר להשואל וח״ו אל יורה מכאן כי כתבנו בקיצור וברמיזה.

(סג) כ׳ המחבר (ס׳ ק״צ ס״א) „ואם הרגישה שנפתח מקורה להוציא דם ובדקה אח״כ ולא מצאה כלום יש מי שאומר שהיא טמאה״ [כ׳ בתוה״ש (ס״ק ב׳) „אף שבב״י לא נמצא מי שחולק בזה מ״מ כ׳ בלשון יש מי שאומר לפי שלא מצא הדבר בשום פוסק רק בת״ה לכן כתב בשם יש מי שאומר וכן הוא דרכו בש״ע כמ״ש הסמ״ע כמה פעמים״ (וע׳ סד״ט ס״ק ג׳)], חכ״א ס׳ קי״ג ס״א וע׳ נוב״י (מה״ת ס׳ קי״ח) דטומאה זו טומאת ספק ולא טומאת ודאי וע׳ ת׳ מאהבה (ח״ג ס׳ שס״ג).

(סד) כ׳ החכ״א שם „ולא עוד אלא שאפילו אם לא הרגישה זיבת דם רק שהרגישה שנפתח מקורה להוציא דם אם לא בדקה את עצמה אח״ז תיכף או אפילו בדקה ולא מצאה כלום טמאה שאני אומר טפת דם כחרדל יצא ממנה ונאבד וגו׳״ משמע דאם הרגישה זיבת דבר לח ולא בדקה עצמה תיכף אף שבדקה לאחר זמן ולא מצאה כלום טמאה, וע׳ פת״ת (ס׳ ק״צ ס״ק ו׳) שכ׳ מחת״ס (ס׳ ק״נ) „מיהו כ״ז בהרגשת פה״מ וגו׳ אבל הרגשת זיבת דבר לח אפי׳ יהיבנא ליה להגאון נו״ב ז״ל [הובא לעיל הערה לד] שהוא הרגשה דאורייתא (מה שאינני מודה לו) מ״מ היינו שאם ראתה דם ע״י הרגשה כזו חייבים עליו כרת וגו׳ אבל שיהיה הרגשה כזו מוציאה מחזקת טהרה שלה עד שנאמר שאם נאבד העד או שאינו בדוק תהי׳ בספק טומאה זה לא אמרינן וגו׳״. ע׳ לעיל (הערה לד) שכתבנו מהגרמ״פ שליט״א דזיבת דבר לח הוי הרגשה ושמעתי מפיו שליט״א דאם הרגישה זיבת דבר לח [בברירות ולא מחמת נערוועץ] ובדקה ולא מצאה כלום טמאה וכ״כ בתשובותיו בסוף הספר (אות ח׳).

(סה) כ״מ מהפוסקים. **בשיעור** מיד דהכא ע׳

If she discovered a red or black discharge or stain — even if minute — (see B 4) she is considered a Niddah (סז). If she discovered one of the questionable colors (see B 5) her status is questionable and requires the determination of a Rav (סח).

*Note: A woman who experiences constant discharges and finds these examinations difficult should examine herself after three such incidents. Should she find a discharge of the colors which do not render her a Niddah three consecutive times, many Poskim hold that no further examinations are required when feeling a similar sensation — except during the Seven Clean Days and on the day that she is anticipating her period (יום הוסת) (סט). A Rav must be consulted.

(For a description of the examination, see Chapter III B 4, and Chapter IV B 1.)

If she did not discover any discharges or stains

2. Even if she examined herself immediately and did *not* discover any dis-

---

פ"ת (ס"ק ה') שכ' „עח"ד שכתב דאפילו בדקה עצמה בתוך שיעור וסת ולא מצאה כלום טמאה ע"ש אכן דעת הכו"פ בס"ק ג' אינו כן אלא דדוקא אם לא בדקה תיכף כשיעור וסת אמרי' חזקה דראתה משא"כ אם בדקה בתוך שיעור וסת ע"ש וכ"נ דעת הס"ט כמו שאכתוב בס"ק שאח"ז ועמש"ל ס"ק ז' בשם נודע ביהודה [וע' בת' חת"ס סי' קס"ח שמסופק בדין זה]" וע"ש (בס"ק ו') שכ' „וע' בס"ט שנסתפק באם מצאה מראה טהורה דתולה הרגשה בזה עד כמה זמן יכול לתלות בהא כו' ע"ש. ומזה מוכח דס"ל להס"ט ג"כ כדעת הכו"פ הנ"ל בס"ק הקודם ולא כהח"ד דאל"כ אמאי לא מוקי לה כשבדקה בתוך שיעור וסת וכמ"ש הח"ד בסי' קפ"ח שם א"ו בכה"ג אף אם לא מצאה כלום טהורה" [ובערה"ש סס"ו כ' „וגם דעת הס"ט כן הוא והפ"ת שגה בזה ודוק". וע"ש (ס"ז, ח) דס"ל דכשמצאה מראה טהור תלינן עד מעל"ע] וע' נוב"י ס' קי"ט.

(סו) כ' החכ"א (ס' קי"ג ס"א) „לפיכך אם בדקה עצמה תיכף ומצאה מראה כשרה כגון ליחה לבנה או ירוקה או כמראה געל טהורה שגם דברים אלו באים מן המקור ולא מחזיקינן איסור שאינו לפנינו כיון שיש לפנינו דבר טהור לתלות בו" וכ"מ מדברי המחבר (ס' קפ"ח ס"א) „ואפילו הרגישה שנפתח מקורה ובדקה מיד ומצאה מראות הללו טהורה" ותוה"ש (ס' ק"צ סס"ק ב'). מש"כ ליחה לבנה ע' פת"ת (ס' ק"צ ס"ק ו') „מהו מראה הטהורה כי לעולם תוציא לפנינו הבדיקה מלוכלכות בשלוי"ם מלכלוכי הגוף ונפל פיסא בבירא וגו'" ע"ש.

(סז) ס' קפ"ח ס"א. [שמעתי מפי הגרמ"פ שליט"א דאם יש לה מכה באותו מקום והרגישה זיבת דבר לח שלא בשעת וסתה יש לתלות במכה וע' בתשובותיו בסוף הספר (אות י"א). ונראה דזהו דוקא בזיבת דבר לח אבל לא בפתיחת המקור].

(סח) ע' לעיל הערות מז־נג.

(סט) ע' שו"ת מהרש"ם (ח"א ס' קפ"ח) שכ' „דאם בדקה ג' פעמים ונמצאת טהורה גם בתוך ז' נקיים יש להקל בכה"ג". והסכים לעצה זו הגרמ"פ שליט"א אבל אמר שמועיל רק כשיש לה חזקת טהרה אבל לא ליום הוסת שיש חיוב בדיקה וכ"כ בתשובותיו בסוף הספר (אות ט') וכ' „ולשבעת ימי ספירת נקיים שלה צריכה בדיקה ג"פ ביחוד לימי ספירה וכו'" ע"ש (וע' לקמן הערה עה) ובטה"י (ס' ק"צ ס"ד) כ' דמהני ג' בדיקות אפילו לז"נ כמהרש"ם אולם כ' לחלק בין זיבת דבר לח (דמהני הבדיקות) לפתיחת המקור דא"א לטהרה בלא בדיקה וע' בערה"ש (ס' ק"צ ס"ט) אף דג"כ כ' דיכולה לתלות במראה לבן אבל כ' „ומ"מ צריכה לבדוק".

charges or stains, she *may* be considered a Niddah (**ע**). The reason for this is that, in most instances, the purpose of the uterus opening is to exude unclean discharges (**עא**). Therefore, since she felt her uterus opening or she felt a discharge but was unable to attribute it to any discovered fluid, we assume that blood has been emitted but was wiped off or absorbed (**עב**). Therefore, a Rav must be consulted (see 5).

If she was unable to examine herself immediately

3. Similarly, if she was unable to examine herself immediately, but did so after some time, even if she did not discover any discharges or stains, a Rav must be consulted (**עג**).

If a woman is accustomed to emit clear discharges

4. If a woman is accustomed to frequently emit clear white discharges* or those of the colors that do not render her a Niddah (see B 4), and she felt a discharge [or a sensation similar to that which she normally feels when she experiences a discharge] but was unable to examine herself immediately, even if when she examined herself later nothing was discovered, she is not considered a Niddah (**עד**). However, if this occurred on the day that she is anticipating her period (יום הוסת), many Poskim hold that she is considered a Niddah (**עה**). A Rav must be consulted.

*See Note on page 15.

(ע) ע׳ לעיל הערה סד, חכ״א ס׳ קי״ג ס״א.

(עא) כ׳ החוו״ד (ס׳ ק״צ ביאורים ס״ק ל״ז) „דרוב פתיחת המקור מנשים למראות טמאות הן וגו׳״ (הביאו בפת״ת ס״ק ו׳) וכ׳ בתה״ד (ס׳ רמ״ו) דהוא מקור דין המחבר „ונראה דאשה דהרגישה ובדקה אח״כ ולא מצאתה כלום יש לטמאה דודאי יצא טיפת דם כחרדל ונתקנח או נימוק וגו׳״ (וכתבו הט״ז ס״ק ג׳).

(עב) שם.

(עג) כ׳ החכ״א (ס׳ קי״ג ס״א) „אם לא בדקה א״ע אח״ז תיכף וגו׳ טמאה שאני אומר טפת דם כחרדל יצא ממנה ונאבד שבודאי בחנם לא תפתח המקור״ וע׳ לעיל הערה סה ולקמן בפנים אצל הערה עו.

(עד) כ׳ החכ״א (כלל קי״ג ס״ג) „וכן אשה שהיתה מתעטשת בחוזק וכח וע״י כח גדול של העיטוש ניתז ממנה למטה מי רגלים לפי דעתה ולא בדקה עצמה ואח״כ מצאה בכתונת כתם קטן פחות מכגריס תלינן במצוי שהיה מ״ר דכן דרך נשים לפעמים וגו׳ [הובא גם בפת״ת ס״ק ג׳ ע״ש]. ונ״ל דה״ה נשים שרגיל בהם ליחה לבנה ומוחזקות בזה אפי׳ הרגישה זיבת דבר לח ולא בדקה טהור כיון שמוחזקת בכך ורגילה בכך תלינן במצוי״ וע׳ בערה״ש (ס׳ ק״צ ס״ט) וטה״י (ס׳ ק״צ ס״ק ד׳ וע״ש ביד״א ס״ק ח׳), ולעיל הערה סט וכ״מ מחזו״א (ס׳ פ״ט ס״ק א׳) [ואף שבפת״ז (ס׳ ק״צ ס״ק ג׳) כ׳ משו״ת בית שלמה (ס׳ ל״ו) שצווח על היתר זה מ״מ כ׳ משו״ת ד״ח (ח״א יו״ד ס׳ ל״ד) ועוד אחרונים להקל].

(עה) ע׳ טה״י שם וכ״מ מחזו״א וכ״כ בפתחא זוטא שם משו״ת קנאת סופרים. ונראה דאף ביום הוסת אם מצאה מראה טהור טהורה. וע׳ לעיל בהערה סה עד כמה זמן יכולה לתלות בה.

If a woman was wearing undergarments

5. There is a view which holds that if a woman [who felt her uterus open or felt a discharge] was wearing close fitting underpants or a sanitary napkin or tampon, even if she was unable to examine herself immediately, and upon examination did not discover any discharge, it is questionable whether she is considered a Niddah. The reason is that if she would have experienced bleeding, it would appear on the underpants, napkin, tampon or examination cloth (**עו**). A Rav must be consulted.

Pregnant or nursing women who feel discharges or the uterus opening

6. The halacha is different for a woman who is pregnant* (**עז**) or nursing (**עח**). Even if she feels that her uterus had opened or she feels liquid or discharge

*See Note on page 18.

(עו) כך שמעתי מאיזה פוסקים אולם הגרמ״פ שליט״א בתשובותיו בסוף הספר (אות י׳) כ׳ לאיסור וז״ל „גם בלבושה מכנסים ואפילו מהודקים לגופה ובדקה תיכף ולא מצאה עלייהו כלום נמי אין טעם לטהרה דיש לחוש שמא יצא רק מעט דם ונתקנח על בשרה שם או אף נפל באופן רחוק, ולפ״מ שכתבתי לעיל אף בהרגשת זיבת דבר לח נמי יש לאוסרה, וא״כ כ״ש כשלא בדקה תיכף אלא אח״כ שאינו כלום, אך שייך לשאול זה באשה המחוייבת לבדוק מאיזה טעם ולא בדקה עד אחר שהשתינה אם מועיל בבדיקת המכנסים, אבל הא פשוט שבדיקת המכנסים לבד לא יועיל דצריך גם לבדוק גופה וכיון שהשתינה הא א״א שוב לבדוק גופה ואין לטהרה כשמחוייבת בדיקה וכו׳״.

(עז) כ׳ בתוה״ש (ס׳ ק״צ ס״ק ב׳) „ונראה דבהני נשים שהן בחזקת מסולקת דמים כגון מעוברת ומניקה דאפילו נפתח מקורה טהורה אף אם לא מצאה כלום וגו׳ ומבואר להדיא בש״ס דנדה דף ט׳ דאפילו למ״ד וסתות דאורייתא לא בעי בדיקה בימי עיבורן וא״כ ה״ה הכא ודוק היטב״ הביאו הפ״ת (שם ס״ק ז׳) ואף שהסד״ט (ס״ק ג׳ ד״ה עוד) תמה על טעמו מ״מ כ׳ „מיהו י״ל דבריו נכונים״ והביאו ג״כ החכ״א (ס׳ קי״ג ס״ב), וגר״ז (ס׳ ק״צ ס״ק ב׳), ובערה״ש (שם ס׳ י״ג) כ׳ „ודברי טעם הם״, והביא בגליון המהרש״א דברי תוה״ש וסד״ט, ויעב״ץ (ח״ב ס״ה הביאו הפ״ת שם). אבל כ׳ בח׳ רע״א „ומדברי התפל״מ גבי מעוברת שמרגישה שנפתח מקורה להוציא הולד מבואר דל״ס כהמנ״י [הוא תוה״ש] וכ״כ בפשיטות בת׳ נ״ב מ״ת סק״כ״, וכ״כ בחת״ס יו״ד ס׳ קס״ח, ומל״ט. וע׳ בחזו״א (ס׳ פ״ט ס״ק א׳) שכ׳ אחר שהביא המח׳ „ונראה דלא פליגי, דדברי הס״ט באשה הרגילה בפליטת שטפון מרחמה בשעת עיבורה והנקה, אבל מסולקת דמים, ודברי המחמירים באינה רגילה בכך״.

(עח) שם [ואין לומר דשאני מינקת ממעוברת דבזה״ז יש נשים מיניקות שרואות דם דהא יש מעוברות נמי שרואות דם (כמ״ש בנובי״ק אה״ע ס׳ ס״ט ואף דהנוב״י לא ס״ל כתוה״ש (בהערה עז) היינו מטעם אחר דא״א לפה״ק בלא דם כמ״ש בנובי״ת ס״ס ק״כ ודוק) מ״מ סברת מעוברת הוא כמ״ש בסד״ט (ס׳ ק״צ ס״ק ג׳ סד״ה עוד) „משום דרוב דמים באשה טמאים וגו׳ וכל זה באשה שהיא בחזקת רואה אבל באשה שהיא בחזקת מסולקת דמים טפי מיסתבר למיתלי להתירה שהיתה מראה לובן וירוק ונימוק או נאבד שכן דרך אפי׳ במעוברת

as during menstruation, she is only considered a Niddah if she discovers one of the prohibited or questionable colors (עט) (see B 4 and 5). However, if upon examination she discovers no discharge [or she finds one of the colors which do *not* render her a Niddah], many Poskim hold that she is *not* considered a Niddah (פ). A Rav must be consulted.

Why is there a difference between pregnant and nursing women and other women?

7. The reason for this difference between pregnant* and nursing women and other women is that they are considered "בחזקת מסולקת דמים" (פא) — that is, we presume that while they are pregnant or nursing their menstruation is suspended (פב). Therefore, any fluid that would flow from her uterus is assumed to be of the colors that do not render her a Niddah (פג).

*Note: A woman is *not* considered pregnant for this and other halachos of Hilchos Niddah unless three months of pregnancy have passed (פד). There is a view which holds that a urine (HCG) test is sufficient to confirm pregnancy —where performed by a competent and experienced person (פה). There is a view which

---

ומיניקה מלמיתלי בדם כנ״ל״ וסברא זו שייך נמי במינקת. ונראה דה״מ במינקת סתם אבל במינקת שמוחזק׳ לראות דמים ואיתרע חזקת מסולקת דמים דינה כשאר נשים, ע׳ שו״ע (ס׳ קפ״ט ס׳ ל״ג). ושמעתי בשם מו״ר הגר״א קטלר זצ״ל דמינקת בתוך ב׳ שנים אף בזה״ז חשובה מסולקת דמים וע׳ תוס׳ חדשים נדה פ״א מ״ד וח״ס ס״ע וע׳ אג״מ (יו״ד ח״ג ס׳ נ״ב ד״ה והנה במניקה) ולקמן בהערה פה, פז].

(עט) תוה״ש ופוסקים בהערה עז.

(פ) שם.

(פא) תוה״ש ופוסקים לעיל בהערה עז.

(פב) שם.

(פג) כ״כ בחכ״א (ס׳ קי״ג ס״ב).

(פד) ע׳ משנה (ז:) „מעוברת משיודע עוברה״ ובגמ׳ (ח:) „וכמה הכרת העובר סומכוס אומר משום ר״מ ג׳ חדשים״ [ע׳ מאירי (שם ד״ה ראתה) בביאור הענין וז״ל „שאין סלוק הדמים עד שעת הכרת העובר, שהולד מכיר חיותו ומכביד עליה ראשה ואיבריה ודמיה מסתלקין וגו׳״] ע׳ ס׳ קפ״ט ס׳ ל״ג וחכ״א ס׳ קי״ב ס׳ ל״ט.

(פה) כ׳ בס׳ פר״ר (ס׳ קפ״ד במ״ז סס״ק י׳) „דאם ידוע לנו בודאי שעדיין הוא קודם ג״ח לא מהני הכרת העובר״ (וכ״כ בערה״ש ס׳ קפ״ט ס׳ פ״ב) אבל שמעתי מפי הגרמ״פ שליט״א דיש לסמוך בזה״ז על בדיקה שעושים הרופאים ע״י מי רגלים להבחין שמעוברת היא אף קודם ג׳ חדשים דאמרינן נשתנה הטבע, אולם בת׳ רע״א (ס׳ קכ״ח בא״ד לענ״ד) כ׳ דלא אמרינן בזה נשתנה הטבע [וז״ל „לענ״ד הא הסילוק דמים הוא רק משהוכר עוברה, ואף דעינינו רואות בנשי דידן דמיד כשנתעברו מסולקות דמים ונשתנו הטבעים, וכמ״ש תוס׳ גבי עינוניתא דוורדא, הא חזינן בש״ע (סי׳ קפ״ט סל״ג וכן בס׳ ק״צ סנ״ב) וא׳ מעוברת שהוכר עוברה. ולא נזכר רמז באחרונים שלדידן אף בלא הוכר עוברה כן״] ואמר ע״ז הגרמ״פ שליט״א דהתם (בת׳ רע״א) אמרינן האי סברא להקל על א׳ לבא בקהל דמקילים טפי וע׳ אג״מ (יו״ד ח״ג ס׳ נ״ב) שכ׳ „והנה ראיתי בתשובת רעק״א סימן קכ״ח שכתב ואף דעינינו רואות בנשי דידן דמיד כשנתעברו מסולקות דמים ונשתנו הטבעים הא חזינן בש״ע סימן קפ״ט ובסימן ק״צ שבעינן הוכר עוברה, הנה נעלם

holds that a confirmation of pregnancy as a result of a doctor's internal examination is sufficient (**פו**).

There is a view which holds that nowadays a woman after childbirth who is nursing, upon experiencing her first period is considered comparable to other women for this and other halachos of Hilchos Niddah (**פז**) (see 7).

D. STAINS THROUGH AN EXAMINATION, ON A GARMENT, OR ON THE BODY

Stains through an examination

1. If a woman examines herself internally to see whether she is a Niddah (this is called a בדיקה, see Chapter III A 1) and discovers even a *minute* spot (**פח**) of the colors that render her a Niddah on a prechecked examination cloth (**פט**) (an examination cloth is called an עֵד) (**צ**) she is considered a Niddah (**צא**).

ממנו הב״ח וגם הנו״ב שסברי שסומכין ע״ז למעשה אף לדברים חמורים וכ״ש לענין הגיע הוסת ולא בדקה ולא הרגישה שיש להקל דאינו איסור דאורייתא וגם הא לשיטה ראשונה טהורה, ורק לכתחלה יש לבדוק מאחר דאפשר לברר. וגם וכי יסבור גם להקל במניקה שהוא מדינא בחזקת מסולקת דמים וכי יקל כן גם בזמננו שנשתנו שרואות דם.״ וע׳ בתשובותיו בסוף הספר (אות א׳) שהאריך בענין זה והורה לכתוב בלשון הזה „מעוברת קודם הכרת העובר צריכה לבדוק כשהגיע זמן וסתה ואח״כ אם לא ראתה תבדוק בכל יום פעם אחת וקודם תשמיש ואם שכחה איזה פעם מלבדוק מותרת אבל כשיגיע יום הוסת או ביום שלשים כששכחה ולא בדקה תיכף בשעת הוסת אסורה עד שתבדוק אבל יש מקום להקל אף כשאיחרה מלבדוק בזמן הוסת כב״י שהביא הש״ך סימן קפ״ד ס״ק כ״ג דמדאורייתא ודאי אין לאסור בזמננו שפוסקות מעוברות תיכף כשנתעברות מלראות דם, אבל כשראתה אף רק פעם אחת יש לה לחוש עד ג״ח שהוכר עוברה ואם לא בדקה בזמן הוסת תהא אסורה כהש״ך שמסיק דלא כהב״י אלא כהב״ח דיש להחמיר כמסקנת המרדכי.״ ושמעתי בשם מו״ר הגר״א קטלר זצ״ל דלא אמרינן בזה נשתנה הטבע (ע׳ דע״ת ס׳ קפ״ט ס׳ ל״ג, ח״ס ס״ע, ושו״ת באר משה ח״א ס׳ מ״ח וח״ב ס׳ ס״ח, ס״ט). והטעם שכתבנו דדוקא אם עשו בדיקה זו ע״י מומחים ומנוסים דיש כיום שמוכרים לנשים לעשות בדיקה זו מעצמם והרבה טועים בזה, ועוד שמעתי שאשה שלוקחת איזו תרופה (כגון psychotropic drugs) יכולה להיראות בנסיון כימי זה כמעוברת. ושמעתי מחכמי הרפואה שנסיון שעושים כיום בדם שקוראין Beta sub unit היא יותר בטוחה.

(פו) שמעתי מפי הגרמ״פ שליט״א דמהני בדיקת הרופא בפנים מטעם נשתנה הטבע (וע׳ לעיל הערה פה).

(פז) שמעתי מפי הגרמ״פ שליט״א, (וע׳ לעיל הערה פה) וכ׳ בתשובותיו בסוף הספר (אות ב׳) „נראה שכ״ז שלא ראתה עדיין במיניקותה אין לחוש אבל כשראתה אפילו פעם אחת יש לה לחוש ולבדוק בזמן הוסת אם היה לה קבוע או ביום שלשים״.

(פח) כ׳ המחבר (ס׳ ק״צ ס׳ ל״ג) „האשה שבדקה עצמה בעד הבדוק לה ונמצא עליו אפי׳ טיפה כחרדל בין עגול בין משוך טמאה״. ומש״כ „כחרדל״ ע׳ ש״ך (ס׳ קפ״ג ס״ק ג׳) שכ׳ „וה״ה פחות״ (ע׳ לעיל הערה כג) וה״ה הכא, וע׳ נובי״ת ס׳ ק״א.

(פט) מחבר שם. לענין בדיקה בעד שאינו בדוק לה ע׳ נדה י״ד: וס׳ ק״צ ס׳ ל״ו דאינה טמאה אלא אם יש בו כגריס ועוד, וע׳ חת״ס ס׳ ק״נ.

Wiping herself internally

Similarly, if she inserted a prechecked cloth into her vagina to wipe herself internally (this is called a קנוח בפנים) (**צב**) and discovered any amount of blood or a discharge of the other colors that render her a Niddah, she may be considered a Niddah (**צג**) (see 5). A Rav must be consulted.

Stains on garments

2. However, if she did not feel any menstrual flow or opening of her

---

(צ) הרמ״א (ס׳ ק״צ ס׳ ל״ג) פירש עד „סמרטוט מענין וכבגד עִדִים כל צדקותינו״ (ישעי׳ ס״ד:ה) ולפ״ז לכאורה הקרי עִד בחיריק [אבל זה אינו, דהוי כמו אֵש אִשִּׁים עֵז עִזִּים וכד׳ ואף דבזֵד אמרינן זֵדִים ע׳ גר״א (בדקדוקי תורה ד״ה את) נפ״מ בין שורש נחי ע״ו לשורש כפולים ועד המעיד הוי נחי ע״ו ואכמ״ל]. ובמעדני יו״ט (רא״ש פ״ק דנדה אות ה׳ ס״ק ג׳) כ׳ „ולי היה נראה שהוא מל׳ עדות שמעידים עליה אם היא טמאה או טהורה״ ולפ״ז הקרי עֵד בצירה וכ״נ מל׳ הרמב״ם (פ״ד דא״ב ה׳ ט״ו) „והם נקראים עדים בענין זה״.

(צא) ס׳ ק״צ ס׳ ל״ג. **טעם** חומרת בדיקה ע׳ רמב״ם (פ״ט שם ה״א) „ואם לא הרגישה ובדקה ומצאה הדם לפנים בפרוזדור ה״ז בחזקת שבא בהרגשה״ ע׳ גמ׳ (נ״ז:) „לעולם דארגישה ואימור הרגשת עד הואי״. **אם** בדקה ואומרת ברי לי שלא הרגשתי ע׳ שמלה (ס׳ ק״צ ס״ק ב׳). **כתב** בדר״ת (ס׳ קפ״ג ס״ק ה׳) „ועיין בשו״ת מהר״ח או״ז ס׳ קי״ב בשם מורו הר״ר עובדי׳ ז״ל שפירש שתרגיש בבשרה שמצאה דם בבשרה אפילו אינה מרגשת ביציאתו כגון דם הנמצא בפרוזדור שחייבים עלי׳ אעפ״י שלא הרגישה בו ביציאתו מן המקור״. וע׳ בשו״ע הגר״ז (ס׳ קפ״ג ס״ק ג׳) שכ׳ „ומ״מ אף הבודקת בדבר שאינו מקבל טומאה או לש״פ בצבעונין שאינן מקבלים טומאת כתמים כדלקמן סי׳ ק״צ או שמצאה פחות מכגריס נמי טמאה משום שכבר היה בבשרה מבפנים וגו׳״ וע׳ בהגה שם. כתב הפת״ת (ס׳ קפ״ג ס״ק א׳) „ואם מצאה דם בבדיקה בלא הרגשה או אחר תשמיש בלא הרגשה אי הוי ספק דאורייתא ונימא הא לא ארגשה משום דסברה הרגש עד או שמש הוא או לא ע׳ בשו״ת שב יעקב ובתשובת כתר כהונה סי׳ מ״ח שהאריכו בזה וע׳ בדברי השל״ה שהבאתי לקמן סי׳ קפ״ח ס״א אמנם הכו״פ והס״ט וח״ד כתבו דהוא דאורייתא אבל בקינוח או שלא הכניסה העד בעומק אלא מהפרוזדור ולחוץ אינו אלא מדרבנן כשלא הרגישה [וכ״כ החת״ס ס״ס קמ״ד ד״ה גלל] וכן סמוך להטלת מי רגלים הוא ג״כ דאורייתא ח״ד ע״ש״ וע׳ ערה״ש (ס׳ קפ״ג ס׳ נ״ה, ס׳ ק״צ ס׳ מ״ג, פ״ז ובכ״מ), וכו״פ (ס׳ קפ״ג ס״ק א׳), בינת אדם (בית הנשים ס״ח אות ז׳), גר״ז ר״ס קפ״ג.

(צב) פשוט.

(צג) ע׳ פת״ת (ס׳ קפ״ג ס״ק א׳ **הובא** לעיל בהערה צא) דבקינוח או שהכניסה העד מפרוזדור ולחוץ אינו אלא מדרבנן מוכח דבקינוח בפנים דינו כבדיקה [וכ״כ שם מחת״ס] ע׳ כו״פ (ס׳ קפ״ג ס״ק א׳), סד״ט (ס׳ קפ״ג ס״ק ב׳), חוו״ד (שם חידושים ס״ק ב׳, וס׳ ק״צ סק״א) וע׳ בתשובות הגרמ״פ שליט״א בסוף הספר (אות ט״ז) שהאריך בזה וכ׳ „ונמצא לדינא שבבדקה עצמה לחשיבות בדיקה משום שהוא הזמן שיש לחוש או בזמן טהרות שהצריכוה בדיקה אין לחוש למאכולת וטמאה אפילו בנמצא משהו, ואף אם לחומרא בעלמא עשתה בדיקה, אבל אם לא היתה כוונתה לעשות בדיקה משום שהיא בזמן שא״צ לדינא לעשות בדיקה אלא עשתה זה לקנוח בעלמא בלא כוונה לדינא יש לנו לתלות שקנחה גם סביבות אותו מקום וצריכה שיעור בכגריס ועוד, וכ״ש כשלא עשתה ממש רק קנוח בעלמא שאין לחוש כשליכא כשיעור כגו״ע״. לענין קינוח ביה״כ ע׳ לעיל הערה ס׳.

uterus (**צד**), nor did she insert a prechecked cloth internally, but discovered a stain (כתם, plural כתמים) (**צה**) on her garments (**צו**), nightclothes (e.g. nightgown, pajamas), or linen (**צז**) she would be considered a Niddah only if the following four conditions are fulfilled* (**צח**):

The area is larger than a כגריס

a) The stain covers an area larger than a כגריס (**צט**) [a גריס is a legume of an

*See 4 and Note on c.

(צד) ע׳ לעיל הערה סג, סד.

(צה) ע׳ מתנ׳ (נ״ח:) „ואשה כי תהיה זבה דם יהיה זובה בבשרה (ויקרא ט״ו:י״ט) דם ולא כתם״ ובגמ׳ „אמר שמואל בדקה קרקע עולם וישבה עליה טהורה, שנאמר בבשרה עד שתרגיש בבשרה״ (נ״ז:) וע״ש בסוף העמוד „אמר רב ירמי׳ מדפתי מודה שמואל שהיא טמאה מדרבנן״ ופרש״י (נ״ח.) „מדרבנן. דלמא ארגשה ולאו אדעתה״ [פי׳ דרבנן חששו מחמת ספק דלמא ארגשה ולאו אדעתא אבל מדאורייתא אין זה נחשב אף לספק (ע׳ ערל״נ ותוי״ט)] ותוס׳ (ד״ה מודה) פליגי וכתבו „דאפילו מוחזק לה שלא הרגישה טמאה הואיל וראתה דם נדות״ [פי׳ דאין גזירת כתמים משום ספק דאפי׳ ודאי לא הרגישה גזרו חז״ל הואיל וראתה דם נידות] וע׳ סד״ט (ס׳ ק״צ ס״ק צ״ג מן ד״ה וטרם) וערה״ש (ס׳ קפ״ג ס׳ מ״ז, מ״ח) ורמב״ם (פ״ט מהל׳ א״ב ה״ב) שכ׳ „וטומאה זו בספק שמא כתם זה מדם החדר בא״. **והנה** אף דדעת הרב אב״ד (בס׳ האשכול ריש הל׳ נדה והובא בחי׳ הר״ן נדה נ״ח: ד״ה לדברי והוא „אותן שאומרים״ בס׳ בעלי הנפש ריש שער הכתמים) שאין דין כתמים אלא לטהרות אבל לא לבעלה מ״מ כ׳ המחבר (ס׳ ק״צ ס״א) „וחכמים גזרו על כתם שנמצא בגופה או בבגדיה שהיא טמאה ואסורה לבעלה אפילו לא הרגישה״ וכ״כ החכ״א (קי״ג:ד) וש״פ.

(צו) כ׳ המחבר שם „או בבגדיה״ וע״ש בס׳ י״א, י״ב „נמצא הכתם על חלוקה״ ובכ״מ.

(צז) ע׳ ס׳ ק״צ ס׳ י״ד, חכ״א (קי״ג:כ), ערה״ש ס׳ ק״צ ס׳ ס״ד ובכ״מ.

(צח) כמו שיתבאר. **טעם** חומרת בדיקה מכתמים יתבאר בפנים אצל הערה קכ, וע׳ לעיל הערה צא.

(צט) כ׳ המחבר (ס׳ ק״צ ס״ה) „לא גזרו על הכתם אא״כ יש בו כגריס ועוד״ וע׳ בב״י (ס׳ קפ״ג ד״ה כתב רבינו ירוחם הובא לקמן פ״ד הערה לז) „דאין זה בכלל מה שהחמירו בנות ישראל על עצמן מטפת דם כחרדל וכו׳״. **בטעם** שהקילו בשיעור זה „שאין לך אשה שטהורה לבעלה שאין לך כל מטה ומטה שאין בה כמה טיפי דם מאכולת״ (נ״ח:) הובא בערה״ש (שם ס׳ י״ז) וכ׳ „ולכן שיערו חכמים שדם מאכולת אינו יותר מכגריס״. וע׳ חת״ס (ס׳ קפ״ב ד״ה והנה) שכ׳ „ובזה א״ש הא דבעינן שיעור גריס אע״ג דבזמנינו לא אשכחן מאכולת כה״ג מ״מ אין לך אלא מה שנאסר במנין הראשון שהיה מאכולת גדול כגריס הקלקי וגו׳״ ע״ש (ובדבריו בס׳ ק״נ ד״ה ע״ד, וכעין זה כ׳ בת׳ מעיל צדקה ס׳ כ״ז ד״ה והנה נתקשתי ושו״מ תליתאי ח״ג ס׳ נ״ז) וע׳ אג״מ (יו״ד ח״ג ס׳ מ״ו אות ב׳ ד״ה ולענין וס׳ קמ״ב אות ד׳). ומדברי ס׳ יראים (ס׳ כ״ו) שכ׳ „ואנן לא בקיאין שפיר מהו גריס של פול הלכך צריך ליזהר בכתמין לפי שיקול הדעת שאין דם מאכולת ופרעושין רבה״ מוכח לא כהחת״ס וס״ל דצריכין לשער בשיקול הדעת אם נמצא מאכולת כשיעור הזה אם לאו וע׳ בזה בס׳ שערי טהרה (ס״י). **מהו** שיעור הגריס ע׳ מתנ׳ (נ״ח:) „עד כמה תולה ר׳ חנינא בן אנטיגנוס אומר עד כגריס של פול״ וכמה שיעורו כ׳ המחבר (ס׳ ק״צ ס״ה) „ושיעור הגריס הוא כט׳ עדשים (ג׳ על ג׳) ושיעור עדשה כד׳ שערות [גירסת הש״ך ס״ק ו׳] (אגור בשם מהרי״ל שהוא ל״ו שערות כמו שהן קבועות

area equal to that of a U.S. penny (ק) (19 millimeters in diameter, see diagram 1)] (**קא**) — regardless of shape (see diagrams 2 and 3) (**קב**).

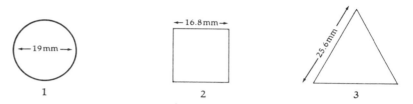

1

2

3

The stain was found on white material

b) The stain was found on white material (בגד לבן) (קג). A stain found on a

---

בגופו של אדם) וגו׳״ (ומיוסד אמתנ׳ דנגעים פ״ו מ״א). וע׳ בגר״ז (ס׳ ק״צ ס״ק י״ג) שכ׳ השיעור ברבוע שהוא מחזיק לערך ה׳ על ה׳ שעורות בריבוע שהן כ״ה, ובס׳ טהרת מים (מה״ר ס׳ ע״ו, מה״ב ס׳ נ״ז) בהגה כ׳ מס׳ מחשבות בעצה לשער ברוחב הזרת. וע׳ בחזו״א (או״ח ס׳ ל״ט ס״ק ז׳ ד״ה וכן) שכ׳ „וכן שיעור ז׳ שעורות שכ׳ הר״מ פ״ט מה׳ ס״ת ה״ט, מכוון 2½ ס״מ בערך״ לפ״ז שיעור ה׳ שעורות דהגר״ז הוא כמעט י״ח מ״מ והיינו ברבוע (ובעיגול הוא יותר ככ״א מ״מ) ע׳ שיעורין של תורה (ח:י״ח) וחזו״א (שם ס״ק ט״ו) שכ׳ השיעור 18 מ״מ. [והנה שיעור כגריס הוא באמת ברבוע כידוע אף שבעלי הוראה נוהגים לשער בעגול מ״מ אין זה עצם שיעורו] וע׳ לקמן הערה קא, קב. **לענין** כתם שחור אם לתלות עד כגריס ע׳ פת״ת (ס׳ ק״צ ס״ק י״ב) וגר״ז שם (ס״ק ט׳) ובס׳ שערי טהרה ס׳ י״ב.

(ק) כך נוהג הגרמ״פ שליט״א וכ״כ באג״מ (יו״ד ח״ג ס׳ נ״ו אות ב׳). **אם** לעמוד על השיעור לא היה אפשר אף להחכם ע׳ תשובות הגרמ״פ שליט״א בסוף הספר (סוף אות ג׳).

(קא) כך הוא שיעורו וכ״כ בס׳ טהרת בת ישראל ובהג׳ לקו׳ אמירה לבית יעקב וע׳ דר״ת (ס׳ ק״צ ס״ק מ׳), וחת״ס ס׳ קפ״ב, וחכ״א (קי״ג:ו), וערה״ש (ס׳ ק״צ ס׳ כ״ד) וחזו״א שם.

(קב) כ׳ המחבר שם „בין אם היא מרובע או אם הוא ארוך״ וע׳ סד״ט ס׳ ק״צ ס״ק ס״א ד״ה מיהו (הובא בח׳ רע״א) לענין אם הוא נצרר ועב. ע׳ שו״ת מעיל צדקה (ס׳ כ״ז) שהאריך בענין שיעורו ובפליתי (ס׳ ק״צ ס״ק י״ד) חולק עליו ובחת״ס (נדה נ״ח:) מיישבו.

(קג) ע׳ גמ׳ (נדה ס״א:) „ת״ר בגד צבוע מטמא משום כתם רבי נתן בר יוסף אומר אינו מטמא משום כתם שלא תקנו בגדי צבעונין לאשה אלא להקל על כתמיהן וגו׳״ ופרש״י „להקל על כתמיהן. שאין הכתם ניכר בו כמראה דם גמור״ ופסק הרמב״ם (פ״ט דהל׳ א״ב ה״ז) כר׳ נתן בר יוסף [ודלא כרמב״ן הביאו הרה״מ שם שפסק כת״ק] וכ״כ המחבר (ס׳ ק״צ ס״י) „וכן כתם שנמצא על בגד צבוע טהורה״ וע׳ פת״ת (שם ס״ק כ״א) שכ׳ „עי׳ בדגול מרבבה שתמה על שלא הביאו שום חולק בזה ובהג״מ פ״ט מהלכות איסורי ביאה [אות ו׳] כתב בשם רבינו שמחה וראב״ן שלא אמרו בגמרא דבר זה אלא לטהר הבגד אבל האשה טמאה וכיון שגם הרמב״ן מחמיר [בהל׳ נדה פ״ד ה״ז] כמבואר בב״י קשה להקל נגד שלשה חמורי עולם עכ״ד ע״ש ועי׳ בשו״ת תשובה מאהבה (ח״א סי׳ קס״ג) שהאריך בזה והעלה אחרי שרוב הפוסקים ראשונים ואחרונים כולם עונים כאחד שאין חוששין משום כתם בהם ודאי אין להחמיר״ וכ״פ בחכ״א (כלל קי״ג ס״ט) וכ׳ „ואין חילוק בין אם הוא צבוע אדום או שאר צבעונין״ וכ״כ במעיל צדקה (ס׳ ס״ב) „דע בני כי כל הצבעים מצילין מן הכתמים״ וכ״פ ש״פ. שמעתי מפי הגרמ״פ שליט״א דאף שנוהגים להקל בכתם על בגד צבוע מ״מ אם יש כ״כ דם על הבגד שלפי ראות עיני המורה א״א לבא בלא הרגשה יש להחמיר.

colored garment* (בגד צבוע) does not render her a Niddah (קד). Most Poskim hold that this halacha applies even if the stain was found on a garment that is in direct contact with her body (e.g. underpants) (קה).

*Note: This halacha, that a stain found on a colored garment does not render her a Niddah, only applies to a stain found on a *colored* portion of the garment. If the garment contains white spaces or was bleached or faded and the stain appears on a white space, a Rav must be consulted (קו).

A woman should wear colored undergarments during her permissible days

For this reason, it is advisable for a woman to wear colored undergarments (i.e. not white ones) and use colored sheets on her bed (קז) during the days

(קד) שם.

(קה) כ׳ החת״ס (ס׳ קס״א הביאו בפת״ת שם) „דקיי״ל כרמ״א דאשה הלובשת בגדי צבעונים מצלת על כתמים וגו׳ וזה דוקא בבגד עליון אבל בגד הסמוך לבשר כחלוק וכתונת לא שמענו״ וע׳ שו״ת מהרש״ם (ח״א ס׳ פ״א), וחזו״א (ס׳ פ״ט ס״ק ד׳) שפסקו דלא כחתם סופר שם [וע׳ בשו״ת בית שלמה (יו״ד ח״ב ס׳ ל״ג בהג״ה מבן המחבר בסופו) שכ׳ „ובהא דבגדי צבעונין ראיתי בתשו׳ ח״ס ס׳ קס״א שכ׳ דזה לא מיירי רק בבגד העליון ולא בחלוק וכתונת אלא דמספקנא בדבריו אי כוונתו רק אלכתחלה דלא תלבש או גם אדיעבד״ (וע׳ פת״ז ס׳ ק״צ ס״ק כ״א)] ובמנחת יצחק (ח״ד ס׳ קי״ח אות ב׳) כ׳ „יש לפסוק להחמיר לכתחילה ולא דיעבד״ ע״ש ושמעתי מפי הגרמ״פ שליט״א להקל בכתם על בגד צבוע אף בחלוק וכתונת הסמוך לבשר, ומורה לנהוג כרמ״א (הובא בהערה קז) ללבוש בגדי צבעונים להציל מכתמים אף בבגד הסמוך לבשר.

(קו) ע׳ פת״ת (ס׳ ק״צ ס״ק כ׳) ממעיל צדקה בדין כתם שנמצא על בגד מנומר וגו׳ „דחלק הצבע אינו מצטרף להשלים השיעור ע״ש והעתיקו ג״כ הס״ט ס״ק כ״א ובחכמת אדם שם [ס׳ קי״ג] דין יו״ד (ובבה״ט של הרב מהרי״ט ס״ק ח׳ לא העתיק יפה) אכן הח״ד כתב דגם מקום הצבוע מצטרף לכשיעור ע״ש וע׳ בזה בתשו׳ תפארת צבי חיו״ד סי׳ כ״ד דעתו ג״כ להחמיר דמצטרף ע״ש גם בשו״ת תשובה מאהבה ח״א סו״ס קס״ג מחמיר בזה וכמ״ש בס״ק שאחר זה״ ובקו׳ לתורה והוראה (חוברת ב׳ דף 21) ובאג״מ (יו״ד ח״ג ס׳ נ״ג סד״ה ובדבר) כ׳ „ולדינא כיון שטעם החו״ד מסתבר מהראוי להחמיר כהחו״ד אף שהוא איסור דרבנן ואף שרוב אחרונים סוברים כהמעיל צדקה, אבל במי שאין לו בנים ובשעת הדחק יש להקל כהמע״צ״ וכ׳ שם „במקום שנקלש הצבע מחמת רבוי הכיבוס או דלא נקלט הצבע היטיב צריך שאלת חכם״.

(קז) כתב הרמ״א (ס׳ ק״צ ס״י) „לפיכך תלבש האשה בגדי צבעונין כדי להצילם מכתמים״ וכ״כ בחכ״א (קי״ג:ט) „ולפיכך עצה טובה שתלבש אשה ותציע על מטתה בגדי צבעונין״ ונראה דכן תקנח בנייר צבוע (אם לא שנאמר דנייר בית הכסא אינו מקבל טומאה ואין צורך לזה, ע׳ לקמן הערה קטז. ומ״מ לפעמים על נייר קינוח אין בו הקולות של כתמים ע׳ לעיל הערה ס׳). אף שסתמנו כרמ״א יש נוהגות שלא ללבוש צבעונים ע׳ בית הלל. **עיין** פת״ת (ס׳ ק״צ ס״ק י״ז) שכ׳ מסד״ט (סס״ק צ״ג) „דיצא לו דין חדש בהא דקי״ל בנמצא כתם ע״ד שאינו מקבל טומאה לא גזרו וטהורה מ״מ אם אותו דבר שנמצא עליו מונח ע״ג דבר המקבל טומאה כיון דנטמא משום משא לכך גם האשה טמאה

she is permissible to her husband. However, during the Seven Clean Days we will learn (see Chapter IV C 1) that she is required to wear white undergarments and use white sheets on her bed (**קח**).

The stain was found on material which is מקבל טומאה

c) The stain was found on material which is מקבל טומאה (**קט**), that is, material which is capable of becoming halachically unclean (e.g. garments of cloth made from linen, wool, cotton etc.) (**קי**). A stain found on material which is not מקבל טומאה does not render her a Niddah (**קיא**).

כו׳״ וע׳ בטה״י (בא״י ס״ק קט״ז) שהקשה משו״ת דברי חיים (ח״ב ס״פ) ומנ״ז ופת״ז (ס״ק ט״ז) דכלים אין מטמאין במשא מ״מ אם האשה אוחזת בידה ומקנחת עם נייר כ׳ בפת״ז שם דטמאה מחמת טומאת משא דאדם וע׳ בגר״ז (בקו״א ס׳ קפ״ג ס״ק ב׳ ד״ה והנה) דמוכח דאף אם אוחזת בידה טהורה משום כתמים ורק בבדיקה טמאה, וע׳ שערי טהרה ס׳ ט״ו, וע׳ בתשובות הגרמ״פ שליט״א בסוף הספר (אות ט״ו) שהאריך בביאור דברי הסד״ט. **וע׳** סד״ט (ס׳ ק״צ ס״ק כ״ב) ותוה״ש (ס״ק י״ד) בטעם הרמ״א ששינה מל׳ הרמב״ם.

(קח) ע׳ רמ״א ס׳ קצ״ו ס״ג ומה שנכ׳ לקמן פ״ד הערה קעא. וע׳ פת״ת (ס׳ ק״צ ס״ק כ״ב) שכ׳ אדברי הרמ״א שמייעץ בגדי צבעונין (הובא בהערה קז) „ובימי ליבונה לא״. **שמעתי** מפי הגרמ״פ שליט״א שהאשה בעונת הוסת תלבוש תחתונים לבנים מהודקים לגופה דבזה מרויחה גם דעת החוו״ד (בס׳ קפ״ד ביאורים ס״ק ט׳).

(קט) כ׳ המחבר (ס׳ ק״צ ס״י) „כתם שנמצא על דבר שאינו מקבל טומאה לא גזרו וגו׳״ ומקורו מגמ׳ (נ״ז:) „אמר שמואל בדקה קרקע עולם וישבה עליה ומצאה דם עליה טהורה שנאמר בבשרה עד שתרגיש בבשרה וגו׳״ וע״ש (נ״ח.) „רב אשי אמר שמואל הוא דאמר כר׳ נחמיה דתנן ר׳ נחמי׳ אומר כל דבר שאינו מקבל טומאה אינו מקבל כתמים״ וע׳ בתוס׳ שם (ד״ה כר״נ) שכ׳ „טעמא דר׳ נחמי׳ כיון דדבר שהכתם בו טהור גם על האשה לא גזרו טומאה״ [וע׳ ערל״נ שם למה הוצרכו התוס׳ ליתן טעם לר׳ נחמי׳ ולא מפרשי טעמא דר׳ מתנה (ס:) „דכתיב ונקתה לארץ תשב כיון שישבה לארץ נקתה״ ופירש דברי התוס׳ וע׳ נוב״י (מהד״ק ס׳ נ״ב)]. ואף דהראב״ד בבעלי הנפש (שער הכתמים ד״ה הנה) כ׳ דאין הלכה כר׳ נחמי׳ [ומש״כ הר״ן שהראב״ד פסק כר׳ נחמי׳ ע׳ ערל״נ (שם ד״ה אינו) דהוא ט״ס וצ״ל הרמב״ם] מ״מ הרמב״ם והרא״ש וש״פ פסקו כר׳ נחמי׳ וכ״פ המחבר שם.

(קי) כ׳ הש״ך (ס׳ ק״צ ס״ק ט״ו) „ע׳ ברמב״ם הל׳ כלים מה הן הדברים שאין מקבלין טומאה״ ואיתא שם (פ״א ה״א) „שבעה מיני כלים הן שמקבלים טומאה מן התורה ואלו הם וגו׳״ ואיתא שם (פ״א ה׳ י״א) „כל שהוא ארוג בין מצמר ופשתים וגו׳״. **דבר** שאינו מקבל טומאת מת ומקבל טומאת נגעים ע׳ תוס׳ (נ״ח. ד״ה כר״נ) שכ׳ „וההיא משתיתא דבסמוך נהי דלא מקבל טומאה מ״מ מקבל טומאה בנגעים״ וכ״כ הש״ך (ס׳ ק״צ ס״ק ט״ז) וע׳ חוו״ד (ביאורים סס״ק ח׳) שפי׳ „והטעם משום דלא פלוג רבנן בדבר המקבל טומאה״ וכ׳ „ולפ״ז אם היתה ישנה על הכותל ומצאה דם טמאה כיון שהכותל מקבל טומאת נגעי בתים״ וכ״כ בתוה״ש (שם ס״ק י״ג) וע׳ כו״פ (שם ס״ק ט׳), וע׳ חי׳ הגר״ח החדש על הש״ס (ח״ג דף קל״ח) שמחלק בין טומאת נגעי בתים לנגעי בגדים דנגעי בתים מטמא ולא טמא ונגעי בגדים מטמא וטמא וראיה שיכול לעשות מקוה בבית ואין כאן החסרון דהוייתו ע״י דבר המקבל

Examples of material which is not מקבל טומאה

Therefore, if she sat on the ground and afterwards discovered a stain on it, she is *not* considered a Niddah (**קיב**). This halacha is true even if she inspected the surface previously and no stain was present (**קיג**). The reason is that the ground is not מקבל טומאה (**קיד**).

Similarly, a stain found on a small piece of cloth* [i.e. less than 2.25 inches (57 millimeters) square] may not render her a Niddah (**קטו**).

Similarly, a stain found on inferior quality paper* (e.g. small pieces of facial tissue or toilet paper) or on a garment made from certain synthetic fibers may not render her a Niddah (**קטז**).

*See Note on page 26.

טומאה אף דבית מטמא בנגע צרעת אבל אין מסככין בבגד דמטמא וטמא וראיה דצריך טבילה.

(קיא) גמ׳ ומחבר בהערה קט.

(קיב) מימרא דשמואל (נ״ז:) ומחבר ס׳ ק״צ ס״י.

(קיג) שם.

(קיד) כדרב אשי (נ״ח.) בפי׳ מימרא דשמואל כר׳ נחמי׳.

(קטו) כ׳ הש״ך (ס׳ ק״צ ס״ק ט״ז) „וכן אפי׳ מין שהוא מקבל טומאה אלא ששיעורו גרם לו כגון מטלית שאין בו ג׳ על ג׳ וגו׳״, חכ״א (קי״ג:ח) וכ׳ בחוו״ד (ביאורים ס״ק ח׳) „וג׳ על ג׳ היינו שלש אצבעות מקבל טומאת נגעים. ושיעור ג׳ אצבעות כתבנו ע״פ אג״מ או״ח ח״ג ס׳ ק׳ (וע׳ בקיצור הלכות פסח ח״ב דף 11 בהערה), וע׳ לעיל בהערה קז לענין אם אוחזת בידה.

(קטז) ע׳ פת״ת (ס׳ ק״צ ס״ק י״ח) שכ׳ „וע׳ בנוב״י (ת׳ ס׳ ק״ה) שכ׳ דנייר שלנו מקבל כתמים דלא גרע מלבדים דמקבל טומאה ע״ש ועי׳ בשו״ת שיבת ציון סי׳ ל״ט שגדול אחד הקשה על דברי הנודע ביהודה הנ״ל ממש״כ הרמב״ם בהדיא פ״ב מהל׳ כלים דהנייר אינו מקבל טומאה והיינו טעמא דלא דמי ללבדים דבנייר פנים חדשות בא לכאן והשיב לו דיש חילוק בין נייר שלנו שנעשה מבלויי סחבות או מעשבים כתושים שהוא מעשה לבדים זה בודאי מקבל טומאה והביא ע״ז ראיה גדולה אבל נייר שהיה להם בדורות הקודמים ועדיין עושין כן במדינות הודו מעלי עשבים וירקות או על קליפת עצים שהחליקו והתקינו אותם לקבל הדיו זה אינו מקבל טומאה וגו׳ ועי׳ בס״ט [ס״ק י״ט] שכתב אם נמצא על נייר שלא ע״י בדיקה וקינוח אלא שעברה עליו או ישבה עליו כ׳ בתוי״ט פ״ב דכלים דאין טומאה שייך בנייר הגם דאיהו מיירי בנייר שהיה בזמן הש״ס שהיה מעשבים משא״כ בנייר דידן שהוא נעשה מבגדי פשתן מ״מ נראה דאין חילוק שהבגדי פשתן נטחן ופנים חדשות בא לכאן עכ״ל וכ״כ בחכ״א כלל קי״ג דין ח׳ ואילו ראו דברי הנו״ב ודברי בנו הגאון נר״ו בתשובה הנ״ל לא כתבו כן [עתה נדפס שו״ת ח״ס ח״ו ושם בסי׳ פ״א כ׳ דאפילו נייר דידן אינו מקבל טומאה ולא כתמים דכיון שנכתשו הדק היטב ונמסו במים ונהפכו לפנים אחרות פרחה דין צמר ופשתים מנייהו ועוד נ״ל דלא מקרי צו״פ אלא העומדים לבגד ואריג וחבלים ולבדים וכדומה אבל הני ניירות שמיוחדים לצרכים אחרים א״כ אפילו צו״פ בעינא נימא מעשה עץ שימש וגו׳ ומסיים ע״כ בכתמים הנמצאים הולכין להקל אך בבדיקת עד שאינו בדוק וגו׳ זה לא אומר להקל בנייר ע״ש]״ וע׳ פת״ז (ס׳ ק״צ ס״ק י״ז) **שערי טהרה** (ס׳ י״ט) וחזו״א (ס׳ פ״ט ס״ק ב׳, ג׳)

However, since these halachos are complex, wherever a question may arise regarding these conditions, a Rav must be consulted.

*Note: This halacha, that a stain found on a small piece of cloth or on inferior quality paper may not render her a Niddah, does not apply where it was used for an internal examination (בדיקה), or *immediately* after urination, or marital relations (קיז) (see 5).

The stain is not attributed to other causes

d) The stain is not attributed to other causes (e.g. wound, dye, dirt (**קיח**), see Notes on B 1,2 and 4).

Note: This fourth condition may apply also for a stain found on an examination cloth (בדיקה, see 1). However, since these halachos are complex, a Rav must be consulted (**קיט**).

Reason for difference between stains through examination and on garments

3. Why is there this difference between a stain found through an internal examination (בדיקה, see 1) and a stain discovered on a garment (כתם, see 2)?

The reason for this difference is that where a prechecked examination

---

משמרת שלום ס׳ ק״צ ס״ק ג׳ ואג״מ (יו״ד ח״ג ס׳ נ״ג סד״ה ולעצם). **כתם** על נייר גרוע שאינו ראוי לשום מלאכה כגון נייר שנעשה לקינוח ביה״כ כותב הגרמ״פ שליט״א „להקל גם להורות למעשה שאין ע״ז דין כתמים״ (ע׳ בקו׳ לתורה והוראה ח״ה בהוספות מהגרמ״פ שליט״א מדף 36-40 וע׳ בתשובותיו בסוף הספר אות י״ד). **לענין** בגד ניילון ע׳ שו״ת מנחת יצחק (ח״ד ס׳ קי״ח), חזקת טהרה (ס׳ ק״צ ס״ק י״ב) וקו׳ לתורה והוראה שם. וע׳ חזו״א (יו״ד ס׳ קכ״ז ס״ז) „שאין גומי מקב״ט שלא נאמרה טומאה אלא בז׳ כלים״ ונראה דכך יסבור בכלי ניילון ופלאסטיק וע׳ אג״מ (יו״ד ח״ג ס׳ נ״ג).

(קיז) ע׳ לעיל (הערה קטז) מח״ס ח״ו וע׳ פת״ת שם שכ׳ „ועי׳ בס״ט לקמן ס׳ ט״ו סס״ק ל״ו שכ׳ דצ״ע היכא דשמשה מטתה ואח״כ מצאה כתם ע״ד שאינו מקבל טומאה או על בגד צבוע דבעלמא קי״ל דטהורה אע״ג דודאי מגופה כיון דשלא בהרגשה חזיא אבל כאן דספק דאורייתא הוא די״ל הרגישה וסברה הרגשת שמש הוא טמאה ע״ש. ואם מצאה כתם סמוך להטלת מי רגלים יש ג״כ ספק זה עמש״ל ר״ס קפ״ג (וע׳ בת׳ חמדת שלמה ס״כ בד״ה עכ״פ שהביא ראיה דגם בכה״ג טהורה ע״ש)״ וע׳ פת״ז שם.

(קיח) כ׳ המחבר (ס׳ ק״צ ס׳ י״ח) „כיון שכתמים דרבנן מקילין בהם ותולה בכל דבר שיכולה לתלות כיצד שחטה בהמה חיה או עוף או נתעסקה בכתמים או ישבה בצד המתעסקים בהם או שעברה בשוק של טבחים ונמצא דם בבגדיה תולה בה וטהורה וגו׳״. וע״ש (בס׳ י״ט) „כשם שתולה בה כך תולה בבנה ובבעלה אם נתעסקו בכתמים או אם יש בהם מכה וגו׳״. וע׳ לעיל הערה מה.

(קיט) כיון דכתמים דרבנן תולין אף בספק אם יש מקום לתלות שלא בא ממקורה (ע׳ ס׳ ק״צ ס׳ י״א, י״ח ובכ״מ), אבל לענין עד בדיקה אף שבדיקת עד הוי ספק דאורייתא (ע׳ לעיל הערה צא) ומטמא בכל שהוא (ע׳ שו״ע שם ס׳ ל״ג)

cloth* was inserted internally, we are afraid that הרגשה may have occurred (**קכ**) (see Note on B 3). That is, at the time the examination cloth was inserted, her uterus may have opened, but she was unaware of this because of the presence of this cloth (**קכא**). We have learned (see ibid.) that where a woman experiences bleeding with הרגשה she is a Niddah according to Torah Law (**קכב**).

However, where a stain (a כתם) is discovered on a garment without הרגשה, she is a Niddah מדרבנן (**קכג**). Therefore, she is a Niddah only according to the conditions stipulated by חז״ל (**קכד**).

*Note: Where a stain was discovered on an examination cloth or other material that was inserted internally but was *not* prechecked (עד שאינו בדוק), a Rav must be consulted (**קכה**).

A stain found on her body

4. These halachos concern a stain found on a garment or the like. However, where a stain is found on her body, even though most Poskim hold that the size of the stain must be larger than a כגריס (see 2 a), a Rav must be consulted (**קכו**).

מ״מ יש אופנים שתולים (ע׳ שם ס׳ ל״ד-ל״ח וט״ז ס״ק כ״ג ובכ״מ) ואכמ״ל.

(קכ) ע׳ לעיל הערה צא.

(קכא) שם [סתמנו בהרגשת פתיחת מקורה שהוא הרגשה לכו״ע ע׳ פת״ת ס׳ קפ״ג ס״ק א׳ ולעיל בהערה לד]. ויש עוד טעם למה בדיקה מדאורייתא (כמ״ש לעיל בהערה צא מר״ח או״ז בשם הר״ר עובדי׳ ז״ל שנקרא דם בבשרה. ויש עוד טעם למה כתם מדרבנן דהוי ספק מעלמא ע׳ גר״ז (ס׳ ק״צ ס״ק א׳).

(קכב) כ׳ המחבר (ס׳ קפ״ג ס״א) „והוא שתרגיש ביציאתו״ וכ׳ הש״ך (ס״ק ב׳) „היינו מדאורייתא וגו׳״ ומקור דין זה מגמ׳ (נ״ז:) „בבשרה עד שתרגיש בבשרה״ (ע׳ לעיל הערה לד).

(קכג) מחבר ס׳ ק״צ ס״א, י״ח, ערה״ש ס׳ ק״צ ס״ב וש״פ.

(קכד) טעם כל א׳ מתנאים אלו מבוארים על מקומן לעיל ע״ש.

(קכה) ע׳ גמ׳ (י״ד.) „בדקה בעד שאינו בדוק לה וגו׳״ ובס׳ ק״צ ס׳ ל״ו, ל״ז וע׳ שו״ת חת״ס ס׳ ק״נ.

(קכו) ע׳ רמב״ם (פ״ט דהל׳ א״ב ה״ו) שכ׳ „מה בין כתם הנמצא על בשרה לכתם הנמצא על בגדיה. שהכתם הנמצא על בשרה אין לו שיעור וגו׳״ וע׳ בהגה״מ (אות א׳) בשם רבינו שמחה הטעם „שכל הגוף כבדוק הוא אצל דם מאכולת״ אבל דעת הראב״ד הרמב״ן והרשב״א שאפילו על בשרה אם אינו כשיעור כגריס ועוד טהורה. המחבר (בס׳ ק״צ ס״ו) הביא ב׳ הדעות וז״ל „הא דבעינן שיעורא בין בכתם הנמצא על חלוקה בין בכתם הנמצא על בשרה וי״א שלא אמרו אלא בכתם הנמצא על חלוקה אבל כתם הנמצא על בשרה בלבד במקומות שחוששין להם אין לו שיעור״ נמצא שדעת הראב״ד וסייעתו כ׳ בסתם ודעת הרמב״ם כ׳ בי״א וכן לקמן (בס״ח) סתם כדעת הראב״ד וסייעתו. ואף שהש״ך (ס״ק י׳) כ׳ „אין להקל״ דעת הב״ח וחכ״א (קי״ג:ז) להקל וכך שמעתי מפי הגרמ״פ שליט״א וכ״כ בתשובותיו בסוף הספר (סוף אות ז׳) וז״ל „וכמדומני שנוהגין להקל כשיטה הראשונה שהוא כרוב הראשונים אף שהש״ך פוסק להחמיר עיין בתוה״ש ובסד״ט שדחו דבריו ולכן אין להחמיר בכתמים״. וע׳ מחבר

A stain discovered after urinating or after relations

5. If a woman, after urinating, discovers blood or a stain while cleansing herself, or on the toilet seat, basin, or in the water, a Rav must be consulted (**קכז**).

Similarly, if a woman discovers bleeding or a stain immediately after marital relations, a Rav must be consulted (**קכח**).

E. HOW DOES A WOMAN LEAVE HER STATE OF NIDDUS?

Five Stages

1. A woman does not leave her state of *Niddus* unless the following five stages have been fulfilled:

a) A minimum of five days* have passed from the time she began to be considered a Niddah (**קכט**) (see Chapter II B 1).
b) She has completed her הפסק טהרה examination successfully (**קל**) (see Chapter III A 1).
c) She has observed the Seven Clean Days consecutively (**קלא**) (see Chapter IV A 1).

*See Note on page 29.

וחכ״א שם לענין טיפין טיפין. וכיון שיש חילוקים בזה ובין מקומות בגופה (ע׳ ס׳ ק״צ ס׳ י״א) כתבנו שתשאל לחכם.

(קכז) ע׳ ס׳ קצ״א ברמ״א (ובט״ז ס״ק ב׳) באשה שהשתינה מים ויצא דם עם מי רגליה דבעינן תלתא לטיבותא יושבת ומקלחת ותוך הספל ושמעתי מפי הגרמ״פ שליט״א דאם מצאה דם בתוך הספל או בתוך מי הספל חיישינן שמא יצא בהרגשה וטמאה בכל שהוא [אם לא שיש מכה ידועה] אבל על הכסא אינו בכלל הנידון דהספל והמים ע׳ בתשובותיו בסוף הספר (אות י״ג) שכ׳ „והשאלה איך לנהוג אם מצאה דם על הכסא, לא מבואר דאם הוא סתם כסא שבבית וכל מקום שישבה האשה ומצאה דם ה״ז ודאי דם נדה ואם יש לה מראה דם טמאה, ואם הוא על מקום המושב שלה למעלה ממקום החלול, והיה נקי קודם שישבה באופן שברור שממנה נתלכלך בדם והיה על גופה למעלה מנקביה הרי ודאי זה בא מנקביה שבסתם אמרינן דהוא מהמקור, אך א״כ הוא בלא הרגשה בברור, שהרי בשעת הטלת המים לא יצאו הדם ממנה כי היה יורד לספל אלא היה זה קודם הטלת המים או אח״כ או שפסקה באמצע הטלת המים ויצאו איזה טפות דם ובאו דרך גופה למעלה שהיא עכ״פ טמאה אף שהוא בלא הרגשה מדרבנן״. ואם מצאה בקינוח ע׳ לעיל הערה ס.

(קכח) ע׳ ס׳ קפ״ז לענין אשה שראתה דם או כתם אחר תשמיש אם ראתה מיד חיישינן שמא יצאה בהרגשה וטמאה בכל שהוא ואם ראתה ג״פ רצופים נאסרה על בעלה. וכיון דשאלות חמורות ומסובכות הן צריכות שאלת חכם.

(קכט) ס׳ קצ״ו ס׳ י״א.

(קל) ס׳ קצ״ו ס״א.

(קלא) ס׳ קצ״ו ס״ג, ד׳ [ואף שכתבנו דבעי רצופים היינו שלא תראה דם בהם כמ״ש המחבר (ס׳ קצ״ו ס״י) אבל פולטת ש״ז (שם ס׳ י״א) אף שסותרת אותו יום מ״מ אינה סותרת תנאי דרצופים].

d) She has prepared herself properly for the immersion (קלב) (see Chapters VI and VII).

e) She has immersed her body completely and simultaneously (קלג) in a kosher Mikvah — after the successful completion of all of the previous four stages (קלד) (see Chapter VIII).

*Note: We will learn later (see Chapter II C 6) that, before her wedding, a bride is not required to count five days prior to the הפסק טהרה examination. Once her flow and staining have ceased, she may perform a הפסק טהרה examination and count the Seven Clean Days (קלה).

We will also learn later (see Chapter II C 7) that a bride after her wedding who experienced hymenal bleeding (but not menstruation) is required to count only four days (and not five) prior to her הפסק טהרה and Seven Clean Days (קלו).

If a woman omitted any of these stages

2. All of these five stages are crucial. A woman who omits these five stages

---

(קלב) ע׳ ס׳ קצ״ח וס׳ קצ״ט.

(קלג) כ׳ המחבר (ס׳ קצ״ח ס״א) „צריכה שתטבול כל גופה בפעם אחת״ וכ׳ הט״ז (ס״ק א׳) „כל גופה בפעם אחת. דדרשינן ורחץ ובא השמש וטהר מה ביאת שמשו כולו כאחת אף רחיצתו כולו כאחת״ (והוא מתו״כ פ׳ אמור). **עיין** בשו״ת חת״ס (ס׳ קצ״ד) שכ׳ ד׳ שיטות ראשונים למקור טבילת נדה לבעלה מן התורה [וע׳ מרדכי סוף הל׳ נדה (במס׳ שבועות), ריטב״א החדש (שבת ס״ד: ד״ה אלא), ומאירי (ברכות ל״א. ד״ה ונשוב)].

(קלד) ע׳ רמב״ם וס׳ החינוך לקמן הערה קלח.

(קלה) ע׳ ס׳ קצ״ב ס״א ואע״ג דהחכ״א (כלל קט״ו ס׳ י״ב) אינו מצריך הה׳ ימים „אם מתוך זה צריך לעשות חופת נדה או שיתקלקלו המאכלים וכיו״ב״ מ״מ בסד״ט (ס׳ קצ״ו סס״ק ל״ט) כ׳ „והיכא דנהגו להחמיר נהוג והיכא דלא נהוג אין להחמיר כלל״ וכן בערה״ש (ס׳ קצ״ו ס׳ ל״ט) כ׳ „וכמדומני שאין המנהג כן והכלה מתי שהיא טהורה מפסקת בטהרה ומונה ז״נ״.

(קלו) ס׳ קצ״ג ס״א כט״ז (ס״ק ד׳) ודלא כש״ך (ס״ק ב׳) וכ״פ בערה״ש (ס״י) וחכ״א (קט״ו:ט״ז). **ומה** שכתבנו אם ראתה דם בתולים ולא דם נדה הוא משום דאם פרסה נדה אחר הבעילה גם היא צריכה להמתין מלמנות ז״נ עד יום ו׳ לאחר הבעילה (חכ״א שם מסד״ט), אבל ע׳ או״ש (פ״ו דהל׳ א״ב סוף ה׳ ט״ז) שכ׳ „ולפ״ז אף אם אחר ביאה ראשונה פירסה נדה יש לה למנות מיום ה׳ וברור מאד״ וע׳ בתשובות הגרמ״פ שליט״א בסוף הספר (אות י״ח) שכתב על זה „ולדינא כיון שמצוי טובא במדינתנו שעושין נישואין ביום שנגמרין ביום ולא אפשר כלל לימשך יותר מכפי שנקבע שכירות האולם לא שייך להקל בספירת ז״נ דאחר דם בתולים אלא רק מטעם שהוא רק מדרבנן כטעם הט״ז, דא״כ בפירסה נדה אין להקל כדסובר הט״ז, וממילא אף אלו שעשו הנישואין בלילה נמי אין להקל בפירסה נדה, ואולי היה מודה גם האור שמח במדינתנו וכה״ג בכרכים גדולים שבמדינות אחרות שמסתמא נמי הוא כמו כאן במדינתנו, וגם אלו שעשו הנישואין בערב שבת נמי לא היה שייך טעם האו״ש דהא בהכרח היתה החופה קודם שבת ולא שייך להתאחר בשביל התיגרא דאיתא בכתובה והיה שייך שיבעלנה ביאה ראשונה; גם בביה״ש, שלא שייך כלל טעם האו״ש אלא טעם הט״ז שאין להקל אלא בדם בתולים דמדרבנן ולא פירסה נדה.״

has retained her state of *Niddus* completely (**קלז**). We have learned (see A 3) that the penalty for marital relations while she is a Niddah is כרת (premature death) (**קלח**).

After a woman has completed these five stages successfully her permissible period (ימי טהרה) begins.

(קלז) ע׳ לקמן הערה קלח, ונכ׳ לקמן בס״ד מקור לכל א׳ על מקומו.

(קלח) כ׳ הרמב״ם (פ״ד דהל׳ א״ב ה״ג) „אבל נדה זבה ויולדת שלא טבלו במי מקוה הבא על אחת מהן אפי׳ אחר כמה שנים חייב כרת שבימים וטבילה תלה הכתוב שנאמר ורחצו במים זה בנין אב לכל טמא שהוא בטומאתו עד שיטבול״ וכן ע׳ בס׳ החינוך (מצוה ר״ז) „וכל זמן שלא תטבול אף אחר השבעה היא נדה לעולם כי בימים וטבילה תלה הכתוב שנאמר בטמאים ורחצו במים וגו׳״.

סימנים וסעיפים שבשלחן ערוך המשתייכים לפרק זה

קפ״ג:א

קפ״ח:א

ק״צ:א, ה, ו, ח, ט, י, ל״ג

קצ״ו:א, ג

קצ״ח:א

Chapter Two

חמשה ימים

THE FIVE DAY WAITING PERIOD

A. Introduction
B. The Menstrual Flow And Five Day Waiting Period.
C. Where Five Days Are Not Required.

Chapter II　　The Five Day Waiting Period

A. INTRODUCTION

Review of the Five Stages

1. We have learned (see Chapter I B 1) that any woman who experienced bleeding from her uterus — regardless of how minute — is considered a Niddah (א). We have also learned (see Chapter I C 1) that a woman does not emerge from her state of *Niddus* (ב) unless the following five stages have been fulfilled:

a) The Five Day Waiting Period — A minimum of five days (ג) have passed from the time she has been considered a Niddah (ד) (see B,C).

b) הפסק טהרה — She had examined herself internally at the conclusion of this five day period to ascertain that all bleeding and staining had ceased (ה) (see Chapter III).

c) שבעה נקיים — She had observed the Seven Clean Days (ו) (see Chapter IV).

d) Preparation for the immersion — She had prepared for her immersion by inspecting her body and removing anything which intervenes between the Mikvah water and her body (ז) (see Chapters VI and VII).

e) טבילה — She had immersed her body completely and simultaneously in a kosher Mikvah (ח) — after the successful completion of all of the previous stages (see Chapter VIII).

We will now begin to explain these five stages.

B. THE MENSTRUAL FLOW AND FIVE DAY WAITING PERIOD

One partial day plus four complete days

1. If a woman (ט) discovered bleeding or a stain which rendered her a Niddah (י) (see Chapter I B) during the days when she is permitted to have rela-

---

(א) ע' ס' קפ"ג ס"א ולעיל פ"א הערות כב, כג.

(ב) ע' לעיל פ"א הערות קכט-קלד.

(ג) ע' ס' קצ"ו ס' י"א.

(ד) פי' דכ' הרמ"א שם „וכל אשה שרואה אפי' כתם צריכה להמתין וגו'" וע' לקמן הערה י'.

(ה) ע' ס' קצ"ו ס"א וס' י"א.

(ו) ע' שם ס"ג וס"ד.

(ז) ע' ס' קצ"ח ס"א.

(ח) שם.

(ט) כ' בקש"ע (ס' קנ"ט ס"א) „כל אשה שראתה דם בימי טהרתה וגו'" וע' בשו"ע (ס' קצ"ו ס' י"א).

(י) כ' הרמ"א שם „ויש שכתבו שעכשיו אין לחלק בין אם שמשה עם בעלה ללא שמשה וכל

tions with her husband (**יא**) (see 7) she is required to wait a minimum of five days* (**יב**) before she is able to begin counting the Seven Clean Days (**יג**).

This Five Day Waiting Period includes the day she discovered bleeding or staining (**יד**). Even if the bleeding commenced just before sunset [or even during a portion of twilight, see Note on page 35] (**טו**), that day counts as the first of the five days (**טז**), and she is only required to wait four additional days before counting the Seven Clean Days (**יז**).

*Note: The reason for the Five Day Waiting Period is explained in 3. See C for exceptions to the Five Day Waiting Period.

Example: If she discovered bleeding or a stain on Shabbos — even late Shabbos afternoon — as long as it is still day (see Note on page 35) (**יח**), Shabbos is considered the first day of the five days; Wednesday is the fifth day (**יט**). Therefore, if bleeding and staining have completely ceased by Wednesday afternoon (**כ**), she may perform the הפסק טהרה examination (see Chapter III B 4) on Wednesday afternoon (**כא**) and begin the Seven Clean Days on Thursday (i.e. Wednesday evening)* (**כב**). Assuming that the Seven Clean Days continue uninterrupted (see 3), she may immerse herself the following Wednesday evening (**כג**).

אשה שרואה אפי׳ כתם צריכה להמתין ה׳ ימים עם יום שראתה בו וגו׳״ וע׳ ש״ך (ס״ק כ״א) שכ׳ „נראה דבכתם יש להקל היכא דלא שמשה למנות מיום המחרת של מציאת הכתם וגו׳ ואפשר לזה לא כתב הרב האי ויש שכתבו שעכשיו וגו׳ אחר דין הכתם אלא אחר דין רואה אבל עט״ז כ׳ וגו׳״ [ומש״כ הש״ך בסוף „וכן נוהגין״ כ׳ בסד״ט (ס״ק מ׳) „הוא סיום לשון העט״ז״] ע״ש אבל בחכ״א (קי״ז:א) כ׳ כרמ״א וכ״כ במל״ט (ס׳ קצ״ו ס׳ כ״א), תוה״ש (ס״ק י״ט) [והש״ך שם הגיה בלבוש „טפת דם כחרדל״] וכך שמעתי מפי הגרמ״פ שליט״א וע׳ בשו״ת חת״ס (ס׳ קפ״ח) שכ׳ „א״כ די לנו להקל בנידון דידן בכתם בדיעבד אבל בלכתחלה אפי׳ בכתם חלילה להקל״.

(יא) כ׳ בקש״ע שם „בימי טהרתה״ והטעם משום פולטת כמו שיתבאר דשייך רק אם ראתה בימים שמותרת לבעלה.

(יב) ע׳ ס׳ קצ״ו ס׳ י״א ברמ״א מתה״ד.

(יג) ע׳ שם. **והטעם** דלא כתבנו קודם שתפסיק בטהרה דלתוה״ש (ס׳ קצ״ו ס״ק י״ג) שרי להפסיק בטהרה מיד אחר שפסק דמה ואף דבית לחם יהודה חושש בזה לתקלה בחוו״ד (ביאורים ס״ק ו׳) דעתו כתוה״ש וכך שמעתי מפי הגרמ״פ שליט״א וכ״כ באג״מ (יו״ד ח״א ס׳ צ״ז סוף ענף א׳) דדעתו כתוה״ש (וע׳ לקמן בפ״ג הערה יא).

(יד) ע׳ מחבר שם.

(טו) כ׳ בקש״ע שם „ואפילו ראתה בסוף היום וגו׳״ וע׳ לקמן הערות כז-ל.

(טז) שם.

(יז) שם.

(יח) ע׳ ש״ך (ס׳ קצ״ו ס״ק י״ט) ותוה״ש (ס״ק ט״ז) שכ׳ „ועדיין הוא יום״ וכ״כ בקש״ע (ס׳ קנ״ט ס״א). לענין בין השמשות ע׳ לקמן בהערה כו-ל.

(יט) ע׳ ס׳ קצ״ו ס׳ י״א.

(כ) ע׳ ס׳ קצ״ו ס״א.

(כא) ע׳ שם וס׳ י״א.

(כב) שם.

(כג) ע׳ חכ״א ס׳ קי״ח ס״ב.

Note: In the Jewish calendar, evening is considered the beginning of the following day (**כד**). Therefore, Wednesday evening is considered part of Thursday (**כה**).

The time period between sunset and nightfall (**בין השמשות**, i.e. twilight) is a questionable period in many areas of halacha (**כו**). Therefore, if a woman first discovered bleeding or a stain after sunset, a Rav should be consulted to determine whether she begins the five days from the previous or the following day (**כז**). There is a view that holds (**כח**) that in regard to *this* halacha, if she saw blood or a stain within 9 minutes (**כט**) after sunset, she may consider the five days as beginning from the previous day (**ל**).

(כד) ע׳ ברכות ב., חולין פ״ג. וכ׳ המאירי (מגילה כ: ד״ה הקטר) „שבכל התורה היום הולך אחר הלילה חוץ מקדשים שהלילה הולך אחר היום״ וכן לענין שבת ע׳ או״ח ס׳ רס״א ובכ״מ ואכמ״ל.

(כה) שם.

(כו) ע׳ שבת ל״ד:, או״ח ס׳ רס״א, יו״ד ס׳ רס״ו ס״ט, רמ״א ס׳ קצ״ו ס׳ י״א ובכ״מ.

(כז) דכ׳ הרמ״א שם מתה״ד „דחיישינן שמא תשמש ביום ראשון בין השמשות ותסבור שהוא יום ואפשר שהוא לילה וגו׳״. **בביאור** שיטות בין השמשות ע׳ ב״ה ס׳ רס״א ס״ב ד״ה י״א.

(כח) כך כתב הגרמ״פ שליט״א בתשובותיו בסוף הספר (אות כ׳) וז״ל „באשה שראתה דם תיכף אחר שקיעה דיום ראשון שהוא ספק יום אף לשיטת הגר״א יכולה להתחיל למנות הז׳ נקיים מיום ששי כמו אם היתה רואה ביום א׳, וגם טעם כתר״ה שייך לומר, והוא עד ט׳ מינוט אחר שקיעה אבל אחר זה יש לה להחמיר להתחיל למנות הז׳ נקיים מיום השבת״. [וע׳ בתשובותיו בספר הלכות שבת ח״ד מ״א:ג, מ״ד ודוק].

(כט) שם.

(ל) ע׳ לעיל הערה יח שכ׳ מש״ך תוה״ש וקש״ע ועדיין הוא יום משמע דאם ראתה בבין השמשות חשבינן הה׳ ימים ממחרת וצ״ע דטעם חומרת תה״ד והרמ״א בהוספת יום ה׳ הוא משום טעות בבין השמשות וע׳ בשעהמ״ב (ס׳ קנ״ט ס״ק ג׳). **ומה** שהדגשנו דרק לענין הלכה זו יש להחשיבה כראתה ביום דלענין וסתות כ׳ המחבר (ס׳ קפ״ד ס״ד) „אם רגילה לראות בהנץ החמה ולא קים לן שפיר אי קודם הנץ החמה או אחריו אינה אסורה אלא ביום״ וכ׳ הש״ך (ס״ק י״ב) „אינה אסורה אלא ביום. דכיון דוסתות מדרבנן ה״ל ספק דרבנן לקולא וגו׳ ולפ״ז אם רגילה לראות בין השמשות ולא קים לן אי קודם או לאחר הלילה אינה אסורה אלא בלילה״ וע׳ ש״ך (ס״ק י״ד) מהב״ח, וכ׳ הגרמ״פ שליט״א „ובדבר שראתה בין השמשות הנה להמחבר סימן קפ״ד סעיף ד׳ יש להחשיבה כראתה בלילה מטעם דוסת מדרבנן אזלינן להקל כדכתב הש״ך בפירוש בס״ק י״ג, אבל לפמש״כ הש״ך בס״ק י״ד בשם הב״ח דראוי להחמיר ומשמע שהסכים לו כדאיתא בבאה״ט סק״ז ובתוה״ש ס״ק י״ב נמי סובר להחמיר אבל מהגר״א ס״ק י״א משמע שסובר כהרא״ש בשם הראב״ד שהוא כראתה אחר הנץ וממילא בביה״ש הוא כראתה בלילה, וא״כ אין לאסור מדינא אלא לוסת הלילה, אבל מהראוי להחמיר כהש״ך שהסכים להב״ח להחשיב תרוייהו לוסת מספק״ (כת״י). אולם לפמש״כ הפת״ת (ס״ק י׳) בשם החוו״ד (ביאורים ס״ק ה׳) דהש״ך (ס״ק י״ג) מיירי שראתה בין השמשות והספק אי קודם שקיעה או אחר שקיעה אבל ראתה ודאי אחר שקיעה אף שהוא בין השמשות דינו כלילה דמשקיעה עד צאה״כ לענין וסתות דינו כלילה. ולפ״ז נראה כוונת הגרמ״פ שליט״א דהיינו ראתה סמוך לשקיעה ולא ידעינן אי קודם שקיעה או אחר שקיעה אבל ראתה ודאי אחר שקיעה ודאי דנחשב כלילה לענין וסתות.

Bleeding after Maariv but before sunset

2. Even if she (**לא**), her Shul, or community (**לב**) has davened Maariv or ushered in the Shabbos (**לג**) and she then discovered bleeding or a stain that rendered her a Niddah, as long as it is still day (**לד**) (see Note on page 35), Friday is considered the first day of the Five Day Waiting Period (**לה**).

Reason for the five days

3. Although the halachic application of these five days is in regard to a Niddah (**לו**), the reason for this requirement is not *directly* due to the fact that she is a Niddah (**לז**). We will explain.

We have learned (see A 1) that a Niddah is required to count Seven Clean Days (**לח**). During this entire seven day period she must be completely clean. That is, beginning from the הפסק טהרה examination (see Chapter III) seven consecutive nights and days (**לט**) (see Note on page 35) must pass, uninterrupted by bleeding, staining or any other halachically unclean discharge leaving her body (**מ**).

פולטת שכבת זרע

The reason for the requirement of the Five Day Waiting Period is because of פולטת שכבת זרע (**מא**). That is, a woman who discharges semen one day during

---

(לא) ע׳ ש״ך (ס׳ קצ״ו ס״ק י״ט) דמביא דברי מהרש״ל ומסיק „ונראה דנמשך לדברי מהרא״י דלעיל ס״א אבל למש״ל ס״ק ד׳ דדעת מהרי״ל והרב בהפסקת טהרה להקל אפילו התפללה היא וכ״ש הכא וק״ל״ וכ״כ בתוה״ש (ס״ק ט״ז) וערה״ש (ס׳ ל״ט) וקש״ע (קנ״ט:א).

(לב) ע׳ שם.

(לג) קש״ע שם.

(לד) שם.

(לה) שם.

(לו) דהא קיי״ל דאף נדה בזה״ז יושבת ז׳ נקיים כמ״ש בש״ך ס׳ קפ״ג ס״ק ד׳ ופולטת שכבת זרע בז׳ נקיים סותרת אותו יום כמ״ש המחבר ס׳ קצ״ו ס׳ י״א מתוס׳ (ל״ג. ד״ה רואה) דאף לבעלה סותרת ואף דהרשב״א בתה״ב הביא בשם הראב״ד שזהו רק לטהרות ולא לבעלה וכ״נ דעת הרשב״א וכ׳ שלכן לא הביא הרי״ף דין זה „אמנם דעת רבותינו בעלי התוס׳ ורבינו יונה והרא״ש והטור דזהו גם לבעלה וכן פסקו רבותינו בעלי הש״ע ולא הביאו דעת הראב״ד כלל וכתבו שכן המנהג בכל צרפת ואשכנז [ב״י] והכי קיי״ל״ (ערה״ש ס׳ ל״ה). [ואף דדעת הגר״א (ס״ק ל״א) מעיקר הדין נוטה כהראב״ד מ״מ הביא מת״ה „שיש להחמיר״].

(לז) אלא משום פולטת כמו שיתבאר.

(לח) כ׳ המחבר (ס׳ קצ״ו ס״א) „שבעת ימים שהזבה סופרת וגו׳״ וכ׳ בתוה״ש (ס״ק א׳) „שהזבה סופרת. ובזמן הזה כולם כזבה שוינהו חכמים וגו׳״.

(לט) ע׳ ט״ז שם (ס״ק ה׳) „וכל יום נקי צריך שיהיה כולו נקי הן בלילה הן ביום שבו״ וע׳ ערה״ש (ס׳ קצ״ו ס׳ ל״א).

(מ) ע׳ שם וערה״ש (ס׳ ל״ה-ל״ז).

(מא) ע׳ גמ׳ (ל״ג.:) „בעי רמי בר חמא פולטת שכבת זרע מהו שתסתור בזיבה רואה היתה וסותרת או דילמא נוגעת היתה ולא סתרה אמר רבא לפום חורפא שבשתא נהי נמי דסתרה כמה

the Seven Clean Days loses that day; therefore, that day cannot be counted among the Seven Clean Days (**מב**). If she discharges semen for two or three days, she cannot count those two or three days among the Seven Clean Days (**מג**). However, she is *not* required to make a new הפסק טהרה examination or to begin the Seven Clean Days anew* because of the discharge of the semen (**מד**).

*Note: This halacha, that she is not required to begin the Seven Clean Days anew, applies only to a woman who discharges *semen* (**מה**). However, a woman who experiences bleeding or staining (**מו**) while she is counting the Seven Clean Days *is* required to make a new הפסק טהרה examination (**מז**) and begin counting the Seven Clean Days anew (**מח**).

The halacha of פולטת שכבת זרע (a woman who discharges semen) affects only the Seven Clean Days, but has no effect during the days when she is permitted to her husband (**מט**). Even if she discharges semen during those days, she is still permissible to her husband (**נ**).

Explanation for the first four days

During the days that she is permitted to her husband, a woman may have had relations just prior to the onset of her period or discovery of a stain (**נא**). If she would be permitted to begin counting her Seven Clean Days immediately after her bleeding stops, it would be possible that she may discharge semen

---

תסתור תסתור שבעה דיה כבועלה תסתור יום אחד ואחר תטהר (ויקרא ט״ו:כ״ח) אמר רחמנא אחר אחר לכולן שלא תהא טומאה מפסקת ביניהם וגו׳״ וכ׳ הרא״ש (פ״ד ס״א) „ובעיא דרמי בר חמא לא איפשטא הילכך יש להחמיר וסותרת יום אחד״ וכ׳ הרמב״ם (פ״ו דהל׳ א״ב ה׳ ט״ז ופ״ה דאבות הטומאות ה׳ י״א) דפולטת ש״ז בתוך ג׳ עונות בתוך ימי הספירה סותרת יום אחד „מפני שהיא כזב שראה קרי שסותר יום אחד״. וע׳ ס׳ קצ״ו ס׳ י״א. [**דעת הרמב״ם** ושו״ע (ס׳ קצ״ו ס׳ י״א) דלא כדעת ר״ת (הובא ברא״ש שם) „דרמי בר חמא לא מיבעי ליה אלא באשה שבא עליה זב״ ודלא כדעת הראב״ד (ברא״ש שם) „שלא אמרו פולטת ש״ז שסותרת אלא לטהרות בלבד אבל לבעלה אינה סותרת ודלא כדעת הרמב״ן כל שהלכה ברגליה כבר כלה והלך לו כל הראוי לפלוט. וכ׳ הב״י „והרא״ש ז״ל סתר ראיותיו וכ׳ שכן מצא בשם הר״ר יונה ז״ל והעלה נכון להחמיר כדברי ר״י וכן נוהגים בצרפת ובאשכנז ע״כ וכ״פ סמ״ג וסמ״ק וסה״ת והגמיי׳ בפ״ו״].

(מב) ע׳ גמ׳ (ל״ז.) דזב שראה קרי בתוך ז׳ נקיים סותר יום א׳ וכן זבה שפלטה שכבת זרע דינה כזב שראה קרי וסותרת יום א׳ (ע׳ שם מ״ב.) ובזה״ז נדה כזבה (ע׳ תוה״ש שם) וכ״פ המחבר שם.

(מג) ע׳ ש״ך שם ס״ק ט״ז.

(מד) ע׳ ט״ז ס״ק י׳ ובכ״מ.

(מה) שם.

(מו) ע׳ ס׳ קצ״ו ס״י.

(מז) שם.

(מח) שם.

(מט) ע׳ מחבר (ס׳ קצ״ו ס׳ י״ב) „אך סתירה שלאחר שבעה כגון שלא טבלה כראוי ושמשה ה״ז טובלת בכל עת״ ודוק.

(נ) שם.

(נא) פשוט [דשרי שלא בשעת וסתה כמ״ש המחבר ס׳ קפ״ד ס״א וט״ז ס״ק א׳].

during one or more of the Seven Clean Days (**נב**), and not be aware of it (**נג**). Therefore, חז״ל required that a minimum of 72 hours elapse from the time that she was permitted to her husband and the beginning of the Seven Clean Days (**נד**). חז״ל have determined that within these 72 hours, all remaining semen will have either been discharged or decayed to a point where it will not interfere with her Seven Clean Days* (**נה**).

*Note: We explained earlier (see page 36) that seven consecutive nights and days must pass, uninterrupted by bleeding, staining, or any other halachically unclean discharge leaving her body.

Therefore, if, for example, she had relations Friday evening two hours after nightfall, although the 72 hour period concludes Monday evening two hours after nightfall, Monday evening (which is considered part of Tuesday, see Note on page 35) and Tuesday cannot count as the first of the Seven Clean Days — because she may have discharged semen during that time. Tuesday evening (which is considered part of Wednesday) should begin the Seven Clean Days.

However, we will learn, that the minhag is to add an additional day. Therefore, assuming that the הפסק טהרה examination was performed successfully on Wednesday afternoon (see 6), the Seven Clean Days begin Wednesday evening.

(נב) כ׳ הש״ך (ס׳ קצ״ו ס״ק ט״ז) „דעד אותו היום חיישינן לכל יום ויום שמא תפלוט או שמא תפלוט כל השלשה ימים״.

(נג) כ׳ הש״ך (שם ס״ק ט״ו) „שמא תפלוט. ולא תרגיש״ וע׳ מחה״ש.

(נד) כ׳ המחבר (ס׳ קצ״ו ס׳ י״א) „הפולטת שכבת זרע בימי ספירתה אם הוא תוך ו׳ עונות לשמושה סותרת אותו יום לפיכך המשמשת מטתה וראתה אחר כך ופסקה אינה מתחלת לספור ז׳ נקיים עד שיעברו עליה ו׳ עונות שלימות שמא תפלוט וגו׳״ וכ׳ הש״ך (ס״ק י״ד) „ועונה הוא י״ב שעות״ וכ׳ המחבר שם „דקי״ל אין שכבת זרע מסריח עד שיעברו עליו שש עונות שלימות מעת לעת״ וכ׳ הש״ך (ס״ק י״ז) „מעת לעת. כלומר ע״ב שעות״. **שש** עונות כחכמים (שבת פ״ו:) דאמרי „שש עונות שלימות״ אבל הרמב״ם (פ״ה דשאר אבות הטומאות ה׳ י״א, י״ב) כ׳ שלש עונות וכ׳ הב״י הטעם „מפני שהוא פוסק כראב״ע וגו׳״ אבל בכ״מ כ׳ „שרבינו גורס אבל חכמים אומרים שלש עונות וגו׳״ ע״ש וכ׳ הגר״א (ס״ק ל״ב) „אבל גירסת הרמב״ם ג׳ עונות וכ״כ הרז״ה שם שכן הגי׳ בספרים המדוייקים וכ״ה בירושלמי שם״ ואף דכ׳ הב״י דגם האו״ז פסק כראב״ע מסיק מתה״ד „דלא קי״ל הכי אלא כחכמים דאמרי ו׳ עונות שלימות בעינן״ [וע׳ בשו״ת חת״ס (ס׳ קע״ט) שכ׳ „דהרי לרמב״ם דפסק כרבנן דר׳ יוסי סגי בג׳ עונות וגו׳ והא דמחמרי׳ ו׳ עונות כר׳ יוסי חומרא בעלמא הוא כמ״ש מג״א ס׳ תצ״ד וגו׳ וכיון דאפסק הלכתא כרבנן א״כ מה שמחמרינן להצריך לענין ספירת ז׳ נקיים ו׳ עונות חומרא בעלמא הוא וגו׳״ וע״ש שפסק „היכא דאיכא למיחש שתצא מיד בעלה עי״ז פשיטא שיש להקל לכה״פ אחר ג׳ עונות״ וע׳ לקמן (הערה צח)].

(נה) כ׳ המחבר (ס׳ קצ״ו ס׳ י״א) „אין ש״ז מסריח עד שיעברו עליו שש עונות שלימות מעת לעת וגו׳״ וע׳ רש״י (שבת פ״ו. ד״ה שהיא) „דיום השלישי אכתי לא מסרחה ש״ז וראויה לקלוט ולהיות ולד נוצר הימנה וקרינן ש״ז הראוי להזריע״ וע׳ ט״ז (ס״ק ה׳) „פי׳ ואחר שהוא מסריח אע״פ שפולטת אותו הרי היא כפולטת מיא בעלמא״.

This explains four of the five days. That is, the day she first experienced bleeding or staining, plus three additional days (72 hours) (נו). The minhag, however, is to add one additional day (i.e. the fifth day) (נז).

Explanation for the fifth day — בין השמשות

The reason for this minhag (נח) is that there is a possibility that she may have had relations during בין השמשות (a time period somewhere between sunset and nightfall, see Note on page 35) and erroneously think that it was still day, while actually, it may already have been night (נט). Since she may then discharge semen during the Seven Clean Days and lose that day and immerse herself erroneously a day too early, the minhag is to require the addition of a fifth day (ס) (see Note on 5).

Even if husband was out of town

4. This waiting period is required for *all* married women (סא) (see 5). Even if she had no relations with her husband prior to the onset of her period or discovery of a stain (סב), and even if her husband was out of town for a lengthy period of time (סג), she is required to wait these five days before beginning the Seven Clean Days (סד). This is required because of "לא פלוג" (סה), that is, חז"ל

(נו) כ' המחבר שם „לפיכך אינה מתחלת לספור עד יום ה' לשמושה".

(נז) כ' הרמ"א שם (מתה"ד) „ויש שכתבו שיש להמתין עוד יום א' דהיינו שלא תתחיל למנות עד יום הששי והוא יום ראשון לספירתה דחיישינן שמא תשמש ביום ראשון בין השמשות ותסבור שהוא יום ואפשר שהוא לילה ואם תתחיל למנות מיום חמישי יהיה תוך ששה עונות לשמושה על כן יש להוסיף עוד יום א' דמעתה אי אפשר לבא לידי טעות וכן נוהגין בכל מדינות אלו ואין לשנות".

(נח) רמ"א שם מתה"ד ס' רמ"ה.

(נט) ע' תה"ד שם שכ' „דזימנין תשמש בין השמשות במוצאי שבת" ואף דהרמ"א כ' ביום ראשון נראה טעם תה"ד דכיון דאסור במלאכה בביה"ש דמו"ש סברה דהוי עדיין יום ודוק [לפ"ז קצ"ע למה שינה הרמ"א מציור תה"ד, אולם באגור (סי' א' שעב) איתא „ביה"ש ביום ראשון בערב"].

(ס) תה"ד ורמ"א שם.

(סא) ע' מל"ט (ס' קצ"ו ס' כ"א) שכ' „האשה הנשואה לאיש וגו'" ולאפוקי כלה קודם החתונה כמו שיתבאר לקמן בפנים אצל הערה קז. ואף שסתמנו כל נשים הנשואות מ"מ כלה אחר החתונה הסופרת ז' נקיים מחמת דם בתולים מותרת להמתין רק ד' ימים כמו שיתבאר לקמן בפנים אצל הערה קי.

(סב) כ' הרמ"א (ס' קצ"ו ס' י"א) „ויש שכתבו שעכשיו אין לחלק בין שמשה עם בעלה ללא שמשה וגו'" וכ' הש"ך (ס"ק כ') הטעם „דלא פלוג רבנן וגזרי' לא שמשה אטו שמשה ואע"ג דשמשה גופה גזירה היא אטו בין השמשות חששא דביה"ש פשוט' היא וחששו בה רבנן טובא בכמה דוכתי. ת"ה" וכ"כ בחכ"א (קי"ז:א) וש"פ וכ' בערה"ש (ס' קצ"ו ס' ל"ח) „ונתפשט המנהג בכל תפוצות ישראל".

(סג) כ' הט"ז שם (ס"ק ז') והש"ך שם מת' מהרי"ק „שנהגו להחמיר אפי' אין בעלה בעיר" ודלא כב"ח וכ' בערה"ש (שם ס' ל"ט) „וכן הוא המנהג הפשוט בכל תפוצות ישראל" [והחכ"א הוסיף „זמן רב"].

(סד) שם.

did not differentiate in their prohibitions* (see HALACHOS OF SHABBOS, Chapter II D 5).

In cases of great necessity

5. In cases of great necessity, however, (see examples in C), a Rav may allow a woman to begin the Seven Clean Days a day earlier (**סו**). In these instances, assuming that all bleeding and staining have ceased completely by the end of the fourth day, she may be permitted to perform the הפסק טהרה examination on the *fourth* day and begin the Seven Clean Days from the fifth instead of the sixth day (**סז**).

*Note: This minimum Five Day Waiting Period has been accepted by countless generations and has been in effect hundreds of years (**סח**). Jewish women, with the consent and approval of חז״ל have accepted many of the minhagim of Hilchos Niddah as comparable to Torah law (**סט**), and violation is considered a *major* transgression (**ע**).

Five days are a minimum

6. Since a woman is unable to complete a הפסק טהרה examination or the

---

(סה) ש״ך שם מתה״ד. **(ליקוט)** כ׳ החת״ס (ס׳ קע״ט ד״ה הנה) „ואין להחמיר בלא פלוג כמו בגוף הדין עצמו כמ״ש תה״ד ומייתי מג״א ר״ס תמ״ז ע״ש״. „לצורך מצוה לא אמרינן לא פלוג״ (דובב מישרים ס״ח). במילתא דלא שכיח לא אמרינן לא פלוג (שו״ת מעיל צדקה ס׳ ל״ב וש״ך ס׳ קצ״ו ס״ק כ״ג). מגברא לגברא לא אמרינן לא פלוג (ט״ז או״ח ס׳ ער״ה ס״ק א׳ ובכ״מ).

(סו) ע׳ פת״ת (ס׳ קצ״ו ס״ק ט״ו) וערה״ש (ס״מ) ונכ׳ מזה לקמן בס״ד.

(סז) שם.

(סח) ע׳ אגור (א׳ שע״ב) ממהרי״ל וש״ד והרמ״א הביא תה״ד ומהרי״ק ואף שכ׳ הב״י „וכל דברים אלו חומרות יתירות הן ואין להם סמך בגמרא ולפיכך לא נהגו העולם בכל מקומותינו אלא להמתין ד׳ ימים וגו׳״ ע׳ בן איש חי (שנה ב׳ צו אות ז׳) שנהגו רוב עירו למנות אחר ו׳ ימים ויש משפחות שמנהגם אחר ז׳ ימים (ע׳ רמ״א מש״כ במנהג ז׳ ימים וע׳ ט״ז ס״ק ו׳ ובתשובות הגרמ״פ שליט״א בסוף הספר (אות כ״א) מש״כ בזה, וע״ש בבן איש חי איך לנהוג לספרדים) ולאשכנזים לא שמענו נוהגים האידנא יותר מה׳ ימים מחמת פולטת.

(סט) ע׳ תה״ד שם שמסיק „ונראה דודאי יש להחמיר כר״י דבשל תורה הלך אחר המחמיר וכ״ש באיסור כרת וחומרות יתירות נוהגין בו בנות ישראל בהלכות נידה״ וכעין זה כ׳ הרמב״ן בהלכות נדה (פ״א ס׳ י״ט) בענין חומרא דר׳ זירא „חומרא זו שנהגו בנות ישראל הוכשרה בעיני חכמים ועשו אותה כהלכה פסוק׳ בכל מקום לפיכך אסור לאדם להקל בה ראשו לעולם״.

(ע) כ׳ בערה״ש (ס׳ קצ״ו ס״ס ל״ח) „ויש בזה חומרות גדולות אלא שמפני שהנשים כבר נהגו בזה ונתפשט המנהג בכל תפוצות ישראל לכן חלילה לשנות וכל הפורץ גדר ישכנו נחש״. [וע׳ בלבוש שהסביר ענין פולטת ע״פ המקובלים]. ע׳ שבת (י״ג.) „תד״א מעשה בתלמיד א׳ וגו׳״ וע׳ פר״ת שהקיל בטבילה שניה שהיו רגילים לטבול ואף דלא בא עליה אמר אליהו „ברוך המקום שהרגו״ ודוק.

Seven Clean Days successfully while she is still staining (**עא**), and the menstrual flow and staining of many women often exceeds five days (**עב**), these five days are to be considered, generally, (see 5 and C) only as a *minimum* period of time (**עג**). Therefore, even if the Five Day Waiting Period has passed, if she is still staining, she obviously cannot perform the הפסק טהרה examination nor begin the Seven Clean Days until the flow and staining have ceased completely (**עד**).

The Five Day Waiting Period need not be repeated

7. We have learned (see 3) that the Five Day Waiting Period is contingent upon her permissibility to her husband (**עה**). Once the five day requirement has been fulfilled since the time that they were required to abstain, another such period need not be repeated (**עו**). That is, even should she be required to repeat the הפסק טהרה examination and the Seven Clean Days because of bleeding or staining [during the Seven Clean Days] (**עז**), it will not be necessary to repeat the Five Day Waiting Period (**עח**).

Therefore, if she should bleed or stain during the Seven Clean Days, she may perform a הפסק טהרה examination — even on that very same day (**עט**) [wherever feasible] — and begin the Seven Clean Days from the following day (**פ**).

If they abstained before the onset of her period

8. If they were required to abstain from marital relations because of stain-

---

(עא) כ׳ המחבר (ס׳ קצ״ו ס״א) „וכך משפטה אם תראה ב׳ ימים או ג׳ ופסקה מלראות בודקת ביום שפסקה כדי שתפסוק בטהרה״ ופשוט הוא.

(עב) כ׳ הב״י (ס׳ קצ״ו סד״ה הפולטת) „והא נמי לא שכיחא כולי האי שרוב הנשים נמשכים ימי ראייתן ה׳ או ו׳ ימים וגו׳״ [ומש״כ בערה״ש (ס׳ קצ״ו ס״כ) „ורוב נשים ידוע שאינן רואות רק ב׳ או ג׳ ימים״ אין נראה דפליגי או דנשתנה הטבע דאף בזה״ז רוב נשים נמשכין ימי ראייתן ה׳ או ו׳ ימים אלא נראה דהערה״ש איירי בשופעת והב״י איירי ברואה מראות מגופה או כתמים ואינה יכולה עדיין ליטהר ודוק].

(עג) כלומר דמצד פולטת סגי בה׳ ימים אבל כיון שא״א לרוב נשים להפסיק בטהרה מחמת שרואות עדיין מראות או כתמים האי שיעור דה׳ ימים אינו נוגע למעשה להם ע״פ רוב אלא צריכות להמתין עד שתפסק לגמרי זיבתן וכתמן האוסרות.

(עד) ע״פ הנ״ל.

(עה) ע׳ ס׳ קצ״ו ס׳ י״א.

(עו) כ׳ הש״ך (שם ס״ק כ״ב) „צריכה להמתין ה׳ ימים כו׳. היינו מתחלתה ומשום טעמא דש״ז אבל אם תוך ימי ספירתה או אחר ה׳ ימים נתקלקלה וחזרה וראתה דם או כתם פוסקת באותו יום בטהרה ומונה למחרת וזה פשוט״, וחכ״א (קי״ז:ג).

(עז) שם.

(עח) שם.

(עט) שם.

(פ) שם.

ing or other halachic reasons (**פא**), the five days begin from the time that they were required to abstain (**פב**) — even though her menstrual period actually begins later (**פג**).

Example: On Shabbos she noticed a stain which rendered her a Niddah. However, her period did not begin until Sunday, and lasted (for three days) until Tuesday. She begins counting the five days from Shabbos (**פד**) and may perform the הפסק טהרה examination on Wednesday afternoon (**פה**). [As we have learned previously (see 6), if her period lasted longer than five days, she cannot perform a הפסק טהרה until her flow and staining have completely ceased] (**פו**).

Applications: a) יום הוסת — If they abstained on the day she was anticipating her period (יום הוסת) (**פז**) and her period came *immediately* afterwards on the following evening, there is a view which holds that the day they abstained may be considered as the first day of the five days (**פח**). A Rav must be consulted.

b) If one of them was in mourning [when marital relations are prohibited] (**פט**), since they were required to abstain — the days of mourning

---

(פא) ע׳ רמ״א (ס׳ קצ״ו ס׳ י״א) וש״ך (ס״ק כ״ב) הובא לקמן בהערה פד.

(פב) כ״מ מש״ך שם.

(פג) שם. **כתב** באג״מ (יו״ד ח״ב ס״ס ס״ח) „ובראתה כתם שפרשו מחמת שלא ידעו שהוא טהור ולמחר ראתה דם ושאלו לחכם וטיהר את הכתם אין להחשיב יום שפרשו מצד טעותם, במנין החמשה ימים שנהגו להמתין קודם ספירת הז׳ נקיים מאחר שנתברר שהיתה מותרת. ואם לא שאלו לחכם שהוא להם גם עתה בספק נחשב במנין החמשה ימים״ וכעין זה כ׳ בפת״ז (ס׳ קפ״ח ס״ק ט׳) מיוסף דעת „באשת חבר שמצאה כתם שהוא טהור מדינא ורק שהוא החמיר ע״ע, והתחילה למנות החמשה ימים ומצאה ביום ראשון של הז״נ כתם טמא, דפשוט דצריך להתחיל למנות מחדש משעת מציאת הכתם הטמא וגו׳״, וע׳ בפנים אצל הערה צה.

(פד) כ׳ הרמ״א (ס׳ קצ״ו ס׳ י״א) „וכל אשה שרואה אפילו כתם צריכה להמתין ה׳ ימים עם יום שראתה בו ותפסוק לעת ערב ותספור ז׳ נקיים (שם בת״ה בשם א״ז ומהרי״ק) וכן נוהגין במדינות אלו ואין לשנות (סה״ת וסמ״ג)״ וכ׳ הש״ך (ס״ק כ״ב) „צריכה להמתין ה׳ ימים כו׳ היינו מתחלתה ומשום טעמא דש״ז **אבל אם** תוך ימי ספירתה או אחר ה׳ ימים נתקלקלה וחזרה וראתה דם או כתם פוסקת באותו יום בטהרה ומונה למחרת וזה פשוט״ וכ׳ בערה״ש (ס׳ קצ״ו ס״ס ל״ט) „ודע דכל מקום **שאמרנו ראתה** בתוך ימי ספירתה ה״ה ראתה בתוך החמשה **או** הששה ימים שבין הראייה לימי הספירה כיון שראתה לאחר שהופרשה מבעלה שוב **אין** כאן חשש פליטת ש״ז ודוק״.

(פה) שם.

(פו) ע׳ לעיל הערה עא וכ״מ מב״י (סד״ה הפולטת) „שרוב הנשים נמשכים ימי ראייתן ה׳ או ו׳ ימים ואינן צריכות לדין זה דבלאו הכי אינן מתחילות לספור קודם לזמן זה״.

(פז) ע׳ ס׳ קפ״ד ס״ב.

(פח) שמעתי מפי הגרמ״פ **שליט״א** וכ״כ בתשובותיו בסוף הספר (אות כ״א) וז״ל „**באשה** שפירשה מבעלה מחמת שהיה יום הוסת ונוהגת לפרוש כל המעל״ע ובא הוסת מיד בלילה דאח״כ כיון דמחמת איסור היתה הפרישה נחשב יום זה במנין החמשה ימים דנוהגין **שלא** למנותן בז׳ הנקיים״.

(פט) ע׳ ס׳ שפ״ג ס״א.

may possibly be counted as part of the five days (**צ**). A Rav must be consulted.

c) If they abstained on Yom Kippur or Tisha B'Av [when marital relations are prohibited] and her period came *immediately* afterwards on the following evening, Yom Kippur or Tisha B'av may possibly be considered as the first day of the five days (**צא**). A Rav must be consulted.

d) A bride following her wedding who experienced hymenal bleeding is only required to wait four days before beginning the Seven Clean Days (**צב**) (see C 7). However, should she experience her period during this time, although she is now required to wait five days, the days she abstained because of hymenal bleeding are considered towards the Five Day Waiting Period (**צג**).

If they abstained because of medical reasons

9. This halacha applies only if they abstained because of halachic reasons. If they abstained for other reasons, however, (e.g. the doctor instructed her to abstain because of an internal irritation), a Rav must be consulted (**צד**).

If they abstained in error

10. A woman experienced a stain which she assumed rendered her a Niddah, and, therefore, abstained. On the following day, she experienced her period. If she decided afterwards to show the stain to a Rav, who ruled that it was clean, the day they abstained in error does not count towards the Five Day Waiting Period. If they don't show the stain to a Rav, however, though they are

---

(צ) אע״ג דכ׳ בדר״ת (ס״ק קצ״ו ס״ק פ״ו) מס׳ תוספת ירושלים שאין ימי אבלות ר״ל מצטרף לה׳ ימים נראה דיש להקל [דכיון דפירשו מחמת שאסורים בתשמיש מצרפינן ימים אלו לה׳ ימים ולא שייך כאן לומר לא פלוג דכוונת הלא פלוג שחייבים להמתין וכאן ממתינים מחמת האבילות ר״ל], וכך שמעתי מפי הגרמ״פ שליט״א וכ״כ בתשובותיו בסוף הספר (אות כ״א ד״ה וימי אבלות).

(צא) כך נראה ע״פ הנ״ל [יו״כ אסור בתשמיש באו״ח ס׳ תרט״ו ס״א, ת״ב אסור בתשמיש שם ס׳ תקנ״ד ס״א] וכך שמעתי מפי הגרמ״פ שליט״א וכ״כ בתשובותיו בסוף הספר (אות כ״א ד״ה וימי אבלות). [ומה שכתבנו כאן ובפנים אצל הערה פח שהוסת בא מיד פי׳ שלא היה זמן היתר בינתים].

(צב) ס׳ קצ״ג ס״א וע׳ לקמן הערה קט.

(צג) ע׳ ש״ך (ס׳ קצ״ו ס״ק כ״ב) ולעיל הערה פד מערה״ש ולעיל פ״א הערה קלו מאור שמח והגרמ״פ שליט״א.

(צד) אף שראיתי בשו״ת באר משה (ח״א נ״ב:ו) שמקיל בזה נראה כיון דאינם אסורים בתשמיש מדינא שייך הלא פלוג דומיא לאין בעלה בעיר (ע׳ לעיל הערה סב, סג), ועוד אם ירצו לשמש ולסבול היסורים או המיחוש מי יעכבם [ואין לדמות למש״כ בהערה צז מאג״מ דהתם איירי בשעת הדחק במקום ביטול פו״ר] וכך שמעתי מפי הגרמ״פ שליט״א לאיסור וכ״כ בתשובותיו בסוף הספר (אות כ״א ד״ה ובאשה).

not certain whether the stain renders her a Niddah, the day they abstained *is* counted towards the Five Day Waiting Period (**צה**).

C. WHERE FIVE DAYS ARE NOT REQUIRED

Special ovulation problems

1. Where special ovulation problems prevent fertilization and pregnancy, a Rav must be consulted (**צו**). Assuming that all bleeding and staining have totally ceased by the end of the fourth day, a Rav may allow beginning the Seven Clean Days one day earlier (i.e. on the fifth day) (**צז**).

(צה) אג״מ הובא לעיל בהערה פג וע׳ פת״ז שם.

(צו) ע׳ לקמן.

(צז) ע׳ דובב מישרים (ס״ח) באשה הנשואה כמה שנים ולא זכו לבנים ואמרו להם הרופאים שמהנחוץ להם שאחרי שתפרוס נדה עד זמן טבילה לא יעבור עכ״פ יותר מי״א ימים, דהיינו שאחרי ד׳ ימים מראייתה תחל למנות ז׳ נקיים, ואף שכ׳ דיש צדדים להקל לא רצה להקל בלי הסכמת רב גדול א׳ ולצרף גם דעתו בזה. וע׳ במנחת יצחק (ח״ג ס׳ פ״ה) שהגאון מטשעבין זצ״ל צוה לשואל להציע את השאלה לפניו, וכ׳ „וכבר בא מעשה כזה לידי ופסקתי להם שאם רצונם לעשות כדברי הרופאים אז תוכל לדלוג על טבילה אחת וגו׳״ ע״ש [וע״ש מש״כ מחת״ס ס׳ קנ״ז וס׳ קע״ט] וכן בהר צבי (יו״ד ס׳ קנ״ז) נתן עצה זו דטבילה לסירוגין, אבל ע׳ בדברי מלכיאל (ח״ה ס׳ ק״ב) שכ׳ שלפעמים הוא מיקל להמתין ד׳ ימים במקום מצוה [וע״ש שכ׳ „דהיכא שמצינו שהקילו במנהג בשעה״ד או במקום מצוה יכולים להקל בכל מקום שיש איזה שעה״ד ומקום מצוה״] ובערה״ש (ס׳ קצ״ו ס״מ) כ׳ ע״פ השל״ה [הובא בפת״ת ס׳ קצ״ו ס״ק ט״ו] ומנ״י (שם ס״ק כ׳) בציור דאם לא תלבוש לבנים ביום ד׳ היתה מרחקת חפיפה מטבילה [הובא בפנים אצל הערה צט] והתיר לה בדלא שמשה ובסד״ט (ס״ק מ״ב) כ׳ להתיר שם אף בשמשה וכ׳ בערה״ש „ודון מינה ומינה לשארי דברים שיש בהם צורך גדול ביכולתה למנות מיום ה׳ לראייתה ולשימושה״ וכ״ש בנידון דידן דהוי במקום מצוה דפו״ר, וכן שמעתי מפי הגרמ״פ שליט״א באשה שא״א להתעבר מחמת שזמן שאפשר לה להתעבר הוא בליל י״ב והתיר לה להפסיק בטהרה ביום ד׳ ולהתחיל ז׳ נקיים למחר וכ״כ בתשובותיו בסוף הספר (אות כ״ב ד״ה ולכן) וז״ל „ולכן כשצריכה לטבול בליל י״ב משום דאז לדעת הרופאים הוא הזמן שראוי לה להתעבר אף שג״כ היה יותר טוב שלא תשמש עם בעלה בהמעל״ע שקודם הוסת מ״מ אם שכחה או שלא היה ברור לה יום הוסת ולא פרשה יש לה העצה אם אפשר לה להתחיל לספור הז׳ נקיים מיום ה׳ ויגמרו ז׳ הנקיים ביום י״א״ [וכ״מ מחת״ס ס׳ קנ״ז שכ׳ „יש לחלק בין טובלת על דם בתולים דאיכא ביטול פו״ר לא החמירו וגו׳״ ע״ש]. **כתב** באג״מ (יו״ד ח״ב ס׳ פ״ד) „באשה שזה כמה שנים שניסת ולא נתעברה ולדעת הרופאים הוא משום שזמן שאפשר לה להתעבר הוא בליל העשירי מהתחלת ראיית הוסת שלה״ וכ׳ „ולכן יש להתיר לה אם יפרוש ג׳ ימים קודם הוסת ותפסוק מלראות ביום שני לנדתה לעשות הפסק טהרה ביום ההוא ולספור ז׳ נקיים תיכף ולטבול בליל עשירי״ וכ״כ בתשובותיו בסוף הספר (אות כ״ב ד״ה ולכן) וז״ל „אבל כשזמן שאפשר לה להתעבר הוא בליל עשירי ואפשר לה ליטהר מצד נדותה משום דאינה רואה יותר משני ימים הא ליכא עצה אחרת אלא אם תפרוש קודם הוסת שלכן מאחר שהיא פורשת תחלה אין להתיר לה אלא כשתפרוש ג׳ ימים קודם הוסת כדכתבתי״. ע׳ אג״מ יו״ד ח״א ס׳ צ״ג.

Period twice monthly

2. Similarly, if a woman experiences her period twice monthly and is thereby unable to become permitted to her husband, a Rav must be consulted (**צח**).

Immersion Friday night following Yom Tov

3. If as a result of waiting five days before beginning the Seven Clean Days, her immersion will occur on Friday night following a Yom Tov (**צט**) (e.g. Yom Tov was on Erev Shabbos) (**ק**), a Rav must be consulted. Since there would be a delay between her preparation for immersion (on Thursday afternoon) and her actual immersion (on Friday night) (**קא**) many Poskim hold that if all bleeding and staining have ceased completely by the end of the fourth day, she may be permitted to begin the Seven Clean Days one day earlier (i.e. on the fifth day) (**קב**).

(צח) ע' חת"ס (יו"ד ס' קע"ט ד"ה וזאת) „בנידון אשה ששינתה וסתה פעמים בכל חדש באופן שקשה ורחוק שתזדמן שתטבול לנדתה וגו' א"כ אשה זו סופה להתגרש מבעלה כי לא קיים פ"ו עדיין ונפשו בשאלתו אם יש למצוא לה ב' התירים א) לשמש בליל הסמוך ליום שעונתה ביום, ב) אם יארע שתראה מיד אחר טבילה טרם ששמשה להקל שלא תצטרך להמתין שש עונות ותספור ז' נקיים מיד שתפסוק לראות" וכתב „הנה בדין זה האחרון נראה פשוט דיש להקל כיון הא דנהיגי' להמתין ששה עונות אע"פ שלא שמשה הוא רק משום לא פלוג בין שמשה ללא שמשה ואין להחמיר בלא פלוג כמו בגוף הדין עצמו כמ"ש תה"ד ומייתי מג"א ר"ס תמ"ז ע"ש וה"נ אינו אלא משום לא פלוג ויש להקל בכה"ג ולכה"פ תמתין ג' עונות וגו'" וכן הקיל בדין הראשון ע"ש, וע' בהר צבי (ס"ס קנ"ז) בכגון זה התיר לה לטבול לסירוגין.

(צט) כ' בפת"ת (ס' קצ"ו ס"ק ט"ו) „עי' בשל"ה דף ק"א שכתב וז"ל מעשה בא לידי באשה אחת שהיה יום ד' לנדתה ולא שמשה עם בעלה בלילה שקודם ראייתה והתרתי לה ללבוש לבנים ביום ד' ולהתחיל לספור ביום ה' כי אם היתה מתחלת לספור ביום ו' אז היה בא ליל טבילה בליל שבת שאחר יו"ט ומוטב שנניח חומרא זו כדי לקרב הטבילה לחפיפה עכ"ל ועיין בס"ט [ס"ק מ"ב אחר שהביא דברי תוה"ש (ס"ק כ') שכ' אדברי השל"ה „אף דאין לשנות המנהג מ"מ היכא דיש צד להקל בלא שמשה אין להחמיר ובפרטות שכבר כתבתי לעיל ס"ק ט"ו דמקצת גדולי פוסקים סוברים דאף בשמשה אין סותרת למה שפולטת אחר ג' עונות"] שכתב דנראה לו דבנדון כזה אף בשמשה יש להתיר שתפסוק ביום ד' לראייתה ותמנה שבעה נקיים מיום ה' ע"ש עוד".

(ק) אף דאינו מפורש אי איירי ביו"ט יום א' או ב' ימים מ"מ זיל בתר טעמא „כדי לקרב הטבילה לחפיפה" וכן שמעתי מפי הגרמ"פ שליט"א דאיירי אף ביו"ט יום א'.

(קא) ע' פת"ת שם בשם השל"ה [וע' נדה ס"ח. ס' קצ"ט ס"ג ורמ"א ס' קצ"ז ס"ב].

(קב) פת"ת שם, חכ"א (ס' קי"ז ס"ב), ערה"ש (ס' קצ"ו ס"מ) וש"פ [ומשמע דס"ל כסד"ט שם דאף בשמשה. וע' טה"י (יד"א ס' קצ"ו ס"ק ר"ט) שכ' „ואף שהס"ט מיקל בשמשה בה"ג מ"מ בסוף מסיק להחמיר בשמשה ולא כפ"ת סקט"ו בשם ס"ט להקל אף בשמשה].

If unable to immerse Friday night

4. If the normal time for her immersion will occur on Friday evening, but she will be unable to immerse (e.g. to go to the Mikvah she must pass through dangerous neighborhoods, or it is too far for her to walk) (קג) a Rav must be consulted. If all bleeding and staining have ceased by the end of the fourth day (i.e. Thursday), there is a view which holds that she may be permitted to begin the Seven Clean Days one day earlier, so that she may immerse the following Thursday evening (קד).

If her husband needs to depart

5. It is questionable whether a husband's need to leave town on the day or evening prior to her normal time for immersion is a proper justification to begin the Seven Clean Days a day earlier (קה). In case of necessity, a Rav must be consulted.

A bride before her wedding

6. This requirement for the Five Day Waiting Period is required only for a

---

(קג) ע׳ פת״ת (ס׳ קצ״ו ס״ק ט״ו) משל״ה הובא לעיל (בהערה צט) וע׳ ערה״ש (שם ס״מ) שכ׳ „ודון מינה ומינה לשארי דברים שיש בהם צורך גדול ביכולתה למנות מיום ה׳ לראייתה ולשימושה״ ושמעתי מפי הגרמ״פ שליט״א באשה שליל טבילתה חל בליל שבת אם תפסוק בטהרה ביום ה׳ וצריכה לדחות הטבילה למו״ש כי אינה יכולה ללכת לבית הטבילה מחמת סכנת הילוך הדרך או ריחוק מקומם וע״פ פת״ת הנ״ל התיר לה להפסיק בטהרה ביום ד׳ לוסתה כדי לטבול בליל ו׳ וכ״כ בתשובותיו בסוף הספר (אות כ״ד) שכתב בעצת החת״ס (הובא בפת״ת ס׳ קצ״ז סק״ט) „הנה אף שעצה נכונה היא אבל מסתבר שבלא שמשה ביום דקודם שראתה דם הנדה אין צורך להחמיר בזה מאחר שהשל״ה כתב להתיר בשעת הדחק, ואם שמשה שמשמע שהשל״ה מחמיר אף שמ״מ מסתבר שיש להתיר כהסד״ט טוב לעשות עצה זו לכתחלה״.

(קד) שם [והנה לא סתמנו להיתר כי הדובב מישרים (הובא לעיל בהערה צז) לא רצה להקל אף במקום פו״ר וכן בהר צבי שם ואף שרבו המתירים שם בנידון דידן שאפשר לדחות למו״ש יש לעיין, ובמקום צורך כגון שת״ב במו״ש ודאי יש להקל (דהוא כעין שאלתו דהשל״ה שם), ויש לצרף לזה שיטת הראב״ד דאין פולטת ש״ז סותרת לבעלה ורק לטהרות וכ״פ הרשב״א אלא שכ׳ דבעל נפש יחמיר ודעת ר״ת דפולטת אסורה רק אם שמשה עם הזב ודעת הרמב״ן דהיכי דאזלא בכרעא שוב אינה פולטת ודעת הרמב״ם דפולטת סותרת רק תוך ג׳ עונות].

(קה) ע׳ פת״ז (ס׳ קצ״ו ס״ק כ״ה) ממראה יחזקאל ס׳ נ״ד „שהאריך לבטל דעת השואל שרוצה להקל לפסוק בטהרה ביום ד׳ מחמת שבעלה נחוץ לילך לדרך וגו׳״ ע״ש וכ״כ בדע״ת ממהרי״א ס׳ נ״ד, מ״מ שמעתי מפי הגרמ״פ שליט״א דכשהם בקאנטרי וליל טבילה צ״ל באור ליום ג׳ ובעלה צריך לנסוע לעבודתו ביום ב׳ לכל ימי השבוע וקשה לו לחזור עד אור לעש״ק או בעש״ק דמותר לה להפסיק בטהרה ביום ד׳ לראייתה (שהוא יום א׳ לימי השבוע) כדי שתטבול אור ליום ב׳ וכ״כ בתשובותיו בסוף הספר (אות כ״ג) אולם כ׳ „אבל מ״מ מסתבר שהוא רק כשנזדמן פעם אחד ולא כשנזדמן כן עוד פעם בקיץ זה דיהיה נראה זה כקביעות ובטול החומרא שזה אי אפשר״. [וע׳ שו״ת דברי מלכיאל ח״ה ס׳ ק״ב].

married woman (קו). Most Poskim hold that a bride prior to her wedding is not required to wait five days (קז). As soon as her flow and staining have stopped, she may make a הפסק טהרה examination and begin the Seven Clean Days (קח).

A bride after her wedding

7. A bride after her wedding who experienced hymenal bleeding — but not menstruation (קט) — is only required to wait four days — not five, before beginning the Seven Clean Days (קי).

(קו) כ׳ במל״ט (ס׳ קצ״ו ס׳ כ״א) „האשה הנשואה לאיש וגו׳״.

(קז) ע׳ ט״ז (ס׳ קצ״ו ס״ק ז׳) „בכלה שפירסה נדה סמוך לחופתה ואפילו אחר חופתה קודם שנתייחדה עם חתן שלה אין ממתנת כלל וגו׳״ אבל הש״ך (ס״ק כ׳) כ׳ „שאפי׳ כלה אינה סופרת ז׳ נקיים עד יום ה׳ לראייתה וגו׳ ומ״מ בשעת הדחק יש להתיר שמיד שתפסוק בטהרה תספור ז׳ נקיים דבהכי עדיף טפי ממה שנוהגין שנשאת כשהיא נדה וגו׳״ ע״ש [ובתוה״ש ס״ק י״ח פי׳ „דהאי בשעת הדחק שנקט הש״ך בלשונו ה״פ כגון שכבר טבחו טבוח וכיו״ב וגו׳ ע״ש] וכ״מ מחכ״א (קט״ו:י״ב) וכ׳ בערה״ש (ס׳ ל״ט) „וכמדומני שאין המנהג כן והכלה מתי שהיא טהורה מפסקת בטהרה ומונה ז״נ״ וע׳ בדגמ״ר שכ׳ בש״ך „אולי כוונתו כשלא היתה נדה קודם לראיה כגון בתולה שראתה פעם ראשונה ועד עתה היתה בתולת דמים וגו׳ אבל אם היתה כבר נדה לא שייך חומרא זו כלל״ [ואף שכ׳ בערה״ש אדגמ״ר „לא אבין דמה בכך״ הי׳ נראה לפרש פירושו דא״צ להמתין לשם הה׳ ימים וכיון שכבר המתינה מעולם הוי דומיא לש״ך ס״ק כ״ב דאם נתקלקלה אחר ה׳ ימים פוסקת באותו יום בטהרה ומונה למחרת, משא״כ אם ראתה פעם ראשונה מעולם לא המתינה ה׳ ימים ודוק, אבל יותר נראה דקאי לאידך צד „כגון בתולה שראתה פעם ראשונה וגו׳״ שהחמיר הש״ך כמו שפי׳ כוונתו בדגמ״ר ועל זה תמה דאין שום צד להחמיר ע״ש ודוק] ובמחה״ש כ׳ פי׳ אחר „שאפילו כלה כו׳ ר״ל שא״צ ז״נ רק משום חמוד ולא באה לכלל תשמיש מעולם וגו׳״ [וע׳ פת״ז ס״ק כ״ו משו״ת רח״כ ס׳ מ״א] וע׳ בסד״ט (ס״ק ל״ט ד״ה כתב הש״ך) שמסיק בזה „והיכא דנהגו להחמיר נהוג והיכא דלא נהוג אין להחמיר כלל״.

(קח) שם.

(קט) כ׳ המחבר (ס׳ קצ״ג ס״א) „הכונס את הבתולה וגו׳ ולא תתחיל למנות עד יום ה׳ לשימושה וגו׳״ וכ׳ הש״ך (ס״ק ב׳) „עד יום ה׳. כדין נדה לקמן סי׳ קצ״ו ס׳ י״א״ ומשמע דמתחלת למנות ז׳ נקיים מיום ו׳ כשאר נשים, אבל הט״ז (ס״ק ד׳) כ׳ „מצאתי בשם מהר״ל מפראג דאע״פ דהשתא נהוג עלמא דהנדה מתחלת למנות מיום הששי כמבואר סי׳ קצ״ו מ״מ במתחלת למנות אחר ביאה ראשונה של בתולים מתחלת למנות מיום ה׳ וכן הורה הלכה למעשה ועיין סי׳ קצ״ו סעיף י״א מה שכתבתי בזה״ [בס״ק ה׳ שפי׳ דברי מהר״ל מפראג „ור״ל דלא גזרינן בה שמא תשמש באותו יום בסופו דהיינו בין השמשות אבל אם באמת נבעלה בעילת מצוה בין השמשות וגו׳״ ע״ש] וכ״פ בחכ״א (קט״ו:ט״ז), ובערה״ש (ס׳ קצ״ג ס״י) וכ״מ ממחה״ש וש״פ והטעם כ׳ בסד״ט (ס׳ קצ״ג ס״ק ה׳) „כיון דאין כאן דם נדה רק דם בתולים לא החמירו בו להוסיף (כצ״ל) עוד יום אחד משום תשמיש בין השמשות וגו׳״ ע״ש. ומש״כ דם בתולים ולא דם נידות הוא בסד״ט וחכ״א שם [ונראה לדקדק דלא משום שהיא כלה הקילו אלא משום דם בתולים ע״ש אבל ע׳ לעיל (פ״א הערה קלו) מאו״ש ומש״כ שם מהגרמ״פ שליט״א].

(קי) שם. כתב בדע״ת (ס׳ קצ״ו ס׳ י״א) „ועי׳ שו״ת בית שלמה ח״ב ס׳ ע״ו שכתב דגם בראתה דם בביאה שני׳ ע״י שלא בעל פעם ראשונה בעילה גמורה, יש להקל למנות מיום ה׳, כמו בבתולים שכתב הט״ז כן, וכן פסק בעצי ארזים לאהע״ז סי׳ ס״ג, וגם בלא ראתה פ״א,

If a woman stained after immersion

8. If a woman immersed in the Mikvah and then, before returning home, (**קיא**) experienced bleeding or a stain which rendered her a Niddah (**קיב**), most Poskim hold that she is not required to repeat the Five Day Waiting Period (**קיג**). She will, however, be required to perform a new הפסק טהרה examination, count the Seven Clean Days anew, and immerse again (**קיד**). Some Poskim do not require repeating the Five Day Waiting Period, even if she returned home (**קטו**) —provided she had not as yet had relations with her husband (**קטז**). If her hus-

---

אם נתברר שלא בעל רק בהערא‏ה בעלמא יש להקל בזה, אבל בראתה גם בפ״א יש להקל בכל גווני, כמ״ש סוס״י קפ״ז דאם מרגשת כאב וצער תולין בבתולים, וה״נ בזה ע״ש. ועי׳ ק״ס לשי״ט סי׳ נ״ו״ וכ״כ החזו״א (בהערות לס׳ טהרת בת ישראל השגה ז׳), וכ״כ בפת״ז (ס׳ קצ״ו ס״ק כ״ו) „ועשו״ת קנ״ס השמטה לשיו״ט סי׳ נ״ו בביאה שני׳ שאחר בתולים ועדיין מרגשת כאב ומצאה דם תיכף בביאה שני׳ שהתיר לספור ביום ד׳ לשימושה כ״ז שהרגישה כאב, אבל באם אחר דם בתולים ראתה נדות בזה לא תתחיל לספור רק ביום ה׳ ככל הנשים״. **כלה** שפירסה נדה אחר חופתה קודם יחוד ע׳ ט״ז (ס׳ קצ״ו ס״ק ז׳) שכ׳ דאינה ממתנת כלל וע׳ פת״ז שם (ד״ה ומ״ש הפת״ש), ולפי דברי או״ש (בפ״א הערה קלו) יש מקום להקל ביום ה׳ וע׳ מש״כ הגרמ״פ שליט״א בתשובותיו בסוף הספר (אות י״ח).

(קיא) כ׳ בפת״ת (ס׳ קצ״ו ס״ק ט״ז) „וע׳ בת׳ נובי״ת (חיו״ד ס׳ קכ״ה) שמורה אחד הורה באשה שטבלה ואחר טבילה קודם ששמשה ראתה דם ובעלה היה בעיר שתמנה שבעה נקיים תיכף וכ׳ שראוי המורה הזה לגעור בו בנזיפה אבל לא לענשו באיזה עונש כי גוף דין זה הוא חומרא בלא טעם. ואח״כ כ׳ בשם ת׳ פני יהושע ס׳ י״ב שמקיל בזה בראתה תיכף אחר הטבילה קודם ששמשה והוא ז״ל חולק עליו וכתב דהט״ז סק״ז (כצ״ל) הביאו הבה״ט מחמיר ג״כ בזה שהרי לא הקיל רק בראתה תיכף אחר חופתה שלא באתה עדיין לכלל תשמיש ע״ש ועי׳ בתשו׳ מעיל צדקה סי׳ ל״ב (כצ״ל) שגם הוא ז״ל מקיל בראתה תיכף אחר הטבילה קודם ששמשה וכתב הטעם דאף בגזירת חז״ל קיי״ל במלתא דלא שכיח לא גזרו ומכ״ש בגזירה זו ע״ש עוד. וכתב שהסכימו עמו החברים ונעשה מעשה. וכן דעת הסדרי טהרה [ס״ק ל״ט] ע״ש״ וכ״כ בערה״ש (ס׳ קצ״ו ס׳ ל״ט) וז״ל „ויש מי שרצה להחמיר עוד דאפילו ראתה קודם שימושה אחר טבילתה שתמתין מלמנות ז״נ עד ה׳ או ו׳ ימים [נוב״ת סי׳ קכ״ה] מטעם שהרי ראויה לביאה ואין שום טעם בדבר זה וכבר דחו כמה גדולים דברים אלו וזהו ממש כראתה בתוך ימי ספירתה שמתחלת למנות מיד כשפסקה ליום המחרת וכן עיקר לדינא [ס״ט סקל״ט ומנ״י ומע״צ]״ וכ״פ בחכ״א (קי״ז:ג) [וע׳ שו״ת אמרי יושר (ח״ב ס׳ צ״ב) אף שכ׳ „המקיל יש לו ע״מ לסמוך בחומרא כזו שהוא רק מנהג״ מ״מ כ׳ „אבל כת״ר כתב שהמנהג בפולין להחמיר, ואם המנהג כן ודאי אין להורות נגד המנהג״ וע׳ בשו״ת חת״ס (ס׳ קע״ט ד״ה הנה) שכ׳ „דהיכא דאיכא למיחש שתצא אשה מיד בעלה עי״ז פשיטא שיש להקל לכה״פ אחר ג׳ עונות ואם טבלה במש״ק וראתה אחר הטביל׳ קודם תשמיש תחל לספור ז׳ נקיים ביום ג׳ ותפסוק בטהרה בה״ש דיום ב׳ נגהי ג׳״] וכן שמעתי מפי הגרמ״פ שליט״א אם פרסה נדה קודם שחזרה לביתה דאין להצריך להמתין אלא תפסיק בטהרה ותספור ז״נ וכ״כ באג״מ (יו״ד ח״א ס׳ צ״ז ענף א׳ ד״ה אך) „ואולי אמנ״י בראתה קודם שבאה לבית לא פליג״ [וכ״כ בסד״ט שם מהרב בעל מנ״י בספרו סולת בלולה].

(קיב) שם.

(קיג) שם.

(קיד) פשוט.

(קטו) כ״מ מפנ״י ומע״צ וחכ״א וערה״ש.

(קטז) שם.

band was not in town when she experienced the bleeding or staining, one may definitely rely on their view (**קיז**).

If a woman erred in the five days

9. We will learn (see Chapter IV D 2) that a woman who erred in counting the *Seven Clean Days,* immersed herself a day or two earlier and had marital relations is required to complete the missing day or days, and immerse herself again (**קיח**). However, before completing the missing day or days of the Seven Clean Days, she is required to wait four days (**קיט**).

On the other hand, in the event that she erred in the *Five Day Waiting Period,* completed the הפסק טהרה examination and began the Seven Clean Days on the fifth day (**קכ**), if she immersed herself and had relations with her husband (**קכא**), she is not required to complete the missing day (**קכב**).

(קיז) דיש לצרף דעת השבו״י (הובא בסד״ט שם) שמקיל כשאין בעלה בעיר וע׳ טה״י (ס׳ קצ״ו ס״ק ע״ח) שכ׳ „והמיקל אף שהבעל בעיר רק קודם ששימשה ראתה אין לגעור בו וכ״ש לעת הצורך ודאי יש להקל״.

(קיח) ס׳ קצ״ו ס׳ י״ב.

(קיט) במחבר שם כ׳ „צריכה להמתין ששה עונות שלימות״ וכ׳ הש״ך (ס״ק כ״ג) „ומשמע דהכא לא נהגינן להחמיר משום גזירה דבין השמשות וטובלת מיד אחר ד׳ ימים ויום א׳ נקי דהיינו אחר ה׳ ימים דלא שכיח שתטעה במנין ובמלתא דלא שכיחא לא גזרו רבנן״ וכ״כ בתוה״ש (ס״ק כ״א) וחכ״א (קי״ז:י״ח) [וע״ש שכ׳ „ונ״ל דמ״מ צריכה לבדוק עצמה בכל יום אם לא תראה דם שהרי היא עדיין בתוך ימי ספירה״] וע׳ ערה״ש (ס׳ מ״א) שכ׳ „לכן תמתין ג׳ ימים ותשלים היום או היומים ותטבול ובכאן לא החמירו להצריך ד׳ ימים או חמשה ימים ולמנות מיום ו׳ כיון דאקראי בעלמא הוא ומילתא דלא שכיחא ולכן די בג׳ ימים ומפסקת בטהרה ומונה מיום ד׳ מה שהחסירה מהנקיים״ [ולא אבין דבריו דכוונת ד׳ ימים היינו ג׳ ימים מעת לעת ואיך יועיל ג׳ ימים לדידיה הא יש חשש פולטת ביום ד׳ דהוא עדיין בתוך ע״ב שעות].

(קכ) כ׳ בחכ״א (קי״ז:י״ח) „ובדיעבד אם לא המתינה אחר ראייתה אלא ד׳ ימים אפי׳ בשמשה או בלא שמשה והתחילה לספור ז׳ נקיים וטבלה ושמשה דא״צ לספור עוד תשלום הימים שהקדימה למנות ולטבול שנית דשמא נתעברה שלא להוציא לעז על העובר וע״ש בס״ט ס״ק מ״ב טעמים נכונים״ וכ׳ שם דדעתו אף להקל בדיעבד אם לא המתינה אלא ג׳ עונות בלא עונת התשמיש „אלא דמסתפינא להקל וגו׳ אבל בהמתינה ד׳ ימים או בלא שמשה מקודם ראיתה ודאי דעלתה לה בדיעבד אם טבלה ושמשה אח״כ וגו׳״ ע״ש ואף שכ׳ בערה״ש (ס׳ קצ״ו ס׳ מ״א) „והקדימה יום או יומים וגו׳״ לא אבין כמ״ש בהערה קיט].

(קכא) שם וע׳ בשמלה (ס׳ קצ״ו ס״ק כ״ה) דכל שלא טבלה ושמשה לא הוי דיעבד „הרי בידה למלאות המספר כדת״ ע״ש.

(קכב) חכ״א סד״ט וערה״ש שם. **השמטנו** בפנים ס׳ קצ״ו ס׳ י״ג דכ׳ הרמ״א „דאין אנו בקיאין בזמן הזה ואין לסמוך על זה והכי נהוג״ וכ״פ בחכ״א (קי״ז:י״ט) וש״א. **במה** שכ׳ הש״ך (שם ס״ק כ״ה) „אין להקל לכתחלה״ יש לעיין אם שרי להקל במקום שעת הדחק דהוי כבדיעבד.

If a woman skipped an immersion

10. If a woman did not immerse herself one month (e.g. her husband was away, she was bedridden), when her period arrives the following month, a Rav must be consulted as to whether the Five Day Waiting Period is required (קכג).

(קכג) ע' לעיל הערה סג מהט"ז (ס"ק ז') דאף כשאין בעלה בעיר נהגו להחמיר, והיינו בפעם הראשון אבל אחר שכבר המתינה דומה למש"כ הש"ך (ס"ק כ"ב הובא לעיל הערה עו) „אם תוך ימי ספירתה או אחר ה' ימים נתקלקלה וגו' " או

לטבול לסירוגין בהר צבי (ס"ס קנ"ז הובא לעיל בהערה צח) וע' לעיל בהערה קז מדגמ"ר (ופירושנו בסוגריים) וע' לעיל הערה קיא. ושמעתי מפי הגרמ"פ שליט"א דיש להקל בכה"ג.

סימנים וסעיפים שבשלחן ערוך המשתייכים לפרק זה

קצ"ג:א
קצ"ו:י"א, י"ב, י"ג

Chapter Three

הפסק טהרה

THE הפסק טהרה EXAMINATION

A. Introduction.
B. Manner Of Examination.
C. מוך דחוק.
D. Performing A הפסק טהרה On Shabbos And Yom Tov.

Chapter III The הפסק טהרה Examination

A. INTRODUCTION

The requirement for the הפסק טהרה examination

1. Once the Five Day Waiting Period (see Chapter II) has passed from the time they had been required to abstain, and all bleeding and staining have ceased, she may begin counting the Seven Clean Days* (**א**).

However, there is a requirement that before she begins counting the Seven Clean Days (**ב**), she must perform a thorough internal examination (בדיקה) (**ג**). The purpose of this examination is to establish that all bleeding and staining have completely ceased (**ד**). This examination is called the הפסק טהרה (**ה**) (literally, conclusion in purity) (**ו**).

*Note: Even those women who are not required to wait five days [e.g. a bride (see Chapter II C 6,7), a woman who stained after immersion (ibid. 8)], nevertheless,

---

(א) ע׳ ס׳ קצ״ו ס״א, י״א.

(ב) ע׳ שם. כ׳ בערה״ש (ס׳ קצ״ו ס״א) „כבר נתבאר דבנות ישראל נהגו לישב אף על טיפת דם כחרדל שבעה נקיים מפני שכל ראיית הדמים הוה ספק זיבה וזבה צריכה ז׳ נקיים כדכתיב ואם טהרה מזובה וספרה לה שבעת ימים ואחר תטהר במי מקוה ולכן מחוייבת לדעת ע״פ בדיקה יפה שפסקה מלראות דם כדכתיב ואם טהרה מזובה כלומר שתדע בבירור שטהרה מזובה והיינו שתבדוק א״ע יפה יפה וגו׳״. וכן במאירי (נדה ס״ח.) „ובא ללמד שכל שנטמאת משום נדה הן מצד ראיה הן מצד כתם אין לה להתחיל במנין שבעה נקיים **אע״פ** שהרגישה בהפסק דמיה עד שתפסיק בטהרה ר״ל שתבדוק עצמה ותמצא טהור״. **ובדיקה** זו מדאורייתא כ״כ בסד״ט (ס׳ קצ״ו ס״ק ט״ו) משו״ת שב״י (ס׳ ל״ו) וכ״כ החת״ס (ס׳ קע״ז ד״ה ראשית) וכסא דהרסנא (ס׳ קנ״ו) וש״פ. **והא** דלא כתבנו שתפסוק בטהרה ביום קודם שתתחיל שבעה נקיים ממחרת דפליגי תוה״ש ובל״י אי שרי להפסיק בטהרה תוך הה׳ ימים ע׳ לקמן הערה יא.

(ג) ע׳ ס׳ קצ״ו ס״ו.

(ד) כ׳ הב״י (ס׳ קצ״ו ד״ה ומ״ש וכן משפטה) „וז״ל הרא״ש בפ׳ תנוקת הילכך נשים האידנא שהן ספק זבות צריכות להפסיק בטהרה לבדוק עצמן שידוע שנסתם מעיינה וגו׳ **שאע״פ** שהרגישה שפסקו דמיה לעולם היא בחזקת טומאה עד שתבדוק ותמצא טהורה וגו׳״ ע״ש ובערה״ש ובמאירי שם. כ׳ החת״ס (יו״ד ס׳ קע״ח) „דמדאפסקה בטהרה הרי היא בחזקת שאינה רואה״.

(ה) ע׳ ס׳ קצ״ו ס״א, ו׳ ובכ״מ.

(ו) אע״ג דאינה טהורה עדיין דהא לא ספרה ז׳ נקיים ולא טבלה עדיין מ״מ נראה פירוש לשון דהפסק טהרה כיון שנפסק הדם נקייה היא ולא תראה ולא תסתור וחזינן לישנא דקרא דטהר פירושו נקי אף שעדיין אינה טהורה דכתיב (ויקרא ט״ו:כ״ח) „ואם טהרה מזובה וספרה לה שבעת ימים ואחר תטהר״ [וכן „הרואה רקיע בטהרתה״ (ברכות נ״ט.) ובכ״מ. ואין לפרש הפסק לימי טהרה דנדה דאורייתא דלא בעי נקיים בעי הפסק טהרה ע׳ מאירי ס״ח., ס״ט., חוו״ד (ס׳ קצ״ו ס״ק ג׳), אם לא שנאמר שהוא שם מושאל מזבה].

are required to perform the הפסק טהרה examination and count Seven Clean Days (ז).

The הפסק טהרה must precede the Seven Clean Days

2. Any day upon which she experiences bleeding or staining cannot be counted as one of the Seven Clean Days (ח). Furthermore, we are unable to establish that all bleeding and staining have completely ceased — until the הפסק טהרה has been performed (ט). Therefore, the day upon which the הפסק טהרה is made must *precede* the Seven Clean Days and is *not* counted as one of the Seven Clean Days (י).

When is this examination performed?

3. The הפסק טהרה examination is performed on the fifth day* or on any subsequent day (יא) [if she was still staining or was otherwise unable to make the הפסק טהרה previously] (יב). The preferred time for this examination is late in the afternoon close to sunset (יג). Candle lighting time for that Shabbos may be

*Note: We have discussed previously (see Chapter II C 1-8) when a הפסק טהרה examination may be performed before the fifth day.

(ז) ע׳ ס׳ קצ״ב ס״א לענין כלה קודם החתונה דצריכה לישב ז׳ נקיים ואף שכ׳ המחבר שם „ואינה צריכה הפסק טהרה״ ע׳ ש״ך שם ואיירי רק בחשש בעלמא דשמא מחמת חימוד ראתה טיפת דם כחרדל (כמ״ש הגר״א ס״ק ב׳) אבל אם ודאי ראתה ומוחזקת בדם (ע׳ ט״ז ס״ק ב׳ וש״פ) צריכה הפסק טהרה וע׳ אג״מ (יו״ד ח״ג ס׳ נ״ה ענף א׳). כלה אחר החתונה בס׳ קצ״ג ס״א. טבלה וראתה ע׳ לעיל פ״ב הערה קיא.

(ח) כ׳ הב״י (ס׳ קצ״ו ד״ה ומ״ש וכן משפטה) „וכיון דקי״ל דיום שפוסקת בו אינה סופרתו למנין ז׳ אם רוצה להתחיל למנות הז׳ נקיים ממחרת יום שפסקה בו צריכה לבדוק ביום שפסק בו כדי שתפסוק בטהרה ולא תתחיל לספור הז׳ נקיים מיום המחרת אא״כ קדמה לבדוק ביום שפסקה בו ומצאה טהור״ וע׳ ס׳ קצ״ו ס״י.

(ט) ע׳ לעיל הערה ד׳.

(י) ב״י שם.

(יא) ע׳ ס׳ קצ״ו ס׳ י״א דז׳ נקיים מתחילים רק אחר ה׳ ימים מחמת פולטת ש״ז וכמו שהארכנו בפ״ב, אבל אין פולטת סותר ההפסק טהרה. **להפסיק** בטהרה תוך הה׳ ימים ע׳ תוה״ש שם (ס״ק י״ג) דשרי וכ״כ בשם צ״צ [ס׳ ס״ה הובא בפת״ז (ס׳ קצ״ו ס״ק כ״ב:א)] וכ״כ בחוו״ד (ביאורים ס״ק ו׳) סד״ט (ס׳ ק״צ ס״ק ע״ד) אג״מ (יו״ד ח״א ס׳ צ״ז סוף ענף א׳) אבל בבית לחם יהודה כ׳ „ול״נ דאף דמן הדין יפה כוון אבל יש חשש תקלה לכמה דברים אם תבדוק קודם יום ה׳ וגו׳״ ע״ש ונראה אף דאין לנהוג כן לכתחילה מחמת טעמי הבל״י (ע׳ ערה״ש ס׳ קצ״ו ס׳ כ״ד ודוק) מ״מ באשה שמתעסקה בכתמים או שיש לה חבורות ופצעים כנידון דידיה הוה כשעת הדחק ואין להחמיר וכ״פ החת״ס למעשה (ס״ס קס״ה) וע׳ לעיל (פ״ב הערה יג) ולקמן (פ״ד הערה נב).

(יב) כ׳ בגדר עולם (ס״ה) „כל אשה שנטמאת מדם או מכתם יכולה לעשות ההפסק טהרה ביום החמישי אם פסק מלזוב דמה״ וע׳ ס׳ קצ״ו ס״א.

(יג) כ׳ המחבר שם „ובדיקה זו תהיה סמוך לבין השמשות״ וכ׳ הרמ״א שם „וכן נוהגין

used as a frame of reference for this optimum time. One may, however, perform this examination a half-hour or an hour before sunset (**יד**) (see B 8).

The הפסק טהרה must be performed before sunset

The הפסק טהרה examination must be performed *before* sunset (**טו**). A הפסק טהרה examination performed at night is *not* valid* (**טז**). However, if the הפסק טהרה was made a few minutes after sunset, a Rav must be consulted (**יז**).

*See Note on page 56.

לכתחילה וגו׳״ וכ׳ בגדר עולם (ס״ו) „בדיקת ההפסק טהרה צ״ל סמוך לשקיעת החמה שהוא ערך שעה קודם הלילה. ואם לא היה כן [ובנדחי ישראל גורס „ואם היה בין השמשות״] צריכה לשאול שאלה אצל מורה הוראה [ומה שכתוב בספר מעין טהור אחר בין השמשות הוא טעות הדפוס]״.

(יד) כך נראה. [וע׳ ערה״ש (ס׳ קצ״ו ס׳ י״ט) שכ׳ „ויראה לי דהכל אחד דעיקר כוונת ר׳ יהודה לבדוק באיחור כל מה שתוכל אך מי יכול לצמצם מעט קודם בה״ש וגו׳ ולכן בהכרח להפוסקים לכתוב בה״ש כלומר סמוך לו מעט או חצי שעה או שעה קודם כפי היכולת״].

(טו) כ׳ בתוה״ש (ס׳ קצ״ו ס״ק ב׳) „ופשוט הוא דאם הוא לילה או אפילו ספק לילה ולא בדקה אף שעדיין לא התפללו היא והקהל מ״מ אינה יכולה למנות מיום המחרת כיון שכבר הוא לילה ובעינן שבעה נקיים שלמים וכל יום כ״ד שעות כמבואר מדברי האגור ומשמעות הפוסקים דאין חילוק בין תמוז ואב או כסליו וטבת דלעולם צריכה לבדוק סמוך לבין השמשות והשיעור מבואר בא״ח סימן רס״א שהוא מהלך אלף ות״ק אמה קודם הלילה ודלא כמשמעות הש״ך סס״ק ד׳ דיש חילוק בין הימים ע״ש״ וע׳ בלו״ש (ס״ק ח׳) שפירש דבריו „שהוא מהלך אלף ות״ק אמה (והוא כמו רביעית שעה) קודם הלילה (צאת הכוכבים)״ אבל ע׳ מסגרת השלחן (ס׳ קנ״ט בהגהות) שכ׳ „ולכן צריך להזהיר בתוך ביתו שתעשה בדיקת הפסק טהרה קודם שקיעת החמה וגו׳״ וכ״כ בגדר עולם (ס״ו) ובנדחי ישראל (מ״א:ו) „בדיקת ההפסק טהרה צריכה להיות סמוך לשקיעת החמה שהוא ערך שעה קודם הלילה״.

(טז) כ׳ בתה״ד (ס׳ רמ״ח) „שהרי לעולם צריכה להפסיק בטהרה קודם הלילה של יום תחילת הספירה שאם תמתין אפי׳ רגע אחד בלילה שוב א׳ן היום עולה למנין ז׳ וגו׳״ וכ׳ במסגרת השלחן שם „ואם לא בדקה עצמה כדין קודם ביה״ש אפי׳ בדיעבד לא עלה לה אותו יום וגו׳״ ע״ש ובגדר עולם שם.

(יז) גדר עולם שם. וע׳ או״ח (ס׳ רס״א ס״ב) ובב״ה (ד״ה י״א) שהאריך בשיטות הראשונים בבין השמשות וכ׳ לענין שבת „והנה למעשה צריך ליזהר כדעת הגר״א והרבה מן הראשונים והפוסקים הנ״ל דמיד אחר התחלת השקיעה היינו משעה שהחמה נתכסה מעינינו הוא איסור גמור שלא לעשות מלאכה וח״ו להקל בזה דהוא ספק איסור סקילה וגו׳ ולאו דוקא לענין שבת דה״ה לכל דבר שיש בתורה שנ״מ בין יום ובין לילה אזלינן להחמיר דתיכף בהתחלת השקיעה מתחיל בה״ש ונמשך הזמן דבה״ש עד יציאת ג׳ כוכבים בינונים כנ״ל״ לפי דבריו הפסק טהרה אפילו מיד אחר שקיעה פסול וכך שמעתי בשם מו״ר הגר״א קטלר זצ״ל (וע׳ בא״מ ח״ב ס׳ ס״א), ושמעתי מפי הגרמ״פ שליט״א דאם בדקה בדיעבד אחר שקיעה יש להקל עד ט׳ מינוט באופק נוא יארק ולהכשיר ההפסק טהרה, דלפי דעתו (ע׳ אג״מ יו״ד ח״ב ס׳ ע״ט) ד׳ מילין באופק זו הוא לא יותר מחמשים מינוט אחר השקיעה נמצא דג׳ רבעי מיל כט׳ מינוט, לפיכך יש להקל מחמת ס״ס ספק שמא הלכה כר״ת והוא יום ממש ואת״ל דהלכה כהגר״א הוה בין השמשות דהוי ספק. ועתה יצא תשובה

If a woman did not actually perform the הפסק טהרה examination before sunset and claims that she had in mind before sunset that she intended to begin the Seven Clean Days, but actually did not examine herself until night, the examination is *not* valid. Therefore, she is required to perform this examination the following day (**יח**).

*Note: Although a הפסק טהרה examination performed at night is not valid (**יט**), should she forget to perform a הפסק טהרה examination again the following day, a Rav must be consulted (**כ**).

When is a הפסק טהרה in the morning valid?

4. We have learned (see 3) that the preferred time for this examination is in the afternoon close to sunset. However, בדיעבד (a term indicating an activity after it was done) if she performed the הפסק טהרה examination during any of the daylight hours it is valid (**כא**) — even in the morning (**כב**). [An exception to this is where she experienced bleeding that same day, see 5].

Example: On the morning of the fifth day she wanted to see if her staining had ceased, in order to perform a הפסק טהרה later in the day. Therefore, she examined herself *adequately* (see B 4) in the morning, but forgot or was

---

מהגרמ״פ שליט״א בענין זה בקו׳ לתורה והוראה (חוברת ח׳ דף 12) ובאג״מ (או״ח ח״ד ס׳ ס״ב ד״ה ולענין) וז״ל „ולענין הפסק טהרה אם היתה אנוסה ולא יכלה לעשות בדיקת הפסק טהרה עד אחר השקיעה יכולה בג׳ רבעי מיל הראשונים מטעם הס״ס שלכן בכאן נוא יארק וכדומה הוא רק עד תשעה מינוט מתחלת השקיעה״ ע״ש. [וע׳ חוו״ד ס׳ קצ״ו ס״ק ג׳ שכ׳ דלא אמרינן ס״ס לענין הפסק טהרה ודוק] וע׳ בתשובות הגרמ״פ שליט״א בסוף הספר (אות כ״ו) שכ׳ „בדבר מה שאמרתי שיש להקל בדיעבד בעשיית הפסק טהרה עד ט׳ מינוט אחר שקיעה ודאי הנוהגים כשיטת הגר״א אף לקולא במוצאי שבת אין להם להקל בזה דהא יהיו תרתי קולי דסתרי כדכתב כתר״ה והוא פשוט וברור״.

(יח) ע׳ חכ״א (ס׳ קי״ז ס״ו), גדר עולם (ס׳ י״ב).

(יט) ע׳ לעיל הערה טז.

(כ) נראה דהפסק טהרה אחר הזמן אף דלא מהני ליום שלפניו מ״מ מהני ליום שלאחריו, כגון ששכחה להפסיק בטהרה ביום א׳ ובדקה כשהיה כבר לילה אור ליום ב׳ ושכחה כל יום ב׳ להפסיק בטהרה והתחילה למנות ז״נ מיום ג׳ ובדקה יום ג׳ ושאר ז״נ כדין ואח״כ זכרה שלא הפסיקה בטהרה ביום ב׳, בדיקת אור ליום ב׳ כשר בדיעבד להפסק טהרה וטובלת אור ליום ג׳ וכן שמעתי מפי הגרמ״פ שליט״א, וכ״מ מהחזו״א (ס׳ צ״ב ס״ק מ״ה בד״ה דינים) וז״ל „ודיעבד מהני בדיקת שחרית מיום ב׳ ואילך, ומשמע דאף בדיקת לילה אחר יום ראשון מהני״.

(כא) כ׳ המחבר (ס׳ קצ״ו ס״א) „ובדיקה זו תהיה סמוך לבין השמשות״ וכ׳ הרמ״א „וכן נוהגין לכתחילה ובדיעבד אפילו לא בדקה עצמה רק שחרית ומצאה עצמה טהורה סגי בכך״ וע׳ בש״ך (ס״ק ב׳) שכ׳ „רק שחרית כו׳. היינו מיום ב׳ מראייתה ואילך כדלקמן ס״ב״. ויש מחמירים אם ראתה באותו יום דם ממש אף אם לא היה יום ראשון ונכתוב מזה לקמן בפנים אצל הערה מד בס״ד.

(כב) ע׳ רמ״א שם.

unable to examine herself again in the afternoon. Her examination in the morning is valid as the הפסק טהרה (**כג**). A Rav, however, must be consulted.

Application: If a woman made a הפסק טהרה examination on Friday afternoon and was in doubt as to whether it was valid. Since she was unable to show the examination cloth to the Rav until after Shabbos, she assumed that the הפסק טהרה was valid and began the Seven Clean Days (**כד**). She examined herself on Shabbos morning and on Sunday morning — but forgot to examine herself on Shabbos afternoon (**כה**).

When the examination cloths were inspected by the Rav on Sunday, he ruled that the בדיקה (examination) of Friday afternoon was *not* valid, while the בדיקות of Shabbos morning and Sunday morning were valid. Since she had examined herself adequately (see B 4) on Shabbos morning, the בדיקה of Shabbos morning then becomes the הפסק טהרה and Sunday becomes the first day of the Seven Clean Days (**כו**).

If a woman will be unable to perform the הפסק טהרה examination in the late afternoon, a Rav should be consulted (**כז**).

When is a הפסק טהרה in the morning not valid?

5. We have learned (see 4) that if she performed the הפסק טהרה examination in the morning, but forgot or was unable to perform the examination in the afternoon, it is valid בדיעבד (**כח**).

"ראתה יום אחד בלבד"

This halacha applies only if this was *not* the first day since she began

---

(כג) ע״פ הנ״ל. ומה שכתבנו לשאול לרב ע׳ תוה״ש (ס׳ קצ״ו סס״ק י״ג) ודוק.

(כד) וכן ראוי לנהוג דאל״כ הסיחה דעתה מהז׳ נקיים ואינם עולין לה וצריכה הפסק טהרה מחדש ע׳ חכ״א (ס׳ קי״ז ס׳ י״ב) מסד״ט (ס׳ קצ״ו ס״ק י״ח) בשם מעיל צדקה הובא בפת״ת (שם ס״ק ג׳), ונכ׳ מזה בס״ד לקמן בפ״ד.

(כה) נמצא דלא הפסיקה בטהרה סמוך לבין השמשות.

(כו) ע״פ הרמ״א שם. **ונראה** דע״פ דברי הרמ״א אלו יש עצה לנשים ששוכחות להפסיק בטהרה סמוך לבין השמשות כגון אחר החתונה שעוד לא הורגלו בבדיקות (חוץ מז׳ נקיים שבדקו קודם החתונה) או כגון שע״י טרדת הכנת ארוחת הערב לבניה אינה זוכרת עז׳ הערב שלא הפסיקה בטהרה, ליעץ לה לבדוק היטב בשחרית כבדיקת הפסק טהרה ואם שוכחת לבדוק סמוך לבין השמשות תשאל לחכם (דעי״ז לא תעשה הבדיעבד לכתחילה) והסכים לעצה זו הגרמ״פ שליט״א.

(כז) אם הוי שעת הדחק דקיי״ל דשעת הדחק הוי כבדיעבד, ואם לא ראתה אותו היום תוכל להפסיק בטהרה שחרית. אבל נראה דכמעט אינו שייך שיהא שעת הדחק שלא תוכל ליכנס לביה״כ וכדומה לכמה מינוט להפסיק בטהרה.

(כח) ע׳ רמ״א ס׳ קצ״ו ס״א ומש״כ לעיל בהערה כז.

experiencing bleeding* (**כט**). However, if she first began bleeding that day [that is, this is the only day she experienced bleeding (''ראתה יום אחד בלבד'') (**ל**)], the הפסק טהרה examination *must* be performed in the late afternoon — that is, after מנחה קטנה** (**לא**). In addition, we will learn (see C 4) that a מוך דחוק (see C 2 for definition) is then *required* (**לב**).

*Note: Although for many of the halachos of Hilchos Niddah staining and bleeding are similar, for *this* halacha, should a woman discover a stain on her body or garment (**לג**) but not experience *actual* bleeding that day, if the הפסק טהרה examination was performed in the morning, it is valid בדיעבד (**לד**).

Note: מנחה קטנה is the last two and a half halachic hours before sunset (לה**). A

(כט) ע׳ משנה (ס״ח.) „נדה שבדקה עצמה יום שביעי שחרית ומצאה טהורה וביה״ש לא הפרישה ולאחר ימים בדקה ומצאה טמאה הרי היא בחזקת טהורה וגו׳ ור׳ יהודה אומר כל שלא הפרישה בטהרה מן המנחה ולמעלה הרי זו בחזקת טמאה וחכמים אומרים אפילו בשנים לנדתה בדקה עצמה ומצאה טהורה ובין השמשות לא הפרישה ולאחר זמן בדקה ומצאה טמאה הרי זו בחזקת טהורה" ובגמרא (ע״ב) „תניא אמרו לו לר׳ יהודה אלמלי ידיה מונחות בעיניה כל בין השמשות יפה אתה אומר עכשיו אימר עם סילוק ידיה ראתה מה לי הפרישה בטהרה בז׳ מן המנחה ולמעלה מה לי הפרישה בטהרה בראשון וגו׳ בראשון לא שאלתי וטעיתי שלא שאלתי אטו כולהו לאו בחזקת טומאה קיימי וכיון דפסק פסק ראשון נמי כיון דפסק פסק ומעיקרא מאי סבר הואיל והוחזק מעין פתוח". כ׳ הטור מהרשב״א „בדקה עצמה שחרית ומצאה טהורה אע״פ שלא בדקה בין השמשות הרי זו בחזקת טהורה ראתה יום אחד בלבד ופסקה ובדקה עצמה ומצאה טהורה הרי זו בחזקת טהורה ויש מחמירין בזה מספק הואיל ומעיינה פתוח וגו׳" וע׳ ב״י ובערה״ש וסד״ט (ס״ק ט׳) ושמלה (ס״ק ג׳) וש״פ שהאריכו בביאור הענין וכ׳ המחבר (ס׳ קצ״ו ס״ב) „ראתה יום אחד בלבד ופסקה בו ביום צריכה לבדוק עצמה במוך דחוק ושיהא שם כל בין השמשות. הגה ובדיעבד אם בדקה עצמה סמוך לבין השמשות ומצאה עצמה טהורה אע״פ שלא היה המוך אצלה כל בין השמשות סגי אבל בדיקת שחרית לא מהני הואיל ולא ראתה רק יום אחד". [ובקושית הגר״א (ס״ק ח׳) ע׳ סד״ט (ס״ק ט׳ סד״ה ונ״ל) ונשאר בצע״ג, ובאג״מ (יו״ד ח״ב ס׳ ע״ט)].

(ל) שם.

(לא) כ׳ בדגמ״ר אדברי הרמ״א שם „הואיל ולא ראתה רק יום אחד וכו׳. נלע״ד דלאו דוקא בדיקת שחרית אלא כל שהיתה הבדיקה קודם מנחה קטנה לא מהני ביום ראשון ועיין בב״י".

(לב) סד״ט (ס׳ קצ״ו ס״ק ט׳), חוו״ד (ס״ק א׳), חכ״א (ס׳ קי״ז ס׳ ס״ז), וע׳ אג״מ שם. וע׳ לקמן בפנים אצל הערה קסב.

(לג) כ׳ הש״ך (ס׳ קצ״ו ס״ק ו׳) מס׳ מעדני מלך (והוא בדברי חמודות פ״י דנדה אות כ״ה) „אבל לא ראתה רק כתם אפשר להקל בין בימי הספירה בין בתחילה ע״כ" וכ״כ בתוה״ש (ס״ק ה׳) וחכ״א (קי״ז:ז) אבל בסד״ט (ס״ק י׳) מקיל בכתם רק בימי ספירתה [ומש״כ בערה״ש (ס׳ קצ״ו ס״כ) „ובכל זה נ״ל דאין חילוק בין ראייה ממש למציאת כתם דכל דתקון רבנן כעין דאורייתא תקון [שוב ראיתי שכ״כ הש״ך ס״ק ו׳ בשם המעיו״ט וכן עיקר]" צ״ע דהא הש״ך בשם המעיו״ט הקיל אכתם אם לא נאמר דכוונתו אמש״כ מקודם „ורק אם ראתה בתוך ימי ספירתה וגו׳" ודוק].

(לד) שם.

(לה) ע׳ ברכות (כ״ו:) „ואיזו היא מנחה גדולה משש שעות ומחצה ולמעלה ואיזו היא מנחה

halachic hour (שעה זמנית) is determined by dividing the total of minutes from עלות השחר (halachic dawn) until צאת הכוכבים (when the stars are visible), or according to some Poskim from sunrise to sunset, into twelve portions; each portion is considered a halachic hour (לו).

Application: Since we have learned (see Chapter II) that the Five Day Waiting Period is required for women who have experienced bleeding or staining, this halacha will apply for a woman who started to bleed again during the Seven Clean Days (לז) (see Chapter II B 7), or after immersion (לח) (see Chapter II C 8), or for a bride before her wedding (לט) (see Chapter II C 6). [We have learned that, in these instances, she is not required to repeat the Five Day Waiting Period (מ)].

Reason the הפסק טהרה is required here in the late afternoon

The reason the הפסק טהרה examination is required here in the late afternoon only and is not valid in the morning is that since bleeding commenced that day, the flow from her womb is open (מעיינה פתוח) (מא), and we are concerned that she may experience more bleeding that day (מב). Therefore, she is required to examine herself at the conclusion of the day (מג).

If she experienced actual bleeding that day

For this reason, many Poskim hold (מד) that even if bleeding did not com-

---

קטנה מתשע שעות ומחצה ולמעלה" וע' בב"י (ס' קצ"ו בא"ד ובין השמשות) ובכ"מ.

(לו) ע' ערה"ש (או"ח ס' נ"ח ס' י"א, י"ד ובכ"מ).

(לז) ש"ך ס' קצ"ו ס"ק ו' (הובא לעיל בהערה לג).

(לח) ע' לעיל פ"ב הערה קיא.

(לט) ע' שם הערה קז, תוה"ש (ס' קצ"ו ס"ק ה'), סד"ט שם (ס"ק ט' סד"ה לכן).

(מ) שם.

(מא) ע' גמ' (ס"ח:) „ראשון נמי כיון דפסק פסק ומעיקרא מאי סבר הואיל והוחזק מעין פתוח" ע' ב"י (ס' קצ"ו בא"ד בדקה עצמה) שכ' מרה"מ בשם הרמב"ן בדברי המחמירים בראתה יום אחד בלבד דבעי ידיה בין עיניה כל בין השמשות „שחזקת יום הראשון כולו טמא שהוחזק מעין פתוח ודמיה חוזרין אע"פ שפסקה בשחרית".

(מב) שם.

(מג) ע' שם.

(מד) כ' החוו"ד (ס' קצ"ו ס"ק ב') „ולפ"ז לדידן דבכל הז' ימים היא בספק ראשון צריכה בדיקה כל בין השמשות בהפסקת טהרה כנ"ל" וע' בסד"ט (ס"ק ט' ד"ה היוצא) שכ' „היוצא מזה דאפילו אם פסקה בטהרה בשאר ימים אם ראתה בו ביום צריך שתבדוק סמוך לביה"ש דוקא ובדיקת צהרים לא מהני וגו' מיהו מוך דחוק ודאי דאינו מעכב בשאר ימים אפי' בפוסקת ביום שראתה בו וגו'" ובחכ"א (ס' קי"ז:ס"ז) „בדקה עצמה שחרית אם ראתה אותו יום דם ממש בגופה כיון דמעיינה פתוח אפילו בדיעבד לא מהני אלא א"כ בדקה סמוך לביה"ש ממש וגו'" (ולענין מוך דחוק ע' לקמן הערה קסד), וכ' במל"ט (ס' קצ"ו ס"ק ג') „וא"כ לענין דיעבד הי' לנו להתיר אלא ביען כי נתבאר שהני תלתא אריותא רש"י ותוס' והרא"ש ס"ל דאף בשאר ימים אם ראתה בו ביום שוב לא מהני הבדיקה עד ביה"ש לכן לא רציתי להקל

mence that day, should she experience *actual* bleeding that day (see first Note on page 58), the הפסק טהרה is required in the late afternoon (**מה**). She should conduct herself according to these Poskim (**מו**). However, if the הפסק טהרה was performed earlier, a Rav should be consulted (**מז**).

A הפסק טהרה after Maariv but before sunset

6. Some Poskim hold that a woman is not permitted to perform the הפסק טהרה examination even if it is still day — if she (**מח**) or her Shul or community (**מט**) have already davened Maariv or ushered in the Shabbos (**נ**). Most Poskim, however, hold that as long as it is still day, it is permissible (**נא**). The minhag is to require women to perform the הפסק טהרה examination before Maariv or the ushering in of the Shabbos (**נב**), however, if she forgot or was unable to do so, it is permissible until sunset (**נג**) (see D 1).

Application: During the summer months, some communities have early *minyanim* for קבלת שבת (**נד**). If she is part of such a community, she should make the הפסק טהרה examination before lighting candles. However, if she forgot or was unable to do so, it is permissible until sunset. The מוך דחוק

בזה אף בדיעבד וגו׳״ ואף שבערה״ש (ס״כ) ולו״ש (ס״ק ג׳) חולקים על זה **ודוקא ביום** ראשון בדיקת שחרית לא מהני וכן שמעתי מפי הגרמ״פ שליט״א נראה דיש לנהוג כן לכתחילה ובדיעבד יש להקל.

(מה) שם. **אם** ראתה בלילה ולא ראתה עוד ביום ע׳ דר״ת (ס׳ קצ״ו ס״ק כ״ד) ממל״ט (ס״ק ב׳ ובקיצור ס״ק י״א) שכ׳ „דמהני בדיקת שחרית וצהרים ובדיעבד יש לסמוך על זה עיי״ש״ (וע׳ חזו״א ס׳ צ״ב ס״ק מ״ד).

(מו) שם.

(מז) ע׳ שם.

(מח) כ׳ הרמ״א (ס׳ קצ״ו ס״א) „י״א אם התפללו הקהל ערבית ועוד היום גדול אינה יכולה לבדוק אז ללבוש לבנים ולהתחיל ולמנות מיום המחרת מאחר דהקהל כבר עשו אותו לילה (ת״ה) וי״א דמותר אפילו עשו הקהל שבת (אגור בשם מהרי״ל) ונוהגין לכתחילה ליזהר ובדיעבד אין לחוש״ וע׳ ש״ך (ס״ק ד׳) שכ׳ „ולפי זה מש״כ הרב דאפי׳ עשו הקהל שבת ה״ק אפילו עשו הקהל ג״כ שבת **וגם היא** והגאון אמ״ו ז״ל וגו׳״.

(מט) ע׳ רמ״א שם מתה״ד ס׳ רמ״ח.

(נ) ע׳ שם וחכ״א (ס׳ קי״ז ס״ה).

(נא) ע׳ רמ״א שם מאגור (ס׳ א׳ שע״ז) בשם מהרי״ל וכ״נ דעת הגר״א (ס״ק ו׳) וכ״כ בערה״ש (ס׳ קצ״ו ס׳ כ״א) „ולכן אצלינו המנהג הפשוט דעד הלילה בודקת ומתחלת למנות מיום המחרת וגם בע״ש תעשה כן״ וע׳ ש״ך (ס״ק ד׳) ודגמ״ר.

(נב) רמ״א וחכ״א שם.

(נג) שם וע׳ ערה״ש שם וע׳ לעיל בהערה יג, טו, טז. [ומש״כ הט״ז (ס״ק א׳) בשם רש״ל (ס׳ פ״ב) „דכיון שנשים שלנו מתחילין למנות מיום ו׳ כמ״ש בס׳ י״א פשיטא שיכולה למנות אפילו אחר תפלת ערבית״ ע׳ דגמ״ר ובערה״ש שם ביאר דברי רש״ל וז״ל „וכ״ש לענין שאין מתחילין למנות עד יום ו׳ לשימושה כמו שיתבאר וראתה אחר תפלת ערבית ועדיין הוא יום שתוכל לחושבו בסכום הו׳ ימים וגו׳״ ע״ש].

(נד) ע׳ תה״ד (ס״א), חכ״א (ס׳ קי״ז ס״ה) ואג״מ (או״ח ח״ג ס׳ ל״ח) וע׳ ערה״ש (או״ח ס׳ רס״ג ס׳ כ״ב).

(נה) כ׳ בחכ״א שם „ולכן היותר טוב ונכון שתבדוק קודם מעריב ותניח אצלה מוך דחוק או שתבדוק עוד הפעם סמוך לבין השמשות וגו׳

[where applicable, see C] need not be inserted immediately after the הפסק טהרה examination, it may be inserted just before sunset (**נה**) (see D 1).

B. MANNER OF EXAMINATION

Washing before the הפסק טהרה

1. Before beginning the הפסק טהרה, it is a proper minhag (מנהג כשר) (**נו**) for the woman to wash the lower portion of her body (**נז**) (that is, any place where menstrual blood or staining could appear) (**נח**) — or, at least, inside and around her genital area (**נט**).

Reason for this minhag

The reason for this minhag is that should blood or stains remaining from the menstrual period be discovered on her body, garments, or examination cloths during the Seven Clean Days, she will be considered a Niddah (**ס**). Since

---

אבל בשבת וגו׳ תניח אצלה מוך דחוק או שתבדוק עוד הפעם סמוך לבין השמשות וגו׳״ ואף שאולי יש מקום לומר שתשים המוך דחוק כל הזמן ההוא מ״מ נראה כיון דמעיקר הדין סגי קודם ביה״ש לחוד די לנו מה שנחמיר להצריך בדיקה קודם קבלת שבת ומוך דחוק כל משך זמן ביה״ש שבזה ודאי יצאנו מיד כל החששות. ונראה דעוד יש לצרף לזה מה ששמעתי מפי הגרמ״פ שליט״א דאם מניח המוך דחוק קודם שקיעה נוכל לסמוך על המוך להפסק טהרה.

(נו) כ׳ הרמ״א (ס׳ קצ״ו ס״ג) „ומנהג כשר הוא כשהאשה פוסקת בטהרה שתרחץ ולובשת לבנים אמנם אם לא רחצה רק פניה של מטה די בכך (מרדכי בשם רוקח) וכן נוהגין ואין לשנות אבל בשעת הדחק כגון אשה ההולכת בדרך ואין לה בגדים תוכל לספור ז׳ נקיים רק שהחלוק נקי ובדוק מדם״. [ומה שכ׳ באמירה לבית יעקב (ג:א) „בודקת האשה את עצמה. מצאה את עצמה טהורה לגמרי תתרחץ וגו׳״ משמע דדוקא אחר ההפסק טהרה ע״ש בהגה (אות 1) שכ׳ „רחיצה זו יכולה להעשות גם לפני הבדיקה וגו׳״ ע״ש].

(נז) כ׳ הרמ״א שם „שתרחץ וגו׳ אמנם אם לא רחצה רק פניה של מטה די בכך וגו׳״. יש לעיין כמה צריכה לרחוץ מגופה, דכ׳ בחכ״א (ס׳ קי״ז ס״ח) „תרחץ יריכותיה ופשיטא אותו מקום״ ובגדר עולם (ס״ז) כ׳ „תרחוץ היטב אותו מקום וסביב״ משמע דא״צ לרחוץ רק אותו מקום וסביב ולא כל גופה, ואע״ג דכ׳ בערה״ש (ס׳ כ״ב) „תרחץ גופה יפה״ ומהש״ך (ס׳ שפ״א ס״ק ג׳) שכ׳ באבילות „והרחיצה צריכה לשנות קצת וכמ״ש הא״ז והיינו שלא תרחוץ רק באותו מקום ובין ירכותיה בין בחמין בין בצונן ע״כ דבריו״ וממחה״ש (או״ח ס׳ תקנ״א ס״ק י״ג) ושעה״צ (שם ס״ק ל״ה) היה משמע דרחיצה הרגילה להפסק טהרה היא כל גופה וכשמשנה קצת רק באותו מקום ובין ירכותיה, אבל נראה פירושו דרחיצה הרגילה להפסק טהרה היא „החלק התחתון של גופה״ (כמ״ש באמירה לבית יעקב ג:א) אבל כשמשנה רוחצת רק אותו מקום ובין ירכותיה.

(נח) ע׳ בתוה״ש ס״ק ו׳ הובא לקמן הערה ס׳.

(נט) ע׳ לעיל הערה נז.

(ס) כ׳ בתוה״ש (ס״ק ו׳) „שתרחץ ולובשת לבנים. הטעם בכל זה דאולי נתלכלך גופה או חלוקה באיזה כתם ותמצא בתוך הז׳ נקיים דאז אין תולין וגו׳״ וכ״כ בערה״ש (ס׳ כ״ב) „דאולי נשאר איזה כתם בגופה ואח״כ תתקלקל בו כשתמצאנו״ לפ״ז למה כ׳ הרמ״א בזה „מנהג כשר״ דמשמע זהירות יתירה והלא „ועצה טובה

there is no way to definitely attribute a stain that appears during the הפסק טהרה examination or the Seven Clean Days as having come from the days *prior* to her הפסק טהרה examination (**סא**), she will be considered a Niddah. Therefore, it is to her advantage to wash herself before the הפסק טהרה examination (**סב**). She should conduct herself according to this minhag (**סג**).

In case of great necessity (**סד**) (e.g. she is on the road (**סה**) and water or other clear liquids (**סו**) are not available) (**סז**), she may perform the הפסק טהרה examination and begin the Seven Clean Days even without washing (**סח**). However, under these circumstances, she should at least wipe inside and around her genital area (**סט**).

How she should conduct herself on Yom Kippur, Tisha B'Av (**ע**) and when she is in mourning (**עא**) — [when washing is prohibited], will be discussed later (see D 4).

Douching

2. A woman who desires to douche before the הפסק טהרה examination, may do so (**עב**). However, she should wait a few minutes between douching and per-

---

לדידה קא יהיב״ (מחה״ש) וכ״מ דעת רוב פוסקים וכ״מ שהבין באג״מ (יו״ד ח״א ס׳ צ״ה) וכ״מ מאמירה לבית יעקב והגה שם (הובא לעיל בהערה נו) ודוק. והנראה בזה ע״פ דברי עצי לבונה שכ׳ „ואף אם תולין אחר ג״י חיישינן להיפך שמא תראה [פי׳ אחר ג׳] ותתלה בו [פי׳ שהיה מימי נידותה] וגו׳״ לפיכך הוי „מנהג כשר״ וכ״כ בחכ״א (קי״ז:ח) ע״ש ודוק. [ומש״כ בתוה״ש „ותמצא בתוך הז׳ נקיים וגו׳״ כוונתו בתוך ג׳ ימים ראשונים ע׳ רמ״א ס״י] וע׳ לקמן הערה סד.

(סא) ע׳ תוה״ש שם.

(סב) מחה״ש שם.

(סג) כ׳ הרמ״א שם „וכן נוהגין ואין לשנות״.

(סד) כ׳ הרמ״א (ס׳ קצ״ו ס״ג) „אבל בשעת הדחק כגון אשה ההולכת בדרך ואין לה בגדים תוכל לספור ז׳ נקיים רק שהחלוק נקי ובדוק מדם״. יש לעיין לפי פי׳ תוה״ש (ס״ק ו׳) וכפי שפירשו במחה״ש דעצה טובה לדידה קא יהיב מאי שעת הדחק דקאמר „תוכל לספור ז׳ נקיים״ [וכפי שהקשינו לעיל בהערה ס׳ בל׳ הרמ״א „מנהג כשר״] לכך נראה כפי׳ עצי לבונה שם.

(סה) רמ״א שם.

(סו) ברמ״א שם כ׳ „ואין לה בגדים״ וכ׳ בתוה״ש (ס״ק ז׳) „וה״ה אם אין לה מים כלל״, וכ׳ בחכ״א (קי״ז:ח) „ואם אין לה מים לרחוץ ירכותיה עכ״פ צריכה לרחוץ אותו מקום אפילו ברוק שבפיה או במי רגליה עד שיהיה נקי״ וע׳ בעצי לבונה וסד״ט (ס״ק י״ג).

(סז) ע׳ שם וכ׳ בערה״ש (ס׳ כ״ב) „או בשאר טירדא״.

(סח) רמ״א שם.

(סט) כ׳ בסד״ט שם מס׳ מע״מ (והוא בדברי חמודות פ״י דנדה ס״ק כ״ז) „ומ״מ ודאי קנוח קאמר לנקותה במאי דאפשר ופשיטא דלא סגיא בלא״ה עכ״ל״ ובעצי לבונה שם ובערה״ש שם כ׳ „ואם הוא שעת הדחק שגם במה לרחוץ פניה של מטה אין לה וגם לא תוכל לבדוק החלוק גם זה אינו מעכב ובודקת א״ע ודיו וכן העלו האחרונים״ וע׳ פת״ז (ס׳ קצ״ו ס״ק ח׳).

(ע) ע׳ לקמן הערה ר, רא.

(עא) ע׳ לקמן הערה רב.

(עב) לענין רחיצה וזילופים בז׳ נקיים ע׳ מהרי״ל דיסקין (פסקים ס׳ כ״ב), מהרש״ם

forming the הפסק טהרה examination (**עג**); at least 15 minutes is recommended (**עד**).

The examination cloth

3. The הפסק טהרה examination (**עה**) and all other internal examinations (e.g. Seven Clean Days (**עו**), the days she is anticipating her period) (**עז**) are performed with a clean white piece of cloth (**עח**) (e.g. linen, cotton (**עט**), wool, or the like) (**פ**). The cloth should be soft (**פא**); therefore, if it is new, it should be laundered prior to use to soften it (**פב**). An old white sheet, shirt, or handkerchief can be cut up and used for this purpose (**פג**).

(ח״ב ס״מ), דברי מלכיאל (ח״ג ס׳ ס״א), חלקת יעקב (ח״ב ס׳ פ״ז), אג״מ יו״ד (ח״א ס׳ צ״ד, ח״ב ס״ס ע״א, ח״ג ס׳ נ״ז ד״ה ובזה) **ואף** דאיירי שם בחזקת שפסקו דמיה מ״מ כיון דמדינא קודם ההפסק טהרה תרחץ אותו מקום ע״י זילופים עדיף טפי ומשמע ממהרי״ל דיסקין שם שאינו מחלק בין הפסק טהרה לשאר בדיקות אבל כ׳ „ואחר איזה מינוטען תבדוק וגו׳״ וכן שמעתי מפי הגרמ״פ שליט״א דשרי לעשות זילופים קודם ההפסק טהרה **אלא** שתחכה כרבע שעה בערך (והוא שיעור שכ׳ שם באג״מ ח״ב).

(עג) כ״מ ממהרי״ל דיסקין שם.

(עד) שמעתי מפי הגרמ״פ שליט״א וכ״מ מאג״מ יו״ד ח״ב שם.

(עה) כ׳ המחבר (ס׳ קצ״ו ס״ו) „כל בדיקות אלו בין בדיקת הפסק טהרה בין בדיקת כל השבעה וגו׳״.

(עו) שם.

(עז) ע׳ ס׳ קפ״ד ס״ט.

(עח) כ׳ המחבר (ס׳ קצ״ו שם) „כל בדיקות וגו׳ צריכות להיות בבגד פשתן לבן ישן או בצמר גפן או בצמר לבן נקי ורך״ ע׳ גמ׳ (י״ז.) „ת״ש ושל בית מונבז המלך היו עושין ג׳ דברים ומזכירין אותן לשבח וגו׳ ובודקין מטותיהן במילא פרהבא [פרש״י קוטו״ן מתוך שהוא לבן נראית בו טיפה כחרדל ל״א צמר נקי ורך] מסייע ליה לשמואל דאמר שמואל אין בודקין את המטה אלא בפקולין או בצמר נקי ורך וגו׳״ „אמר רבא הני שחקי דכיתנא מעלי לבדיקה וגו׳״ ע״ש.

(עט) בגד פשתן הוא ממימרא דרבא שם, **צמר** גפן ע׳ פרש״י שם וע׳ מש״כ „פקולין. קוטו״ן״ ובגר״א (ס״ק כ״א) כ׳ „כשמואל דל״פ ופקולין הוא צמר גפן״. **ואי** בעינן דוקא בגד ע׳ ב״י ומסיק „וממילא נשמע לכל דבר שהוא לבן ונקי ורך וגו׳״ ולענין וואטע״ן או כמו שקורין בל״א absorbent cotton ע׳ סד״ט (ס״ק כ״ב) ופת״ז (ס״ק ו׳ ד״ה וע׳ בשו״ת) שמעתי מפי הגרמ״פ שליט״א דכשר לבדיקה [נלענ״ד דיותר טוב להשתמש בחתיכת בגד וכן נוהגות, ואפשר הטעם כי בוואטע״ן לפעמים נקרעים ממנו חתיכות ואפשר יהיה שם טפת דם ולא תוכל לראותו].

(פ) צמר מימרא דשמואל שם, כל דבר ע׳ ב״י שכ׳ „וממילא נשמע לכל דבר שהוא לבן ונקי ורך״.

(פא) מחבר שם.

(פב) כ׳ המחבר שם „לבן נקי ורך״ לענין צמר גפן או צמר, ולענין בגד פשתן כ׳ „לבן ישן״ ומשמע דרק פשתן צריך כיבוס והטעם ע׳ בטור שכ׳ „ולא בבגד פשתן חדש אפילו שהוא נקי ולבן מפני שהוא קשה״ ובתוה״ב הק׳ (הובא בסד״ט ס״ק כ״א) כ׳ הטעם „מתוך שהוא קשה מעט שמא יעוותנה״ לפ״ז כ׳ הסד״ט שם „**אם** אינה חוששת לכך מותרת לבדוק עצמה בב״פ חדש לבן ונקי״ ופרש״י (י״ז. ד״ה שחקים) „שחקים לבנים יותר מן החדשים״ וע׳ בת׳ מהר״ם ב״ב (ס׳ תרכ״ה הביאו בלחם ס״ק כ״ט) „הטעם משום דחדש הוא קשה ואין הדם נדבק בו״ לפי טעם זה אף אם אינה חוששת **לא** תשתמש בו ובפת״ז (ס׳ קצ״ו ס״ק ט״ז) כ׳

Size of the cloth

The examination cloth should be large enough, so that when it is placed onto and wrapped around the tip of her index finger, it should cover at least the first two sections of her finger (**פד**). Using a cloth smaller than this may not allow an adequate examination — because blood or stains may attach themselves to her finger and not to the cloth and thus go unnoticed. [It goes without saying that the finger — without an examination cloth — may *not* be used for an examination; and if it was used, the examination is *not* valid] (**פה**).

She should, preferably, not use a *large* cloth (e.g. a handkerchief, an old shirt or sheet)* (**פו**) for two reasons. Firstly, because of its large size she may be unable to examine herself adequately (**פז**) (see 4). Secondly, because it may touch areas outside of her vagina and may cause her problems (e.g. she may have an external irritation and not be aware of it, and blood from that may appear on the examination cloth) (**פח**). A minimum recommended size is about three inches (75 millimeters) square (**פט**).

*Note: We have learned (see page 63) that these may be cut up and used for this purpose.

„ולהלכה יש להחמיר משום טעמו של מהרמב״ב וז״פ״, (וע׳ הג׳ יעב״ץ בגמ׳ שם אדברי רש״י).

(פג) כך נראה וע׳ באמירה לבית יעקב (ג:י״א) „אולם לא תהיה בלויה עד כדי שחוטי הארג נתרחקו זה מזה״ ונראה מטעם זה אין להשתמש ב־gauze pads וכדומה.

(פד) שמעתי מפי הגרמ״פ שליט״א, והטעם כמו שיתבאר בסמוך בפנים.

(פה) כ׳ בסד״ט (ס׳ קצ״ו ס״ק כ״ב) „כתב בהגהות ש״ד ואותן נשים הבודקות באצבעות שלהן בלא בגד ובלא מוכין לא דיין שהן טועות אלא שהן נדות לכל דבריהן כי בדיקתן אינה בדיקה והרי הן בחזקת טמאות עכ״ל״ וע׳ פת״ז (ס״ק ט״ו) וחכ״א (ס׳ קי״ז ס״ט).

(פו) ע׳ פת״ז (ס״ק י״ד) שכ׳ „נשאלתי אם מהני בשעת הדחק לעשות ההפס״ט בהכתונת שלה והחמרתי מפני יתר חששות שהי׳ בעובדא זו וגם מפני טעם זה יש מקום להחמיר כי לפי החוש נראה שא״א לבדוק בהכתונת שיהי׳ כפי השיעור הנצרך וגו׳ ועכ״ז אם האשה אומרת ברי שעשתה כדינו צ״ע להלכה״ וע׳ חת״ס (ס״ס ק״נ) שכ׳ „ומ״מ ראוי לגעור בהנשים ולהודיע להן שלא תהיינה רגילות לבדוק בכתונת ומכ״ש בשעה שמרגישים ודרך בנות ישראל בודקות בעדות המכוונים לכך וראויות לבדיקה״ וע׳ חכ״א (ס׳ קי״ג ס׳ ל״ז).

(פז) שם.

(פח) כך נראה.

(פט) כך נראה בחוש שהוא שיעור הראוי לבדיקה וסמך לזה ע׳ שבת (קכ״ה.) „א״ר זירא אמר רב וגו׳ אמר אביי במטלניות שאין בהן ג׳ על ג׳ דלא חזיין לא לעניים ולא לעשירים״ ואלו היה ראוי לבדיקה [דהא מכרו פקולי לבדיקה ע׳ נדה (י״ז.) „אמר רב היינו דכי הואי התם בערבי שבתות היו אמרי מאן בעי פקולי בנהמא וגו׳״] היה ראוי בין לעניים ובין לעשירים ודוק. [ואפשר דאיירי בגמ׳ שבת שם בסתם מטלניות שאינם „לבן נקי״ ודחוק]. (ושיעור ג׳ אצבעות כתבנו ע״פ אג״מ או״ח ח״א ס׳ קל״ו).

The cloth is called an "עד"

This cloth is called an עֵד (**צ**). The examination cloth must be checked prior to use (**צא**). A prechecked examination cloth is called an עד הבדוק (**צב**). It is questionable whether a tampon may be used for this examination or for the other examinations during the Seven Clean Days (**צג**) (see C 2).

For a הפסק טהרה on Shabbos or Yom Tov (see D 2), examination cloths must be prepared in advance (**צד**) — because tearing or cutting on Shabbos and Yom Tov is prohibited (**צה**).

How is the examination performed?

4. The הפסק טהרה examination is performed in the following manner. On the fifth day (**צו**) or on any other subsequent day in the late afternoon (see A 3), she washes the lower portion of her body or at least inside and around her genital area (see 1) (**צז**). She then places a prechecked examination cloth (see 3) onto her index finger (**צח**) and inserts it into her vagina, penetrating as deeply as possible into the vaginal canal (**צט**).

(צ) ע׳ לעיל פ״א הערה צ׳.

(צא) פשוט דבעינן „נקי״ (ס׳ קצ״ו ס״ו).

(צב) ע׳ גמ׳ י״ד. וס׳ ק״צ ס׳ ל״ג, ל״ח ובכ״מ [וע׳ שו״ת דברי מלכיאל ח״ה ס׳ קנ״ב].

(צג) דבעינן „ותכניסנו באותו מקום בעומק **לחורים ולסדקים**״ (ס׳ קצ״ו ס״ו) וזה אינה יכולה להכניסו לחורין ולסדקין וכ״כ בשו״ת בא״מ (ח״ב ס״ב:ב).

(צד) פשוט.

(צה) ע׳ או״ח (ס׳ ש״מ ס׳ י״ג) ורמב״ם (פ״י דשבת ה״י ונו״כ) משום קורע, ואם מכוין למדה חייב משום מחתך ע׳ רמב״ם (שם פ׳ י״א ה״ז).

(צו) ע׳ לעיל הערה יא.

(צז) ע׳ לעיל הערה נו, נז.

(צח) דנכ׳ בסמוך מב״י פי׳ דברי הרא״ש „שתכניסנו בעומק כל מה שתוכל״ וזה א״א כי אם באצבע וע׳ ב״ח (ד״ה ומש״כ תחילה) ובסד״ט (ס״ק כ״ד) וכן נוהגות לבדוק בעד על האצבע.

(צט) כ׳ הטור (ס׳ קצ״ו) „ותכניסנו לחורין ולסדקין עד מקום שאבר התשמיש מגיע ואם לא עשתה כן לא הוי אלא קינוח בעלמא ולא יצאה ידי בדיקה״ פי׳ שבבדיקת הפסק טהרה צריכה בדיקה מהוגנת באיכות (חורין וסדקין) ובכמות (עד מקום שאבר התשמיש מגיע) וע׳ ב״י (ד״ה ומ״ש ותכניסנו לחורין) שכ׳ מהראב״ד ג׳ בדיקות חלוקות א׳ בדיקת קינוח ב׳ בדיקת בית החיצון והוא עד מקום שהשמש דש והיא בדיקה לנדה ולזבה וליום ההפסקה ולבדיקת הז׳ ג׳ בדיקת חורין וסדקין בבית החיצון והיא בדיקת הטהרות והרשב״א סתר דבריו וכתב עוד שהרמב״ן הכריע בדבר ואמר דבדיקת ההפסקה שהיא להעלותה מטומאה לטהרה צריכה חורין וסדקין אבל בדיקת הז׳ דבחזקת טהרה עומדת בבדיקה כל דהו סגי והרשב״א חלק עליו והעלה דבין זו ובין זו צריכות בדיקות חורין וסדקין וכ״כ הסמ״ג וסמ״ק והרא״ש וכ״מ שפסק המחבר שכ׳ (בס׳ קצ״ו ס״ו) „כל בדיקות אלו בין בדיקת הפסק טהרה בין בדיקת כל השבעה וגו׳ ותכניסנו באותו מקום בעומק לחורים ולסדקים״ וכ״פ בחכ״א (ס׳ קי״ז ס׳ י״א) **אלא** שכ׳ (בס׳ י״ב) „שאם יקשה בעיניה להכניס כ״כ בעומק וגו׳״ ע״ש [ובדברי הטור שכ׳ „ואם לא עשה כן וגו׳״ פי׳ הב״ח „ואם לא תכניסהו לחורין ולסדקין״ ע״ש]. **כתב** המחבר שם „עד מקום שהשמש דש וגו׳ ולא שתכניסנו מעט

For the examination to be thorough and penetrating, it should be performed while the woman is standing with one foot raised on a chair, bathtub or the like (ק).

The cloth is inserted deeply into the vagina and is moved around slowly and carefully, preferably from top to bottom [in a circular motion] (**קא**), pressing against the internal walls of the vagina (**קב**). She is required to search in all crevices and folds (**קג**), to positively ascertain that all bleeding and staining have completely ceased (**קד**).

לקנח עצמה אם יקשה בעיניה מאד להכניסו כל כך בעומק לפחות בדיקה של יום הפסק טהרה ובדיקה של יום ראשון מהשבעה תהיינה עד מקום שהשמש דש" וע' ב"י שהקשה שא"א לאשה להכניס העד כ"כ בעומק ע"ש ומש"כ מתה"ד (כתבים ס' ע"ח) „ההיא דבדיקת אשה בז' נקיים עד מקום שהשמש דש כבר שמעתי מדקדקין בזה אך בשאר חיבורים לא כתבו רק בדיקה יפה לחורין ולסדקין וכיון דא"א לנשים כולי האי אין להחמיר עליה ביותר והנח להם לישראל כו'" וע' בסד"ט (ס' קצ"ו סס"ק כ"ד) שכ' „והנכון שתבדוק א"ע מקום שתוכל להגיע עם העד באצבעה כפי כחה אולי תגיע עד מקום שהשמש דש ואם לא תגיע לא ניתנה תורה למלאכי השרת ואינו מעכב בדיעבד וכדמסיק רמ"א בהג"ה" וע' מעדני יו"ט (פ"י דנדה ס"ה ס"ק ח') וע' בב"י שם ובב"ח (ד"ה כל שהאריכו בזה. וכ' הרמ"א „ואם לא עשתה כן וגו' מיהו בדיעבד אם לא עשתה כן כלל רק שבדקה עצמה יפה בחורין ובסדקין בעומק היטב כפי כחה אע"פ שלא הגיע למקום שהשמש דש סגי לה". וע' בת' רע"א (ס"ס ד"ה אחת) שהקשה „אמאי בעי בדיקת חורין וסדקין, דמה בכך דיש דם בחורין וסדקין, הא כיון דפסק המקור מלזוב הוי פסיקת טהרה וגם לענין ספירת ז"נ ל"ח שראתה כבר וכנ"ל וע' בס"ט דעמד בזה (בס"ק כ"ג) וכתב לתרץ דחיישינן שמא זב עדיין הדם דרך צדדי פתח המקור לכותלי הפרוזדור לחו"ס שלא כנגד העד ע"ש וגו' ולפ"ז י"ל הא דבעינן בדיקת חורין וסדקין היינו כיון דע"פ הרוב אינה יכולה להכניס העד עד מקום שהשמש דש ממש וגו' מש"ה כיון דאין העד מכוון ממש נגד פה האם חיישינן דזב לצדדים" וע' בת' הב"ח החדשות (ס' ל"ד, ל"ה), ובנוב"י (ק' ס' מ"ו מד"ה ונדבר), וע' חזו"א (צ"ב:כ"א) שכ' „ומיהו נראה דכל בדיקה שהיא על אופן המברר את סתימת המעיין לפי דרך רוב הרואות שמוצאין על העד כל עוד שמעיינן פתוח הוי בדיקה מה"ת ודין חו"ס שאמרו חכמים הוא מדבריהם שהגבילו את הדבר ואפשר שאין הכונה רק לבדיקה מעליתא המעיד על סתימת המעיין ולא על הפסקתו לשעה וגו'", וכ"כ בסד"ט שם (הובא לקמן בהערה קד, קה).

(ק) כ' בפת"ז (ס' קצ"ו ס"ק ג') „בהגהת חת"ס ליו"ד כתב בזה"ל נ"ב קבלתי דהיינו שתעמוד רגלה א' על הספסל ורגלה א' על הארץ ואזי תוכל לבדוק כראוי עכ"ל ועיין בשו"ת חת"ס (סי' קמ"ח בד"ה על כן כו')."

(קא) כך נוהגות בנות ישראל דעי"ז בודקת כל מקום ואינה מאבדת אף טפת דם כחרדל או פחות.

(קב) דעי"ז תבדוק כל מקום כראוי.

(קג) כ' המחבר (ס' קצ"ו ס"ו) „ותכניסנו באותו מקום בעומק לחורים ולסדקים" (וע' לעיל הערה צט ולקמן פ"ד הערה ק').

(קד) כ' המחבר שם „ותראה אם יש בו שום מראה אדמומית". כתב בסד"ט (ס' קצ"ו ס"ק כ"ג ד"ה ועוד קשה) „ועוד נ"ל שאין בדיקת ההפסק טהרה שלה בא לברר שעתה בשעת בדיקה פסק הדם מלזוב דאטו תהיה שופעת כנהרא אלא כיון שנמצא אחר בדיקת חורים וסדקים המוך נקי נתברר שכבר פסקה מלראות זמן מה דאל"כ דרך הדם להתעכב בחורים וסדקים" (וע' לעיל הערה ד').

A woman who merely inserts the examination cloth slightly into her vagina or just wipes herself — without searching thoroughly — has not fulfilled her requirement for the הפסק טהרה examination, and remains in her state of *Niddus* (קה).

Examination of virgin brides prior to their wedding

Virgin brides, prior to their wedding, are required to check to the best of their ability (קו). Care should be taken so as not to damage their hymen (קז). If

---

(קה) כ׳ הטור (ס׳ קצ״ו) „ואם לא עשתה כן לא הוי אלא קינוח בעלמא ולא יצאה ידי בדיקה״ וע׳ ב״י וב״ח וע׳ סד״ט (ס׳ קצ״ו ס״ק כ״ג) שהאריך בענין בדיקת חורין וסדקין ודעתו „דאף להחולקים על הראב״ד ז״ל ומצריכים לבעלה בדיקת חורין וסדקין דוקא ואפי׳ בדיעבד לא מהני בלא בדיקת חורין וסדקין ולדעת הרא״ש ז״ל צריכה שתבדוק כן עד מקום שהשמש דש כל זה אינו אלא מחומרא דרבנן אבל מן התורה אע״פ שלא בדקה בחורים ובסדקין כל שהוא שוהה בבדיקה בכדי שתרד מן המטה תו ליכא למיחש למידי וגו׳״ וע״ש בס״ק כ״ז (וע׳ לעיל הערה צט) וע׳ חת״ס (ס׳ קע״ז ד״ה ואומר) ובר״א (מ״ב:י״א) ובסמוך.

(קו) כ׳ בקש״ע (ס׳ קנ״ט ס״ז) „ובתולות שבודקות קודם הנישואין יבדקו גם כן כפי כחן האפשרי״ כ׳ מהרי״ל (בהל׳ נדה) „מה״ר ליפמן מלהויז״ן ז״ל כתב ושאל ממהר״ש ז״ל היאך בודקות הכלות וגו׳ ומעתה הכלות בתולות מאחר שפתחן עדיין נעול היכי יכולין לבדוק בבית החיצון. והשיב מהר״ש דלא קשה מידי דהא אמרינן התם בגמרא שאני שמואל דרב גוברי׳ הוא כו׳ אלמא אשכחן וגו׳ וכ״ש שהאשה בעצמה יכולה לבדוק את עצמה אע״פ שהיא בתולה ואין הבתולין מעכבין כלום בבדיקתה״ וכמ״כ כ׳ במחה״ש (ס׳ קצ״ו ס״ו) מת׳ מהרש״ל וכ׳ „וע׳ בת׳ חינוך ב״י דהא אין אנו בקיאין בהטייה אלא העיקר דסומכין בכלה על מ״ש מור״ם בהג״ה מיהו בדיעבד אם לא עשתה כלל רק שבדקה עצמה יפה כו׳ סגי לה יעו״ש שהאריכו בזה״ והסד״ט (שם ס״ק כ״ג ד״ה ובהכי) כ׳ בתירוץ זה שהוא דוחק „דהדבר ברור שא״א לבתולה שתבדוק א״ע בחורין וסדקין ומכ״ש בבדיקה עד מקום שהשמש דש שהוא מן הנמנע אלא כיון שחומרא זו אינה אלא מדרבנן אף הם לא החמירו אלא היכא דאפשר וגו׳״ וכן ע״ש (בד״ה ומ״ש שם) „ומ״ש שם דאפשר דבשעת הדחק כה״ג כ״ע מודים להראב״ד דא״צ בדיקת חורים וסדקים וסגיא ליה בבדיקה קלה כבר כתבתי די״ל כן דה״ט דבתולה שתבעוה להנשא דאע״ג דא״א לה שתבדוק בחורים וסדקים סגיא לה בבדיקה קלה הואיל וא״א בלא״ה וגו׳״ וע׳ בב״ח (ס׳ קצ״ב סד״ה עבר) שהביא דברי מהרי״ל וכ׳ „ועי״ל לפי מה שיתבאר בסימן קצ״ו דהרבה מחברים לא הצריכו לבדוק עד מקום שהשמש דש אלא שתבדוק בחורין ובסדקין כפי כחה ולכ״ע בדיעבד סגי אע״פ שאינה מכניסתו עד מקום שהשמש דש א״כ לפי זה הבתולות ג״כ בודקין את עצמן היטב כפי כח האפשר ויוצאין ידי חובתן דכדיעבד דמי מאחר שא״א בענין אחר״ וכ׳ בחכ״א (קט״ו:ב) „ובדיקת הפסק טהרה בבתולה אע״ג דא״א לה לבדוק בעומק כ״כ עכ״פ תבדוק עצמה היטיב כפי כח האפשר וסגי בזה אבל קינוח בעלמא אינה בדיקה כלל״ [ושמעתי בשם הגרמ״פ שליט״א דאם בודקת במוך דחוק כל ביה״ש חשיבא כחורין וסדקין] וע׳ חזו״א (צ״ב:כ״א הובא לעיל בסוף הערה צט) וכ׳ שם „הרי מצינו שקטנה מביאין עלה קרבן על זיבתה אף שאין בה בדיקת חו״ס וכש״כ האחרונים ז״ל, וכן בדיקת הזב דלא שייך חו״ס, וע״כ דצריך בדיקת זמן ארוך קצת באופן שאין לחוש שהפסקתו הוא רק עתיית ולפי שעה, ונראה דגם בנדה מהני מה״ת קינוח כמה פעמים סמוכות, קצרו של דבר שהתורה לא נתנה בזה גדרים בענין הבדיקה אלא לעמוד על ידיעת הדבר ע״פ המובן״.

during the הפסק טהרה examination or during the examinations of the Seven Clean Days she should see blood or a stain, a Rav must be consulted (**קח**).

After the הפסק טהרה examination has been completed, the examination cloth is inspected (**קט**), see 6.

Where blood or stains were discovered on the examination cloth, we will learn later (see 8) that the הפסק טהרה examination must be repeated again. This may be done even immediately (**קי**).

We will discuss the מוך דחוק examination later (see C).

Women should be instructed in proper method of examination

5. A woman who has not performed a proper and thorough הפסק טהרה examination is considered a Niddah — even if she counted seven clean days and immersed herself in a kosher Mikvah (**קיא**). Therefore, it is advisable that prior to performing the first הפסק טהרה examination, a bride should be instructed in the proper performance of this examination by her mother or another reliable woman (**קיב**).

Inspecting the examination cloth

6. The examination cloth should be inspected by daylight (**קיג**) to ascertain

---

(קז) דאם תראה דם ע״י בדיקה וברור שהוא דם בתולים תליא בפלוגתא דלקמן אם הוציא הרופא הבתולים ע״י אינסטרומענט אם צריכה ז׳ נקיים.

(קח) ע׳ אג״מ (יו״ד ח״א ס׳ פ״ז) בהוציא הרופא הבתולים ע״י אינסטרומענט דאינה צריכה ז׳ נקיים דרק במה שיצאו ע״י ביאה אסרו חכמים. וע׳ שו״ת מהרש״ם (ח״א ס׳ ר״י), ומנחת יצחק (ח״ד ס׳ נ״ח), וציץ אליעזר (ח״י ס׳ כ״ה פ׳ י״ב), ודר״ת (ס׳ קצ״ג ס״ק כ״א), ת׳ ר׳ יהונתן שטייף (ס׳ קל״א), באר משה (ח״ג ס׳ קמ״ב, קמ״ג).

(קט) כ׳ המחבר (ס׳ קצ״ו ס״ו) „ותראה אם יש בו שום מראה אדמומית״.

(קי) ע׳ אמירה לבית יעקב (פ״ג הערה 1). **ומש״כ** אפילו מיד כך נראה (וע׳ מה שנכ׳ לקמן בהערה קכד מהחזו״א ובפנים שם).

(קיא) כ׳ בחכ״א (קי״ז:ד) „וזהו הבדיקה של פסיקת טהרה ואפילו בדיעבד מעכבת אם לא היתה כדין שהרי היא בחזקת רואה ומה יועיל לה כל הבדיקות וגו׳״ ע״ש וכ׳ בערה״ש (ס׳ קצ״ו סס״א) „וכל זמן שלא בדקה **א״ע אפילו** עבר זמן רב ואחר כך בדקה ומצאה טהורה הרי היא בחזקת טומאה וגו׳״ ובגדר עולם (ס״ז) „והאשה שאינה עושה כן ומכנסת הבדיקה כ״א מעט ומקנחת עצמה אין בדיקת הפסק טהרה שלה כלום ולא תועיל לה טבילתה והרי היא בחזקת נדה [בחיוב כרת ר״ל]״.

(קיב) כ׳ באמירה לבית יעקב (ג:ג) „לפני החתונה תקבל כל כלה הוראות מדויקות על דרך הבדיקה מאמה או מאשה אחרת מדקדקת במצות״ וכה״ג כ׳ במעין טהור (ט״ו:א).

(קיג) כ׳ הרמ״א (ס׳ קצ״ו סס״ד) „והבדיקה תהיה לאור היום ולא לאור הנר (תא״ו נכ״ו והרשב״א בת״ה) ובדיעבד מהני אפילו לאור הנר (כן משמע בב״י)״ ע׳ סוגיא (י״ז.) „ת״ש

that no blood or stains are present (**קיד**). Although one should not inspect an examination cloth by candlelight (**קטו**), if a bright incandescent or fluorescent light is used, the inspection is valid (**קטז**).

Examination cloths that should be shown to a Rav

7. We have learned (see Chapter I B 4) that if a woman discovers a red or black discharge or stain, regardless of how light or dark a hue or shade, she is considered a Niddah (**קיז**). We have also learned that if a woman discovers a white, blue, green, or pale yellow discharge or stain, she is not considered a Niddah (**קיח**).

However, if a woman discovers a brown, dark yellow, gold or pale pink discharge or stain (see Chapter I B 5), a Rav must be consulted (**קיט**).

Repeating the הפסק טהרה examination

8. If the הפסק טהרה examination cloth was inspected and blood or stains were discovered upon it, the הפסק טהרה examination must be repeated. This may

---

אע״פ שאמרו המשמש מטתו לאור הנר הרי זה מגונה וגו׳ אימא בודקין מטותיהם ביום וגו׳״ ואף דהרמ״א כתבו בס״ד לענין בדיקת ז׳ נקיים נראה דה״ה בדיקת הפסק טהרה. **והטעם** דבדיקות נבדקות דוקא ביום כמ״ש הרשב״א „אור היום יפה לבדיקה״ (וע׳ תוה״ש ס״ק ט׳) „ומשום דצבע הכתם ניכר יותר ביום מבלילה״ (סד״ט ס״ק י״ט) „כי ראיית לילה מטעה לפעמים ובדיעבד מהני אפילו לאור הנר דרחוק הוא שתטעה ממראה טמא למראה טהור״ (ערה״ש ס״ס כ״ד).

(קיד) ע׳ ס׳ קצ״ו ס״ו „ותראה אם יש בו שום מראה אדמומית״. **כתב** בסד״ט (ס׳ קצ״ו ס״ק י״ח הובא בפת״ז ס״ק ו׳) „דבדיקת ההפסק טהרה צ״ל נקי, אי משום דבעינן ספורים לפנינו או משום שצ״ל נתחזק בטהרה ע״ש״.

(קטו) ע׳ סד״ט (שם ס״ק י״ט), וכ׳ בקש״ע (קנ״ט:ח) „הבדיקות צריכות להיות לאור היום ולא לאור הנר. ויש מחמירין אפילו בדיעבד אם לא היתה לכל הפחות בדיקה אחת ביום הראשון ובדיקה אחת ביום השביעי לאור היום״ וע׳ שמלה (ס״ק ה׳).

(קטז) ע׳ בחז״ט (ס׳ קצ״ו בדר״ק ס״ק מ״ז) שכ׳ „אבל במקום שהקפידו דוקא לאור היום כגון גבי דידן ובנגעים אין להתיר אפי׳ באור העלעקטרי, דבוודאי א״א להשוותו עם אור היום ממש וז״פ״ וכוונתו היינו לכתחילה כדמוכח מדבריו וכן שמעתי שיש מורים שאין רואים מראות בלילה אבל הגרמ״פ שליט״א נוהג לדקדק לעיין לכתחילה לאור היום אבל אם מראים בלילה מורה ע״י ראיית אור העלעקטרי. [ונראה דלא דמי לנגעים דכתיב לכל מראה עיני הכהן וכתיב כנגע נראה לי ודרשינן לי ולא לנרי (ע׳ פ״ב דנגעים ברע״ב מ״ב ומ״ג) אבל הכא אם מכיר המראה באור העלעקטרי כ׳ הרמ״א שם דבדיעבד מהני אפילו לאור הנר וכ״ש באור העלעקטרי דאורו בהיר יותר מאור הנר]. **ובמראה** שראה הרב המורה לאור החשמל בלילה והיה נראה לו נוטה למראה דם ומחמת הספק השאירו למחר לעיין לאור היום וראהו לאור היום כמראה טהור כ׳ הגרמ״פ שליט״א בתשובותיו בסוף הספר (אות ה׳) „פשוט שצריך להתירו״ וע״ש דאפילו היכא דנראה כמראה טמא והחליט בדעתו לטמא ואח״כ ראהו ביום שהוא מראה טהור דצריך לחזור בו ולטהרו.

(קיז) ע׳ לעיל פ״א הערות מ-מב.

(קיח) ע׳ שם הערות מג, מד.

(קיט) ע׳ שם הערות מט-נב.

be done even immediately (**קכ**). This examination may be performed as many times as required to be successful* (**קכא**), as long as it is still before sunset (**קכב**).

Very frequently, even if the menstrual flow and subsequent staining have completely ceased, a stain may appear on the examination cloth. This may be due to insufficient cleansing prior to the הפסק טהרה examination. Therefore, adequate time before sunset should be allotted to allow for washing thoroughly, waiting a few minutes for drying (see 2), performing the הפסק טהרה examination, and repeating where necessary (**קכג**).

We will learn (see C 1,4,5) that in certain instances a הפסק טהרה examination is valid without a מוך דחוק (see C 2). However, if a woman repeats the הפסק טהרה examination numerous times in succession and all examination cloths contained blood [except for the last] one cannot rely on the last examination without a מוך דחוק (**קכד**).

Women who are having difficulty

Women who are having difficulty completing the הפסק טהרה examination successfully because of internal irritation or staining, or who experience intermenstrual bleeding, should consult a Rav (**קכה**).

*Note: Many women have sensitive skin and numerous repeated examinations may cause irritations and bleeding. Therefore, if a few הפסק טהרה examinations

---

(קכ) ע׳ אמירה לבית יעקב (פ״ג הערה 1) ופשוט הוא.

(קכא) שם.

(קכב) ע׳ לעיל הערות טו־יז.

(קכג) כידוע מנסיון.

(קכד) ע׳ חזו״א (ס׳ פ״א) „ע״ד אשה — שלפי דברי הרופא — יש לה אבעבועות במקורה בפיות העורקים המזנקים את דם הנדות, ולפיכך אינן נסתמין לעולם ובראשית הימים של הוסת היא שופעת ואח״כ מתמעט אבל אין לה טהרה לעולם גם ימים ששופעת נכנסות תוך ימי זיבה״ וכ׳ שם „נראה דאף אם תרחוץ ויהיה נקי לפי שעה ומיד תבדוק במוך דחוק בחורין וסדקין ותמצא את המוך נקי, אין זה הפסק טהרה דאין הפסק טהרה אלא במוצאה עצמה טהורה בתחלת הבדיקה אבל במצאה עצמה טמאה והעבירה ברחיצה אין הבדיקה מידי דלעולם אין האשה שופעת אלא פוסקת לפי שעה וחוזרת ומטפטפת ואין הבדיקה עד על המעין שנסתם אלא בשהתה זמן מרובה ולא הרגישה ולא ראתה ואח״כ בדקה בחורין וסדקין ולא מצאה, שכל זמן שמעינה פתוח לא יתכן שלא תמצא בעד דם, אבל זו שידענו שמעינה פתוח כל שעה אין רחיצה ובדיקה לרגע בחפזון מועיל כלום״ ע״ש.

(קכה) אף דאין לתלות במכה בהפסק טהרה דאף בג׳ ימים ראשונים דז׳ נקיים אין תולין כמ״ש הרמ״א (ס׳ קצ״ו ס״י) כ״ש בהפסק טהרה, מ״מ יש ליעץ להן לעשות זילופים קודם ההפסק טהרה [והגרמ״פ שליט״א מיעץ למרח מעט וואזאלי״ן לבן על העד קודם הבדיקה, ע׳ פ״ד הערה קכד]. ואם זה לא יועיל תבקר את הרופא למצוא סיבת דמיה ועפ״ז יודע למורה לתת לה עצה ההוגנת לה ואכמ״ל.

prove unsuccessful, it may be advisable to wait until the following afternoon to repeat the הפסק טהרה (**קכו**).

Blind women

9. A blind woman may perform the הפסק טהרה and other required examinations by herself (**קכז**). However, the examination cloth must be examined before and after the examination (**קכח**) by her husband or by another woman with normal vision (**קכט**).

Deaf, Mute, Deaf-mutes, Mentally retarded, Mentally ill

10. Deaf women who are able to converse and mute women who are capable of hearing are considered as normal women and may perform their own examinations (**קל**). They may even inspect their examination cloths by themselves (**קלא**).

A Deaf-mute (**קלב**), mentally retarded or mentally ill woman (**קלג**) may not perform the הפסק טהרה or other required examinations on her own (**קלד**). A normal woman must examine her (**קלה**). The examination cloths may be inspected by her husband [if normal] or by a normal woman (**קלו**). There is a view which holds that a deaf-mute, although she is capable of communicating intelligently, may not perform her own examinations (**קלז**).

Where there is any question regarding her level of intelligence or degree of normalcy, a Rav should be consulted (**קלח**).

(קכו) כידוע מנסיון.

(קכז) ע' ס' קצ"ו ס"ז, חכ"א (ס' קי"ז ס' ט"ז).

(קכח) כ' המחבר שם „ומראה לחברתה" ואף דאיירי התם אחר שבדקה מ"מ כיון דבעינן נקי כמ"ש המחבר בס"ו צריכים לראותו קודם הבדיקה, וע' חכ"א (ס' קי"ג ס' ל"ז).

(קכט) כ' המחבר שם „ומראה לחברתה" וע' ש"ך (ס' קפ"ח ס"ק ז') דהבעל יכול לראות דמי אשתו.

(קל) ס' קצ"ו ס"ח „החרשת ששומעת ואינה מדברת וכו'".

(קלא) דהרי הן כפקחות.

(קלב) מחבר שם.

(קלג) כ' המחבר שם „וכן השוטה או שנטרפה דעתה מחמת חולי" וע' רמב"ם (פ"ט מהל' עדות ה"י) ושו"ע חו"מ (ס' ל"ה ס"י) שכתבו

„הפתאים ביותר וגו' הרי אלו בכלל השוטים ודבר זה לפי מה שיראה לדיין וגו' " וע' סמ"ע (ס"ק כ"א) ואיירי לענין עדות ונראה דה"ה כאן.

(קלד) שם.

(קלה) כ' המחבר שם „צריכות פקחות לבדוק אותן וגו' ".

(קלו) פקחות שם, ונראה דה"ה בעלה אלא שלא כתב כן דאיירי התם לענין הבדיקה ובשעת נדותה אסור ליגע בה אפילו באצבע קטנה (כמ"ש בס' קצ"ה ס"ב) ואסור להסתכל במקומות המכוסים שבה (שם ס"ז) ופשוט.

(קלז) ע' בתשובות הגרמ"פ שליט"א בסוף הספר (אות כ"ה).

(קלח) ע' מחבר חו"מ שם וס' אור הישר וע' בהוספה לספר שאגת אריה וע' שו"ת דברי חיים (אהע"ז ח"ב ס' ע"ב) ובשו"ת בית שלמה

Woman with pessary or I.U.D.

11. A woman who uses a pessary (i.e. an instrument in ring-shape or in any other shape that is worn internally to remedy uterine displacement) or an intrauterine contraceptive device (I.U.D.) [where its use is halachically permissible]* should consult with a Rav as to how to conduct herself for her examinations and for immersion (**קלט**).

*Note: The use of this and other contraceptive methods are *strictly prohibited* without specific authorization of a Rav. Men and women should not be misled to assume that since a specific method is permissible for one woman, it is permissible or transferable to another.

One should not assume that since contraception or a specific method, or a limited duration of time for its use — was suggested or ordered by a physician, it is therefore permissible according to Halacha. Nowadays, many physicians — even those who are generally observant of Torah —unfortunately, may suggest contraception — even when it is contrary to Halacha.

Various factors and guidelines affect ruling in this area of Halacha. Therefore, *only* a Rav — after familiarization with the specific medical, personal and family circumstances may suggest a permissible method (**קמ**).

C. מוך דחוק

Introduction — When is a מוך דחוק recommended?

1. We have learned (see B 4) that the הפסק טהרה examination is performed before sunset, by placing a prechecked examination cloth onto her finger,

---

(או״ח ס׳ צ״ה), ושו״ת חת״ס או״ח ס׳ פ״ג, ואג״מ אה״ע (ח״א ס׳ ק״כ, קס״ד).

(קלט) ע׳ לקמן (פ״ד הערה ק׳) לענין ז׳ נקיים ולקמן (פ״ז) לענין חציצה בטבילה.

(קמ) ע׳ שו״ת אחיעזר (ח״ג כ״ד:ה), אג״מ אה״ע (ס׳ ס״ג, ס״ד), ציץ אליעזר (ח״ט ס׳ נ״א שער ב׳) וש״פ ואכמ״ל. **כתב** באג״מ (אה״ע ס״ס ס״ד) „ולמעשה כשמזדמן שאלה כזו אני חוקר ודורש הרבה אם יש להאשה סכנה בזה ורק אם הבעל והאשה הם יראי ה׳ וצנועים במעשיהם שלא יקילו הם עצמם יותר מהראוי וגם שלא ידעו אחרים ממה שהקלתי להם כדי שלא יבואו אחרים להקל בעצמם שלא כדין. וגם רק על זמן קצר וכשיעבור הזמן אם אומרים שעדיין היא בסכנה להתעבר אני חוקר ודורש עוד הפעם ואני מזהירם עוד הפעם מחומר האיסור ושלא יבואו להקל יותר מהראוי ולא יפרסמו וג״כ רק על זמן קצר וכן בכל פעם אם עדיין צריכים לההיתר. ולכן מעטים מאד הם אלו שהתרתי להם. וכן יש לכל רב מובהק להתנהג בזה. וסתם רבנים ח״ו להם להורות בענין חמור זה״. וכן ע׳ שם (בס׳ ס״ז) שכ׳ „למעשה הואיל והדור פרוץ בעוה״ר והני נשי שחצניות הן וגם הגברי ויפרסמו הדברים ויבואו הנשים לדמות זו לזו עד שיבואו להקל אף בלא סכנה ולפריצותא בעלמא שזה אסור אין להורות ההיתר אלא לאיש ואשה הצנועים ובאזהרות רבות שלא ידעו מהן ההיתר כדי שלא תצא ח״ו מכשול להקל במקום שאסור ולא ידמו הנשים בעצמן זו לזו״ וכן ע׳ אג״מ (אה״ע ח״ג ס׳ כ״א, כ״ב, כ״ד).

inserting it as deeply as possible into her vaginal canal, moving it slowly and carefully in a circular motion and searching in all crevices and folds (**קמא**).

This הפסק טהרה examination is adequate — even if she had previously experienced staining that day — as long as she had not experienced an actual *flow of blood* that day (**קמב**) (see 4 and A 5). However, most Poskim recommend that *all* women (**קמג**) should perform the מוך דחוק examination (see 2) after the successful completion of *every* הפסק טהרה examination (**קמד**) (see 5).

(קמא) ע׳ לעיל הערות צח, צט, קא־קד.

(קמב) כ׳ המחבר (ס׳ קצ״ו ס״ב) „ראתה יום אחד בלבד ופסקה בו ביום צריכה לבדוק עצמה במוך דחוק ושיהא שם כל בין השמשות. הגה ובדיעבד אם בדקה עצמה סמוך לבין השמשות ומצאה עצמה טהורה אע״פ שלא היה המוך אצלה כל בין השמשות סגי אבל בדיקת שחרית לא מהני הואיל ולא ראתה רק יום אחד״ וכ׳ הש״ך (ס״ק ו׳) „אבל לא ראתה רק כתם אפשר להקל בין בימי הספירה בין בתחילה״ וע׳ סד״ט (ס״ק ט׳) „ונ״ל דכל הפוסקים דס״ל דבדיקת שחרית לא מהני בפסקה בטהרה ביום הראשון ס״ל דלא מהני בפסקה ביהש״מ כ״א ע״י מוך דחוק וגו׳ ולכן נלע״ד שאין להקל בלא מוך דחוק שם כל ביה״ש אם הפרישה בטהרה ביום הראשון אפי׳ בדיעבד וגו׳. גם מה שפסק הרמ״א דבדיקת שחרית מהני בשאר ימים חוץ מן יום הראשון אפי׳ ביום שראתה בו אף שדרכו לפסוק כתוס׳ ורא״ש כאן נמשך אחר דברי הב״י שמפרש דאף הרא״ש ס״ל הכי וגו׳״ וע׳ לקמן הערה קסד מחוו״ד (שם ד״ה היוצא) ומחכ״א (ס׳ קי״ז ס״ז).

(קמג) כ׳ המחבר (ס׳ קצ״ו ס״א) „ולעולם ילמד אדם [וברמ״א הוסיף „להחמיר לכתחלה״] בתוך ביתו שתהא בודקת ביום הפסק טהרתה במוך דחוק ושיהא שם כל בין השמשות שזו הבדיקה מוציאה מידי כל ספק״ ואף ששמעתי מפי הגרמ״פ שליט״א (וכ״מ מאג״מ יו״ד ח״ב ס׳ ע״ט) דאם לא ראתה בו ביום הוא רק חומרא בעלמא מ״מ מב״י [שכ׳ בד״ה ומ״ש רבינו „דלכתחילה אית לן לאורויי דכשהפסיקה בשאר ימים נמי תבדוק בין השמשות כי היכי דלא ליחלף להו יום אחד בשאר ימים״] וגדר עולם (ס״ח), ומעין טהור (ט״ו:א), קש״ע (קנ״ט:ד), וערה״ש (ס׳ קצ״ו ס׳ י״ז) משמע דהמנהג היה שכל בעל למד לאשתו להחמיר לכתחילה במוך דחוק בכל בדיקת הפסק טהרה אף אם לא ראתה בו ביום [ונראה דזה הטעם שלא חלק הקש״ע בין פעמים דמעכב אף בדיעבד כמו שהקשה במסגה״ש דנהגו הנשים כן בכל הפסק טהרה] וכן נראה שיש לנהוג אם אינו קשה להן [וע׳ לשון ס׳ טהרת בת ישראל (פ״ג ס״ח כתיקון הלשון מהחזו״א במכתבים שם) „אכן, המפסיקה בטהרה ביום ב׳ לראייתה, או לאחריו, נכון הוא להפסיק סמוך לבין השמשות ומנהג כשר גם להכניס מוך דחוק״. וכפי מש״כ לעיל (הערה קו) דמוך דחוק מועיל לבתולה נראה דמהני מוך דחוק אף אם לא בדקה עד מקום שהשמש דש (ע׳ שם מהחזו״א)].

(קמד) אף דמלשון המחבר (שם ס״א) שכ׳ „שתהא בודקת ביום הפסק טהרתה במוך דחוק ושיהא שם וגו׳״ משמע דבדיקת ההפסק טהרה הוא המוך דחוק, מ״מ בגדר עולם (ס״ח), ומעין טהור (ט״ו:א) כתבו דהמוך דחוק אחר בדיקת ההפסק טהרה וכ״כ בחוו״ד (ס׳ קצ״א ביאורים ס״ק ח׳) „וגם מתחלה בודקת עצמה בכל הסדקין והחורין״ והטעם כ׳ באג״מ שם „כדי שיהיו ספורין בפנינו בידיעה ברורה קודם שהתחילה הספירה ולא מצד שתתודע בלילה שהיתה בדיקה טובה ע״י שתראה אחר שתוציא את המוך שהוא אחר צה״כ שהוא מימי הספירה״ [וכ״מ מחזו״א (צ״ב:ו) הובא לקמן פ״ד הערה ד].

What is the מוך דחוק?

2. The מוך דחוק (literally, a tight fitting piece of cotton) examination consists of inserting another prechecked examination cloth (**קמה**) (see B 3) before sunset (**קמו**) and leaving it inside until nightfall (**קמז**). For *this* examination, a tampon may also be used (**קמח**).

How long should the מוך דחוק be kept inside?

3. The מוך דחוק should be kept inside until nightfall — which is determined by the appearance of three medium-size stars (**קמט**). [This is the same time as Shabbos ends]. Many Poskim hold that one should wait after Shabbos until 72 minutes after sunset before doing melacha (**קנ**). There is a view that holds that the מוך דחוק should also be kept inside until 72 minutes after sunset (**קנא**).

Some Poskim say that although many hold Shabbos until 72 minutes after sunset, for the מוך דחוק one may consider nightfall at 50 minutes after sunset (in many parts of the United States) (**קנב**). One should preferably keep the מוך דחוק inside until the time she normally waits after Shabbos to do melacha (**קנג**).

(קמה) ע׳ גמ׳ (ס״ח:) „תניא אמרו לו לר׳ יהודה אלמלי ידיה מונחות בעיניה כל בין השמשות וגו׳״ וע׳ ב״י דהיינו בבדיקה, מדברי הגדר עולם [שכ׳ „תכניס חתיכת פשתן נקיה בעומק וגם יהיה דחוק״] ויותר מדברי המעין טהור שם משמע דבודקת בעד הרגיל וסגי בכך אבל ע׳ בחוו״ד (ס׳ קצ״א ביאורים סס״ק ח׳) שמניחה חוץ לרחם ג״כ מוך הרבה מחשש שהמוך יתכויץ ברחמה וע׳ ב״ח (ס׳ קצ״ו) וסד״ט (ס״ק כ״ד) ואף שכ׳ בטה״י (ס׳ קצ״ו ס״ב) „ובמוך הרבה בדחוק ממעלה עד מטה באפשר״ ואיירי בבדיקת הפסק טהרה, נהגו בהנחת עֵד למוך דחוק. ואם לובשת תחתונים מהודקים לגופה בשעת הנחת העד נראה דאפי׳ להחוו״ד דמהני.

(קמו) כ׳ המחבר (ס׳ קצ״ו ס״א) „ושיהא שם כל בין השמשות״ וזה א״א אם מכניסה את העד אח״כ. **ולענין** בדיקה אחר שקיעה ע׳ לעיל הערה יז.

(קמז) ע׳ מחבר שם ובמעין טהור שם כ׳ „בִּיז עֶס וֶוערט רֶעכט נַאכט״.

(קמח) ע׳ מש״כ בהערה קמה ונראה דלפי דברי החוו״ד שם בזה עדיף טפי.

(קמט) ע׳ או״ח (ס׳ רצ״ג ס״ב) ונו״כ שם.

(קנ) ע׳ שם (ס׳ רס״א ס״ב ובה״ה ד״ה י״א שהביא שיטות הראשונים בזה וע״ש (ד״ה שהוא) שמסיק „ונכון לכתחלה לצאת דעת ר״ת וכל הני רבוותא המחזיקים בשיטתו שלא לעשות מלאכה במוצ״ש עד שיושלם השעור דד׳ מילין וגו׳״ וע׳ קו׳ לתורה והוראה (ח״ח) בתשובת הגרמ״פ שליט״א (בדבר זמנים בהלכה) ובאג״מ (או״ח ח״ד ס׳ ס״ב) בענין זה וע׳ בתשובותיו בסוף הספר (אות כ״ו).

(קנא) שמעתי בשם מו״ר הגר״א קטלר זצ״ל וע׳ מש״כ בשו״ת באר משה (ח״ב ס׳ ס״א, ס״ב).

(קנב) ע׳ אג״מ יו״ד (ח״ב ס׳ ע״ט) שכ׳ „הנה בדבר המוך דחוק כמה זמן הוא צריך להיות בגופה אחר השקיעה, הנה מכיון שיש לנו להחמיר בענין שקיעה וצה״כ וביה״ש, יש להניח המוך קודם השקיעה שהוא בעוד שהשמש נראית ויהיה מונח שם עד אחר צה״כ אליבא דר״ת שהוא ד׳ מילין שהם ע״ב מינוטן אחר השקיעה, אבל במדינה זו כפי שאנו רואין אף ביום היותר גדול אין להסתפק על יותר מחמשים מינוט אחר השקיעה וגו׳. [וכן בתשובת הגרמ״פ שליט״א (בקו׳ לתורה והוראה שם ובאג״מ או״ח ח״ד שם) שכ׳ „ולכן בפה

Where the מוך דחוק is required (see 4) and holding it inside for that long a period causes undue pain or discomfort, a Rav should be consulted (see 5).

After nightfall the מוך דחוק is removed and examined

After nightfall, the מוך דחוק is removed and examined (see B 6). If it is clean, that is, that none of the prohibited or questionable colors appear (see B 7 and Chapter I B 5), the Seven Clean Days may begin (**קנד**). It is preferable that the woman reinspect the מוך דחוק examination cloth by daylight the following day (**קנה**). If one of the questionable colors was found on the מוך דחוק, she should begin the Seven Clean Days in doubt — until a Rav can be consulted.

Concerning going outside on Shabbos with a מוך דחוק, see D 3.

When is a מוך דחוק required?

4. We have learned (see 1) that after the successful completion of the הפסק טהרה examination, it is recommended that all women should perform the מוך דחוק examination (**קנו**). Most Poskim hold that this מוך דחוק examination is recommended for any woman (**קנז**) — even if she did not experience bleeding or staining that day (**קנח**).

We have also learned (see A 5) that if this was the first day since she began experiencing bleeding (see Application on page 59), the הפסק טהרה is *required* in the late afternoon (**קנט**), and if a הפסק טהרה was performed in the morning it is *not* valid (**קס**). In addition, since the flow from her womb is open (מעיינה פתוח) (**קסא**), a מוך דחוק is also *required* (**קסב**).

אמעריקא בעירנו נוא יארק וכן בנוא דזוירזי וכל מקומות הקיץ הנקראים די מאנטנס שבאלו מקומות הייתי בעצמי, אבל כפי ששמעתי כמעט רוב ערי אמעריקא הוא כן, אשר כחמשים מינוט אחר השקיעה כבר כל השמים מלאה כוכבים והוא חשך וגו׳״ ע״ש] . אבל להרבה נשים שקשה להן קצת אין להחמיר כן אלא בראתה רק יום אחד שמדינא צריכה לבדוק במוך דחוק ושיהא שם כל ביה״ש להמחבר וגו׳. אבל בשאר ימים אף שראתה גם בו שא״צ מדינא מוך דחוק וגו׳ ורק לחומרא בעלמא מצריכין שתפסיק במוך דחוק אין להחמיר בנשים שקשה להן אלא שיהיה שם עד אחר ביה״ש של שיטת הגר״א דהוא כרבע שעה אחר השקיעה וגו׳״ ע״ש וכן שמעתי בשם הגרי״א הנקין זצ״ל דסגי בי״ח מינוט למוך דחוק וע׳ לקמן הערה קסח.

(קנג) כך נראה דיש לנהוג לכתחלה בנשים שאינו קשה להן, ופשוט דאין להחמיר במוך דחוק יותר מחיוב סקילה דשבת. ומש״כ דאם קשה להן ע׳ אג״מ שם ולקמן בהערה קסח.

(קנד) כ׳ המחבר (ס׳ קצ״ו ס״א) „שבעת ימים שהזבה סופרת מתחילין ממחרת יום שפסקה בו״.

(קנה) ע׳ טה״י ס׳ קצ״ו ס״ב, ולעיל הערות קיג־קטז.

(קנו) ע׳ לעיל הערה קמג.

(קנז) שם.

(קנח) שם.

(קנט) ע׳ לעיל הערה כט.

(קס) שם.

(קסא) ע׳ לעיל הערות לט־מא.

(קסב) ע׳ לעיל הערה לב, וכ׳ המחבר (ס׳

We have also learned (see A 5 on pages 59-60) that many Poskim hold that even when bleeding had not commenced that day, if she experienced actual bleeding that day (see first Note on page 58), the הפסק טהרה is required in the late afternoon (**קסג**). Some Poskim hold that a מוך דחוק is required here also (**קסד**). She should preferably conduct herself according to these Poskim (**קסה**).

Where a required מוך דחוק was omitted or was not kept in long enough [or not put in early enough] (**קסו**) (see 2,3), a Rav must be consulted (**קסז**).

Where a מוך דחוק may be omitted

5. Where a מוך דחוק is recommended (see 1) but not required (see 4) and a woman has staining problems (**קסח**), or where the מוך דחוק causes undue pain or

---

קצ"ו ס"ב) דבעינן מוך דחוק ואע"ג דכ' הרמ"א „ובדיעבד אם בדקה עצמה סמוך לבין השמשות ומצאה עצמה טהורה אע"פ שלא היה המוך אצלה כל בין השמשות סגי וגו'" ע' בגר"א (ס"ק ח') וסד"ט (ס"ק ט' סד"ה ונ"ל) דכתבו צ"ע אדברי הרמ"א וע' אג"מ (יו"ד ח"ב ס' ע"ט).

(קסג) ע' לעיל הערה מד.

(קסד) ע' חוו"ד (ס' קצ"ו חידושים ס"ק א' וביאורים ס"ק ב') שכ' „ולפ"ז לדידן דבכל הז' ימים היא בספק ראשון צריכה בדיקה כל בין השמשות בהפסקת טהרה כנ"ל" וע' סד"ט (ס"ק ט' ד"ה היוצא) שכ' „היוצא מזה דאפילו אם פסקה בטהרה בשאר ימים אם ראתה בו ביום צריך שתבדוק סמוך לביה"ש דוקא ובדיקת צהרים לא מהני כדי לחוש לדעת התוס' וכפרש"י בדף נ"ג וכדעת הרא"ש וגו' מיהו מוך דחוק ודאי דאינו מעכב בשאר ימים אפי' בפוסקת ביום שראתה בו וגו'" אבל בחכ"א (קי"ז:ז) כ' „בדקה עצמה שחרית אם ראתה באותו יום דם ממש בגופה כיון דמעינה פתוח אפילו בדיעבד לא מהני אא"כ בדקה סמוך לביה"ש ממש ויש להחמיר בזה טובא שגם יהי' מוך דחוק כל ביה"ש (עיין ס"ט) די"א דאפילו בדיעבד לא מהני וגו'".

(קסה) דבלא"ה המנהג להחמיר לכתחילה במוך דחוק בכל הפסק טהרה (ע' לעיל הערה קמג) כ"ש בראתה בו ביום.

(קסו) ע' אג"מ (יו"ד ח"ב ס' ע"ט).

(קסז) דמשמע דדעת רוב הפוסקים כרמ"א (ס' קצ"ו ס"ב) דאינו מעכב בדיעבד אם בדקה עצמה סמוך לבין השמשות וכן ע' לו"ש (ס"ק ד') שהאריך בזה ומסיק „כללא דמילתא בעניי דקדקתי בלשון כל הפוסקים וגו' ולא מצאתי מאן דס"ל דלנשי דידן לא מהני הפ"ט ביום הראשון (בלי מוך דחוק) זולת הרמב"ן וגו'" ע"ש [לפ"ז מובן למה סתם בקש"ע ולא חלק בין ראתה יום א' ללא ראתה כקושית המסגרת השלחן, וגם במעין טהור (ט"ו:א, ב) לא חלק בזה, אולם יותר נראה (כמ"ש לעיל בהערה קמג) דנהגו הנשים כן בכל הפסק טהרה].

(קסח) טה"י (ס' קצ"ו ס' י"ב), וע' נוב"י (ת' ס' קכ"ט) באשה שיש לה מכה בכותלי בית הרחם והמכה אינה מוציאה דם אמנם אם בודקת עצמה כואב לה מאד מחמת הבדיקה ובזמן ימי ליבונה קשה עליה הבדיקה מרוב הכאב, והורה לה השואל „שתבדוק בהפסקת טהרה כדין ובשאר ימים שבין ראשון לשביעי לא תבדוק כלל כי באשה זו מיחשב דיעבד מחמת צער וכאב" וכ' על זה הנוב"י שם שיפה הורה „שהרי הצרכת הדבר לכתחלה ודאי שהוא רק חומרא דרבנן בעלמא ובכמה מקומות מצינו שבמקום צער לא גזרו וכיון שלאשה זו כואב הרבה יותר מדאי אין לך מקום צער יותר מזה, ועוד מטעמא אחרינא הייתי מקיל שהרי יש לחוש שע"י רוב הבדיקות יגרמו שהמכה תגלע ותוציא דם ונצטרך אח"כ להקל כאשר תמצא דם לתלות במכה יותר עדיף שלא לבוא לידי קולא זו וגו'" [וכעין מש"כ „יותר עדיף וגו'" כ' החת"ס (ס' קמ"ה בפרטי דינים אות ג')

discomfort, a Rav should be consulted. Under these conditions, the Rav may advise her to omit the מוך דחוק (**קסט**).

The הפסק טהרה examination (see B 4) may *never* be omitted (**קע**).

Wearing white undergarments

6. After the הפסק טהרה examination has been completed (**קעא**), she is required to change to clean white prechecked underpants [pajamas and nightgown] (**קעב**). Similarly, when lying in bed, she is required to have a clean white prechecked sheet spread on her bed (**קעג**). If, while in bed, she is wearing tight-fitting white undergarments, although some Poskim hold that a white sheet is not required on her bed, the minhag, however, is to use it (**קעד**).

This requirement for white undergarments and a white sheet will continue throughout the Seven Clean Days (**קעה**) (see Chapter IV C 1). Where they are unavailable, see Chapter IV C 2.

„למה לה לבדוק ולגרום לן להכניס עצמינו בקולא טוב לה שלא תבדוק וגו׳״] ואף דאיירי לענין בדיקות ז״נ [דמש״כ „שתפסוק בהפסקת טהרה כדין״ אינו מוכרח דאיירי בלא מוך דחוק אפשר דדוקא במוך דחוק] מ״מ בשו״ת שערי צדק (ס׳ קכ״ח) כ״כ לענין מוך דחוק וכ״כ באג״מ (יו״ד ח״ב ס׳ ע״ט) אחר שכ׳ „ואין להחמיר בנשים שקשה להן אלא שיהיה שם עד אחר ביה״ש של שיטת הגר״א דהוא כרבע שעה אחר השקיעה״ כתב „ואם קשה לפניה טובא הוא כבדיעבד ששעת הדחק כדיעבד דמי וא״צ כלל מוך דחוק שתשהא אצלה וגו׳״ וע״ש מש״כ „ומ״מ באין צורך למהר הטבילה וגו׳״ וע׳ לעיל הערה קנא. והיה נראה דרק באופן שמקלקלת את עצמה ע״י מכה היינו דם שבצדדין אבל אם שכיח גבה דם מן המקור היה נראה דאין להקל בלא מוך דחוק דבעינן לברר אם באמת כבר פסקה דמיה, אבל שמעתי מפי הגרמ״פ שליט״א דאף באופן כזה אם לא ראתה דם אותו יום הוי רק מצד חומרא ואין להחמיר עליה בכה״ג.

(קסט) ע׳ שם.

(קע) ע׳ חכ״א (קי״ז:ד), ערה״ש (ס׳ קצ״ו סס״א), גדר עולם (ס״ז) וש״פ וע׳ אג״מ (יו״ד ח״ג ס׳ נ״ה ענף ה׳).

(קעא) כ׳ המחבר (ס׳ קצ״ו ס״ג) „ביום שפסקה מלראות ובודקת עצמה כאמור תלבש חלוק הבדוק לה שאין בו כתם וגו׳״ וכ׳ הרמ״א „הגה ומנהג כשר הוא כשהאשה פוסקת בטהרה שתרחץ ולובשת לבנים וגו׳״ ומקורו מב״י שכ׳ ממרדכי בשם הרוקח וכ׳ הטעם „ותלבש חלוק לבן שאם תראה עוד שיהא ניכר בחלוקה״ ע״ש ומשמע משם דדין לבנים מתחילים אחר ההפסק טהרה ולא מהתחלת ז׳ נקיים א״כ אשה שפוסקת בטהרה אף קודם מנחה קטנה [ולא תבדוק אח״כ במוך דחוק] נראה שתלבוש לבנים אז ולא תחכה עד הלילה.

(קעב) ע׳ שם. ומש״כ לענין בגדי שינה כך נראה כיון שסמוכים לגופה ופשוט דזהו כשאינה לובשת תחתונים מהודקים וע׳ בהערה קעד.

(קעג) כ׳ המחבר שם „ובלילה תשים סדינים הבדוקים מכתמים״.

(קעד) שמעתי מפי הגרמ״פ שליט״א וע׳ בפת״ת (ס׳ ק״צ ס״ק כ״ו) ודוק וע׳ בתשובות הגרמ״פ שליט״א בסוף הספר (אות כ״ז).

(קעה) כ״מ מרמ״א שם וש״פ וע׳ בח׳ רע״א (ס׳ קצ״ו ס״ד) על מש״כ המחבר „בכל יום מז׳ ימי הספירה צריכה להיות בודקת לכתחלה וגו׳״ שכתב „עצמה וחלוקה״.

D. PERFORMING A הפסק טהרה ON SHABBOS AND YOM TOV

A הפסק טהרה on Erev Shabbos

1. Where the הפסק טהרה is performed on Friday afternoon (**קעו**), it should preferably be made before she (**קעז**) [e.g. by candle lighting] (**קעח**) or the community (**קעט**) ushers in the Shabbos* (**קפ**). This should be done, even if קבלת שבת (ushering in the Shabbos) will take place a long time before sunset (**קפא**).

Therefore, during the summer, if she is in one of the many communities that usher in the Shabbos long before sunset (**קפב**), she should preferably make the הפסק טהרה examination before קבלת שבת (**קפג**). However, it is preferable that she should perform another הפסק טהרה examination (see B 4) after Maariv before sunset. The מוך דחוק (see C), however, may be inserted just before sunset (**קפד**).

If she did not perform the הפסק טהרה examination before candle lighting or before the community ushered in the Shabbos, she may do so as long as it is still before sunset (**קפה**).

*Note: If the community ushers in the Shabbos early, the women in the community are required to light candles before that time (**קפו**).

(קעו) כ׳ הרמ״א (ס׳ קצ״ו ס״א) „הגה י״א אם התפללו הקהל ערבית ועוד היום גדול אינה יכולה לבדוק [אז] ללבוש לבנים ולהתחיל למנות מיום המחרת מאחר דהקהל כבר עשו אותו לילה (ת״ה) וי״א דמותר אפי׳ עשו הקהל שבת (אגור בשם מהרי״ל) ונוהגין לכתחלה ליזהר ובדיעבד אין לחוש״.

(קעז) ע׳ ש״ך שם ס״ק ד׳.

(קעח) ע׳ רמ״א (או״ח ס׳ רס״ג ס״י).

(קעט) ע׳ רמ״א (ס׳ קצ״ו ס״א) שכ׳ „מאחר דהקהל כבר עשו אותו לילה״ וכ׳ הש״ך (ס״ק ג׳) „מאחר דהקהל כבר עשו כו׳. אע״פ שעדיין היא לא התפללה ערבית. ת״ה שם״. **ומש״כ** הקהל ע׳ או״ח (ס׳ רס״ג ס׳ י״ב) ומ״ב (ס״ק נ״א) לענין עיר שיש בה הרבה בתי כנסיות ולענין מנין בביתו.

(קפ) שם.

(קפא) דכ׳ בתה״ד (ס׳ רמ״ח) „ועוד היום גדול״.

(קפב) ע׳ תה״ד (ס״א) ואיירי שם אף קודם פלג המנחה וע׳ רמ״א (ס׳ רס״א ס״ב) שכ׳ „הגה ואם רוצה להקדים ולקבל עליו השבת מפלג המנחה ואילך הרשות בידו״ וע׳ מ״ב (שם ס״ק כ״ה, כ״ט).

(קפג) רמ״א (ס׳ קצ״ו ס״א).

(קפד) כ׳ הב״ח (ס׳ קצ״ו ד״ה ומ״ש ובדיקה זו) „מיהו לכתחלה צריכה עוד לבדוק עצמה גם אחר תפלת ערבית בעוד שהוא יום היותר סמוך ללילה וגו׳״ וכ״כ בקש״ע (קנ״ט:ג) ובחכ״א (קי״ז:ה) כ׳ „ונכון שתבדוק קודם מעריב ותינח אצלה מוך דחוק או שתבדוק עוד הפעם סמוך לבהש״מ״ וע׳ במש״כ לעיל בהערה נה.

(קפה) כ׳ הרמ״א שם „ובדיעבד אין לחוש״ וע׳ בחכ״א שם „ומיהו בדיעבד ששכחה או אפילו פשעה וגו׳״ ע״ש.

(קפו) ע׳ לעיל הערה קעט, ובערה״ש (או״ח ס׳ רס״ג ס׳ כ״ב).

A הפסק טהרה on Shabbos and Yom Tov

2. If the time for the הפסק טהרה occurs on Shabbos (**קפז**), some women have a minhag to postpone the הפסק טהרה examination until Sunday afternoon (**קפח**). Therefore, for these women, the Seven Clean Days do not begin until Sunday evening (**קפט**). Similarly, if the time for the הפסק טהרה occurs on Yom Tov, some women have a minhag to postpone the הפסק טהרה examination until the following afternoon (**קצ**). Unless she is aware that there is a definite minhag *not* to perform the הפסק טהרה examination on Shabbos or Yom Tov, it is permissible to do so on those days (**קצא**).

When washing before the הפסק טהרה (see B 1), however, she should wash the area with her hands and not with a sponge, washcloth or other garment because of סחיטה (the *issur* of squeezing a garment) (**קצב**). She may not use solid soap (**קצג**), nor may she wash with water heated on Shabbos; water heated on Yom Tov, however, may be used for this purpose (**קצד**) (see HALACHOS OF SHABBOS, Chapter XIII D 9, Chapter XIV H 3).

Care should be taken to prepare sufficient examination cloths before Shabbos or Yom Tov (**קצה**). We have learned (see B 3) that tearing or cutting on Shabbos and Yom Tov is prohibited (**קצו**).

(קפז) ע׳ ש״ך (ס׳ קצ״ו ס״ק ז׳) שכ׳ „ומנהג כשר הוא כו׳. וע״ל ס׳ קצ״ט ס״ק י״ב מדין לבישת לבנים בשבת ויו״ט וט״ב ואבילות ויוה״כ״ וע״ש שכ׳ מת׳ משאת בנימין „ומסיק לענין רחיצה ללבון דבין בשבת בין ביו״ט ובין בט׳ באב ובין ביוה״כ תלבוש ותציע כדרכה כשאר ימות השנה והרחיצה צריך לשנות קצת שלא תרחוץ רק באותו מקום ובין ירכותיה ודוקא בחמין שהוחמו מע״ש ומעיו״ט גם תזהר מאיסור סחיטה שלא תרחוץ בבגד רק בידיה וכל זה מדינא אבל כמדומה לי שלא נהגו הנשים לרחוץ ולא ללבוש לבנים בשבת ויו״ט ואפשר משום שאין כל אשה יודעת לחלק בין חמין שהוחמו מע״ש ומיו״ט או שהוחמו בשבת ויו״ט גם אינה יודעת ליזהר מדין איסור סחיטה והיכא דנהוג נהוג והיכא דלא נהוג יש להתיר להן כמו שכתבתי עכ״ל וטעם זה קלוש הוא ול״נ טעם מנהגן שאין לובשין לבנים בשבת משום שאז היו צריכין לטבול במו״ש והיו מרחיקין הטבילה מן החפיפה והא ראיה שביו״ט לובשים לבנים ובשבת הוא שנהגו שלא ללבוש וגו׳״ וע׳ מחה״ש (או״ח ס׳ שכ״ו ס״ק ג׳).

(קפח) קש״ע (ס׳ קנ״ט ס״ה).

(קפט) פשוט.

(קצ) ע׳ ש״ך ומחה״ש וקש״ע.

(קצא) משאת בנימין שם וכ״מ מש״ך שם וכ״פ במ״ב (ס׳ שכ״ו ס״ק ו׳).

(קצב) ע׳ ש״ך ומ״ב וקש״ע שם.

(קצג) ע׳ ספר הלכות שבת (פ׳ י״ג הערות רכ, רכה־רכח).

(קצד) ע׳ ש״ך שם ופי׳ במחה״ש שם וע׳ ב״ה (ס׳ תקי״א ס״ב ד״ה ידיו) שכ׳ בשם הרא״ש והרשב״א „דמקצת שאר איברי הגוף דומה לפניו ידיו ורגליו דמותר וגו׳״ וע״ש (בד״ה אבל) דאיירי ברחיצת בית הסתרים וכ׳ בסופו „אח״כ מצאתי בחידושי הרשב״א בשבת דדעתו נמי דפניו ידיו ורגליו לאו דוקא דה״ה שאר איברים כל שהוא רק מקצת גופו שרי וכהרא״ש ועיין בשע״ת במה שכ׳ בשם מחזיק ברכה להקל וכן משמע דעת הנו״ב במ״ת סימן כ״ה בסופו עיי״ש״.

(קצה) פשוט.

Wearing a sanitary napkin or a מוך דחוק in a public domain

3. Although a woman may wear a sanitary napkin or a tampon on Shabbos even in a public domain (רשות הרבים) (קצז) to absorb flow of blood* (קצח), wearing a מוך דחוק in a public domain [or in any place where carrying is prohibited] is questionable (קצט).

A הפסק טהרה on Yom Kippur, Tisha B'Av, or in Mourning

4. On Yom Kippur (ר), Tisha B'Av (רא), or when she is in "Shiva" (רב) where washing is prohibited (רג), she may, nevertheless, wash herself before performing the הפסק טהרה (רד). However, care should be taken to wash only inside and around her genital area (רה). She may then perform the normal הפסק טהרה examination.

*Note: Sanitary napkins and tampons may be worn in a public domain or in any place where carrying is prohibited, if there is *bleeding*. However, where these would be worn only as a protection against occasional spotting or in anticipation of her period, it is questionable (רו).

(קצו) ע' לעיל הערה צה.

(קצז) ע' או"ח ס' ש"א ס' י"ג וס' ש"ג ס' ט"ו.

(קצח) ע' שם ומ"ב (ס"ק נ"א) דלאצולי מצער שרי ואצולי מטינוף אסור לפיכך אלו הלובשים מוך כי חוששין שתתחיל וסתה ואף שתתחיל בטיפין קטנים חוששין לטינוף בגדן נראה דהוי בכלל אצולי מטינוף וכן משמע מאג"מ (או"ח ח"ג ס' מ"ז) וכ"כ באג"מ (יו"ד ח"ג ס' מ"ז אות ג') [וע' במגיני שלמה (שבת ס"ד ד"ה לענ"ד) דכ' דלאצולי מבזיון דגופה הוא נמי צער הגוף].

(קצט) ע' אג"מ או"ח שם שמסתפק בזה ומסיק „אבל מ"מ כיון שלא מצינו זה בפירוש להיתר מן הראוי להחמיר כל זמן שאין לנו ראיה ברורה להיתר" וכן שמעתי מפיו שליט"א להחמיר וכ"כ בתשורת שי (ס' שי"ט) ומנחת יצחק (ח"ד כ"ח:ט, וח"ה ס' ל"ז) וכ"כ רו"פ אבל ע' בציץ אליעזר (ח"י י"ג:ו) שמתיר.

(ר) ע' לעיל הערה קפז מת' משאת בנימין דשרי ללבוש ולהציע כדרכה „והרחיצה צריך לשנות קצת שלא תרחוץ רק באותו מקום ובין ירכותיה וגו'" ובקש"ע (קנ"ט:ה) כ' „וביוה"כ לא תרחץ כלל רק תקנח א"ע יפה יפה (דהוי שעת הדחק כמ"ש בס"ב דהא אסור ברחיצה)" ובמסגרת השלחן (ס"ק ג') השיג על זה וכ' „ודעת האחרונים ביו"ד ס' קצ"ט וס' שפ"א ובאו"ח ססי' תרי"ג דמותרת לרחוץ בין ירכותיה ובאותו מקום כיון שהוא לצורך מצוה ואינו לתענוג" וכ"פ במ"ב (ס' תרי"ג ס"ק ל"א).

(רא) ע' שם וע' שעה"צ (ס' תקנ"א ס"ק ל"ה).

(רב) ע' ס' שפ"א ט"ז ס"ק ב' וש"ך ס"ק ג' שפסקו לשנות קצת והיינו שלא תרחוץ רק באותו מקום ובין ירכותיה וע' ט"ז שם שכ' „והמחמיר בזה לדחות לבישת הליבון לגמרי הוא מן המתמיהים".

(רג) ע' או"ח ס' תרי"ג, וס' תקנ"א ויו"ד ס' שפ"א.

(רד) ע' שם.

(רה) שם.

(רו) ע' לעיל הערה קצח.

Beginning the Seven Clean Days

5. On the evening following the successful completion of the הפסק טהרה examination, the Seven Clean Days may begin (רז) (see Chapter IV). Therefore, if a woman experienced her period or began staining on Sunday, assuming that all bleeding and staining have completely ceased by Thursday (רח), on Thursday afternoon she may perform the הפסק טהרה examination (רט). Friday (that is, Thursday night) begins the Seven Clean Days (רי).

On the following Thursday afternoon, she prepares for her immersion (ריא) (see Chapter VI). On Thursday evening, she immerses herself in the Mikvah (ריב) (see Chapter VIII).

(רז) ע' ס' קצ"ו ס"א, ג' ואף דכ' ממחרת דמשמע דמתחילים מיממא היינו לענין בדיקות ודוק.

(רח) ע' לעיל פ"ב הערה עב.

(רט) ע' רמ"א ס' קצ"ו ס"ס י"א.

(רי) שם ס"א.

(ריא) שאנו חוששין לפרש"י שצריכה לחוף ביום קודם טבילתה (ע' ס' קצ"ט ס"ג).

(ריב) ע' ס' קצ"ז ס"ג ונכ' מזה בס"ד בפ"ו ופ"ח.

סימנים וסעיפים שבשלחן ערוך המשתייכים
לפרק זה
קצ"ו: א, ב, ג, רמ"א ס"ד, ו, ז, ח

Chapter Four

שבעה נקיים

THE SEVEN CLEAN DAYS

A. Introduction.
B. Examinations During The Seven Clean Days.
C. Wearing White.
D. If A Woman Erred In The Seven Clean Days.

Chapter IV The Seven Clean Days

A. INTRODUCTION

What are the requirements of the Seven Clean Days?

1. We have learned (see Chapter III D 5) that on the evening following the successful completion of the הפסק טהרה examination, the Seven Clean Days may begin (**א**). The observance of the Seven Clean Days requires that *after* the הפסק טהרה examination* (**ב**), seven consecutive complete days (i.e. nights and days) (**ג**) pass without an interruption of bleeding or staining [which renders her a Niddah] (**ד**).

*Note: The day of the הפסק טהרה does *not* count as one of the Seven Clean Days.

How is this observance determined?

This observance is determined by performing internal examinations (**ה**) (see

---

(א) כ׳ הטור (ר״ס קצ״ו) „שבעת ימים שהזבה סופרת מתחלת ממחרת יום שפוסקת בו" וכ״כ המחבר (ס׳ קצ״ו ס״א) „שבעת ימים שהזבה סופרת מתחילין ממחרת יום שפסקה בו" וכ״כ בס״ג „ביום שפסקה מלראות וגו׳ ובלילה תשים וגו׳ ומיום המחרת תתחיל לספור שבעה נקיים". מש״כ „ממחרת יום וגו׳" ע׳ בלחם (שם ס״ק ב׳) „אבל יום שפוסקת בו אינה סופרת אותו למנין ז׳ דלא אמרינן בזה מקצת היום ככולו" הוא מב״י ע״פ סוגיא ר״פ בנות כותיים (ל״ג.). מש״כ הטור והמחבר „שהזבה סופרת" ע׳ תוה״ש (שם ס״ק א׳) „ובזמן הזה כולם כזבה שוינהו חכמים אפילו רואה טיפת דם כחרדל וגו׳" ע׳ לקמן הערה לו. **כתב** בפת״ז (בפתיחה לס׳ קצ״ו) „מה שהזבה חייבת לספור ז״נ היא מה״ת כמבואר בקרא (ויקרא ט״ו:כ״ח) ואם טהרה מזובה וספרה לה שבעת ימים ואחר תטהר, לכן צריכה מקודם הפס״ט למען שתצא מטומאתה ואזי תהי׳ נקראת טהורה מזובה, ואח״כ גזירת הכתוב שתספור ז״נ אף שכבר יוצאת מחזקת טומאה ע״י ההפס״ט אפ״ה צריכה ז״נ ואח״ז בא הטבילה". מש״כ „אף שכבר יוצאת וגו׳" ע׳ לקמן הערה ה׳. **מה** הוא דין ז״נ מה״ת דילפינן מוספרה לה יש ג׳ דעות באחרונים אי בספירה בפה אי בבדיקות או שתשגיח שיהיו ז׳ ימים הללו נקיים שלא תסתור ע׳ לקמן בהערה נו.

(ב) מחבר שם.

(ג) כ׳ המחבר (שם ס״י) „השבעה נקיים צריך שיהיו רצופים שלא תראה דם בהם". **הטעם** דבעינן רצופים דהתורה אמרה „אחר תטהר (ויקרא שם) אחר אחר לכולן שלא תהא טומאה מפסקת ביניהן" (נדה ס״ח:).

(ד) כ׳ המחבר שם „שלא תראה דם בהם" וכ׳ בחכ״א (ס׳ קי״ז ס׳ י״ד) „או כתם שטימא החכם". **ומש״כ** דיום שפוסקת בו אינה סופרת אותו למנין ז׳ ע׳ לעיל הערה א׳ מלחם. וכ׳ החזו״א (צ״ב:ו) „והנה פשוטו של מקרא דצריך ספירת ז׳ ימים ושלמים מעל״ע והיינו שצריך שתדע שמתחלת ליל הראשון לא ראתה וגו׳".

(ה) כ׳ המחבר (ס׳ קצ״ו ס״ד) „בכל יום מז׳ ימי הספירה צריכה להיות בודקת לכתחלה פעמים בכל יום אחת שחרית וא׳ סמוך לבין השמשות וגו׳". **בענין** בדיקות שבעה נקיים ע׳ תשובת רע״א (ס״ס ד״ה ועל הנוגע הובא בחזו״א ס׳ צ״ג ס״ב) דמשמע דהבדיקות דז׳ נקיים הם מדאורייתא ומקורו מהרמב״ן שכתב בהלכותיו רפ״ב „ספירת ז׳ נקיים שהאשה

B), by her wearing white undergarments (ו) (see C 1), using a white sheet on her bed (ז) (see ibid.), and inspecting these (ח).

Note: The following discussion (pages 87-89) deals with the Torah law exclusive

---

סופרתן לזיבתה בין בזמן הזה בין בזמ״ה כך היא בודקת וכו׳״ משמע דבודקת מה״ת [ובדפוסים שלנו הגירסא „בין בזמן הזה בין בדין תורה״] וכן הוכיח מהב״י (ס׳ קצ״ו ד״ה כתב האגור) דכתב להחמיר דהוי ספק כרת, וכן דייק החוו״ד (ס׳ קצ״ו ס״ק ג׳) [וע׳ בפת״ז (ס׳ קצ״ו ס״ק י״א) שכ׳ „ומ״ש הב״י דראוי להחמיר בס׳ כרת היינו דכל דצריך בדיקה תחילתן וסופן וחיישינן שמא תראה הוי חשש ס׳ כרת אבל החשש אינו רק דרבנן דמה״ת מחזקינן בחזקת טהרה ומותרת דבודאי לא תראה וגו׳״ (מהגאון מלבוב). ואף אם היו הבדיקות דז׳ נקיים מדרבנן נראה טעמא רבה איכא להחמיר בדרבנן דאיסור נדה כאיסור כרת דמעשה דתלמיד א׳ (בשבת י״ג.:) לפירוש ר״ת (ד״ה בימי) מת בחצי ימיו משום שהקיל בימי ליבונה ולפיר״ת היינו אחר טבילה ראשונה שהיא טהורה מדאורייתא ע״ש. וכן ע׳ בב״י (ס׳ קצ״ז בא״ד וכתב הרשב״א) שכ׳ „ואע״פ שגזירה לגזירה היא זו החמירו עליה מפני כרת שבה וגו׳״], וסד״ט (שם ס״ק י״ח) אלא שכ׳ „כל זה למאן דמצריך בדיקה תחלה וסוף אבל וגו׳״ ע״ש [וע״ש בס״ק ט״ו דהוכיח „דמצות בדיקה בכל יום אינה אלא מדרבנן וגו׳״ וכ״כ בחזו״א ס׳ צ״ב ס׳ כ״ו], אבל ע׳ בחת״ס (ס׳ קע״ז) שכ׳ „לענין ספירת נקיים הוה ספורים לפנינו כל שברור לה שהשגיחה על עצמה וגו׳״ [וע׳ חזו״א שם י״א, שמלה (ס׳ קצ״ו ס״ק י״א) מנוב״י (ק׳ ס׳ מ״ו), ובנ״צ (ס׳ ע״א) ולקמן בהערה נו]. באג״מ (יו״ד ח״ג ס׳ נ״ה ענף א׳ ד״ה וא״כ) כ׳ „והבדיקות שהצריכו בז׳ ימי הנקיים אינם מצד חשש ראיית דם, אלא הוא גזה״כ דצריך שיהיו ידועים בודאי שהיו ימים טהורים מצד עצמן לא מצד חזקה וכו׳״. **בשבעה** נקיים האם עומדת האשה בחזקת טהרה כ׳ הנוב״י (ק׳ ס׳ נ״ז) וכתבו בקיצור במפתחות „שלשה חילוקים באשה לענין חזקת טהרה. בימי טהרתה לכ״ע בחזקת טהרה עומדת. ואחר שהוחזקה נדה כל זמן שלא הפסיקה בטהרה לכ״ע בחזקת טומאה עומדת. וכשהפסיקה בטהרה ועדיין לא שלמו ז׳ נקיים הוא מחלוקת רש״י ותוס׳״ (זבחים כ״ט. תד״ה וכיון) [והא דתנן (נדה ס״ח.) „בחזקת טהרה״ ע׳ נוב״י (ת׳ ס׳ קכ״ז) „היינו חזקת אינה רואה״ ע״ש וע׳ בינת אדם (ז:י)], והט״ז (ס׳ קצ״ו ס״ק ג׳) כ׳ „דהיא בחזקת טמאה עד שיצאו הז׳ נקיים״, וע׳ באר הגולה (ס׳ ק״צ ס׳ מ״א אות צ׳) מהרשב״א דבספירת ז״נ בחזקת טהורה היא [וכ״כ הב״י (ס׳ ק״צ ד״ה ואם בדקה בא״ד ודע) וז״ל „ודע דכשאמרו חכמים שתולה לא שנא בין אם היא טהורה לגמרי או שהיא בספירת ז׳ נקיים דבחזקת טהורה היא וכ״כ הרשב״א וגו׳״, לפ״ז מש״כ בפת״ז (בפתיחה לס׳ קצ״ו סס״ק ה׳) דלהרשב״א „דחזקת טהרה של ההפס״ט לא נשלם רק אחר ז״י נקיים״ קצ״ע, וע׳ סד״ט (ס״ק י״ח ד״ה ומ״ש)] וכ״מ מהרמב״ן (ה. ד״ה מתוך), וע׳ פת״ת (ס׳ קפ״ז ס״ק כ״ד), וסד״ט (ס׳ קצ״ו ס״ק י״ד), וב״ח (ס׳ קצ״ו ד״ה בכל בא״ד ומ״ש ובספר), וע׳ בחוו״ד (שם ס״ק ד׳) וערה״ש (שם ס׳ ל״ג) ומהרש״ם (ח״ב ס״מ) ודברי מלכיאל (ח״ג ס׳ ס״א, ס״ב) ובש״א ואכמ״ל.

(ו) ע׳ ס׳ קצ״ו ס״ג ולקמן בהערה קעא.

(ז) שם.

(ח) ע׳ ח׳ רע״א (ס׳ קצ״ו ס״ד) „להיות בודקת לכתחלה. עצמה וחלוקה״ וכ״כ בלחם שם (ס״ק י״ט) „בודקת. עצמה וחלוקה״ וכן הוא בהל׳ נדה בקיצור שכ׳ הרא״ש „ובאותן ז׳ ימים תבדוק בכל יום עצמה וחלוקה״ וכ״כ בפ׳ התינוקת (פ״י ס״ה) „ובודקת את עצמן ואת חלוקן בכל יום״ [וע׳ בסד״ט (ס׳ קצ״ו ס״ק ט״ו) שתמה על הטור ושו״ע שלא הביאו בדיקת חלוקה ובפת״ז (ס׳ קצ״ו ס״ק י׳) תירץ „די״ל כדי שלא נטעה לומר דחלוקה מעכב בדיעבד כמו בדיקת עצמה וגו׳״ ע״ש].

of the protective ordinances of חז״ל and the minhagim which have been accepted by all Israel. This discussion has been presented only as a background for understanding the halachos, but is not intended and should *not* be misconstrued as the halacha. (See 3 on pages 90-91 for the halacha nowadays).

זבה גדולה, זבה קטנה, נדה

2. According to Torah law, there are three general categories (**ט**) of women who discover bleeding from their womb, and their halachos differ. They are: a) נדה, b) זבה קטנה and c) זבה גדולה.

a) נדה—A woman who experiences her normal menstrual cycle, is, according to Torah law—a Niddah for seven days (**י**). That is, whether her flow continues uninterrupted all seven days or even if she experiences only one small drop of blood on one day (**יא**), she is a Niddah for seven days (**יב**).

If her bleeding had ceased before the end of the seventh day, she examines herself (**יג**). If she discovers herself to be clean, she would—according to Torah law—be permitted to immerse herself that evening (**יד**), and would then be permitted to her husband (**טו**).

[See 3 on pages 90-91 for the halacha nowadays].

(ט) לאפוקי דם טוהר ויולדת.

(י) דכתיב (ויקרא ט״ו:י״ט) „ואשה כי תהיה זבה דם יהיה זבה בבשרה שבעת ימים תהיה בנדתה וגו׳״. **טעם** נדה לשבעה (נדה ל״א:) „תניא היה ר״מ אומר מפני מה אמרה תורה נדה לשבעה מפני שרגיל בה וקץ בה אמרה תורה תהא טמאה שבעה ימים כדי שתהא חביבה על בעלה כשעת כניסתה לחופה״. **נדה** מדאורייתא בעי הרגשה דילפינן (נדה נ״ז:) מ„בבשרה עד שתרגיש בבשרה״ ומדרבנן גזרינן אף על כתם.

(יא) ע׳ תו״כ „יכול עד שתהיה רואה דם כל שבעה ת״ל תהיה אע״פ שאינה רואה״ וברש״י עה״ת שם „תהיה בנדתה. אפילו לא ראתה אלא ראיה ראשונה״ ומאירי (ס״ח.) „וכבר ידעת שבנדה מן התורה דינה בשבעה ימים הן שלא ראתה אלא פעם אחת הן שראתה בהן כל שבעה כל שפסקה בין השמשות״ וברמב״ם (פ״ו דא״ב ה״ב) „בין שראתה כל שבעה בין שלא ראתה אלא טיפה ראשונה בלבד״ ורמב״ן (הובא בחכ״א ק״ז:א).

(יב) שם. וע׳ בתו״כ „אין לי אלא ימים לילות מניין ת״ל תהיה לרבות הלילות״ וע״ש „יכול שבעת ימים בין סמוכין בין מפוזרין ת״ל תהיה הווייתן אחת״.

(יג) מאירי שם וכ״כ (ס״ט. ד״ה ולענין) „ור״ל ראיתי ופסקתי שהרי לכ״ע הפסק טהרה בעי״. [וכ״כ החוו״ד (ביאורים ס׳ קצ״ו ס״ק ג׳) „מ״מ לענין הפסק טהרה דאפי׳ נדה בעי בדיקה הפסק טהרה כמבואר נדה דף ס״ח וגו׳״].

(יד) ע׳ פסחים (צ:) „כדתניא כל חייבי טבילות טבילתן ביום נדה ויולדת טבילתן בלילה דתניא יכול תהא טובלת מבעוד יום ת״ל שבעת ימים תהיה בנדתה תהא בנדתה כל שבעה ויולדת איתקש לנדה״ וכ׳ בחכ״א (קי״ח:ב) „דין תורה הנדה צריכה טבילה בלילה לאחר שכלו ז׳ ימי נדה מדכתיב ז׳ ימים תהיה בנדתה משמע כל הז׳ ימים ואם טבלה ביום ז׳ לא עלתה שנאמר ז׳ ימים תהיה בנדתה וקבלו חז״ל דר״ל תהיה בנדתה אפילו טבלה ביום ז׳״.

(טו) חכ״א (ס׳ ק״ז ס״א) ובכ״מ.

b) זבה קטנה—If a woman experiences bleeding from her womb after the conclusion of her Niddah period, that is, if she experiences bleeding from the evening of the eighth day or later [for the next eleven days] (**טז**) (see a on page 87) she is called a זבה (**יז**). If she experiences bleeding only one day, she is called a זבה קטנה (**יח**).

A זבה קטנה examines herself before the end of the day (**יט**). If she discovers herself to be clean—according to Torah law—she immerses herself the next morning (**כ**). [However, she would not be permitted to her husband until that evening (**כא**). The reason is that we are afraid that she may experience bleeding again that day, and she would be considered retroactively as a זבה (**כב**). Therefore, the זבה קטנה is called "שומרת יום כנגד יום" (**כג**), that is, she guards one day corresponding to the day that she experienced bleeding].

(טז) כ׳ הרמב״ם (פ״ו מהל׳ א״ב ה״ב) „ראתה דם ביום השמיני הרי זה דם זיבה מפני שהוא בלא עת נדתה״ ומקור דין זבה ילפינן מדכתיב (ויקרא ט״ו:כ״ה) „ואשה כי יזוב זוב דמה ימים רבים בלא עת נדתה או כי תזוב על נדתה כל ימי זוב טמאתה כימי נדתה תהיה טמאה היא״ וסוגיא (נדה ע״ג.). ומש״כ מליל שמיני ואילך הוא עד י״א יום כדאמרינן (שם ע״ב:) „ואחד עשר יום שבין נדה לנדה הלכה למשה מסיני״. **בי״א** יום שבין נדה לנדה כ׳ הרה״מ (פ״ו דא״ב ה״ד) דעת הרמב״ן, והב״י (ס׳ קפ״ג ד״ה ומ״ש ומיום) כ׳ דכן דעת רש״י, והב״י (שם ד״ה עברו בא״ד ואם ראתה) כ׳ דכן דעת הטור אבל הרמב״ם (שם ה״ו) יש לו שיטה אחרת ע״ש וע׳ בערה״ש (ס׳ קפ״ג ס׳ י״ב—כ״ז) וש״א בביאור שיטתו ואכמ״ל.

(יז) שם. ומה שלא כתבנו דהרואה בכל עת חוץ מימי נדתה, דביולדת בימי טוהר אינה לא נדה ולא זבה ע׳ רמב״ם שם (ה״ו ופ״ז).

(יח) רמב״ם (פ״ו דא״ב ה״ז), חכ״א (ס׳ ק״ז ס״ה).

(יט) ע׳ מאירי (ס״ט. ד״ה ולענין) „ור״ל ראיתי ופסקתי שהרי לכ״ע הפסק טהרה בעי״ ע״ש.

(כ) כ׳ הרמב״ם (פ״ו דא״ב ה״ט) „כיצד ראתה דם בימי זיבתה. בין שראתה בתחלת הלילה בין שראתה בסוף היום הרי אותו היום כולו טמא וכאילו לא פסק הדם מעת שראתה עד ששקעה החמה ומשמרת כל הלילה. ואם לא ראתה כלום בלילה משכמת למחר וטובלת אחר שתנץ החמה ומשמרת כל היום. אם לא ראתה כלום הרי זה יום אחד טהור כנגד היום הטמא והרי היא מותרת לבעלה לערב״. מש״כ „אחר שתנץ החמה״ היינו לכתחילה אבל אם טבלה אחר עלות השחר כשר (מגילה כ.). **בהא** דטובלת שחרית כ׳ הב״ח (ס׳ קפ״ג ד״ה ומ״ש בין בא״ד ומ״ש ומשפטה) „ובפרק תינוקת (דף ס״ז) ילפינן לה מדכתיב וספרה לה ז׳ ימים אחר תטהר אחר מעשה שספרה מקצת היום של ז׳ תטהר ע״י טבילה [ואף דאיירי בזבה גדולה ע״ש דכתבו הב״ח גם לזבה קטנה].

(כא) כ׳ הב״ח שם „וכתב הרי״ף דכיון שטבלה טהורה להתעסק בטהרות פירוש וה״ה לבעלה וכן פירש הר״ן אבל אמרו חכמים לא תעשה כן שלא תבא לידי ספק פי׳ אף חכמי המשנה שהיו נוהגים ע״פ דין תורה בנדה וזבה אמרו דאף ע״פ דדין תורה מותרת לשמש דכיון שטבלה טהורה אפ״ה י״א שאסורה לשמש שמא תסתור ותבא לידי איסור כרת ולקמן סימן קצ״ז כתב רבינו דאח״כ תקנו עוד שלא תטבול ביום שבעה גזירה שמא יבא עליה וכו׳. והאמוראים תקנו תקנה זו וכדאיתא להדיא בפרק תנוקת (דף ס״ז) וגו׳״. ע׳ רע״ב ספ״ד דנדה (ד״ה ושומרת יום) ותויו״ט ותוס׳ אנשי שם שם.

(כב) שם וחכ״א (ס׳ ק״ז ס״ג, ו).

(כג) רמב״ם (פ״ו דא״ב ה״ז), חכ״א שם (ס״ה).

If she experiences bleeding also on the second day, the halacha is the same (**כד**). She examines herself before the end of the day. If she discovers herself to be clean—according to Torah law—she immerses herself the next morning, and is permitted to her husband that evening (**כה**).

[See Note on pages 86-87, and 3 on pages 90-91 for the halacha nowadays.]

c) זבה גדולה—However, if she experiences bleeding on the third consecutive day [within these eleven days], she is called a זבה גדולה (**כו**) and her halacha is different. Once her bleeding has stopped, she examines herself before the end of the day (**כז**). If she discovers herself to be clean—according to Torah law—she is required to count Seven Clean Days (**כח**). [We have learned (see Chapter II B 3) that a woman who discharges semen during any of the Seven Clean Days cannot count that day among the Seven Clean Days (**כט**). This is the reason for the Five Day Waiting Period (**ל**) (see ibid.)].

On the evening following the הפסק טהרה examination [after the completion of the Five Day Waiting Period], the Seven Clean Days may begin (**לא**). On the morning of the seventh day—according to Torah law—she may immerse herself (**לב**). [However, here also (as by זבה קטנה, page 88), she is not permitted to her husband until that evening (**לג**)].

[See Note on pages 86-87, and 3 on pages 90-91 for the halacha nowadays.]

(כד) רמב"ם שם.

(כה) רמב"ם שם (ה"י).

(כו) רמב"ם (פ"ו מהל' א"ב ה' י"א) וכ' שם „בין ביומו בין בלילו וגו'".

(כז) ע' מאירי (ס"ח: ד"ה ולענין) „שהרי לכ"ע הפסק טהרה בעי".

(כח) רמב"ם שם. וע' שם (ה' ט"ו) „זבה שספרה ששת ימים נקיים ובשביעי ראתה דם אפילו סמוך לשקיעת החמה סותרת הכל וחוזרת למנות מאחר היום הטמא שבעה ימים נקיים".

(כט) ע' רמב"ם שם (ה' ט"ז) „פלטה שכבת זרע בתוך ימי הספירה סותרת יום אחד מפני שהיא כזב שראה קרי שסותר יום אחד" וע' ברה"מ שכ' „אבל דעת חכמי הצרפתים ז"ל הוא שהיא סותרת לכל דבר כדעת רבינו ומתוך כך הורו הם ז"ל שהאשה ששמשה מטתה ואחר כך פירסה נדה או שמצאה כתם אפילו הפסיקה בטהרה אינה סופרת עד יום ה' לשימושה שהרי זו פולטת כל ששה עונות שלימות וגו'", כתבנו ה' ימים כתה"ד הובא ברמ"א (ס' קצ"ו ס' י"א).

(ל) שם וע' לעיל פ"ב הערות נד, נז.

(לא) ע' רמב"ם (שם ה' י"א).

(לב) שם. **הטעם** שזבה גדולה מותרת לטבול ביום ז' מדכתיב בזבה וספרה לה ז' ימים ואחר תטהר קבלו חז"ל דר"ל דאפילו לא עבר עליה אלא מקצת יום ז' תטהר (חכ"א ס' קי"ח ס"ב).

(לג) רמב"ם שם. „**אין** בין זבה גדולה לזבה קטנה אלא ספירת שבעה והבאת קרבן וגו'. **אבל** לענין טומאה ואיסור ביאה שתיהן שוות" (רמב"ם שם ה"ח).

The halacha nowadays

3. All these halachos (pages 87-89) which distinguish between a זבה ,נדה קטנה and a זבה גדולה are according to *Torah law*—without the protective ordinances of חז״ל and the minhag (**לד**). However, because of the probability of confusion and error, Jewish women, with the consent and approval of חז״ל (**לה**) have accepted upon themselves a uniform requirement of *always* observing Seven Clean Days (**לו**).

(לד) כמו שיתבאר בסמוך.

(לה) כ׳ הטור (ס׳ קפ״ג) „משרבו הגליות ותכפו הצרות ונתמעטו הלבבות חשו שמא יבאו לטעות באיסור כרת שמא תראה אשה בימי נדתה ששה ימים ויהיה הכל דם טוהר ובשביעי שמא תראה דם טמא וסבורה לטבול בליל שמיני וצריכה עוד שבעה ימים החמירו לטמא כל מראה דם אדום וכדי שלא יבאו לידי טעות בין ימי נדה וימי זיבה הוסיפו חומרא אחר חומרא עד שאמרו שאפילו אם לא תראה אלא טיפת דם כחרדל תשב עליה ז׳ נקיים כזבה גדולה״. ע׳ ב״י שתמה על המשך דברי הטור, והב״ח (ד״ה משרבו) והפרישה (ס״ק ט״ז) כתבו שצ״ל „ושמא תראה״ בו׳ במקום „שמא תראה״ ע״ש והט״ז (ס״ק ב׳) כ׳ גם להפך הגירסא, וזה גירסתו ופירושו „חשו שמא יבאו לטעות באיסור כרת החמירו לטמא כל מראה דם אדום״ [פי׳ דאמרינן בס״פ כל היד (כ:) „דר׳ יוחנן ור׳ זירא ועולא לא חזו דמא ממילא שמעינן שדורות הבאים לא חזו דמא״ (ב״י) „ועוד חששו דאפי׳ נבא להחמיר ולטמאות כל דם אדום אפ״ה חומרא דאתי לידי קולא היא״ (ב״ח)] הטעם „ושמא תראה אשה בימי נדתה ששה ימים ויהיה הכל דם טוהר ובשביעי שמא תראה דם טמא וסבורה לטבול בליל שמיני״ [פי׳ דנדה מן התורה טמאה ז׳ ימים וטובלת בליל ח׳ והיא סוברת דהיתה נדה מיום ראשון של ראייתה אבל היתה טהורה מן התורה עד יום ז׳ וביום ז׳ נעשית נדה מן התורה] „וצריכה עוד שבעה ימים״ [פי׳ וצריכה להתחיל עוד הפעם ז׳ ימים עם יום הראייה, דהיינו עוד ו׳ ימים. ויש עוד חשש שלישי] „וכדי שלא יבאו לידי טעות בין ימי נדה וימי זיבה הוסיפו חומרא אחר חומרא עד שאמרו שאפילו אם לא תראה אלא טיפת דם כחרדל תשב עליה ז׳ נקיים כזבה גדולה״ [פי׳ משום שהחמירו לטמא כל מראה דם אדום האשה אינה יודעת אם היא עומדת בימי נדה או בימי זיבה וכשתראה ג׳ ימים זא״ז צריכה ז׳ נקיים ולכן תקנו שלעולם צריכה ז׳ נקיים (פרישה וע״ש שכ׳ „ואע״ג וגו׳״). ונראה דפי׳ „הוסיפו חומרא אחר חומרא״ מכח חומרא שהחמירו לטמא כל מראה דם אדום הצריכו להוסיף חומרא אחר חומרא ודוק] וע׳ ב״י בשם הרי״ף והרא״ש והמרדכי, וחכ״א (ק״ז:ט״ו). וע׳ רמב״ם (פ׳ י״א מהל׳ א״ב ה״א־ד) וסמ״ג (לאוין קי״א) שכ׳ „כל שאמרנו בנדה ובזבה וביולדת בד״א בימים קדמונים שהיה ב״ד הגדול מצויין והיו שם חכמים גדולים שמכירין את הדמים אם נולד להם ספק בראיות או בימי נדה וזיבה יעלו לב״ד הגדול וגו׳ ובאותן הימים היו בנות ישראל נזהרות ומשמרות ווסתותיהם וסופרות תמיד ימי נדה וימי זיבה וגו׳״ ע״ש.

(לו) „דהא א״ר זירא בנות ישראל החמירו על עצמן שאפילו רואות טפת דם כחרדל יושבות עליה שבעה נקיים״ (נדה ס״ו.) וכ׳ הראבי״ה „הטעם דספק זבות גדולות שוינהו״ וכ׳ בחכ״א (ס׳ ק״ד ס׳ י״ח) „ומפני מה החמירו בנות ישראל כך על עצמן כדי שיהיו בכל זמן מונות מנין אחד ולא תשתנה מנהגן בין ראיה א׳ לג׳ ימים וגו׳ ויבוא הדבר לידי טעות״ ובס׳ י״ט כ׳ „חומרא זו שנהגו בנות ישראל הוכשרה בעיני החכמים ועשו אותה כהלכה פסוקה בכל מקום לפיכך אסור לאדם להקל בה ראשו לעולם עכ״ל רמב״ן״. מש״כ „ועשו אותה וגו׳״ ע׳ ברכות (ל״א.) „אין עומדין להתפלל לא מתוך דין ולא מתוך דבר הלכה אלא מתוך הלכה פסוקה והיכי דמי הלכה פסוקה אמר אביי כי הא דר׳ זירא דאמר ר׳ זירא בנות ישראל החמירו על עצמן

Regardless of whether her flow continues uninterrupted for several days or even if she experiences only one small drop of blood or one stain which renders her a Niddah, she is required to observe the Seven Clean Days (**לז**). We have learned previously (see Chapter II, III) that before beginning the Seven Clean Days there is an obligation for a minimum Five Day Waiting Period and a הפסק טהרה examination (**לח**). This is followed by observance of these Seven Clean Days. On the evening following the seventh clean day she immerses herself and is then permitted to her husband (**לט**).

This uniform requirement was accepted by חז״ל as having a severity *comparable to Torah law* (**מ**), and even the slightest laxity in its meticulous observance is prohibited and is considered as a major transgression (**מא**).

The Seven Clean Days must be consecutive

4. The Seven Clean Days must be complete (**מב**) and consecutive (**מג**). That is, beginning from the evening immediately following the הפסק טהרה examina-

---

שאפילו רואות טיפת דם כחרדל יושבת עליה שבעה נקיים״.

(לז) כ׳ הרמב״ם (פ״ו דהל׳ א״ב ה״ב) „בין ראתה כל שבעה בין שלא ראתה אלא טיפה ראשונה בלבד״ והתם איירי לענין דין תורה (כמ״ש הרמב״ם ריש פ׳ י״א) וכ׳ הרמב״ם (פ׳ י״א ה״ד) „ועוד החמירו בנות ישראל על עצמן חומרא יתירה על זה. ונהגו כולם בכ״מ שיש ישראל שכל בת ישראל שרואה דם אפילו לא ראתה אלא טיפה כחרדל בלבד ופסק הדם סופרת לה ז׳ ימים נקיים ואפילו ראתה בעת נדתה. בין שראתה יום אחד או שנים או השבעה כולן או יתר משיפסוק הדם סופרת שבעת ימים נקיים וגו׳״. **ומה** שכתבנו דאף על כתם יושבת ז׳ נקיים ע׳ ב״י (ס׳ קפ״ג ד״ה כתב רבינו ירוחם) „כתב רבינו ירוחם על דין הכתמים ששעורן כגריס דאין זה בכלל מה שהחמירו בנות ישראל על עצמן מטפת דם כחרדל כי לא החמירו אלא בדם היוצא מגופה אבל לא בכתמים דרבנן וכן הסכימו כל הפוסקים ע״כ ופשוט הוא וכן מבואר בדברי הרמב״ם בפי״א [ה׳ י״א]״. **כתב** הרא״ש (פ״י ס״ג) „ומה שכתב [הראב״ד] שגזרו בבנות ישראל כל רואה [טיפת דם] כחרדל שיושבת עליו שבעה נקיים אפילו ידוע שבא מן הצדדין לא ידעתי אנה רמוזה גזירה זו בהש״ס. רבי זירא הוא דאמר בנות ישראל החמירו על עצמן שאם רואות [טיפת דם] כחרדל בסתם ראייה הוא דקאמר. **אבל** אם היה ידוע שבא מן הצדדין בזה לא החמירו לטמאות דם המכה וגו׳״.

(לח) ע׳ ס׳ קצ״ו ס״א, י״א.

(לט) ע׳ רמב״ם (שם פ׳ י״א ה״ד).

(מ) ע׳ רמב״ן בהערה ה, וכ׳ בחכ״א (ס׳ קי״ז ס׳ א) „והאידנא אין אנו בקיאין בימי זוב וימי נדה וא״כ בזה מדינא דאורייתא צריכה נקיים״ וע׳ רמב״ם (פ״ו דא״ב ה׳ כ״ג) שכ׳ „כל אשה שהיא ספק נדה ספק זבה צריכה לישב שבעת ימים נקיים מספק וגו׳״.

(מא) ע״פ רמב״ן הובא בחכ״א (ס׳ ק״ד ס׳ י״ט):

(מב) כ׳ החכ״א (ס׳ קי״ז ס״א) „וז׳ הנקיים בעינן דוקא שיהיו שלמים לילה ויום״.

(מג) ס׳ קצ״ו ס״י „השבעה נקיים צריך שיהיו רצופים וגו׳״ וע׳ לעיל הערה ג׳ הטעם דהתורה אמרה „אחר תטהר (ויקרא ט״ו:כ״ח) אחר אחר לכולן וגו׳״.

tion* (מד), seven complete nights and days must pass consecutively (מה) in which she does not experience any bleeding or staining which render her a Niddah (מו). However, if a woman discovers bleeding or staining—even at the end of the seventh day (מז), the entire Seven Clean Days are not valid (מח). She must perform a new הפסק טהרה examination and begin counting the Seven Clean Days anew (מט). We have learned (see Chapter II B 7) that the Five Day Waiting Period, however, need not be repeated (נ).

*Note: Although the Seven Clean Days usually begin from the evening following the הפסק טהרה examination (נא), if she did not begin the Seven Clean Days immediately—as long as she did not experience any bleeding or staining—she may begin the Seven Clean Days later (נב). That is, the הפסק טהרה examination is still valid.

Example: If she performed a הפסק טהרה examination on Sunday afternoon, normally the Seven Clean Days should begin Sunday evening (נג). If she forgot to examine herself on Monday but examined herself on Tuesday or later, a Rav should be consulted to determine when she is permitted to immerse herself (נד) (see B 5).

(מד) כ׳ המחבר (ס׳ קצ״ו ס״ג) „ובלילה תשים סדינים הבדוקים ומיום המחרת תתחיל לספור שבעה נקיים״ והא דתתחיל לספור דוקא מיום המחרת דליכא ספירה בלא בדיקה והבדיקה בעינן בימּמא ע׳ סד״ט (ס׳ קצ״ו ס״ק י״ט) ונכ׳ מזה לקמן בהערה קנד.

(מה) ע׳ לעיל הערה ג׳.

(מו) ע׳ חכ״א (ס׳ קי״ז ס׳ י״ד).

(מז) ס׳ קצ״ו ס״י, חכ״א שם.

(מח) שם וע׳ אג״מ (יו״ד ח״ג ס׳ נ״ה).

(מט) שם.

(נ) ע׳ לעיל פ״ב הערה עו.

(נא) ע׳ מחבר שם ס״ג „ומיום המחרת תתחיל לספור שבעה נקיים״.

(נב) דעת לו״ש (ס׳ קצ״ו ס״ק ז׳) דאע״פ דהוחזקה בטהרה מבדיקת ההפסק טהרה מאחר דכתיב וספרה לה צריכה היא לספור את הימים מיהא במחשבתה אמנם אינה צריכה לבדוק ולספור כל יום ויום בפ״ע אלא סגי אם סופרתן כולן בבת אחת „רק שצריכה יום א׳ קבוע נקי בבירור ע״י בדיקה אשר ממנו תתחיל המספר״ אם מתחלתן אם בסופן „אבל אם לא בדקה בכל השבעה אף אם בדקה ביום ח׳ שוב לא מהני לה ולא תוכל היום לספור למפרע שבעה ימים כיון שיהי׳ מופלגים מהפסק טהרה שלה וגו׳״ ע״ש וע׳ באחרונים דפליגי דמהני ז״נ מופלגים מההפסק טהרה [ע׳ פת״ז פתיחה לס׳ קצ״ו אות ד׳ מש״כ בדברי הלו״ש] ע׳ ת׳ צ״צ (ס׳ ס״ה), תוה״ש (ס״ק י״ג), חוו״ד (ביאורים ס״ק ו׳), וע׳ ערה״ש (ס׳ כ״ד) שכ׳ „ואין זה ריעותא מה שהמשיכה את יום הפסק טהרה מספירת הז׳ נקיים אמנם זהו רק בדיעבד אבל לכתחלה אסור לאשה לעשות כן אלא שתבדוק א״ע בהשבעה ימים הסמוכים ליום הפסק טהרה״ וע׳ בנין ציון ס״ס ע״ד (וע׳ לעיל פ״ב הערה יג, ופ״ג הערה יא). **ואי** מהני ז״נ מופלגים מטבילה ע׳ ש״ך (ס״ק י״ב) ומי נדה (קו״א ס׳ קצ״ז מה״ק) ופת״ז (ס׳ קצ״ו ס״ק כ״א).

(נג) ע׳ ס׳ קצ״ו ס״ג.

(נד) ע׳ לקמן הערה קכח מה שנכ׳ בזה בס״ד.

Counting the Seven Clean Days orally

5. There is a view that holds (נה) that on each of the Seven Clean Days she is required to count the proper day orally (נו), by saying on the first day:

(נה) דעת השל"ה (הובא בפת"ת ס' קצ"ו ס"ק ד') כמו שנכ' בסמוך.

(נו) כ' השל"ה (שער האותיות) „ז"ל תוספות במסכת כתובות בפ' המדיר דף ע"ב וספרה לה לעצמה וא"ת אמאי אין מברכת זבה על ספירתה כמו שמברכין על ספירת העומר דהא כתיב וספרה וי"ל דאין מברכין אלא ביובל שמברכין ב"ד בכל שנה של עולם ויכול למנות כסדר וכן עומר אבל בזה שאם תראה תסתור אין לה למנות עכ"ל התוספות דקדקתי מדברי התוספות שאין ראוי לה לברך משום דיש חשש ברכה לבטלה אבל לספור בלא ברכה היא מחויבת דהא כתיב וספרה לה ואין לומר וגו' ומה שסיימו התוס' בדבריהם אין לה למנות פי' למנות עם ברכה כי כן התחילו תוס' והזכירו בדבריהם ברכה ואפשר שהוא ט"ס וצ"ל אין לה לברך וגו' [וע' בית מאיר (ס' קצ"ו ד"ה איתא) שכ' „ודבריו בעיני תמוהים דאם התורה צותה לספור הא ע"כ הציווי הוא לספור ואם תראה ותסתור תספור מחדש א"כ מה ברכה לבטלה יהי' שהרי כך צוותה התורה. א"ו דברי תוס' פשוטים בלי הג"ה שאין לה למנות ור"ל שכך נתקבל לחז"ל שאין בספירה זו עשה והיינו מפני שאין הספירה הכרחית בלי הפסק וגו'" ע"ש וע' אג"מ (יו"ד ח"ג ס' נ"ה ריש ענף ג')] וכך נהגתי כל ימי וצויתי לאשתי שתספור לעת הערב קודם שקיעת החמה היום יום א' לספירת ליבוני היום יום ב' לספירת ליבוני כו' וכן כולם" [הובא בפת"ת ס' קצ"ו ס"ק ד'. ונראה דאין כוונת השל"ה דהספירה בפה מעכב וראיה מסוגיא דטועה (ס"ט.) אלא הוי מצוה דספירה וכ"מ מבית מאיר שם שכ' „שאין בספירה זו עשה" וכ"מ מנוב"י (ת' ס' קכ"ג) שכ' „שאין זו מצוה וגו'"] וכ"כ באגודה (מנחות ס"ה:) „ומ"מ היא צריכה לספור בפה" וכ"כ בשו"ת מהרש"ם (ח"ג ס' קי"ד) משו"ת מהר"י אסאד (חיו"ד ס' רל"א) שהביא בשם כלבו בשם ר"נ גאון.

[ומש"כ התוס' שם שאין מברכין ע' בל"ח (פ"י אות ל"ה) שהקשה „ואני תמיה דמי הגיד להם שאינה מברכת ומה שעכשיו אינה מברכת לפי שאין לנו זבה ודאית מכיון שהחמירו בחומרא דר' זירא" וע' בית ישראל (קי"ז:י"ד)]. וע' בפת"ת שם שכ' אדברי השל"ה „אך בתשובת נובי"ת חיו"ד ס' קכ"ג חולק עליו ועי' בתשובת מהר"ם בר ברוך דפוס פראג סי' רנ"ב שכתב ג"כ דאינה סופרת דלא דמי לעומר ע"ש [וכ"כ בת' מהרש"ם שם מרמב"ן ועוד ראשונים] וכן בתשובת הרדב"ז (ח"א סי' כ"ז) כתב ג"כ שאין צריכה להוציא המספר בשפתיה ע"ש הטעם" וכ"כ החת"ס (ס' קע"ח) „והנה אותה הספירה אנו מקובלים ממרע"ה מפי הקבלה שאינה צריכה ספירה בפה כמ"ש בס' החינוך פ' בהר גבי ספירת יובל וקיצור מתק לשונו העתיק בסד"ט ס' קצ"ו [ס"ק י"ח ד"ה וז"ל הרא"ה שכ' „ואם תשאל למה חייבונו חז"ל למנות השנים שבע מדכתיב וספרת לך ולא ראינו מעולם שימנה הזב ימי ספירתו ולא הזבה ימי ספירתה ואע"פ שכתב וספר זולת שחייבים שיתנו לב על הימים ולא שיתחייבו למנותם בפה ולברך על מנינם תשובת דבר זה מה שהקדמתי לך בראש ספרי כי כל ענין התורה תלוי בפירוש המקובל וכו' וכן באתנו הקבלה שצווי וספרת לך צריך מנין בפה וצווי הספירה הכתובה בזב וזבה אינו אלא השגחה בימים ומנהגם של ישראל בכ"מ כן הוא ואע"פ שאינן נביאים וגו'"] אך עכ"פ הכנה וכוונה לספור בעי וגו'" ע"ש וכ"כ החת"ס בס' קע"ז (ד"ה ובסדקין וגו'") [וכן בס' האשכול (ס' מ"ד) כ' „ומה שאמרה תורה וספרה שבעת ימים ואחר תטהר, לאו למימרא דבעיא ספירה בפה כעומר ויובל אלא חשבון בעלמא כדי שתדע מתי תטבול ותחוש שיהיו נקיים"] וע' בסד"ט (ס' קצ"ו ס"ק י"ח) שהאריך בזה וכ' „מכל הלין מבואר דבעינן ספירה ועכ"פ שתתן בדעתה שיעלו ימים אלו

"Today is the first day of the Seven Clean Days"; on the second day: "Today is the second day of the Seven Clean Days"; and so on (**נז**). This may be done in any language (**נח**).

According to this view, is a brocha recited?

Although, according to this view, counting orally is required, no brocho is to be recited (**נט**).

Most Poskim disagree and hold that counting orally is not required (**ס**). This is the minhag (**סא**). However, some Poskim hold that counting orally is, nevertheless, recommended (**סב**).

היסח הדעת

6. During the Seven Clean Days, most Poskim hold that she is required to keep in mind that she is within her clean days (**סג**). Some Poskim hold that the

---

לנקיים". מדברי הרא"ש (פ"י ס"ה) שכ' „אבל אם לא בדקה עד יום השמיני לא מיקרו ספורין דבדיקה בתוך ז' בעינן" משמע דספירה תלוי בבדיקות [ועפ"ז מדוקדק ל' הטור (ס' קצ"ו) והמחבר (שם ס"ג) שכ' „ומיום המחרת תתחיל לספור שבעה נקיים" ולא כ' ובלילה דמחויבת להשגיח על עצמה אף בלילה, דל' הטור והמחבר הוא ל' הרא"ש בקיצור הל' נדה ובעי ספירה בבדיקה ובדיקה ביום ודוק] וכ"כ החוו"ד (ס"ק ג') דעיקר ספירה מן התורה הוא ע"י בדיקה וכ"כ הרשב"א בתה"ק (בריש שער ה') „אע"פ שהפרישה טהרה ביום שפסקו דמים שלה צריכה שתהא בודקת כל ז' ימי ספירתה כדי שיהיה ספורים בבדיקה לפניה" (וכ"כ בתה"א) ובמאירי (ס"ח.) „ומ"מ במנין השבעה צריכה שתבדוק לכתחלה בכל יום עד שיהו ספורים בבדיקה" וכ"מ מרא"ה בספר החינוך (מצוה ר"ז) „ואפשר שעיקר דבר זה מכיון שהתורה צותה וספרה לה וגו' ואחר תטהר ומכיון שלא בדקה לא בתחלה ולא בסוף אין כאן ספירה" (הובא בסד"ט ס"ק י"ח ד"ה מיהו) וכ"כ בלו"ש (ס"ק ז') וכ"נ דעת רו"פ. **בענין** ספורים לפנינו ע' נדה (ס"ט.), וע' סד"ט (שם ס"ק ט"ז, י"ח) ובכ"מ, וע' הר צבי (ס' קנ"ו) ובש"א ואכמ"ל.

(נז) ע' של"ה שם.

(נח) חכ"א (ס' קי"ד ס' י"ד).

(נט) של"ה שם.

(ס) ע' לעיל הערה נו.

(סא) ע' סד"ט (שם ס"ק י"ח ד"ה מיהו) שכ' „אע"ג דלא נהגו שיהיה ספירה בפה דוקא וגו' " וע' שמלה (ס' קצ"ו ס"ק ז') ממעיל צדקה ס' ס"ג, וכן שמעתי מפי הגרמ"פ שליט"א דלא נהגו לספור בפה וכ"מ מאג"מ (יו"ד ח"ג ס' נ"ה סוף ענף ג').

(סב) כ' החכ"א שם „והנכון שבכל יום לאחר שבדקה שחרית תאמר היום יום א' ובשני תאמר היום יום ב' וכן כל ז' ימים ואפילו בלשון אשכנז" וכ"כ באמירה לבית יעקב (פ"ג אות י') בתורת עצה טובה.

(סג) ע' בת' מעיל צדקה (ס' ס"ג) [הובא בפת"ת (ס' קצ"ו ס"ק ג'), וסד"ט (ס"ק י"ח), וחכ"א (ס' קי"ז ס' י"ב) וש"א] באשה שמצאה כתם בימי ליבונה ולערב הפסיקה בטהרה מחדש ולמחרתו אמרו לה חברותיה שגם על הכתם צריכה להמתין מחדש ה' ימים כדין רואה כתם בימי טהרתה וחזרה ולבשה כתונת שלה הנכתם וכעבור ב' ימים נודע לה שא"צ להמתין ה' ימים שנית, והעלה המעיל צדקה שמאחר שהחזיקה עצמה לטמאה בב' הימים שוב אין

reason this is required is in order that she should be aware of whether she experiences bleeding (סד).

According to these Poskim, if during the Seven Clean Days she *considered herself decisively* as being a Niddah (סה) (see Example a on page 97) or had a *decisive lapse of awareness* so that she suspended observance of the Seven Clean Days (סו) (see Example b on page 97), she is required to perform a new הפסק טהרה examination and repeat the Seven Clean Days* (סז). This is required—according to these Poskim—since she assumed that the obligation for the observance of the Seven Clean Days did not rest upon her (סח) we are concerned that during this lapse of awareness (היסח הדעת) bleeding or staining may have gone by unnoticed (סט).

*Note: Even according to these Poskim, there is no need to repeat the Five Day Waiting Period. (See Chapter II B 7), (ע).

לצרפם לז׳ נקיים, דאע״ג דנתברר עתה שאותם ב׳ ימים ראויים היו לצירוף ז׳ ימים מ״מ כיון דבזמנם לא ידעה שמצטרפין לימי נקיים שוב אין הם בכלל ספורים לפנינו, דבעינן בכל ז׳ הימים שתחשוב בדעתה למנות מנין הנקיים, וכל שלא כיוונה במספר ימים לספירת נקיים לאו ספירה היא (ע״פ הסברו של הר צבי ס׳ קנ״ו) „וטעמא רבה נמי איכא להדא מילתא דאולי כל שלא נתנה דעתה לספרן לנקיים לא הקפידה אף אם הרגישה במקצת לבדוק נפשה ואף אם תאמרי עתה שלא הרגישה מתחילה לא מהני והוא בכלל כל מילתא דלא רמיא עליה דאינשי לאו אדעתי׳ ואין נאמנים עליו״ והביא ראיה לזה מהא דאם לא בדקה בכל הז׳ וביום הח׳ בדקה דאין לה אלא יום הח׳ לכו״ע [וכתב הרא״ש הטעם משום דבדיקה תוך ז׳ בעינן] „דבלא״ה לא ידענו טעם לזה כיון דעכ״פ הוחזקה בטהרה ומה יגרע לה שהמתינה עוד יום א׳ אחר הז׳ אלא ודאי דספירה בעינן וכל שלא בדקה בתוך המניין לפחות פ״א לא מהני ולא מקרי ספירה״ וכ׳ סד״ט שם דראיה נכונה היא [אף דאח״כ תלה בפלוגתא אי בעינן תחלתן וסופן ע״ש]. וע׳ בהר צבי שם שכ׳ משו״ת צמח צדק החדש (יו״ד ס׳ קנ״ה) שדחה ראית המעיל צדקה „והביא ראיה לסתור את דבריו מהמשנה והגמרא (נדה דף י״ג:) החרשת והשוטה ושנטרפה דעתה וגו׳״ ע״ש וכ״כ בפת״ז (פתיחה לס׳ קצ״ו ס״ק י״ג) משו״ת בית שלמה (או״ח ס׳ ל״ו) שהקשה על טעם שני של המעיל צדקה דחיישינן לשמא ארגשה ולאו אדעתה מש״ס נדה דף ס״ח ויתר מקומות דכיון דרק אפסקה בטהרה ה״ז בחזקת טהורה ולא חיישינן שמא ראתה גם הקשה דא״כ שוטה האיך משכח״ל כיון דלית לה דעת ניחוש שמא ארגשה ולאו אדעתה, ולכן כתב דהטעם השני הוא רק סניף לטעם הראשון והעיקר הוא טעם הראשון [דהוא אצלינו טעם שני] דספירה בלא כוונה לא מיקרי ספירה ע״ש וע׳ בשו״ת מנחת יצחק (ח״ד ס׳ ע״ג) „בעיקר הדין של המעיל צדקה פקפקו איזה מגדולי האחרונים ע׳ בס׳ לחם ושמלה שם (ס״ק י״ג) ובת׳ מהרש״ם (ח״ג ס׳ קי״ד) אלא שכפי הנראה הכרעת גדולי הפוסקים להחמיר וגו׳״ ע״ש.

(סד) מעיל צדקה שם.

(סה) כ״מ משם ומאחרונים שהביאו דעתו.

(סו) חכ״א (ס׳ קי״ז ס׳ י״ב) ובינת אדם (ט:י״ח), פת״ז (פתיחה לס׳ קצ״ו מס׳ י״א־כ״א), טה״י (ס׳ קצ״ו ס״כ).

(סז) ע׳ שם.

(סח) ע׳ לעיל הערה סג.

(סט) שם.

(ע) שם.

"וספרה לה"

Many Poskim hold (**עא**) that the reason she is required to keep in mind that she is within her clean days is because the Torah says „וספרה לה שבעת ימים"— "She should count for herself seven days" (**עב**). A day which she considered as *not* being of the Seven Clean Days—even erroneously—cannot be considered as counted (**עג**).

According to these Poskim, if during the Seven Clean Days she considered herself decisively as being a Niddah (see Example a) or as not requiring observance of the Seven Clean Days (see Example b), although the Seven Clean Days must be repeated (**עד**), no הפסק טהרה is required (**עה**).

One should conduct herself according to these Poskim (**עו**). However, since factors necessitating repetition of the Seven Clean Days because of היסח הדעת are intricate, wherever repetition of the Seven Clean Days is thought to be required because of היסח הדעת, a Rav should be consulted (**עז**).

(עא) ע׳ לעיל הערה סג מש״כ מהמעיל צדקה וכתבנו שם מפתחא זוטא בשם שו״ת בית שלמה דהעיקר הוא טעם ראשון [דהוא אצלינו טעם שני] דספירה בלא כוונה לא מיקרי ספירה, ואף דעל עיקר דינו של המעיל צדקה פקפקו איזה מגדולי האחרונים כמ״ש במנחת יצחק (הובא לעיל הערה סג) מלו״ש ומהרש״ם ובהר צבי שם מצמח צדק החדש, מ״מ משמע דדעת המנ״י והר צבי שם כטעם ראשון שם [וע״ש בהר צבי ד״ה עובדא מש״כ בדברי הצ״צ ועונג יו״ט].

(עב) ויקרא ט״ו:כ״ח.

(עג) ע׳ לעיל הערה סג, עא.

(עד) שם.

(עה) ע׳ מנחת יצחק שם שכך פסק מראית המעיל צדקה מבדיקת יום ח׳ „א״כ ממקומו מוכרח דא״צ הפסק טהרה וגו׳" [לפ״ז קצ״ע אמע״צ ופת״ת (ס׳ קצ״ו ס״ק ג׳) שכ׳ „ומעתה אין נ״מ בספיקות האחרונים" הא יש נ״מ אף דאין לספור אותן הימים לנקיים מ״מ נ״מ אי בעי הפסק טהרה. ועוד לפי טעם דלאו ספירה היא נ״מ אם מצרפים הימים הראשונים או דבעינן רצופים דאע״ג דבעינן רצופים שלא תראה דם בהם (כמ״ש המחבר ס׳ קצ״ו ס״י) כאן אין החשש משום ראייתה אלא שאין כאן ספירה ואפשר דיש לצרף הימים הראשונים (כמו בס׳ קצ״ו ס׳ י״ב) ע׳ במנחת יצחק שם מש״כ בזה. ועוד לפי טעם דלאו ספירה היא נ״מ אם הסיחה דעתה לאיזה שעות דמהני דהא אותו היום ספרה לנקיים ולפי טעם דהרגישה ולאו אדעתה יש מקום לומר דלא מהני, ע׳ לקמן הערה עז מה שכתבנו ממנחת יצחק וש״א].

(עו) דכ׳ במנ״י שם „שכפי הנראה הכרעת גדולי הפוסקים להחמיר" והעיקר הוא טעם ראשון [דהוא אצלינו טעם שני] כמ״ש בהערה עא מת׳ בי״ש.

(עז) דאין להחמיר בלא היסח הדעת גמור וכמו שנכ׳ בסמוך. **היסח הדעת** רק לאיזה שעות ע׳ מנחת יצחק שם שכ׳ „אך מה שהחמיר בתשו׳ אבני צדק (סיגיט, יו״ד סי׳ פ״ו), גם אם הסיחה דעתה רק איזה שעות ביום אחד, דצריכה עוד הפעם ספירת ז׳ נקיים, וכן הביא בתשו׳ אמרי יושר (ח״ב סי׳ ל״ד) מתשו׳ הרד״ם (יו״ד סי׳ מ׳), — חולק ע״ז הגאון בעל אמרי יושר, וכן הביא מתשו׳ בית יצחק (יו״ד ח״ב סי׳ ט״ז), והוכיחו כן מדברי התוס׳ עיי״ש וגו׳".

Examples: a) A woman discovered a stain during the Seven Clean Days. Since, in her mind, she was certain that it was blood, she was not cautious and wore stained garments (**עח**). Later, upon her husband's inspection, he decided that the stain should be shown to a Rav—who said that it was valid. Since she *had considered herself* decisively as being a Niddah—as attested to by her wearing stained garments (**עט**), she is required by many Poskim to count the Seven Clean Days anew (**פ**).

The halacha is different, however, for a woman who discovered a stain during the Seven Clean Days but was *unable* to show it to a Rav (**פא**) (e.g. the Rav was out of town, she lived in a town without a Rav). She, therefore, made a new **הפסק טהרה** examination and began, in doubt, counting the Seven Clean Days anew—with the expectation of later showing the stain to a Rav (**פב**). If after a few days the Rav returned, or the stain was brought or mailed to a Rav and he declared that it was valid, the original Seven Clean Days remain valid (**פג**).

b) If a woman had begun counting two or three days of the Seven Clean Days, and then learned that her husband is required to travel to a distant place for an extended period of time. However, he returned unexpectedly after a short absence—before the end of the Seven Clean Days (**פד**). Where she had a *decisive lapse of awareness*, many Poskim hold that she is required to begin counting the Seven Clean Days anew (**פה**).

However, where she wasn't certain that he would be delayed for an

---

(עח) ע׳ מעיל צדקה (ס׳ ס״ג) הובא לעיל בהערה סג וטה״י (ס׳ קצ״ו סי״ח), ושמעתי מפי הגרמ״פ שליט״א דרק בכה״ג חשיב היסח הדעת [ואף בזה אמר אם הוי שעת הדחק יש להקל] אבל אם הסיחה דעתה ולא בדקה לא חשיב היסח הדעת דנשים מסתכלות בחלוקן ומטעם זה נראה דבציור א׳ בטה״י (שם ס׳ י״ח) שסברה שלא יתברר השאלה ע״פ חכם נראה דיש להקל ודוק. [ויש לעיין אם שינתה לבגדים צבעונים אם הוי היסח הדעת, דאע״ג דבדיעבד מהני בגדי צבעונים בז״נ כדאיתא בפת״ת (ס׳ קצ״ו ס״ק י״ב) בשם המעיל צדקה, מ״מ בזה ששנתה לבגדים צבעונים מראה שגמרה בדעתה דנפלו הז״נ].

(עט) ע״פ הנ״ל.

(פ) ע׳ לעיל הערה סג. והא דלא כתבנו דצריכה הפסק טהרה כמ״ש בחכ״א (ס׳ קי״ז ס׳ י״ב) ע׳ לעיל הערות סג ועה דרו״פ ס״ל כטעם ראשון במעיל צדקה וא״צ הפסק טהרה. **היסח** הדעת לאיזה שעות ע׳ לעיל הערה עז.

(פא) ע׳ טה״י שם ס׳ י״ח.

(פב) שם.

(פג) שם וע׳ שו״ת מהרש״ם (ח״ג ס״ס קי״ד).

(פד) ע׳ חכ״א שם ובינת אדם (ס׳ י״ח) טה״י (ס׳ קצ״ו ס״כ), ואף דכ׳ בחכ״א שם „וצריכה פסיקת טהרה מחדש״ כבר כתבנו לעיל (הערה סג ועה) דרו״פ ס״ל כטעם ראשון במעיל צדקה וא״צ הפסק טהרה.

(פה) ע״ש ונראה דגם בציור זה צריכה היסח הדעת בפועל כגון שלבשה כתונת שלה הנכתם.

(פו) טה״י שם.

extended period of time, but was lax during the period that he was away (**פו**) (e.g. she didn't inspect her undergarments and didn't examine herself except for the first and seventh day, see B 3), her Seven Clean Days, nevertheless, remain valid (**פז**).

Note: This should not be misconstrued that in all instances of laxness the Seven Clean Days are valid. Even where, normally, בדיעבד she is not required to repeat the Seven Clean Days, instances of *deliberate* laxness may necessitate repeating the Seven Clean Days. In any such instance, a Rav must be consulted (**פח**).

Douching, bathing and swimming

7. During the Seven Clean Days, douching, bathing and swimming are permissible. On the first and seventh days, she must first perform her morning examination and then she may douch. It is preferable, however, that on all of the Seven Clean Days douching should take place after first performing her morning examination (**פט**).

Using suppositories vaginally

A woman who has a condition which must be treated during the Seven Clean Days by using suppositories [or other medication] vaginally, should perform the הפסק טהרה examination and the first examination of the Seven Clean Days. She may then insert the suppository. On the seventh day she should not use the medication until performing her required examination (**צ**) (see B 3). Should this not suffice for her condition, a Rav must be consulted.

(פז) נראה הטעם דאין זה היסח הדעת גמור כיון דמסופקת אפשר ישוב בקרוב, ועוד ע״י בדיקתה ביום ז׳ מראה שלא הסיחה דעתה לגמרי וע׳ טה״י שם.

(פח) ע׳ לעיל הערה עח בסוגרים ולקמן הערה קפח מחכ״א.

(פט) ע׳ שו״ת מהרש״ם (ח״ב ס״מ), שו״ת מהר״ש ענגיל (ח״ו ס׳ צ״ז), דברי מלכיאל (ח״ג ס׳ ס״א), חלקת יעקב (ח״ב ס׳ פ״ז), מהרי״ל דיסקין (פסקים ס׳ כ״ב), לבושי מרדכי (ס׳ קכ״ג), אגרות משה (ח״א ס׳ צ״ד וח״ב ס׳ ע״א ד״ה ובדבר), ואיירי שם בענין זילופין שתעשה אחר בדיקתה ונראה דכ״ש לענין רחיצה דשרי, וכ״כ בשו״ת עמק התשובה (ס׳ קכ״ט) ע״ש, וכ״כ בבאר משה (ח״ב ס׳ נ״ח וח״ד ס׳ נ״ד) דשרי אלא שכ׳ „שתבדוק עצמה קודם הרחיצה" וכ׳ „ודע דשויער בכל אופן שרי שא״א להחמיר כלל, ואפילו רחיצה שרי בודאי כשצריכה בימי הקיץ לשום צורך. רק שתבדוק עצמה קודם לכן". וע״ש שמותר לשוט בנהר או בבריכת המים בז׳ נקיים „וטוב שקודם ההשטה תבדוק עצמה". וע׳ אג״מ (יו״ד ח״ג ס׳ נ״ז ד״ה ובזה) שכ׳ „שאסורה לעשות הרחיצה והזילופין ביום ראשון וביום שביעי קודם הבדיקה אלא לאחר הבדיקה וכו׳" ובח״א (שם ד״ה ולכן) כ׳ „ואם אפשר לה גם בכל יום תעשה אחר הבדיקה שחרית וכו׳" וע׳ בתשובותיו בסוף הספר (אות כ״ח) ודוק.

(צ) ע׳ אג״מ (או״ח ח״ד ס׳ ק״ה אות ד׳) וז״ל „ובדבר אשה שצריכה להתחיל לספור ז׳ נקיים

The Seven Clean Days are contingent upon the הפסק טהרה

8. The Seven Clean Days are contingent upon a successful הפסק טהרה examination (**צא**). Without the successful completion of the הפסק טהרה examination, the Seven Clean Days are not valid (**צב**). Therefore, if a woman examines herself on the day her flow stopped and noticed that she was still staining (**צג**), and then examines herself a few days later and discovers that her staining had ceased, those interim days cannot be considered as part of the Seven Clean Days (**צד**). She is required to make a הפסק טהרה examination, and only then may her Seven Clean Days begin on the following evening (**צה**) (see Chapter III D 5). That is, the first evening of the Seven Clean Days must be *preceded* by a proper הפסק טהרה examination.

B. EXAMINATIONS DURING THE SEVEN CLEAN DAYS

How are the examinations performed?

1. The first requirement of the Seven Clean Days is to perform internal examinations (בדיקות) in the same manner as was required for the הפסק טהרה examination (**צו**) (see Chapter III B 4). That is, she should place a prechecked

---

ויש לה איזה חולי שהרופא נתן לה פתילות לרפואה לשים שמה אם תוכל לספור. הנה אחר שהיה לה הפסק טהרה וגם בדיקה אחת ביום ראשון שהיו נקיים יכולה להשים וביום ז׳ לא תשים כדי שתוכל לעשות שתי הבדיקות המחוייבות״ וכ״נ ביאורו.

(צא) כ׳ המחבר (ס׳ קצ״ו ס״ה) „בדקה עצמה ביום שפסקה מלראות ומצאה טמאה ובדקה לאחר שלשה או ד׳ ימים ומצאה טהורה ה״ז בחזקת טמאה עד שתפסוק בטהרה שלעולם אינה סופרת עד שתבדוק אם פסקה ואז מונה למחרתו״.

(צב) שם.

(צג) ע׳ מחבר שם וכ׳ הש״ך (ס״ק ט׳) „בדקה עצמה כו׳. וה״ה אם ראתה ולא בדקה עצמה ביום שפסקה מלראות ובדקה לאחר ג׳ או ד׳ ימים ומצאה טהורה ה״ה בחזקת טמאה עד שפסקה בטהרה כדאיתא בטור ורשב״א ופוסקים״ וע׳ תוה״ש (ס״ק י׳).

(צד) ע׳ מחבר שם.

(צה) שם.

(צו) כ׳ המחבר (ס׳ קצ״ו ס״ד) „בכל יום מז׳ ימי הספירה צריכה להיות בודקת לכתחלה פעמים בכל יום וגו׳״ וכ׳ שם (בס״ו) „כל בדיקות אלו בין בדיקת הפסק טהרה בין בדיקת כל שבעה וגו׳״. **בטעם** בדיקות ז״נ אי מטעם ספורים לפנינו בבדיקה או משום חשש שמא תראה דם ע׳ סד״ט (ס׳ קצ״ו ס״ק ט״ו ד״ה כתב הגאון) שכתב „מצות חכמים שתבדוק בכל יום מז״נ שלה הן מטעם דלהוי ספורים בדוקים והן מחשש שמא תראה דם וכמש״ל דתוך ז״נ החמירו כמו לטהרות וגו׳״ וע״ש שכ׳ (בס״ק ט״ז) „דמאן דמצריך בדיקת ראשון וז׳ מדאורייתא קאמר דלא סגיא בלא״ה דלא מיקרי ספורים לפנינו כי אם בבדיקת ראשון ושביעי כמו שיתבאר בסמוך אבל לענין בדיקת פעמיים בכל יום ס״ל להמחבר דאינו אלא חומרא דרבנן בטהרות וה״ה בימי ספירה אבל מדאורייתא אפי׳ אי נימא דצריכה בדיקה דווקא סגיא בבדיקה אחת ביום מש״ה לכתחלה מצריך בדיקה פעמים בכל יום אבל בדיעבד הקיל דסגיא בבדיקה א׳ ודלא כסמ״ג דס״ל דבדיקת שחרית וערבית מעכב אפי׳ בדיעבד״ (וע״ש בס״ק י״ח, י״ט, כ״ג) [ובס״ק כ״ה כ׳ „דאפילו

examination cloth onto her index finger and insert it into her vagina (**צז**)—penetrating as deeply as possible into her vaginal canal (**צח**).

The examination cloth should be moved around slowly and carefully, preferably from top to bottom [in a circular motion] pressing against the internal walls (**צט**). She is required to search in all crevices and folds to assure that all bleeding and staining have completely ceased (**ק**).

למאי דמצריכין גם בדיקה בשביעי אינו אלא מדרבנן אבל מן התורה סגיא בבדיקה ביום הראשון וגו׳״ וכן ע׳ תוס׳ הרא״ש נדה ס״ט.] ובכ״מ שם. וע׳ בחזו״א (צ״ב:כ) שכ׳ „למ״ד בעינן ספורין בפנינו, י״ל דפי׳ וספרה היינו דרישה על ידיעת הטהרה בכל יום, וזהו ענין ספירה בכל יום וזהו תנאי הטהרה, ויותר נראה דאין כאן תנאי הטהרה בספירת יום ביומו אלא עומדת ביום השביעי וסופרת כל הימים שעלו בידה אלא שאין עולין בידה ז׳ ימים כאלו אלא בבדיקה בכל יום וגו׳״ (וע״ש ס״ק י״א ובהערה נו מחת״ס). וע״ש (בס״ק כ״א) „ובעיקר דין הבדיקה היכא דהיא מה״ת כגון בחרשת שפקחות מתקנות אותה, נראה דענין הבדיקה היינו ידיעה חושיית שנסתם המעיין ומשום שדרך הראי׳ להיות מופסקת מעט, והלכך אין ראי׳ מקינוח שהופסק המעיין, אבל ע״י בדיקה מתברר סתימת המעיין, שכל שמעיינה פתוח עומד טיפת הדם בפיה וע״י הדחיקה יוצא, והלכך בין בנדה ובין בזבה לא סגי מה״ת בקינוח בהפסק טהרה, ומיהו נראה דכל בדיקה שהיא על אופן המברר את סתימת המעיין לפי דרך רוב הרואות שמוצאין על העד כל עוד שמעיינן פתוח הוי בדיקה מה״ת, ודין חורין וסדקין שאמרו חכמים הוא מדבריהם שהגבילו את הדבר, ואפשר שאין הכונה רק לבדיקה מעליתא המעיד על סתימת המעיין ולא על הפסקתו לשעה וגו׳ וע״כ דצריך בדיקת זמן ארוך קצת באופן שאין לחוש שהפסקתו הוא רק עתיית ולפי שעה, ונראה דגם בנדה וזבה מהני מה״ת קינוח כמה פעמים סמוכות וגו׳״ ע״ש וע׳ לעיל הערות ה, נו, ולקמן הערה ק׳ וע׳ אג״מ (יו״ד ח״א ס׳ צ״ד ד״ה דהנה טעם וכו׳).

(צז) ע׳ לעיל פ״ג הערה צט. כ׳ הרוקח (ס׳ שי״ח) „ובודקת בכל יום שמכנסת בערותה בגד לבן של פשתן ישן ומקנחת ברחם לראות אם יש בבגד טיפת דם וכך עושה עד שתטבול״.

(צח) ע׳ לעיל פ״ג הערות צט, קה, קו וערה״ש (ס׳ קצ״ו ס׳ כ״ז) וע׳ נובי״ק (ס׳ מ״ו מד״ה ונדבר מדיני הבדיקה).

(צט) ע׳ לעיל פ״ג הערה קא, קב.

(ק) ע׳ שם הערה קג, קד. כ׳ הרמב״ן (נדה ה. ד״ה מתוך) „מכאן למד הראב״ד ז״ל שכל לבעלה אינו צריך בדיקת חורין וסדקין, שהרי בדיקה זו אינה מועילה לטהרות מפני שאין בה בדיקת חורין וסדקין, ואע״פ כן מועלת לגבי בעלה. ועוד הביא ראיה ממה שאמרו דתביעה הרי היא כבדיקה לגבי בעלה [ע׳ הג׳ הגרא״ז שם]. והוא ז״ל כתב שיש מי שחולק ואמר דבדיקת זבה בין ביום הפסקה בין בבדיקת השבעה בעינן בדיקה מעולה כשל טהרות וגו׳ וכן נראה מדברי רש״י ז״ל דכל בדיקה היינו לחורין וסדקין כשילהי פירקין [(י״ב.) וכ״כ המאירי (ה. ד״ה כבר ובכ״מ) „ומכל מקום בדיקת הזבה בין בבדיקה של הפסק טהרה בין בבדיקת שבעה נקיים צריכים חורין וסדקים״ וכ״כ הרשב״א בתה״ק „כל בדיקות בין בדיקת הפסק טהרה בין ימי הספירה צריכות בחורין ובסדקין״ וע״ש בארוך, וכ״כ הסמ״ג (לאוין קי״א) „וכל ז׳ ימי ספירתה צריכה ליקח בגד פשתן נקי ולבן או מוך ולהכניסו באותו מקום בעמק ולחורין ולסדקין וגו׳״ וכ״כ הסמ״ק והרא״ש (הובא בב״י ס׳ קצ״ו ד״ה ומ״ש ותכניסהו) וע׳ נוב״י ק׳ ס׳ מ״ו] ולפי הסברא יש להכריע שבדיקת ההפסקה שהיא מעלה אותה מטומאה לטהרה ומוציא אותה מחזקה לחזקה, צריכה להיות בדיקה מעולה שאין אחריה עליו ספק, אבל בדיקת השבעה כיון שכבר פסקה

Virgin bride prior to her wedding

A virgin bride, prior to her wedding, is required to check to the best of her ability (**קא**). Care should be taken so as not to damage her hymen (**קב**). If during or after an examination she should see blood or a stain, a Rav must be consulted (**קג**).

If a woman is unable to perform this thorough examination (**קד**), see 8.

להעמידה בחזקתה, בבדיקה כל דהו סגיא וגו׳״ ע״ש. ולענין הלכה כ׳ המחבר (ס׳ קצ״ו ס״ו) „כל בדיקות אלו בין בדיקת הפסק טהרה בין בדיקת כל השבעה צריכות להיות וגו׳ ותכניסנו באותו מקום בעומק לחורים ולסדקים וגו׳ ולא שתכניסהו מעט לקנח עצמה. אם יקשה בעיניה מאד וגו׳״. **בטעם** בדיקת חורין וסדקין בז׳ נקיים ע׳ חזו״א (צ״ג:ג) „אך דעת הרשב״א ז״ל שבדיקת חו״ס הוא מעיקר הדין ובלא״ה הוי כחצי בדיקה ובזה טעמא בעי למה לא נסמוך על בדיקת המקור ונראה דכיון דעיקר דרך הראי׳ אינה בשופעת לעולם ואף במעין פתוח יש הפסק שעות וכל הבדיקה אינו בירור גמור שמא ראתה ונפל לארץ הלכך לא מקרי בדיקה אלא שתחפש את כל הבירורים המבררים ראיתה ולא תשאיר דבר שיכול להורות על ראיה מבלי בדוק אותו והלכך כשמשארת חו״ס לא הוי בדיקה שהרי השאירה מה שיכול לברר ולא בררה״ (וע״ש בס״ק ד׳), וע׳ טה״י (ס׳ קצ״ו ס׳ מ״ב, מ״ג), וע׳ נוב״י שם דס״ל דלא בעינן בדיקת חורין וסדקין לבעל מטעם דלא אמרינן נגד הבעל דכותלי ביה״ר מוקמי לדם אפי׳ במקום דאיכא חזקת טומאה (הובא בחוו״ד ביאורים ס׳ קצ״ו ס״ק ד׳ והשיג עליו ע״ש דמסיק „ולכן אין לזוז מפסק השו״ע דבעי בדיקת חורין וסדקין דוקא״), וע׳ סד״ט (ס׳ קצ״ו ס״ק כ״ג), ובת׳ הב״ח החדשות (ס״ס ל״ד, ל״ה). **לענין** בדיקה בטבעת ברחמה ע׳ ת׳ זכרון יוסף (חיו״ד ס״י) שכ׳ „נ״ל לפענ״ד לפשוט כי האשה הזאת תוכל להפריש בטהרה ולבדוק א״ע במוך נקי שתכניסה באמצע רחמה עד קרוב למקום שהשמש דש כמבואר בפוסקים בסי׳ קצ״ו שכשם שאין הטבעת מעכב את בעלה מלבוא עליה ולשמש עמה כך אינה מעכב על המוך להכניסה לשם וגו׳ ורק תעשה מה שביכולתה לבדוק המקומות שתוכל להגיע שם כי נראה לי ברור ואמת שאם תשים המוך במקום או קרוב למקום שהשמש דש ותניחה שם כל בין השמשות (כמו שכתב בש״ע שם ס״ב) בשעת הפרשתה לטהרתה וכן תעשה גם באחד מימי הספירה בשחרית או ערבית אע״פ שבשארי הימים תבדוק א״ע בבדיקה קלה שוב אין כאן בית מיחוש וגו׳״ ע״ש הטעם וע׳ בסד״ט (ס׳ קצ״ו ס״ק כ״ג מד״ה וראיתי) שהאריך בדבריו [ובדברי החכם השואל שם בשאלה ט׳] וע׳ כסא דהרסנא (ס׳ קנ״ו) וע׳ בנוב״י (ק׳ ס׳ ס״ד) שכ׳ לבעה״מ ס׳ כסא דהרסנא וכ׳ דצריך להסירו בעת שתפסק בטהרה ושאלתו היתה אם מעכב הבדיקה לז״נ ואי חוצץ בטבילה ע״ש וע׳ בדבריו (במה״ת ס׳ קל״ה) בסוף הת׳ איך לנהוג בבדיקות, וע׳ בת׳ רע״א (ס״ס) וחת״ס (ס׳ קצ״ב, קצ״ג) לענין טבילה, ותשובה מאהבה (ח״א מס׳ ל״ו עד ס׳ מ״א), ואב״נ (ס׳ רנ״ב-רנ״ו), לבושי מרדכי (ס׳ קי״ב, קכ״ז), בנין ציון (ס׳ ע״א), חזו״א (ס׳ צ״ב:כ״ד, כ״ה), ערה״ש (ס׳ קצ״ו ס׳ כ״ט לענין הבדיקות וס׳ קצ״ח ס׳ נ״ה לענין טבילה), וע׳ מנחת יצחק (ח״ו ס׳ פ״ז), ציץ אליעזר (ח׳ י״א ס׳ ס״ג), טה״י (ס׳ קצ״ו ס׳ מ״ו) וש״א. **אשה** שספרה ז״נ ושכחה להוציא טבעת הגומי הסותם פי הרחם כדי שלא תקבל הריון ע׳ הר צבי (ס׳ קנ״ה) ולקמן הערה קצט ובפנים שם.

(קא) ע׳ לעיל פ״ג הערה קו.

(קב) ע׳ שם הערה קז.

(קג) ע׳ שם הערה קח.

(קד) ע׳ לקמן בהערה קמו.

When should these examinations be performed?

2. These examinations must be performed twice a day (קה) on each of the Seven Clean Days (קו). One examination should be performed in the morning (קז) and one in the afternoon (קח).

The morning examination should preferably be performed immediately upon awakening (קט)—as long as it is daytime (קי). However, if performed any time during the morning it is valid (קיא).

The afternoon examination should preferably be performed in the late afternoon—before sunset (קיב). However, it is valid if performed any time during the afternoon (קיג).

(קה) כ׳ המחבר (ס׳ קצ״ו ס״ד) „בכל יום מז׳ ימי הספירה צריכה להיות בודקת לכתחלה פעמים בכל יום אחת שחרית וא׳ סמוך לבין השמשות וגו׳״ וע׳ ב״י (ד״ה ובכל) שכ׳ דלרמב״ן והרשב״א והרא״ש צריכה להיות בודקת לכתחלה פעם אחת ביום וכ״כ מהגה״מ בשם התוס׳ וכ׳ שם דלסמ״ג וסמ״ק וסה״ת והמרדכי בשם הרוקח „בודקת פעמים בכל יום מימי הספירה פ״א בשחרית כשעומדת ממטתה ופעם אחת כשהולכת לערבית״ וע״ש שכ׳ הב״י „ונ״ל שלמדו כן מדתנן בפ״ק דנדה (י״א.) פעמים צריכה להיות בודקת שחרית ובין השמשות״. **בטעם** בדיקת שחרית וערבית ע׳ בסד״ט (ס׳ קצ״ו ס״ק י״ד) „שחרית להוציאה מידי ספק שמא ראתה בלילה שלפניו וערבית להוציאה מידי ספק שמא ראתה ביום דבספירת ז״נ לבעלה צריכה בדיקה כמו לטהרות אחר שטבלה כ״כ הב״ח לדעתם״ וע׳ חזו״א (צ״ג:ו) שכ׳ „והטעם דלמא חזית ונפל וכמש״נ לק׳ סי׳ צ״ז, ואפשר דקים להו לחז״ל דעל הרוב לא יאבד מחו״ס בעונה אחת ולכן הצריכו בדיקה בכל עונה וזה דעת הסמ״ג הובא בטור סי׳ קצ״ו וכמו שבאר הב״ח שם וגו׳״ וע׳ אג״מ (יו״ד ח״א ס׳ ל״ד וח״ג ס׳ נ״ז).

(קו) כ׳ המחבר שם „בכל יום מז׳ ימי הספירה וגו׳״.

(קז) כ׳ הסמ״ג (לאוין קי״א) „וכן עושה שחרית וערבית בשחר כשעומדת ממטתה וערבית כשהולכת לבית הכנסת קודם שיהא לילה״ הובא במחבר שם.

(קח) בסמ״ג שם כ׳ „וערבית כשהולכת לבית הכנסת קודם שיהא לילה״ וע׳ בטור שכ׳ „אחת שחרית ואחת ערבית״ ובמחבר כ׳ „וא׳ סמוך לבין השמשות״.

(קט) דל׳ הסמ״ג „בשחר כשעומדת ממטתה״.

(קי) ע׳ תוס׳ (ס״ט. סד״ה שבעה) דמשמע דבדיקה אחר עלות השחר כשר. ונראה דלכתחלה לא תבדוק עד שתנץ החמה אלא דאם בדקה משעלה עמוד השחר כשר (ע׳ מתנ׳ מגילה כ.) [ואם בודקת ב׳ פעמים ביום נראה דסגי בבדיקת שחרית אף לכתחלה אחר עלות השחר דדומיא לטהרות דכשר בלילה וע׳ לקמן הערה קנד].

(קיא) כך נראה מל׳ הסמ״ג שכ׳ „כשעומדת ממטתה״ משמע דלא הטריחוה לעמוד ממטתה בשעה מסוימת כדי לבדוק.

(קיב) בסמ״ג כ׳ „קודם שיהא לילה״ ובמחבר שם כ׳ „סמוך לבין השמשות״. [ונראה דכל שהוא אחר זמן מנחה קטנה מקרי בדיקת ערבית, ע׳ פת״ת (ס׳ קצ״ו ס״ק ב׳) מדגמ״ר ודוק]. וע׳ אג״מ (יו״ד ח״ב ס״ס ע״ט) שכ׳ „וא״כ הוא קודם שקיעה״, אבל ע׳ שם שכ׳ „אבל כיון שהוא רק דין דלכתחלה לכן כשהיה קשה לה לבדוק קודם שקיעה תוכל לסמוך לבדוק גם בביה״ש ואם לא יכלה לבדוק בביה״ש הראשון תבדוק עד צה״כ שהוא גמר ביה״ש דשיטת ר״ת וגו׳״.

(קיג) כך נראה דכמו דלא הטריחוה לעמוד ממטתה לבדיקת שחרית דאינה בשעה מסוימת ה״נ הבדיקה סמוך לבין השמשות אף דלכתחלה

If she forgot to examine herself

3. Although a woman must examine herself twice daily (see 2), if examinations were omitted, the Seven Clean Days *may* still be valid.

What is the minimum amount of examinations required **בדיעבד** (a term used to describe a situation after it was done) in order for the Seven Clean Days to be valid?

Some Poskim hold that—aside from the הפסק טהרה examination—if she performed at least *one* other examination during the Seven Clean Days, her Seven Clean Days are valid (**קיד**).

תבדוק סמוך ללילה מ״מ מוציאה מספק שמא ראתה ביום שלפניו ודוק.

(קיד) ע׳ סוגיא (ס״ח:, ס״ט.) „איבעיא להו הזב והזבה שבדקו עצמן יום ראשון ויום שמיני ומצאו טהור ושאר הימים לא בדקו לרבי אליעזר מהו תחלתן וסופן בעינן והכא תחלתן איכא סופן ליכא או דילמא תחלתן אע״ג שאין סופן אמר רב היא היא תחלתן אע״פ שאין סופן ורבי חנינא אמר תחלתן וסופן בעינן הכא תחלתן איכא סופן ליכא״ ואמרינן בגמ׳ דלרב אם לא בדקה ביום הראשון ולא בשאר ימים אלא ביום הז׳ לבדו בדקה ומצאה טהורה ה״ז בחזקת טהורה דכי היכי דתחלתן אע״פ שאין סופן כשר ה״נ סגי סופן אע״פ שאין תחלתן והוא דהפסיקה בטהרה. הרא״ש והראב״ד פסקו כרב (וע׳ בסמוך מש״כ מתש׳ החת״ס) דתחלתן או סופן כשר. ואם לא בדקה לא בא׳ ולא בז׳ אלא באמצע כ׳ הראב״ד „לא שמענו ומסתברא לקולא״ והביא ראיה לדבר והרז״ה דחה ראייתו ומ״מ כ׳ הרא״ש (פ״י) „ואיני רואה כאן ספק דמסתבר דעדיף האמצע יותר מן הסוף דאיתחזק בטהרה כל הימים שאחר בדיקה [ופירשו במעיו״ט „ואמרינן לעיל מהו דתימא תחלתן הוא דאתחזק כו׳״] וגם הרמב״ם (פ״ו מא״ב) והרשב״א פסקו כרב והסמ״ג כ׳ „הואיל ולא נתברר הלכה כדברי מי ראוי להחמיר כדברי ר״ח שלא יהא יותר מה׳ ימים בין בדיקה לבדיקה מלבד יום שפסקה בו שצריכה לבדוק לערב כדי להפריש בטהרה וגו׳״ וב״י כ׳ „וסמ״ק גמגם קצת על מסקנא זו דסמ״ג ובסה״ת האריך בדבר והעלה כדברי סמ״ג״ [ובדברי הסמ״ג ע׳ לקמן בהערה קכ] וכ״כ מאגור בשם התוס׳ פ״ק דנדה (כצ״ל ז:) והגה״מ בשם סה״ת ובשם רבינו שמחה ומסיק הב״י „וכיון דכל הני רבוותא מספקא להו אין להקל בדבר שהוא ספק איסור כרת״. וע׳ ת׳ חת״ס (ס׳ קע״ח) שכ׳ „מ״מ בעיקר הדין רוב הפוסקים היינו רמב״ם וראב״ד ורמב״ן ורז״ה ורשב״א ורא״ה והרא״ש והטור כולם פה א׳ פסקו כרב ראשון או אחרון אך הראב״ן והסמ״ג והתרומות ומטו בי׳ בשם תוס׳ פ״ק דביצה [צ״ל דנדה] מספקו להו אולי הלכה כר״ח דראשון וז׳ בעי׳ והרב״י כ׳ שאין להקל נגדם באי׳ כרת מ״מ נ״ל בדיעבד שכבר לנתה אצל בעלה לא שבקינן ספיקא דידהו מפני ודאי דרוב פוסקים הנ״ל דפסקו כרב בוודאי. אך כל זה בבדקה בוודאי בא׳ או בז׳ אבל בבדיקת האמצעי דהרז״ה והרא״ה מהאוסרים וגם הרשב״א בתה״א מסיק להחמיר עכ״פ בוודאי חזי לאצטרופי להראב״ן וסייעתו לחוש אפי׳ בדיעבד״ [וע׳ חזו״א (צ״ב:ח) שהאריך בביאור הא דבעינן תחלתן או סופן „היינו דלא מהני הפרשת טהרה לחוד בלא בדיקה אבל בדקה בח׳ קדם טבילה שפיר דמי דיום ח׳ נידון כז׳ ואי משום דיום ב׳ דהוא יום א׳ לא היה לו הפסק טהרה מ״מ הפרשת טהרה דיום ראשון מהני וכדאמרינן אין לה אלא יום ח׳ ויום ח׳ מיהא אית לה אע״ג דלא הפרישה בטהרה ביום האתמול אלא ז׳ ימים קדם אמנם מבואר בשו״ע סי׳ קצ״ו [ס״ד] דבדיקת יום ח׳ לא מהני ומשלמת ו׳ ימים וצ״ל הטעם וגו׳״ ע״ש (וע׳ לקמן הערה קמב) וע׳ אג״מ (יו״ד ח״ג ס׳ נ״ה ענף ב׳). וכ׳ בחכמת אדם (ס׳ קי״ז

Two minimum examinations

Many Poskim hold that unless she performed at least *two* examinations during the Seven Clean Days [aside from the הפסק טהרה examination] her Seven Clean Days are not valid (**קטו**). The halacha is in accordance with the opinion of these Poskim (**קטז**).

When must these two minimum examinations be performed?

Concerning these two minimum examinations, many Poskim hold that if בדיעבד she examined herself at least once on the first day and once on the seventh day the Seven Clean Days are valid. However, if the two examinations were performed on two other days, the Seven Clean Days are not valid* (**קיז**).

*See Note on page 105.

ס׳ י״ב) „בכל יום מז׳ ימי ספירה צריכה להיות בודקת לכתחלה פעמים בכל יום וגו׳ ובדיעבד אם לא בדקה עצמה רק בהפסק טהרה וביום הראשון וביום השביעי אע״פ שלא בדקה עצמה בשאר הימים וגו׳ ובמקום חשש עיגון שאין האשה יכולה לטהר עצמה יש לסמוך על גדולי הפוסקים דס״ל דאפילו לא בדקה עצמה תוך ז׳ רק ביום א׳ מכל הז׳ באיזו יום שיהיה חוץ מבדיקת הפסק טהרה וגו׳״ וע׳ ערה״ש (ס׳ קצ״ו ס׳ כ״ה) שכ׳ אדברי הב״י „ולאו דוקא ראשון ושביעי אלא שיהיו שני בדיקות״ וכ׳ (בס׳ כ״ו) „ולכן נלע״ד דוודאי חלילה לנו לסור מדברי רבינו הב״י שכתב דאין להקל ואדרבא רוב נשים בודקות בכל יום פעמיים האמנם בזמננו יש הרבה נשים שמוכות ולוקות בחדרי בטנן במכות ופצעים תוך הרחם באופן שהבדיקה קשתה להן מאד ותולין הבדיקות שאינן טהורות בהמכות והפצעים ובדוחק גדול מוצאות בדיקות נקיות לכן מורין להן כעיקר הדין וגו׳״ (ע׳ לקמן הערה קכד) וע׳ אמירה לבית יעקב (פ״ג ס״ט) שכ׳ „אבל אם לא בדקה אחת משלש הבדיקות האלה אע״פ שבימים שבינתים נתקימו כל הבדיקות כהלכה עליה ללבש לבנים עוד פעם ולהתחיל שוב בספירת שבעה נקיים״ ועל זה העיר הגרצ״פ פרנק זצ״ל „ולדידי יש לדון ולומר דלאו כללא הוא דמחויבת היא לספר מחדש שבעה ימים בבטול אחת משלש הבדיקות. ואם בטלה בדיקת יום ראשון ובדקה ביום ב׳ נ״ל שתבדק ביום ח׳ ויעלה לה ליום שביעי וטובלת בערב. וכן אם בטלה בדיקת יום שביעי בודקת בשמיני או בתשיעי וטובלת בערב (וכן מבאר בנובי״ת יו״ד סי׳ קכ״ח)״ [וכ״כ בבנין ציון ס׳ ע״ד] וכתבנוהו בפנים אצל הערה קיח, קכט. וע׳ בדע״ת (ס׳ קצ״ו ס״ד) ובטה״י (ס׳ קצ״ו ס׳ כ״ח, כ״ט) ובש״א.

(**קטו**) שם.

(**קטז**) דכ׳ הב״י „אין להקל בדבר שהוא ספק איסור כרת״ וכ׳ בשו״ע (ס׳ קצ״ו ס״ד) „ואין להקל״ וכן פסקו בחכ״א (אם לא במקום עיגון) וש״א וכ׳ בערה״ש (ס׳ קצ״ו ס׳ כ״ו) „ולכן נלע״ד דוודאי חלילה לנו לסור מדברי רבינו הב״י שכ׳ דאין להקל״.

(**קיז**) ע׳ לעיל הערה קיד שכתבנו מסקנת הב״י שכ׳ „וכיון דכל הני רבוותא מספקא להו אין להקל בדבר שהוא ספק איסור כרת״ והיינו כר׳ חנינא דתחלתן וסופן בעינן והיינו דוקא יום ראשון ויום שביעי (כמ״ש בנוב״י ת׳ ס׳ קכ״ח) ואם בדקה בב׳ ימים אחרים לא מהני לר״ח וכ״מ מסתימת הפוסקים שכתבו א׳ וז׳ ולא כתבו ב׳ בדיקות וכ״מ מחת״ס (ס׳ קע״ח) ושמלה (ס״ק ט׳). אבל בערה״ש (ס׳ קצ״ו ס׳ כ״ה) כ׳ „ולאו דווקא ראשון ושביעי אלא שיהיו שני בדיקות״ וכ״מ מדגמ״ר (ס׳ קצ״ו ס״ד) שהביא לשון הסמ״ג (הובא לעיל בהערה קיד) וכ׳ „וא״כ אפילו לא בדקה ביום ראשון ובדקה

Some Poskim hold that even if these two examinations were performed on two other days of the Seven Clean Days, the Seven Clean Days may be valid (**קיח**).

*Note: Although these two minimum examinations on two other days [according to these Poskim] are insufficient to render the Seven Clean Days valid, the examinations themselves are valid. For example, if she omitted the examination on the first day but examined herself on the second day and made no examinations until the eighth day, we will learn (see 5) that the second day counts as the first day of the seven, the eighth day serves as the seventh; she may then immerse on the evening following the eighth day. If she examined herself with a מוך דחוק, a Rav should be consulted.

Therefore, if a woman examined herself at least once on the first day and once on the seventh day—in addition to the הפסק טהרה examination— the Seven Clean Days are valid (**קיט**).

If she examined herself on the first day but not on the seventh day or on the seventh day but not on the first day, or if she examined herself on one or more of the middle days—in case of extraordinary circumstances—a Rav must be consulted (**קכ**). It goes without saying that if no examinations at all were per-

---

באחד מימים האמצעיים וגם ביום שביעי גם הסמ"ג מודה שעלו לה ובלבד שעכ"פ ביום שפסקה בדקה כדי שתפסוק בטהרה" [אלא דמתשובתו בנובי"ת (ס' קכ"ח) מוכח דאם לא בדקה בראשון רק באחד מימים האמצעיים ובשביעי לא מהני כמ"ש בפת"ת שם (ס"ק ו') וש"א, וע' בדע"ת (ס' קצ"ו ס"ד) שכ' מהגהות יד שאול בשם סה"ת להוכיח מדבריו דיש להקל כמ"ש בדגמ"ר ומשו"ת חסד לאברהם (ס' ס"ב) שדחה דברי הדגמ"ר וגער בהמורה שהיקל, וע' לקמן בהערות קכ, קלז].

(קיח) ערה"ש ודגמ"ר שם. **ומה** שכתבנו בפנים דאף אם בטלה בדיקת יום ראשון ביומו ובדקה ביום ב' ויום ח' דמהני הוא מהערת הגרצ"פ פרנק זצ"ל ובנין ציון לס' אמירה לבית יעקב (ע' לעיל סוף הערה קיד). **ומה** שכתבנו דאם בדקה במוך דחוק תשאל לרב דאם בדקה כל ביה"ש ולא בדקה ביום א' נראה דיש לסמוך אנוב"י [הובא לקמן בהערה קכא] לצרף שיטת רש"י דבדיקת לילה כשר ואם יום ז' אית לה ובאמצע אית לה יש לסמוך להקל.

(קיט) כ' המחבר (ס' קצ"ו ס"ד) „ואם לא בדקה בכל השבעה וגו' וי"א שצריך שתבדוק ביום ראשון מהשבעה וביום השביעי ואין להקל" ובחכ"א (ס' קי"ז ס' י"ב) כ' „ובדיעבד אם לא בדקה עצמה רק בהפסק טהרה וביום הראשון וביום השביעי אע"פ שלא בדקה עצמה בשאר הימים כיון שבדקה ביום ראשון ושביעי ונמצאת טהורה עלה לה וגו'".

(קכ) ע' לעיל הערה קיד דרוב הפוסקים פסקו כרב ראשון או אחרון ואע"ג דהראב"ן והסמ"ג וסה"ת מספקו להו והב"י כ' שאין להקל נגדם באיסור כרת מ"מ ע' בחכ"א (ס' קי"ז ס' י"ב) שכ' „ובמקום חשש עיגון שאין האשה יכולה לטהר עצמה יש לסמוך על גדולי הפוסקים וגו'" ע"ש ובערה"ש (ס' קצ"ו ס' כ"ו) וכן שמעתי מפי הגרמ"פ שליט"א דיש להקל במקום עיגון. **מש"כ** באמירה לבית יעקב (פ"ג ס"ט) „אבל אם לא בדקה אחת משלש הבדיקות האלה אע"פ שבימים שבינתים נתקימו כל הבדיקות כהלכה עליה ללבוש לבנים עוד פעם ולהתחיל שוב בספירת שבעה נקיים" השיג עליו הגרצ"פ ובנ"צ (ע' לעיל סוף הערה קיד). **מש"כ** בדגמ"ר (הובא לעיל בהערה קיז) דאפילו

formed during the Seven Clean Days, the Seven Clean Days are not valid (**קכא**). A Rav, however, should be consulted.

Women who are having problems

4. Since the examinations on the first and seventh days are crucial, she must exercise extreme caution not to omit these examinations *even in cases of difficulty* (**קכב**).

Although we have learned (see 2) that a woman should examine herself twice daily on each of the Seven Clean Days (**קכג**), if examinations are painful, or she would irritate her skin if she would examine herself with the normal frequency, or if she has a tendency to stain (**קכד**), a Rav must be consulted.

לא בדקה בא׳ רק באחד מימים אמצעים ובז׳ דמהני לסמ״ג לולא דמסתפינא הייתי מפרש דברי הסמ״ג דאין הכוונה „שלא יהא יותר מה׳ ימים וגו׳״ בא להורות דב׳ בדיקות בפחות מה׳ ימים מהני אף באמצעים לסמ״ג אליבא דר״ח דתחלתן וסופן בעי אלא בא לאפוקי דאף אם בדקה א׳ וח׳ דגם זה תחלתן וסופן מ״מ איכא יותר מה׳ ימים בין בדיקה לבדיקה ודוק [ואף לשון הדגמ״ר צ״ב דכ׳ „באחד מימים האמצעים וגם ביום השביעי״ ואילו לפי סברתו אמאי לא מהני בדיקה בב׳ וג׳ או בב׳ וד׳ וכדומה דיש ב׳ בדיקות ואין ה׳ ימים בין בדיקה לבדיקה, ע׳ לקמן בהערה קלז] וכ״מ מדברי סה״ת (אות פ״ח) ע״ש ודוק.

(קכא) ע׳ מחבר שם „אבל אם לא בדקה בכל הז׳ וביום השמיני בדקה ומצאה טהורה אין לה אלא יום ח׳ בלבד ומשלמת עליו״. **מש״כ** בנוב״י (ק׳ ס׳ מ״ו ד״ה והנה הרמב״ן) דבשעת הדחק יש להחשיב בדיקת המוך דחוק גם לבדיקת יום ראשון ע׳ בטה״י (ס׳ קצ״ו ס״ק ק״ז) דכ׳ דאיירי שכוונה לשם בדיקה ואף דבשמלה (ס״ק ה׳) דעתו דעולה צ״ע לדינא. **מה** שכתבנו דז׳ נקיים לא עלו לה אבל חזקת טהרה דהפסק טהרה עדיין כשר (ע׳ לעיל הערה נב).

(קכב) כמו שיתבאר.

(קכג) ס׳ קצ״ו ס״ד, חכ״א (ס׳ קי״ז ס׳ י״ב).

(קכד) באשה שיש לה מכה בכותלי בית הרחם והמכה אינה מוציאה דם אבל אם בודקת עצמה כואב לה מאד מחמת הבדיקה הסכים הנוב״י (מה״ת ס׳ קכ״ט) להוראת תלמידו „שתבדוק בהפסקת טהרה כדין וביום הראשון וביום השביעי ג״כ תבדוק כדין ובשאר ימים שבין ראשון לשביעי לא תבדוק כלל כי באשה זו מיחשב דיעבד מחמת צער וכאב״ והצרכת בדיקה בכל יום „ודאי שהוא רק חומרא דרבנן בעלמא ובכמה מקומות מצינו שבמקום צער לא גזרו וכיון שלאשה זו כואב הרבה יותר מדאי אין לך מקום צער יותר מזה, ועוד מטעמא אחרינא הייתי מקיל שהרי יש לחוש שעל ידי רוב הבדיקות יגרמו שהמכה תגלע ותוציא דם ונצטרך אח״כ להקל כאשר תמצא דם לתלות במכה יותר עדיף שלא לבוא לידי קולא זו וגו׳״ (ע׳ בזה בהערה קנב). **באשה** שיש לה מכות ופצעים בתוך הרחם כבר האריכו האחרונים ע׳ בערה״ש (ס׳ קצ״ו ס׳ כ״ו) שמקיל אף בבדיקה א׳ בתוך ז״נ מלבד ההפסק טהרה וכ״כ במל״ט (שם ס״ו) וכ״כ בחכ״א (ס׳ קי״ז ס׳ י״ב) במקום חשש עיגון שאין האשה יכולה לטהר עצמה וכן שמעתי מפי הגרמ״פ שליט״א באשה שא״א לטהר עצמה מחמת מכה שתבדוק בהפסק טהרה וביום א׳ בתוך ז״נ [וכ״כ באג״מ (יו״ד ח״ב ס׳ ס״ט) וז״ל „מ״מ באשה שיש לה מכה סגי בבדיקה של יום אחד מהנקיים, עיין בחו״ד בחדושים בס׳ קפ״ז ס״ק י״ז ובבאורים ס׳ קצ״ו סק״ג והובא בפ״ת סימן קפ״ז ס״ק ל״ב״] אבל אם רק קשה לטהר את עצמה ואינו מקום עיגון תבדוק ההפסק טהרה וביום א׳ וז׳ וכן ע׳ אג״מ (יו״ד ח״ג ס׳ נ״ו אות ג׳). **ובאשה** שמצטערת

Under these circumstances, a Rav may advise her to examine herself *once* daily instead of twice. If this would not be adequate for her situation, a Rav may advise her to perform the הפסק טהרה examination and then examine herself only on the first and seventh day of the Seven Clean Days (that is, a total of three internal examinations) (**קכה**). If possible, she should also wipe herself externally around her genital area—in lieu of the other examinations (**קכו**).

If a woman omitted the first day examination

5. If a woman omitted performing an examination on the first day of the Seven Clean Days but examined herself on the second day, she may count the second day as the first day of the Seven Clean Days (**קכז**). She continues to examine herself six more days and [if all is well] immerses herself on the evening of the following day (**קכח**).

Example: If a woman performed the הפסק טהרה examination on Sunday

---

מחמת סריטת עד הבדיקה מייעץ הגרמ״פ שליט״א למרח מעט וואזאלי״ן לבן על העד קודם הבדיקה (ופשוט דאסור לעשות כן בשבת מחמת ממרח), אבל בזה יש מורים החולקים ופוסלים עד בדיקה הממורח בוואזאלי״ן, ובת׳ מהרש״ם (ח״א ס׳ קמ״ו) מתיר ללחלח עד הבדיקה במים שיהיה רטוב שלא יכאב לה, הובא בבית ישראל על חכ״א קי״ז:ט].

(קכה) שם. **עיין** בסד״ט (ס׳ קצ״ו ס״ק ט״ז) שמבאר דלסמ״ג בעינן ב׳ בדיקות בכל יום [ולרא״ש בדיקה א׳ בכל יום] **א״כ בהא דהחמיר** המחבר כר״ח דבעינן בדיקות ראשון ושביעי הטעם דא״צ ב׳ בדיקות בכל יום למחבר הוא דאינו אלא חומרא דרבנן בטהרות וה״ה בימי ספירה „אבל מדאורייתא אפילו אי נימא דצריכה בדיקה דווקא סגיא בבדיקה אחת ביום מש״ה לכתחלה מצריך בדיקה פעמים בכל יום אבל בדיעבד הקיל דסגיא בבדיקה א׳ ודלא כסמ״ג וכו׳״. **ונראה** עפ״ז באשה שכואב לה קצת ובאים להורות לה למעט בבדיקות בתחלה יורו לה לבדוק פעם א׳ בכל יום ואם אין זה מספיק יורו לה לבדוק רק בא׳ וז׳ (וע׳ לעיל הערה קכד מש״כ אג״מ מחוו״ד).

(קכו) נוב״י (מה״ת ס׳ קכ״ט) וז״ל „**אמנם אם** יכולה בשאר ימי הספירה לקנח מבחוץ קינוח כל דהו טוב להצריכה הקינוח **אם לא יכאב לה** וגו׳״ (הובא בפת״ת ס׳ קצ״ו ס״ק ח׳). **ופשוט** דאיירי שאין לה מכות מבחוץ או שיגרום שמכה יגלע.

(קכז) ע׳ בס׳ אמירה לבית יעקב (ג:ט) שכ׳ „**אבל אם לא בדקה אחת משלש הבדיקות האלה** אע״פ שבימים שבינתים נתקימו כל הבדיקות כהלכה עליה ללבש לבנים עוד פעם ולהתחיל שוב בספירת שבעה נקיים״, והשיג הגרצ״פ פרנק זצ״ל וכ׳ „ולדידי יש לדון ולומר דלאו כללא הוא דמחויבת היא לספור מחדש שבעה ימים בבטול אחת משלש הבדיקות. **ואם בטלה** בדיקת יום ראשון ובדקה ביום שני נראה לי שתבדק ביום שמיני ויעלה לה ליום שביעי וטובלת בערב. וכן אם בטלה בדיקת יום שביעי בודקת בשמיני או בתשיעי וטובלת בערב (וכן מבואר בנובי״ת יו״ד סי׳ קכ״ח)״ וכן השיג בבנין ציון ס׳ ע״ד ע״ש.

(קכח) ע׳ שם וע׳ חכ״א (ס׳ קי״ז ס׳ י״ב) „**ובדיעבד אם לא בדקה** וגו׳ **ובמקום חשש עיגון** וגו׳״ והכא איירי דלא במקום חשש עיגון וכ׳ המחבר (ס׳ קצ״ו ס״ד) **דאין להקל בלא בדיקת** א׳ וז׳ והכא **כיון שלא בדקה בראשון אבל בדקה** בשני תבדוק עוד ו׳ ימים **ותטבול בערב אחר** שמיני, וע׳ לקמן בהערה קל.

afternoon, Monday is the first day of the Seven Clean Days, and she would normally be able to immerse herself the following Sunday evening. If she forgot to examine herself on Monday but examined herself on Tuesday, she may count Tuesday as the first day of the Seven Clean Days and she may immerse herself Monday evening of the following week (**קכט**).

In case of extraordinary circumstances, a Rav should be consulted. Under certain conditions, it may be possible to count the Seven Clean Days from the first day—even if she forgot to examine herself on the first day, but examined herself on the second or on a subsequent day (**קל**).

If she omitted performing the הפסק טהרה and the first day

6. If a woman omitted performing the הפסק טהרה examination and an examination on the first day of the Seven Clean Days, but examined herself on [what should have been] the second day and third day—even if she forgot to examine herself on the rest of the days—if she examined herself on the ninth day, the Seven Clean Days are valid (**קלא**).

The reason is that the first valid examination—which in this case is on the

---

(קכט) הגהות הגרצ״פ פרנק ובנין ציון שם.

(קל) ע׳ לעיל הערה קיד דאע״ג דרוב פוסקים פסקו כרב תחלתן או סופן מ״מ כ׳ הב״י שאין להקל בדבר שהוא ספק כרת דהראב״ן והסמ״ג וסה״ת מספקא להו, אבל בדיעבד שכבר לנתה אצל בעלה „לא שבקינן ספיקא דידהו מפני ודאי דרוב פוסקים הנ״ל דפסקו כרב בוודאי״ וקיי״ל דשעת הדחק דינו כדיעבד, ובחכ״א שם כ׳ דבמקום חשש עיגון יש לסמוך על גדולי הפוסקים להקל בבדיקה א׳ בתוך ז״נ מלבד ההפסק טהרה, ובערה״ש שם כ׳ „נשים שמוכות ולוקות בחדרי בטנן במכות ופצעים תוך הרחם וגו׳ לכן מורין להן כעיקר הדין שיהיה לה בדיקה טהורה ביום הפסק טהרתה ובדיקה אחת בכל הז׳ ימים וכן מורין הלכה למעשה וגו׳״, וע׳ דגמ״ר ומש״כ בהערה קיז, קיט, קכ.

(קלא) ע׳ בת׳ בנין ציון (ס׳ ע״ד) בהשגתו על ס׳ אמירה לבית יעקב (הובא לעיל בהערה קכז) שכ׳ „אבל ודאי כל שיש לצרף בתוך ימי הבדיקה שיהי׳ בהם הפסקת טהרה ובדיקה ראשון ושביעי מהני ולכן לא בלבד כשלא בטלה רק בדיקת ז׳ בלבד יש לה תקנה שתבדוק בשמיני וטהורה לערב שאז מחשבינן בדיקת יום ראשון להפסקת טהרה ואפילו לא היתה הבדיקה בערב בין השמשות כדבעינן לכתחלה להפסקת טהרה שהרי בדיעבד גם בדיקת שחרית מהני כשלא ראתה באותו יום כמבואר שם ס״א בהגהה ובדיקת יום שני נחשבת לבדיקת יום ראשון ובדיקת שמיני לבדיקת שביעי אלא אפילו לא הפסיקה בטהרה ולא בדקה עצמה בראשון רק ביום שני וביום שלישי באותן הימים שיעדה להיות לה ז׳ נקיים וכל הימים שאחרי זה לא בדקה עוד עד שכלו כל ז׳ הימים נ״ל שדי לה שתבדוק בתשיעי ולכתחלה גם בשמיני [נראה דכוונתו שזכרה ביום ח׳ שלא בדקה בז׳ תבדוק לכתחילה ביום ח׳ דהוא יום ו׳ ממנין יום ג׳ ליום א׳ ובכל יום מז׳ ימי הספירה צריכה להיות בודקת לכתחלה וגו׳ (ס׳ קצ״ו ס״ד) ויום התשיעי נעשה ליום ז׳ ובעי בדיקה] שאז יעלה לה בדיקת יום שני להפסק טהרה ובדיקת יום שלישי לראשון ובדיקת יום תשיעי לשביעי ולערב טובלת וטהורה וגו׳״ ע״ש.

second day—becomes the הפסק טהרה examination (**קלב**). Therefore, the third day becomes the first of the Seven Clean Days, and the ninth day becomes the seventh of the Seven Clean Days (**קלג**). She may then immerse herself on the evening following the ninth day (**קלד**).

Application: A woman performed the הפסק טהרה examination and examined herself on the first three days of the Seven Clean Days. Since the examination cloths contained appearances of the questionable colors, she decided to show all the examination cloths to a Rav.

Upon the examination of the Rav, he ruled that the הפסק טהרה and the first day examinations were not acceptable, but those of the second and third day were valid. Therefore, the examination of the second day may be considered as the הפסק טהרה and the third day becomes the first day of the Seven Clean Days. Therefore, even if she omitted all other examinations until the ninth day, the ninth day is considered as the seventh day of the Seven Clean Days and she may immerse herself that evening (**קלה**).

If a woman omitted the seventh day examination

7. If a woman performed the הפסק טהרה examination and then examined herself on each of the first six days of the Seven Clean Days but forgot to examine herself even once on the seventh day, she may *not* immerse herself that evening (**קלו**). This is prohibited, since she omitted the crucial seventh day examination (**קלז**). However, since she examined herself on the second day, we

---

(**קלב**) שם.

(**קלג**) שם.

(**קלד**) שם.

(**קלה**) ע״פ הנ״ל.

(**קלו**) ע׳ לעיל הערה קיד דאף דרוב ראשונים פסקו כרב דתחלתן אע״ג שאין סופן כיון דהראב״ן והסמ״ג וסה״ת מספקו להו אולי הלכה כר״ח כ׳ הב״י דאין להקל נגדם באיסור כרת וכ״פ במחבר (ס׳ קצ״ו ס״ד) וכ״כ החכ״א (ס׳ קי״ז ס׳ י״ב) אם לא במקום עיגון וכ״פ החת״ס (ס׳ קע״ח) אם לא לנתה אצל בעלה (הובא בפת״ת ס׳ קצ״ו ס״ק ז׳) וכ״ד רוב פוסקים.

(**קלז**) שם. [**עיין** בפת״ת (ס׳ קצ״ו ס״ק ו׳) שכ׳ דמנובי״ת (ס׳ קכ״ח) מוכח דלא כמ״ש בדגמ״ר (ס׳ קצ״ו ס״ד) וע׳ לעיל הערה קכ שתמהנו על לשון הדגמ״ר, ועוד יש להעיר למה תפס בדגמ״ר דאם בדקה בא׳ מימים אמצעים וגם ביום ז׳ דמהני אמאי לא כ׳ גם דאם בדקה ביום א׳ ובא׳ מהאמצעים דמהני, והנראה בזה דמש״כ בדגמ״ר „ובלבד שעכ״פ ביום שפסקה בדקה כדי שתפסוק בטהרה״ אינו דינו דמחבר ס״ז „שלעולם אינה סופרת עד שתבדוק אם פסקה וגו׳״ אלא שלומד הנוב״י פי׳ הסמ״ג „שלא יהיה יותר מה׳ ימים בין בדיקה לבדיקה״ דאף בדיקת ההפסק טהרה בכלל ובעי תחלתן וסופן ולזה מהני בדיקת ההפסק טהרה לתחילתן, ובזה מדויק ל׳ הסמ״ג שכ׳ „מלבד יום שפסקה בו שצריכה לבדוק לערב כדי להפריש בטהרה״ דאם בודקת ביום ההפסקה וביום ז׳ ולא בדקה ביום א׳ אף דאיכא תחלתן וסופן איכא יותר מה׳ ימים בין בדיקה לבדיקה והוא דינו דאם בדקה ביום א׳ ויום ח׳ דלא מהני לר״ח, והכוונה בסמ״ג לפי דעתו דלר״ח הטעם דבעינן תחלתן וסופן הוא משום שלא יהא ה׳ ימים בין בדיקה לבדיקה, לפ״ז מיושב קושית הפת״ת שם

may consider the second day as the first day of the Seven Clean Days (**קלח**). Therefore, she then examines herself on the eighth day, and may immerse herself that evening (**קלט**).

If she performed the הפסק טהרה examination and the examination on the first day of the Seven Clean Days but omitted examinations on the last six days of the Seven Clean Days, although the הפסק טהרה examination is still valid (see Note on page 92, also see 6), the entire Seven Clean Days must be repeated (**קמ**).

If she examined herself only for the הפסק טהרה and on the eighth day

If a woman examined herself for the הפסק טהרה examination and omitted all other examinations until the eighth day, we have learned (see above, also see Note on page 92) that the הפסק טהרה examination is still valid (**קמא**). Therefore, the eighth day is then considered as the first day of the Seven Clean Days (**קמב**).

In case of extraordinary circumstances, a Rav should be consulted. We have learned (see 3) that under certain conditions it may be possible to count the

---

דבדגמ"ר איירי דבדיקה בהפסק טהרה ובא' מהאמצעים וביום ז' דתחלתן (היינו ההפס"ט) וסופן (היום ז') איכא ואין ה' ימים בין בדיקה לבדיקה, אבל בנוב"י איירי שבדקה בא' וג' וח' יום א' הוא תחלתן יום ח' הוא סופן וע"י בדיקת יום ג' אין יותר מה' ימים בין בדיקה לבדיקה, לפ"ז נמי מיושב אמאי לא כתב דאם בדקה ביום א' ובא' מימים מהאמצעים דמהני דליכא סופן, ולפ"ז נמי מיושב תמיהתינו בהערה קכ אמאי כ' א' מימים האמצעים ויום ז' ולא מהני ב' וג' או ב' וד' דליכא תחלתן וסופן אף דליכא ה' ימים בין בדיקה לבדיקה ודוק].

(קלח) הגרצ"פ פרנק זצ"ל ובנין ציון בהשגתם על אמירה לבית יעקב (ע' לעיל הערה קכז, קלא).

(קלט) שם.

(קמ) דכ' המחבר (ס' קצ"ו ס"ד) „ואין להקל" וע' לעיל בהערה קיד ובכ"מ.

(קמא) ע' לעיל הערה נב.

(קמב) כ' המחבר (ס' קצ"ו ס"ד) „**אבל אם לא** בדקה בכל הז' וביום השמיני בדקה ומצאה טהורה **אין לה אלא** יום ח' בלבד ומשלמת עליו" **והיינו אליבא דרב, ולפי הי"א שם דהוא** דעת רבי חנינא דבעינן א' וז' כ"ש דאין **לה אלא** יום ח' בלבד. **בטעם** הדבר ע' חזו"א (צ"ב:ח) שכ' „וצ"ל הטעם דכיון דצריך בדיקה אחת תוך ז' וכבר נתבאר דאין שייך בדיקה בלא הפרשת טהרה ובדיקת הפרשת טהרה הוא מעיקר פירוש הקרא וספרה לה, והלכך שפיר י"ל דכמו דצריך לר"ח ב' בדיקות בז' הימים אחת בתחלתן ואחת בסופן ה"נ לרב צריך בדיקה אחת תוך ז' של אחר יום הפסקת טהרה ואם בדקה אח"כ לא מהני למיהוי כסופן אבל לתחלתן עולה אע"ג דנתרחק מיום הפרשתה, וטעמא דמלתא דסופן צריך להחזיק הטהרה למפרע ואינו אלא ע"י בדיקת ההפרשה ולכן אינו מועיל רק תוך ז' אבל תחלתו מחזיק על להבא וגם ההפרשה הוא אלהבא לכן לא אכפת לן בהרחקתן ומסתברא דאינו אלא מדרבנן, ונראה דאם הפרישה בטהרה והיה בדעתה שלא למנות יום המחר רק התחילה למנות ביום שלאחריו ולא בדקה עד יום ח' שהוא יום ז' למניינה זהו דינא המבואר בשו"ע לא בדקה עד יום ח' דהיינו יום ח' מיום שלאחר יום ההפרשה ואין כאן תנאי שתהי' בדעתה למנותו ובסדרי טהרה לא כתב כן וצ"ע".

Seven Clean Days from the first day—even if she omitted *some* examinations during the Seven Clean Days (**קמג**).

If she is unable to perform a thorough examination

8. We have learned (see 1) that the manner of examination required during the Seven Clean Days is the same thorough examination required for the הפסק טהרה examination. We have also learned (see 2) that this examination should be performed *twice* a day during *each* of the Seven Clean Days.

Although this *thorough* examination must be performed with this frequency (**קמד**), if a woman experiences difficulties* as a result of performing this thorough examination for each of her בדיקות, a Rav must be consulted (**קמה**). Depending upon the circumstances, a Rav may advise her to eliminate some examinations (see 4) or to perform this thorough examination only for the *minimum* frequency required for this examination—which is the הפסק טהרה examination and once during the Seven Clean Days—preferably the first day (**קמו**). The other examinations [or examination, see 3] should be performed to the best of her ability (**קמז**).

*Note: A woman may be considered as experiencing difficulties as a result of this

---

(קמג) ע׳ לעיל הערה קל.

(קמד) כ׳ המחבר (ס׳ קצ״ו ס״ד) „בכל יום מז׳ ימי הספירה צריכה להיות בודקת לכתחלה פעמים בכל יום אחת שחרית וא׳ סמוך לבין השמשות וגו׳״ ובס״ו כ׳ „כל בדיקות אלו בין בדיקת הפסק טהרה בין בדיקת כל שבעה צ״ל וגו׳ ותכניסנו באותו מקום בעומק לחורים ולסדקים וגו׳״.

(קמה) ע׳ בסמוך.

(קמו) ע׳ ב״י (ס׳ קצ״ו ד״ה ומ״ש שתכניסנו) שכ׳ „והנ״ל לבעל נפש דכיון דהרא״ש ורבינו ירוחם והגה״מ הצריכו שהבדיקה תהיה בענין זה שיצא את כולם ויצוה בביתו דבדיקה שבודקת בהפסקה ובדיקה א׳ מבדיקות שבתוך הז׳ תהיה בענין שיגיע עד מקום שהשמש דש ושאר הבדיקות אף אם לא יגיע שם לית לן בה שמאחר שרוב הפוסקים פשיטא להו דהלכה כרב סגי ליה בבדיקה אחת מתוך ז׳ אע״פ שלכתחלה הצריכו לבדוק בכל יום לענין בדיקה בענין זה שהוא דבר קשה וגם כי רוב הפוסקים אין צריכים לבדוק בענין זה דיינו לעשות כדברי המצריכים לבדוק בענין זה בבדיקות המוכרחים שהם בדיקת יום הפסקה ובדיקה א׳ בתוך ז׳ או בתחלתן או בסופן או באמצען וגו׳״ ע״ש וכ״כ המחבר (ס׳ קצ״ו ס״ו) „אם יקשה בעיניה מאד להכניסו כל כך בעומק לפחות בדיקה של יום הפסק טהרה ובדיקה של יום ראשון מהשבעה תהיינה עד מקום שהשמש דש״ וכ׳ הרמ״א שם „ואם לא עשתה כן בבדיקת יום ראשון תעשה פעם אחת כן מבדיקות שאר הימים (ב״י) מיהו בדיעבד אם לא עשתה כן כלל רק שבדקה עצמה יפה בחורין ובסדקין בעומק היטב כפי כחה אע״פ שלא הגיע למקום שהשמש דש סגי לה״ וע׳ בסד״ט (ס׳ קצ״ו ס״ק כ״ה) שכ׳ „יש להצריך בדיקה זו בראשון שלה וגו׳״ וכן ע׳ בהל׳ נדה שבס׳ גדר עולם (אות ט׳) שכ׳ „ואם כבד לה לעשות כן בכל יום למעה״ש לכה״פ פעם אחת משבעת הימי נקיים [והעיקר ביום ראשון] מוכרחת לעשות הבדיקה ממש כבדיקת ההפסק טהרה ושאר הבדיקות תעשה איך שתוכל. אך כל אשה צנועה בל תיקל עצמה בהבדיקות ותבדק עצמה היטב כל שבעת הימים וגו׳״.

(קמז) שם.

examination if the examination is painful, or if these examinations irritate her skin, or if she has a tendency to stain as a result of frequent examinations (קמח). However, if she experiences only slight discomfort, she may be advised to examine herself thoroughly once daily (קמט). Where there is any question, a Rav must be consulted.

If she did not examine herself properly

If a woman did not examine herself *properly* at least once during the Seven Clean Days [aside from the הפסק טהרה examination]—that is, if she did not insert the examination cloth deeply into her vaginal canal or she did not move it around slowly and carefully in all crevices and folds, even if she examined herself by inserting the examination cloth slightly and wiping herself internally—her Seven Clean Days are *not* valid, her immersion is not considered an immersion and she remains a Niddah (קנ).

Performing additional examinations

9. Although a woman who examines herself more than the required twice each day of the Seven Clean Days is praiseworthy (קנא), nowadays, many women have sensitive skin and repeated examinations may cause them irritations and bleeding. Therefore, these women should not examine themselves more than required (קנב).

(קמח) ע׳ לעיל הערה קכד.

(קמט) ע׳ ב״י שם שכ׳ „ואע״פ שקצת פוסקים סוברים שצריכה לבדוק בכל יום וגו׳ ומטעם זה אע״פ שסמ״ג וסה״ת והמרדכי בשם הרוקח מצריכים לבדוק פעמים ביום נראה דבבדיקה זו הקשה סגי בפעם אחת שתבדוק ביום שהיא בודקת בה והפעם השנית תהיה כשאר בדיקות וגו׳״ וע׳ לעיל הערה קכה בשם הסד״ט.

(קנ) כ׳ בהל׳ נדה בס׳ גדר עולם (אות ט׳) „ואם לא בדקה עצמה היטב אף באחד משבעת הימים בבדיקה טובה בעומק כמו שצריך להיות ורק הכניסה מעט וקנחה עצמה אינה נחשבת השבעת ימי נקיים לכלום וטבילתה אינה טבילה ועדיין היא נדה גמורה״.

(קנא) תנן (י״ג.) „כל היד המרבה לבדוק בנשים משובחת״ ופרש״י „כל היד המרבה לבדוק. שבודקת תמיד שמא ראתה: בנשים משובחת. שמתוך כך לא אתי לידי ספק טומאה ובעלה לא אתי לידי איסורא״ וכ״פ המחבר (ס׳ קפ״ד ס״א) „אבל שלא בשעת תשמיש כל המרבה לבדוק הרי זו משובחת״ וכן (בס׳ קצ״ו ס״ט) „האשה שמרבה לבדוק בין בימי ספירתה בין בימים שלא ראתה בהם הרי זו משובחת אע״פ שיש לה וסת קבוע״ וכ״נ פירושו, וע׳ תשובות הגרמ״פ שליט״א בסוף הספר (אות כ״ח).

(קנב) ע׳ ערה״ש (ס׳ קצ״ו ס״ל) „אך אשה שיש לה מכה באותו מקום שתולין במכה אין לה לבדוק רק במה שמוכרחת מדינא כמו שנתבאר״ ובחכ״א (קי״ז:י״ג) „האשה המרבה לבדוק בין בימי ספירתה בין בימי טהרתה ה״ז משובחת אבל הנשים העלולים למצוא ע״י בדיקה נקודים קטנים שחורות ואדומות כנזכר בב״א סי ו׳ מוטב להם שלא יבדקו כלל בימי טהרתה אם לא שמרגשת בעצמה זיבת דבר לח אזי מחוייבת לבדוק אבל בימי ספירה צריכה בדיקה ב׳ פעמים בכל יום״ וע׳ נובי״ת (ס׳ קכ״ט) שכ׳ „ועוד מטעמא אחרינא הייתי מקיל שהרי יש לחוש שע״י רוב הבדיקות יגרמו שהמכה תגלע ותוציא דם ונצטרך אח״כ להקל כאשר תמצא דם לתלות במכה יותר עדיף שלא לבוא לידי

Application: It is recommended that a woman who wiped herself should not inspect the cloth or tissue for bleeding unless she experienced הרגשה (קנג) (see Chapter I B 3 Note, I C 1).

Examinations must be made during the day

10. All examinations during the Seven Clean Days must be made during the daytime. An examination performed at night is not valid* (קנד).

*See Note on page 114

קולא זו וגו׳״ וע׳ בחת״ס (ס׳ קמ״ד) שכ׳ „וגם לא תוסיף לבדוק שלא לצורך כ״כ דומיא מ״ש רמ״א סי׳ ל״ג דטוב הי׳ יותר לתקן שלא לבדוק הושט כלל משנבדוק ונוהגים קולות״ וכן ע״ש שכ׳ (בס״ס קמ״ה אות ג׳) „למה לה לבדוק ולגרום לן להכניס עצמינו בקולא טוב לה שלא תבדוק וגו׳״ וכן ע׳ בסד״ט (קצ״ו ס״ק ט״ו) משו״ת שב״י שכ׳ „מאחר שאנן פסקינן דאם לא בדקה רק פעם ראשונה די בזה א״כ טוב לנו לסמוך על קולא זאת מלבדוק אותה ולהקל אח״כ בענין ראייתה וגו׳״.

(קנג) ע׳ שם וע׳ תשובות הגרמ״פ שליט״א בסוף הספר (אות כ״ח).

(קנד) ע׳ תוס׳ (פסחים פ״א. ד״ה א״נ) שכ׳ דלרש״י ספירת לילה הויא ספירה והתוס׳ שם (ובמגילה כ: ד״ה ספירה ובנזיר ט״ז. ד״ה זבה ובנדה ע״א: ד״ה הרואה) פליגי וכתבו „דודאי ספירת לילה לא הויא ספירה״ ובנוב״י (ק׳ ס׳ מ״ו ד״ה והנה הרמב״ן) כ׳ „וגם הרמב״ם בפ״ו מא״ב פסק דלא מקרי ספירה״ וע׳ בסד״ט (ס׳ קצ״ו ס״ק י״ט) שכ׳ „דליכא ספירה בלא בדיקה וכמו שהספירה צריך ביממא ה״נ הבדיקה וכ״מ מתוס׳ דף ס״ט ד״ה שבעה לנדה וז״ל דאי אין בדיקת סוף יום עולה לספירה לא היה תקנה לבנות ישראל אא״כ יבדקו בעליית עמוד השחר דספירת הלילה אינה ספירה עכ״ל מבואר דהבדיקה הוי משום ספירה וצריך להיות ביום דוקא ואין ראיה מלשון הרשב״א בתה״ק הביאו ב״י כאן דמשמע נמי דטעמא דהבדיקה ביום היא משום דניכר טפי ביום מבלילה י״ל דאיהו לשיטתיה אזיל דס״ל דסגי בסופן אע״פ שאין תחלתן וע״כ לאו משום ספירה הוא אלא דימים מוחזקים בעינן ומעתה אין לחלק בין בדיקה ביום ובין בדיקת לילה אבל למ״ש המחבר דאין להקל בלא בדיקות תחילה וסוף ולפמ״ש לעיל דלדעה זו ספורים לפנינו בעינן וטעמא דבדיקה משום ספורים הוא א״כ הבדיקה דוקא ביום ולא בלילה ומעכב אפילו בדיעבד לכן יש להזהיר לביתו שתבדוק דוקא ביום וכמ״ש הסמ״ג שחרית בקומה ממטתה וערבית כשהולכת לבה״כ ובדיעבד אפילו פעם אחת ביום מהני וכמש״ל ואין להקל נגד דעת התוספות אחר זה ראיתי בריק״ש שכתב וז״ל אין הבדיקה עולה כהוגן אלא ביום עכ״ל אולי כוון לטעם שכתבתי״ וע׳ בשמלה (ס׳ קצ״ו ס״ק ה׳) שכ׳ „דאף לדעת הרמב״ם דס״ל ספירת לילה לא הוי ספירה מ״מ י״ל דבדיקת לילה הוי בדיקה ורק לענין טבילה לא הוי ספירת לילה ספירה אבל הבדיקה אין לה ענין לספירה, תדע שהרי הספירה צריכה שבעה ובדיקה אפילו אחת סגי, ובע״כ שאין זה תלוי בזה אלא כל זמן שהיא בודקת כיון שעכ״פ הבדיקה מורה שהיא נותנת אל לבה ומחשבת שיהיה הימים נקיים שוב עולין לה כל השבעה ימים וגו׳ וראיתי בס״ט ס״ק י״ט שכ׳ דלמאן דס״ל דסגי בבדיקה א׳ ה״ה דמהני בדיקת לילה אבל למאן דבעי תחלתן וסופן בעינן דוקא בדיקה ביום וגו׳ וכפי הנראה אינו מוכרח וגו׳״ ע״ש וע׳ בפת״ז (ס׳ קצ״ו ס״ק י״ג) שכ׳ „מ״ש הלו״ש לחלק בין ספירה לבדיקה יש מקום רק להסוברים דבדיקה לאו דוקא רק צריכה השגחה ע׳ פתיחה אות זיי״ן אולם לדעת החוו״ד והס״ט סקי״ח שהעלה לפי מה דקיי״ל כר״ח דתחילה וסוף בעינן א״כ הבדיקה עצמה מה״ת א״כ הבדיקה מיקרי

If she forgot to examine herself until after sunset

If a woman reminded herself a few minutes after sunset that she did not examine herself that day, she should examine herself *immediately* and note the time of the examination. She should then ask a Rav (**קנה**).

Note: Although an examination performed at night is not valid, this does *not* mean that if she omitted an examination during the day and performed it at night that she is required to repeat the Seven Clean Days (**קנו**). As we learned previously (see 3), if a woman examines herself [for the הפסק טהרה and] at least *once* on the first day and *once* on the seventh day even if she omitted *all* other examinations, her Seven Clean Days are valid **בדיעבד** (**קנז**). Therefore, if a woman examined herself at night, the examination is not valid and the Seven Clean Days must be repeated only if this was the *sole* examination on the first and seventh day (**קנח**) (see 5-7).

Inspecting the examination cloth

11. We learned previously (see Chapter III B 6) that the examination cloth should be inspected by daylight to ascertain that no blood or stains are present

---

ספירה ואין ספירה בלילה וגו׳״ ע״ש וע׳ בחזו״א (צ״ב:י״ב) שכ׳ „ענין ספירת לילה עיקרו וגו׳ וע״כ דפי׳ הקרא ימים ולא לילות ומזה למדו רבותינו בעלי התו׳ דענין הבדיקה שהוא פי׳ הספירה צריך נמי ביום אבל י״ל דענין הבדיקה שהוא לברר הטהרה צריך לידון אחר דין עצם הטהורין שראית לילה סותרת וגו׳״ ע״ש שהאריך בזה וכ׳ בסופו „וכש״כ למאי שנתבאר לעיל סק״ז די״ל דלרב א״צ כלל מעיקר הדין בדיקה אלא ידיעה דמהני בדיקת לילה, וצ״ע״ וע׳ בשו״ת בית שלמה (ס׳ מ״א). [מש״כ בב״י (ס׳ קצ״ו ד״ה כתב האגור) מתוס׳ פ״ק דביצה וכ״כ באגור (א׳ שע״ו) לא מצאתי בביצה אלא בפ״ק דנדה (ז: ד״ה ר״א) אלא דבמקום „ודוקא יום ז׳ אבל ליל ז׳ לא״ בתוס׳ שלפנינו כתוב „ודוקא יום ז׳ אבל יום ח׳ לא״] וע׳ אג״מ יו״ד ח״ג ס״ס מ״ה.

(קנה) כך נראה, והטעם דאם לא בדקה כלל או ביום א׳ או ביום ז׳ עד אחר שקיעה נראה דיש להקל לפי דעת הגרמ״פ שליט״א בדיעבד עד ט׳ מינוט אחר שקיעה באופק נוא יארק (ע׳ לעיל פ״ג הערה יז) בדליכא תרתי קולי דסתרי אהדדי ע״ש, ובשעת הדחק נראה דיש לסמוך על דעת השמלה (ס״ק ה׳ הובא בהערה קנד) להקל בבדיקת לילה אם יש לה בדיקה אחרת בתוך ז״נ (ולזה יש לצרף דעת רוב הפוסקים הובא לעיל בהערה קיד דס״ל כרב ראשון או אחרון), ואם בדקה בא׳ וז׳ ממ״נ יש להקל בדיעבד. וכ׳ באג״מ (יו״ד ח״ב ס׳ ע״ט) „אבל כיון שהוא רק דין דלכתחלה לכן כשהיה קשה לה לבדוק קודם שקיעה תוכל לסמוך לבדוק גם בביה״ש ואם לא יכלה לבדוק בביה״ש הראשון תבדוק עד צה״כ שהוא גמר ביה״ש דשיטת ר״ת. ואם עבר זמן זה ולא בדקה שוב אינה צריכה לבדוק באותה הלילה דכמאן דליתא הוא, אבל תהיה מותרת גם בלא בדיקה זו, דבדיעבד עלו לה גם בבדיקה דיום ראשון ויום שביעי לבד, וגם הרבה סוברין דאף לכתחלה אינה צריכה לבדוק אלא פעם אחת ביום עיין בטור ובב״י״ וע׳ לעיל (הערה קנד) משמלה חדשה וש״א דס״ל דבדיקת לילה מהני, נראה דלפי דעתם הכא יש לבדוק בלילה.

(קנו) שם.

(קנז) ס׳ קצ״ו ס״ד.

(קנח) שם.

(קנט). However, an inspection with an incandescent or fluorescent light is also valid (קס).

Examination cloths which should be shown to a Rav, see Chapter I B 4, Chapter III B 7.

Concerning examinations for women who are blind, see Chapter III B 9. Concerning examinations for women who are deaf, mute, deaf-mutes, mentally retarded or mentally ill, see Chapter III B 10.

Note: If an examination cloth or a stain on a garment was shown to a Rav at one time and it was declared unclean, she should not assume that the exact color appearing at a different time is also unclean (קסא). The other examination cloth or garment should also be shown to a Rav (קסב).

There are many questionable hues and colors (see Chapter I B 5) (קסג) and

---

(קנט) כ׳ הרמ״א (ס׳ קצ״ו סס״ד) „והבדיקה תהיה לאור היום ולא לאור הנר ובדיעבד מהני אפילו לאור הנר״ וע׳ לעיל פ״ג הערות קיג־קטז.

(קס) ע׳ שם.

(קסא) ע׳ רמ״א (ס׳ קצ״ו ס״י) „י״א דבשלשה ימים ראשונים של ימי הספירה אם מצאה כתם אין תולין אותו להקל כמו שתולין שאר כתמים דג׳ ימים ראשונים צריכים להיות נקיים לגמרי אבל אח״כ דינו כשאר כתם וכן נוהגין ודוקא כתם שהוא יותר מכגריס ועוד אבל פחות מכגריס ועוד תולה בכינה אפילו ג׳ ימים ראשונים וה״ה אם היה לה מכה בגופה ויודעת שמוציאה דם תולה בה אפילו ביתר מכגריס ועוד אלא שאין מקילין בשלשה ימים הראשונים לתלות במכה שאין ידוע שמוציאה דם או בשאר דבר שתלינן בהם כתם״ [ונראה דביאור דין ג׳ ימים הוא דעד ההפסק טהרה היא בחזקת רואה ובהפסק טהרה עדיין לא נתחזק שפסק דם המקור לגמרי ובג׳ ימים מחזיק אותה בחזקת שפסק דם המקור לגמרי (וכ״כ באג״מ יו״ד ח״ג ס׳ נ״ה ענף ו׳) וע׳ ערה״ש (ס׳ קצ״ו ס׳ ל״ג) שכ׳ „ועיקר הטעם כמ״ש משום דעדיין לא הוחזקה בטהרה״ וע״ש (בס׳ ל״ד) שכ׳ „אמנם הני נשי דידן דמתחילין לספור ביום ו׳ לראייתה נלע״ד דכיון שעברו ג׳ ימים תולין גם בג׳ ימים הראשונים של הימים הנקיים [וכ״כ בהגהת רב״פ] ודינו של רבינו הרמ״א הוא בראתה בתוך ימי ספירתה וכן אם יושבת על הכתם יש להקל גם בג׳ ימים הראשונים [דגמ״ר] וכמדומני שעכשיו אין המנהג אצל בעלי הוראה לישאל בתליית כתם באיזו מהימים עומדת ולכאורה היה להם לשאול אולי הוא בג׳ ימים הראשונים ולמש״כ א״ש וגו׳״ וע׳ פת״ז (ס׳ קצ״ו כ״ב:ד׳) ממנח״י וב״ש. וע׳ אג״מ (יו״ד ח״ב ס׳ ע״ח) דאם ראתה כתם בהרגשה בתוך ג׳ ימים של פסיקת הדם יש להחמיר גם במראה געל וברוין, ולאחר ג׳ אם אין זה נוטה לאדמימות של דם אלא כשעוה וזהב או שהוא רק ברוין לא יסתור. „ואם היה זה בלא הרגשה אבל ע״י בדיקה שהוא ספק שמא הרגישה יש מקום להקל בשעת הדחק במראה געל וברוין, אף בג׳ ימים ראשונים כיון שהוא רק ספק הרגשה. ואם הוא ודאי בלא הרגשה שרק נמצא כתם על בגדיה אף שהוא כשיעור גריס שטמאה בכתם, יש להקל במראה געל וברוין אף בתוך ג׳ ימים ראשונים, אבל במראה הנוטה לאדמימות יש להחמיר אף בכתם״ וע׳ באג״מ (יו״ד ח״ג ס׳ נ״ה סוף ענף ה׳) ובתשובותיו בסוף הספר (אות ו׳).

(קסב) והטעם מתבאר בפנים בסמוך.

(קסג) ע׳ לעיל פ״א הערות מו־נג.

various other factors may possibly affect the determination of the Rav (קסד) (see ibid. 6). Since her halachic status may now be considered different, it is always advisable to ask a Rav when in doubt and to show him the examination cloth or stained garment.

Many women assume that because they are staining, they will be unable to observe the Seven Clean Days. Therefore, months and even years may pass with minimal permissible periods. Although this *may* be her true halachic status, a Rav should be consulted. Very frequently, after acquainting the Rav with the medical reasons for her staining, he may be able to advise her how to perform the הפסק טהרה examination and how to observe successfully the Seven Clean Days (**קסה**).

Examination cloths should be inspected right away

12. Although it is advisable for a woman to inspect her examination cloths immediately after the examination (**קסו**), if she did not inspect any of the examination cloths until the seventh day they are, nevertheless, valid (**קסז**).

(קסד) ע׳ לעיל הערה קסא ולעיל פ״א בפנים אצל הערות נד־סב.

(קסה) כגון אם פסקה בטהרה ויש לה בדיקת יום ראשון בטהרה ואח״כ מצאה כתם יותר משיעור כגריס ועוד והיא חושבת שצריכה להפסיק בטהרה מחדש, ואם תברר ע״י רופא [או אפילו ע״י עצמה כמו שייעץ לה הרב] שיש לה מכה שמוציאה דם אינה צריכה למנות מחדש. ואף אם אינה יכולה לפסוק בטהרה מחמת המכה אם יודעת מקום המכה יש ליעצה שתבדוק שאר המקומות חוץ ממקום המכה, ועצה כזו שמעתי מפי הגרמ״פ שליט״א, ונראה דאין חסרון שלא בדקה חורין וסדקין כמו שהאריכו האחרונים לענין טבעת ברחמה (ע׳ לעיל הערה ק׳) ע׳ פת״ת (ס׳ קצ״א ס״ק ד׳) וש״א. ע׳ אג״מ (או״ח ח״ד ס׳ ק״ה אות ד׳) הובא לעיל בהערה צ׳ לענין אשה שצריכה לתת פתילות באו״מ. ותן לחכם ויחכם עוד ואכמ״ל.

(קסו) כך נראה. **מראה** לח ע׳ ב״ח (ס׳ קפ״ח ד״ה דבר) שכ׳ „ולכן כשיביאו מראה ירוק ולבן לפני המורה בעודו לח לא יורה בו דבר עד שיתיבש״ והט״ז (ס׳ קפ״ח ס״ק א׳) חולק עליו ומסיק „ע״כ נראה דלית מאן דחש לאותה חומרא שלא לראות כשהוא לח״ [וכ״כ הש״ך ס״ק ג׳] וע׳ פת״ת (שם ס״ק ג׳) וש״א. **ולענין** מראה שנשתנה כתב בתשובות הגרמ״פ שליט״א בסוף הספר (אות ד׳) כחכ״צ (בפת״ת ס׳ קפ״ח ס״ק ג׳) שיש למיזל בתר יציאה מן הגוף בין לטמא בין לטהר וכו׳ „אבל פשוט שהוא דוקא כשהרב עצמו ראה מתחלה אבל לא תהא האשה עצמה נאמנת שבשעת יציאה מן הגוף לא היה במראה זה טמאה אלא במראה אחר שהיא טהורה, וגם לחומרא מסתבר שאין להאמינה ויש לנו לומר כי רק נדמה לה, דהא אף רבי וכו׳ שא״כ ודאי על ראיית האשה נגד ראייתנו עתה אינו כלום שאם החכם רואה שאינו מראה טמא אינו כלום מה שהיא אומרת שנשתנה המראה טובא ועדיין יש לעיין בזה״. וע׳ לעיל פ״ג הערה קטז.

(קסז) טה״י (ס׳ קצ״ו ס׳ כ״ז) ופת״ז (ס׳ קצ״ו ס״ק י״ג ד״ה ועי׳ בב״י) **משו״ת הד״ר שכ׳** „**כשאשה בודקת א״ע בז׳ בדיקות או בשעה״ד בג׳ בדיקות ואח״כ רואה אותם בב״א בודאי** תשתרי למפרע וגו׳״ ע״ש. **עיין בהר צבי** (ס׳ קנ״ו) „**ע״ד אשה שבדקה א״ע ביום ז׳ לספירתה וביום ההוא לא הספיקה לראות את העד ולדעת אם טהורה היא, עד יום המחרת ביום השמיני, ומצאה שטהורה היא. ונסתפק, דמכיון שביום ז׳ עצמו לא ידעה אם טהורה היא לא יצטרף יום השביעי לז׳ נקיים שהרי בזמנו לא היו הספורים לפנינו״** וע׳ שכ׳ „ולכאורה

Repeating the Seven Clean Days

13. We have learned (see Chapter III B 8) that if blood or a stain was discovered on an examination cloth during the הפסק טהרה examination, the הפסק טהרה examination may even be repeated the same day (**קסח**). Similarly, if blood or a disqualifying stain was discovered during the Seven Clean Days, although she is *not* required to repeat the Five Day Waiting Period (**קסט**), she is required to repeat the הפסק טהרה examination (and here the מוך דחוק may be *required*, see Chapter III C 4), and begin the Seven Clean Days on the following evening (**קע**).

C. WEARING WHITE

Undergarments and sheet

1. The second requirement of the Seven Clean Days is to wear clean white* prechecked underpants [pajamas and nightgown] (**קעא**). Similarly, when lying

*See Note on page 118.

השאלה שלפנינו תלויה במחלוקת של המעיל צדקה והצ״צ [ע׳ לעיל הערה סג]. אולם לאחר העיון נראה שבנידון דידן גם המעיל צדקה יודה וגו׳״.

(קסח) ע׳ אמירה לבית יעקב פ״ג הערה 1.

(קסט) ש״ך ס׳ קצ״ו ס״ק כ״ב.

(קע) שם.

(קעא) כ׳ הב״י (ס׳ קצ״ו ד״ה כתב המרדכי) „כתב המרדכי בשם הרוקח דיום שפוסקת מלראות תבדוק עצמה לערב ותלבש חלוק לבן שאם תראה עוד שיהא ניכר בחלוקה ובלילה תשים סדינים לבנים במטתה או נקיים מכתמים״ וז״ל הרוקח (ס׳ שי״ז ד״ה שבעה) „ולובשת בגדים חלוק לבן וסדין לבן על מטתה זהו ימי לבון״ [ומש״כ בב״י ממרדכי בשם הרוקח „מנהג כשר וגו׳״ הוא באגור (ס׳ א׳ שע״ו) בשם הרוקח אבל ברוקח שלפנינו שם הוא בקצת שינוי „ויש שרוחצות פניה של מטה ובודקת אותו מקום וגו׳״ וע׳ עוד ברוקח שם (לפני זה בד״ה ווסתות) „ומשפוסקת לראות היא לובשת חלוק לבן ובודקת תדיר וסדין לבן שיהא ניכר הדם וגו׳״. עוד כ׳ הב״י שם „וז״ל האגור [ס׳ א׳ שע״א] אשה ההולכת בדרך ואין לה בגדים נקיים ללבוש [בימי לבונה] תספור שבעה נקיים רק שהחלוק נקי מדם ויש חולקים שערי דורא עכ״ל (והוא בשע״ד ס׳ י״ט בקצת שינוי לשון). מלשונות אלו היה אפשר לפרש דאין פי׳ לבנים וימי ליבון וכדו׳ לבן חוורא אלא כעין מלאכת מלבן פי׳ נקיים שנתכבסו אף אם צבועים וכן משמע מל׳ המחבר (ס׳ קצ״ו ס״ג) שכ׳ „תלבש חלוק הבדוק לה שאין בו כתם ובלילה תשים סדינים הבדוקים מכתמים״ ואף מל׳ הרמ״א שם אינו מוכרח שכ׳ „ולובשת לבנים וגו׳ אבל בשעת הדחק כגון אשה ההולכת בדרך ואין לה בגדים תוכל לספור ז׳ נקיים רק שהחלוק נקי ובדוק מדם״ דאפשר לפרש דבריו דהמנהג ללבוש בגד נקי המכובס אבל בשעת הדחק שאין לה בגד המכובס סגי בחלוק נקי אף שלבשה מכבר [וכן יש להוכיח מל׳ הרמ״א (או״ח ס׳ תקנ״א ס״ג) שכ׳ „אבל בט״ב עצמו לא תלבש לבנים רק לובשת חלוק בדוק ויפה״ דמשמע דבט״ב תלבש חלוק בדוק ויפה שאינו מכובס דאין איסור בימים אלו ללבוש בגד לבן רק המכובס אסור ע״ש ודוק וע׳ לקמן הערה קפד]. ואף דאין ספק דמנהגן של בנות ישראל ללבוש בגד לבן [היינו חוורא] נקי ומכובס וכ״כ

in bed, she is required to have a clean white prechecked sheet spread on her bed (**קעב**). If, while in bed, she is wearing tight-fitting white underpants, there is a view that holds that a white sheet is not required on her bed (see Chapter III C 6). However, we have learned (ibid.) that the minhag is to use a white sheet (**קעג**).

Inspecting the undergarments

The white undergarments and white sheet must be inspected after use, in order to ascertain that there was no bleeding or staining (**קעד**). It is advisable for this inspection to take place daily (**קעה**).

> Note: Although white undergarments and sheets are required during the Seven Clean Days, during the days she is permitted to her husband (ימי טהרה) we have learned (see Chapter I D 2 b) that it is advisable for her to wear colored undergarments (**קעו**). Similarly, she should use a colored sheet during those permissible days (**קעז**).

בתוה״ש (ס״ק ח׳) „וגם צריך להיות שהכתם ניכר בה משא״כ חלוק צבוע" והחכ״א (ס׳ קי״ז ס״ח) „ונ״ל דאע״ג שכתבתיו לעיל כלל קי״ג ס״ט שאשה יכולה ללבוש צבעונים וגו׳ אבל בשבעה נקיים אלו יהיה לבנים כדי שאם תראה עוד שיהא ניכר בחלוקה" ופת״ת (ס׳ ק״צ ס״ק כ״ב) וש״א אבל יש לעיין היכן מקורו, ואפשר דמחמת פשיטותו סתמו הראשונים דהטעם שאין לה ללבוש מלוכלכים שלא תבא לידי ספק (ע׳ ת׳ מהרי״ל הובא בב״י ס׳ שפ״א סד״ה נדה) אם מז׳ נקיים או מקודם ונבא לטהר הכתם ורצו חז״ל בירור בז״נ כמו שהחמירו בב׳ בדיקות בכל יום כבטהרות ואכמ״ל. **ומש״כ** לענין בגדי שינה כך נראה כיון שסמוכים לגופה. ופשוט דאין חיוב מיוחד בימי ליבונה ללבוש תחתונים בכל זמן אלא כשלובשת תחתונים צריכים להיות לבנים, ע׳ תשובות הגרמ״פ שליט״א בסוף הספר (אות כ״ח, כ״ט) ודוק.

(קעב) שם. ומש״כ בחכ״א שם „וגם תבדוק הכרים והכסתות שיהיו נקיים" לא מצאתי בש״א.

(קעג) שמעתי מפי הגרמ״פ שליט״א. [ומקור לזה מפת״ת (ס׳ ק״צ ס״ק כ״ו) מסד״ט ע״ש ודוק] וכ׳ הגרמ״פ שליט״א בתשובותיו בסוף הספר (אות כ״ז) „כשלובשת בז׳ נקיים אף כשהמכנסים שלבשה הם מהודקים לגופה טוב שתשים סדין לבן על מטתה משום שאיכא דחושבין אף לשאינם מהודקים ממש לגופה שהם מהודקים דלאו כל נשי שוין בחשיבות הדוק, וגם הא יש חלוק בין ישיבה לשכיבה ובין ישיבה ושכיבה לעמידה, ולכן טוב שגם תשים סדין לבן על מטתה".

(קעד) ע׳ לעיל הערה ח.

(קעה) ע׳ שם. ומש״כ ברע״א שם „להיות בודקת לכתחלה. עצמה וחלוקה" וקאי אדברי המחבר (ס׳ קצ״ו ס״ד) שכ׳ „בכל יום מז׳ ימי הספירה צריכה להיות בודקת לכתחלה פעמים בכל יום וגו׳" היה משמע דגם בדיקת חלוקה פי׳ עיון בחלוקה צ״ל פעמים בכל יום, מ״מ מקורו הוא מהרא״ש שכ׳ „בכל יום" לפיכך אינו מוכרח וצ״ע לדינא. **עצה** לאשה שחוששת לכתמים שאם תבדוק חלוקה כמה פעמים ביום ומוצאת כתם פחות מכשיעור יכולה להחליף לחלוק אחר, והרבה פעמים שיעור כגריס ועוד הוא מצירוף טיפים טיפים בזמנים שונים ביום לפיכך עצה זו תצילנה מכתם האוסרה.

(קעו) ע׳ רמ״א (ס׳ ק״צ ס״י) ותוה״ש (ס״ק

If she is away from home

2. If she is away from home (**קעח**) or in another situation where white undergarments are unavailable to her (**קעט**), she should examine her colored garments for stains (**קפ**). If they are clean, under these circumstances, they may be worn during the Seven Clean Days (**קפא**).

Similarly, if she is staying in a hotel or in someone else's home and only colored linen is available to her, she should examine them for stains (**קפב**). Under these circumstances, it is sufficient (**קפג**).

Wearing white during mourning

3. We have learned previously (see Chapter III D 4) how a woman during *Shiva* should wash herself before performing the הפסק טהרה examination. Regarding the requirement for wearing white, she may change to clean white garments—even during the time that she is observing *Shiva* (**קפד**) or on Tisha B'Av (**קפה**).

י"ד), וחכ"א (ס' קי"ג ס"ט). ונראה שתקנח בנייר צבוע ואם משתמשת בנייר לבן אינה מחוייבת להסתכל בנייר אם לא ארגשה ע' תשובות הגרמ"פ שליט"א בסוף הספר (אות כ"ח).

(קעז) שם.

(קעח) כ' הרמ"א (ס' קצ"ו ס"ג) „אבל בשעת הדחק כגון אשה ההולכת בדרך ואין לה בגדים תוכל לספור ז' נקיים רק שהחלוק נקי ובדוק מדם".

(קעט) שם.

(קפ) אף דלא כתב שם הרמ"א דאיירי בצבועים ואפשר לפרש בלבנים שלא נתכבסו (ע' לעיל הערה קעא) מ"מ נראה דה"ה בכה"ג דאף אם לא לבשה לבנים כלל אם לא מצאה כתמים אין עיכוב כמ"ש בחכ"א (ס' קי"ז ס"ח) וש"א.

(קפא) ע"פ הנ"ל.

(קפב) שם.

(קפג) שם.

(קפד) כ' הרמ"א (ס' שפ"א ס"ה) „וחלוק לבן תלבוש וסדין לבן תציע שלא תבא לידי ספק (תש' מהרי"ל ס' ט"ו)" וכ"כ בט"ז שם (ס"ק ג') „אבל רחיצה ללבון איכא צורך מצוה הלכך בין בתשעה באב בין בז' ימי אבלה תלביש ותציע כדרכה כשאר ימות השנים וגו'" אבל מש"כ בחכ"א (קס"ה:ד) „ומ"מ מותרת ללבוש לבנים אפי' תוך ז' ותלבוש ותציע כדרכה כשאר ימות השנה רק שתלבוש חלוק נקי ולא לבן ממש וגו'" נראה לפרש דמש"כ „ולא לבן ממש" לא מכובס דבס' שפ"ט אסר ללבוש המכובסים ואין איסור בלבנים שאינם מגוהצים ומכובסים (ע' חכ"א שם ס"כ) וכך שמעתי מפי הגרמ"פ שליט"א בדברי החכ"א שם אלא שפסק שאף לבנים מכובסים שרי. **והטעם** שלא כתבנו בפנים להציע סדין לבן בתוך שבעה או בת"ב דכיון דאם לובשת תחתונים לבנים כתבנו בפנים אצל הערה קעג דיש פוסקים שאינם מצריכים סדין לבן וכיון דבדיעבד או בשעת הדחק אם לבשה צבועים אין עיכוב נראה דבתוך שבעה או בת"ב לא תחליף הסדין אם נקי ובדוק מדם וסגי אם תחליף החלוק.

(קפה) שם וע' ברמ"א (ס' תקנ"א ס"ג) „כגון אשה הלובשת לבנים מותרת לכבס וללבוש לבנים ולהציע תחתיה (רוקח וא"ז) אבל בט"ב עצמו לא תלבש לבנים רק לובשת חלוק בדוק ויפה (הגש"ד)" וע' מ"ב (ס"ק ל"א) שהתיר רק באם אין לה, וע' בבאה"ט (ס"ק י"ד) שכ' „אבל במ"ב משמע שמותרת ללבוש לבנים וכ"מ בב"ח וב"י סי' תקנ"ד".

Wearing colored during the Seven Clean Days

4. Although there is a requirement to wear white during the Seven Clean Days, in case of extraordinary circumstances, a Rav should be consulted (**קפו**). Under certain conditions, a Rav may advise her to wear clean, colored, prechecked undergarments on some of the Seven Clean Days (**קפז**).

If she wore colored garments

5. If a woman counted the Seven Clean Days and examined herself properly each day but neglected to wear white and instead wore clean colored undergarments, although she did not conduct herself in the proper manner (**קפח**), nevertheless, if she did not discover any stains which render her a Niddah, the Seven Clean Days are valid (**קפט**) (see Note on page 98).

However, if she wore stained or unchecked garments and later discovered stains on the garments—even if she assumes that these stains were from before the הפסק טהרה examination and the Seven Clean Days—a Rav must be consulted (**קצ**).

D. IF A WOMAN ERRED IN THE SEVEN CLEAN DAYS

If she has not had relations

1. If a woman erred in counting the Seven Clean Days and immersed herself a day or two earlier, and had *not* as yet had relations with her husband, she

---

(קפו) כ׳ באג״מ (יו״ד ח״ב ס׳ ע״ח ד״ה ואם „ויש להורות לאשה זו אם אינה מרגשת אלא שמוצאת כתמים על בגדיה שתלבש בגדים צבעונים, שאף בג׳ ימים ראשונים אין לאסור כדאיתא בפ״ת סימן קצ״ו ס״ק י״ב בסופו״ [וז״ל הפ״ת שם „ושוב ראיתי בת׳ מעיל צדקה סי׳ ס״ב דמדבריו נראה פשוט להתיר בכתמים הנמצאים בבגד צבוע תוך ג״י ע״ש״] וכן שמעתי מפי הגרמ״פ שליט״א דאשה שקשה לטהר מחמת כתמים יש להורות לה שתלבוש בגד לבן רק ביום א׳ ויום ז׳, דבשאר הימים בודקת רק לכתחלה וכיון דלבנים מדין בדיקה ולא הצריכוה לבדוק בשעת הדחק בשאר הימים כן לא הצריכוה ללבוש בגד לבן ואם קשה לה להיטהר מחמת כתמים בז״נ יש להתירה בלא לבנים אף ביום א׳ וז׳.

(קפז) שם.

(קפח) כ׳ בחכ״א (קי״ז:ח) „ומ״מ אין עיכוב אף אם תלבש צבעונים ואם פשעה ולא לבשה בגדים לבנים ראוי לקנסה (וע׳ כלל קי״ג סי׳ מ׳ בשם ס״ט ס״ג)״ וע׳ בעצי לבונה (ס׳ קצ״ו ס״ג) „ובדיעבד אם ספרה ז״נ בלא רחיצה ולבישה כלל ואח״כ בודקת חלוקה וגופה ולא נמצא שום כתם מותרת לטבול. ולכתחלה אין לשנות המנהג אם לא בשעת הדחק בדרך דאין לה בגדים ואין לה מים כלל וגו׳״.

(קפט) שם.

(קצ) ע׳ חכ״א (ס׳ קי״ג ס״מ) ודע״ת (ס׳ קצ״ו ס״ג ד״ה וע׳ במ״נ) וסד״ט ס׳ ק״צ ס״ק ע״ג.

is required to wait only the missing day or days (**קצא**). She may then immerse herself again (**קצב**).

If she has had relations

2. If she *had* relations with her husband, she is required to complete the missing day or days and immerse herself again (**קצג**). However, before completing the missing day or days of the Seven Clean Days, she is required to wait four days (**קצד**).

The reason for this requirement is that she is missing some of the Seven Clean Days, and we have learned (see Chapter II B 3) that the days when a woman discharges semen cannot be counted for the Seven Clean Days (**קצה**) (see Note on page 37, also see Explanation on pages 37, 38 and Chapter II C 9).

If she immersed improperly

3. These halachos apply only if she did not fulfill her requirement for the Seven Clean Days (**קצו**). If, however, she counted the Seven Clean Days properly (**קצז**) but immersed improperly (e.g. she immersed with a חציצה, something intervening between her body and the Mikvah water, see Chapter VII) and discovered this after relations, she may immerse herself immediately (**קצח**).

(קצא) ע׳ ס׳ קצ״ו ס׳ י״ב (הובא לפנים אצל הערה קצג) ואיירי שם בדשמשה דבעי להמתין מחמת פולטת קודם שתסיים השבעה נקיים והכא מיירי בדלא שמשה דא״צ להמתין הששה עונות קודם שתשלים הימים החסרים.

(קצב) פשוט.

(קצג) כ׳ המחבר שם „אם טעתה במנין יום א׳ וטבלה ושמשה צריכה להמתין ששה עונות שלימות ואח״כ תמנה יום אחד נקי ותטבול וגו׳״ וע׳ ש״ך (ס״ק כ״ה) שכ׳ „אבל מ״מ נ״מ ברחיצה וקינוח בדין שנזכר בסעיף הקודם בשכחה יום א׳ שצריכה להמתין ו׳ עונות דמהני רחיצה וקינוח דתמנה מיד אחר שתשלים היום ששכחה ודוק ונראה דגם הרב [בס׳ י״ג שכ׳ „וי״א דאין אנו בקיאין בזמן הזה ואין לסמוך על זה והכי נהוג וגו׳״] מודה בזה ומיירי בסתם אשה ומ״מ לענין דינא בלאו הכי כיון דהסמ״ק והג״מ כתבו דאין אנו בקיאין אין להקל לכתחלה וכ״פ הב״ח״ וע׳ בסד״ט (ס״ק מ״ח) שהביא דבריו וכ׳ „ואני אומר אם לדין יש תשובה דאף דהסמ״ק והג״מ ס״ל דאנן לא בקיאין בזה כיון דשאר פוסקים לא ס״ל הכי אלא כמ״ש המחבר והרמ״א לדעת הש״ך דאף האידנא אנן בקיאים יש לסמוך עליהם דהא וגו׳ ולכן המקיל בטועה ע״י רחיצה וכיבוד הבית היטב בדאיכא הני צדדים להקל לא הפסיד נ״ל״.

(קצד) ע׳ לעיל פ״ב הערה קיט.

(קצה) ע׳ שם הערה מב.

(קצו) כ׳ המחבר (ס׳ קצ״ו ס׳ י״ב) „אם טעתה במנין יום א׳ וטבלה ושמשה צריכה להמתין וגו׳״.

(קצז) כ׳ המחבר שם „אך סתירה שלאחר שבעה כגון שלא טבלה כראוי ושמשה ה״ז טובלת בכל עת״ וע׳ בש״ך (ס״ק כ״ד) שכ׳ „ובב״י כ׳ בשם הרא״ש דבטבלה ליל ז׳ ושמשה ביום ז׳ נמי לאו סתירה היא וטובלת מיד לאחר ז׳ כיון שפלטה כשהאיר היום ז׳ וכתב אם באנו להסכים דברי הסמ״ק להרא״ש י״ל דמה שכ׳ הסמ״ק סתירה דלאחר ז׳ לאו סתירה היא היינו לאחר ליל ז׳ וע״ש וצ״ע לדינא דפשט דברי הסמ״ק משמע לאחר ז׳ דוקא״.

If she wore a diaphragm during the Seven Clean Days

4. If a woman performed the הפסק טהרה examination and the examinations of the Seven Clean Days and realized that she had not removed her diaphragm (see Note on Chapter III B 11), the הפסק טהרה and Seven Clean Days *must be repeated* (**קצט**).

If uncertain about which day she is up to

5. If a woman is uncertain about which day of the Seven Clean Days she is up to (e.g. ''is today the fifth or sixth?''), she is required to conduct herself as if it was the more stringent day (i.e. in our example, consider herself on the fifth day) (**ר**).

Immersion should not be postponed

6. Once the Seven Clean Days have passed successfully, she should immerse herself (**רא**). We will learn (see Chapter VIII C 2) that the immersion should not be postponed, except in cases of great necessity (**רב**) (e.g. if she is bedridden) (**רג**). When immersion is delayed after the Seven Clean Days,

---

(קצח) מחבר שם והטעם כ׳ בט״ז (ס״ק י״א) „שהרי היא כבר ספרה שבעה נקיים רק שמחוסרת טבילה״. **ומש״כ** הט״ז שם „ולפ״ז אם לא היה בעלה אצלה קודם למעשה זה תוך צ׳ יום ממילא צריך להפריש אחר ביאה זו האסורה צ׳ יום כן היה נ״ל וצ״ע למעשה וגו׳״ חלקו עליו האחרונים (ע׳ ב״ש אה״ע ס״ד ס״ק י״ג וש״א ובדברינו לעיל פ״א הערה טו).

(קצט) ע׳ בהר צבי (ס׳ קנ״ה) שכ׳ בנידון דידן „שעכשיו אחרי שהוציאה את המכסה לחוץ תפסיק בטהרה ותספור ז׳ נקיים ואחר תטהר. כי יש לחוש דמכיון שהמכסה היה בפנים שמא לא חשיב ז׳ נקיים מכיון שיש חשש שהמכסה עכב יציאת הדם לחוץ, ואפשר שעדיין לא טהרה״. **כתב** הגרמ״פ שליט״א בתשובותיו בסוף הספר (אות ט״ז) „ובאשה שהתירוה להניח בגופה כלי למניעת הריון שקורין דייפראם ומצאה עליו כשהוציאתו אחר איזו שעה מצאה עליו דם לא שייך שיעור דכגו״ע דהא ליכא מאכולת שם. אבל צריך לחקור אם לא עשתה איזה פצע קטן בידיה וצפורניה כשהכניסתו והוציאתו דאם יש לחוש לזה מסתבר שהיא טהורה אף בנמצא הרבה טפות דם.״

(ר) כ׳ החכ״א (ס׳ קי״ז ס׳ ט״ו) וז״ל „אם טעתה במנין הימים ולא ידעה כמה הם אזלינן לחומרא דהוי ספק דאורייתא״.

(רא) ע׳ ב״י ס׳ קצ״ז ובכ״מ.

(רב) ע׳ ס׳ קצ״ז ס״ב וב״י שם (ד״ה כתב הרמב״ם) כ׳ „ומ״מ נראה שאם בעלה בעיר מצוה לטבול בזמנה שהרי מצינו ביהושע שנענש על שביטל את ישראל מפו״ר לילה אחת ואם היא מתאחרת מלטבול כדי לצער את בעלה עבירה היא בידה וכתוב בספר הזוהר בענין סודות ההוא סבא שהאשה שעושה כן גורמת כמה רעות בעולם בר אי איהו לא חייש ולא אשגח לדין״.

(רג) פשוט, ואם הוא חולה לטבול כדי לשמשו ע׳ בס׳ רוח חיים הובא בדר״ת ס׳ קצ״ז ס״ק ב׳.

however, no further examinations are required (רד), and she may wear colored undergarments (רה).

(רד) שמעתי מפי הגרמ״פ שליט״א. ונראה דאינו דומה לס׳ קצ״ב ס״ב בהגה דהתם הוא משום דם חימוד. מש״כ הש״ך (ס׳ קצ״ו ס״ק י״ב) ״דלעולם צריכה לישב ז׳ נקיים סמוך לטבילתה וזה פשוט״ אין כוונתו דבעינן ספירת הז׳ נקיים סמוך לטבילתה וממילא תצטרך מיד לטבול אחר הז׳ או לבדוק אח״כ עד שתטבול אלא כוונתו סמוך לטבילתה שלא תראה דם ותסתור דעל זה קאי ודוק וע׳ במי נדה (קו״א ס׳ קצ״ז).

(רה) כך נראה כיון דכבר עברו השבעה נקיים.

סימנים וסעיפים שבשלחן ערוך המשתייכים
לפרק זה
קצ״ו : ג, ד, ה, ו׳ ט, י, י״ב

Appendix

מפתח ענינים ומונחים בלשה"ק
מפתח ענינים בהערות ומראה מקומות
Index

האות הראשונה מורה על הפרק, האות השני מורה על מספר ההערה, כגן ב:פג המכוון לפרק ב הערה פג.

מפתח ענינים בהערות ומראה מקומות

Index to Section One

ספר הלכות נדה

Halachos of
Niddah

Section Two

ההרחקות וההנהגות בימי נדותה

CONDUCT AND RESTRICTIONS
DURING THE NIDDAH PERIOD

TABLE OF CONTENTS
SECTION TWO — THE NIDDAH PERIOD

יתברך הבורא ויוצר הכל ששם חלקי מיושבי בית המדרש ושהחייני וקיימני לסדר ולהוציא לאור עולם חלק שני **מספר הלכות נדה**.

לא נאריך כאן בדברי הקדמה, מכיון שביארנו באריכות בהקדמה באנגלית לחלק ראשון ולחלק זה כוונתינו בו ומטרתינו, ובהקדמה הכללית לספר הלכות שבת ביארנו הצורך והתכלית לחיבורינו, והדרך שנכתב ואופן לימודו משתייך גם כאן, והקורא הנכבד מתבקש לעיין שמה. וגם לא חזרנו והדפסנו ההסכמות שזכינו לקבלם מגדולי ישראל על הספרים הקודמים שכבר נדפסים בספר הלכות שבת ח״א וספר הלכות נדה ח״א וספר הלכות תפילין וספר הלכות עירובין.

כבר מלתינו אמורה בהקדמה הכללית לספר הלכות שבת והננו חוזרים ומגידים „שאין מטרת ספר זה לפסוק הלכות — כי אם ללקטם, להסבירם, ולסדרם באופן שנקל ללמדם. וחלילה לי לאמר קבלו דעתנו והכרעתנו. ולכן במקום שיש ספק או פקפוק במה שכתבנו, ובפרט אם מנהג קהילה או עיר שונה ממה שכתבנו, וכן במקרה ששונה קצת מהציור או המשל שהבאנו בפנים [דהלא ידוע שבהלכות אלו בהבדל קל עלולה להתהפך ההלכה לאיסור או להיתר] ישאלו את פי מורה הוראה, ויסמכו על דעתו״.

ובקשתי שטוחה לפני הקוראים שמי שיש לו הערה או תיקון או הוספה להודיע לי ואהיה לו אסיר תודה, ואם יזכני הבורא להוציא מהדורה שניה אתקננו שם.

חיבה יתירה נודעת לספר זה שנתברר ונתלבן בדיבוק חברים, שומעי לקחי בביהכ״נ בני יוסף בברוקלין בשיעור הנוסד ע״י צעירי אגודת ישראל דאמריקה, וביחוד בלימוד בחבורה בבית מדרש גבוה בלייקוואוד.

באשר ראיתי שסיום כל הלכות נדה היא עבודה קשה וארוכה, והרגשתי שיש בינתיים צורך לרבים, ומה גם כדי להקל מעלי עול ההוצאות המרובות, גמרתי אומר להוציא חיבור זה קונטרסים קונטרסים, קונטרס א׳ המכיל הקדמה להלכות נדה נדפס בס״ד בשנת תשמ״ב, קונטרס הנוכחי — קונטרס ב׳ מכיל עניני ההרחקות בימי נדותה.

מקום אתי להביע תודתי העמוקה לבעלי בית הדפוס „שמחה גראפיק״ כבוד האדונים התורניים ר׳ נחום קארנפעלד נ״י ור׳ אברהם וואלצער נ״י בעד התמסרותם ופעולתם הנמרצה וסבלותם המרובה והצליחו בחסדי ה׳ להוציא ספר מהודר דבר נאה ומתקבל. ישלם ה׳ משכורתם כפולה מן השמים.

מחוייב אני בזה לברך על הטובה, על אשר זיכני ה׳ יתברך להיות אף מקטני התלמידים שזכו להסתופף בצלו ולהתאבק באפר רגליו של הרב הדומה למלאך ה׳ צבקות רבן של ישראל וקברניטו של הדור רשכבה״ג הגאון מרן ר׳ אהרן קוטלר זצוק״ל זי״ע ראש ישיבת עץ חיים בקלעצק ובית מדרש גבוה בלייקוואוד, ולהמשיך את למודי ועבודתי בישיבה הק׳ תחת ראשותה של בנו ממלא מקומו הרה״ג הגדול שר התורה מוהר״ר יוסף חיים שניאור זצ״ל שעזרתו והמרצתו איפשרו לי להתמסר לעבודה זו. הנני מביע גם תודה וברכה נמרצת להנהלה החדשה של הישיבה הק׳ ממלאי מקומו של הגר״ש זצ״ל, בנו הרה״ג ר׳ ארי׳ מלכיאל שליט״א והרה״ג ר׳ ירוחם אלשין שליט״א והרה״ג ר׳ דוד צבי שוסטל שליט״א והרה״ג ר׳ ישראל ניומאן שליט״א שיצליחו בתפקידם הנשגב ולראות בהרמת הבית הגדול הזה עד יבא שילה. ובכלל לחבורת החכמים חברי **בית מדרש גבוה** בלייקוואוד, שיצרו אוירת התורה שגדלתי בתוכה. כן אני מחוייב להכיר תודה לכמה ידידים נאמנים שעברו על חלקים מסויימים של הספר ושיפרו אותו בכמה הערות והצעות נכונות.

אביע בזה תודתי וברכתי לכבוד אמי מורתי מרת ברכה שתחי׳ שעזרה וסעדה אותי למען אוכל לישב באהלה של תורה ולהרביץ תורה ברבים. יעזור השי״ת שתזכה לרוות רוב נחת מתוך הרחבה מיוצאי חלציה ומזרעם וזרע זרעם, ושתזכה לאריכות ימים ושנים טובים מתוך בריאות הגוף עד ביאת משיח צדקנו בב״א.

ותפלתי ליוצרי כשם שזכיתי בסייעתא דשמיא להשלים חלק זה **מספר הלכות נדה** כך יזכני לברך על המוגמר בהשלמת כל הלכות נדה. ויזכני להתחיל ספרים אחרים ולסיימם ללמוד וללמד לשמור ולעשות ולקיים. ושלא אכשל בדבר הלכה ושאזכה לאסוקי שמעתתא אליבא דהלכתא לאמיתה של תורה. ויה״ר **שספר הלכות נדה** יעלה על שלחן מלכים — מאן מלכי רבנן, ושיתרבה על ידו לימוד הלכות נדה ושמירתה כראוי, ושאזכה להיות ממזכי הרבים. וזכות שמירת טהרת המשפחה יעמוד לי עם זוגתי נות ביתי מנשים באוהל תבורך מרת שפרה שתחי׳ ולזרעינו, ונזכה לראות כל יוצאי חלצינו עוסקים בתורה ובמצוות לשמה מתוך נחת והרחבה, ושלא תמוש התורה מפינו ומפי זרעינו עד עולם, ויקויים בנו מאמר ר׳ פנחס בן יאיר „טהרה מביאה לידי קדושה״ ושנזכה לקבל פני משיח צדקינו במהרה בימינו אכי״ר.

לייקוואוד, נ. דז.
כסלו תשמ״ט
ש.ד.א.

״סוגה בשושנים (שיר השירים ז), שאפילו כסוגה של שושנים לא יפרצו בהן פרצות״ (סנהדרין ל״ז.) ופרש״י ״סוגה בשושנים. גדורה בשושנים כלומר באזהרה קלה ובהבדלה מועטת הם נפרשין מן העבירה וא״צ גדר אבנים להפסיקן שאפי׳ אין רחוקין מן העבירה אלא גדר שושנים מפסיק ביניהם לא יפרצו בה פרצות הגדר״.

"Hedged about with roses" (*Shir Hashirim* 7:3)—even where there is but a hedge of roses, they will not breach it (*Sanhedrin* 37a). As *Rashi* explains this, it refers to the Jewish people's concern for the Torah's prohibitions. Just a gentle admonition and a fine separation suffices to prevent them from sinning. A stone fence is unnecessary; if just a hedge of roses stands between them and transgression, none will breach it.

The Talmud's reference here is specifically to the laws of Niddah. When a woman becomes a Niddah, even a fine separation between herself and her husband is sufficient to prevent them from transgressing the Torah's prohibition. There is no need for a wall of stone to restrain them, all that is needed is a hedge of roses. ״כשאומרת דם כשושנה אדומה ראיתי מיד פורש״—She need only say to him "I have seen some blood the color of a red rose", and he immediately separates from her (*Tosfos*).

There is a story told about the great advocate of the Jewish people—Rabbi Levi Yitzchok of Berditchev זצ״ל that he once sent out messengers on Pesach to locate some contraband material for him. Though possession of such material had been prohibited by the Czarist government of Russia under severe penalty, they had no great difficulty in locating ample quantities for the Rabbi. But when he sent out these very same people to locate chometz, they returned empty-handed. Even among the simplest of the Jews, their request was met with the shocked reply, "What! I should have chometz on Pesach? G-d forbid!". In his inimitable way, Rabbi Levi Yitzchok looked up toward Heaven and said: "רבש״ע, Master of the universe, the Czar makes laws and enacts harsh penalties for violators. He has police and spies all around to enforce these regulations, and yet look at how much contraband material was readily available—in violation of these laws. But you, רבש״ע put a simple commandment in your Torah, 'Chometz shall not be found in your possession [during Pesach].' You do not send out uniformed police or professional spies to report on transgressors, nor do Your prisons loom over them. Yet look and see how Your holy people follow Your laws and dare not even think of their violation."

What greater demonstration of the holiness of the Jewish people is there than the observance of Hilchos Niddah? Without police to enforce these laws, without courts to sentence people for their violation, and—because of the completely private nature of these matters—without even social pressures to force compliance, the Jewish husband and wife have throughout the history of our people guarded these laws meticulously. In return, these laws have protected them and have made the Jewish marriage the envy of all nations. The secret to the survival of the Jewish family is to be found in their adherence to these laws.

****

This volume of HALACHOS OF NIDDAH—which consists of one chapter—was originally planned to be part of Volume One. However, because this topic—הרחקות—''Conduct and Restrictions During the Niddah Period'' is one area of Hilchos Niddah, in which many otherwise meticulously observant individuals are lax, it needed to be published separately to emphasize its importance.

The reason why many people are lax in this area is simply because they find these halachos confusing. Many of the pamphlets and works in English—which have done so much in the area of publicizing Hilchos Niddah to the average man and woman—have condensed these halachos into just a few paragraphs or at most a few pages. People who study these works, therefore, find them difficult to comprehend—especially the differences between similar concepts.

For example, many confuse the rules governing קערה אחת (the restriction against eating together from the same plate, see D 5) and שיורי מאכלה (eating from his wife's leftovers, see D 18), or the prohibitions of מזיגת הכוס (pouring, serving or mixing beverages, see D 27) and לשלוח לה את הכוס (passing or sending wine to his wife, see D 33). Therefore, we have taken great pains to elucidate each rule in detail and to emphasize the differences between similar and overlapping concepts. Practical application of these halachos to situations prevalent in modern-day living has also been stressed here. We have included many of the applications discussed in the halachic literature and responsa; from the classics of centuries ago until the most recent works which have appeared.

The initial research for this work was completed more than eight years ago. However, because of technical problems, we were unable to publish it then. At that time, the author had the opportunity and זכות (privilege) to be able to discuss many of the difficulties in these halachos with הגאון רשכבה"ג מרן מוהר"ר משה פיינשטיין זצ"ל—many of these psokim are incorporated into the text and footnotes. It was the author's hope to prepare a list of questions to present them to Reb Moshe זצ"ל before publication, for his clarification and elucidation—as was done for the first volume. This would have been especially important for these halachos, since many of the difficulties are discussed in his responsa—but need further elaboration and clarification. However, during the preparation of this volume for print, we and all of Israel heard the tragic news of the הסתלקות (departure) of our great Rebbi and mentor, the person to whom all Israel looked for guidance in every area of Jewish life. I thank the רבש"ע for having had the זכות to have been able to be משמש Reb Moshe זצ"ל for the many years that I had this opportunity. We all feel the overwhelming loss of this great גאון and צדיק, to his family, his students and all Israel. There is nothing I could write which could capture the true emotions felt by all who were close to him, who were touched by his warm personality, or who perceived his greatness. May he be a מליץ יושר for all Israel in the ישיבה של מעלה—as he was when we were fortunate to have him in our midst. We all look forward to the days of Mashiach and תחיית המתים—when we will again be privileged to see Reb Moshe זצ"ל and all the other

גדולי ישראל in their full glory, and we should again be זוכה to be guided by their sweet words of Torah בב״א.

****

Although this work has been formulated so that it may be used by itself, it is the author's opinion that its maximum benefit will be realized when studied in conjunction with the *Tur* and *Shulchan Aruch*. To facilitate this study, we have included copies of the *Tur* and *Shulchan Aruch* on סימן קצ״ה (which is the source for most of the halachos covered in this volume).

As noted in our previous *seforim*, this work has been designed to serve as a text—and not as a compilation of halachic decisions. Therefore, where there is any question concerning a specific halacha or difference in minhag—a מורה הוראה should be consulted.

Since knowledge of the basic terms and concepts found in Hilchos Niddah is essential for an understanding of the halachos, each term or concept is translated and defined at its point of introduction. Therefore, this work should be studied in the sequence of its arrangement.

Precise terminology is crucial in a work of this kind. In order to assure such accuracy, great pains have been taken to trace each halacha to its source. A special effort has been made to maintain clear, simple, and terse language throughout. Although conciseness has been an objective, it has not taken preference over thoroughness and comprehensiveness. Great care must be exercised in presenting matters of halacha, because even slight differences in cases may alter the ruling. Therefore, occasionally, brevity has been sacrificed for accuracy and clarity.

An appendix—comprising a list of the abbreviations used, and three indexes—one in English, one for the Hebrew terms, quotations and concepts which have been introduced in the English text, and one for the topics discussed in the Hebrew footnotes—has been included. Sources for each halacha are printed on the same page as the material discussed—instead of as part of the appendix—in order to encourage and facilitate their use.

In the midst of preparation of this volume, it was noted that there were many important halachos which were included in the footnotes but were intentionally left out from the actual text. This was done for numerous reasons. Firstly, some halachos were מענין לענין באותו ענין, not directly related to the material discussed in the text, but were essential halachos which were touched on during this discussion. Other halachos—although directly related to the topics discussed in the text—would take away from the flow of the discussion and could cause confusion. We have, therefore, decided to summarize these halachos in a separate קונטרס and include it at the end of this volume. Since this has been organized according to the sections of the *sefer*, it is recommended that it should be studied in conjunction with the appropriate part of the *sefer*.

****

Chapter Five

ההרחקות וההנהגות בימי נדותה

A. Introduction
B. Conduct During The Niddah Period
C. Physical Conduct
D. Safeguards During Mealtime
E. Restraints In Areas Of Private Living
F. How To Conduct Oneself When One Of Them Is Ill
G. General Halachos And Conduct
H. When Do These Halachos Apply?

HALACHOS OF NIDDAH

Chapter V Conduct And Restrictions During The Niddah Period

A. INTRODUCTION

Reason for restrictions

1. The Torah says "ואל אשה בנדת טומאתה לא תקרב וגו׳" (א), "and to a woman during the separation period of her impurity you should not approach." Since the Torah uses the term "לא תקרב", "you should not approach" (ב), חז״ל explain that not only are marital relations prohibited during the Niddah period, but all forms of activities which may lead a person to sin are prohibited by the Torah during the time that she is a Niddah (ג). In addition, since the husband and wife

---

(א) ויקרא י״ח:י״ט.

(ב) קש״ע ס׳ קנ״ג ס״ד [ופי׳ מדכתיב „לא תקרב לגלות ערותה" ולא כתיב לא תגלה ערותה (ע׳ תו״ת שם)].

(ג) ע׳ שם ובטור (ר״ס קצ״ה) „חייב אדם לפרוש מאשתו בימי טומאתה עד שתספור ותטבול ולא מתשמיש לבד אלא בשום דבר לא יתקרב אליה אפילו בדברים אם מרגילים לערוה לא ידבר בהם עמה" ומקורו מרמב״ם (פ׳ כ״א מהל׳ א״ב ה״ב) „ואסור לאדם לקרוץ בידיו וברגליו או לרמוז בעיניו לאחת מן העריות או לשחוק עמה או להקל ראש וכו׳" וכ׳ שם (בפ״ד ה״א) „הנדה הרי היא כשאר כל העריות" וב״י שם (בא״ד ומ״ש ולא מתשמיש) הביא דברי אבות דר״נ וז״ל אבות דר״נ (פ״ב מ״א) „איזהו סייג שעשתה תורה לדבריה הרי הוא אומר (ויקרא י״ח:י״ט) ואל אשה בנדת טומאתה לא תקרב יכול יחבקנה וינשקנה וידבר עמה דברים בטלים ת״ל לא תקרב" וכ׳ המאירי (נדה ס״ד. ד״ה כבר) „ולפי דרכך אתה למד שלא סוף דבר התשמיש נאסר בנדה אלא אף שאר דברים כל שיש בהם סרך הרגל עבירה כדי לעשות משמרת למשמרת וחותם בתוך חותם". כתב הרמב״ם שם (פ׳ כ״א ה״א) „כל הבא על ערוה מן העריות דרך איברים או שחבק ונשק דרך תאוה ונהנה בקרוב בשר הרי זה לוקה מן התורה שנאמר לבלתי עשות מחקות התועבות וגו׳ ונאמר לא תקרבו לגלות ערוה. כלומר לא תקרבו לדברים המביאין לידי גילוי ערוה" ופסוק זה דלא תקרבו אינו אותו פסוק דלא תקרב דאיירי בנדה דפסוק דלא תקרבו לגלות ערוה הוא מקודם (ויקרא י״ח:ו) ואיירי בשאר עריות וז״ל הרה״מ (שם פ׳ כ״א ה״א) „כבר כתב רבינו בספר המצות מצוה שנמנענו מלהתעדן באחת מכל העריות ואפילו בלא ביאה כגון חבוק ונשוק והדומה להם מפעולות המעמיקים בזימה והוא אמרו ית׳ אל כל שאר בשרו לא תקרבו לגלות ערוה ולשון ספרא נאמר ואל אשה בנדת טומאתה לא תקרב לגלות ערותה אין לי אלא שלא יגלה מנין שלא יקרב ת״ל לא תקרב אין לי אלא נדה שהיא בבל תקרב ובל תגלה מנין לכל עריות שהן בבל תקרבו ובל תגלו ת״ל לא תקרבו לגלות עכ״ל" [וק׳ למה בעינן ב׳ הפסוקים דלא תקרב ולא תקרבו ולא סגי בלא תקרבו האמור אצל שאר עריות ונילף נדה משאר עריות, דהא כ׳ בשעה״צ (ס׳ רי״ז ס״ק כ״ו) מפמ״ג (א״א שם ס״ק ו׳) דבנדה נמי איכא לאו דלא תקרבו [וע׳ בדע״ת (ס׳ י״ז) ובשיעורי שבט הלוי (ס׳ ט״ז ס״ק ב׳) אם נדה בכלל שאר עריות]. ונראה דסד״א דאשתו שאני דכמו שמותר להתיחד עמה לאחר שבא עליה פעם א׳ דתו לא תקיף יצריה כמ״ש המחבר (ס׳ קצ״ה ס״א ונכ׳ בפנים לקמן אצל הערה כב) וגם תהיה מותרת לו לאחר

are constantly together, חז״ל mandated additional safeguards to prevent violations of these laws (ד).

Note: During the time that she is a Niddah, there are no prohibitions or restrictions against feelings of affection, friendship or closeness of mind or spirit. The only prohibitions and restrictions are against such behavior, activities and conversation which are linked with intimacy and endearment, and may lead a person to succumb to temptation.

Since individuals differ in their dispositions, it is impossible for חז״ל to delineate or anticipate how every situation would affect each individual. Therefore, חז״ל established specific guidelines and prohibitions, but common sense and intellectual honesty—in a Torah perspective—should dictate which other day-to-day activities are included within the framework and spirit of the Halacha (ה). Where there is any question or doubt, a Rav *must* be consulted.

שתספור ותטבול לא חיישינן לתקלה קמ״ל קרא דלא תקרב דצריך לנהוג עם אשתו נדה זהירות יתירה].

(ד) כ׳ הרא״ש (בקיצור הל׳ נדה) „ובשביל שמתייחד תדיר עמה עשו גדר וסייג שיזכור את נדותיה״ וע׳ בערה״ש (ס׳ קצ״ה ס״ב). וכתב (שם ס״ה) „דהרחקה עבוד רבנן מפני שהוא עמה בתדירות לכן צריך זהירות יתירה כדי שלא יכשלו״. **כתב** בסד״ט (ס׳ קצ״ה ס״ק ט״ו כצ״ל) „ודע דבכמה ענינים החמירו באשתו נדה יותר מן ערוה דעלמא ובכמה ענינים הקילו באשתו נדה יותר מן ערוה דעלמא וטעמא כמ״ש הרא״ש ז״ל בהלכות נדה הקצר וז״ל ומשעת ראייתה עד שתטבול יש (כצ״ל) להתרחק לה קצת מבעלה בדברים שאפשר (נ״א בדברים שאפרש) כי התורה אסרה היחוד עם כל העריות וגם נדה היא בכרת כשאר עריות אלא שהדבר קשה להזהר מיחוד אשתו ומצאו רמז מן המקרא להתיר יחוד נדה ודרשו בסנהדרין דף ל״ז סוגה בשושנים ובשביל שנתייחד תדיר עמה עשו גדר וסייג ואמרו שלא יאכלו על שולחן אחד וכו׳ עכ״ד מש״ה בקצת החמירו משום סייג וגדר ובקצת הקילו מפני שראו שהוא דבר קשה וא״א להזהר וכל המחמיר על עצמו קדוש יאמר לו״ וכן ע״ש (בס״ק כ״ד) שכ׳ „במה שאסרו חכמים משום הרגל דבר בהא הוא דשייך לחלק בין אשתו נדה דלבו גס בה לאשה דעלמא אבל מה שאסור מה״ת משום קריבות ערוה ודאי דחמירא א״א מאשתו נדה ואין לחלק בין לבו גס בה או לאו״ וכ״כ הרשב״א בתשובה הובא לקמן בהערה נט (וע׳ בדברות משה על מס׳ שבת ס׳ י״ג ריש ענף ב׳ שביאר ענין זה יפה).

(ה) כ׳ המחבר (ס׳ קצ״ה ס״א) „ולא ישחוק ולא יקל ראש עמה״ והרמ״א הוסיף „(אפילו בדברים)״ וכ׳ הש״ך (ס״ק ב׳) „אפי׳ בדברים. אם מרגילין לערוה לא ידבר בהן עמה עכ״ל טור״. ובמחה״ש פי׳ „דאין הכונה שלא ידבר עמה כלל אלא דברים שמרגילין וכו׳״ וכ״כ בברכ״י (ס׳ קצ״ה ס״ק ד׳) „ולא אסור באשתו נדה אלא דברים של חיבה שלא יבא להרגל דבר״. ע׳ בכו״פ (ס׳ קצ״ה ס״א) „וראיות הרב מ״י אין בו ממש דא״כ אף ליתן מתנה לאשתו בימי נידותה יהא אסור אלא שאין אסור שום קירוב דעת רק קירוב דעת בנגיעת דברים המביאים לידי קורבה דג״ע ולא תוסיפו פן תגרעו ח״ו״ וע׳ בס׳ פת״ז (ס׳ קצ״ה ס״ק י׳) שכ׳ „מבואר דחז״ל חיפשו עצות להתיר לאשה בימי נדתה את השלשה דברים המחבבים את הנשים על בעליהן אשר נאסר בימי נדתם לעשותם, כדרכם בימי טהרתם, ולא רצו לאסור את השלשה דברים בהחלט כי ע״י מניעת עשייתם יתמעט האהבה והחיבה ועבור זה חתרו

When are these restrictions required?

2. These requirements for abstinence from marital relations and limitations of activities apply from the moment she becomes a Niddah until the time she has immersed herself properly in a kosher mikvah—following the prescribed waiting and preparation period (**ו**) (see Chapter I E 1).

These safeguards apply only to one's wife

3. Although the safeguards [הרחקות, e.g. handing to one another (see C 2), eating together without a deviation (see D 2) etc.] are required only with one's own wife (**ז**), any form of physical contact with pleasurable intent (e.g. holding hands, embracing, kissing, dancing (**ח**), also see C 1) is prohibited by the Torah

---

למצוא היתר" ע"ש מה שהאריך בזה וכ' בפת"ת (ס' קפ"ד ס"ק ה') לענין פרישה בשעת הוסת „עבה"ט [שכ' „משמע חיבוק ונישוק שרי מיהו נראה המחמיר באלה תע"ב. ב"ח. וט"ז כתב שאסור מן הדין ע"ש".] ועי' בתשובת רדב"ז החדשות סי' קס"ג שפסק דחבוק ונשוק שרי כדעת ב"י וכתב דאין לחדש חומרות על ישראל והלואי שישמעו מה שמוטל עליהם ע"ש היטב". **אע"ג** שכ"כ ע' באו"ז (ס"ס ש"ס) שכ' „כללו של דבר כל מה שיכול אדם להחמיר בנדה יחמיר ותבוא עליו ברכה" וכ"כ באג"מ (יו"ד ח"ב ס' ע"ה בד"ה ובדבר קול) „ומ"מ כל המחמיר בענינים אלו משובח" ושם „אך שטוב להחמיר באופן טוב ושלום כי בענינים אלו המחמיר משובח" ואכמ"ל. **ומש"כ** דגם שאר עניני קירוב יש להתרחק מהם ע' בספר החינוך (מצוה קפ"ח) „ואין באיפשר להגיד פרטי העניינים שידע האדם לעשות לקרב אליו דעת האשה שהוא קל, ובלכן הזכירו זכרונם לברכה מהם קצת, ובשאר יזהר כל אחד ואחד לשמור עצמו לפי מה שימצא את גופו, כי השם יראה ללבב" ע"ש.

(ו) כ' המחבר (ס' קצ"ה ס"א) „חייב אדם לפרוש מאשתו בימי טומאתה עד שתספור ותטבול" וכ' שם (בס' י"ד) „כל אלו ההרחקות צריך להרחיק בין בימי נדותה בין בימי ליבונה שהם כל ימי ספירתה וכו'" וכ' החכ"א (כלל קט"ז ס' י"ג) „וכתב רש"ל שנתקבצו הקהלות והחרימו שלא להקל כלל אפילו בימי ליבונה" (והובא גם בש"ך שם ס"ק י"ז) וכ' הט"ז (**שם** ס"ק ט') „ונ"ל עוד דאפי' **יש** להחמיר יותר בימי ליבון דאם נתיר לו באיזה **קולא** יותר יש חשש שיבוא לידי הרגל דבר מאחר שרוא' שהיא אינה טמאה כ"כ וכן מצאתי שכתב תה"ה בשם הראב"ד סברא זו".

(ז) ע' רא"ש וערה"ש בהערה ד' ורמ"א אה"ע ס' כ"א ס"ה. **אף** שכ"כ הרמ"א שם ע' בערה"ש (אה"ע שם ס"ז) שכ' „ואף שיש מקילים באכילה או להושיט מידו לידה ורק באשתו נדה אסור מ"מ הירא את דבר ה' ירחק מכמו אלה".

(ח) ע' ב"ה (הובא לקמן בהערה יב) ובגדר עולם (בחתימת הספר), קש"ע (ס' קנ"ב ס' י"ג) וע' לקמן בהערה י' ורמ"א אה"ע ס' כ"א ס"ה. **לענין** נגיעת ערוה כשאינו עושה כן דרך תאוה וחיבה ע' ש"ך (ס' קצ"ה ס"ק כ') וב"ש אה"ע (ס"כ ס"ק א') ונכ' מזה לקמן בס"ד בהערה נא. **כתב** באג"מ (או"ח ח"א ס' קי"ג) „ולהושיט יד לאשה כדרך הנותנים שלום בהפגשם, פשוט שאסור אף לפנויה שהרי הן נדות וכ"ש לאשת איש" וע' שם (אה"ע ח"א ס"ס נ"ו) שכ' „ובדבר שראית שיש מקילין אף מיראי ה' ליתן יד לאשה כשהיא מושיטה אולי סוברין דאין זה דרך חיבה ותאוה אבל למעשה קשה לסמוך ע"ז" וע' בפרי דעה (בשפתי לוי ס"ס קצ"ה) שכ' „מכאן תוכחת מגולה על הנשים הסוחרות שדרכן כשמוכרין סחורה בשעת גמר המקח עושין האנ"ט שלא"ק עם אנשים זרים או עם

with any Niddah* (**ט**)—even with his own *kallah* (bride) (**י**). It goes without saying that marital relations, physical contact, or even gazing at a woman for pleasure (see B 3) is prohibited with *any* woman—even if she is not a Niddah—unless she is his wife (**יא**).

*Note: These halachos apply to all Niddos, married or single (**יב**). Therefore,

---

עכו״ם דכיון דאסורין להם והוי ערוה לגבייהו אסור להן ליגע ידה בידם ובפרט דהוי קצת נגיעת חיבה ואקרובי דעתא וכו׳״ וע׳ עזר מקודש (אה״ע ס׳ כ״א ד״ה עוד מצאתי) „כל שאין קירוב בשר יד ליד וכו׳״ וע׳ בשע״ת (שער ג׳ אות קל״ח) שכ׳ „והכר מזה חומר המגע ביד אשת איש״. [ואין להקשות מירושלמי (ספ״ק דקידושין וריש פ״ג דסוטה) „וכהן מניח ידו תחתיה ומניפה ואין הדבר כאור מביא מפה ואינו חוצץ מביא כהן זקן ואפילו תימר כהן ילד אין יצר הרע מצוי לשעה״ ע׳ בק״ע וע׳ בתוס׳ (סוכה מ״ז: ד״ה כהן) שגורס „לאותה שעה״ וע׳ שד״ח (מערכת חתן וכלה וחופה ס׳ כ״ו ד״ה והרב מוהר״י עאייש בשו״ת בית יהודה ס׳ ל״ג) בפי׳ דברי הירושלמי „ור״ל דהתם דהוי בעזרה בכינופיא דכל הנשים עומדות שם וכל הרוצה לראות יבא ויראה כיון דרבים מצויים אין יצה״ר מצוי אלא שיש לפרש מטעם אחר כיון שעל דבר ערוה דנים אותה ומגלים נבלותה משו״ה ליכא למיחש שיבואו לידי מכשול״].

(ט) ע׳ ב״י (ס׳ קצ״ה ד״ה כתב א״א הרא״ש שכ׳ בא״ד וכתב עוד בתרומת הדשן) לשיטת הרמב״ם.

(י) ע׳ גדר עולם וקש״ע שם וע׳ כו״פ (סו״ס קצ״ה) „ומכל זה יצא לנו עכ״פ תוכחת מגולה על מנהג רע ומר אוי לנו על שברי ואוי לנו כי חטאנו אשר ינשק ויחבק החתן והכלה וילכו אל הנערה והיא לא טהורה מטומאתה ואבי׳ ואמה רואים ושמחים אוי לנו מלבד איסור קישוי לדעת וגירוי יצה״ר ועון קרי וז״ל ר״ל בעו״ה אף כי איסור חמור של תורה וניתנה להיות בכלל יהרג ואל יעבור וכו׳״ וע״ש שחותם „כי רבים חללים הפילה עון זה ועצומים כל הרוגי׳ בעו״ה ואולי ירחם ה׳ להשיב לנו רוח חדש ולב טהור ויהי׳ ידינו רכות למחות אבן הטועים הזה ולבער עון חמור כזה מישראל״ וע׳ שו״ת מעיל צדקה ס׳ י״ט.

(יא) ע׳ ריב״ש (ס׳ תכ״ה) שנשאל „שאלת לבאר לך מה שכתוב בתורה ואל אשה בנדת טומאתה לא תקרב לגלות ערותה אם נאמר על כל אשה נדה בין באשתו בין בפנויה וכו׳״ וכ׳ „תשובה דבר ברור הוא שאסור ביאת הנדה לא באשתו בלבד אלא בין באשתו בין באשת חברו בין בפנויה וכו׳ וזה דבר פשוט ולא נסתפק בו אדם מעולם והדבור בו מותר״. **עוד שאל שם** השואל „ואיך לא תקנו שום תקון או שום גדר של טהרה בפנוי׳ כדי שלא יכשלו בה רבים אחר שהבא עליה ענוש כרת והנוגע בה באצבע קטנה חייב מלקות וכו׳״ וכ׳ בתשובה „ומה שנפלאת איך לא תקנו טבילה לפנויה כדי שלא יכשלו בה רבים אין כאן מקום תימה שהרי כיון שהפנויה אסורה כמש״כ אדרבה אם היתה טובלת היה בה מכשול שהיו מקילין באסורה וכו׳״. **ופשוט** דנגיעה דרך חיבה כגון חיבוק ונישוק אסורים בפנויה אף אם טבלה ועתה טהורה היא דלא גרע מאיסור יחוד עם הפנויה דאסרו חז״ל אף שהיא טהורה (ע׳ דבר הלכה ס״א ס״ק י״א) ואסור להריח בשמים אפילו בפנויה טהורה דעי״ז יבוא לידי הרהור (ע׳ מ״ב ס׳ רי״ז ס״ק ט״ז) וע׳ באג״מ (אה״ע ח״ד ס״ס ד״ה עוד) וש״א ואכמ״ל. **בנכרית** יש בה גזירת נשג״ז (סנהדרין פ״ב.) וחיוב כרת מדברי קבלה ע׳ אה״ע ס׳ ט״ז ס״ב ורמב״ם פ׳ י״ב מהל׳ א״ב ה״ו [וכ׳ הרמ״א שם „ודינו ליהרג ולא יעבור כמו בשאר עריות״] וכהן הבא על הכותית לוקה מן התורה כמ״ש הרמב״ם (שם ה״ג).

(יב) כ׳ הרמ״א (ס׳ קפ״ג ס״א) „ואין חילוק בין פנויה לנשואה לענין איסור נדה (ריב״ש ס׳ תכ״ה כצ״ל) כי כל הבא על הנדה חייב כרת״

since unmarried girls do not immerse themselves properly, they are presumed to be Niddos—once they have reached adolescence (יג).

No difference between days she menstruates or subsequent days

4. There is no difference between the days when she menstruates or stains and those subsequent days in which she does not (יד). Even during the Seven Clean Days (see Chapter IV) she is considered a Niddah (טו). Even if many days or years have passed* (טז) from the time her menstrual period has ceased (e.g.

*See Note on page 132.

ובגר״א (אה״ע ס׳ כ״ו ס״ק ה׳) כ׳ „דאיסור נדה שוה באשתו או בפנויה או באחרת ופשוט הוא וכו׳״ וע׳ ערה״ש (אה״ע ס׳ כ״ו ס״ג) „ודבר פשוט הוא שאם היא גדולה בשנים עד שיש לה וסת חייב כרת הבא עליה והיא ערוה ככל העריות דהרי ראתה נדה ולא טבלה כדכתיב ואיש אשר ישכב את אשה דוה וגו׳ ונכרתו שניהם ואין חילוק באיסור נדה בין פנויה לא״א וכבר נתבאר זה ביו״ד סי׳ קפ״ג״ וכ׳ שם (בס״א) „ואין הפרש בנדה בין פנויה לנשואה בין גדולה לקטנה בין בתולה לבעולה והבא על קטנה בת שלש שנים ויום אחד שהיא ראויה לביאה אם היא נדה חייב כרת וכו׳״. וע׳ בת׳ רע״א (ס״ס ס״ג) שכ׳ לענין „פנויות שלנו דאין דעתן לטבול ואין סופרות לכוונת ז׳ נקיים מקרי זבה שלא ספרה וכו׳״ וע׳ בב״ה (ס׳ שלט״ ס״ג ד״ה להקל) שכ׳ „וידוע דרוב הבתולות בזה״ז כבר הגיע זמנם לראות וכו׳ ולענין איסור ערות נדה אין חילוק בין נשואה לפנויה כלל וכמ״ש הרמ״א ביו״ד סי׳ קפ״ג ופשוט הוא ומרוב פשיטותו לא ניתן לכתבו ורק כדי להוציא מלב ע״ה ובורים שחושבים שאין איסור בפנויה כלל וכו׳״ ע״ש וכן ע׳ במ״ב (ס׳ ע״ה ס״ק י״ז) „וכתבו הפוסקים דבתולות דידן בכלל נידות הם משיגיעו לזמן ווסת ובכלל עריות הם״ (וכ״כ בס׳ רי״ז ס״ק ט״ז) וע׳ באג״מ (או״ח ח״א ס׳ כ״ו ד״ה לכן) ובכ״מ.

(יג) ערה״ש וב״ה שם וש״א.

(יד) כ׳ ב״י (סי׳ קצ״ה ד״ה חייב) „ואין חילוק בין ימים שאינה רואה בהם לימים שהיא רואה בהם דכל שלא טבלה דין כל הימים שוה לכל הדברים״ וכ״כ בשו״ע (ס׳ קצ״ה ס׳ י״ד) „כל אלו ההרחקות צריך להרחיק בין בימי נדותה בין בימי ליבונה שהם כל ימי ספירתה ואין חילוק בכל אלו בין רואה ממש למוצאת כתם״ והטעם ברואה כתם כ׳ ב״י (ס״ס קצ״ה) מהרשב״א בת״ה הקצר „משום דבעלת כתמים עשאוה כרואה לרוב דבר חוץ מלענין קביעות וסת וכו׳״. ומש״כ הרמ״א (שם) „וי״א דאין להחמיר בימי ליבונה בענין איסור אכילה עמה בקערה (הגה במרדכי בשם ראבי״ה) וכן נוהגין להקל בזה ויש להחמיר״ ע׳ בט״ז וש״ך ותוה״ש וש״א שכותבים על מנהג זה שהוא מנהג בטעות.

(טו) ב״י שם (ד״ה חייב) [וע״ש שכ׳ מרש״י (כתובות ס״א. ד״ה מיחלפא ליה) דאיירי בימי ליבונה משמע דימי ליבונה קיל ע״ש בתוס׳ (ד״ה מחלפא) ובשבת (י״ג: ד״ה בימי) מר״ת שפי׳ „שהיו רגילים לטבול שתי טבילות אחת לסוף שבעה לראייתה שהיא טהורה מדאורייתא בהך טבילה ואחת לסוף ימי ליבון״ (וכתבו המרדכי ושאר ראשונים) „אבל עכשיו דאין נוהגין לטבול עד אחר שעברו ז״נ אין שום קולא בימי ליבונה דכ״ז שלא טבלה כל חומר נדה עליה וכ״כ הס״ט [ס״ק א׳]״ (פר״ד ס׳ קצ״ה בשפתי לוי ס״ק א׳) וב״י שם] וע׳ כרתי (ס׳ קצ״ה ס״ה) וע׳ בס׳ עיונים במקרא (פרשת ויצא ל״א:ל״ה).

(טז) כ׳ הב״י שם „דכל זמן שלא טבלה אפילו עברו כמה ימים שלא ראתה לעולם היא בטומאתה עד שתטבול״ ובס׳ הפרדס (ס׳ ערב) כ׳ „וכ״ז שלא טבלה הרי זו בהכרת ואע״פ שיש בה ז׳ נקיים וכו׳ ואפי׳ תשב מאה ואלפיים נקיים כדאמרינן ואחר תטהר אחר מעשה תטהר והן אחר טבילה אף נדה נמי אינה יוצאה מידי טומאתה לעולם עד שתטבול ולפיכך אסורה

even after her menopause or a hysterectomy), she remains in her state of *Niddus* and all the restrictions and safeguards apply—until she has immersed properly (**יז**).

*Note: This halacha applies also in instances where she was unable to immerse in the proper time (e.g. she had an illness, injury or a חציצה (an intervening substance or a separation on her body which prevented her from immersing). However, we will learn later (see Chapter VII) that—without these conditions—if her husband is in town, it is a mitzvah for a woman to immerse in the proper time (i.e. on the evening following the conclusion of the Seven Clean Days) (**יח**).

B. CONDUCT DURING THE NIDDAH PERIOD

יחוד — Being alone with his wife

1. Although there is a prohibition against being alone* with a woman who is prohibited to him (**יט**) (this *issur* is called "יחוד") (**כ**), for fear that he may be led to sin (**כא**), it is permissible to be alone with one's wife when she is a Niddah (**כב**). The reason is that since he has already had relations with her (**כג**) and she will be permissible to him after her immersion (**כד**), we are not afraid that he will succumb to his temptation (**כה**).

*Note: Wherever we refer to being alone with a woman, we are referring to being alone in a private or secluded place. There is no *issur* of יחוד in a public place. However, since there are many details in these halachos, and the specifics are beyond the scope of this work, wherever there is any question, a Rav must be consulted.

ליקרב אצל כעלה עד שתטבול" וכ' הרמ"א (בס' קצ"ה ס"א) „ואפילו שהתה זמן ארוך ולא טבלה תמיד היא בנדתה עד שתטבול".

(יז) ע' שם וע' בשו"ע (ס' קצ"ז ס"א) שכ' „אין הנדה וכו' אלא אם כן טבלו כראוי במקוה הראוי" ובחכ"א (כלל קט"ז ס"א וס' י"ג) ובקש"ע (ס' קנ"ג ס' ט"ו) וע' שו"ע (ס' ר"א ס"א). **לענין** אשה שניטלה מקורה ע' שו"ת מנחת יצחק (ח"א ס' קכ"ה) ובש"א ואכמ"ל.

(יח) ס' קצ"ז ס"ב.

(יט) ע' אה"ע ס' כ"ב וע' במחבר (ס"א) „בין זקנה בין ילדה". **כתבנו** עם אשה האסורה לו ולא כתבנו עם כל אשה האסורה לו דאין איסור באם עם בנה ואב עם בתו (מחבר שם) וכ' החל"מ (ס' כ"א ס"ק י') „וה"ה לבת בתו" לענין חיבוק ונישוק ונראה דכ"ש לענין יחוד (וע' בס' דבר הלכה ס"ב ס"א וע' עזר מקודש ס"ס כ"א וריש ס' כ"ב ובאג"מ אה"ע ח"א ס"ס), ועם אחותו התירו יחוד ארעי (חל"מ וב"ש שם ס' כ"ב ס"ק א', וע' אג"מ אה"ע ח"ד ס' ס"ד אות ג' וס' ס"ה אות י"א). **לענין נשיקה** בקרובות ע' אג"מ אה"ע ח"א ס"ס, ויו"ד ח"ב ס' קל"ז ד"ה ובדבר לנשק.

(כ) אה"ע שם.

(כא) כ' המחבר שם „שדבר זה גורם לגלות ערוה".

(כב) ס' קצ"ה ס"א [וע' תוס' שבת י"ג. ד"ה מה וסוטה ז. ד"ה נדה וסנהדרין ל"ז. ד"ה התורה, וע' לעיל בהערה ד' מש"כ מסד"ט].

(כג) כ' המחבר שם „דכיון שבא עליה פעם א'

יחוד with one's Kallah

2. We have learned (see 1) that one of the reasons that he may be alone with his wife is because he has already had relations with her. Therefore, where the *kallah* (bride) was a Niddah at the wedding or became a Niddah after the wedding prior to their first cohabitation (**כו**), the halacha then is that they are prohibited to be alone until she has emerged from her state of *Niddus* and has immersed properly (**כז**) (see Chapter I E 1). These halachos will be discussed in detail אי״ה later (see Chapter X).

תו לא תקיף יצריה״. לפיכך אם היתה נדה כשנשאה אסורים ביחוד כמבואר בס׳ קצ״ב ס״ד וכמבואר בפנים בסמוך.

(כד) קש״ע קנ״ג ס״ד. וע׳ תוס׳ סנהדרין שם ובתוה״ש (ס״ק א׳) דמוכח דתרתי בעינן (וכ״כ בצ״צ בפס״ד ס׳ קצ״ה ס״א וכ״כ בסד״ט ס״ק ב׳) להיתר יחוד הבעל ואשתו דיש היתר לאסורה אחר שתספור ותטבול ובא עליה פעם אחת דאין יצרו תקפו כ״כ וז״ל תוה״ש שם „ודוקא אם אינה נאסרת עליו רק משום נדה דיש היתר לאסורה ואין יצרה תקפו כ״כ משא״כ אם זינתה שנאסרה לבעלה עולמית אסרו לייחד וכדאיתא בסוטה דף ז׳ [ע״ש „ומוסרין לו שני ת״ח שמא יבא עליה בדרך ר״י אומר בעלה נאמן עליה״] וכ״פ הרמב״ם כת״ק״. וכן ע׳ בס׳ קפ״ז ס׳ י״ב ברואה מחמת תשמיש ג״פ ע׳ ב״י וד״מ שם ופת״ת (ס׳ קפ״ז ס״ק נ״א) וחוו״ד (ס׳ קפ״ז בביאורים ס״ק כ״ד) וב״ש אה״ע ס׳ קי״ז ס״ק ו׳ וע׳ בס׳ דבר הלכה (בשו״ת שבסוף הספר ס״ז) לענין אשה חולה שא״י להטהר אם מותר להתייחד עמה וכן ע׳ בצ״צ שם. **עיין** במקו״ח (ס״ק ו׳) שהק׳ על הב״י דלמד דמותר להתייחד עם אשתו נדה מכתובות דף ד׳ דבשלא בא עליה מעולם אסור להתייחד עמה אבל משבא עליה תו לא תקיף ליה יצריה, והק׳ „ולא ידוע לי טעם למה הניח תרי מקומות שהבאתי [סוטה דף ז׳ וסנהדרין דף ל״ז] ולמד מדיוק בעלמא ממקום אחר״.

(כה) „ולא חיישינן שמא יבא עליה באיסור״ (קש״ע שם). וכתב בספר החינוך (מצוה קפ״ח) „וחזקה בישראל שיצרו מסור בידו בכגון דבר זה שתלוי בזמן״. **כתב** הרא״ש (בקיצור הל׳ נדה) „ומשעת ראייתה עד שתטבול יש לה להתרחק קצת מבעלה בדברים שאפשר [במיו״ט הביא גירסא „שאפרש״] כי התורה אסרה ייחוד של כל העריות וגם נדה היא בכרת כשאר עריות אלא שהדבר קשה ליזהר מייחוד אשתו נדה ומצאו רמז מן המקרא להתיר ייחוד נדה ודרשו (סנהדרין ל״ז:) סוגה בשושנים וכו׳״ ופי׳ סוגה בשושנים ע׳ במעדני יו״ט (שם אות ט׳) וז״ל „בפ״ד דסנהדרין דף ל״ז [אמר בגמ׳] שאפי׳ סוגה בשושנים לא יפרצו בהן פרצות ופרש״י סוגה בשושנים גדורה בשושנים כלומר באזהרה קלה ובהבדלה מועטת הם נפרשין מן העבירה וא״צ גדר אבנים להפסיקן שאפי׳ אין רחוקים מן העבירה אלא גדר שושנים מפסיק ביניהן לא יפרצו בה פרצות הגדר והתוס׳ פירשו כשאומרת דם כשושנה אדומה ראיתי מיד פורש ע״כ ולדידהו פי׳ סוגה כלומר שאפי׳ סייג ואזהרת אמירתה שאומרת לו לא יפרצו כו׳״.

(כו) כ׳ המחבר (ס׳ קצ״ב ס״ד) „וכן חתן שפירסה כלתו נדה קודם שבא עליה לא יתייחד עמה וכו׳״ וכ׳ הרמ״א „ואין לחלק בזה בין בחור לאלמן או בתולה לאלמנה״ ופי׳ הש״ך (ס״ק י״ב) „דלא תימא דבאלמן שבעל כבר לא תקיף יצריה קמ״ל״.

(כז) ע׳ קש״ע (ס׳ קנ״ז ס״ג) „**לא יתיחדו בלי שמירה עד שתטבול**״. **ואם עדיין לא פירסה נדה** רק הגיע עונת הוסת כ׳ **באג״מ** (אה״ע ח״ד ס׳ פ״ו) „**אין איסור יחוד**״.

Gazing at his wife

3. Although gazing for pleasure at a woman who is prohibited to him is not permitted (**כח**), one may gaze at his wife during the Niddah period—even though he derives pleasure from it (**כט**)—[if this will not cause him to have improper thoughts] (**ל**). However, he may not gaze at any part of her body which is required to be concealed (**לא**).

(כח) כ׳ המחבר (אה״ע ס׳ כ״א ס״א) „צריך אדם להתרחק מנשים מאד מאד וכו׳ ואסור לשחוק עמה להקל ראשה כנגדה או להביט ביופיה״ וע׳ ב״ש (שם ס״ק ב׳) „הר״י כתב דאסור מדאורייתא שנאמר לא תתורו אחרי עיניכם והרמב״ם ס״ל מדרבנן ובפנוי׳ לכ״ע מדברי קבלה והרהור אפילו בפנויה אסור מדאורייתא״ וע׳ ערה״ש (יו״ד ס׳ קצ״ה ס״א) „ובכל העריות פשיטא שאסור אפילו ההסתכלות״ וע׳ מחבר (אה״ע שם) „והמסתכל אפילו באצבע קטנה של אשה ונתכוין ליהנות ממנה כאלו נסתכל בבית התורף (פי׳ ערוה) שלה״ (משבת ס״ד:). **כתב** המחבר (אה״ע שם ס״ג) „מותר להסתכל בפנויה לבדקה אם היא יפה שישאנה בין שהיא בתולה או בעולה ולא עוד אלא שראוי לעשות כן אבל לא יסתכל בה דרך זנות ועל זה נאמר ברית כרתי לעיני ומה אתבונן על בתולה״.

(כט) כ׳ המחבר (אה״ע שם ס״ד) „מותר לאדם להביט באשתו אע״פ שהיא נדה והיא ערוה לו אע״פ שיש לו הנאה בראייתה הואיל והיא מותרת לאחר זמן אינו בא בזה לידי מכשול״ וכ׳ הרמ״א (ס׳ קצ״ה ס״ז) „אבל מותר להסתכל בה במקומות הגלוים אע״פ שנהנה בראייתה״ (ובש״ך ס״ק י״ב כ׳ הטעם „הואיל והיא מותרת וכו׳״ והוא מרמב״ם פ׳ כ״א מהל׳ א״ב ה״ד). כ׳ בסד״ט (שם ס״ק ט״ו כצ״ל דיש שם ט״ס שנכ׳ ב׳ פעמים ס״ק ט״ז) „אבל מותר להסתכל. ובש״ד כתב ולא יתן בה עיניו יותר מדאי פן יתקלקל עמה כדאמר הספר לשם כל המסתכל באשה יותר מדאי הויין לו בנים שאינם מהוגנים אמר רב יוסף ובאשתו נדה אמרו שלא יראה בה יותר מדאי עכ״ל צ״ל דס״ל הא דאמר התם [נדרים כ.] המסתכל בעקבה של אשה כו׳ לאו דווקא מקומות המכוסים בעקבה אמרו אלא אפילו במקומות הגלוים ועקבה דנקטי לרבותא אמרו וכ״ש בשאר אברים מקומות היופי מיהו הרמב״ם מתיר וכמ״ש הרמ״א כאן וטעמא הואיל והיא מותרת לאחר זמן אינו בא לידי מכשול״. בצ״צ (פס״ד ס׳ קצ״ה ס״ז) הביא דברי הש״ד וכ׳ „ומשמע דנכון ליזהר בכל מה דאפשר״ וכ״כ בטה״י (ס׳ קצ״ה אות ל״ב) „אע״ג דמותר להסתכל באשתו נדה במקומות הגלוים אף שנהנה בראייתה מ״מ לא יסתכל בה יותר מדאי והמחמיר בזה קדוש יאמר לו״. **כתב** בספר חסידים (ס׳ תתשכ״ו) „בשעה שאדם כועס אל יסתכל אדם בו כי עם ראיית עינים מלאך רע עומד וממהר לנקום על צערו (ע׳ בפירוש) ועוד קשה לשכחה שמשכח תלמודו וגם פני הנדה בשעה שדמים מצוים בה״ וע׳ ברמב״ן (ויקרא י״ח:י״ט) אם תביט במראה של ברזל וכו׳.

(ל) ע׳ בדברי המאירי לקמן בהערה לא ובגמ׳ (ע״ז כ:) „ת״ר ונשמרת מכל דבר רע שלא יהרהר אדם ביום ויבוא לידי טומאה בלילה״ ובאה״ע ס׳ כ״ג ס״ג. **יש** ששואלים אם יש איסור הסתכלות או חיבוק ונישוק באשתו כשהיא טהורה כשיבוא מזה להתקשות שלא בשעת תשמיש, ע׳ באג״מ אה״ע (ח״ד ס׳ ס״ו) שכ׳ „אבל מסתבר שאם אינו חושש להרהור דהוצאת זרע אלא שיש לחוש לקישוי האבר אין לאסור״ [ומיירי התם בחיבוק ונישוק, א״כ אע״פ שיבא לידי הרהור אם אין ההרהור מביא לידי הוצאת זרע אין לאסור]. וע״ש (בד״ה אבל ההרהור) דמשמע דאין לחוש באשתו הרגיל בה להרהור של הוצאת זרע מסתם הסתכלות ביפי׳ כדכתב שם „אבל ההרהור שמביא לידי הוצאת זרע אינו הרהור ביפיה של אשתו ובחכמתה ובטוב לבה ובשאר מעלותיה שיש לה דזה לא שייך להוצאת זרע ואפילו בימי נדתה הא מותר

להסתכל במקומות הגלוים אף ליהנות בראייתה כמפורש ברמ"א יו"ד סימן קצ"ה סעי' ז' וכ"ש שמותר להרהר וליהנות משאר מעלותיה, אבל הוא דוקא הרהורי הנאה דמעשה תשמיש שיש לו עמה וכו'" וע' באג"מ או"ח (ח"ד ס' ט"ו אות א' ובפרט בד"ה ולפ"ז), וע' בשו"ת שלמת יוסף (ס' י"ד אות ג' בהגה) ואכמ"ל.

(לא) כ' המחבר (ס' קצ"ה ס"ז) „לא יסתכל אפילו בעקבה ולא במקומות המכוסים שבה" וכ' הט"ז (ס"ק ז') „לא יסתכל כו'. והעונש על זה בגמ' דהויין ליה בנים שאינם מהוגני'" והוא מנדרים (כ.) ע' ראב"ד ורה"מ פ' כ"א מהל' א"ב ה"ד. **לענין** הגדרת מקומות המכוסים באשה ע' או"ח ס' ע"ה ונו"כ שם. **כתב** ב"ש (אה"ע ס' כ"א ס"ק ז') „ולהביט במקום תורפה אסור ואם מביט כשהיא נדה עונש שלו דאית ליה בנים שאינן מהוגנים וכשמביט בעת שרוצה לשמש נעשו בניו סומין כמ"ש בנדרים (שם). ובלא תשמיש אסור משום דמגר' היצר הרע בעצמו כמ"ש בסי' כ"ה. ובעת נדתה אסור להביט במקומות המכוסים כמ"ש בי"ד סי' קצ"ה ולא כמגיד פכ"א דמתיר" [וע' תוה"ש יו"ד שם ס"ק ט' אם הא דאיתא דה"ל בנים שאינם מהוגנים קאי אעקבה ממש או אמקום התורף וע' בנובי"ת חיו"ד ס' קכ"ב ד"ה ואמנם מדברי ודוק]. **לענין** שער אשתו נדה ע' אג"מ (יו"ד ח"ב ס' ע"ה ד"ה ובדבר קול) שכ' „ובדבר שער אשה נדה לבעלה, הנה ודאי עדיף ממקומות המכוסים שבה, דהנשים שאין מחמירות לעשות כקמחית אלא כפי חיובה שבביתה כשליכא שם אינשי אחריני אינה מכסית שערותיה, שהבעל רגיל בהו תמיד הוא טעם גדול שאין לאסור עליו, וגם לשון האיסור הא נאמר בכתובות דף ע"ב אזהרה לבנות ישראל שלא יצאו בפרוע ראש, ולשון הרמב"ם פכ"ד מאישות הי"א יוצאה בשוק ושער ראשה גלוי ולשון הרמב"ם פכ"א מאי"ב הי"ז וכן לשון הש"ע אה"ע סימן כ"א סעיף ב' לא תלכנה בנות ישראל פרועות ראש בשוק, ואם גם בביתה היתה אסורה חלק גדול בשנה יותר מרביעית ולפעמים גם יותר משלישית לא היה שייך לומר לא תלכנה ובשוק, וכן מסתבר לדינא ומ"מ כל המחמיר בענינים אלו משובח ואם אפשר באופן טוב ושלום היה טוב להחמיר" [והיינו לענין הסתכלות במקומות המכוסים אבל לענין ק"ש אפי' בימי טהרתה אסור לקרות ק"ש אם ראשה מגולה ע' שו"ע או"ח ס' ע"ה ס"ב ובאג"מ או"ח ח"ד ס' ט"ו אות א'] ובשיעורי שבט הלוי (ס"ז ס"ק ב') כ' „ונוהגים דשער שלה נחשב כמקום המכוסה אפילו בבית". **לענין** הסתכלות לצורך טבילה ע' ט"ז (ס' קצ"ח ס"ק י"ד) לענין אשתו של מהרי"ק (כ"כ בנוב"י) ואשתו של השר מקוצי וע' נובי"ת שם שנשאל „באיש ואשה הדרים בכפר בין הנכרים ואין שם יהודי או יהודית זולת הזוג הנ"ל לבדם ואפילו משרתת אין להם. ונשאל מעלתו מהם כשהאשה טובלת אם בעלה יכול לעמוד עליה ולראות שתטבול כדי שתהיה כולה תחת המים וכו'" וע"ש שהורה השואל להיתר „מטעם כיון שהוא עוסק בעסקי הטבילה א"כ הוא עצמו מחזר לטהרה מנדתה ולא יכשל בה" והסכים הנוב"י שיפה הורה ע"ש ראיותיו (וע' בפת"ת ס' קצ"ה ס"ק ב'). ומש"כ בהגה"ה מבן המחבר על ראיותיו ע' בלחם (ס' קצ"ה ס"ק כ') שהוכיח כדברי הנוב"י מתשב"ץ ומב"י בשם הכלבו והאגור בשם הר"מ וכ"פ בקש"ע ס' קס"ב ס"ו. [כתבנו בכל זה לשון הסתכלות והבטה כי כן הוא לשון חז"ל והשו"ע וידוע דבלשון חז"ל שאני לשון הסתכלות והבטה מלשון ראיה ע' מ"א (ס' קכ"ח ס"ק ל"ה) „דלשון להסתכל משמע דוקא להסתכל הרבה אסור אבל ראיה בעלמא לא מיתסרא" וע' בפת"ת (חו"מ ס' י"ז ס"ק ט"ז) „עבאה"ט דאין להסתכל כו' ובס' עטרת צבי כתב אבל טוב לראות (ר"ל שלא בהסתכלות היטב רק לראות) בפניו ויטיל אימה וכו'" וכן ע' במ"א (ס' רכ"ו ס"ק כ') (הובא בגליון הש"ס מגילה כ"ח.) ובנחלת דוד (ב"מ ב. תד"ה דבראי') וב"ח או"ח ס' ע"ה סד"ה טפח, ובמאירי (נדה ס"ד. ד"ה כבר) כ' „ובמסכת נדרים אמרו כל המסתכל בעקבה של אשה הויין לו בנים שאינם מהוגנים, ופירשוה באשתו נדה, וענינה בהבטה במחשבת הרהור", ע' שימ"ק כתובות על הגמ' דף י"ז. (הובא בטעות בשיטה על גמ' דף ט"ז.) ד"ה וז"ל תלמידי הרב רבינו יונה ז"ל ובא"ד שם ורבינו מאיר הלוי ז"ל, ובעזר מקודש (אה"ע ס' כ"ה ס"ב בסופו) כ' „וכבר כתבתי במק"א שאין גדר הסתכלות כי אם במעין ותוקע דעתו בזה משא"כ דרך העברה בעלמא אין שום קפידא בכל מילי שאמרו חז"ל שלא להסתכל וכו' ומכל

Light-headed behavior

4. They may not engage in light-headed behavior (**לב**) (e.g. frivolous conversation or conduct) (**לג**) for fear that it may lead to sin (**לד**).

מקום באותו מקום יש ליזהר ביותר" וע' מ"ב (ס' ע"ה ס"ק ז') שכ' „וראיה בעלמא לפי תומו בלא נהנה שרי אם לא מצד המוסר וכו'" ע"ש, וע' בבדה"ש (ס"ז בביאורים ד"ה לא יסתכל) ובסוגה בשושנים (פ' י"ז בב"א ס"ק ד') ובשיעורי שבט הלוי (ס"ז ס"ק ג')], וע' אג"מ (יו"ד ח"ג ס' נ"ד סוף אות א'). **כתב באג"מ** (יו"ד ח"ב ס' ע"ה ד"ה ובאם) „ובאם הבעל יכול להיות שמה [בשעת לידתה] להשגיח שתעשה הדבר בסדר הנכון וגם לחזק אותה ולאמץ לבה, הנה אם יש צורך איני רואה איסור ואף בלא צורך איני רואה איסור, אבל אסור לו להסתכל ביציאת הולד ממש שהרי אסור לו להסתכל במקומות המכוסים שבה בנדתה ובמקום התורפה הא אסור אפילו בטהורה, אך כשיזהר שלא להסתכל ליכא איסור, וע"י מראה נמי אסור להבעל להסתכל" וע' בשו"ת תשובות והנהגות (ס' תתס"ב), וע' במי נדה בקו"א (מהד"ק ס' קצ"ה ס' ט"ז), וע' בשו"ת מנחת יצחק (ח"ח ס"ל) ושו"ת באר משה ח"ד ס' קכ"ה ובשיעורי שבט הלוי (שם ד"ה בזמן). **כתב** במ"א (ריש ס' ע"ה) לענין ערוה בק"ש „אם לבושה דק ומתחזי בשרה מתוכה אסור כמ"ש ס"ה" [ואיירי שם לענין ערוה בעששית] ונראה דה"ה הכא וכ"כ בשיעורי שבט הלוי שם „בגד שקוף הוי כראי' ממש לענין איסור הסתכלות". **עיין** בשו"ת לבושי מרדכי (מהד"ת ח' או"ח ס' כ"א) בענין נשים המניקות ונתגלה בשרם שאסור להסתכל ע"ש.

(לב) כ' המחבר (אה"ע ס' כ"א ס"ד) „אבל לא ישחוק ולא יקל ראש עמה" וכ"כ ביו"ד (ס' קצ"ה ס"א) „ולא ישחוק ולא יקל ראש עמה" ובערה"ש (ס' קצ"ה ס"ד) כ' „ולא ישחוק עמה הרבה ולא יקל ראש עמה בדברים אם מרגילין לערוה וכ"ש קלות ראש במעשים שמא ירגיל לעבירה" [מש"כ „אם מרגילין לערוה" ע' אבות פ"ג מי"ג „שחוק וקלות ראש מרגילין לערוה"] וע"ש שדייק מאבות דר"נ (הובא לעיל בהערה ג') „מדלא כתיב לא תבוא עליה" אלא „לא תקרב" אסור שום דבר המביא לידי קירוב. [ע' בדברי הב"ח שהובאו לקמן בהערה נג]. **כתב** בפ"ת (שם ס"ק א') „וכ' בס' חמודי דניאל כ"י נראה אפילו לדידן שמקילין בתשמיש המטה ביוצא לדרך סמוך לוסתה כדלעיל סי' קפ"ד [ס"י] מ"מ בדברי הרגל באשתו נדה אסור" [פי' היוצא לדרך כשאשתו נדה אין להקל בדברי הרגל] (וע' לקמן בהערה תע מאג"מ).

(לג) כ' המחבר (ס' קצ"ה ס"א) „ולא ישחוק ולא יקל ראש עמה" וברמ"א הוסיף „(אפילו בדברים)" וכ' הש"ך (שם ס"ק ב') „אפילו בדברים. אם מרגילין לערוה לא ידבר בהן עמה עכ"ל הטור" וכן ע' רמב"ם (פ' כ"א מהל' א"ב ה"ד), ובערה"ש (שם ס"ד) כ' „ולא יקל ראש עמה בדברים אם מרגילין לערוה וכ"ש קלות ראש במעשים וכו'" ע"ש וע' בתשב"ץ (ח"ג ס' נ"ח אות ז') „באבות (פ"א מ"ה) שנינו אל תרבה שיחה עם האשה באשתו אמרו ק"ו באשת חבירו. ובאבות דר' נתן פי' באשתו נדה ורש"י ז"ל פירש באשתו טהורה". **כתב בצ"צ** (בפס"ד ס' קצ"ה סס"א) „ולא ידבר עמה דברים המרגילין לערוה אבל דברי משא ומתן וצרכי הבית מותר לדבר עמה כדרכו" וכ"כ במקו"ח (ס' קצ"ה ס"ק ה') „וכתב הטור אפילו בדברים אם מרגילים לערוה לא ידבר עמה בהן משמע דוקא דברי הרגל אבל דברים הצריכים (כצ"ל) לו ולצרכי בית מותר מ"מ לא יהא בדרך חבה". **כתב** החיד"א בעבודת הקודש בחלק מורה באצבע (ס"ג ס"ק ק"ט) „שחוק וקלות ראש וכו' ואפי' עם אשתו אמרו אפילו שיחה קלה שבין איש לאשתו עתיד ליתן את הדין וכמ"ש מגיד לאדם מה שיחו ומה גם אם היא נדה כי אפילו להסתכל בפניה כתבו חז"ל שירחיק עצמו וכן מלדבר עמה וסימנך נאלמתי דומיה החשיתי ר"ת נדה ואף כי בזמנינו הוא רחוק זהירות זה שהיא מצטערת מאד על זה ובעי למעבד לה נייחא מ"מ שחוק וקלות ראש

Games and sports

Included in this *issur* are games and sports (**לה**) (e.g. ping pong (**לו**), handball, tennis) (**לז**). It is preferable to refrain even from quiet games (e.g. chess, scrabble) (**לח**).

Giving a gift

5. One may present* his wife with a gift [or flowers for Shabbos] and she may give him a gift—even when she is a Niddah (**לט**).

*Note: We will learn later (see C 2) that handing an object into his wife's hands or receiving from her hands is prohibited.

Listening to her singing

6. There is an *issur* of listening to the singing of a woman who is prohibited

---

עמה אסור מן הדין וכמה הרחקות עבוד רבנן״ וע׳ בפי׳ שערי הקודש (שם ס״ק ל״ז). **כתב** החזו״א באגרת לחתנים (נדפס בקו׳ וידעת כי שלום אהלך פ״ב דף י״ב) „נקי [יהיה לביתו שנה אחת] ושמח את אשתו אשר לקח. חובה. כיצד משמחה וכו׳ להראות אהבה וקירוב בריבוי שיחה ורצוי. (ומה שאמרו אל תרבה וכו׳, באינו צריך לרצוי מדבר, ולא בשנה ראשונה שצריך להשתדלות התאחדות שזה כונת היצירה — והיו לבשר אחד ואמרו שכינה וכו׳)״.

(לד) שם וע׳ פ״ג דאבות מ׳ י״ג „ר״ע אומר שחוק וקלות ראש מרגילין לערוה״ ע׳ אה״ע (ס׳ כ״א ס״א) דשחוק וקלות ראש אסור גם בשאר עריות.

(לה) שמעתי מפי הגרמ״פ זצ״ל. ע׳ ברכ״י (ס׳ קצ״ה ס״ק ה׳) וסד״ט (שם ס״ק ד׳) מריק״ש דמתיר זריקה כל שאינו דרך שחוק [ואף שכ׳ הסד״ט שם „ואין לזוז מדברי הרמ״א״ היינו שמחמיר יותר מהריק״ש אבל דרך שחוק לכ״ע אסור, וע׳ בסמוך].

(לו) ע׳ בת׳ באר משה (ח״א ס״נ:ה, ח״ב ס׳ ס״ז) ואף שכ׳ „ומאחר ששחוק זה אינו קירוב דעת דנגיעה המביא לידי קורבה דג״ע אין לאסור״ שמעתי מפי הגרמ״פ זצ״ל דמשחקים כאלו הם בכלל שחוק וקלות ראש שאסר המחבר בס׳ קצ״ה ס״א.

(לז) כך נראה ע״פ הנ״ל.

(לח) ע׳ בת׳ בא״מ שם שמתיר להבעל לשחוק עם אשתו שעשוע של שא״ך, והנראה בזה דאף דמשחקים אלו כשמשחקים עם אחרים אין בהם שום חיבה וקירוב הדעת אבל עם אשתו כשכוונתם לשחוק אפשר להביא לידי קורבה דג״ע וטוב למנוע וכך שמעתי מפי הגרמ״פ זצ״ל דהוא בכלל „ולא ישחוק״ וגרעי יותר משחוק כדור וכדו׳ דהם סמוכים זה לזה. **אבל** נראה דכשהיא במצב חולי רוח שרי, דאין זה בכלל שחוק כי אין כוונתו לשחוק כי אם להעביר רוחה.

(לט) ע׳ כו״פ (ס׳ קצ״ה ס״א הובא ג״כ במחה״ש ססק ג׳) הובא לעיל בהערה ה׳ שמקיל בזה אבל ע׳ בתפ״צ (שם ס״ק י׳) שכותב „ואין לך מביא חבה יותר מנותן מתנה״ ומדייק שהאיסור לשלוח כוס של ברכה לאשתו הוא מדקרי לי׳ בגמרא (ברכות נ״א:) מתנה „ומשגרו לאנשי ביתו במתנה״ ונראה דהמנהג להקל. **בשיעורי** שבט הלוי (ס׳ קצה ס״ב ס״ק ד׳) אחר שהביא דברי הפלתי ותפ״צ כ׳ „ונראה דלהלכה שרי ליתן מתנה ודבר הנצרך, **אמנם** מתנה מיוחדת לקירוב לבבות כמתנה קודם יום הטבילה ממש פשוט דאסור וכו׳״. וכתב שם „וגם פשוט דהבאת פרחים לשבת שרי, דיש בזה כבוד שבת כמבואר בשבת (ל״ג:) וכו׳״ [״בהדי פניא דמעלי שבתא וכו׳״ ע״ש].

to him (**מ**). Therefore, one may not listen to the singing of any woman who is a Niddah or otherwise prohibited to him—whether she is married or single (see Note on A 3), Jewish or gentile—except for his mother and daughter (**מא**).

Most Poskim hold that one should refrain from listening to his wife's singing when she is a Niddah—even when she is singing the *Zmiros* of Shabbos (**מב**).

Smelling her perfume

7. Although a woman may use perfume [on her body or her garments] during the Niddah period, her husband may not intentionally smell this perfume—lest it may lead to sin (**מג**). However, he may smell her perfume while it is in the bottle (**מד**).

(מ) כ׳ המחבר (אה״ע ס׳ כ״א ס״א) „ואסור לשמוע קול ערוה״ וכ׳ בב״ש (ס״ק ד׳) „קול ערוה. אבל קול פנויה או קול אשתו מותר אלא בעת תפלה אסור כמ״ש בא״ח [ע׳ ס׳ ע״ה ס״ג לענין ק״ש וע׳ שו״ת חת״ס חו״מ ס׳ ק״צ דה״ה לענין תפלה וכ״נ מקור הב״ש] ועיין בפרישה מ״ש בשם מהרש״ל ודוק׳ קול ערוה אסור אבל קול דיבור שלה מותר וכו׳״ ומ״ש „קול פנוי׳״ ע׳ חת״ס שם „והיינו ע״כ בשמיעת קול פנוי׳ טהורה וכו׳״ וע׳ מ״ב (ס׳ ע״ה ס״ק י״ז) שכ׳ „וזמר אשת איש וכן כל העריות לעולם אסור לשמוע וכן פנויה שהיא נדה מכלל עריות היא ובתולות דידן כולם בחזקת נדות הן משיגיע להן זמן וסת״ וע׳ אג״מ (או״ח ח״א ס׳ כ״ו). **לענין** שמיעת זמירות אנשים ונשים יחד ע׳ בת׳ באר שבע (באמ״ח בס״ג) ושרידי אש (ח״ב ס״ח). **כשאשתו** נדה מזמרת ביחד עם בתו או אמו ע׳ בסוגה בשושנים בבא״א (פ׳ ט״ז ס״ק ו׳) שהאריך בזה.

(מא) ע׳ שם וכ׳ במ״ב שם „וקול זמר פנוי׳ נכרית היא ג״כ בכלל ערוה ואסור לשמוע וכו׳״. **ומש״כ** חוץ מאמו או בתו ע׳ לעיל הערה יט ובאחרונים לענין נשיקה בקרובות, ונראה דכ״ש לענין זה, ולענין אחותו יש דעות בין הפוסקים ע׳ בס׳ הליכות בת ישראל (פ״ו הערה א׳ והערה *טז) וש״פ ואכמ״ל.

(מב) ע׳ פת״ת (ס׳ קצ״ה ס״ק י׳) שכ׳ „צ״ע אי מותר לשמוע קול זמר שלה וכו׳״ בלו״ש (ס״ק כ׳) כ׳ „נראה פשוט דאסור לשמוע קול זמר אשתו נדה״ וכ״כ בקש״ע (ס׳ קנ״ג ס״י) וערה״ש (שם ס׳ כ״ג) וטה״י (ס׳ קצ״ה ס״ס ו׳), וע׳ באג״מ (יו״ד ח״ב ס׳ ע״ה ד״ה ובדבר) שכ׳ „ובדבר קול באשתו נדה אם מותר לשמוע כשמזמרת, הנה הפ״ת סימן קצ״ה סק״י נשאר בצ״ע ולכן מהראוי להחמיר״, וכ׳ בבן איש חי (שנה ב׳ צו אות כ״ה) „ואסור לשמוע קול זמר שלה, ועיין לחם ושמלה סק״ך, ופה עירנו מנהג הנשים לזמר להילד בקול נעים כדי שישן, וכדי שלא יבכה, וצריך להזהר בזה אם אשתו נדה, אך אם הילד בוכה הרבה וצריך לזמר זה שמלומד בכך, ואין מקום לבעל לילך שם, נראה דיש להקל״. **לענין** זמירות שבת ע׳ סוגה בשושנים (פ׳ ט״ז ס״ק ד׳) ושבט הלוי (ח״ה ס׳ קצ״ז אות ד׳ ואה״ע ס׳ קפ״א) ובבדה״ש (ס׳ קצ״ה ס״ק קי״ט ובציונים ס״ק רי״ט), וכתב בספר הליכות בת ישראל (פ״ו ס״ח) „ובעל מותר לשיר זמירות שבת אף כשאשתו שרה עמו, ובלבד שלא יזכיר פסוקים או שמות — ואם היא נידה לא תשיר כלל״.

(מג) ע׳ מחבר (או״ח ס׳ רי״ז ס״ד) „בשמים של ערוה וכו׳ אין מברכין עליהם לפי שאסור להריח בהם שמא יבא לידי הרגל נשיקה או קירוב בשר״ וכ׳ המ״ב (שם ס״ק ט״ז) „וכתב בשע״ת בשם הברכ״י דאפילו בבשמים של אשתו נדה אסור להריח״ וכ״כ בפת״ת (ס׳ קצ״ה ס״ק א׳) „עי׳ בא״ח בש״ת סי׳ רי״ז סק״ה שכ׳ בשם ברכ״י דאסור להריח מבשמים שלה אף שהתורה העידה סוגה בשושנים מ״מ

This *issur* does not only prohibit a husband from smelling his wife's perfume, but any man may not intentionally smell the perfume of a woman who is prohibited to him—even that of a single girl (מה)—lest it may lead to sin (מו).

Wearing cosmetics

8. Although the use of cosmetics during the Niddah period should have been prohibited (מז), חז״ל permitted it so that she should not become repulsive to her husband. [They should, however, be used in moderation] (מח).

יש להתרחק וסימן לדבר סוגה בשושנים דצריך סייג גם בשושנים וכו׳״. [ומש״כ במתכוין ע׳ שעה״צ ס׳ רי״ז ס״ק כ״ז ובמאמ״ר שם ודוק].

(מד) ע׳ פת״ת שם שכ׳ „ע׳ בט״ז שם [או״ח] ס״ק ג׳ שכ׳ דאפילו אם הסירה כו׳ וה״ה בבשמים של אשתו נדה אם הסירה מעליה ומונחים על השלחן אפ״ה אסור להריח בהם״ ונראה דהתם איירי באותה קופה של בשמים שהיתה תלויה בצוארה ולכן אף כשעתה מונחת על השלחן אסור, אבל ברקוח שקורין פערפיו״ם המונח בכלי ולא היה עליה מעולם מותר ופ״מ מערה״ש (ס׳ קצ״ה ס׳ כ״ג) שכ׳ „אם היא סכה א״ע גופה או בגדיה בריח טוב פשיטא שאסור לו ליהנות מריח גופה ובגדיה ואין לך גירוי יצה״ר יותר מזה אבל מותרות הריח שלה כשנשאר בכלי אין קפידא דאין בזה קירוב דעת״ וכ״כ בבדה״ש (ס״ק קי״ט). ונראה דאם הוא מכיר בעצמו דעי״ז יבוא לידי הרהור אף כשעדיין מונח בכלי יש להזהר, ע׳ במ״ב שם (ס״ק י״ז) ושעה״צ שם (ס״ק כ״ז) ודוק. **לענין** אם מותר לאשה לאחוז הבשמים להבדלה והאיש יריח הבשמים בידה (או אם הבעל מותר להחזיק הבשמים כדי שתריח אשתו) ע׳ בסוגב״ש (פ׳ י״ח בבא״א אות ב׳) דמחלק בין אם צריך לקרב עצמו אל אשתו להריח או הריח הולך למרחוק וע׳ בס׳ פרדס שמחה (ס׳ קצ״ה ס״ק ג׳) שהביא מבית ישראל לאיסור וע׳ בבדה״ש (ס׳ קצ״ה ס״ב בביאורים ד״ה ולא יקבלנו מידה) ובשו״ת קנה בושם (ס׳ פ״ו אות ג׳).

(מה) ע׳ או״ח (ס׳ רי״ז ס״ד) ומ״ב (שם ס״ק ט״ז) דמשמע דאסור להריח בשמים אף מפנויה טהורה.

(מו) כ׳ המחבר שם „שמא יבא לידי הרגל נשיקה או קירוב בשר״. **לענין בשמים של בתו** ע׳ כה״ח ס׳ רי״ז אות טו״ב.

(מז) ע׳ שבת (ס״ד:) „כדתניא והדוה בנדתה זקנים הראשונים אמרו שלא תכחול ולא תפקוס ולא תתקשט בבגדי צבעונין עד שבא ר״ע ולימד א״כ אתה מגנה על בעלה ונמצא בעלה מגרשה אלא מה ת״ל והדוה בנדתה בנדתה תהא עד שתבא במים״. כ׳ המחבר (ס׳ קצ״ה ס״ט) „בקושי התירו לה להתקשט בימי נדתה אלא כדי שלא תתגנה על בעלה״. [ע׳ במקו״ח (שם ס״ק מ׳) שפי׳ „בקושי״ הואיל דבעלמא קי״ל הלכתא כרבנן נגד ר״ע וכאן פסקינו כר״ע ודוק]. ע׳ אבות דר״נ (פ״ב מ״א) „יכול תרחוץ בפניה ותכחול עיניה ת״ל (ויקרא ט״ו) והדוה בנדתה כל ימים שבנדתה תהיה בנדוי מכאן אמרו כל המנוולת עצמה בימי נדתה רוח חכמים נוחה הימנה וכל המתקשטת עצמה בימי נדתה אין רוח חכמים נוחה הימנה״ ע׳ ביאור הגר״א (ס׳ קצ״ה ס״ק י״ג) שכ׳ (אדברי אבות דר״נ) „ומשמע דאף לר׳ עקיבא מדקאמר אין רוח כו׳״ וע׳ או״ז (הל׳ נדה ס׳ ש״ס) ומשל״מ פ״י מהל׳ גירושין ה׳ כ״א (ד״ה גרסינן בירושלמי), תוה״ש ס״ק י״א, והגהות יד שאול (ס׳ קצ״ה ס״א) וערה״ש ס׳ כ״א, כ״ב.

(מח) שם. **כתב** בת׳ מהר״ם מרוטנבורג (ס׳ קצ״ט) „תבא מאירה לאשה שיש לה בעל ואינה מתקשטת ותבא מאירה לאשה שאין לה בעל ומתקשטת״. עיין בשו״ת דברי מלכיאל (ח״ה ס׳ ק״ג) שמה שנוהגות הנשים להחמיר ע״ע ואינן מתקשטות בימי נדותן אסור לעשות כן וז״ל „דכיון שחששו חז״ל שלא תתגנה על בעלה

Wearing special garments

9. During the time of חז״ל, it was customary for women to set aside special garments to wear during the Niddah period (**מט**). Most Poskim hold that nowadays there is no such custom or requirement. Therefore, it is permissible for women to wear even beautiful and decorative clothing during the Niddah period—with moderation (**נ**).

C. PHYSICAL CONTACT

Touching

1. Not only is intercourse prohibited when she is a Niddah, but any form of physical contact with pleasurable intent is prohibited by the Torah during this period (**נא**) (see A 3). Therefore, a husband may not touch his wife when she is a

---

א״כ אסור לה לעשות כן״ (וע׳ מש״כ בסוף הערה נ׳ מצ״צ ושערי טוהר).

(מט) כ׳ המחבר (ס׳ קצ״ה ס״ח) „ראוי לה שתייחד לה בגדים לימי נדותה כדי שיהיו שניהם זוכרים תמיד שהיא נדה״ ובב״י (ד״ה וראוי לה) כ׳ „כן נראה ממה שפרש״י בפ׳ המדיר (ע״ב.) ובפ״י יוחסין (פ.) אהא דאמר רב יהודה הוחזקה נדה בשכנותיה בעלה לוקה עליה הוחזקה נדה בשכנותיה שראוה לובשת בגדי נדות״ וכ׳ בתוה״ש (ס׳ קצ״ה ס״ק י׳) „זוכרים תמיד שהיא נדה. וכן הוא ל׳ הטור ולא ידעתי מאין יצא להם טעם זה הלא הטעם מפורש להדיא בש״ס ס״פ אע״פ כדי שלא תתגנה על בעלה ופרש״י בימי טהרה אם לובשת בגדים שלבשתה בימי נדתה עכ״ל ותמיהא גדולה היא על כל האחרונים שלא הרגישו בזה על הטור, ויש כמה נפקותות לדינא בין השני הטעמים וצ״ע (וזכירה זו למה דלא צריכין היכר אא״כ שיש איזה הרגל וחבה וקירוב דעת) ונראה פשוט דלכל הטעמים אם יש לה בגדים מיוחדים אפי׳ נאים ומקושטים שמותרת להלבישם וכו׳״ ע״ש וערה״ש שם וסד״ט שם ס״ק ט״ז וכרתי (שם ס״ד).

(נ) אע״ג דבקש״ע (ס׳ קנ״ג ס׳ י״א) מל״ט ומעין טהור וצ״צ בפס״ד (ס״ק ח׳) הביאו דינו דמחבר [ובאמירה לבית יעקב כ׳ „לכן תעשה סימן בבגדי׳ שיזכיר להם את נידותי׳״] בחכ״א השמיטו (ובתוה״ש שם כ׳ „ונראה פשוט דלכל הטעמים אם יש לה בגדים מיוחדים אפי׳ נאים ומקושטים שמותרת להלבישם״) והרבה תמהו על טעמו של המחבר ושמעתי מפי הגרמ״פ זצ״ל דאין נוהגין כן ואמר דהטעם שלבשו בגדי נדה אינו משום חיוב אלא משום נקיות שלא תתלכלך בגדי׳ בדם נדות וכ״כ בגר״ז (בס׳ קפ״ה ס״ק ז׳) „ואין הנשים לובשות בגדי נדה אלא כשפורסות נדה שלא תלכלך בגדיה בדם נדה ומה״ט אמרינן בגמרא דהוחזקה נדה בשכנותיה וכו׳״ (וע׳ דברות משה שבת ח״א הערה ע״ט). **כתב** בצ״צ בפס״ד (ס״ק ט׳) „בקושי התירו לה להתקשט בימי נדותה אלא כדי שלא תתגנה על בעלה ומשמע דנכון למעט בכל מה דאפשר״ וכן ע׳ בשערי טוהר (שער ט״ו אות י״א) „ובקושי התירו לה להתקשט בימי נדתה אלא כדי שלא תתגנה על בעלה. ש״ע ס״ח וס״ט. ומ״מ ראוי לה למעט בקישוט וכו׳״.

(נא) כ׳ הרמב״ם בסה״מ (לאוין שנ״ג) „הזהיר מהקרב אל אחת מהעריות האלו ואפי׳ בלא ביאה כגון חבוק ונשיקה והדומה להם מן הפעולות הזרות והוא אמרו באזהרה מזה איש

Niddah (**נב**)—even with his small finger (**נג**). Even if he does not intend for plea-

---

איש אל כל שאר בשרו לא תקרבו לגלות ערוה כאלו יאמר לא תקרבו שום קירוב שיביא לגלות ערוה. ולשון ספרא לא תקרבו לגלות ערוה אין לי אלא שלא יגלה מנין שלא יקרב ת״ל ואל אשה בנדת טומאתה לא תקרב אין לי אלא נדה שהיא בבל תקרב וכו׳״ ע״ש ובמשנה תורה (פ׳ כ״א מהל׳ א״ב ה״א) כ׳ „כל הבא על ערוה מן העריות דרך איברים או שחבק ונשק דרך תאוה ונהנה בקרוב בשר הרי זה לוקה מן התורה וכו׳״ [ע׳ ברמב״ן בסה״מ שם וברה״מ במש״ת שם שהביאו דברי הרמב״ם בסה״מ שם בקצת שינוי וזה גירסת הרה״מ (דבהגהות על המש״ת כבר העיר „יש איזה שינוי בין לשון ללשון״) „שנמנענו מלהתעדן באחת מכל העריות ואפילו בלא ביאה כגון חבוק ונשוק והדומה להם מפעולות המעמיקים בזימה וכו׳״ וכ׳ הרה״מ „אבל הרמב״ן נחלק עליו בהשגות שחבר על ספר המצות ואמר שהדרשא הזאת שבספרא אינה אלא אסמכתא ואין בכאן מלקות מן התורה אלא בביאה גמורה או בהערה וכו׳״ ובחל״מ (אה״ע ס״כ ס״ק א׳) כ׳ דהרשב״ץ הסכים עם הרמב״ן] וכ׳ הטור והמחבר באה״ע (שם ס״א) „הבא על אחת מן העריות דרך איברים או שחבק ונשק ונהנה בקירוב בשר הרי זה לוקה וחשוד על העריות״ והיינו כדעת הרמב״ם וע׳ ש״ך (ס׳ קצ״ה ס״ק כ׳) דזה נראה דעת הרמ״א. **עיין** בב״ש (אה״ע שם ס״ק א׳) וש״ך יו״ד (ס׳ קנ״ז ס״ק י׳ וס׳ קצ״ה שם) דפליגי בדעת הרמב״ם אי דעתו דאפילו נגיעה שאינו דרך חיבה אסור מדאורייתא [כ״פ הב״ש שם ברמב״ם וכ׳ שכ״כ הרמב״ן בת׳ ס׳ קכ״ז וכ״מ מב״י (ס׳ קצ״ה שם ד״ה כתב א״א הרא״ש שכ׳ בא״ד וכתב עוד בתרומת הדשן בשם וכו׳), וכ״פ בשו״ע שם ס׳ י״ז] ולש״ך שם „אף להרמב״ם ליכא איסור דאורייתא אלא כשעושה כן דרך תאוה וחיבת ביאה״ וכן דעת הכו״פ (ס׳ קצ״ה ס״ז) ושו״ת מנחת יעקב (ס׳ י״ג ד״ה וליכא). [ונראה דיש להביא ראיה להשגת הש״ך על הרמב״ן דכ׳ הרמב״ם (פ׳ י״א דא״ב ה׳ י״ט) „ולא יגע בבשרה מפני הרגל עבירה״ דאילו לפי דברי הרמב״ן ברמב״ם דאפילו אם אינו עושה דרך חיבה אסור מן התורה למה יאסרו רבנן מפני הרגל עבירה דבר שכבר אסור מן התורה. אלא ע״כ ס״ל לרמב״ם דדרך חיבה אסור מדאורייתא ושלא דרך חיבה אסור מדרבנן מפני הרגל עבירה, ע׳ ת׳ פנ״י (ח״ב ס׳ מ״ד), וע׳ באג״מ (אה״ע ח״ב ס׳ י״ד ד״ה בדבר) שכ׳ בענין הרמב״ם „וכל איסור נגיעה בעריות הוא אף להרמב״ם שסובר שהוא בלאו דלא תקרבו דאורייתא דוקא דרך תאוה כמפורש בדבריו ריש פכ״א מאי״ב, ומשמע שבלא דרך תאוה ליכא אף איסור מדרבנן וכו׳״ וע׳ שו״ת מעיל צדקה ס׳ י״ט ולבוש ס׳ קצ״ה ס״ב, ובראש אפרים (על הל׳ טריפות בקונטרס הראיות ס׳ ל״ח ס״ט)]. וע׳ נובי״ת (יו״ד ס׳ קכ״ב ד״ה ואמנם הנגיעה) שכ׳ אדברי הש״ך „וכבר פשט המנהג כדבריו וא״כ נגיעת אשתו נדה כשאינו דרך חבה אינו אלא מדרבנן וא״כ הטעם משום שמא יבוא לידי הרגל דבר וכו׳״ וע׳ בת׳ חוות יאיר (ס׳ קפ״ב) ובאג״מ שם וע׳ בשאילת יעבץ ח״ב ס״ב. **נגיעת** אשתו נדה לצורך טבילה ע׳ פת״ת (ס׳ קצ״ה ס״ק ב׳) מת׳ נוב״י שם. **עיין** פת״ת שם מת׳ שמש צדקה „מי שמתה אשתו ר״ל והיא נדה רשאי ליגע בה״ ובטה״י (שם ס״ד) כ׳ „ומ״מ המחמיר שלא ליגע בבשרה לטהרה ולהלבישה תע״ב״. **תשובה** למי שחיבק ונישק אשתו נדה ע׳ ראשית חכמה (בשער התשובה פ״ז) וע׳ באג״מ או״ח ח״ד ס׳ קי״ז.

(נב) ס׳ קצ״ה ס״ב [לפי הנ״ל דרך חיבה אסור מן התורה, וכשאינו דרך חיבה לרוב פוסקים אסור מדרבנן].

(נג) שם. **כתב** הב״ח (ס׳ קצ״ה ד״ה ומ״ש ולא מתשמיש) „פירוש לא מיבעיא שאסור לשמש עמה אפילו טבלה לאחר ז׳ לראייה כיון שלא טבלה אחר ספירת ז׳ נקיים אלא בשום דבר לא יקרב אליה לא מיבעיא חבוק ונשוק אלא אפי׳ דברים בטלים המרגילים לערוה נמי אסור וכו׳״ (ובד״ה ומ״ש ולא יגע כ׳) „ומ״ש ולא יגע בה באצבע קטנה פי׳ לא תימא דאינו אסור אלא חבוק ונשוק ודברים המרגילים לערוה אבל נגיעה בעלמא דאינו מרגיל לערוה לית לן בה קמ״ל דאף נגיעה בעלמא אסור אפי׳ באצבע קטנה״.

sure, this is prohibited מדרבנן (נד). It is prohibited to touch her even through a cloth or garment (נה). Therefore, care should be taken not to touch garments which she is wearing (נו).

In the same manner that he is not permitted to touch her, she is not permitted to touch him (נז).

When one of them is ill and requires assistance, see F 1 and 2.

(נד) ע׳ לעיל הערה נא וחכ״א כלל קט״ז ס״ב.

(נה) כ׳ בס׳ הפרדס (ס׳ רע״א) „ולא נוגעין בבגדיה״ וע׳ בפת״ת שם (ס״ק י״ז) ממקור חיים שכ׳ „וראיתי מורים שהורו בנדון זה להניח בגד דק על הדפק ואז מותר לבעלה הרופא למשש הדפק על אותו הבגד המפסיק״ וע׳ ירושלמי (סוטה פ״ג ה״א) „מביא מפה וכו׳״ (ור״ש פ״ג דבכורים מ״ו) וע׳ מהרש״ם (ח״ד ס׳ קמ״ט) שכ׳ „ואם רק דרך מלבושה גם הרמב״ם מודה דדוקא בקירוב בשר ס״ל דהוי מן התורה״ (וע׳ בסמוך). **כתב** בדר״ת (ס׳ קצ״ה ס״ק ז׳) „עיי׳ בשו״ת פרי השדה ח״ג סי׳ קי״ט בא׳ שנעשה סומא ע״י חולי ר״ל וכמעט סכנה הוא לילך בשווקים וברחובות להמציא פרנסת אנשי ביתו מחמת שאינו רואה בעיניו יוכל ליפול בא׳ הפחתים או שאר נזיקים דשכיחי (כצ״ל) ברה״ר אם מותר לאשתו כשהיא נדה להחזיק בידו ולהוליכו ברה״ר והעלה דגם ע״י הפסק מפה יש לאסור בזה רק שתקח בידה איזה בגד או מקל והוא יאחז בצד הא׳ והיא תאחז בצד אחר וגם זה רק בשעת הדחק עיי״ש״ וע׳ בשו״ת מנחת יצחק (ח״ה ס׳ כ״ז).

(נו) ע׳ בפת״ת (ס׳ קצ״ה ס״ק ג׳) שכ׳ מתשב״ץ (ח״ג ס׳ נ״ח) „דליגע בבגדיה בעודה לבושה יש להתרחק״ ובערה״ש (שם ס״ה) כ׳ „אסור״ וע׳ בדר״ת (ס״ק ו׳) שכ׳ מלבנון נטע (ס״ק ד׳) דמש״כ התשב״ץ „יש להתרחק״ „דר״ל אפי׳ בבגדיה (כצ״ל) הבולטין רחוק מגופה״ אבל בבגדי׳ הסמוכין לגופה אסור מדינא וע׳ במגילת אסתר ובלב שמח על סה״מ להרמב״ם (ל״ת שנ״ג) שאם נוגעים בבגדים מפסיקין אינו לוקה מן התורה וכ״כ בת׳ המהרש״ם ח״ד ס׳ קמ״ט. **עיין** שם בפת״ת שכ׳ „אבל כשאינן עליה מותר שלא נאסר משכב ומושב שלה אלא לטהרות ע״ש״ וכתב הט״ז (שם ס״ק ו׳) „ונגיעה שנוגע בסדין שהוא מלוכלך בדם אין איסור אע״פ שקצת נזהרין מזה ושבוש הוא״ וע׳ דע״ת ס״ה ד״ה וע׳ ט״ז. **מש״כ** בבדה״ש (ס״ק ט״ו) „וכן יזהרו שלא יגעו מלבושיהם אלו באלו״ וכ׳ מקורו (בציונים ס״ק כ״ז) מערה״ש (וכ״כ בשיעורי שבט הלוי ס״ב אות ג׳ ד״ה ובפת״ש וז״ל „וכן יש להזהר מנגיעת בגדו בבגדה״), ונראה מש״כ בערה״ש (ס״כ) „ובלבד שלא יגעו זה בזו אפילו בבגדיהם״ אין הכוונה שלא יגעו המלבושים זה בזה אלא שלא יגעו האיש והאשה אפילו אם בגדי שניהם מפסיקים, אבל נראה דאינם צריכים להזהר שלא יגע חלק מבגדו שחוץ לגופו לחלק מבגדה שחוץ לגופה.

(נז) אף דכ׳ המחבר שם „לא יגע בה״ נראה דה״ה שלא תגע בו, ולכאורה יש להביא ראיה לזה מהא דזריקה אסור מחשש נגיעה וברמ״א ובלבוש שם אסרו זריקה מידה לידו, ואינו מוכרח, דהא אפשר דבזריקה החשש שמא יגע בה. ונראה דיש להביא ראיה ממחבר (שם ס׳ י״ב) „אפילו אינה נוגעת בו״ ומט״ז (שם ס״ק ח׳) „דנוגעת בו ע״י המים״ ודוק. ונראה דאם האיסור הוא מן התורה מלא תקרבו נשים נמי מוזהרות אלאו זה [ע׳ בספר החינוך (מצוה קפ״ח) „ונוהגת בכל מקום ובכל זמן בזכרים ונקבות, שגם להן אסור להרהר אחר אנשים זולתי בבעליהן שעליהם ראוי להן להמשיך כל חשקן וחפצן, וכן יעשו בנות ישראל הכשירות״ ע״ש ודוק] ואילו האיסור משום הרגל דבר נראה דהאיסור הוא מצדו דהוא ממילא נוגע בה (וכן משמע בריטב״א כתובות ד: סד״ה חוץ) וע׳ במק״ח (שם ס״ק כ״ו) ובחז״ט (ס׳ קצ״ה בד״ק ס״ק ס״ג ובמו״ד ס״ק ה׳) ודוק.

Handing or receiving

2. Handing an object into his wife's hands or receiving it from her is prohibited as a gezerah (**נח**)—he should not come to touch his wife (**נט**). This is prohibited even if the object is long (**ס**).

Placing the ring on a bride who is a Niddah

3. Although a husband may not hand an object into his wife's hand when she is a Niddah, most Poskim hold that if a bride is a Niddah, the *chasan* may place the marriage ring onto her finger under the *chupah*. However, while placing the ring, care should be taken not to touch her fingers (**סא**).

(נח) כ׳ המחבר שם „ולא יושיט מידו לידה שום דבר ולא יקבלנו מידה שמא יגע בבשרה" ע׳ גר"א ס"ק ו׳ מקורו. **כתב** המאירי (כתובות ד: ד"ה ומעתה) „ומזיגת הכוס פירושו בהושטה מיד ליד וכו׳" וכ"פ הריטב"א שם בפרש"י וע"ש במאירי דדוקא כוס אבל „שאר חפצים אף בהושטה מותר" וכן מדייק הרה"מ ברמב"ם (פ׳ כ"א דאישות ה"ח) לפיכך לשון המחבר „שום דבר" דהוא ל׳ תוה"ב הק׳ בא לאפוקי מדעה זו וכן ל׳ ס׳ הפרדס לרש"י (ס׳ ער"ב) „כך ראיתי ר׳ נוהג ואפי׳ במסירת מפתח או שום דבר אחר מידו לידה הי׳ פורש" (ע׳ תוס׳ שבת י"ג: ד"ה בימי, וכתובות ס"א. ד"ה מחלפא) [מל׳ ס׳ הפרדס שם משמע דנכתב ע"י תלמידי רש"י ודוק]. **כתב** בס׳ מק"ח (ס"ק מ"ו) דמידה לידו לא מהני שינוי וכ"כ הב"ח (ד"ה ומ"ש ולא יגע בה שכ׳ בא"ד ומ"ש ולא יושיט) „אסור להושיט אפי׳ ע"י שינוי ואפי׳ ע"י זריקה אסור" וכ׳ שם דגם ביד שמאל אסור להושיט. **במאירי** שם כ׳ „ולא עוד אלא שלדעתי כל שבשעת אכילה מותר אף מיד ליד דבעבידתיה טריד ואין כאן המשך חבה" והוא דבר חדש מאד ונראה דהוא דעת יחיד בזה. **לענין** בעלי תשובה שבזמנינו שמתעסקים עמהם לקרבם לשמירת מצוות ומתעלים דרגא אחר דרגא עד שמגיעים לשומרי מצוות לגמרי. וידוע דהרבה פעמים אם נכביד עליהם לשמור טהרת המשפחה בכל פרטיה ודקדוקיה מיד ח"ו יחזרו לסורם. ולכן צריכים לחנכם דרגא אחר דרגא אבל ח"ו להורות להם להתיר דבר האסור, ולכן נראה דע"פ דברי המאירי שם אפשר דיש סמך ומהלך להורות להם המעשה אשר יעשון בתחלה, ולאמר להם דזהו ע"פ מצבם כעת ולהודיע להם שיש עוד פרטים שיוסיפו על זה אח"כ. ופשוט דזה רק עצה לשעת הדחק, דאם מצבם ראוי לשמירת ההרחקות כראוי ח"ו להקל להם.

(נט) מחבר שם, וכ׳ הרשב"א בתשובה (סימן אלף קפ"ח הובא בב"י אה"ע ס"ס כ"א ד"ה ומ"ש רבינו) טעם אחר וז"ל „וכן אפילו הושטת כלי מיד אשתו נדה לידו אסור לפי שלבו גס בה ובקריבות מועט איכא למיחש להרגל עבירה" וע׳ בשימ"ק (כתובות ס"א. סד"ה וכתבו תלמידי ר׳ יונה) שכ׳ „וכמו שאסור ליגע בה עד שתטבול, כמו כן אסור להושיט לה שום דבר, דהושטה כנגיעה דיינינן לי׳".

(ס) כ׳ הש"ך (ס"ק ג׳) „ולא יושיט מידו כו׳. אפילו בדבר שהוא ארוך" וכ"כ הסד"ט ס"ק ג׳ ומקורו מב"י (ד"ה ומ"ש ולא יושיט) וכ׳ הטעם מרבינו ירוחם „שמא לא יזהר בטוב ויגע בידה" ובערה"ש (ס"ה) ופר"ד (ס"ק ג׳) כ׳ משום לא פלוג [ומדוייק בל׳ המחבר „ולא יושיט" ולא כ׳ „ולא יתן" (ע׳ ע"ז ו:)] ודוק וע׳ בסוגב"ש (פ"ג בבא"א אות י"ד). **כתב** הב"ח (ד"ה ומ"ש ולא יגע בה שכ׳ בא"ד ומ"ש ולא יושיט) „דהושטה אפי׳ ע"י שינוי אסור מידו לידה ומידה לידו ואפי׳ בדבר ארוך וכו׳".

(סא) ע׳ באה"ט (אה"ע ס׳ ס"א ס"ק ח׳) דבדרשות מהרי"ל כ׳ „דאם אינה טהורה אינו מגיע בה אך מניח מעצמה ליפול באצבעה. ואנן לא נוהגין כן אלא שהחתן בעצמו נותן הטבעת באצבעה דקודם שקדשה בטבעת לא הוי אשתו

Handing the Kesubah to a bride who is a Niddah

When the bride is a Niddah at the *chupah*, the *chasan* should not hand the *kesubah* (marriage contract) to her, but the one who reads the *kesubah* should hand it to the bride. Similarly, after the *shevah brochos* he should not hand, pass, or even send the cup of wine to her (**סב**) (also see D 33).

Passing a child

4. It is prohibited to pass a child from his hands to his wife's hands or vice versa—if the child is unable to go by himself (**סג**). Passing a child who is able to

---

ומיד כשקדשה עם הטבעת מרחקה הכלה מהחתן אם היא נדה" וכ׳ האו"ז (ס"ס שמ"א) „מיהו היכא שכבר הכינו צרכי הסעודה ופירסה נדה ה"ז כונסה לכתחלה ומקדשה ומקבלת הטבעת מידו דכיון דעדיין לא נתקדשה ואינ׳ מותרת לבוא עלי׳ לית לן בה אם יגע בידה וכמדומה אני שכך הורה מורי רבינו שמחה ועבד עובדא בנפשי׳" וע׳ שד"ח (מערכת חתן וכלה אות כ"ו ד"ה וגם) [ומש"כ „מאי קאמר הרב באה"ט דקודם שקדשה לא הויא אשתו דמשמע דלא קפדינן בנגיעת נדה אלא באשתו ואין הדבר כן לענ"ד וצ"ע" נראה דאף דנגיעה בנדה דרך תאוה וחבה אסור בין באשתו בין באינה אשתו (ע׳ אג"מ אה"ע ח"ב ס׳ י"ד) מ"מ גזירת הושטה אטו נגיעה לא גזרו אלא באשתו נדה ונראה דנידון דידן דומיא להושטה ולא לנגיעה, וע׳ בדר"ת (שם ס"ק י"ג) ובשו"ת מנחת יצחק ח"ג ס׳ פ"ג] וע׳ בשו"ת בית יצחק (יו"ד ח"ב ס׳ י"ח והובא בדר"ת שם) וטה"י (ס׳ קצ"ב ס׳ ל"ה) ובקובץ לתורה והוראה (ח"ה דף 24), וע׳ בס׳ סוגה בשושנים (בקו׳ חופת נדה סי׳ ב׳ ובבאר אליהו שם) שהאריך בענינים אלו. ונראה דיש עוד סברא להתיר דכיון דכ׳ הרא"ש (בקיצור הלכות נדה) „ובשביל שמתייחד תדיר עמה עשו גדר וסייג שיזכור את נדותיה וכו׳" ואסרו ההרחקות, בחופת נדה כיון דיחוד אסור דינה כשאר נשים. **ולענין** בעל שנותן גט לאשתו נדה ע׳ בשו"ת בית יצחק שם (הובא בדר"ת שם) דשרי כיון דלרחוקה קאתי.

(סב) כ׳ בקובץ לתורה והוראה שם „וטוב שקורא הכתובה יתנה להכלה דליכא כל כך פרסום דבר בעיני הנצבים אם טהורה היא או לא דלפעמים כשהיא טהורה ניתנה לה מן הקורא אבל בדהויא למעשה שצריך ליתן לה כתובתה מידו לידה אין לאסור מדהוי ברבים ובפרט לדבר מצוה כמו שהביא העיקרי דינים חי"ד סימן כ"א ס"ד בשם התשב"ץ" וע׳ שם שהוסיף הגרמ"פ זצ"ל „ומצד שאין רוצים לפרסם ויודעים שיאמרו להם לעשות יחוד בעדים יראו להגיד לאחד ממכיריהם שהיא חופת נדה ויהיה בחדר היחוד מתחלה". **ולענין** לשגור את הכוס ע׳ לקמן בפנים אצל הערה רכא. **לענין** אם מותר להחתן לשתות מהכוס של ברכת חתנים אחר שכבר שתתה הכלה ע׳ בסוגב"ש (קונטרס חופת נדה ס"ב ס"ז ובבא"א שם).

(סג) ע׳ פת"ת (ס׳ קצ"ה ס"ק ג׳) שהביא מהתשב"ץ (ח"ג ס׳ נ"ח) וז"ל התשב"ץ שם „ליטול מידה התינוק נראה שמותר דחי נושא את עצמו" ושאר הלשון „והיא אינה עושה כלום אלא התינוק עצמו הוא יוצא מחיק אמו ובא אל אביו" הוא מתשב"ץ ס׳ ר"ל. ממש"כ בס׳ נ"ח הי׳ משמע דשרי אף ליטול התינוק כשאינו יוצא מחיק אמו בעצמו אבל ממש"כ בס׳ ר"ל מוכח דרק אם יוצא מעצמו שרי ובמל"ט (ס"ק ח׳) כ׳ „שאין להקל בזה". ואף שכ׳ בפת"ת שם „ונראה דאם התינוק קטן או חולה או כפות אסור דאז לא שייך לומר חי נושא את עצמו וכו׳" צ"ע איך שייך חי נושא את עצמו הכא (וכמו"כ הקשה בערה"ש ס"ה) דהא ניחא לגבי שבת כתבו התוס׳ (שבת צ"ד. ד"ה שהחי) סברת חי נושא את עצמו דממשכן גמרינן שלא היו

go by himself is questionable (**סד**). However, if the child goes by himself from his hands to hers or vice versa—it is permissible (**סה**).

In order to pass a child [who is unable to go by himself] from the husband to the wife [or vice versa], he should place the child onto a surface (e.g. onto a table, on the seat of a car) (**סו**) and his wife should pick up the child from this surface (**סז**). This is permissible, even if both will be momentarily holding onto the child at the same time [and then one of them leaves go] (**סח**). It goes without saying that where there is any fear of danger or of injury to the child by not passing him directly, he may even be passed directly from one to the other (**סט**).

Handing to child, Holding child together, Kissing child in mother's arms

5. The husband may hand an object (e.g. a bottle, pacifier, toy) to a child—even though his wife is holding onto the child (**ע**). Similarly, the husband and wife may walk with the child—each holding onto one of the child's hands [as long as they do not pick him up or pull him together] (**עא**).

נושאין דבר חי ע״ש אבל הכא הלא הוא נוטל דבר מידה, ועוד זיל בתר טעמא „שמא יגע בבשרה״ ולמאי נ״מ דחי נושא את עצמו. והנראה בזה דיש להתיר רק כשהתינוק יוצא מעצמו מחיק אמו ובא אל אביו שאינה נותנו מידה ליד בעלה (ע׳ ב״ה ס׳ ש״ח ס׳ מ״א ד״ה שלא ודוק) ואפשר דל׳ חי נושא את עצמו לשון מושאל. וע׳ בשיעורי שבט הלוי (ס״ב ס״ק ג׳ מד״ה עוד עד ד״ה ועיין) ובבדה״ש (בציונים ס״ק מ״ב) ובסוגב״ש (פ׳ כ״א ס״ג ובבא״א שם) לענין תינוק שיכול לילך בעצמו אלא הוא ישן או מתנמנם.

(סד) ע״פ הנ״ל.

(סה) שם.

(סו) כך נראה.

(סז) דבכה״ג אינם מושיטים מיד ליד, וכעין זה כ׳ הדר״ת (ס׳ קצ״ה ס״ק ט׳) לענין קוואט״ר ע״ש.

(סח) כך נראה דכיון דמונח על איזה דבר אין זה הושטה מיד ליד [ואף דממק״ח (ס״ק ח׳) שכ׳ „הואיל דשניהם נוגעים בדבר אחד אסור״ הי׳ משמע לאיסור, מ״מ כיון דאיסור הושטה בשאר מילי דלאו כוס הוא ע״פ חומרא שהחמיר רש״י (ע׳ לעיל הערה נח) אין להוסיף עליו כיון דאין בזה חיבה] וע׳ בדר״ת (שם ס״ק י״א) „דגם להמתירים ליגע בדבר שביד אשתו וכו׳״ ודוק.

(סט) פשוט דשרי משום סכנה. ונראה דזה דוקא אם צריך להושיט מידו לידה אבל אם יכול להחזיק התינוק אצלו צ״ע אם יש להתיר אף שאינו רוצה עכשיו לשאת את התינוק.

(ע) כך נראה ע״פ מש״כ בהערה סח ודלא כמ״ש בסוגב״ש (פ׳ כ״א ס״ו), ואף שבשו״ת באר משה (ח״א ס״נ אות ג׳) מתיר רק „אם אין התינוק רוצה לאכול באופן אחר וההורים מצטערים ממה שאין התינוק אוכל כהוגן״ נראה דיש להחמיר דוקא אם מאכיל להתינוק במשך זמן דיש לחוש שישכח ויבוא לנגוע באשתו, אבל למסור מוצץ או בקבוק או שאר חפץ ליד או לפה תינוק שביד אשתו נראה דאין להחמיר.

(עא) אף שכ׳ בשיעורי שבט הלוי (ס״ג ד״ה יש) „יש להחמיר שלא ללכת עם ילד כשכל אחד מחזיקו ביד אחרת״ בשו״ת באר משה (שם אות י״א) כ׳ בזה „שאין בידי לאסור עפ״י עיקר הדין, ולמעשה נכון ויפה להחמיר כמה דאפשר״ אבל ע׳ מש״כ לעיל בהערה סח. [ומש״כ דרק בכה״ג שאין מגביהים אותו או מושכים אותו יחד כך נראה דלא עדיף מהושטה, וע׳ בסוגב״ש פ׳ כ״א ס״ד וס״ז ובבא״א שם] וכן ע׳ בבדה״ש (ס״ק כ״ו).

The husband may not kiss a child who is in the mother's arms nor may the mother kiss a child in her husband's arms (**עב**). They should not push a baby carriage together (**עג**).

Placing something in or removing from her handbag

6. The husband should not place an object into his wife's pocket [and vice versa], or even into her handbag, shopping bag or anything else that she is carrying (**עד**). Similarly, he should not remove something from it (**עה**).

Placing a child or an object onto her bed when she is in bed

7. We will learn (see E 4) that the husband may not even sit on his wife's bed when she is a Niddah—even when she is not present (**עו**). However, it is permissible to place a child or an object onto her bed—even when she is lying there (**עז**)—as long as he does not place the child or object onto her (**עח**). Similarly, he may pick up a child or object from her bed—even when she is lying there—as long as the child or object is not lying on top of her (**עט**).

(עב) כ״כ בדר״ת ס״ק י״א משו״ת משיב דברים.

(עג) ע׳ שו״ת בא״מ (ח״א ס״נ אות י״ד) ומש״כ בהערה סח ודוק, וע׳ באג״מ (יו״ד ח״ב ס׳ ע״ה ד״ה ולהרים) שכ׳ „ולהרים עם אשתו נדה משאוי כבד או לדחוף ביחד מטה ושאר כלים כבדים אף שאין על זה ראיה ברורה משמע שראוי להחמיר וכו׳״. וע״ש שכ׳ „ובמשא קל שאינה צריכה לסיועו אולי יותר חמור בזה דניכר קצת שהוא לחיבה״. וע׳ בסוגב״ש (פ׳ כ״א ס״ח) ובבדה״ש (ס׳ קצ״ה ס״ק כ״ו) שאסרו לדחוף או להגביה עגלת תינוק, ונראה דכן יש לנהוג להחמיר. אבל באופן שצריכים להגביה את העגלה לקומה אחרת ע״י מדרגות וקשה ע״י אדם אחד, או אפילו צריכים להורידו מדריגה כגון ממדרכה לכביש ויש בעגלה תינוק, אם אחד מחזיק בעגלה מלפניו ואחד מחזיק מלאחריו ומגביהים או מורידים אין בזה משום הושטה שאסור משום גזירה שמא יגע בבשרה ואין בזה משום חיבה והרגל דבר והוי כעסוקים במלאכתם, היכא דא״א בענין אחר נראה דיש להקל. וע׳ בשו״ת תשובות והנהגות (ס׳ תק״ב) שכ׳ דבמקום שא״א בענין אחר שיעזור הבעל בשינוי.

(עד) ע׳ בשו״ת בא״מ (שם אות ח׳) „וכן נשאלתי אם הבעל פותח הכיס שלו האם שרי לה בעת נדותה ליטול מעות מהכיס, ואסרתי״ ופשוט דה״ה דאסור לה להניח לתוכה. וכן ע״ש (אות ט׳) „אבל בביתם ביחידות בינה ולבינו, בודאי אסור לו ליקח במזלג שבידו בשר כשהיא מחזקת הטעללער בידה, והבן היטב״ ואף שאיירי התם במאכל נראה דה״ה בשאר מילי. ולפ״ז נראה דיש להחמיר שלא ליטול מהארנקי שלה או לתת לתוכה (וכ״כ בבדה״ש ס״ק כ״ז), ונראה דשאני מלזרוק לתוך ארנקי שלה שנבאר לקמן בהערה פו דשרי ע״ש.

(עה) שם.

(עו) ע׳ לקמן בהערות רעא־רעד.

(עז) דאסרו רק שכיבה וישיבה במטתה (בס׳ קצ״ה ס״ה ע׳ נו״כ שם) ולא הנחה על מיטתה אפילו כשהיא במטה, וגם אינו דומה להושטה (ע׳ לעיל בהערות נח וסג) דהכא אינו נותן בידה. וע׳ בסוגב״ש (פ״ג ס״י בבא״א) ונראה דיש להכריע כדעה שכ׳ שם „ובכל זאת יש להחמיר שלא להניח התינוק על הכסת במקום שמכסה את גופה אלא יש לפנות מקום לתינוק על הכסת במקום פנוי, באופן שהנחת התינוק יהיה על ידה ולא עליה״.

(עח) ע׳ שם, ונראה דהוי כהושטה לידו דאסור שמא יגע בבשרה (ס׳ קצ״ה ס״ב).

"Kvatter"

8. Where a woman is a Niddah and she was honored to be *Kvatter* (the person who carries the infant in for the Bris), most Poskim hold that she should decline, since this involves handing the infant to her husband (**פ**). Some Poskim hold that if the child is on top of two pillows the husband may remove the child with the top pillow from his wife's hands (**פא**).

There is a view which holds that where it is difficult for her to extricate herself, since this is done publicly for the purpose of a mitzvah, it is permissible for her to be the *Kvatter* (**פב**).

Picking up an object together, Moving telephone wire in wife's hands

9. Picking up a light object together is prohibited; picking up a heavy object together is questionable (**פג**). However, if the wife is talking on the phone and the wire is blocking his way, he may pick up the wire in order to pass (**פד**).

(פ) ע׳ דר״ת ס׳ קצ״ה ס״ק ט׳, וספר הברית ס׳ רס״ה ס״ק קמ״ט מה שכתבו בזה. **קוואט״ר** ע׳ רמ״א (ס׳ רס״ה ס׳ י״א) ובערה״ש (שם ס׳ ל״ה) כ׳ „ויראה לי שזהו מלשון קטרת וכו׳ וע״פ שינוי הלשונות נתחלף בין קוטר בחד וי״ו לקוואט״ר בשני ווי״ן וכו׳״.

(פא) שם מס׳ יוסף אומץ.

(פב) דעת הגרמ״פ זצ״ל היכא דקשה להשתמט כיון דהוא ברבים במקום מצוה יש להקל בזה. ע׳ בקובץ לתורה והוראה (ח״ה דף 24) שהביא סברת מקום מצוה מעיקרי דינים חי״ד סימן כ״א ס״ד בשם התשב״ץ [וסברא זו דרבים כ׳ בשד״ח (מערכת חתן וכלה אות כ״ו ד״ה והרב) משו״ת בית יהודה וז״ל „והרב מוהר״י עאייש בשו״ת בית יהודה סי׳ ל״ג נשאל ע״ז [פי׳ לענין נתינת הטבעת באצבע של הכלה אם אינה טהורה] והשיב דלכאורה נראה דאפי׳ למ״ד דאיסור נגיעה באשה נדה היא מדרבנן משום שמא יבא לידי הרגל דבר אף דדבר זה שהוא נעשה בפני רבים ליכא חשש הרגל עבירה״ מ״מ מסיק דאסור משום לא פלוג ע״ש וע׳ בשו״ת בית יצחק (חיו״ד ח״ב ס׳ י״ח אות ד׳) וע׳ לקמן הערה פג מש״כ מחיי״א]. **ומש״כ** דעת הגרמ״פ זצ״ל דיש להקל ברבים במקום מצוה אין לטעות מכאן לומר דבסתם יש להקל בההרחקות מטעם שנעשה ברבים ע׳ אג״מ (יו״ד ח״ב ס׳ ע״ז).

(פג) לענין משא קל ע׳ באג״מ (יו״ד ח״ב ס׳ ע״ה ד״ה ולהרים הובא לעיל הערה עג) שכ׳ „ובמשא קל שאינה צריכה לסיועו אולי יותר חמור בזה דניכר קצת שהוא לחיבה״ וע׳ בסוגב״ש (פ׳ כ״א ס״ח בבא״א) מש״כ מת׳ בעל מנ״י. **לענין** משא כבד ע׳ באג״מ שם שכ׳ דראוי להחמיר ושמעתי מפי הגרמ״פ זצ״ל דאם ליכא אחרים מותר והטעם דכיון דהוי דבר כבד ליכא חיבה. **כתב** החיי״א (כלל ק״ל בדיני הסדר בקצרה אות ז׳) „מגיד. אח״ז יגביה הקערה, ונוהגין שכל בני ביתו מגביהין הקערה, ולפעמים שאשתו נדה ואז מתביישת או שבאים לידי שחוק, ולכן יותר נכון שלעולם לא תגביה אשתו הקערה, כמו שנוהגין כמה גדולים״ ומשמע מדבריו שלאחוז בחפץ ולהגביהו ביחד עם עוד אנשים אינו אסור דאם היה אסור למה בעינן טעם דמתביישת או באים לידי שחוק דהול״ל דאסור לעשות כן. או אפשר כוונתו דכיון דבנדתה מתביישת משום שאינה יכולה להגביה יחד עם בעלה דידעו הכל שהיא נדה לכן יותר נכון שלעולם לא תגביה דאז לא יבחנו אם היא נדה או לא, ונראה דפי׳ שני עיקר.

(פד) שמעתי מפי הגרמ״פ זצ״ל ודלא כשו״ת באר משה (ח״ג ס׳ קל״א) וסוגב״ש (פ׳ י״ד ס״א בבא״א ד״ה ולענין אם אחד מדבר), ומ״כ מספר שידי טהרה להגרש״ק זצ״ל (בס׳ קצ״ה) דכיון שנגיעה בה אסור ה״ה דאסור לנגוע במה

Throwing an object

10. Throwing an object from his hand to her hand or lap [and vice versa] is prohibited (**פה**). However, throwing onto the other one's garment or into her purse is permissible (**פו**).

Some Poskim hold that the husband [or wife] is permitted to throw an object (**פז**) (e.g. a key) (**פח**) upward and she may catch it as it falls (**פט**) [as long as this is not done for enjoyment] (**צ**) (see B 4).

שבידה (ואינו תח"י) ואפשר לפי דעתו גם זה אסור דהיא אוחזת בה, או אפשר דאינו דומה להושטה דכ' הש"ך (ס"ק ג') דאסור „אפילו בדבר שהוא ארוך" דטעם הש"ך כתבנו לעיל (בהערה ס') מב"י בשם רבינו ירוחם „שמא לא יזהר בטוב ויגע בידה" דזה לא שכיח כ"כ בדבר ארוך כזה, ועוד שחוט הטלפון והטלפון ב' דברים הם אף שמחוברים. ואין לומר בזה לא פלוג דאף בהושטה גופא כ' הב"י מרי"ו רק בלשון „וכן נכון להחמיר" (וע' לעיל פ"ב הערה סה ודוק) וע' מש"כ הט"ז (ס"ק ח') דנגיעה ע"י דבר אחר אינו אסור רק משום רחיצה המביאה לידי חיבה ודוק.

(פה) כ' הרמ"א (ס' קצ"ה ס"ב) „וכן על ידי זריקה מידו לידה או להיפך אסור" ומקורו מבנימין זאב (ס' קנ"ט כצ"ל) שכ' „ועל אותם המתירים לעצמם וזורקים מפתח או דבר אחר מידו לידה ראוי לגעור בהם וכו'" ומהגהות שערי דורא (ד"ה על אותן). [ומש"כ בתשב"ץ (ח"ג ס' נ"ח) „ולהשליך מידו לידה מותר שלא אסרו אלא ע"י חבור בהושטה" אפשר דלא פליגי אלא כהא ששמעתי מהגרמ"פ זצ"ל דהא דאסור בזריקה מידו לידה בסמוכים זה לזה דאיכא למיגזר שמא יגעו זה בזה אבל ברחוקים אינו בכלל „מידו לידה" ושרי אם אינם מכוונים לשחוק. וע' בסד"ט (סס"ק ד') „ול"נ אע"פ שיש להקל מעיקר הדין מ"מ אין להתיר וכל המחמיר בענינים כאלה תע"ב וכו'" ונראה דה"ה כאן] וע' מש"כ בסמוך מהט"ז ודוק. **כתב** בס' מעין טהור (י"ב:ד) „און ניט אין איר שויס" (פי' ולא בחיקה).

(פו) כ' בתוה"ש שם (ס"ק ב') „אבל על בגדיה משמע דמותר וכו' ומ"מ המחמיר תע"ב". **ומש"כ** דלזרוק לתוך ארנקי שלה שרי כיון דאינו מידו לידה ע' בט"ז (ס"ק ח') דאף במגע ע"י דבר אחר אינו אסור רק משום רחיצה שמביאה לידי חיבה ע"ש ודוק (וע' בבדה"ש ס"ק ל' ובציונים ס"ק ס"ג).

(פז) ע' בסמוך.

(פח) ברכ"י ס' קצ"ה אות ו' וע' לעיל הערה פה מבנימין זאב.

(פט) כ' הכו"פ (ס' קצ"ה ס"א) „ואני ראיתי נוהגין שזורקין דבר כלפי מעלה וכו' והיא פושטת ידה ומקבלה זו לא הוי כזריקה ונוהגים בו היתר ויש להקל דבלא"ה הכל חומרא בעלמא" והביאו הפת"ת (ס"ק ד') והחכ"א (קט"ז:ב) הביא דברי הכו"פ בל' „ויש מקילין" וכן הקיל בברכ"י שם. אכן בסד"ט (ס"ק ד') כ' „ול"נ אע"פ שיש להקל מעיקר הדין מ"מ אין להתיר וכל המחמיר בענינים כאלה תע"ב" וכ"כ הפת"ת שם ובערה"ש (שם ס"ה) מחמיר וכן העתיק הלו"ש (ס"ק ו') דברי הסד"ט. והנראה בזה הוא דכיון דזריקה [כשאינו דרך שחוק, ע' ברכ"י וסד"ט מהריק"ש] אסור רק משום חומרא, דיש מקילין אף בהושטה בשאר מילי דלאו כוס [ע' לעיל הערה נח], וטעם דבר ארוך דאסור בהושטה כ' ב"י בשם רי"ו „שמא לא יזהר בטוב ויגע בידה" וזה לא שייך הכא, ועוד דכ' בעצי לבונה (ס"ס קצ"ה) בשם ספר שערי טהרה „שאין איסור הושטה אלא בדבר שדרך ליתן מיד ליד אבל בדבר שאין דרך ליתן מיד ליד אין קפידא" ע"ש [ואף דטעם זה לא שייך אצל מפתח וכדו' שהדרך ליתן מיד ליד, מ"מ ע"י זריקה למעלה נראה דקילא מהושטה דמילתא דלא שכיחא דיבואו עי"ז לנגיעה], ובפרט שכ' בפרישה (ס"ק ג') „אבל שאר זריקות שאינם של חיבה מותר" (ע"ש ראייתו) נראה דיש להקל הכא וכן שמעתי מפי הגרמ"פ זצ"ל דשרי, אבל בצ"צ בפס"ד (ס"ק ב') כ' „והמחמיר גם בזה תע"ב".

(צ) ע' פרישה שם, ופשוט דזהו בכלל שחוק וקלות ראש ע' סד"ט ס"ק ד' מהריק"ש.

Blowing and brushing off dust, Fanning

11. One should refrain from blowing off a feather or dust from his wife's garments, while she is wearing them (**צא**). It goes without saying that brushing off garments which she is wearing is prohibited (**צב**). Fanning her or blowing on her (e.g. in hot weather) is prohibited (**צג**). It is similarly prohibited for her to do these things to him (**צד**).

Lighting a candle or cigarette, Warming hands

12. One may not light a candle or cigarette from a lit candle or from a match which his wife is holding (**צה**), nor may he warm himself from its heat (**צו**). The same halacha applies if he is holding the candle or match, she may not light or warm herself from it (**צז**).

Holding a Havdallah candle

13. It is permissible for a wife to hold the Havdallah candle for her husband—even though he will benefit from its light. However, since handing or receiving is prohibited (see 2), he may not hand the candle to her before Havdallah nor may he receive it from her after Havdallah [to extinguish it] (**צח**).

(צא) כ׳ בתוה״ש (ס׳ קצ״ה ס״ק ב׳) „וכן מותר לנפוח נוצה או עפרורית מבגדיה ומ״מ המחמיר תע״ב ובתשובה הארכתי בזה״ [הוא בתשובות בסוף ס׳ תורת חטאת ס׳ י״ג. וצ״ע אפת״ת שכ׳ (בס״ק ד׳) „עי׳ בשו״ת שבסוף ס׳ מנחת יעקב שכתב דאסור לאשה נדה להסיר מבעלה נוצה דרך נפיחה וכו׳״ דלא מסיק שם לאיסור אלא כדבריו בתוה״ש דהמחמיר תע״ב] וע׳ בפת״ת שם שהביא מת׳ הר הכרמל ומכו״פ להקל, במקו״ח (ס״ק י׳) כ׳ על דברי המנ״י „ולא ידעתי מנין לו היתר זה דהא דבר של חיבה הוא״ וכן ע׳ בסד״ט (ס״ק ד׳) שכ׳ „אין להקל וסחור סחור וכו׳״.

(צב) ע׳ לעיל הערה נה, נו.

(צג) כ׳ בבן איש חי (צו אות כ״ב) „מיהו ודאי אסור שתניף עליו במניפה להביא לו רוח קר, כי זה הוי דבר חיבה אע״פ שאינה נוגעת בו״. וכ׳ בסוגב״ש (פ״כ ס״ג) „וכ״ש שאסורים לנפוח בהבל פיהם זה על פני זה״ וכ״כ בשו״ת בא״מ (ח״ד ס׳ ס״ג אות ב׳) וע׳ בשו״ת מנחת יצחק (ח״ז ס״ע ד״ה ומש״כ דיש) ע״ש.

(צד) כך נראה, וכן יש לדייק מהעתקת הפת״ת שם את תשובת המנ״י שכתב „דאסור לאשה להסיר מבעלה נוצה דרך נפיחה״ וכן ע׳ בס׳ ציוני טהרה (ס׳ קצ״ה ס״ק כ״ו).

(צה) ע׳ פת״ת (ס״ק ג׳) „עי׳ בתשובת יד אליהו סוף סי׳ ס״ה שכ׳ דאין אשה נדה רשאה להחזיק נר בידה כדי שישתה בעלה טאב״ק או לחמם עצמו בנר ההוא או להדליק ממנו נר אחר וראיה ממשנה י״א (כצ״ל) פ״ה דמכשירין אשה שהיו ידיה כו׳ ופי׳ הרע״ב לפי שההבל מחבר כו׳ ע״ש ובערה״ש (ס״ה) מוסיף „ויש בזה התקרבות״. [וע׳ אג״מ (יו״ד ח״ב סי׳ פ״ג ד״ה ובדבר אם מותר) שכ׳ „ובהדלקת הטאבק והנר הוא ודאי חבור, ואין צורך להראיה מהרע״ב פ״ה ממכשירין מי״א אלא לחמום הידים וגם רק כשאיכא זיעה מההבל כמפורש ברע״ב שם ובלא זיעה אולי יש להתיר גם לחמם ידיו וכו׳״].

(צו) שם.

(צז) ע״פ הנ״ל וע׳ בבדה״ש ס׳ק כ״ה בסוגריים.

(צח) אף שבשו״ת בית ישראל (ס׳ י״ד הובא בשו״ת קנה בושם ס׳ פ״ו אות ג׳ ד״ה וראיתי) כ׳ לאיסור, ע׳ אג״מ שם שכ׳ „ובדבר אם מותר

Holding an umbrella for his wife

14. A husband may hold an umbrella over his wife [or vice versa] to protect her from the sun or rain. They must, however, exercise caution not to touch each other (**צט**).

Reading a book or letter in the other one's hand

15. A husband may read a book or letter which is in his wife's hand or vice versa. Here also, they must exercise caution not to touch each other (ק).

Note: Although we have discussed here some of the common instances which a husband and wife will come across in their normal day-to-day relationship—most of which are discussed in the Poskim, it is impossible to deal with every possible case. As we have mentioned previously (see A 1 Note), common sense and intellectual honesty—in a Torah perspective—should dictate which other day-to-day activities are included within the framework and spirit of the Halacha. Where there is any question or doubt, a Rav *must* be consulted.

D. SAFEGUARDS DURING MEALTIME

Introduction

1. חז״ל required safeguards during mealtime to remind the husband that his wife is a Niddah and thereby prevent them from intimate conduct (**קא**).

לבעלה לברך ברכת מאורי האש וליהנות מן האור כשאשתו נדה מחזקת נר הבדלה נראה פשוט שליכא איסור בזה" וע"ש שמסיק „אבל ליהנות מהאור של הנר שליכא שום חבור ודאי מותר". ומש"כ דאסור לו לתת לה את הנר קודם הבדלה וכן אסור לה לתת לו את הנר אחר הבדלה פשוט הוא דהרי כ׳ המחבר (הובא לעיל בהערה נח) „ולא יושיט מידו לידה שום דבר ולא יקבלנו מידה שמא יגע בבשרה" ולענין הבשמים ע׳ לעיל הערה מד.

(צט) ע׳ שו"ת בא"מ ח"א ס"נ אות י"ב (ומה שכתבנו שיזהרו שלא יגעו זה בזה ע׳ לעיל הערות נא־נז), ובבדה"ש (ס"ק כ"ה) ובשיעורי שבט הלוי (ס"ק ג׳ ד"ה יכולים).

(ק) אף שכ׳ בשיעורי שבט הלוי שם „אך בקריאה בספר אחד יש לחוש שמא יגעו" וכך החמיר בשו"ת באר משה (ח"ב ס׳ ס"ד ס"ק ה׳) מ"מ נראה דאם נזהרים שלא יגעו ואינו דבר של שחוק וקלות ראש יש להקל וכן בשו"ת קנה בושם (ס׳ פ"ו אות ג׳ ד"ה ולענ"ד) כ׳ להקל בזה, וע׳ בסוגב"ש פ"ג ס" י"ב ובבא"א שם.

(קא) תנן במס׳ שבת (י"א.) „לא יאכל הזב עם הזבה מפני הרגל עבירה" ופרש"י שם „הזב עם הזבה. וכ"ש טהור עם הזבה: מפני הרגל עבירה. מפני שמתוך שמתיחדין יבא לבעול זבה שהיא בכרת" וע׳ בראבי"ה (ס׳ קע"ג) שלמד מזב וזבה „דטעמא מתוך שרגיל עמה לאכול ישכח שהיא זבה וסבר דטהורה היא ויבוא עליה" ובח׳ הר"ן (שבת י"ג. ד"ה כיוצא) כ׳ „ושמא ישכח האיסור והכרת ועשו זכירה לדבר והרחקה" וכ׳ הרא"ש (ק׳ הל׳ נדה) „ובשביל שמתייחד תדיר עמה עשו גדר וסייג שיזכור את נדותיה ואמרו שלא יאכלו על השלחן וכו׳". **כתב** הלבוש (ס׳ קצ"ה ס"ג) „ולא יאכל עמה על שלחן א׳ אא"כ יש שום שינוי שיזכירנו שיהא פרוש ממנה וכו׳" מדבריו ומדברי הראשונים משמע דהשינוי הוא כדי

Seven areas of safeguards

In our discussion, we will focus on seven areas in which the Talmud and Poskim have required safeguards during mealtime. They are:

a) שלחן אחד—eating together at the same table,
b) קערה אחת—eating from the same plate,
c) שיורי כוסה—drinking from his wife's leftovers,
d) שיורי מאכלה—eating from his wife's leftovers,
e) מזיגת הכוס—pouring, serving or mixing beverages,
f) לשלוח לה את הכוס—passing or sending wine to his wife, and
g) לישא את הקערה—serving food.

We will now explain each of these safeguards in detail.

a) שלחן אחד—Eating together at the same table

2. Eating or drinking together* at the same table (שלחן אחד) is prohibited unless there is a visible deviation (היכר or שינוי) from their normal conduct—to

*See Note on page 158.

שיזכיר לאיש ולא שיזכירנה להאשה, והטעם הוא „דאין הרגל עבירה תולה אלא בו״ (תה״ד ס׳ רנ״ב) דלא יאכל הזב תנן (ע׳ מרדכי שבת שם) משום דאיכא למיחש „שמא יצרו מתגבר עליו ויפייסנה״ (תה״ד שם) „דיצרו של איש גדול משל אשה ואיש דרכו לחזור ואין דרכה של אשה לחזור״ (תש׳ הרשב״א אלף קע״ח) „ולהרגל דידה לא חיישינן דאין אשה תובעת בפה״ (תה״ד שם) וזהו הטעם דאשה קיל מאיש במקצת מההרחקות כמו שיתבאר בס״ד (וכעין זה מצינו ביו״ד ס׳ שנ״ב ס״ג ובש״ך שם ס״ק ב׳) [וכמו שכ׳ במק״ח (ס׳ קצ״ה ס״ק כ״ו) „וכל דבר שאיסור משום הרגל דבר האיסור דוקא באיש שאין האשה מרגילה״ (וכן ע׳ בתפ״צ שם ס״ק ג׳ „מדקאמר המתניתן לא יאכל זב עם הזבה ולא קאמר לא תאכל זבה עם זב״) וע׳ בתוה״ש (ס׳ קצ״ה ס״ק ז׳) ובחכ״א (כלל קט״ז סס״ד) „אבל היא מותרת לאכול ולשתות שיורו דהיא לא מרגלא ליה לעבירה משא״כ באיש שדעתו להרגיל ונשים דעתן קלות״ וכ״כ הט״ז (שם ס״ק ה׳) „דהיא לא מרגלא ליה לעבירה״ וכ״כ הב״י (סוף ד״ה ומ״ש ומותרים) וכן מדוייק לשון הרמב״ם (פ׳ י״א מהל׳ א״ב ה׳ י״ט) „גזירה שמא יבוא לדבר עבירה״ ולא כ׳ שמא יבואו ודוק (וע׳ לקמן הערה קמה). לפ״ז נראה דאם הוא יודע מההיכר והיא אינה יודעת כגון שהוא הניח כלי על השלחן וא״צ לו והיא אינה יודעת דהוא אינו צריך להכלי נראה דאינו צריך להודיעה דהוא הסימן, ושאני מבשר בחלב דצריכין שניהן האוכל הבשר והאוכל החלב שיראו וידעו מההיכר על השלחן כדמוכח מלשון המחבר (בס׳ פ״ח ס״ב) „אם עשו שום היכר וכו׳ ונותנים ביניהם פת להיכירא וכו׳״ בלשון רבים, דהאוכל בשר אסור לאכול על השלחן כשאחר אוכל חלב והאוכל חלב אסור לאכול על השלחן כשאחר אוכל בשר בלי היכר, אבל כאן להרגל דידיה חיישינן ולהרגל דידה לא חיישינן ודוק, וע׳ בסוגב״ש פ״ד ס״ס ל״ו ובבא״א שם]. **ואף** דאיירי בגמרא ובראשונים בזב וזבה ה״ה בנדה ופשוט הוא וכן איתא במקו״ח (שם ס״ק י״א) „וה״ה נמי דלא יאכל איש עם אשתו כשהיא נדה משום הרגל עבירה״.

remind him that she is a Niddah (**קב**). Even eating a snack together is prohibited—without a deviation (**קג**).

(קב) כ׳ המחבר (ס׳ קצ״ה ס״ג) „לא יאכל עמה על השלחן אא״כ יש שום שינוי וכו׳״ ובגר״א (ס״ק ז׳) כ׳ מקורו „מדמדמי בגמ׳ שם (י״ג.) לבשר וגבינה״ וכ״כ בתוה״ב ע״ש. ע׳ מרדכי (פ״ק דשבת) „וחכמי נרבונה אוסרין לנדה לאכול בשלחן של בעלה ודרשינן אשתך כגפן פוריה בירכתי ביתך״ (ע׳ בגדי ישע) וע׳ רא״ש שם (ס׳ ל״ב) „ומה שרגילין עכשיו לאכול עם אשתו נדה בשלחן אחד לפי שבימיהם היו רגילים לאכול כל אחד לבדו על שלחן קטן וכשאשתו עמו על אותו [שלחן כצ״ל] קטן נראה דרך חבה ודמי להצעת מטה ומזיגת כוס והרחצת פניו ידיו ורגליו אבל האידנא שכל בני הבית אוכלין על שלחן אחד אינו דרך חיבה ויש שעושין היכר ביניהם והוי כמו שנים שאוכלין יחד זה בשר וזה גבינה״. [ע׳ רמב״ם (פ׳ י״א מהל׳ א״ב ה׳ י״ח) „ולא יאכל עמה בקערה אחת״ וכ׳ הב״י (ס׳ קצ״ה ד״ה ומ״ש ולא יאכל עמה) דמדברי הרמב״ם נראה „דדווקא בקערה אחת הוא דאסור״ וע׳ כ״מ (פ׳ ט״ז דטו״א ה׳ י״א) דעל שלחן אחד בב׳ קערות „חומרא בעלמא הוא״ והראב״ד כ׳ „אנו נוהגים אפילו על שלחן אחד וכ״כ רב אחא ז״ל״ וכ׳ הב״י שם „וכתב ה״ה שכן דעת הרמב״ן והרשב״א דאפי׳ על השלחן קתני דאסור״ וע׳ רמב״ם (פ׳ ט״ז מטו״א ה׳ י״א) וראב״ד שם וברכ״י ס׳ קצ״ה ס״ק ח׳]. ואם יושבים אצל השלחן לשתות ולא לאכול לכאורה היה נראה דשרי בלא היכרא דלא יאכל הזב עם הזבה תנן ואף באכילה גופא על שלחן א׳ כ׳ הכ״מ (פ׳ ט״ז דטו״א ה׳ י״א) „חומרא בעלמא הוא״ ורק בקערה אחת דעת הרמב״ם להחמיר ואף דאנו נוהגים להחמיר באכילה בשלחן אחד לכאורה היה נראה דאין להוסיף על זה אם לא שיש חשש שיבואו עי״ז לשחוק וקלות ראש כגון שקובעין עצמן לשתות יין או משקה אחר המשכר. [וראיתי בס׳ סוגה בשושנים (פ״ה ס״א) שכ׳ צ״ע בזה ומש״כ בבא״א שם „והנה בשתי׳ לא שייך החשש שיבואו לשתות מכוס אחד בפעם אחת, כמ״ש הכו״פ (סק״ב) והס״ט (סק״ח) משום דא״א לשנים לשתות ביחד מכוס אחד וכו׳״ הנה בזה״ז רואים דשייך ע״י ב׳ קשים וממילא אזדא ההכרח שלו שכ׳ „וממילא בשתי׳ האיסור הוא רק בזה אחר זה״ (ואין לומר דכיון דלא היה בכה״ג בזמן חז״ל ואף בזה״ז אינו דבר שכיח לא גזרו דע׳ ע״ז ע״ב: ורש״י שם ד״ה קנישקנין דדבר זה היה גם בזמן חז״ל)]. אבל ע׳ בס׳ המנהיג (ס׳ ק״כ דין היולדת ד״ה עוד) דלא ס״ל כן וז״ל „ולא תימא לא יאכל הזב עם הזבה אבל לשתות מותר, דהא שתייה בכלל אכילה בכל דוכתא כדאיתא בסוף יומא וכו׳״ (הובא בבדה״ש ס״ק ל״ב). [ואף שכ״כ בס׳ המנהיג מ״מ המשך דבריו שם תמוהים דכ׳ אח״כ „ועוד השתא מזיגת הכוס מידה לידו אסרו לשתות בכוס אחד לא כ״ש דאסור שלא יבא לידי הרגל עבירה״ דמשמע דהא דקאמר שתייה אסור, דוקא שתייה בכוס אחד בבת אחת או בזה אחר זה, אבל יושבין אצל שלחן אחד וכל אחד שותה מכוסו לא משמע שם דאסור, ועוד דהא הוי׳ שיורי כוסה דאסור בלא״ה (אם לא נאמר דס״ל כדעת הטור ס׳ קצ״ה שכ׳ „ומותרין לשתות זה אחר זה בכוס אחד״ וכראשונים שכ׳ הב״י שם). ועוד דכל המשך דבריו התם איירי לענין אכילה בשלחן אחד דאסור ונמשך ממעשה דאליהו בפ״ק דשבת ואיתא שם „אכל עמי ושתה עמי״ משמע דשתה עמי דומיא דאכל עמי, א״כ מה הן המשך הדברים לענין שתייה בכוס אחד ע״ש וצ״ע]. (וע׳ בס׳ יראים (ס׳ קצ״ב) שג״כ כתב „לא יאכל הזב עם הזבה מפני הרגל עבירה וה״ה שלא ישתה וכו׳״ ע״ש). לענין הלכתא נראה כיון שכ׳ הטעם „דהא שתייה בכלל אכילה בכל דוכתא״ וכן משמע מב״י (ד״ה ומ״ש ומותרים) שכ׳ „דלא יאכל הזב עם הזבה תנן וה״ה לא ישתה״ ואף דאיירי התם בכוס אחד, כיון דבב״י (ד״ה ומ״ש ולא יאכל) כ׳ „והר״ן כתב שכדברי הרמב״ן והרשב״א (פי׳ אף על שלחן אחד) משמע בברייתא בגמרא (יג) דאפילו על השלחן אסור״ ונראה דהוא ברייתא דתד״א שם לכן סתמנו כזה בפנים. ובחזקת טהרה (בהוספות אות קנ״ג:ג) כ׳ כן להחמיר במשקים

Examples of deviations which may be used at the table

3. The following are examples of deviations which may be utilized when eating or drinking together at the same table:

a) An object* which is usually not on the table (**קד**) should be located between his plate and hers (i.e. between the husband and the wife) (**קה**). This may be a utensil (**קו**) (e.g. a pot or cup, a napkin holder, a vase, a candlestick) (**קז**), or an object of food which is not being used (**קח**) (e.g a loaf of bread or a bottle of wine which is not being used) (**קט**).

Some Poskim permit the use of a utensil which is usually not on the

*See Note on page 154.

כגון יין אבל במים כ׳ „אולי אפשר להקל״ ע״ש]. **ומש״כ** שיזכירנו ולא כ׳ שיזכיר את שניהם הוא ע״פ מש״כ לעיל בהערה קא ע״ש. **והא** דבעינן שינוי כשאוכלים על שלחן א׳ אין נ״מ בגדלות השלחן או בכמה מרוחקים זה מזה, ע׳ סד״ט (ס״ק ו׳) וסוגב״ש (פ״ד ס׳ כ״א), וע׳ בערה״ש (ס״ו). **כתב** בחז״ט (בדר״ק ס״ק י׳) „ובתשב״ץ ח״ג סי׳ נ״ח אות ד׳ כתב דלישב סמוך לה בקרקע ע״ג מחצלת מותר וא״צ הרחקת ד׳ אמות״. **כתב** בסוגב״ש (פ״ד ס״ל) „אפילו כשהבעל ואשתו מקפידין זה על זה מחמת קטטה שהיה ביניהם, אסורים לאכול על שלחן אחד בלי היכר״ ע״ש בבא״א הטעם.

(קג) כ׳ בחזקת טהרה (ס׳ קצ״ה בדרך ישרה ס״ק א׳ ד״ה ודע) „ודע דיש לספק אם הא דאסרינן שיאכלו בצוותא חדא בלי היכר אם זה דווקא בסעודה או אפי׳ במסובין יחד לאכול מיני מגדים ופירות ומסתבר דאין לחלק, אבל לישב יחד בלי אכילה ושתי׳ כלל משמע דשרי אפילו בלא היכר ביניהן״ וכ״כ בבדה״ש (ס״ק ל״ב), וע׳ בסוגב״ש (פ״ד ס׳ כ״ד וכ״ה) לענין אכילת ארעי, וע״ש (בס׳ כ״ג) לענין אם אוכלים שניהם בעמידה.

(קד) ע׳ (רמ״א ס׳ פ״ח ס״ב) „אבל אם נתנו ביניהם כלי ששותין ממנו ובלאו הכי אין דרכו להיות על השלחן הוי היכר אע״פ ששותין מן הכלי וכ״ש אם נתנו שם מנורה וכו׳״ וע׳ ש״ך (ס״ק ז׳) „היינו כשאין דרכה להיות שם כגון ביום וכו׳״.

(קה) כ׳ המחבר (ס׳ קצ״ה ס״ג) „שיהיה שום דבר מפסיק בין קערה שלו לקערה שלה וכו׳״. **ולא** בעינן להניח היכר זה בדוקא לסימן דאף אם היה כבר מונח על השלחן מהני זה להיכר כיון שמ״מ יש בזה שינוי וכן מדוייק מל׳ המחבר שם שלא כ׳ שיניח שום דבר המפסיק רק שיהיה וע׳ בבדה״ש ס״ק ל״ט ובציונים ס״ק פ״ז ובסוגב״ש פ״ד ס׳ ל״ט ובבא״א שם. **ואף** שכתבנו כל׳ המחבר שיהא ההפסק בין קערה שלו לקערה שלה נראה שאין זה העיקר **אלא** צריך שיפסיק בין הבעל והאשה, **לפיכך** אם יש לכל א׳ מהם כמה קערות סגי בהיכר א׳ ביניהם. **כתב** בתו״ח (ס׳ ע״ז ד״ט) לענין בשר וחלב „שצריך להיות ההיכר דבר גבוה קצת וכו׳ כגון מנורה או קנקן״ ומקורו מאו״ה, ולשון האו״ה (ס״מ ס׳ י״ג) הוא „צריך שיהא ההיכר שביניהם דבר שאין אוכלין ממנו וקצת גבוה כגון קערה או קנקן״ [והביא האו״ה מקורו מע״ז נ. „ל״ק כאן בתפיסה אחת וכו׳ וה״ד דאיכא גובהה ביני וביני״ ע׳ ב״י או״ח ס׳ קע״ג ד״ה ומ״ש עד, ותוס׳ חולין ק״ז: ד״ה כעין והגה״מ פ״ט מהל׳ מ״א אות פ׳] וכ׳ המחבר (ס׳ פ״ח ס״ב) „אם עשו שום היכר וכו׳ מותר״ וכ׳ הרמ״א שם למשל מנורה להיכר ובט״ז (שם ס״ק ד׳) כ׳ „וכ׳ בד״מ בשם או״ה שצריך שתהא המנורה גבוה קצת״ ומזה נראה דאין להקל בסימן כעט וטבעת וכדו׳ שאינם גבוהים מיהא כלחם או כמנורה שהגר״א (ס׳ קצ״ה ס״ק ז׳) והט״ז (שם ס״ק א׳) והש״ך (שם ס״ק ה׳) וש״פ השוו הרחקות בבשר בחלב לנדה ובדר״ת (ס׳ פ״ח ס״ק כ״ו) כ׳ „עט״ז סוף סק״ד שכתב שצריך שתהי׳ המנורה גבוהה קצת וע״י ביד יהודה בפיה״א סק״ה ובפיה״ק סק״י דה״ה בכל דבר שעומד על השלחן להיכר צריך שתהא גבוה קצת כגון קערה או קנקן אבל טעללי״ר שאינו

table as a deviation—only if it is *not* being used for that meal (קי) (e.g. an empty pot). Most Poskim permit the use of a utensil as a deviation—even if it *is* being used for that meal—if it is usually not on the table (**קיא**) (e.g. a special wine bottle, special china).

*Note: The object used as a deviation must be large enough to be easily visible. Therefore, a pen, ring or the like can not be used as a deviation (**קיב**).

b) If they normally eat together on a bare table or on one tablecloth, it is considered a deviation, if when she is a Niddah, both of them will eat on their own individual placemats or tablecloths (**קיג**). Similarly, if she will eat on the bare table and he will eat on a tablecloth or a placemat or vice versa, it is considered a deviation (**קיד**).

גבוה לא הוי היכר עיי״ש״ ואף שראיתי שכ׳ בשיעורי שבט הלוי (ס׳ קצ״ה ס״ג ס״ק ג׳) „ובאמת אף דמסתבר לדמות (לבשר וחלב) אך מנהג העולם להניח אפילו טבעת וכד׳ ומחשיבים להיכר אם הוא דבר הניכר לשניהם, וכן משמע סתימת הפוסקים״ נראה כמו שכתבנו, וכ״כ בצ״צ בפס״ד (ס״ק ג׳) וז״ל „וכן מנורה הוי היכר אם הוא גבוה קצת וכו׳״ ודוק [ומש״כ בשיעורי שבט הלוי „אם הוא דבר הניכר לשניהם״ ע׳ מש״כ לעיל בהערה קא].

(קו) ע׳ ש״ך ס׳ פ״ח ס״ק ו׳ מב״ח, וע׳ לקמן הערות קי, קיא.

(קז) ע׳ בהערה קה מתו״ח לענין מנורה וכ״כ הט״ז בס׳ פ״ח ס״ק ד׳ לענין בשר וחלב וכתבנו שם דהשוו הפוסקים הרחקות בשר וחלב לנדה, ושאר ציורים דידן כך נראה. **כתב** הש״ך (ס׳ פ״ח ס״ק ז׳) „אם נתנו שם מנורה כו׳. היינו כשאין דרכה להיות שם כגון ביום ובכה״ג אבל אם דרכה להיות בלילה במקום הזה לא הוי היכר״ וע׳ פמ״ג במ״ז ס״ק ד׳.

(קח) ע׳ רמ״א ס׳ פ״ח ס״ב ומחבר ס׳ קצ״ה ס״ג וט״ז ס״ק א׳.

(קט) ע׳ שם. ומש״כ ככר לחם ע׳ פמ״ג בבשר בחלב (בש״ד בס׳ פ״ח סק״ח) דפת מהני להיכר אפילו אינו פת שלם ובדר״ת (שם ס״ק כ״א) הביא מאחרונים דלא מהני ונראה דה״ה הכא וע׳ כה״ח ס׳ פ״ח אות כ׳.

(קי) ב״ח (הובא בש״ך ס׳ פ״ח ס״ק ו׳), פרישה (ס׳ קצ״ה ס״ק ד׳ והובא בט״ז ס״ק א׳), ט״ז (שם ס״ק א׳), חוו״ד (ס׳ קצ״ה בחידושים ס״ק ב׳), חכ״א (כלל קט״ז ס״ג), לו״ש (ס׳ קצ״ה ס״ק ז׳), מלבושי טהרה (ס׳ קצ״ה ס״ד), וע׳ בסוגב״ש (פ״ד ס׳ מ״א אות ד׳ ובבא״א שם) ואכמ״ל.

(קיא) רמ״א (ס׳ פ״ח שם), ש״ך (שם ס״ק ו׳), תוה״ש (ס׳ קצ״ה ס״ק ג׳), סד״ט (ס׳ קצ״ה ס״ק ו׳), מחה״ש (שם ס״ק ה׳), ערה״ש (ס׳ פ״ח ס״ט), כה״ח (שם אות כ״ב), בדה״ש (ס׳ קצ״ה ס״ק מ״ב).

(קיב) ע׳ לעיל הערה קה.

(קיג) כ׳ המחבר (ס׳ קצ״ה ס״ג) „או שיאכל כל אחד במפה שלו״. **והא** דמהני מפות קטנות שקורין place mats שהוא אוכל על מפה שלו והיא אוכלת על מפה שלה היינו דוקא כשאין רגילים לאכול תמיד על מפות קטנות כמו שפסק היד אברהם (ס׳ פ״ח על ס״ב בהגה״ה) וע׳ בדר״ת (ס׳ פ״ח ס״ק כ׳).

(קיד) כ׳ הש״ך (ס״ק ו׳) „או שתגלה מעט מן השלחן ותתן קערה שלה עליו כ״כ הר״ר יונה בספר דרשות נשים״. ומש״כ ב״י (ס׳ קצ״ה ד״ה ומ״ש ולא יאכל וכו׳) בשם רי״ו „או ליכפול המפה״ נראה דהוא כעין זה שהשלחן מגולה דאל״כ קשה לראות השינוי, או אפשר דאם הבעל כופל המפה לפניו אע״פ שאין השלחן מגולה הוי שינוי דמ״מ הוא רואה השינוי (ע׳ לעיל הערה קא), ואפשר דמהני אפילו אם האשה כפלה המפה אצלה דשפיר ניכר שהמפה כפול, וע׳ בבדה״ש (ס״ק מ״ג) שכ׳ „וכן אם אחד מהם כופל מחלק המפה שאצלו על גבי המפה הוי היכר מעליא (אבל אם כופלו מתחת למפה נראה דלא מהני דהא לא מינכר)״ וע׳ בציונים (ס״ק צ״ח) שכ׳ מקורו

c) We will learn later (see 5) that when she is a Niddah, they may not eat together from the same plate. If, when she is not a Niddah, they normally eat together from the same plate, and now, when she is a Niddah, each will eat from his or her own individual plate, this is considered a deviation (**קטו**).

d) Some Poskim hold that if she changes her normal place of eating, it is considered a deviation. According to these Poskim, if she normally sits at his right side, if now when she is a Niddah she will sit at his left side or at the other end of the table, it is permissible. In case of necessity, one may rely on these Poskim (**קטז**).

מהב"י בשם רי"ו הנ"ל. עוד כ' בבדה"ש שם „וכן אם מניח מפה שניה אצל מקומו ואוכל עליו ואשתו אוכלת על המפה התחתונה הוי נמי היכר". והנה אף שכ' הש"ך „או שתגלה וכו'" משמע דדוקא שמקום שלה מגולה וכ"מ ממק"ח (ס"ק ט"ו) שכ' „וה"ה אם כל השלחן מכוסה במפה חוץ מקערה שלה עומדת על השלחן בלי מפה נמי היכר הוא ומותר" דלכאורה משמע דאם מקום שלה מכוסה והוא אוכל על מקום מגולה לא מהני מ"מ מל' הלבוש שכ' (בס"ג) „או שפירסו לה או לו מפה בפני עצמה" משמע דמהני וכ"כ בחכ"א (כלל קט"ז ס"ג) „או שיגלה המפה מן השולחן ויניח שם טעלער שלו" וכן נראה דממ"נ הוא רואה דבר משונה ויזכירוהו, ונראה דאף הש"ך והמק"ח לא כוונו לומר דדוקא שתגלה היא במקומה ולא יועיל אם מקום שלו מגולה אלא נקטו האופן הרגיל שהאשה מסדרת את השלחן ולכן היא תגלה את מקומה ולא מקומו. עוד כתב בחכ"א שם עוד שינוי „כגון שכולם אוכלים על טעלער אחד והוא מניח כלי תחת הטעלער וכו'" וא"כ יהיה אופן היכר זה אם יניח soup plate ע"ג dinner plate ואופן זה מועיל רק אם אינם אוכלים כך כשהיא טהורה (דיש הרבה אנשים שמסדרים השלחן כך) ולכאורה בעינן שהטעלער התחתון רחבה מטעלער העליון (דאם שניהם שווים ליכא היכירא) וכ"כ בסוגב"ש (פ"ד ס' מ"ד אות ה') אם לא נאמר דכיון דההיכר הוא להבעל (כמ"ש בהערה קא) והוא מכיר שהוא אוכל ע"ג ב' כלים. והא דמהני כשכל אחד יאכל במפה שלו ע' בבדה"ש (ס' קצ"ה ס"ג בביאורים ד"ה כל אחד) שחקר אם בעינן שיניח כל מאכליו על אותה מפה או שמא כל שמונח מקצת מאכלו על המפה סגי ונשאר בצ"ע לדינא.

(קטו) כ' הרמ"א (ס"ג) „וי"א הא דצריכין הפסק בין קערה שלו לקערה שלה היינו דוקא כשאינן אוכלין בקערה אחת כשהיא טהורה אבל אם אוכלין בקערה אחת כשהיא טהורה סגי אם אוכלת בקערה בפ"ע וא"צ היכר אחר וכן נוהגין" והביא הש"ך (ס"ק ז') מהב"ח דמהני רק אם גם בני הבית אוכלים עמהם על שלחן אחד ע"ש דכ' הש"ך „ומשמע מדבריו דה"ק כשאין שם בני בית כלל אסור ואין דבריו מוכרחים" וע' בעצי לבונה וערה"ש (ס"ט) שפי' דכשאין בני בית יותר מותר רק כשיש בני בית ואוכלין על שלחן אחר אסור וכ' „וכן מסתבר" וע' אג"מ (יו"ד ח"ב ס' ע"ז). ומש"כ הרמ"א „וכן נוהגין" כ' בשיעורי שבט הלוי (ס' קצ"ה ס"ג ס"ק ו') „אך אצלינו לא שכיח שיאכלו בקערה אחת גם בטהרתה". כתב בסד"ט (סס"ק ו') „כתב רש"ל בביאורי סמ"ג אם היא אינה אוכלת המאכל שהוא אוכל אסור לאכול על שלחן א' שעתה אין כאן היכרא וצריך שינוי עכ"ל". ופשוט דאיירי התם דגם היא אוכלת רק שאינה אוכלת את המאכל שהוא אוכל, דאם הוא אוכל והיא אינה אוכלת כלל א"צ היכר כלל וכמו שנכ' לקמן בפנים אצל הערה קכ. אם היא אוכלת בשר והוא גבינה דאסורים לאכול זה מזה ובעינן היכר כב' מפות פשוט דלא בעינן היכר אחר לנדתה וכן שמעתי מפי הגרמ"פ זצ"ל (וכ"כ בסוגב"ש פ"ד ס' כ"ו). אבל נראה דאם אחד אוכל מה שאסור לשני לאכול מחמת חולי כגון שאסור לאחד מהם לאכול מאכל עם מלח או צוקר והשני אוכל מאכל כזה דאסורים לאכול על שלחן אחד בלי היכר (חילוק זה דומיא למש"כ לעיל בפ"ב הערה צד ודוק) וכ"כ בסוגב"ש שם.

(קטז) כ' הב"י שם בשם רי"ו „ויש מתירים שתשנה היא ולא תשב במקומה" (הובא בסד"ט

If others are present, is a deviation required?

4. If other people or even if just one other person is eating with them at the same table, some Poskim hold that no deviation is required. However, even according to these Poskim, if only their children are present at the table a deviation *is* required—unless the children are old enough that the parents would refrain from intimate conduct in their presence (**קיז**).

סס״ק ח׳ אף שלא הובא בשו״ע ושאר נו״כ) וכ״פ בקש״ע (ס׳ קנ״ג ס״ו) וטה״י (ס׳ קצ״ה אות ט׳) אבל ע׳ בצ״צ בפס״ד (ס״ק ג׳) שנראה שאין נוהגין כן [ונראה דהטעם הוא דכל שינוים האחרים הויין על השלחן עצמו]. ובשיעורי שבט הלוי (ס׳ קצ״ה ס״ג ס״ק ח׳ ד״ה ובסד״ט) כ׳ „ומ״מ בשעת הצורך כשא״א להחמיר כ״כ ודאי אפשר לסמוך על הסד״ט״. ונראה הטעם שכ׳ הב״י שם „שתשנה היא״ דמשמע דאם הוא שינה את מקומו דלא מהני דצריך השינוי להיות ניכר ונראה לו ע׳ מש״כ לעיל בהערה קא ואולי דכ״ש הוא דאם הוא משנה מקומו דניכר לו אלא שדברו הפוסקים בהווה וע׳ בסוגב״ש (פ״ד בב״א ססק״ק מ״ו). **כתב** בסד״ט שם „אם היא אינה יושבת במקומה המיוחד לה בשאר ימות השנה הוי היכר ושרי״ ובחופת חתנים (ס׳ י״ב ס״ו) כ׳ „ונראה דאם אינם יושבים זה בצד זה ויש מפסיק ביניהם או שיש איזה ריחוק ביניהם להיכר מותר״ ונראה לפ״ז דאם תמיד יושבת אצל השלחן בביתם בצד ימינו ועתה בימי נדותה תשב בשמאלו או בריחוק מקום כסא א׳ מהני. **כתב** בס׳ סוגב״ש (פ״ד ס׳ כ״ב) „מסתבר דאכילה ביד השמאלית לא הוי שינוי וכו׳״ וכ״כ בבדה״ש (בביאורים ד״ה יש שום שינוי). **כתב** בסוגב״ש (שם ס׳ ל״ח) „אם באמצע האכילה ניטל הדבר שהניחו להיכר, צריכים להפסיק מיד האכילה עד שיעשו היכר״. **וביושבים** ואוכלים על ב׳ שלחנות קטנים ע׳ בסוגב״ש (שם ס׳ מ״ה).

(קיז) כ׳ התשב״ץ (ח״ג ס׳ רע״ט) „לא יאכל הזב עם הזבה (שבת י״א ע״א) בלא שום תנאי ושיור נאמר לפי שהאכיל׳ עם אשתו נדה בקערה אחת מביא לידי הרגל וחבוב ויבואו לידי עבירה לאחר אכילה ולא יצילנו זה אם בניו אוכלים עמו ואפילו על שלחן א׳ אסרו הגאוני׳ ז״ל וכ״נ מהגמר׳ שדימו זה לזב פי׳ עם זב עם הארץ דאפילו על שלחן א׳ אסור אא״כ הפריש׳ מפה לעצמה כמו שנהגו לעשות לבשר וגבינה. ואם השלחן הוא גדול כמנהג ארץ אדום התירו לאכול על שלחן א׳ כל א׳ בקערה מיוחדת״. וע׳ בס׳ סוגה בשושנים (פ״ד ס׳ כ״ח) שכ׳ בזה ג׳ שיטות וז״ל „אם גם אחרים אוכלים עמהם על השלחן, אם צריך היכר ושינוי על השלחן, יש בזה ג׳ שיטות א) דעת הרשב״א (במשמרת הבית שער הפרישה שער ב׳) דאפילו אם אין יושבים סמוכים זה לזה ואחרים יושבים ומפסיקין ביניהם, אפילו הכי אסורים לאכול בלי היכר, (ומהב״ח והש״ך בסק״ז משמע דאפילו כשאחרים אוכלים עמהם דאסור לאכול בלי היכר). ב) דעת הרא״ה (בבדק הבית שם), דאם אחרים יושבין ומפסיקין ביניהם מותרים לאכול בלי היכר. ג) דכשאחרים אוכלים עמהם על השלחן אפילו אין מפסיקין ביניהם, מותרים לאכול בלי היכר ושינוי על השלחן (פ״ת ס״ק ה׳ (כצ״ל) בשם מ״ב דיש מקום להתיר, ברכי יוסף בשם י״א דבשלחן גדול עם כל בני הבית בכל גווני שרי ובשם מהריק״ש)״. וע׳ בפת״ת שם שכ׳ מת׳ משאת בנימין (ס׳ קי״ב) דמדינא אין איסור לאכול אף מקערה א׳ כשגם בני הבית אוכלים עמהם מקערה זו „אך המחמירים יפה הם עושים באיסור חמור שהוא איסור כרת״ וכ׳ הפת״ת „ולענ״ד דדוקא על שלחן אחד יש מקום להתיר בזה אף אם גם כשהיא טהורה הם אוכלים בקערה בפ״ע מ״מ כשגם בני הבית אוכלים עמהם עדיף מהיכר אבל מקערה אחת מדינא יש לאסור וכו׳״ (ובמה שכ׳ הפת״ת „לפמ״ש הרמ״א וכו׳״ ע׳ לקמן בהערה קכח). וע׳ ברכ״י „ובשולחן גדול עם כל בני הבית י״א דבכל גווני שרי וכן נהגו. הרב מהר״י קשטרו וכו׳״ וע׳ שם מש״כ מס׳ שערי ישועה ומש״כ כבר כתבנו וכו׳. וכ׳ הרא״ה בבדק הבית (בדיני הפרישה בית ז׳ שער ב׳) „כתב החכם דאסור לאכול עמה על השלחן כי הא דתנן לא יאכל הזב עם הזבה ע״כ ונראין דברי האומר דדוקא

Most Poskim hold that even if other people are eating with them at the same table, a deviation is required. Although there are Poskim who hold that the minhag is according to the first view, one should preferably use a deviation—wherever feasible. However, in case of necessity, one may rely on the Poskim who hold tha‹ no deviation is required—if others are eating with them (**קיח**).

בשאוכלין שניהם בפני עצמן או שמסובין סמוכין אבל אם היו שם אחרים אוכלין ומפסיקין ביניהן מותר" והרשב"א במשמה"ב שם חולק וכותב „דאפילו יש אחרים עמהם איזה היכר יש להם ואם יבואו לידי הרגל ולאכול בקערה אחת שניהם מי מעכב א"ת שהאחרים המסובין שם יזכירום וימנעום מאין הם יודעים שהיא נדה וכי צריכין להודיע את המסובין, ועוד דדומיא דבשר וגבינה על שלחן אחד (כצ"ל) עשאום כדאיתא בר"פ כל הבשר ואטו התם כי איכא אחריני בהדייהו מי שרי" ומסיק „אלא ודאי לא שנא מן הדין אלא שעכשיו הקלו לאכול עמה על השלחן ובלא שום היכר" וע' סד"ט (ס"ק ו' ד"ה ובזה) ובאג"מ (יו"ד ח"ב ס' ע"ז סד"ה ועיין בפ"ת) [וע' באג"מ שם דאפילו אם הוא בזיון לה ויש בזה משום כבוד הבריות לא חששו]. וע' בשו"ת דברי יואל (ח"א ס' ס"ד אות ג') שמקיל כהרא"ה וכ' „רק שלא ישבו זה אצל זה אלא בהפסק אדם אחר". ע' במקו"ח (ס' קצ"ה ס"ק י"ב) שכ' „ועכ"פ נראה שלא ראוי לשום מורה לסתור מנהג דידן לאכול על שולחן אחד בלי שינוי אם גם שאר בני ביתם אוכלין עמהם באותו שולחן אעפ"י שמנהג היתר זה הוא נגד הש"ע מ"מ יש למנהג היתר זה יסוד מגמרא ורמב"ם ורא"ש וטור וד"מ וכו'" ובערה"ש (שם ס"ט) כ' „ודע דלפי זה (פי' לפי מש"כ מש"ך ס"ק ז') נצטרך לומר דכשלא אכלו בקערה אחת כשהיא טהורה אסורים לאכול בשולחן אחד אפילו בקערה בפ"ע ואפילו כשיש עוד אחרים על השולחן וכמדומני שאין נוהגים כן" ובאג"מ שם כ' „אבל לדינא הא להש"ע ורוב אחרונים אסור אף כשאוכלין על שלחן אחד עם כל הבני בית וכ"ש שאסור מקערה אחת אף עם כל הבני בית מטעם שביארתי לדידהו, ולכן אף שיש שמקילין כמהריק"ש דיו שיקלו על שלחן אחד ולא מקערה אחת שאין להם להקל נגד הש"ע אלא במה שנהגו אף שלהטעמים נראין שוין" וכתב בטהרת ישראל (ס' קצ"ה אות ט') „כשבני הבית אוכלים ג"כ על זה השלחן" דשרי. **הא** דמהני בני בית רק כשהם גדולים או עכ"פ קטן המציל מיחוד דאל"כ לא בזיז מיני' ע' שיעורי שבט הלוי (ס' קצ"ה ס"ג ס"ק ח' ד"ה ובאמת). **אם** אוכלים הבעל ואשתו לבדם על שלחן אחד ואין אחרים אוכלים עמהם באותו שלחן כגון שבני הבית אוכלים על שלחן אחר ואף דהוא במקום רבים כגון במסעדה נראה דלכו"ע בעינן היכר דכל היתר הברכ"י בשם הריק"ש הוא „בשלחן גדול עם כל בני הבית" וכן מהרא"ה בבדה"ב „אם היו שם אחרים אוכלין ומפסיקין ביניהן מותר" אבל בהיו שם ואינם יושבים באותו שלחן לא התירו. ואף שיש מחמירים האומרים דבאופן זה אף היכר לא מהני (ע' ב"ח ד"ה ולא יאכל דכ' דהיכר מהני וע' בש"ך ועצי לבונה בדברי הב"ח, אבל ע' בסד"ט ס"ק ו' ד"ה ואך בדעת הב"ח אלא שפליג עליה מהא דהרא"ש, וע' אג"מ יו"ד ח"ב ס' ע"ז שהאריך בביאור השיטות בענינים אלו) מ"מ נראה דאין להחמיר בזה כיון דרוב פוסקים ס"ל דהיכר מהני ואכמ"ל.

(קיח) ע' שם. ונראה דאף שכ' במקו"ח שם „שלא ראוי לשום מורה לסתור מנהג דידן לאכול על שלחן אחד בלי שינוי" ובערה"ש (ס"ט) אף דמשמע שדעתו להחמיר (או שכתב כן לפי דברי הב"ח והש"ך ודוק) מ"מ כ' „וכמדומני שאין נוהגים כן", מ"מ באג"מ שם כ' „אבל לדינא הא להש"ע ורוב אחרונים אסור אף כשאוכלין על שלחן אחד עם כל הבני בית" וכ"כ בשיעורי שבט הלוי (ס' קצ"ה ס"ג ס"ק ח' ד"ה והפסק) „**אבל לכתחילה מחמירים לעשות היכר אפילו כשיש עוד בני בית, ולצורך גדול כשיש בושה וכד' אפשר להקל גם בלי היכר**", ובבדה"ש (שם ס"ק ל"ד) כ' „**וטוב להחמיר**

These halachos apply when they are eating at home. However, if they are eating outside their home (e.g. they are visiting friends or relatives—even in their parent's home) and the host or hostess is eating with them, there are Poskim who hold that no deviation is required (**קיט**).

*Note: If one of them is eating while the other is not, they are permitted to sit at the same table without a deviation. It goes without saying that it is permissible for the husband and wife to sit together at the same table without a deviation—if neither of them is eating (**קכ**).

b) קערה אחת—Eating from the same plate

5. We have learned (see 2-4) that eating together alone at the same table without a deviation is prohibited (**קכא**). It goes without saying that it is prohibited for a husband and wife to eat together from the same plate (קערה אחת) (**קכב**). Even if they do not eat together from the same plate at the very same time

---

כדיעה זו אבל המיקל בזה כל שאחד אוכל עמהם על השלחן יש לו על מי לסמוך" (וע"ש בציונים ס"ק פ"ג), וכ"כ בחזקת טהרה (בד"ק ס"ק ז') להחמיר וז"ל „אכן דעת הפוסקים נראה שאין לחלק אם יש שם מסובין או לא" ע"ש. **אם** התחילו הסעודה עם אחרים ואח"כ גמרו האחרים אכילתם וקמו מעל השלחן **אפילו** לדעות המתירים באופן זה בלא היכר, נראה דעתה בעינן שיעשו היכר וכ"כ בסוגב"ש (פ"ד ס"ס כ"ח).

(קיט) כתב בס' חזקת טהרה (ס' קצ"ה בד"ק ס"ק ז') „איברא הי' נראה דאם הן סמוכין על שלחן אחרים ואפי' על שלחן **של אביהם** וכדומה והן אוכלין יחד עם הבעל הבית **לא** חיישינן להרגל דבזיז מיני' ולא בעינן היכר" (ע"ש במו"ד ס"ק ה' הטעם) **אף שלא משמע כן** משיעורי שבט הלוי (שם ד"ה ולמעשה, דהקיל שם רק לצורך גדול ע"ש) **נראה דהמקיל יש לו על מי לסמוך, ובפרט דיש הרבה מתירים אפילו אם הם בביתם כל שיש אחרים אוכלים עמהם** על השלחן.

(קכ) כך נראה ואף דהוכחנו לעיל (בהערה קא) דאין הרגל עבירה תלוי **אלא בו** ולכאורה היה נראה לחלק בין **אם הוא אוכל והיא אינה אוכלת** דצריך שינוי **ואם היא אוכלת והוא אינו אוכל** דא"צ שינוי, מ"מ **נראה דדוקא כששניהם** אוכלים יחד יש קירוב הדעת (ע' **ב"ש אה"ע ס'** נ"ה ס"ק ה' ודוק) וכ"כ בסוגב"ש (פ"ד ס' כ"ז). **ומה שכתבנו דכ"ש הוא דאם אינם** אוכלים רק יושבים יחד דאינם **צריכים היכר כך** נראה וכך ראיתי שכ' בחזקת טהרה (ס' קצ"ה בדרך ישרה ס"ק א' ד"ה ודע) וז"ל „**אבל לישב** יחד בלי אכילה ושתי' כלל **משמע דשרי אפילו** בלא היכר ביניהן" וכ"כ בבדה"ש (ס' קצ"ה ס"ק ל"ג). **ואפילו** התחילו לאכול על **שלחן אחד** כשעדיין היתה טהורה **ובאמצע האכילה פירסה** נדה, נראה דצריכים תיכף להפסיק **אכילתם עד** שיעשו היכר [ומש"כ בפת"ת ס"ק ז' מת' **יד** אליהו נראה דמיירי משיורי כוסה **או מאכלה** דקאי על מש"כ הרמ"א **ואם שתתה מכוס** „והלכה לה" ועל זה כ' הפת"ת **מיד אליהו** „דאם באתה באמצע מותר לגמור **וכן בפירסה** נדה באמצע אכילה מותר לגמור" **שיורי' ודוק**, (וע' לקמן בהערה קס)] וכ"כ **בסוגב"ש** (**פ"ד ס'** ל"ג ובבא"א שם).

(קכא) ע' ס' קצ"ה ס"ג.

(קכב) כ' המחבר (ס' קצ"ה ס"ג) „**לא יאכל** עמה על השלחן וכו'" וכ' הש"ך (**שם ס"ק ד'**) „ואצ"ל שאסור לאכול עמה בקערה א' **בזה אחר** זה אע"פ שאין נוגעים ביחד" וע' בט"ז (**שם** ס"ק ב') וברמ"א שם ס' י"ד, וע' ש"ך ס"ק י"ז ("ולכן יש לדרוש ברבים וכו'") **וע' לעיל** הערות קא, קב. **כתב** בסוגב"ש (פ"ד ס"י) „**איסור אכילה בקערה אחת הוא אפילו כשיש** בקערה שני מיני אוכלים **והבעל אוכל מין אחד** והאשה אוכלת ממין השני" וכ"כ **בבדה"ש**

(**קכג**) [where there is an additional concern—that they may possibly touch each other] (**קכד**), but one of them eats from the food that remains in this plate (**קכה**) after the other [before the other completed eating], it is prohibited (**קכו**).

The reason this is prohibited is that eating together from the same plate is an act of endearment and intimacy (**קכז**). Therefore, even with a deviation or with others present it is prohibited (**קכח**).

(ס"ק נ"ו) וכ"מ מאג"מ (יו"ד ח"א ס' צ"א) שכ' „ובדבר קערה שיש בה ג' מיני מאכל ואכלה אשתו נדה אחד מינייהו ולא נגעה בהאחרים וכו' אבל יש לאסור מצד האיסור לאכול מקערה אחת". **עוד** כ' בסוגב"ש (שם ס"ד) „מסתבר דאסורים שניהם לאכול ביחד, אפילו מתוך כלי אחת שיש לו ב' מקומות קיבול לקבל בתוכו וצד אחד מיוחד שיאכל הבעל מתוכו, וצד הב' מיוחד שתאכל האשה מתוכו, משום דכלי אחד הוא והוי איסור אכילה בקערה אחת" ואף שנשאר שם בצ"ע מ"מ כך כתב בבדה"ש שם לאיסור „כיון שמכל מקום הוא כלי אחד" וכך נראה. **עוד** כ' בבדה"ש שם „וכן נראה שהשקית או שאר כלי דינו כקערה לענין זה". לכן האוכלים מאכלים כגון potato chips או popcorn וכדומה צריכים ליזהר שלא יאכלו באופן שאחד מהם נוטל מהשקית ואוכל ואח"כ נוטל השני וחוזרין חלילה עד גמר האכילה, דכיון דאוכלים כך הוי ממש כמ"ש הט"ז (שם ס"ק ב' מהב"ח) איסור דקערה אחת. ונראה דשקית גדולה שעשוי' להרבה בני אדם דומיא למה שנכ' בפנים אצל הערה קלה והובא מאג"מ בהערה קלד ושרי. **אם** אוכלים כל אחד מקערה שלו אבל אין להם רק כף אחת כ' בבדה"ש (בציונים ס"ק ק"כ) „נראה שמותר להם בשעת הדחק להשתמש בכף אחד" וכ"כ בסוגב"ש (פ"ד ס' י"ד) להקל במקום הצורך (כגון כשהם בדרך כמ"ש בבא"א שם. ונראה דבאופן זה יותר נכון להמתין עד שהאחד יגמור תחלה עם הכף ואז ישתמש בו השני. **ולענין** הדחת הכף נראה דיש לדמותו להש"ך ס"ק ט' אם לא שנאמר שבזה"ז אנו מפונקים ולא אוכלים ב' אנשים מכף אחת בלא הדחה משום נקיות, ורק באיש ואשתו אינם מקפידים מחמת חיבה. ולכן בזמן נדותה יש להחמיר ולהדיח, וצ"ע לדינא). **ופשוט** דלאכול מקערה א' כל א' בכף שלו אסור וכמש"כ בבדה"ש שם „שאין הכף אלא כידא אריכתא" וכ"כ בסוגב"ש (שם ס' ט"ו) וכ"מ מחז"ט (בדר"י ס"ק א' סד"ה ונראה). **לענין** קערה אחת בשאר נשים ע' אג"מ יו"ד ח"א ס"צ.

(קכג) ע' ש"ך שם ס"ק ד'.

(קכד) ע' שם וכ"נ כוונתו וכ"מ מדברי הפר"ד שנביא לקמן בהערה קכז.

(קכה) פי' לאפוקי היכא שהוריקו את הקערה ואח"כ הניחו בתוכו אוכל מחדש דאין זה בכלל האיסור (ע' תפ"צ ס"ק ג' הובא בסוגב"ש פ"ד ס"ט).

(קכו) ע' ש"ך שם. **כתב** בבדה"ש (ס' קצ"ה ס"ק נ"ו) „והנה מלבד איסורא דאכילת שיריים שנתבאר כאן ברמ"א עוד איסור יש בזה והוא שאסור להם לאכול ביחד מקערה אחת דהיינו שמתחיל האחד קודם שגמר השני מלאכול" וכן משמע מאג"מ (יו"ד ח"א ס"ס צ"א) ודוק [אבל כ' שם „אבל טוב להחמיר ליקח אותם לקערה אחרת"] וכ"מ מתפ"צ שם וסוגב"ש (פ"ד ס"ז וס"ח) וכן ע' בבדה"ש בביאורים (ד"ה וכמו שיתבאר) בא"ד וז"ל „כיון שהראשון גמר אכילתו שמאותו כלי".

(קכז) ע' פר"ד (בטו"כ ס"ק ב') „בקערה אחת עט"ז דאפי' בזה אחר זה שבודאי לא יגעו זה בזה מ"מ אסור משום הרגל עבירה דכשאוכלין בקערה אחת איכא אקרובי דעתא" וע' חכ"א (כלל קט"ז ס"ג) בדין לא יאכל מקערה אחת שכ' „אבל ליקח חתיכת בשר וכו' שאין זה דרך חיבה" וע' אג"מ (יו"ד ח"א ס' צ"א) שכ' „וגם מסתבר שאיסור מקערה אחת הוא רק מה שלשני בנ"א הדרך ליתן לכ"א בקערה מיוחדת ורק מצד חיבתן והתקרבות שבין איש לאשתו אוכלין שניהם מאחת אסור וכו'" ע"ש ובס' צ"ב כ' „שעיקר הטעם הוא דדבר שהדרך הוא לתת לאחד שייך קרוב דעת וחיבה כשיאכלו שניהם ממנו" וע' מה שנכ' לקמן בהערה קכח מהחז"ט.

(קכח) ע' פת"ת (שם ס"ק ה') דקערה אחת יש לאסור אף במקום שאחרים אוכלים עמהם

This issur applies only where the food is eaten immediately upon removal from the plate

6. This *issur* of קערה אחת applies only where the food is eaten directly (i.e. immediately) upon removal from the plate (**קכט**). However, where a serving platter [or a plate of food] (**קל**) is placed on the table, it is permissible for both of them to remove food from the serving platter [or plate] and place it onto their individual plates [and then eat it from there] (**קלא**). Therefore, removing pieces of fish or cold cuts from a serving bowl or platter and placing them onto one's plate and eating it from there is permissible* (**קלב**).

*Note: Although this is permissible—because it is not considered as קערה אחת, nevertheless, since hey are eating at the same table, we have learned (see 2) that a visible deviation is required.

[ומש"כ „אבל מקערה אחת מדינא יש לאסור לפמ"ש הרמ"א שאסור לו לאכול משיורי מאכל שלה א"כ כשאוכלים בקערה אחת בודאי אוכל משיורי מאכל שלה וכו'" ע' אג"מ (יו"ד ח"א ס' צ"ב בסד"ה ואם) שהקשה על הפת"ת „דפשוט שהמ"ב איירי באופן שלא שייך איסור שיורי מאכל וכו'" ע"ש]. ונראה דה"ה דהיכר לא יועיל בזה וכ"מ מסד"ט ס"ק ו' וכ"פ בבדה"ש (שם ס"ק נ"ו) שכ' „ואף הנחת היכר על השלחן לא מהני בזה" וכ"כ בסוגב"ש (פ"ד ס"א) „ולכו"ע לא מהני בזה היתר של עשיית היכר באמצע הקערה" [אולם ממש"כ בפר"ד שם „אך אם נתנו ביחד בקערה גדולה וכ"א מהם נוטל לכלי שלו שרי כיון דאיכא היכרא מה שנוטלים קודם אכילה לכלי אחר" משמע דמתיר משום היכר ושינוי, וכן הוא בחז"ט (ס' קצ"ה בדר"י ס"ק א') שכ' טעם חדש באיסור קערה אחת וז"ל „אלא טעמא דמלתא דכל שאוכלין מתוך קערה אחת כדרך שאוכלין כל יום ויום חיישינן שמא ישכח עתה שהיא נדה ויתנהג עמה כבשאר ימים" ולפי"ז כ' (בד"ה וא"כ) „ולפיכך היה נלע"ד דכל שיש היכר ביניהן שרי אפילו לאכול מתוך קערה אחת דתו לא חיישינן לשמא ישכח כיון שיש היכר וכו'"], ומש"כ בערה"ש (ס' קצ"ה ס"ט בסוגריים) „אבל מקערה גדולה ליקח חלק ממנה להקערה הקטנה וכו' מותר" ע"ש פי' שאין זה בכלל איסור קערה אחת דקערה אחת שאסור הוא רק בקערה קטנה שהרגילות הוא שנותנים לפני כל א' וא' והכא משום חיבתם אוכלים יחד אבל קערה גדולה או מין אוכל שהדרך היא שנותנים לפני המסובין ונוטלים ממנו לקערה שלהם לא הוי בכלל קירוב דעת וחיבה וממילא ליתא בהאיסור דקערה אחת וכמ"ש בהערה קכז. **ואף** שכתבנו דקערה אחת יש לאסור אף במקום אחרים נראה דלא רק בפני אחרים אין להקל אלא אפי' כשגם אחרים אוכלים מקערה זו אין להקל וכ"כ בבדה"ש שם וז"ל „ויש להחמיר שלא לאכול מקערה אחת אפילו אוכלים ממנה גם בני אדם אחרים" (ע' בציונים שם ס"ק קכ"א) וכ"כ בסוגב"ש (פ"ד ס"ג).

(קכט) כ' הט"ז (שם ס"ק ב') „אבל מ"מ משמע דכשמשימין קערה עם החתיכו' גדולות כדרך שמשימין בקדרה וכל א' נוטל מן הקערה ומשים לפניו על כלי מיוחד ואוכל משם אין בזה איסור כיון דאין האכילה מיד בלקיחתו מקערה שלוקחה גם היא אלא משתמש בכלי אחר בינתיים כן נראה לע"ד".

(קל) שם וחכ"א כלל קט"ז ס"ג.

(קלא) שם. ומש"כ דכל אחד נוטל מן הקערה וכל' הט"ז שם ע' בבדה"ש שם שכ' „ומעתה כשאוכלים שניהם פירות שהוגשו לשלחן בכלי אחד יש לאחד מהם ליטול מן הכלי ההוא וכו' [ובהכי סגי והאחר אין צריך כלי מיוחד]" ע"ש ואכמ"ל.

(קלב) ע"פ הנ"ל. עיין בס' סוגה בשושנים (פ"ד ס' י"ג) שהביא בכוונת הט"ז ג' אופנים: אופן א) סברת הבית ישראל והבאר מרדכי „דמ"ש הט"ז דכשכ"א נוטל מהקערה ומשים לפניו על כלי מיוחד ואוכל משם, וכן מ"ש

הט״ז בסוף, אלא משתמש בכלי אחר בינתיים, הוא לעיכובא דדוקא כשיש הפסק כלי בין נטילה מן הקערה לאכילתו אז מותר, אבל כל שלא הפסיק כלי בינתיים אף שאינו אוכלו תיכף כשנוטלו מן הקערה אסור וכו׳״. אופן ב׳) סברת הסדרי טהרה (ס״ק ח׳) „דמה שהצריך הט״ז כלי בינתיים הוא משום שיהיה איזה הפסק מנטילתו מהקערה לאכילתו, אבל כלי לאו דוקא וכל שאין אוכלו מיד כשלוקח מהקערה מותר, וממילא כל שיש איזה הפסק אף בלא הפסק כלי מותר וכו׳״. האופן הג׳) „והיא סברת הפרי דעה, דמה שהצריך הטו״ז כלי הוא לאו משום הפסק, אלא משום היכר וכו׳״ ומחלק שם „נמצא לפ״ז בחתיכות גדולות ופירות שלוקח מן הקערה ואוחז בידו ואוכלו, לטעם הא׳ שיטת הבית ישראל והבאר מרדכי דכלי לעיכובא, אסור. לטעם הב׳ שיטת הס״ט דכלי הוא לאו דוקא רק שיהיה הפסק בין הנטילה מהקערה להאכילה וממילא בחתיכות גדולות כיון שאין אוכל כל החתיכה תיכף כשנוטלה מן הקערה רק נשאר בידו, מותר. כיון שמחזיק האוכל בתוך ידו ואוכל כך מתוך היד, והיד עצמו הוא לו במקום כלי המיוחד המונח לפניו, אין זה חשוב אכילה מתוך הקערה אלא אכילה מתוך ידו. ולטעם הג׳ שיטת הפר״ד דכלי הוא משום היכרא. וכשלוקח תפוח בידו ואוכלו כך, ודאי דליכא היכר בכה״ג, כיון שהדרך הוא לאכול כן, אסור וכו׳״ ע״ש מש״כ אם מניחן על השלחן בלא כלי. ואף שאין תח״י ספרי הבית ישראל והבאר מרדכי נראה דאין דברי הסוגב״ש (או הבית ישראל ובאר מרדכי) מוכרחין דכוונת הט״ז הוא רק שלא יחשב קערה אחת ולא בעינן דוקא כלי אחר לעיכובא וע׳ בשו״ת קנה בושם (ס׳ פ״ז) שכ׳ „שהרי בכה״ג שכל אחד מחזיק האוכל בתוך ידו ואוכל כך מתוך ידו, והיד עצמו הוא לו במקום הכלי המיוחד המונח לפניו, אין זה חשיב אכילה מתוך הקערה, אלא אכילה מתוך ידו וכו׳״. וע׳ באג״מ (יו״ד ח״א ס׳ צ״ב ד״ה ואם) שיש לו פי׳ אחר בדברי הט״ז דהאיסור „דהביא הט״ז מהפרישה ומהב״ח שמנתחין חתיכות קטנות בקערה אחת הוא נוטל אחת והיא אחת שאסור אף שהחתיכה שאוכל הוא אינה ממה ששיירה מ״מ אסור מצד שהוא מקערה אחת כזו שהדרך שנותנין שם רק לאחד ומצד חיבתן והתקרבותן שבין איש לאשתו אוכלין שניהם מאחת לכן אסור וכו׳ שעיקר הטעם הוא דדבר שהדרך הוא לתת לאחד שייך קרוב דעת וחיבה כשיאכלו שניהם ממנו״ (וכמו״כ כ׳ גם בתשובה צ״א) נמצא שאינו תלוי אם הפסיק בכלי בינתיים או שהיה הפסק מנטילתו מהקערה לאכילתו או אם עשה היכר אלא שיש חילוק בין דברים שהדרך הוא לתת רק לאחד כגון חתיכות קטנות של בשר שהדרך הוא לתת לכ״א בקערה מיוחדת ומצד חיבתן אוכלין שניהם מקערה אחת דזה אסור, אבל דברים שהדרך הוא לתת על השלחן לפני כל המסובין כגון חתיכות גדולות ופירות ולחם וכה״ג וכל אחד נוטל ואוכל או משים לפניו על קערה שלו או על השלחן ואוכל בזה ליכא חיבה והתקרבות ושרי. נמצא לפ״ז אם נותנין קערה אחת על השלחן אף של חתיכות קטנות וכל אחד נוטל מקערה זו ואוכל ודרך זה אוכלים יחד גם בני אדם דליכא להם התקרבות כגון בחתונות וסעודות גדולות שאוכלים בני אדם שאינם מקורבים ואוכלים כך מלפפון חמוץ וסעלער״י וחתיכות של לחם וכדו׳ ליכא התקרבות דאיש ואשתו ואין בזה איסור של קערה אחת. וע׳ לעיל בהערה קכח שכתבנו מחז״ט (ס׳ קצ״ה בדר״י ס״ק א׳) טעם חדש באיסור קערה אחת וז״ל „אלא טעמא דמלתא דכל שאוכלין מתוך קערה אחת כדרך שאוכלין כל יום ויום חיישינן שמא ישכח עתה שהיא נדה ויתנהג עמה כבשאר ימים״ ולפי״ז כ׳ (בד״ה וא״כ) דמהני היכר, וע״ש שכ׳ „וא״כ לפי״ז לא שייך לחלק במהות המאכל שיש בתוך הקערה דאין תלוי כאן כלל במהות המאכל אלא דחיישינן דהיכי שאוכלין יחד שמא ישכחו״ אבל כיון שרוב פוסקים ס״ל דאיסור דקערה אחת הוא משום חיבה נראה דיש לחלק במהות המאכל. ואף שכ׳ שם „ועוד נלענ״ד שאפילו אם נימא שהאיסור דלא יאכלו יחד הוא משום חבה וכו׳ אין הטעם מפני שאוכלין זה מזה אלא פירוש הדברים הוא דכיון שאוכלין יחד, מריעות אכילת יחד מביא לידי חבה, וא״כ ג״כ אינו נפק״מ במהות המאכל ממה הוי דהא גרמת החבה הוי שאוכלין יחד ודו״ק״ (ובאמת בט״ז (ס״ק ב׳) שהביא מהב״ח „דחשיב אכילה״ חסר תיבת יחד וצ״ל „דחשיב אכילה יחד״ כמ״ש בב״ח). והנראה בזה דכיון שחילק הט״ז שם בין אופן הב״ח „הוא נוטל אחת והיא נוטלת אחת עד גמר אכילה״ דחשיב אכילה יחד ואסור,

What types of food are included in this issur?

7. Not all types of food are included in this *issur* (**קלג**). Only those foods which only a husband and wife—because of their intimate relationship—would partake of from the same plate (e.g. eating soup from the same soup bowl) are included in this *issur* (**קלד**). Those foods which two strangers—not a husband and wife—would also partake of from the same plate (e.g. a serving platter containing bread, fruit, popcorn, potato chips, candy and the like) are permissible (**קלה**).

> Application: Shakers containing seasonings such as salt, sugar, pepper and the like may be used by both the husband and wife. Concerning using the same butter dish, see 25.

לאופן „דכמשימין קערה וכו׳ וכל א׳ נוטל מן הקערה ומשים לפניו על כלי מיוחד ואוכל משם״ דאין בו איסור, ולא חילק שם בין אם כך הוא הדרך שאוכלין כן כל יום ויום אם לאו, משמע דיש לחלק גם באופן האכילה (בין שאוכלין „מיד בלקיחתו מקערה״ בין „נוטל מן הקערה ומשים לפניו על כלי מיוחד ואוכל משם״) וגם בין „דבר שהדרך הוא לתת לאחד שייך קרוב דעת וחיבה כשיאכלו שניהם ממנו״ (כל׳ האג״מ ס׳ צ״ב שם) לאוכל שהדרך הוא שנותנין לאכילת כמה אנשים וכך כתבנו בפנים.

(קלג) ע׳ לעיל ובסמוך.

(קלד) אף שכ׳ בשיעורי שבט הלוי (ס׳ קצ״ה ס״ג ס״ק ח׳ ד״ה וצלחת) „וצלחת עם פירות שכ״א לוקח ואוכל נחשב קערה אחת ולא רק קערה של תבשיל, אך אם מניח לפניו זמן מה קודם שאוכל מותר״ (וכן ממש״כ בד״ה ואם) משמע דלא ס״ל חילוק זה, מ״מ ע׳ אג״מ (יו״ד ח״א ס׳ צ״א) שכ׳ „וגם מסתבר שאיסור מקערה אחת הוא רק מה שלשני בנ״א הדרך ליתן לכ״א בקערה מיוחדת ורק מצד חיבתן והתקרבות שבין איש לאשתו אוכלין שניהם מאחת אסור וכו׳״ ע״ש ובס׳ צ״ב.

(קלה) ע״פ הנ״ל, ונראה דלאו דוקא אם הלחם מוגש בקערה או בסל אלא אפילו הונח על השלחן עצמו שרי. וע׳ בבדה״ש (סס״ק נ״ו) שכ׳ „וכן אם הוגש לשלחן לחם בקערה או בסל יש לאחד מהם ליטול ולהניח פרוסתו בכלי שני אמנם אם הלחם לא הוגש בכלי אלא הונח על השלחן עצמו וכל אחד נוטל ממנו פרוסה נראה דאין זה כאוכלין מקערה אחת אלא כאוכלין על שלחן אחד וסגי לזה בהיכירא דפת או קנקן״. ונראה דלפי מה שכתבנו אף דינו הראשון שרי ע״פ מש״כ באג״מ שם. **באג״מ** (שם ס׳ צ״ב) כ׳ לחלק בדברי הט״ז (ס׳ קצ״ה ס״ק א׳) שכ׳ „לחם או קנקן. נראה דוקא כשאין אוכלין מאותו לחם ואין שותין מאותו קנקן וכו׳״ בין פת גדול לחתיכה שחתכה לעצמה דמה שנשתייר מהחתיכה שחתכה לעצמה אסור לבעלה מחמת שיורי מאכלה [ונראה כוונתו דדוקא אם כבר אכלה מאותה החתיכה, כמו שכ׳ באג״מ (ח״ג ס״י אות ג׳) לענין מש״כ באג״מ ח״א ס׳ צ״א (כצ״ל דבת׳ כת״י ראיתי דלא כ׳ הגרמ״פ זצ״ל שום סימן אלא „שכתבתי״) „דאם היה האיסור מצד שיורי מאכל ליכא תקנה״]. ונראה דאין הכרח מלשון הט״ז, דכוונתו דא״א להשתמש בפת שאוכלין ממנו להיכר, ואף אם היה רק אחד מהם אוכל ממנו לא מהני לשינוי, ופי׳ „כשאין אוכלין״ שאף אחד מהם אינו אוכל ודוק. וכן בחילוקו בין קנקן גדול לכלי קטן ק׳ מנין לאסור לבעל שישתה ממשקה מכלי קטן מחמת שיורי כוסה דהא לא שתתה מן הכלי [אם לא נאמר שכוונתו לדין קערה אחת, ועל זה ק׳ מש״כ „אף ע״י שיקחו ממנו לכלים אחרים״], ואין להביא ראיה מהט״ז דגם כאן כוונת „ואין שותין וכו׳״ פי׳ שאף א׳ מהם אינו שותה כמו שכתבנו והא אף בשיורי כוסה ששתתה ממנו בעירה לתוך כלי אחר שרי וע׳ בדברי המרדכי שכתבנו לקמן בהערה קנג (וע׳ שו״ת בא״מ ח״ג ס׳ קכ״ח אות ה׳) וצ״ע. **לענין** גרעינים ובטנים שקדים ואגוזים ע׳ בסוגב״ש (שם ס׳ י״ח) ונראה ע״פ אג״מ (שכ׳ לעיל בהערה קלד) יש

This issur of קערה אחת applies even where the food is not considered as her leftovers

8. We will learn later (see 18) that there is another *issur*—eating from his wife's leftovers (שיורי מאכלה) (**קלו**). This *issur* of eating from the same plate (קערה אחת) applies even in instances where the food is not considered as her leftovers (**קלז**).

> Example: If there are a few pieces of meat on her plate, if she takes a piece of meat and he takes a piece of meat [and eats it directly from there without transferring it to another plate], this is *not* prohibited because of שיורי מאכלה (her leftovers)—because he hasn't eaten from her piece, but it is prohibited because of קערה אחת (eating from the same plate). However, if the pieces of meat are *not* on her plate but are on a serving plate (e.g. the meat was served as a family or community portion), since it is not *her* plate, it is permissible—if the meat was transferred to his plate (**קלח**).

Where food from her plate was transferred to another plate

9. Although we will learn later (see 18-26) that, in some instances, he may not eat from her leftovers (e.g. a piece of bread from which she has eaten) (**קלט**)

להקל. **לענין** מינים הבאים להטעים את המאכל כגון מלח וסוכר וכדו׳ ע״פ מש״כ באג״מ בהערה קלד פשוט דשרי וע״ע בבדה״ש (ס׳ קצ״ה ס״ג בביאורים ד״ה וכמו שיתבאר ובס״ק נ״א) וסוגב״ש (פ״ד ס׳ י״ט, כ׳, ופ״ו ס׳ ל״ו, ל״ז). וכלי המיוחד למלח שמשימין על השלחן לטבל בה, ע׳ חז״ט (ס׳ קצ״ה בדר״י ס״ק א׳ ד״ה עוד) וסוגב״ש שם וש״פ ואכמ״ל.

(קלו) רמ״א ס׳ קצ״ה ס״א וש״ך ס״ק ח׳ ונכ׳ מזה לקמן בס״ד.

(קלז) ע׳ אג״מ (יו״ד ח״א ס׳ צ״ב בא״ד ואם כן) שכ׳ „דפשוט שהמ״ב איירי באופן שלא שייך איסור שיורי מאכל כהא דחתיכות קטנות וכו״ ע״ש.

(קלח) ע׳ ט״ז שם ס״ק ב׳ ולעיל בהערה קלב.

(קלט) כ׳ באג״מ (שם ס׳ צ״א) „אבל יש חלוק דאם היה האיסור מצד שיורי מאכל ליכא תקנה אבל כיון שהוא רק מצד קערה אחת יכול להניח החתיכות הנשארות על קערה אחרת ולאכול״. וק׳ הא כ׳ הרמ״א (ס׳ קצ״ה ס״ד) בשיורי כוסה „או שהורק מכוס זה אל כוס אחר״ דשרי וכ׳ הט״ז (ס״ק ד׳) לענין שיורי מאכלה „וכן בכל הקולות שישנן שם [פי׳ לענין שיורי כוסה] יש בזה״ א״כ ק׳ אמאי קאמר באג״מ דבשיורי מאכל ליכא תקנה. והנראה בזה הוא דיש לחלק בין חתיכת לחם לחתיכות בשר או קניידע״ל במרק וכדו׳, דחתיכת לחם שאכלה ממנו אף שהורק לכלי אחר הא הוי שיורי אותה חתיכת לחם שאכלה כבר ממנה, משא״כ בחתיכות בשר וכדו׳ אף שאכלה חתיכת בשר שהי׳ בקערה שלה הא יש שם חתיכות אחרות של בשר שלא אכלה ממנה וכן אם אכלה מהמרק, הקניידע״ל אינו שיורי מאכלה אלא דאסור משום קערה אחת כיון שהוא אינו אוכל מאותה חתיכה שאכלה היא א״כ בהוריקם לקערה אחרת שרי וכמו שכתבנו בפנים אצל הערה קעו (וע׳ בשו״ת בא״מ ח״ב ס׳ ס״ג אות ב׳ דמשמע בכה״ג לאיסור). ואח״כ מצאתי שכ׳ כעין זה באג״מ (יו״ד ח״ג ס״י אות ג׳) (אף שסברתו לחלק בין שתיה לאכילה, דבאכילה מחתיכה אחת „שאין דרך לאינשי כלל לאכול מהחתיכה שאכל אחר״ ומשמע דיש יותר שאינן מקפידים לשתות ממשקים ששתו אחרים צ״ע בזה ואכמ״ל) „וז״ל „והט״ז [בסי׳ קצ״ה] בסק״ד שגם במאכל מתיר בהפסק אחר הוא מאכל כעין שתיה שהן חתיכות קטנות שנעשו אחד שאוכלין

even if it was transferred to another plate (**קמ**), where a food may not be eaten because of קערה אחת (eating from the same plate), if it was transferred to a different plate it is permissible (**קמא**).

c) שיורי כוסה—Drinking from his wife's leftovers

10. The husband may not drink from his wife's leftovers (שיורי כוסה) (**קמב**) in her presence* (**קמג**). This is prohibited, because it is considered as an act of endearment, and may lead them to sin (**קמד**). She, however, may drink his leftovers, even in his presence (**קמה**). [We have learned previously (see C 2) that he may not hand it to her].

*Note: We will discuss later (see 12) under what conditions it is permitted for him to drink from her leftovers even in her presence.

מקערה אחת ודמי לשתיה כאכילת דייסא בין כשאוכלין בכפות בין בידים עיין נדרים דף מ״ט ע״ב יהיה כשתיה שמותר בהפסק אחר ויהיה מותר בהנחה לכלי אחר״ [וזהו כוונתינו במה שכתבנו בכמה ציורים דאסור לו לאכול משיורי׳].

(קמ) שם.

(קמא) אג״מ שם.

(קמב) כ׳ המחבר (ס׳ קצ״ה ס״ד) „לא ישתה משיורי כוס ששתתה היא״ כרא״ם ומרדכי וכ׳ הב״י (שם ד״ה ומ״ש ומותרים) „וכן נוהגים העולם״ ע״ש. **כתב** המחבר שם „משיורי״ וכ׳ בבדה״ש (שם ס״ק נ״ח) „אפילו כל שהוא״.

(קמג) כ׳ הרמ״א שם „ואם שתתה מכוס והלכה לה י״א שמותר לו לשתות המותר דמאחר שכבר הלכה אין כאן חיבה״ ואע״ג דכ׳ בל׳ י״א כן פסקו בחכ״א (כלל קט״ז ס״ד) וטה״י (ס׳ קצ״ה ס׳ י״ט) ובערה״ש (ס׳ י״א) כ׳ על זה „והכי מסתבר״.

(קמד) כ׳ הב״י (סד״ה ומ״ש ומותרים) הטעם „כדי שלא יבא ליתן לבו עליה ויבא לידי הרגל דבר״ וכ״כ הלבוש, ובערה״ש (ס׳ י״א) כ׳ הטעם „דבזה יש קירוב שמראה לה שחביב עליו השירים שלה״ וכן ע״ש (בס״י) „דיש בזה כעין חיבה וכו׳״. **כתב** בבדה״ש (שם ס״ק נ״ז) „ואפילו אם בשעת שתייתה לא היה בדעתה וגם לא בדעתו שתשייר מהכוס בשבילו אסור לו לשתות אחריה״.

(קמה) כ׳ הרמ״א שם „והיא מותרת לשתות מכוס ששתה הוא״ ממרדכי (פ״ק דשבת אות רל״ז) שכ׳ „לא יאכל הזב עם הזבה וכו׳ דלא יאכל תנן וה״ה לא ישתה ולא תאכל ולא תשתה לא תנן וטעמא שיצרו של איש גדול ומהרהר אחר שתייתה״ בט״ז (שם ס״ק ה׳) כ׳ „והיא מותרת לשתות כו׳. דהיא לא מרגלא ליה לעבירה״ ובפר״ד כ׳ ביאורו „דאין דרכה לתבעו בפה [תה״ד] וגם לא תקיף יצרה כ״כ כמו הוא [רשב״א]״ (ע׳ לעיל הערה קא) ובחכ״א (כלל קט״ז ס״ד) כ׳ „דהיא לא מרגלא ליה לעבירה משא״כ באיש שדעתו להרגיל ונשים דעתן קלות״. [מה שהקשה בערה״ש (ס׳ י״א) „ואיני מבין דבריו וכו׳״ (הוא ק׳ על ביאורו של הט״ז ברמ״א ולא על הרמ״א בעצמו דטעם „היא לא מרגלא ליה לעבירה״ הוא בט״ז ומקורו מב״י וכ״כ בערה״ש בסוגריים בסוף) י״ל ע״פ ד׳ המרדכי שם שכ׳ „וטעמא וכו׳ ומהרהר אחר שתייתה״ ופי׳ דכיון דהוא עושה מעשה של חיבה ששותה שיוריה נותן לבו עליה ומהרהר אחריה ותקיף יצריה משא״כ אם היא שותה בפניו אף שהיא מראה חיבה מ״מ הוא אינו נותן לבו עליה ולא חיישינן שמא תפייסנו ודוק. ואין להקשות על זה דאסורה להציע מטתו בפניו (לקמן ס׳ קצ״ה ס׳ י״א) ואסורה לה ליצוק לו מים לרחוץ (שם ס׳ י״ב) וכן במזיגת הכוס (שם ס״י) דאסורה למזוג בפניו אא״כ תעשה שום היכר אע״פ שהיא עושה מעשה חיבה והוא אינו

Although in Hilchos Niddah the restrictions on the husband and wife are generally identical (**קמו**), this is one of the few instances where her restrictions are more lenient than his (**קמז**) (also see 18, E 4, F 1-3).

If she drank from the cup and then refilled it

11. Even if she drank a portion of the contents of the cup (**קמח**) and then refilled it, he may not drink from it (**קמט**). If she drank the entire contents of the cup, some have a minhag to require rinsing the cup prior to his using it (**קנ**). Our minhag is not to require rinsing the cup prior to his use—even if there are some droplets left in the cup. However, drinking these droplets alone [without refilling the cup] is prohibited (**קנא**).

When is he permitted to drink from his wife's leftovers?

12. A husband is permitted to drink from his wife's leftovers under one of the following conditions:

a) If another person (e.g. a child) drank from the cup **after** his wife drank from it (**קנב**).

עושה דבר להרהר אחריה די״ל דג׳ דברים אלו הם פעולות של חיבה יתירה ואסור לה לעשות בפניו אע״פ שהוא אינו עושה פעולה להרהר אחריה. א״נ דבג׳ דברים אלו היא עושה פעולה בשביל הבעל ובזה מתעורר חיבת הבעל, משא״כ בשתיית שיורים שלו אינה עושה פעולה בשבילו ולכן לא יתעורר עי״ז].

(קמו) והוא משום לתא דידיה (ע׳ לעיל הערה קא) ודוק.

(קמז) הטעם בהערה קמה.

(קמח) ע׳ ש״ך שם ס״ק ט׳. [ע׳ בשעהמ״ב (ס׳ קנ״ג ס״ק כ׳) שכ׳ מט״ז (ס׳ מ״ג סק״ז) „וכל שיור הוא פחות מחציו״ ואינו ענין לדידן דזיל בתר טעמא וע׳ ש״ך שם (ס׳ קצ״ה ס״ק ט׳) ודוק]. **כתב** בבדה״ש (שם ס״ק ס״א) „ששתתה היא. אפילו לא שתתה אלא כל שהוא״ (והמקור מהיוסף דעת שנכ׳ לקמן בהערה קפה) וכ״כ בסוגב״ש (פ״ו ס״ז, י״ב, י״ד).

(קמט) ש״ך שם, ערה״ש ס״י, חכ״א שם.

(קנ) כ׳ הש״ך שם מב״י „ואנו נוהגין מיד להדיח הכוס בין שתי׳ דידי׳ לשתיה דידה ומנהג כשר הוא״ וע׳ בסוגב׳ש (שם ס׳ י״ג).

(קנא) כ׳ הש״ך שם „אנן לא נהגינן הכי״ וכ׳ בערה״ש שם הטעם דאין בזה התקרבות „דאי משום טומאה וטהרה לא שייך האידנא ואי משום דהבל פיה קשה זהו ענין בפ״ע ואין זה שייך לאיסור בעל ואשתו ודו״ק״. **ומש״כ** דאין חוששין להמעט שבשולי הכלי כ״כ המחה״ש (ס״ק ט׳). וע׳ בבדה״ש (בציונים ס״ק ק״ל) שכ׳ „אמנם משמע שאינו מותר כן אלא כשחוזר וממלאו אבל לשתות רק אותו דבר מועט אסור״.

(קנב) כ׳ הרמ״א שם „הגה אם לא שמפסיק אדם אחר ביניהם״ ומקורו מברכות (נ״א:) כמ״ש בתפ״צ ס׳ קצ״ה ס״ק י׳. [ונראה הטעם דעכשיו אין זה שיריים שלה אלא שיורי האחר, ולפי״ז מהני אפילו שתיית תינוק, וע׳ בסוגב״ש (פ״ו ס׳ י״ט בבא״א שם). וע׳ באג״מ (יו״ד ח״ג ס״י אות ג׳) שכ׳ עוד טעם „לכן בשתיה מהני הפסק איש אחר שעושה כדרך אינשי והבעל כשישתה אח״כ הוא מרוב אינשי שאינו מקפיד גם לשתות עם אחרים ולא ניכר ממילא בזה חיבה לאשתו״. וע׳ בבדה״ש (שם ס״ק ס״ג) שכ׳ „אם לא שמפסיק אדם אחר ביניהם. דאז לא מקרבא דעתיה לגבי אשתו על ידי

b) If the contents of the cup were transferred to another cup or to a bottle, even if it is then returned to the original cup. Similarly, if she drank from a bottle, if the contents were transferred to a cup or to another bottle it is permissible (**קנג**).

If the husband made Kiddush, she may drink from his cup

13. Since she may drink his leftovers, if the husband made Kiddush, she may drink from his cup (**קנד**). However, since he may not drink her leftovers, if she does not finish drinking the wine, he may not drink from the remaining wine in the cup, unless it was transferred to another cup or bottle (**קנה**), or another person (e.g. a child) drank from it (**קנו**). [Regarding passing or sending wine to his wife, see 33-37].

If she drank from a cup and left the room, he may drink her leftovers

14. We have learned (see 10) that the *issur* of drinking his wife's leftovers applies only in her presence (**קנז**). However, if she drank from a cup and left the room, he may drink her leftovers (**קנח**)—even if she drank from this cup in his presence (**קנט**).

If she returned or if she became a Niddah while he was drinking her leftovers, many Poskim hold that he is not required to stop drinking (**קס**).

(קנג) כ׳ הרמ״א שם „או שהורק מכוס זה אל כוס אחר אפילו הוחזר לכוס ראשון״. כ׳ במרדכי (פ״ק דשבת אות רל״ז) „וכן אם שתתה מקנקן יריקנו לתוך כוס וישתה״ וע׳ בגדי ישע שם (ס״ק י״ז). **כתב** בבדה״ש (שם ס״ק ס״ז) „ומותר לכתחלה להריק לכוונה זאת להתירו בשתיה לבעל ואף להחזירו שוב לכוס הראשון מותר לכתחלה״ וכ״כ בסוגב״ש (פ״ו ס״י). וע״ש (בבדה״ש ס״ק ס״ד) שכ׳ „ונראה שמותר לאדם אחר לשתות לכוונה זו להתירו בשתיה לבעל״. עוד כ׳ שם (בס״ק ס״ח) „וכן אם שתתה מהקנקן מותר להריקו לתוך כוס כדי שישתה הבעל (ולא אמרינן שאין הרקה זו מתירו כיון שדרכו בכך להריק מהקנקן להכוס כדי לשתות)״ וע׳ בסוגב״ש (פ״ו ס׳ י״א).

(קנד) כ׳ באגרות משה (יו״ד ח״ב ס״ס פ״ג) „ובדבר אם מותרת לשתות מכוס של קידוש ששתה בעלה המקדש, עיין בסימן קצ״ה ס״ד ברמ״א שרק הבעל אסור לשתות משיורי כוס ששתתה היא אבל היא מותרת לשתות מכוס ששתה הוא ולא ראיתי מי שיפלוג על זה, וא״כ מותרת לשתות מכוס של קידוש ששתה בעלה, אבל תצטרך לשתות כל מה ששייר בהכוס אם ליכא אחרים כי אחר שהיא תשתה מהכוס יהיה הבעל אסור לשתות הנשאר, אם לא שיריק הנשאר ממנה להצלוחית באופן שלא יפגום״.

(קנה) ע׳ לעיל הערה קנג [וקצ״ע אמאי לא כ׳ באג״מ שם שיריק מכוס אל כוס כמ״ש הרמ״א שם].

(קנו) רמ״א הובא לעיל בהערה קנב.

(קנז) רמ״א הובא לעיל בהערה קמג (ע׳ מרדכי פ״ב דשבועות אות תשמ״ג).

(קנח) שם. **כתב** בס׳ פרדס שמחה (ס׳ קצ׳ה ס״ק י״ז) „ומותר אפי׳ היא יודעת שהוא שותה״ וע׳ בבדה״ש (ס״ק ע״ד ובביאורים ד״ה ואם שתתה). וע׳ בבדה״ש „שמותר לו לומר לה ללכת כדי שיוכל לשתות״. וע״ש (בס״ק ע״ה) דלא מהני שהיא פונה לצד שני כל זמן שהיא שם במקום בעלה וע׳ בחז״ט (בדר״ק ס״ק כ׳).

(קנט) כ״כ בערה״ש (ס׳ י״א) „ואם שתתה מהכוס אפילו בפניו והלכה לה וכו׳״ וכ״מ מהרמ״א וש״פ, והטעם כ׳ ברמ״א „דמאחר שכבר הלכה אין כאן חבה״.

(קס) ע׳ בפת״ת (ס״ק ז׳) שכ׳ „עי׳ בתשו׳ יד

The issur of drinking from her leftovers applies only if he is aware that they are her leftovers

15. The *issur* of drinking from her leftovers applies only if he is aware that they are her leftovers (**קסא**). If he is unaware that these are her leftovers, she is not required to inform him (**קסב**). However, if he knows that these are her leftovers but does not know that she is a Niddah, she is required to inform him (**קסג**).

Even if she drank from the cup not in his presence, as long as he is aware that these are her leftovers, he may not drink from these leftovers in her presence (**קסד**).

If the husband is unaware that this drink is his wife's leftovers, he is not required to inquire and is permitted to drink the rest (**קסה**).

אליהו סי׳ ס״ד שכתב דאם באתה באמצע מותר לגמור וכן בפירסה נדה באמצע אכילה מותר לגמור ע״ש״ וכ״כ בערה״ש (ס׳ כ״ח), במק״ח (ס״ק כ״ב) כ׳ הטעם „הואיל דהתחיל בהיתר״ בברכ״י (ס״ק י״ב) כ׳ „ולי ההדיוט ראיותיו אינם מכריעות כלל כמו שכתבתי בעניותי במקומו בס״ד״ וע׳ בח׳ רע״א שכ׳ לע׳ בברכ״י או״ח סע״א (מד״ה הגם) וע׳ בדר״ת (ס״ק כ״א) ובבית שלמה (חאה״ע ס״ה בהגה ס״ק א׳ בד״ה וכן), [ונראה טעם נוסף להתיר כיון שכבר שתה ממנו הוי כשיורי דידיה דלא גרע מאדם אחר (ואח״כ מצאתי שכ״כ בבדה״ש ס״ק ע״ו) והאוסרים ס״ל דאחר מבטל חיבה], וכ׳ בלו״ש (לחם ס״ק ט״ו) „ואף כי יש להשיב על ראיותיו מ״מ נראה דיש לסמוך עליו כיון דהרבה מקילין בכל ענין״ וכ׳ שם „אבל אם חזרה ובאה קודם שהתחיל הי׳ חוכך להחמיר״. **כתב** בס׳ שערי טוהר (שער ט״ו ס״ק ג׳) „אך אם פסק אסור אח״כ לחזור ולשתות ממנו״ וכ׳ ע״ז בסוגב״ש (פ״ו ס׳ י״ז) „שצ״ע בזה״ (ע״ש בבא״א) ולפי דברינו דהוי עתה כשיורי דידיה ה״נ שרי. **עיין** בסוגב״ש (שם ס׳ כ״ח) „מסתבר דשיורי אכילתה ושתייתה שאכלה או שתתה כשהיתה טמאה, מותר הבעל לאכול ולשתות אחר טבילתה״ וכ״כ בפרדס שמחה (ס״ק י״ד אות ד׳) משו״ת מאורות נתן ס״ע. **עוד** כ׳ שם בסוגב״ש (ס׳ כ״ו) „אם אכלה או שתתה האשה כשהיתה טהורה, ואח״כ פ״נ, אסור הבעל בשיוריה״ וע״ש בבא״א שם שכ׳ „דהטעם שאסור הבעל בשיריים שלה הוא משום דמהרהר אחר אכילתה ושתייתה, וממי׳ אסור אפי׳ כשנטמאה אחר אכילתה, וגם מראה לה חיבה בזה שאוכל או שותה שיוריה״.

(קסא) כ׳ הרמ״א ס״ד „ואם שתתה והוא אינו יודע ורוצה לשתות מכוס שלה אינה צריכה להגיד לו שלא ישתה״ ובערה״ש (ס׳ י״א) כ׳ הטעם „דבכה״ג לא שייך התקרבות״.

(קסב) שם. **המתחיל** לשתות משום שלא ידע ששתתה ממנו ובאמצע שתייתו נודע לו ששתתה ממנו מותר לו לגמור (ע״פ הטעמים שכתבנו בהערה קס, וכ״כ בבדה״ש ס״ק ע״ו וע׳ בסוגב״ש פ״ו ס׳ כ״ב).

(קסג) כ׳ בלו״ש (ס״ק י״ג) „אבל אם יודע ששתתה רק שאינו יודע אם היא נדה, נראה לפע״ד צריכה להגיד לו״ וכ״כ בספרו קש״ע (ס׳ קנ״ג ס״ז).

(קסד) כ״כ בערה״ש (ס׳ י״א) „אבל אם יודע מזה נראה שאין לו לשתות אע״פ ששתתה שלא בפניו דבזה יש קירוב שמראה לה שחביב עליו השירים שלה״. **כתב** בבדה״ש (ס״ק ע״ו) „ואם התחיל לשתות מפני ששכח שהיא נדה ונזכר באמצע שתייתו נראה שלא יגמור שתייתו״.

(קסה) כך נראה ע״פ מש״כ לעיל בהערה קסא.

Is it permissible in the presence of others or with a deviation?

16. The *issur* of drinking from her leftovers applies even if others are present and even with a deviation (**קסו**).

How to conduct themselves during Sheva Brochos, when the Kallah is a Niddah

17. If the *kallah* (bride) was a Niddah at the wedding, or became a Niddah or experienced hymenal bleeding after the wedding (see Chapter II C 7), the restrictions against drinking her leftovers apply (**קסז**). Therefore, should they drink from the same cup (e.g. Sheva Brochos), care should be taken that he

---

(קסו) כך נראה דהיכר עדיף מאחרים יושבים שם והלא לא הותר הכא אא״כ שתיית אדם אחר מפסיק ביניהם דהוי כשיורי דידיה או שהורק לכוס אחר דאז בטלה ההתקרבות (כמ״ש בערה״ש ס״י), ואילו היכר מהני היה מועיל מה שחוזר ומילא את הכוס, והטעם דאינו מועיל הוא דבמעשה חבה והתקרבות חיישינן לתקיפת היצר (כמ״ש באג״מ יו״ד ח״ב ס׳ ע״ז ד״ה וטעם) וכה״ג איתא בסד״ט (ס״ק ו׳ ד״ה ואך) שכ׳ „דבשלמא גבי אכילת בשר וגבינה דהטעם דאסור משום דגזרינן דלמא אתי למיכל עמו וכיון דאיכא היכרא דכיר שלא לאכול עמו אבל הכא טעמא משום דהוא דרך חבה ואיכא למיחש להרגל דבר מה מהני היכרא סוף סוף איכא חבה ואתי לידי הרגל דבר וכו׳״ ע״ש.

(קסז) קיי״ל כדעת הרמ״א (אה״ע ס׳ ס״א סס״ב) דעכשיו המנהג שלא לדקדק ואנו מתירין להכניס כלות נדות לחופה רק שיודיעו לחתן שהיא נדה. **כתב** בסוגה בשושנים (קונטרס חופת נדה ס״ב ס״ז) „נוהגין שהרב המסדר קדושין מברך בורא פרי הגפן ומכוין להוציא את החתן והכלה, ואחר ברכת אירוסין אינו טועם מהכוס רק נותנים הכוס להחתן והכלה שיטעמו ממנו בלא ברכה, ואח״כ מקדש החתן להכלה וקוראין את הכתובה, וממלאין שוב אותו הכוס ומברכין עליו שבע ברכות וברכת בורא פרי הגפן בכלל, ומכוין להוציא החתן והכלה והמברך אינו טועם רק נותנין הכוס להחתן והכלה שיטעמו ממנו. (שולחן העזר סי׳ ח׳ ליקוטי מהרי״ח) ואף בחופת נדה שותה החתן מהכוס אחר השבע ברכות אף שהכלה שתתה מאותו הכוס אחר ברכת אירוסין, ואין חוששין לאיסור שריים, (שו״ת חקל יצחק (ספינקא) סי׳ ע״ט)״ ונראה דהמנהג במדינותינו הוא שמשתמשין בכוס שני לשבע ברכות ומנהג זה הובא בלקוטי מהרי״ח (בסדר נשואין דף קל״ג ד״ה והנה), וכן משמע ברמ״א (אה״ע ס׳ ס״ה ס״ג) שכ׳ „שהחתן שובר הכלי שמברכין עליו ברכת אירוסין״ משמע דיש כוס אחר לשבע ברכות (אף שהמנהג במדינותינו ששוברין כוס אחר כמו שכ׳ בלקוטי מהרי״ח שם) וכן משמע מהמחבר (ס׳ ס״ב ס״ט) ומוכח כן מט״ז שם (ס״ק ז׳). ונראה הטעם דמשתמשין בב׳ כוסות הוא משום דאין עושין מצוות חבילות חבילות, או דכיון דהמנהג היה לעשות אירוסין ונישואין בב׳ זמנים לפיכך הנהיגו בב׳ כוסות, או דכיון דמסדרים על הכוס ז׳ ברכות דיינינן להו ככוס של ברכה דטעון הדחה מפנים ושטיפה מבחוץ (כמש״כ המחבר באו״ח ס׳ קפ״ג ס״א) ואין עת להדיחו בשעת החופה, ואפשר דעוד טעם יש משום דאין עניות במקום עשירות. נמצא דלפי מנהגינו שהיא שותה כוס של ברכת אירוסין אחריו ומברכין על כוס שני שבע ברכות והיא שותה אחריו אין שום חשש של שיורי כוסה. ובכוסות של ברכה בימי השבע ברכות המנהג אצלינו שמביאים ג׳ כוסות א׳ לברהמ״ז וא׳ לשבע ברכות ובשלישי משתמשים לערב ב׳ כוסות הנ״ל, ואח״כ שופכים לב׳ כוסות, א׳ נותנים לחתן וא׳ שולחים לכלה [אבל החתן אסור לשלוח הכוס להכלה אם היא כבר נדה, ע׳ לקמן בפנים אצל הערה רכא], נמצא דגם בזה ליכא שום חשש של שיורי כוסה. אבל היכא

should drink first—before her (**קסח**). If, in error, she should drink first, he would not be permitted to drink from the wine—unless it was poured into another cup (**קסט**). Therefore, for Sheva Brochos—[aside from the cup which is used at the *chupah* itself] the minhag is to pour the cup of wine into two glasses, one is given to the *chasan* and the second is given to the *kallah* (**קע**).

d) שיורי מאכלה—Eating from his wife's leftovers

18. Most Poskim hold that in the same way that he may not drink from his wife's leftovers, he may also not eat* from her leftovers (**שיורי מאכלה**) in her presence (**קעא**) (see 22). She, however, may eat from his leftovers (**קעב**) (see 9).

As we have learned previously (see 11), adding to his wife's leftovers does not permit him to partake of them (**קעג**).

*Note: These halachos regarding eating from his wife's leftovers apply only for food or drink. He may use her leftover soap, toothpaste and the like.

שמשתמשים בכוס א׳ לברכת אירוסין ולשבע ברכות (כמו שכ׳ בלקוטי מהרי״ח ובסוגה בשושנים שם) צ״ע מהו הטעם דאין חוששין לאיסור שיורי כוסה עיין בסוגה בשושנים (בבאר אליהו ס״ק ז׳) שהאריך בזה, ונראה דהיכי דנהוג כן יש להם על מי לסמוך (ע״ש) אבל לכתחילה אין לנהוג כן.

(קסח) ע״פ הנ״ל.

(קסט) ע׳ לעיל הערה קנג (וה״ה אם שתה אדם אחר מקודם כמ״ש בהערה קנב).

(קע) ע׳ לעיל בסוף הערה קסז.

(קעא) כ׳ הרמ״א (ס׳ קצ״ה ס״ג) „י״א שאסור לו לאכול משיורי מאכל שלה כמו שאסור לשתות משיורי כוס שלה וכמו שיתבאר״ וכ׳ בגר״א (ס״ק י׳) מקורו „י״א שאסור כו׳. ממ״ש (שבת י״ג ב׳) אכל עמי ושתה עמי ולא הזכירו בגמ׳ שלא לצורך אלא דעל כולן אמר אליהו ז״ל ברוך המקום כו׳ ושתיה היינו ששתה אחריה וכן באכילה וז״ש במתני׳ (שם י״א א׳) לא יאכל עם הזבה ולא להיפך דהיא מותרת אחריו וכמ״ש בס״ד בהג״ה״ ע״ש. והנה מב״י (אחר ד״ה ומ״ש ומותרים) שכ׳ בב״ה „כתוב בא״ח ובקערה לאכול זה מה שהותיר זה מותר״ מוכח דס״ל דשיורי מאכלה קיל משיורי כוסה, אמנם ע׳ בש״ך (ס״ק ח׳) שכ׳ „דכ״ש **שלא יאכל משיורי** מאכל שלה ואדרבה שתיה נלמד מאכילה״ וע׳ כו״פ (ס״ב) וסד״ט (ס״ק ח׳) **שהעירו עליו מאי** כ״ש וכן בערה״ש (ס׳ י״ב) „**דבשלמא בשתייה** שא״א לשתות ביחד מכוס אחד שפיר הוי דרך חיבה באופן זה אבל באכילה זהו עצמו **שאין** אוכלין ביחד הוה היכר וכו׳״ ע״ש ואף שכ׳ בערה״ש שם „**והסכימו לזה גדולי אחרונים**״ **הא** רבו האוסרים והם הש״ך והגר״א **שם** וכ״מ מט״ז (ס״ק ד׳) ופ״ת ס״ק ה׳, ומל״ט ס״י, וחכ״א (קט״ז ס״ד), קש״ע (ס׳ קנ״ג ס״ז), וכ״מ מלבוש, וע׳ אג״מ יו״ד ח״א ס׳ **צ״א**, צ״ב. **כתב** בס׳ סוגב״ש (פ״ו ס״ז) „**ומסתבר** **דאפילו טעימה בלבד משיורי מאכל ושתיה שלה** אסור״ וע׳ **בבדה״ש (שם ס״ק נ״ח) לענין שיורי** כוסה שכ׳ „**אפילו כל שהוא״ ונראה דה״ה כאן**. **וכן** לענין שנחשב שיורי מאכלה נראה דגם כשאכלה ממנו רק כל **שהוא אסור ע׳ בדה״ש** (שם ס״ק ס״א) לענין שיורי כוסה שכ׳ „**אפילו** לא שתתה אלא כל שהוא״ וסוגב״ש (**שם ס׳** י״ב). **ולענין** בפניה ע׳ לעיל הערה קמג ולקמן הערה קפג.

(קעב) גר״א וחכ״א שם, וע׳ לעיל **בהערה קמה** שכ״כ המרדכי בשבת.

(קעג) ע׳ ש״ך ס״ק ט׳ ונראה דכ״ש הכא ודוק. **ומש״כ** לענין שיורי סבון **או** משחת שיניים וכדומה ע׳ בת׳ יד אליהו (**הובא** בפת״ת

If another person ate from her leftovers

19. If another person ate from her leftovers, he may partake of them [because they are no longer considered her leftovers] (**קעד**).

If her leftovers were transferred to another plate, when may he partake of them?

20. We have learned (see 8 Example) that the *issur* of eating from her leftovers applies only where he eats from the piece of food from which she has eaten. Under certain conditions, if her leftovers were transferred to another plate, he may partake of them (**קעה**). This is permissible only where they are separate pieces such as separate pieces of meat, nuts, fruit and the like (e.g. if she ate soup, he may eat the kneidle [or the soup itself]—if transferred to another plate), since she has not eaten from the piece or portion which was transferred (**קעו**). However, transferring a slice of bread or a slice of meat [and the like] from which she has eaten (**קעז**) to another plate does not permit him to partake of it (**קעח**).

ס״ק ו׳) ודוק וכ״כ בשיעורי שבט הלוי (ס׳ קצ״ה ס״ג ס״ק ח׳ ד״ה ואיסור) „ואיסור שיורי מאכל הוא רק בדברי אכילה שהוא קירוב דעת, אבל במשחת שינים שלה מותר להשתמש" וכ״כ בבדה״ש (ס״ק נ״ג) וסוגב״ש (שם ס״ד).

(קעד) ע׳ ט״ז ס״ק ד׳ וחכ״א שם וסוגב״ש (פ״ו ס׳ י״ט) וע׳ לעיל בהערה קנב. **ולענין** הדחה ע׳ לעיל (בפנים אצל הערה קנ, קנא) לענין שיורי כוסה ובסוגב״ש (שם ס׳ י״ג). **כתב** באג״מ (יו״ד ח״ג ס״י אות ג׳) „והט״ז בסי׳ קצ״ה בסק״ד שגם במאכל מתיר בהפסק אחר הוא מאכל כעין שתיה שהן חתיכות קטנות שנעשו אחד שאוכלין מקערה אחת ודמי לשתיה כאכילת דייסא בין כשאוכלין בכפות בין בידים עיין נדרים דף מ״ט ע״ב יהיה כשתיה שמותר בהפסק אחר ויהיה מותר בהנחה לכלי אחר" (וע׳ לעיל מש״כ בהערות קלה וקלט).

(קעה) ע׳ בט״ז שם שכ׳ „וכן בכל הקולות שישנן שם יש בזה" וכ׳ הרמ״א ס״ד „או שהורק מכוס זה אל כוס אחר" וע׳ לעיל בהערה קנג לענין לכתחילה. **כתב** בבדה״ש (שם ס״ק נ״א) „אמנם נראה דלא חשיב שירי אכילתה אלא אותה חתיכה עצמה שהיא אכלה ממנה וכו׳ ומותר בכך אפילו נוגעות ב׳ החתיכות זו בזו וכן במיני אגוזים או פירות כל שהם חתיכות נפרדות". **כתב** בסוגב״ש (פ״ו ס״ס כ״ט) „ואם המאכל הוא מחתיכות קטנות וממאכל אחד כגון מאכל הנקרא סלט וכיו״ב, מסתבר דנקרא שם שיריים על כל המאכל ואסור בעלה לאכלו" וכ״כ בבדה״ש שם וע׳ בחז״ט (בדר״י ס״ק א׳ ד״ה ומה דאסרינן).

(קעו) כ׳ באגרות משה (יו״ד ח״א ס׳ צ״א) „אבל יש חילוק דאם היה האיסור מצד שיורי מאכל ליכא תקנה אבל כיון שהוא רק מצד קערה אחת יכול להניח החתיכות הנשארות על קערה אחרת ולאכול" וק׳ מדברי הט״ז שם דלפי דבריו הורק מכלי אל כלי צ״ל מותר, וי״ל דמדברי האג״מ (שם ס׳ צ״ב שכ׳ על דברי המשאת בנימין) „דפשוט שהמ״ב איירי באופן שלא שייך איסור שיורי מאכל כהא דחתיכות קטנות וכו׳" יש לחלק בין חתיכת לחם לשני חתיכות מפורדות כמ״ש בפנים, וכן ממה שכ׳ שם „וא״כ מקערה שאסורין וכו׳ אף באופן שליכא איסור דשיורי מאכל כגון הא דהביא הט״ז [ס״ק ב׳] מהפרישה ומהב״ח שמנתחין חתיכות קטנות וכו׳" ע״ש ולעיל בהערה קלט.

(קעז) שם.

(קעח) ע״פ הנ״ל.

If she ate from a roll or piece of bread

21. If she ate from a roll, he may not partake of it (**קעט**). However, if before she eats from it he cuts off a piece for himself, it is permissible (**קפ**). Similarly, if she sliced a piece from a loaf of bread, he may partake of the remainder of the loaf (**קפא**).

If he is not aware that they are her leftovers; If she is not present

22. As we have learned previously regarding drinking (see 15), the *issur* of eating his wife's leftovers also applies only if he is aware that they are her leftovers* (**קפב**). Similarly, the *issur* of eating his wife's leftovers applies only when she is present (**קפג**). If she ate and left the room, he is permitted to eat her leftovers (**קפד**).

*Note: We have learned previously (see 15) that if he is unaware that these are her leftovers, she is not required to inform him. However, if he knows that these are her leftovers but does not know that she is a Niddah, she is required to inform him.

If a Niddah tasted a dish

23. If a Niddah tasted a dish while cooking (e.g. to see if it needed salt, or if it is too hot or cold) or chewed a food to serve a child, the food is not considered as her leftovers and her husband may eat from it (**קפה**).

If she intentionally left over food for him

24. There is a view which holds that if when she is not a Niddah, they normally eat together from the same plate, when she is a Niddah it is permis-

---

(קעט) ע׳ אג״מ שם.

(קפ) ע׳ שם בס׳ צ״ב ובמש״כ לעיל בהערה קלה וכך נראה דיש להכריע בזה. ונראה דה״ה דאשתו מותרת לחתוך לו חתיכה קודם שאכלה דהוי בכלל תיקון מאכל דכ׳ החכ״א (כלל קט״ז ס״ז) דשרי.

(קפא) ע׳ אג״מ שם [ומש״כ שם לחלק בין קנקן גדול לכלי קטן ע׳ לעיל הערה קלה].

(קפב) ע׳ ט״ז (ס׳ קצ״ה ס״ק ד׳) שכ׳ „וכן כל הקולות שישנן שם יש בזה" וכ׳ הרמ״א (שם ס״ד) „ואם שתתה והוא אינו יודע ורוצה לשתות מכוס שלה אינה צריכה להגיד לו שלא ישתה" ובערה״ש (שם ס׳ י״א) כ׳ הטעם „דבכה״ג לא שייך התקרבות" וע׳ לעיל מש״כ בהערות קסב־קסד דשייך גם לכאן.

(קפג) ע׳ ט״ז שם וכ׳ הרמ״א שם „ואם שתתה מכוס והלכה לה י״א שמותר לו לשתות המותר דמאחר שכבר הלכה אין כאן חבה" וע׳ לעיל הערה קמג.

(קפד) שם. וע׳ לעיל הערות קנח וקס דשייך גם לכאן.

(קפה) כ״כ בס׳ יוסף דעת (הובא בפת״ז וטה״י) וטעמו „דמלבד שלעסה ונמאס אף גם לא נתכוונה לתת לבעלה רק לתינוק וגם טעמה התבשיל שיהי׳ טוב ול״ש חבה וז״פ" וכן ע׳ בס׳ האלף לך שלמה (ס׳ רכ״ז) וסוגב״ש (פ״ד

sible for her to leave over part of her portion for him (**קפו**). According to this view, this is permissible only if during [or before] eating she intentionally left it over for him (**קפז**). The reason is that since they normally eat together from the same plate at the same time, now that he is eating after her it is considered a היכר (a visible deviation) (**קפח**). One should not rely on this view except in case of great necessity (e.g. he has nothing else to eat). However, if this was a separate piece and it was transferred to another plate (see 20) it is definitely permissible (**קפט**).

Using the same butter dish

25. Although the same butter dish may be used by the husband and wife, there is a view which holds that it is preferable that they use individual butter dishes (**קצ**). The reason for this view is that she may return some leftover butter from her knife or slice of bread to the butter dish. This butter is considered her

---

ס׳ י״א, ופ״ו ס״ה ובבא״א שם) וחז״ט (ס׳ קצ״ה בדר״י ס״ק א׳ ד״ה ונראה).

(קפו) כ׳ החכ״א (כלל קט״ז ס״ד) „וכן אסור לאכול שיורי מאכלה ואם הפסיק אדם אחר מותר כמו בשתיה (וכן בכל הקולות שיש בשתי׳ ה״ה באכילה ט״ז) ויש מקילין אם משיירת לו בקערה דזה הוי היכר לאיסור דאל״כ היה לו לאכול עמה בפעם אחת. ונ״ל דדוקא אם בשעת אכילה נתכוונה לשייר אבל אם במקרה שיירה לא שייך זה (כו״פ וס״ט)״. [הנה כתב מקורו לדין זה מכו״פ וסד״ט, ולא מצאתי זה בסד״ט ס״ק ח׳ וגם בכו״פ (בס״ב) מוכח במסקנא דלא ס״ל כן לדינא וז״ל „בש״ע ס״ג לא יאכל י״א שאסור לו לאכול משיורי מאכל שלה כמו שאסור לשתות וכו׳ והקשה הש״ך בס״ק ח׳ דהא כ״ש הוא משתי׳ דהא שתיה נלמד מאכילה ע״ש ויש לחלק דודאי אכילה יש בו חיובא (נראה דצ״ל חיבה) כמו בשתי׳ רק בשלמא בשתי׳ זא״ז הוי חיבה ולית כאן היכרא דבפעם א׳ א״א לשתות משא״כ באכילה בקערה כשהיא טהורה אוכלים שניהם יחד מקערה וא״כ בעת נידתה שהיא אוכלת לבדה ומשיירת לו פאה בקערה הרי יש כאן היכר דלולי כן היו אוכלים ביחד בפ״א ויש כאן מקום להתיר בשיורי אכילה זו וקמשמע לן כשם מ״כ אסור ולק״מ וכו׳״ נמצא דאף שכ׳ בכו״פ סברא זו בה״א להתיר מ״מ מסיק „וקמשמע לן כשם מ״כ אסור״ וצ״ע ואח״כ מצאתי בסוגב״ש (בס״ג בבא״א) שהקשה קושיא זו בשם הגר״מ בראנדסדארפער שליט״א ע״ש (והובא גם בספרו שו״ת קנה בושם ס׳ פ״ז סוף אות א׳). ונראה להדגיש דאפי׳ להחכ״א דבר זה שרי רק אם דרכם תמיד לאכול בימי טהרתה מקערה א׳, וזה כמעט דבר שאינו שכיח אצלינו (וע״ש בבא״א בד״ה והנה ובבדה״ש בביאורים ד״ה י״א שאסור)].

(קפז) חכ״א שם, וע׳ לעיל הערה קמד מש״כ מבדה״ש.

(קפח) כ״כ בחכ״א שם [וע׳ בסוגב״ש בבא״א שם שהקשה „ובאמת צ״ע הא גופא דהיכן מצינו שיועיל היכר לאיסור שיריים וכו׳״ ע״ש]. ונראה דיש עוד סברא דעי״ז לא הוי שיורי מאכלה דכיון שייחדה אוכל זה לו הוי חלק זה ששיירה מאכלו ולא היה מעולם מאכלה. ופשוט דאיירי שכבר גמרה אכילתה, דאל״כ נחשב עוד אכילה מקערה א׳.

(קפט) ע׳ בטה״י (ס׳ י״ג וביד״א ס״ק מ״ג) שכ׳ „רק בשעה״ד שא״ל מה לאכול אם בשעת אכילה נתכוונה לשייר לו מותר לאכול״ ובציור דידן ע׳ לעיל הערה קעו דפשיטא דשרי.

(קצ) כ׳ באג״מ (יו״ד ח״א ס׳ צ״ב ד״ה וממילא) „וממילא נראה שבקערה חמאה שהדרך שכל אחד נוטל בכף ובסכין משם חמאה למרח על חתיכת הפת שלו שיש להתיר מדינא

leftovers (**קצא**). According to this view, where individual butter patties are used, he may certainly not use the remainder of her butter patty (**קצב**).

Other Poskim hold that butter is not a type of food which is eaten directly upon removal from the butter dish (**קצג**) (see 6), and other people—aside from a husband and wife—would also partake of butter from the same plate (see 7). Therefore, we don't consider the butter which she may remove from her knife or slice of bread before she eats from it as שיורי מאכלה nor as קערה אחת (**קצד**) (see 5-9).

Is it permissible in the presence of others or with a deviation?

26. Eating her leftovers is prohibited even if others are present and even with a deviation (**קצה**).

וכו׳ אבל מ״מ יפה להחמיר בזה משום שנראה קצת כמקערה אחת וגם לפעמים אפשר לבא לשיורי מאכל אם לא נזהרה ולקחה חמאה הרבה יותר מצורכה והחזירה החמאה שנשארה בהכף ועל הסכין להקערה וישכח ויקח הוא אח״כ את הנשאר למרח על פתו, אף שמדינא אין לאסור בשביל חשש זה״.

(קצא) ע׳ שם ואף שכ׳ „שנשארה בהכף ועל הסכין״ נראה לפי דעתו דכ״ש מה שהסירה מעל חתיכת הפת שלה דהוי בכלל שיורי מאכלה, וע׳ בשו״ת באר משה (ח״ג ס׳ קכ״ח ד״ה ואח״ז) מש״כ מת׳ בית ישראל (סימן ט״ו) והביאו בשו״ת קנה בושם (ס׳ פ״ז) וחלק עליו ע״ש.

(קצב) כך נראה ע״פ דברי האג״מ שם (סד״ה מה שהקשה) דהוא נעשה רק לאכילת אחד ע״ש לענין „ראלס״, וע׳ בבדה״ש (ס״ג בביאורים ד״ה שאסור) שמצדד גם בזה להיתירא „דכיון שאין החמאה נאכל בפני עצמו אלא נאכל עם הפת וכטפל לו א״כ אינו בא לכלל מאכלה עד שיתמרח על פתה וכו״ ע״ש וע׳ חזקת טהרה (דרך ישרה ס״ק א׳ ד״ה עוד ראיתי) שכתב עוד סברא להתיר, אמנם מדברי האג״מ (סד״ה וממילא) מוכח דלא ס״ל כסברת הבדה״ש וגם דלא כסברת החז״ט הנ״ל .

(קצג) ע׳ בשו״ת באר משה (שם ד״ה ביאור) שכ׳ „דלא מצינו בשום מקום שיאסרו שיורי מאכל שלה שאי אפשר לאכול ממנו ישר ואין משתמשים המאכל רק למרוח אותו על מאכל אחר. שנית, מאחר שע״כ היא מורחת החמאה על פתה הרי הוי כאלו נוטלת מהקערה הגדולה ואיננה אוכלת ישר מהקערה הגדולה אלא מתחילה קודם שאוכל המאכל נותנת בקערה קטנה שלפניה ובכה״ג הדבר מפורש להיתר בט״ז וכו׳ ועוד דהלא בחמאה אין כאן שום קירוב הדעת אם הוא נוטל עם סכין קצת מהחמאה ואח״כ נוטלת היא, דבכה״ג גם זרים אוכלים זא״ז, ואין שום קירוב אהבה בזה כלל וכלל לא״ ובשיעורי שבט הלוי (ס׳ קצ״ה ס״ג ס״ק ח׳ ד״ה ובעיקר הדבר) כ׳ „ובעיקר הדבר צ״ע אם דברי מריחה נחשב כאוכלים מקערה אחת, דפשטות אין נחשב שאוכלים אותם רק הם מכשירים את האוכל לאכילה אח״כ, ומ״מ אפילו נימא דהוו כתבשיל, י״ל דשרי משום ההפסקה, וכן מסתבר דשרי, דעיקר הגדר בזה אינו הפסקת כלי אלא מה שאינם אוכלים מקערה אחת, וכשמורח כ״א על הפת שלו אינו נקרא קערה אחת״ ובבדה״ש (ס׳ קצ״ה ס״ג בביאורים ד״ה שאסור) כ׳ הטעם דמה שמחזירה החמאה לכלי אינו אסור מטעם שיורי מאכלה דהו״ל כהורק מכלי אל כלי דשרי וכ״כ בסוגב״ש (ס׳ ל״ב בבא״א) וכן התיר בשו״ת קנה בושם (ס׳ פ״ז אות ב׳).

(קצד) שם.

(קצה) ע׳ לעיל הערה קסו [וע׳ סד״ט (ס״ק ו׳ ד״ה ואך) „דבשלמא גבי אכילת בשר וגבינה דהטעם דאסור משום דגזרינן דלמא אתי למיכל

e) מזיגת הכוס—Pouring, serving or mixing beverages

27. A Niddah may not pour a cup of wine (מזיגת הכוס) for her husband in front of him (**קצו**). If the cup is not in front of him, she may pour for him (**קצז**);

עמו וכיון דאיכא היכרא דכיר שלא לאכול עמו אבל הכא טעמא משום דהוא דרך חבה ואיכא למיחש להרגל דבר מה מהני היכרא סוף סוף איכא חבה ואתי לידי הרגל דבר וכו׳״ ע״ש וה״ה לענינינו ודוק].

(קצו) ע׳ פ׳ אע״פ (כתובות ס״א.) „אמר רב יצחק בר חנניא אמר רב הונא כל מלאכות שהאשה עושה לבעלה נדה עושה לבעלה חוץ ממזיגת הכוס וכו׳ אמר רבא לא אמרן אלא בפניו אבל שלא בפניו לית לן בה״ [פירש״י „חוץ ממזיגת הכוס. כל שהוא דברים של קירוב וחיבה ומביאין לידי הרגל דבר״ וע׳ בס׳ הפרדס (ס׳ רע״ב) „כל מלאכות וכו׳ לפי שיש חימוד במלאכה זו יותר משאר מלאכות ומתוך חימוד באין לידי עבירה״]. **בביאור** מזיגת הכוס כ׳ בשיעורי שבט הלוי (ס׳ קצ״ה ס״י ס״ק ב׳) „במזיגה יש שני פירושים, עצם המזיגה שהוא לערב המשקה או שפיכת הכוס, ועיקר שם מזיגה הוא על תערובת המים עם היין ולא שפיכה בעלמא, ורק בדורנו משתמשים בזה לשפיכת הכוס״. **ונראה** דבביאור מזיגת הכוס ישנן ג׳ שיטות: א) כ׳ בהגה״מ (פ׳ י״א דא״ב אות נ׳) „פי׳ למזוג לו כוס להושיט לו כדרך שהיא עושה כשהיא טהורה שזהו דבר של חיבה אבל ע״י היכר ושינוי מותר וכו׳״. עוד כ׳ שם „ונראה מזיגה האמורה בגמרא היינו דוקא מזיגה במים אבל מזיגה מן הכלי כמו שאנו עושים אין נראה בזה קירוב דעת וכו׳״. פירוש מזיגה לפי דבריו היינו לערבו במים. [אבל אינו מוכרח אי דוקא מזיגת יין במים אסור או אפילו מזיגת שאר משקים במים, אבל ע׳ ברשב״א בתה״ק (בית ז׳ שער ב׳) שכ׳ „מזיגת הכוס בכוס של יין שהוא המרגיל לערוה״ וע׳ ב״י (ד״ה כתב הרשב״א) וש״ך (ס׳ קצ״ה ס״ק י״ג) שכתבו דלהרשב״א שאר משקין חוץ מיין מותרין (וכ״כ הב״י שם לדעת ה״ה) וע׳ לקמן בהערה רט]. עוד כ׳ בהגה״מ שם „ומיהו על השלחן נראה דאסור אם לא ע״י שינוי וכו׳״ [לבסוף הביא דברי ר״ח וצ״ע אם חזר ממה שכתב מקודם משום דברי ר״ח]. נמצא דבמזיגת הכוס לפי דברי הגה״מ נכללים ג׳ ענינים: א׳ הושטת הכוס על השלחן ושרי בשינוי, ב׳ מזיגה במים בפניו דאסור, ג׳ וגם מזיגה מן הכלי אל הכוס על השלחן בפניו דאסור בלא שינוי. ב) פרש״י (כתובות ד: ד״ה חוץ) מזיגת הכוס „להושיט לו״ וכ׳ הריטב״א „פי׳ לפירושו שאין האיסור במזיגת היין במים אלא שלא להושיט הכוס לידו וכו׳״ [לרש״י הנחה לפניו על השלחן מותר ורק לתוך ידו אסור] (וע׳ לעיל הערה נח). ג) הרא״ם כ׳ „דלא בעינן שינוי אלא כששניהם יחד מזיגה והושטה אבל מזיגה בלא הושטה והושטה בלא מזיגה אפילו בלא שינוי מותר״ (הגה״מ שם והובא גם בש״ך שם). וע׳ בב״ח (ד״ה כל מלאכות) שכ׳ „דאע״פ דהמזיגה שלא בפניו אם הניחו בפניו על השלחן אסור״ (וזה כפירושו הראשון של הגה״מ) [מש״כ הש״ך (ס״ק י״ד) על דברי הב״ח „ואין דבריו מוכרחים״ נראה כסותר מש״כ בעצמו (בס״ק י״ג) דמסיק שם דבקערה „דאף בהושטה בלבד כשאין בו שינוי אסור במאכל ובמשתה״ והכא (בס״ק י״ד) כתב על הב״ח (שכ׳ דלהניחה על השלחן בפניו אסור אע״פ שהמזיגה שלא בפניו) „ואין דבריו מוכרחים״, אמנם נראה דלא פליג בלמעשה אדינו דהב״ח אלא פליג בהא דהב״ח אוסרו מדינא והש״ך ס״ל דאסור רק מחומרא ע׳ מחה״ש ס״ק י״ד ודוק. וע׳ בסד״ט (ס״ק י״ח וע׳ בסד״ט ס״ק כ״ב ודוק) ובבאה״ט (ס״ק ט׳) ודר״ת (ס״ק מ״ג) וחז״ט (בד״ק ס״ק ל״ט וע׳ בתוספות טהרה ס״ק קנ״ח) דמשמע דמפרשים דהש״ך פליג על הב״ח, ואפשר שיתרצו סתירת הש״ך כהפר״ד (בשפ״ל ס״ק י״ג) שכתב „ואולי הש״ך מחלק דבשלמא מזיגה דדרך למזוג אצל השלחן בפניו לכן אם מוזגת שלא בפניו איכא שינוי משא״כ גבי קערה דדרך לשום המאכל בקערה ולהניחה עם המאכל על השלחן ליכא שינוי וכו׳״ ע״ש]. **כתב המחבר** (ס׳ קצ״ה ס״י) „כל מלאכות שהאשה עושה לבעלה נדה עושה לו חוץ ממזיגת הכוס שאסורה

however, most Poskim hold that she still may not serve the cup to him in the normal manner (**קצח**), a deviation is required (**קצט**).

למזוג הכוס (והרמ"א הוסיף „בפניו") ולהניחו לפניו על השלחן אא"כ תעשה שום היכר וכו'". **עיין** במקו"ח (ס"ק מ"ה) אי „ו" של „ולהניחו" ו' החיבור או פירושו „או", וכ' הלבוש (ס"י) „וכן אסורה להניחו לפניו על השלחן אפילו הוא מזוג כבר ע"י אדם אחר או על ידה ושלא בפניו וכו'" וכ"כ בקש"ע (ס' קנ"ג ס' י"ב) וע' במסגה"ש (ס' קנ"ג ס"ק י"א) וערה"ש (ס' י"ג „וכן ליצוק וכו' וכן להושיט וכו'") ובסוגב"ש (פ"ח ס"ג ובבא"א שם) וכן שמעתי מפי הגרמ"פ זצ"ל דנוהגים להחמיר כהב"ח. ע' בלבוש ובמקו"ח שם שאוסרים אף מזיגה בלא הגשה ר"ל למזוג הכוס בפניו גם בלי הושטה (ע' תפ"צ ס"ק א' וס"ק ח' ובמק"ח ס"ק מ"ב, ודר"ת ס"ק מ"ג, ובדה"ש סס"ק ק"ל, וע' בסוגב"ש (פ"ח ס"ד) שהביא מחלוקת בזה וע"ש בבא"א. ואף שמסוגב"ש שם משמע דאם מזגה בפניו יש אוסרים גם להניח שלא בפניו מכמה פוסקים משמע דאסור רק להניח לפניו בשינוי אבל שלא בפניו שרי ע"ש בבא"א). **נראה** דשאני דין „ולהניחו לפניו" שהזכיר המחבר מדין „בפניו" שמוסיף הרמ"א שם [ע' לקמן הערה רז] ודין „בפניה" בס"ה או „אם הלכה" ברמ"א ס"ד [ע' לעיל הערה קנח] דכאן אינו אסור אם הוא רואה כל זמן שהיא אינה מניחו על מקומו כשהוא שם ודוק [וע' לקמן הערה רה דלהניחו לפניו על השלחן בשינוי מותר אפי' כשהוא רואה]. **כתב** בשיעורי שבט הלוי (ס"י ס"ק ו') „ולא מהני עצימת עינים או החזרת פניו אם מרגיש שעושה עבורו, וכן בהצעת המטה בסעיף י"א" אבל ע' בדה"ש (ס"ק קל"ד) שכ' „ונראה שאם מחזיר עצמו לאחוריו מותר לה להניחו על השלחן ואינו צריך לצאת מן החדר אלא כל שאינו רואה מעשיה אינו דרך חיבה ומותר" ובציונים (ס"ק רנ"ה) כ' „דזה לשון הרשב"א גבי הצעת המטה אבל שלא בפניו לית לן בה ואע"פ שהוא יודע שהיא מציעתו אין בכך הרגל כ"כ אלא כשהיא מציעתו והוא רואה עכ"ל ומשמע דבראייה תליא מלתא וכל שמחזיר עצמו לאחוריו שרי", (וע"ש בבדה"ש ס"ק קמ"ח) וכן ע' בחז"ט (בדר"י ס"ק ג') שכ' „כל שפנתה לצד אחר תו לא שייך חבה" ואכמ"ל וע' בס' סוגה בשושנים (פ"ז ס"ד עד ס"ז ובבא"א שם) שהאריך בביאור מה נקרא שלא בפניו (וע"ש בס"ט וס"י) וע' לקמן הערה רז והערה שמא. **ופשוט** דמזיגה והושטה ביחד בפניו אסור לכו"ע וע' בבדה"ש (ס"ק קל"א) שכ' „וכן אסורה למזוג היין לתוך כוסו שעומד כבר לפניו על השלחן שמזיגתו והגשתו לפניו באים כאחת" (וכ"כ בסוגב"ש פ"ח ס"ז ובבא"א שם וכ"מ מחוו"ד ס"ק ד' ודוק).

(קצז) שם.

(קצח) ע' לקמן.

(קצט) במחבר שם כ' „אא"כ תעשה שום היכר וכו'" ובלבוש כ' הטעם „שכל זה דרך חבה הוא ויבאו לידי הרגל דבר אא"כ תעשה שום היכר שעל ידי כך יהיו שניהם זוכרים" [קצ"ע למה בעינן שניהם זוכרים דהלא סגי כשהוא זוכר ע' לעיל הערה קא], ובסד"ט (ס"ק ו' בד"ה ואך) כ' הטעם „ולא דמי למזיגת הכוס דמהני שינוי דהתם החבה הוא לפי שמשמשת היא לו בדברים אלו ואינה משמשת כראוי אלא מניחתו לפניו ובידא דשמאל כדאיתא התם לא מייתי לידי חבה". **אם** עברה ומזגה או הושיטה לפניו בלא שינוי ע' בבדה"ש (בביאורים ס"י ד"ה שאסורה) שכ' „ויש לחקור היכא דעברה ומזגה לו הכוס והניחתו לפניו על השלחן מי שרי לאתהנויי מיניה וכו'" ואף שנוטה להקל מ"מ מסיים „ועדיין צ"ע" ובחזקת טהרה (בתוספות טהרה ס"ק קנ"ו) כ' לחומרא. **ונראה** לבאר דכיון שטעם איסור מזיגת הכוס פירש"י „כל שהוא דברים של קירוב וחיבה ומביאין לידי הרגל דבר" ובס' הפרדס (ס' רע"ב) כ' „לפי שיש חימוד במלאכה זו יותר משאר מלאכות ומתוך חימוד באין לידי עבירה" ואעפ"כ שרי בשינוי מטעם שכ' הלבוש שם „שע"י כך יהיו שניהם זוכרים" נראה דאם תעשה שינוי עתה כגון שתסיר את הכוס ממקומו ותחזירנה בשינוי עדיף טפי דעי"ז

Some Poskim hold that she may not pour a cup of wine for her husband in front of him—even if she intends to serve it to him with a deviation. Most Poskim hold that even if someone else poured the cup for him, she may not serve it to him without a deviation (**ר**).

> Application: We will learn later (see 30) that the *issur* of מזיגת הכוס applies also to other beverages. Therefore, if she purchases a soda or a coffee for him from a vendor or a machine, she may not serve it to him without a deviation.

Examples of deviations which may be used

28. The following are examples of deviations which may be utilized in serving to her husband:

a) If she normally serves with her right hand, she should now serve with her left hand. [If she is left-handed, she should now serve with her right hand] (**רא**).

b) While he is sitting at the table, she may place it down on a chair, pillow, counter, or the like (**רב**), rather than on the table (**רג**). This may be done even with her right hand (**רד**).

עקרה מעשה שלה, וכיון שעתה אינה משמשתו כראוי ליכא קירוב וחיבה ועי״ז יהיו שניהם זוכרים (אלא דצ״ע אם מחוייבת לעשות כן).

(ר) ע׳ לעיל הערה קצו.

(רא) ע׳ גמ׳ כתובות (ס״א.) „שמואל מחלפא ליה דביתהו בידא דשמאלא, אביי מנחא ליה אפומא דכובא, רבא אבי סדיא, רב פפא אשרשיפא״ כ׳ המחבר שם „כגון שתניחנו על השלחן ביד שמאל או תניחנו על הכר או על הכסת אפילו ביד ימינה״ ע׳ בערה״ש (שם ס׳ ט״ו) שפי׳ „מחלפא״ „ומבואר בגמ׳ לעניין הושטת הכוס כשהיא עושה ע״י שינוי מותר כגון שמחלפת את הכוס מידה הימנית שנושאת את הכוס בו לידה השמאלית ומעמידה לפניו וכו׳ כיון שעושה היכר אין כאן חיבה ואין חשש בזה״. [ע׳ ב״י (סד״ה כל, שהוא באמצע ד״ה וראוי לה) שכ׳ „והרמב״ם כ׳ סתם בפי״א [מהל׳ א״ב ה׳ י״ט] דמזיגת הכוס אסור ולא חילק בין ע״י שינוי לשלא ע״י שינוי ואפשר שטעמו משום דמשמע ליה שלא התירו ע״י שינוי אלא לאדם גדול דומיא דהנך רבנן שהיו זכורים וחרדים לדבר ה׳ ביותר ולא יבואו לחטוא אבל לא לשאר כל אדם״ וק׳ דכ׳ (בפ׳ כ״א דאישות ה״ח) „ומוזגת את הכוס ואינה נותנת אותו בידו כדרכה תמיד אלא מנחת אותו על הארץ או על הכלי או על השלחן והוא נוטלו״ ע׳ לו״ש (שמלה ס״ק י׳) ופת״ז ס״ק י׳, ותפ״צ ס״ק ח׳].

ומש״כ דאם היא איטרת תניחנו ביד ימין דעלמא, כך נראה [וכ״כ בקו׳ איש איטר ובשו״ת באר משה (ח״ב ס״ה אות י״ב) ובחז״ט (דר״ק ס״ק מ״ב) ובבדה״ש (ס״ק קל״ו)] דכיון דמשנה מדרכה הרגיל הוי שינוי. **והשולטת** בב׳ ידי׳ ע׳ בחז״ט שם שכ׳ „בעינן הכירות אחרות״ וכתב בבדה״ש (בביאורים ד״ה כגון) שתעשה שינוי כהערה״ש שם שתעבירנו לידה האחרת קודם הנחתו וכ״כ בסוגב״ש (פ״ח ס״כ בבא״א). **אם** עשתה השינוי במזיגה אם בעי גם שינוי בהנחה ע׳ בחז״ט שם שכ׳ דלא צריכה (וע״ש במור״ד שם ס״ק י״ט הטעם. ונראה פשוט דאיירי שעשתה השינוי במזיגה בפניו) וע׳ בבדה״ש (בביאורים ד״ה שתניחנו) שהביא ספק זה מהצ״צ בפס״ד ע״ש, וע׳ בסוגב״ש (פ״ח ס״ו ובבא״א שם) והניח דבר זה בצ״ע, ונראה לפי דברינו בהערה קצו בדברי הב״ח אין להקל בזה.

(רב) ע׳ גמ׳ ומחבר שם.

(רג) ע׳ שם.

(רד) שם.

c) She should not place it in front of him—as she normally does, but rather she should put it down a distance away from his place at the table. This may be done even with her right hand (**רה**). [He may then move it in front of him] (**רו**).

If her husband is not present

29. If her husband is not present, she may pour his cup and place it down in his place in the normal manner [even if the husband is aware that she is doing this] (**רז**).

If others are present, although there are Poskim who hold that no deviation is required, it is preferable to utilize a deviation (**רח**).

(רה) כ׳ המחבר (ס׳ קצ״ה ס״י) „אא״כ תעשה שום היכר וכו׳ או תניחנו על הכר או על הכסת אפילו ביד ימינה״ והוא שינוי דאשת אביי (כתובות ס״א. הובא לעיל הערה רא) וכ׳ בשימ״ק שם (ד״ה וז״ל הרמב״ן) „ואביי משניא ליה בהנחת אפומא דכובא שאינו מקומו״ ונראה דה״ה כה״ג וכ״כ בשערי טוהר (שער ט״ו סס״ק ב׳) „ונהגו שמניחה לפניו ביד שמאל או שמניחה הקערה שלא בפניו ממש רק מן הצד״ וע׳ בבדה״ש (ס״ק קל״ח ובציונים ס״ק רנ״ט) ובסוגב״ש (פ״ח ס׳ כ״א).

(רו) פשוט וע׳ ברמב״ם (פ׳ כ״א דאישות ה״ח) שכ׳ „אלא מנחת אותו על הארץ או על הכלי או על השלחן והוא נוטלו״.

(רז) כ׳ ב״י (ד״ה נראה) „נראה דמזיגת הכוס שלא בפניו שרי כדאמרינן גבי הצעת המטה ולרבותא נקטו בגמרא שלא בפניו גבי הצעת המטה דהוי חבה טובא ואפ״ה שרי וכ״ש דמזיגת הכוס שרי ועוד דלא גרע שלא בפניו מע״י שינוי דשרי אפילו בפניו וכו׳״ וכ״כ הרמ״א שם „בפניו״. ומש״כ דאף אם הוא יודע מזה כך נראה וכ״כ בס׳ סוגה בשושנים (פ״ז ס׳ י״א) ובחז״ט (ס״ק מ׳) ובבדה״ש (ס״ק קל״ב) וע׳ לעיל הערה קצו מש״כ משיעורי שבט הלוי (ס״ק ו׳).

(רח) אף ששמעתי מפי הגרמ״פ זצ״ל להקל [וכ״כ המאירי (כתובות ד:) „ויש מתירין אף במזיגת הכוס בהושטה בפני אחרים והדברים נראין שלא נאסר אלא מחשש הרגל עבירה״ והריטב״א שם (ס״א. סד״ה אביי) כ׳ „ומ״מ נראה דכל היכא דאיכא בני חברותא דשתו מינייהו מותר׳ למזוג לו הכוס ולתת לפניו ועם כל זה ראוי להחמיר בזמן הזה״ ואפשר דמהריטב״א ליכא ראיה דכ׳ שם „דשתו מינייהו״ ולא רק שהוא בפני אחרים אלא שגם הם שותים מינייהו אחריו דליכא כ״כ חבה דאינו ככוס המיוחד לו ודוק] מ״מ נראה דלפי המחמירים בדין הושטה גבי קוואט״ר (ע׳ לעיל בהערה פ׳ והערה פב) דאסור אפילו בפני רבים שהוא כהיכר ה״ה הכא [דהא המאירי שם משוה אותם להדדי ומתיר גם הושטה במקום רבים, אף דבזה הוא דעת יחיד], ואפשר דהגרמ״פ זצ״ל שם (בהערה פב) דמיקל בפני רבים בקוואט״ר אזל לשיטתו (אף דמהתם יש טעם נוסף להתיר שהוא במקום מצוה). עיין בבדה״ש (בביאורים ד״ה למזוג הכוס) דאיסור מזיגת הכוס הוא אפי׳ בכוס של קידוש והבדלה שגם אחרים יוצאים בה ידי חובתן דאע״פ שאחרים צריכים לכוס זה מ״מ אם רק הבעל שותה ממנו אסורה למזגו. אבל כשגם אחרים שותים מכוס זה מותר להאשה למזגו דאין זה מיוחד לו [ונראה דזה דומיא למש״כ הריטב״א הובא לעיל בהערה זו, ואפ״ה מסיק שם „ועם כל זה ראוי להחמיר בזמן הזה״]. ואם מוריקים מכוס זה לכוסות שלהם הניח בצ״ע. וגם חוקר היכא שרק הבעל והאשה שותים מכוס זה אם מותרת למזגו כיון שאין הכוס מיוחד בשבילו, והניח בצ״ע (וע׳ בסוגב״ש פ״ח ס׳ ט״ו ובבא״א שם).

Do these halachos apply for other beverages?

30. These halachos apply to pouring and serving a cup of *wine* (**רט**). Some Poskim hold that for pouring and serving other beverages (e.g. juice, coffee, tea, soda), no deviation is required (**רי**). Most Poskim hold that the *issur* of pouring or serving (מזיגת הכוס) applies also to other beverages, and a deviation is required. However, pouring or serving water is permissible even without a deviation. There is a view which holds that one who uses a deviation even for water is praiseworthy (**ריא**).

Mixing drinks

31. Included in this *issur* of מזיגת הכוס is mixing drinks (**ריב**), that is, flavor-

---

(רט) ע׳ ש״ך (ס״ק י״ג) שכ׳ מהב״ח „וכן למ״ש הרשב״א (והב״י לדעת ה״ה) דמזיגת יין במים דוקא אסור אבל שאר משקים א״נ מזיגה מן הכלי כמו שאנו עושים שרי וכו׳״ (וע׳ לעיל בהערה קצו דאינו מוכרח אי דעת הגה״מ דוקא יין או אפילו שאר משקים) **אבל** ממסקנת הש״ך שם מהב״ח שכ׳ „ולפי זה משמע דמחמיר ג״כ בשאר משקים״ משמע דהכי ס״ל וכ״מ ממחה״ש (ס״ק י״ג) וכ״מ מסד״ט (ס״ק כ״ב) להחמיר בבריא וכ״כ הדר״ת (ס״ק מ״א), וכן לפי הפוסקים האוסרים להביא את הקערה בלי שינוי (ע׳ לקמן הערה רלו) מוכח דה״ה שאר משקים, וכ״כ בשיעורי שבט הלוי (ס׳ קצ״ה ס״י ס״ק ז׳ ד״ה מזיגת) „מזיגת שאר משקין לכאורה דינם כיין וכמו דמחמירים במאכלים, ומזיגה ממש של מיץ עם סודה אע״ג דאינו דומה ליין אפשר דבזה״ז הוי דרך חיבה כמו יין בזמנם, ויש מקום להחמיר, ועיין דרכ״ת (סקמ״ב) בשם המקור חיים״ (וע׳ לקמן הערה ריב). **מה** שכתבנו כוס של יין, ע׳ בסוגב״ש (פ״ח ס׳ י״ד) „איסור מזיגה הוא בין אם מוזגה לו כוס מלא ובין מוזגה מקצת הכוס״ ופשוט הוא.

(רי) שם. בענין מזיגת שאר משקים דהיינו ערבוב במים או בשאר אופני תיקון ע׳ לקמן בהערה ריב. **בענין** כוס קפה או תה ע׳ בחז״ט (בדר״ק ס״ק ל״ח) שכ׳ „וכוס תה או קפה אפשר דלכו״ע אסור הואיל וצריך תיקון״ ע״ש ונראה דאפילו לפי צד זה היינו דוקא אם מכינה את הכוס לגמרי כגון בקפה שהיא הוסיפה חלב וצוקר, אבל אם היא הוסיפה החלב והוא צריך להוסיף צוקר כיון שעדיין צריך תיקון מצד הבעל נראה דשרי בלי שינוי לפי צד זה (וע׳ לקמן בסוף הערה ריב).

(ריא) ע׳ לעיל הערה רט. **ומש״כ** דמים שרי כ״מ מב״י (ד״ה כתב הרשב״א) וכ״כ הרה״מ (פ׳ י״א מהל א״ב ה׳ י״ט לפי ביאורו של הב״י הנ״ל) „ומזיגת הכוס של יין דוקא אבל של מים מותר״ [ובמרדכי (שבת אות רל״ח) כ׳ „ור״י פי׳ היינו דוקא הושטת כוס יין שהוא דבר חיבה אבל [לא מים והמחמיר] תע״ב״] ואף דהם מתירים כל המשקים חוץ מהיין מ״מ ע׳ בצ״צ (בפס״ד ס״ק י׳) שכ׳ „כל מלאכות שהאשה עושה לבעלה נדה עושה לו חוץ מדברים אלו שיתבאר אסורה למזוג לו דהיינו בפניו כוס בין של יין בין שאר משקים (החשובים חוץ ממים) ולהניחו לפניו על השלחן״ וכ״כ בשיעורי שבט הלוי (שם ד״ה הבאת) וז״ל „הבאת מים בעלמא מותר״.

(ריב) ע׳ מקור חיים (ס״ק מ״ד) שכ׳ „דוקא מזיגת יין במים כדי שראוי לשתות היין בימים ההם וכן לדידן אי מוזגת היין מקנקן לכוס ומתקנת אותו בסוקר או בירקות שקורין קרייטר וויין בל״א נ״ל דאסור וכו׳״ ואף שכ׳ דוקא לתקן כוס של יין היינו לשיטתו דדוקא יין אסור אבל שמעתי מפי הגרמ״פ זצ״ל דה״ה בשאר משקים. וע׳ בסוגב״ש (פ״ח ס״ט) שכ׳ „איסור מזיגת הכוס הוא ביין ובשאר משקין החשובין, חוץ ממים. (ש״ך ס״ק י״ג צ״צ ס״ק י׳).״ ובבא״א שם כ׳ „דבכל משקין החשובים שייך

ing a drink to suit her husband's specific taste (**ריג**) (e.g. preparing a cocktail for him, flavoring a coffee with milk or sugar to his taste) (**ריד**) in his presence (**רטו**). Where the drink is not mixed or served expressly for her husband, it is permissible to mix or flavor the drinks even in his presence, and it is even permissible for her to serve them without a deviation (**רטז**).

Therefore, it is permissible for her to mix drinks (e.g. tea, coffee, iced tea or coffee, punch) for the family or for guests [and even for just her husband and herself] in a pitcher or even in individual glasses—provided that no specific glass is designated for her husband. Mixing and serving drinks in this manner is also permissible even in front of her husband, and no deviation is needed (**ריז**).

The husband also may not pour, serve or mix beverages for his wife

32. In the same manner that she may not mix, pour or serve beverages for her husband, he may not mix, pour or serve beverages for his wife in her presence (**ריח**), unless a deviation is utilized (**ריט**) (see 27). Here also (see 29), even if others are present, it is preferable to utilize a deviation (**רכ**).

קירוב וחיבה, ואפשר דבכלל המשקים החשובים נכלל תה וקפה, וכן בירה ומיני מיצים ומשקאות (חוץ ממי סודה דאפשר דהוי כמו מים) שמכבדים בהם אורחים וכו׳" (מי סודה הוא מה שקורין במדינתנו סעלצער אבל סודה נראה דנכלל לענין זה בכלל משקאות, אבל ע׳ באג"מ או"ח ח"ב ס׳ ע"ה וע׳ בספר הלכות פסח פ"כ הערה ס"ז) וע"ש שכ׳ „ומסתבר דאפי׳ אסורה להביא לפניו כוס טה או קפה, הוא דוקא כשהוא מוכן לשתי׳, דהיינו שכבר שמה בו סוכר, וכן חלב, דבכה"ג שייך חיבה, אבל אם הוא צריך להוסיף סוכר או חלב, מותרת להביאו על השלחן לפניו בלא שינוי וכו׳" וע"ש שכ׳ „ומסתבר דמיני משקים שאין דרכן של בנ"א בריאים לשתותן, אינם בכלל משקין חשובים ומותרת למזוג לו בפניו בלא שינוי". ופשוט דאם כוס טה או קפה מונח לפניו דאסור לה להוסיף בשבילו סוכר או חלב.

(ריג) כ׳ הש"ך (ס"ק י"ג) „מ"מ אף במזיגת הכוס אין איסור אלא בכוס המיוחד לבעלה בלבד דאיכא חיבה".

(ריד) כך נראה ע"פ מש"כ בהערה ריב.

(רטו) ע׳ לעיל הערה רז.

(רטז) ע"פ הש"ך הנ"ל.

(ריז) ע׳ שם ובסוגב"ש (פ"ח ס׳ ט"ז). **כתב** בסוגב"ש (שם ס׳ י"ב) „מותרת לשפוך יין מחבית לתוך הבקבוק בפניו ולהניחו בפניו, והוא ישפוך מהבקבוק לתוך הכוס" וכ"כ בבדה"ש (ס"ק קכ"ט). **ופשוט** דאם יש לו כוס מיוחד כגון שנדפס או שנחקק עליו שמו או אבא וכדו׳ או שהוא רגיל לשתות מכוס זה תמיד מחמת גדלותו או צורתו וכדו׳ נחשב מיוחד לו ואסור.

(ריח) כ׳ המחבר (ס׳ קצ"ה סעי׳ י"ג) „כשם שאסורה למזוג לו כך הוא אסור למזוג לה" וע׳ במק"ח ס"ק נ"ב ובתפ"צ ס"ק י׳.

(ריט) ע׳ לעיל הערה קצט (וע׳ בסמוך).

(רכ) ע׳ לעיל הערה רח, וע׳ בחזקת טהרה בדר"י (ס"ק ה׳) שדעתו להחמיר בתנאי ההיתר כגון שלא בפני׳ או ע"י שינוי „וטעמא דמסתבר לחלק ביניהן דבשלמא גבי אשה דהיא חייבת לעשות לו דברים אלו וכדאיתא באהע"ז סי׳ פ׳ לא שייך חבה וכל שהוא ע"י שינוי שרי משא"כ הבעל אם מוזג לה הכוס אינו רק בשביל חבה ומשו"ה אסור אפילו ע"י שינוי דהא עכ"פ חבה איכא וד"ל" וע׳ בסוגב"ש (פ"ח ס׳ כ"ה ובבא"א שם) ובשיעורי שבט הלוי (ס׳ י"ג אות א׳) ובבדה"ש (ס׳ י"ג ד"ה כשם), אבל מלשון הטור והמחבר לא משמע כן. **ומש"כ** לענין מזיגת הכוס של ד׳ כוסות, ע׳ מש"כ בסוגב"ש (פ"ח ס׳ י"ז ובפ׳ כ"ו ס"ב ובבא"א שם).

Even if it was prepared not in her presence, he may not pass or send a cup of wine to his wife (see 33).

Serving food is discussed later (see 38, 39).

Application: On Pesach at the Seder, if she is a Niddah, the husband should not pour into his wife's cup or vice versa; someone else should pour their cups. If no one else is sitting at the Seder with them, each should pour his or her own cup.

f) לשלוח לה את הכוס—Passing or sending wine to his wife

33. We have learned (see 27-32) that the husband is prohibited from mixing, pouring or serving wine or other beverages for his wife in her presence, in the normal manner—when she is a Niddah. There is an additional prohibition on the husband—he may not even pass or send to her a cup of wine (לשלוח לה את הכוס) (**רכא**)—even through others (**רכב**). This is prohibited even if it is a כוס של

(רכא) כ׳ המחבר (ס׳ קצ״ה ס׳ י״ג) „כשם שאסורה למזוג לו כך הוא אסור למזוג לה ולא עוד אלא אפילו לשלוח לה כוס של יין אסור לא שנא כוס של ברכה לא שנא כוס אחר אם הוא מיוחד לה וכו׳״ ומקורו מהתה״א ושאלתות ומיוסד אמסכת כלה (פ״א) „המשגר כוס של ברכה לאשה שלא מדעת בעלה חייב מיתה מפני שדעתו רבה עליו רבי אומר מפני שיצר הרע רבה עליו״ [ע׳ בב״י (ד״ה ואסור בא״ד ד״ה וכשם) ובתה״א בקצת שינוי] וכ׳ הרשב״א שם „ונדה לבעלה נמי להא דמיא״. **שאר** משקים לענין מזיגת הכוס ע׳ לעיל הערה רט. **ושמעתי** מפי הגרמ״פ זצ״ל דלענין לשגור את הכוס האיסור הוא על כוס יין אפילו אינו כוס של ברכה או כוס של ברכה אפילו אי אינו יין אלא חמר מדינה, ובצ״צ בפס״ד (ס״ק י״ג) כ׳ „כשם שהיא אסורה למזוג לו כוס כך הוא אסור למזוג לה ולא עוד אפי׳ לשלוח לה כוס של יין או של שאר המשקים חשובים אסור ל״ש כוס של ברכה ל״ש כוס אחר משום דיהב דעתי׳ עלי׳״ [ובגדר משקין חשובין, ע׳ בסוגב״ש (פ׳ י״א ס״ב בבא״א) ובבדה״ש ס״ק קס״ג], ובחז״ט (בדר״ק ס״ק מ״ט) חוקר „דאפשר דווקא ביין או בשאר משקין המשכרין״. **בשו״ת** דברי יואל (ח״א ס׳ ס״ד) נשאל „בחתנא דדייר בי חמיה ואוכל על שלחן חותנו, אם מותר להושיט כוס של קידוש לאשתו נדה וכו׳״ ע״ש שמסביר שיש ב׳ ענינים, א׳ איסור דמזיגת הכוס וב׳ איסור לשלוח לה כוס יין, ומסיק דבנידון דידן דיש להתיר „דמטעם איסור מזיגה יש לומר אין איסור כמו שכתבתי דבבעל לאשתו אינו אסור אלא להרשב״א ואין להחמיר יותר ממנו ואין אסור אלא מזיגת יין במים. ומצד איסור לשלוח גם כן אין איסור, דאינו אסור אלא כשאינה לפניו אבל כשהיא בפניו ליכא איסור כמו שכתבתי״ ומסתימת שאר פוסקים לא משמע כן. ונראה דבציור זה יש להקל אבל לא מטעמי׳, דאם הוא בבית חמיו וחמיו מקדש ושולח לבתו כוס של ברכה ע״י הבעל, אין הבעל השולח אלא המושך הכוס וליכא בזה משום חיבה. **ומש״כ** כוס לאו דוקא כוס שלם ע׳ בחז״ט (בדר״ק ס״ק מ״ט) וסוגב״ש (פ׳ י״א ס״ג) דבין אם הבעל שולח לה כוס מלא או מקצת הכוס אסור. **באיסור** לשלוח לה את הכוס כ׳ בסוגב״ש (פ׳ י״א ס״ה) דיש לעיין אם אינו שולח בכוס רק בבקבוק, או בכוס שאינו ראוי לשתות ממנו או אין דרך לשתות מאותו כוס (וע״ש בבא״א צדדי הספק), וע״ש שכ׳ „אך מסתבר דאם היין או המשקה עצמו עדיין אין ראוי לשתיה וכו׳ מותר הבעל לשלוח לה״.

(רכב) כן מוכח מל׳ „המשגר את הכוס״ במס׳ כלה ולשון „לשלוח לה כוס״ במחבר שם. **ונראה** דאיסור לשלוח את הכוס הוא אפילו אם אחר מזג את הכוס וכ״כ בבדה״ש (ס״ק קס״ב) ובסוגב״ש (פ׳ י״א ס״ז).

כוס של ברכה (**רכג**) (literally, a cup of blessing, e.g. Kiddush, the cup of Birchas Hamazone, Sheva Brochos) (**רכד**). The reason this is prohibited is that it is a sign of endearment and intimacy and may lead them to sin (**רכה**).

Only if the cup is specifically designated for her

34. This *issur* applies only if the cup (i.e. the wine in the cup) is specifically designated for her (**רכו**). However, the husband may pass a **כוס של ברכה** around for the others (e.g. the whole family) to drink—even if his wife will also partake from that cup (**רכז**).

What to do with Kiddush

35. Therefore, after the husband recites Kiddush, he may not give, pass or send the cup of wine to his wife (**רכח**). The following are some suggestions of how she can receive wine from Kiddush:

a) He should place the Kiddush cup down in front of himself and she may take it from his place at the table (רכט).

b) He may pour cups for as many people as there are at the table and

---

(רכג) כ׳ בתה״א (הובא בב״י שם) „ומסתברא דלא שנא כוס של ברכה ולא שנא כוס אחר היכא דקא מייחד לה ומשדר ניהלה אסור דהא קא מעייל דעתיה עילוה״ וכ״כ במחבר שם.

(רכד) כוס של קידוש ע׳ או״ח ס׳ רע״א, רע״ב, כוס של ברהמ״ז ע׳ שם ס׳ קפ״ב, כוס של ז׳ ברכות ע׳ אה״ע ס׳ ס״ב.

(רכה) כ׳ בנחלת יעקב על מס׳ כלה „שדעתו רבה עליו. כלומר שדעתו ומחשבתו רבה עליו למשוך אחריה להרגילה עליו ורבי הוסיף לומר שיצה״ר רבה עליו מתוך זה יסיתנו לדבר עבירה״ וכ״נ פירושו. **בשאילת** יעבץ (ח״א ס׳ קכ״ו) כתב „ובאמת יש לי ליתן טעם לשבח להמונעים כוס ברכה מהנדה. דהיינו כדאמרינן בטעמא דמילתא דמשגרו במתנה לאנשי ביתו שיתברך פרי בטנה, ומאחר שהיא עתה נדה אינה צריכה לכך. ולאו משום איסורא אלא היכירא עבדי בכוס של ברכה דווקא וכו׳״ ע״ש. **ולענין** בדיעבד אם כבר שלח הכוס כ׳ בסוגב״ש (פ׳ י״א ס״ח) דמסתבר דאסורה לשתות ממנו וכ״כ במחשבת הטהרה (פ׳ י״ד ס׳ פ״ו), וע׳ בס׳ פרדס שמחה (ס״ק מ״ט אות ב׳) שכ׳ „וגם לא מהני אם מעבירתו לכוס אחר״. וצ״ע בזה דהאיסור לשלוח כוס של ברכה ואין האיסור לשתות יין של ברכה.

(רכו) תה״א ומחבר שם.

(רכז) שם וז״ל המחבר „אבל אם שותים הם מאותו הכוס ושתית איהי אבתרייהו לית לן בה״ וכ׳ בפרישה (ס״ק י״א) „ומשמע שם דה״ה דמותרת לשתות ג״כ מיד אחר בעלה ואפי׳ אין לו בני בית שישתו ג״כ מאותו כוס ולא אסור אא״כ מייחד לה כוס דאז נותן דעתו עליה (ובכ״מ שהשוה אשתו עם בני ביתו לשתות מכוס של ברכה או מכוס אחר מותרת לשתות אחריו עכ״ה)״ וכ׳ בבדה״ש (ס״ק קס״ט) „ומלשון השו״ע היה משמע קצת שאין להתיר בזה אלא אם כן האחרים שותים תחלה והיא שותה אחריהם ולא להיפך וצריך עיון בזה״ וכ״מ מסוגב״ש (פ׳ י״א ס״ט) וע׳ במק״ח ס״ק נ״ד. **כתב** בפת״ת (ס״ק י״ד) „עי׳ בשאילת יעב״ץ ח״א סי׳ קכ״ו שכ׳ דראוי להחמיר כדעת השאילתות״ דנדה אסירא למישתי מכסא דגברא.

(רכח) ע״פ הנ״ל.

(רכט) כך נראה וכ״כ במסגרת השלחן (ס׳ קנ״ג ס״ק י״ב) „ולכן יש לנהוג להעמיד הכוס של קידוש לאחר שתייתו על השלחן ולא יאמר כלום והיא תקחנו מעצמה וכו׳״.

leave them in front of himself; she may then take any cup. The reason this is permissible is because he is not designating a cup specifically for her (**רל**).

c) Someone else (e.g. a child) should drink from the Kiddush cup before her and then [the other person may] give it to her. However, the other person may not be instructed to give it to her (**רלא**) (see also 13).

The wife may send a cup to her husband

36. This *issur* of לשלוח לה את הכוס prohibits only the husband from passing or sending a cup of wine to his wife (**רלב**). There is no prohibition against the wife sending a cup of wine to her husband (**רלג**). We have learned previously (see 27) that she may even place the cup in front of him—if a deviation is used.

Is this permissible in the presence of others or with a deviation?

37. This *issur* applies even in the presence of others (**רלד**), and even if a deviation is utilized it is prohibited (**רלה**).

g) לישא את הקערה—Serving food

38. We have learned (see 27-30) that a Niddah may not serve to her husband beverages in front of him (or vice versa, see 32) without a deviation. Many Poskim hold that this *issur* of serving in the normal manner applies not only to beverages but also to food (**רלו**). Some Poskim hold that although serv-

---

(רל) כך נראה ע״פ הנ״ל, ואף שראיתי שאין כן דעת בדה״ש (ס״ק קס״ז וע׳ בביאורים שם ד״ה כך) מ״מ נראה דיש להקל דכיון שלא ייחד כוס בשבילה אינו נותן דעתו עליה ע״י שילוח כזה, ואח״כ מצאתי שכ״כ בשיעורי שבט הלוי (ס׳ י״ג ד״ה ולכן) וז״ל „וכשיש אחרים עמהם ימזוג לכמה כוסות עבור כולם והיא תקח בעצמה אחד מהם״ [אבל צ״ע מש״כ שם „ובשעת הדחק שא״א למזוג לכוס אחר, תשתה מכוס שלו״ ע׳ לעיל הערה רכז] וכ״כ בסוגב״ש (פ׳ י״א ס״י).

(רלא) ע׳ מחבר שם שכ׳ „ושתית איהי אבתרייהו״ ובזה מרויח ג״כ שמותר לאחר לתת הכוס לה. והטעם שאסור לומר לקטן או איש אחר לתת לה הכוס כי עי״ז נחשב כמשגר לה את הכוס (ע׳ לעיל הערה רכא).

(רלב) כ״מ ממחבר שם.

(רלג) חז״ט דר״י ס״ק ו׳ וכ״נ.

(רלד) כ״מ מתה״א שכ׳ „מיהו היכא דקא שתו מההוא כסא ושתה איהי נמי בתרייהו לית לן בה״ וכ״נ מל׳ המחבר שם דלשלוח הוא בפני אחרים.

(רלה) כך נראה כיון שנותן דעתו עליה והוי מעשה חיבה (וע׳ לעיל הערה קצה).

(רלו) כ׳ הש״ך (ס׳ קצ״ה ס״ק י״ג) „כתב הב״ח מ״כ בדרשות מהר״ש מאוסטרייך דשלא כדין עושין הבעלי בתים שמניחין נשותיהם לישא הקערות וכיוצא בהן על השלחן מידי דהוה אמזיגת הכוס וכו׳״ וכ״נ דעת הש״ך עצמו שם וכ״פ בחכ״א (כלל קט״ז ס״ז) וכ״כ בבאר שבע (ס׳ ס״ח) וז״ל „ומצאתי קבלה בשם מהר״ר שלום שה״ה לא תביא הקערה עם המאכל על השלחן בפניו עכ״ל מהרש״ל. ונ״ל דהיינו דוקא כשהבעל אוכל לחוד״ (ובפת״ת שם ס״ק י״ג הביא דברי הבאר שבע ומש״כ ס׳ ע״א ט״ס וצ״ל ס׳ ס״ח). **כתב** בס׳ מק״ח (ס״ק נ״ב)

ing wine or other beverages (**רלז**) is prohibited without a deviation, food may be served in the normal manner (i.e. without a deviation) (**רלח**). The reason of these Poskim is that, although serving beverages is an act of endearment (**רלט**), serving food may be considered as a homemaking responsibility (**רמ**).

Although the minhag is to require a deviation even for serving food (**רמא**), nevertheless, in case of necessity (e.g. one of them is ill and a deviation cannot be employed (**רמב**), see F 1, 2), one may rely on the view which holds that no deviation is required for serving food (**רמג**). However, wherever possible, she should not place the food on his plate in his presence (**רמד**).

Bringing a plate to the table for everyone

39. Even according to those Poskim who prohibit serving food without a deviation, bringing a serving platter to the table for everyone to eat from is per-

---

„והשתא דפסק כן בש״ע בלי חולק דאסור הוא למזוג לה מהאי טעמא נראה לי דאם הבעל מחלק החלוקים על השולחן לכל אחד מן המסובין חלקו לקערה המיוחד לו אסור להניח חלק אשתו נדה לקערה שלה דמראה לה חיבה יותר בזה משאם ימזוג לה״ וכ״כ בבדה״ש (ס״ק קנ״ט) ובשיעורי שבט הלוי (ס׳ קצ״ה ס״י ס״ק ז׳ ד״ה ובמקור), אבל ע׳ בס׳ טהרת בת ישראל (פ״ב ס״ה) „והבעל יכול להניח אוכלים לפני אשתו״ ובפרדס שמחה (ס״ק מ״ט), וע׳ לקמן בהערה רמד.

(רלז) ע׳ לעיל הערה רט.

(רלח) ט״ז שם ס״ק ג׳, ערה״ש ס׳ י״ג, סד״ט ס״ק י״ח, מלב״ט ס׳ ט״ז, וכ״מ מלו״ש ס״ק ט׳ (ומדברי תוה״ש ס״ק י״ב אין הכרח), וע׳ בחז״ט (בדר״ק ס״ק ל״ח ובמו״ד ס״ק י׳, י״א).

(רלט) כ׳ הט״ז שם „נראה דחכמים שיערו שאין קירוב בזה רק מעשה עבדות שיש בו טורח משא״כ במזיגת הכוס״ והביאו הסד״ט שם.

(רמ) שם.

(רמא) ע׳ במעין טהור (ס׳ י״ב ס׳ י״ט), וכ״כ בשיעורי שבט הלוי (ס׳ קצ״ה ס״ג ס״ק ח׳ ד״ה בא״ד. מעשה עבדות) „ונוהגים להחמיר כש״ך דבעינן שינוי״ וכן שמעתי מפי הגרמ״פ זצ״ל, וכן ע׳ בחז״ט (ס״ק ל״ח) שכ׳ „אכן למעשה חוששני להקל״. **אע״ג** דהמנהג להחמיר בהנחת קערה בפניה בלא שינוי מ״מ לשגור (ר״ל לשלוח) לה אוכלים מותר (אע״פ שאסור לשגור לה כוס) ע׳ בדה״ש (ס״ק קס״ד) וסוגב״ש (פ׳ י״א ס׳ ט״ו) וחז״ט (ס״ק מ״ט).

(רמב) כ׳ בחכ״א (כלל קט״ז ס״ז) „ומ״מ אם אין לו מי שישמשנו יש להקל ובלבד שלא תתן המאכל בקערה בפניו״ וכ״ש בכה״ג וכן ממש״כ בטה״י (ס׳ י״ד) „בשעה״ד מותרת להביא לו מאכל ובא״א באופן אחר מותר אף לא שעת הדחק״ וכ״כ בבדה״ש (ס״ק ק״ל) „ונראה שיש להקל בזה לעת הצורך בהגשת מאכלים כיון שבלאו הכי יש מקילים במאכלים בכל ענין וכו׳״ וע׳ במסגרת השלחן (ס׳ קנ״ג ס״ק י״א) וסוגב״ש (פ׳ י״ב ס״ה־ח).

(רמג) ע״פ הנ״ל.

(רמד) חכ״א שם, וכ׳ בשיעורי שבט הלוי (ס׳ קצ״ה ס״י ס״ק ז׳ ד״ה ובמקור) „ובמקור חיים (סקמ״ד כצ״ל) כתב דאע״ג דשרי להביא הקערה עם המאכלים לכל בני הבית, אבל אסור לחלק המאכל מהקערה הגדולה לצלחות שעל השלחן, ולתת גם לצלחת המיוחדת לבעל, ואפילו לט״ז (סק״ג) שהתיר הגשת מאכלים דהוי דרך עבדות, — וכן הוא אסור להגיש לה״, וכן ע׳ בחוו״ד (בחידושים ס״ק ד׳) שכ׳ לפי דברי הש״ך „וא״כ להושיט לו חתיכת בשר מהקערה להניח לפניו על הטעליר גם כן אסור לדבריו״. ע׳ לעיל הערה ריב שכתבנו דפשוט

missible, without a deviation (**רמה**). This is permissible, even though her husband will also eat from it, since it was not designated for her husband's exclusive use (**רמו**).

Food preparation

40. We have learned (see 38) that the minhag is to require a deviation even for serving food (**רמז**). However, other forms of food preparation may be performed without a deviation (**רמח**). Therefore, she may set the table, and prepare, season* and cook his food in the normal manner (i.e. without a deviation) (**רמט**). The reason this is permissible is that these activities are not considered as acts of endearment—but rather as homemaking responsibilities (**רנ**).

*Note: Although she may season his food for him in the normal manner, this may not be done when the plate is directly in front of him.

דאם כוס טה או קפה מונח לפניו דאסור לה להוסיף בשבילו סוכר או חלב, ונראה דה״ה אם המאכל שהוגש כבר לפניו חסר מלח או תבלין אסור לה לתקנו בקערתו בפניו בלא שינוי וכ״כ בבדה״ש (ס״ק קכ״ח).

(רמה) כתב הש״ך (ס״ק י״ג) „אבל להביא הקער׳ על השלחן שכל בני בית אוכלים ממנה אין קפידא אע״ג שגם בעלה אוכל עם בני ביתה מאותה קערה דליכא הכא חיבה״ וכ״כ בבאר שבע (ס׳ ס״ח והובא דבריו לעיל בהערה רלו) והביאו הטה״י (בי״א ס״ק מ״ח).

(רמו) ע״פ הנ״ל.

(רמז) ע׳ לעיל הערה רמא.

(רמח) כתב המחבר (ס׳ קצ״ה ס״י) כל מלאכות שהאשה עושה לבעלה נדה עושה לו וכו׳״ וכ׳ בפת״ת (ס״ק י״ב) „כל מלאכות. בשל״ה דף ק׳ כתב דזה מצד הדין לפי שראו את העם שלא יסבלו יותר מחמת חסרון שפחות אבל מ״מ המחמיר שומר מצרות נפשו וע״ש עוד״ ובחכ״א (כלל קט״ז ס״ז) כ׳ „וכל תיקון המאכל לכ״ע מותר דאין זה אלא דרך עבדות״ וכ׳ התשב״ץ (ח״ג ס׳ נ״ח) „מותרת להציע שלחן בפני בעלה שלא אסרו אלא הצעת המטה בפניו״. **כתב** בצ״צ (בפס״ד ס״ג) „ונראה דאם הבעה״ב מחלק לכל המסובין מנה אסור ליתן לה מנה״ [והוא כהמקו״ח (ס״ק מ״ד וס״ק נ״ב) והחוו״ד (בחידושים ס״ק ד׳) הובאו לעיל בהערה רלו ורמד]. **ואף** דלענין לישא את הקערה כתבנו בפנים (אצל הערה רמא) דהמנהג להצריך שינוי, לענין פת לא ראיתי נזהרין בזה אלא הבעל בוצע ומחלק לאשתו פרוסת המוציא ומניח לפניה בלי שינוי וכ״כ בשיעורי שבט הלוי (ס׳ קצ״ה ס״ס י׳) „פרוסת המוציא מסתבר דמותר להניח לפני׳״ (וע׳ לעיל הערה רלו).

(רמט) ע״פ הנ״ל.

(רנ) שם. **ומש״כ** שאין להוסיף תבלין כשהקערה מונחת בפניו, ע׳ לעיל הערה רמד.

E. RESTRAINTS IN AREAS OF PRIVATE LIVING

Introduction

1. We have learned (see B 1) that there is no *issur* of יחוד with one's own wife. Therefore, since the husband and wife may constantly be together, חז״ל required greater restraints in their bedroom and in other areas of private living to remind him that she is a Niddah and, thereby, prevent them from sin (**רנא**).

Five areas of safeguards

In our discussion, we will focus on five areas in which the Talmud and the Poskim have required safeguards in areas of private living and interpersonal relations. They are:

a) מטה אחת—Lying together in the same bed,
b) לא יושבין על מושבה—Sitting together on the same surface,
c) ללכת עם אשתו נדה דרך טיול—Travelling together for pleasure,
d) הצעת המטה—Preparing his bed, and
e) הרחצת פניו ידיו ורגליו—Washing her husband.

We will now explain each of these safeguards in detail.

a) מטה אחת—Lying together in the same bed

2. Lying together in the same bed is prohibited, regardless of how wide the bed is (**רנב**), and even if it is not her own bed (**רנג**). This is prohibited even if both of them are fully dressed and not touching each other (**רנד**). The reason this is prohibited is that we are afraid that he will be overcome by his desires and will have relations with her (**רנה**) (see C 1).

(רנא) כ׳ הרא״ש (בקיצור הל׳ נדה) „ובשביל שמתייחד תדיר עמה עשו גדר וסייג שיזכור את נדותיה ואמרו וכו׳ ולא ישכב על מטתה אפילו כשאינה במטה״. **ומש״כ שיזכירנו ע׳ לעיל** הערה קא שכתבנו מהמקו״ח וש״א „וכל דבר שאיסור משום הרגל דבר האיסור דוקא באיש שאין האשה מרגילה״.

(רנב) כ׳ המחבר (ס׳ קצ״ה ס״ו) „לא יישן עמה במטה אפילו כל אחד בבגדו ואין נוגעין זה בזה״ ועי׳ בב״ח (סד״ה ומ״ש ואצ״ל) שכ׳ במסקנא „דאפילו בב׳ מטות צריך הפסקה בנתים כ״ש דיש להחמיר במטה אחת רחבה אפילו יש לכ״א מצע מיוחד״ וכ׳ שם „וכ״כ ב״י וכ״פ בש״ע והכי נקטינן״ והובא בבדה״ש (ס״ק ק״ד) וסוגב״ש (פ׳ י״ג ס׳ י״ג) וש״א.

(רנג) קש״ע ס׳ קנ״ג ס״ח [ונראה דהכרחו הוא מהא דכ׳ המחבר (שם ס״ה) דעל מטתה אסור אפילו לישב ואפילו שלא בפניה ע׳ לקמן בפנים אצל הערה רעד].

(רנד) מחבר שם מהא דשבתְ י״ג. „אף אשתו נדה הוא בבגדו והיא בבגדה אסור״ וע׳ בב״ח (ס׳ קצ״ה ד״ה ומ״ש ואצ״ל) וע׳ גדר עולם שכ׳ בהל׳ נדה (אות ד׳) „והעון מזה גדול מאד ויש עבור זה עונש גדול וכו׳״.

(רנה) כ׳ בבדה״ש (ס״ק ק״א) „דחיישינן שיתגבר עליו יצרו ויבא עליה״ וע״ש בציונים (ס״ק קצ״א), וכן ע׳ בחז״ט (ס״ק ל״א) „אפילו כל אחד בבגדו כו׳ — פי׳ אף דאין לחוש לשמא ישכח כיון שיש שינוי שישנים בבגדיהן וכו׳ מ״מ כאן חיישינן שמא מתוך שישן עמה יתקפנו יצרו ויבא עלי׳ במזיד״.

Even if both of them are lying on separate mattresses, if both mattresses are resting on the same bed it is considered as lying together in the same bed, and is prohibited* (**רנו**). These prohibitions against lying together in the same bed apply whether they are sleeping or awake (**רנז**). Wherever lying together is prohibited, a deviation will not help (**רנח**).

We have learned (see B 1) that there is a prohibition against being alone with women who are prohibited to him (**יחוד**); it goes without saying that lying together in the same bed with *any* woman who is prohibited to him is prohibited—even if both are fully clothed (**רנט**).

*Note: Since separate beds for husband and wife during the Niddah period is a *requirement*, they may not use a double bed when she is a Niddah. This should be kept in mind when purchasing a bedroom set (**רס**).

Although it is questionable whether it is permissible to use separate beds connected by a single headboard during the time that she is a Niddah (**רסא**), since

---

(רנו) כ׳ המחבר שם „לא יישן עמה במטה אפילו כל אחד בבגדו ואין נוגעין זה בזה" וע"ז כ׳ הרמ"א „ואפילו יש לכל אחד מצע בפני עצמו" וע׳ בתשב"ץ (ח"ג ס׳ מ"ב). **כתב** בחזק"ט (ס"ק ל׳) „לא ישן עמה במטה כו׳ — פי׳ אפי׳ אינו מיוחדת לאחד מהן ואפילו אינו מתנדנדת" וכ׳ שם (במו"ד ס"ק א׳) „דכאן הטעם משום דחיישינן שמא יצרו יתקפנו כשהוא ישן עמה".

(רנז) כ׳ המחבר שם „לא יישן" וע׳ ב"ח (שם ד"ה ולא ישב) שמחלק בין ישיבה על מטה המיוחדת לה לשכיבה (ודלא כמחבר ס"ה). דשכיבה בפישוט בגדים היינו שינה (ע׳ רש"י שבת י"ג. ד"ה איכא), אבל שכיבה בלא פישוט בגדים אפשר דינו כישיבה (דלב"ח מותר). אמנם כיון דכ׳ המחבר שם דאפילו ישיבה אסור על מטתה אפילו שלא בפניה כ"ש דשכיבה עמה אסור (ר"ל אפי׳ שניהם בבגדיהם) וע׳ ברמב"ן (בהל׳ נדה פ"ח ה"ג) שכ׳ „ולא ישכב עמה על מטה אחת וכו׳" וע׳ בגר"א (ס׳ פ"ח סס"ק ב׳) ודוק וע׳ בבדה"ש (בביאורים ד"ה לא יישן). [ובדברי הב"ח שם ע׳ בחז"ט (ס׳ קצ"ה ס"ה במו"ד ס"ק א׳) שכ׳ אדברי הב"ח „משמע קצת מלשון זה (של הב"ח „אבל ישיבה בעלמא כשהוא לבוש בבגדיו אין בו איסור") דכשהוא לבוש בבגדיו מותר אפי׳ לישן, אכן ממה שכתב דישיבה מותר כשהוא לבוש משמע דשכיבה אפי׳ כשהוא לבוש אסור וצ"ע"]. **כתב** בצ"צ בפס"ד (ס"ק ה׳) „ויש מי שאומר דאין אסור אלא כששוכב ופושט בגדים (ב"ח ונה"כ) ונכון להחמיר בכל אלה כי כל המרבה בהרחקה ה"ז משובח (שם)".

(רנח) ע׳ שבת י"ג. איכא שינוי ורש"י שם, וכ"מ מרמ"א שם ודוק וכ"כ הגר"א (ס׳ פ"ח ס"ק ב׳) להדיא, וע׳ לעיל הערה רנה מש"כ מחזקת טהרה.

(רנט) ע׳ שו"ע אה"ע (ס׳ כ"א ס"ז) דאף כל קרובים אסור חוץ מהאב עם בתו ואם עם בנה כשהם קטנים. ומש"כ לענין שאר נשים האסורות דאסורות אף הוא בבגדו והיא בבגדה ע׳ שבת שם „מה אשת רעהו וכו׳" ודוק.

(רס) פשוט וע׳ לעיל הערה רנב. **כתב** בשיעורי שבט הלוי (ס"ו ס"ק א׳) „ופשוט דהמטות הכפולות הוי ממש מטה אחת ואסור, ואף אם נעשה רק לימי טהרתה ואילו בטומאתה שוכבת במקום אחר אין לשים מטה כזו בבית משום מראית העין". (ומטה הכפולה הוא מה שאנו קורין double bed).

(רסא) ע׳ פת"ת (ס׳ קצ"ה ס"ק י"א) שהביא המק"ח (ס"ק ל"ג) וז"ל המק"ח „מסתימת לשון רמ"א משמע בכל אופן שיהא המטות נוגעות זו בזו אסורה אע"ג דרמ"א לקח דין זה ממרדכי ולשון המרדכי שהביא ב"י לא משמע כן וכו׳ מ"מ העולם נוהגים כסתימות לשון רמ"א שבכל אופן שנוגעים זו בזו נוהגים איסור אבל בהפרש כל שהוא בין מטה למטה מותר" וע׳ בחכ"א

their use when she is not a Niddah is permissible—some Poskim hold that they may be purchased (רסב). However, when she is a Niddah, one of the beds must be disconnected from the headboard or a night table must be placed between them. (רסג).

Beds touching, "high-riser" beds

3. Not only is lying together in the same bed prohibited, but even sleeping [or even just lying] in separate beds which touch each other is also prohibited (רסד). Therefore, whether the two beds are standing alongside of each other or even if the head of one of them is at the foot of the other (רסה), there is a requirement that there should be some distance between them* (רסו). Similarly, "high-riser" beds must be disconnected and there must be a distance placed

---

(כלל קט"ז ס"ה) שכ' „ואפשר דאם המטות מחוברין בכותל וכ"א ישן במטתו דמותר" וע"ש בפת"ת דבנראה כמטה אחת אסור, ודברי החכ"א דבמחוברין לכותל שרי היינו שאין הבית עושהו למטה אחת ודוק ודברי המק"ח דבכל אופן שנוגעים וכו' משמע דב' מטות המחוברים בראשם יש להחמיר, ושמעתי מפי הגרמ"פ זצ"ל דשרי בהפסק שלחן וכדומה, ואמר עוד דאם אי אפשר להתגלגל ממטתו למטתה אז גם בלי הפסק שרי, ובדבר המפסיק כגון נסר מותר בכל אופן, וכ' בשיעורי שבט הלוי (ס"ו ס"ק ב') „והמטות שעושין נפרדות ורק הראש מחברם, ודאי להלכה שרי כיון שנפרדות וכמשי"ת בש"ך (סקי"א) בשם מהר"ם אלשקר, אבל מייעצים שלא לעשות כן וזו מידת חסידות בעלמא, וראוי להמנע. ואם אינן מחוברות בראשן בקרש אחד רק עומדות שתיהן ליד ראש אחד ונראה שמחברם — כיון שהמטות רחוקות ואין הקרש מחברן אין מקום לחשוש".

(רסב) כך נראה, דדעת הגרמ"פ זצ"ל שמותר לקנותם (וכ"מ משיעורי שבט הלוי שם) ואף ששמעתי שיש מורים שאסור לקנותם דכיון דלשיטתם אסור כשהיא טמאה יש בו משום מראית העין כשהיא טהורה, מ"מ נראה דכיון דאפשר דאינו מחובר להמטה, ואם אינו מחובר אינו אסור, לפיכך לית ביה משום מראית העין (וע' בבדה"ש ס"ק ק"ז). ועוד נראה דכיון דאסור רק בזמן שהיא טמאה וע"פ רוב האשה טהורה אפשר דלא שייך בזה איסור מראית העין ע' אג"מ או"ח (ח"א ס' צ"ו). ונראה דאם מתנענע מטתו של א' מהם כשהשני ישן על מטתו יש להחמיר. **ולענין** מטות הכפולות שקורין „bunk beds" או „double-decker beds" ע' בבדה"ש (בביאורים ס"ו ד"ה ואפילו) שכ' במסקנא „ולמעשה צ"ע".

(רסג) כך נראה. ומש"כ להניח תיבה ביניהם הוא מהגרמ"פ זצ"ל הובא לעיל בהערה רסא.

(רסד) כ' הרמ"א (ס' קצ"ה ס"ו) „ואפילו אם שוכבים בב' מטות והמטות נוגעות זו בזו אסור" והוא ממרדכי פ"ק דשבת בשם הר"ם וע"ש שכ' „אם לא ישימו הפסק בינתים" וע' תפ"צ ס"ק ו'. והיינו אם שניהם ישנים במטתם וע' בשיעורי שבט הלוי (ס"ו ד"ה ומטות) שכ' „ואומרים בשם מרן החזו"א זצ"ל שאמר דכשאינה ישינה במטתה מותר לו לישון אפילו כשהמטות נוגעות, דאין איסור בנגיעת המטה, ופשוט" ונראה דכ"ש אם הוא אינו ישן במטתו מותר לה לישון במטה אפילו כשהמטות נוגעות. ועוד נראה דמש"כ „כשאינה ישינה" לאו דוקא דתלוי בישן וער אלא הכוונה שאין האשה על מטתה וכ"כ בסוגב"ש (פ' י"ג ס' ט"ז) בבא"א בסופו מספר זה השלחן בשם החזו"א זצ"ל. **ובענין** מטות הנוגעות זו בזו ע' בחז"ט (ס"ק ל"ב) שהביא ממהר"מ שהובא בב"י „שאפי' רגלי המטות נוגעות זו בזו אסור אם לא ישימו הפסק ביניהן" וכ' במו"ד (שם ס"ק ו') שהוא חומרא יתירה וכו' ע"ש.

(רסה) ע' מרדכי שם שכ' „ורגלי האחת נוגעת בחברתה" וע' פת"ת ס"ק י"א ממק"ח ס"ק ל"ג (והובא לעיל בהערה רסא).

(רסו) ע' מרדכי שם שכ' „אם לא ישימו הפסק בינתים" ובקש"ע (ס' קנ"ג ס"ח) כ' „אא"כ יש

between them (**רסז**). Where two beds are disconnected and separated by some distance, most Poskim hold that they may be enclosed in a canopy [or tent] (**רסח**).

Even if they are lying on the ground (**רסט**), they may not lie facing each other unless there is a substantial distance between them (**ער**).

Application: If she became a Niddah during a camping trip, they must exercise caution that there should be substantial distance between their sleeping bags.

Size of distance between beds

*Note: Concerning the size of the distance between the beds, where the beds are parallel to each other, there are various opinions in the Poskim:

a) Some Poskim hold that there must be sufficient distance between the beds that he cannot roll from his bed onto her bed or vice versa.

b) Another opinion in the Poskim is that his blanket should not touch her bed or vice versa.

מרחק רב ביניהם״. **בשיעור** הפסק זה כ׳ בפת״ת (ס״ק י״א) בשם המקו״ח „אבל בהפרש כל שהוא בין מטה למטה מותר״, וכ׳ בדר״ת (ס׳ קצ״ה ס״ק ל״ג) „וע׳ בס׳ קב הישר (פי״ז ס״ג) שכ׳ מדברי האריז״ל שצריכין לזהר שיהיו הב׳ מטות רחוקות זו מזו באופן שלא יגע בלילה הכר העליון שמכסה בו במטת אשתו הנדה וכן להיפוך״ ובטה״י כ׳ (ס״ק כ״ז) „אם המיטות מחוברין בכותל וכל אחד ישן במטתו מותר ונ״ל דוקא באורך אבל ברוחב צריך שירחיק המיטות זמ״ז כל כך שלא יוכלו ליגע איש באשתו או להיפך בלילה כשישנו על המיטות ע״י הושטת ידיהם חוץ להמטה״. בסוגב״ש (פ׳ י״ג ס׳ י״ח) כ׳ „צריך להרחיק בין מטה שלו למטה שלה לכל הפחות כשיעור אמה״ וע׳ בשיעורי שבט הלוי (ס״ו ד״ה שיעור) וע׳ לעיל הערה רסא מש״כ מהגרמ״פ זצ״ל.

(רסז) כך נראה ע״פ הנ״ל.

(רסח) ע׳ פת״ת (סס״ק י״א) שכ׳ „הנכון להחמיר אם לא במחיצת סדין תלויה בין המטות שאינו (כצ״ל) רואה אותה עוד וכו׳״ [וראייתו מתשב״ץ צ״ע דהתם איירי במטה אחת ע״ש] אבל ע׳ דר״ת (ס״ק ל״ג) וערה״ש (ס׳ ט״ז) דשרי וכ״כ בצ״צ בפס״ד (ס״ק ו׳) וז״ל „אבל אם אין המטות נוגעות זב״ז מותר אפי׳ אם וילון א׳ פרוס על שניהם (תשו׳ מהר״ם אלשקר)״ ע׳ ברכ״י (אות ט״ז), וע׳ בבדה״ש (ס״ק ק״ח). **ומש״כ** לענין אהל דדינו ככילה נראה דכילה היינו אהל קטן הפרוסה סביבות המטה (ע׳ רש״י סוכה י: וי״א.).

(רסט) כ׳ בקש״ע (ס׳ קנ״ג ס״ח) „ואם שוכבין על הארץ לא ישכבו פנים נגד פנים אא״כ יש מרחק רב ביניהם״.

(ער) ע׳ מש״כ כאן בפנים ולעיל אצל הערה רסו שחילקנו בענין המרחק דלעיל בין ב׳ מטות לשוכבין על הארץ דהכא, דבב׳ מטות ניכר ההבדל ביניהם לפיכך סגי בקצת מרחק, אבל על הארץ אין דבר מפסיק ביניהם אם אין מרחק רב, אבל ע׳ בקש״ע שם שכ׳ בשניהם „אא״כ יש מרחק רב ביניהם״. **מש״כ** הש״ך (ס״ק י״א) „מיהו במטה של עץ או של בנין מותר שם עם אשתו הוא במטתו ואשתו במטתה וכו׳״ ע׳ סד״ט (ס״ק י״ג) וחכ״א (כלל קט״ז ס״ה), ובפי׳ ערה״ש (ס׳ י״ז), וע׳ בתשב״ץ (ח״ג ס׳ מ״ב) שכ׳ „ואם היא מטה קבועה דרך בנין במעזיבה או אפי׳ בקורות קבועין בכותל והמטה היא ארוכה שתציע מטתה במרגלות בעלה בלי קירוב למרגלותיו ודאי מותר הוא וכן נוהגים וכו׳״. **בשיעור** המרחק שכתבנו בפנים, כתבנו המקורות לעיל בהערה רסו. **ומש״כ** לענין מטות שאינן עומדות סמוכות זו לזו בארכן ע׳ בפת״ת (ס״ק י״א) בשם מקו״ח.

c) A third opinion holds that the distance between the beds should be that great that when one's hand is extended from the bed in their sleep, it should not touch the other person.

d) A fourth opinion holds that the distance should be a cubit (approximately 22 inches).

Where their bedroom is too narrow to allow these distances, a Rav should be consulted.

Where the beds are not parallel to each other, it is sufficient to have a minimal distance between the beds—as long as the beds do not touch.

Lying or sitting on each other's bed

4. The husband may not sleep or lie (**רעא**) on his wife's bed when she is a Niddah (**רעב**)—even when she is not present (**רעג**). Many Poskim hold that he may not even sit on his wife's bed—even when she is not present (**רעד**).

(רעא) כ׳ המחבר (ס׳ קצ״ה ס״ה) „לא ישב במטה המיוחדת לה אפילו שלא בפניה״ ובב״י (ד״ה ולא ישב) כ׳ „ז״ל הרשב״א כ׳ הר״א מדברי רבינו האי גאון ז״ל נראה שאסור לישן על מטתה אפילו אינה עמו במטה מפני הרגל עבירה ונראין הדברים שאפילו להציע מטתו בפניו אסור משום הרגל עבירה לשכב על מטתה ממש שיש הרגל יותר לא כל שכן וכו׳ ואע״ג דהראב״ד לא אסר אלא לישן על מטתה משמע לרבינו דה״ה דאסור לישב עליה דבישיבה עליה נמי איכא הרהור ומצד הרהור יבא לידי הרגל עבירה״ וע׳ בב״ח (ד״ה ולא ישב הובא בט״ז ס״ק ו׳ וש״ך ס״ק י׳) דט״ס הוא בטור וצ״ל ולא ישן ובס״א כ׳ ולא ישכב במקום „ולא ישב״ ובח׳ הגהות (בטור) מקיים הגירסא דמצא בס׳ היראה לרבינו יונה „ואסור לבעלה לישב ע״ג מטתה אע״פ שאינה בבית״ ע״ש [מש״כ הב״ח „כשפושט בגדיו״ ע׳ לעיל הערה רנז וע״ש בענין שכיבה בלא שינה ואכמ״ל]. **כתב** בפת״ת (ס״ק ח׳) מחכ״א (בדפוס שלנו כלל קט״ז ס״ה) דה״ה על כרים המיוחדים לה דאסור [ובערה״ש (ס׳ י״ח) כתב כן גם לענין מצעות המיוחדים לה דאסור], וכ׳ הפת״ת „וא״כ צ״ל דכ״ש על המיוחדים לו אסורה היא וכו׳״. [בטעם „הכ״ש״ ע׳ בדברי הט״ז לקמן בהערה רעט]. **ע״פ** הנ״ל היה נראה דה״ה hammock או chaise longue, recliner, sleeping bag, וכדו׳ המיוחד לאחד מהם אסור להשני לשכב עליו, אבל ע׳ בחז״ט (ס״ק כ״ג) שכ׳ „ונראה פשוט דמטה המיוחדת היינו דווקא מטתה שמיוחדת לישן שם בלילה אבל אותן מטות שהן בבית לנוי וכדומה אף שרגילה לשכב עליו קצת ביום אין זה מיקרי מטה המיוחדת לה״. ונראה עוד דדוקא מטה שהיא רגילה לשכב עלי׳ שהיא מקום תשמיש גזרו עליה, אבל בכסא לא מצינו גזירה [אם לא שנאמר שזה כוונת ס׳ הפרדס (בס׳ רעא) שכ׳ „אבל מחמירין אנו על עצמינו וכו׳ ולא יושבין על מושבה וכו׳״, וע׳ לקמן בהערה רצו] וע׳ לקמן בסוף הערה רעד (ד״ה יש).

(רעב) שם.

(רעג) מחבר שם.

(רעד) ע׳ לעיל הערה רעא דלמחבר שם אסור והב״ח פליג עליה, ואף דהש״ך (ס״ק י׳) סתם כהב״ח [ומש״כ „אפי׳ בפניה״ ט״ס וצ״ל „שלא בפניה״ דכן הוא בב״ח וכ״כ בסד״ט ס״ק י״א] וגם בנקודות הכסף החזיק בדעת הב״ח, מ״מ הט״ז (ס״ק ו׳) הסכים לדברי המחבר, ואף דבסד״ט שם הביא דברי הרא״ש והרמב״ן וכ׳ „ומדלא הזכירו כלל איסור בישיבה מבואר דאפי׳ בפניה נמי שרי״ (וכ״כ משמו בס׳ פר״ד) מ״מ בקש״ע (ס׳ קנ״ג ס״ח) כ׳ „ואסור להבעל אפילו לישב על המטה המיוחדת לה אפילו שלא בפניה״ וכ׳ במק״ח (ס״ק כ״ג) דמסתימת הרמ״א מוכח דסבר כמחבר וכ׳ „וכן נוהגין העולם״, אבל ע׳ בחז״ט (ס״ה במו״ד ס״ק ב׳) שכ׳ „ומדינא הי׳ נלענ״ד ג״כ להקל בישיבה בעלמא כיון דאפי׳ השינה לא מבואר בש״ס

If she is not in town (ערה), sitting on her bed is permissible (רעו), but lying on her bed is questionable (רעז). However, if she is out of town and will not

---

וכו׳״ ע״ש אריכת לשונו ואח״כ כ׳ „וא״כ די במה שאוסר בהדיא ולא להוסיף עוד אפי׳ ישיבה, אכן בחדושי ההגהות על הטור מביא משם רבינו יונה דאסור אפי׳ לישב על מטתה עיי״ש ועיי׳ ג״כ בספר הפרדס לרש״י ז״ל וכו׳״ ומסיים „וקשה ההכרעה למעשה וכו׳״ ובשיעורי שבט הלוי (בט״ז ס״ק ו׳ סד״ה בא״ד ונראה) כ׳ „ולמעשה בשלא בפניה אפשר להתיר״. יש לעיין בדברי המחבר שם „לא ישב במטה המיוחדת לה אפילו שלא בפניה״ ויותר בדברי החכ״א (כלל קט״ז ס״ה) שהביא דברי המחבר ואח״כ כ׳ „ונ״ל דה״ה על כרים המיוחדים לה דאסור״ אם איירי גם במטה המיוחדת לישיבה כמו שהי׳ נהוג בזמן חז״ל שהיו מסובין על המטה או על כרים בשעת אכילה (ע׳ רמ״א או״ח ס׳ תע״ב ס״ב „ואפילו עני שאין לו כרים וכו׳״ ודוק) ולפיכך גם על כסא המיוחד לה היה אסור, או דוקא על מטה או על כרים אסור דחיישינן שמא מישיבה יבואו לשכיבה יחד, וזה לא שייך על כסא וכך נראה לדינא (וע׳ בסוף הערה רעא ד״ה ע״פ), וכ״כ בחז״ט (בד״ק סוף ס״ק כ״א) „ומיהו נראה דדוקא על מטה המיוחדת אבל על כסא המיוחדת לה מותר לישב״ וכ״כ בסוגב״ש (פ׳ כ״ג ס״ג ובבא״א שם).

(ערה) כ׳ בפת״ת (ס׳ קצ״ה ס״ק ט׳) „ונראה פשוט דאם אינה בעיר כלל מותר״ ויש לעיין אם קאי גם אשכיבה או רק אישיבה דממקור דין זה בב״י מרב האי גאון (הובא לעיל בהערה רעא) שכ׳ „אפילו אינה עמו במטה״ ולא כ׳ אפילו אינה בעיר משמע דדוקא כשהיא בעיר אסור אבל א״כ הי׳ לנו לדייק דשלא בפניה שרי וכ׳ הטור „אפילו שלא בפניה״ דאסור [ובאמת כך נראה ממש״כ הרשב״א מהראב״ד בשם רב האי גאון דרק בפניה אסור ודוק אבל לטור וב״י שלא בפניה נמי אסור] „ואע״ג דהראב״ד לא אסר אלא לישן על מטתה משמע לרבינו דה״ה דאסור לישב עליה וכו׳״ (ב״י) אבל מנין לאסור לישן על מטתה אף כשאינה בעיר. וע׳ לעיל הערה רעא שכ׳ בח׳ הגהות מס׳ היראה „ואסור לבעלה לישב ע״ג מטתה אע״פ שאינה בבית״ ואי אינה בעיר אסור הי׳ צריך לומר „אע״פ שאינה בעיר״ משמע דשלא בפניה דאסור הוי רק אם היא בעיר דאיכא למיחש דמצד ההרהור יבא לידי הרגל דבר אבל אם אינה בעיר ליכא למיחש להכי. ונראה דאם תשוב היום דינו כשלא בפניה דשכיבה וישיבה אסור דאיכא למיחש דמצד ההרהור יבא לידי הרגל דבר כשתשוב דאל״כ מאי שנא שלא בפניה מאינה בעיר וכ״מ מדע״ת שכ׳ „עי׳ פ״ת (כצ״ל) סק״ט [דנראה פשוט דאם איננה בעיר כלל מותר לישב על מטתה] וראיתי בכתבי (כצ״ל) הדעת קדושים ז״ל דאם איננה בעיר ותתעכב כמה ימים מותר גם לישן במטתה״ (וע׳ בסוגב״ש פ׳ י״ג ס״ד ובבא״א שם) ושמעתי מפי הגרמ״פ זצ״ל דאפילו אם אינה בעיר שכיבה על מטתה נמי אסור ואמר דיש להחמיר אף בהולכת לכמה ימים, ומחז״ט (ס״ק כ״ג ובמו״ד שם ס״ק ה׳) משמע דאפילו שכיבה מותר. מש״כ בס׳ פרדס שמחה (ס״ק כ״ב) „אבל אם אינה בעיר לכמה ימים, שרי אפי׳ לישן במיטתה, ויש מחמירים״ וכ׳ במקור המעין (ס״ק ע״ה) מקור דה״ויש מחמירין״ הוא משערי טוהר (שער ט״ו סק״ד), נראה דאין דברי השערי טוהר מוכרחים שהביא (בשערי דעת) דברי הפת״ת שם שכ׳ „ונראה פשוט דאם אינה בעיר כלל מותר לישב על מטתה״ וכ׳ בשערי טוהר „וא״י מה פשיטות הוא כיון דהטעם משום הרהור מ״ש אם היא בעיר או לא. גם בש״ע לא מחלק בזה״ דנראה דטעם דהרהור דהכא אינו משום ונשמרת (ע׳ כתובות מ״ו.) אלא משום שמא מתוך שמהרהר אחריה יבוא להרגל עבירה, וכ״מ מט״ז ס״ק ו׳ (שכ׳ „ומצד ההרהור יבוא לידי הרגל עבירה וכו׳״), ואם אינה בעיר ותשוב הלילה איכא לחוש לזה, אבל אם לא תשוב לכמה ימים נראה דליכא לחוש לזה. **ובענין ב׳ עניני הרהור ע׳ אג״מ** (אה״ע ח״א ס׳ ס״ט וח״ד ס׳ ס״ו).

(רעו) פת״ת שם.

(רעז) ע׳ לעיל הערה ערה.

return for a number of days, most Poskim hold that even sleeping on her bed is permissible [except on the day that she is returning] (**רעח**).

Most Poskim hold that when she is a Niddah, she may not sleep or lie on her husband's bed (**רעט**) in his presence (**רפ**). Sitting on his bed, however, is permissible even in his presence (**רפא**). When he is not present, although he is in town (**רפב**), she may even sleep or lie in his bed (**רפג**).

A bed which is not designated for either of them (e.g. a guest room bed, a convertible sofa, a recliner or couch), may be used by either of them to lie on or to sleep—even in the presence of the other (**רפד**).

(רעח) דע"ת שם. **ומש"כ** חוץ מיום שהיא שבה הביתה כך נראה ע' לעיל הערה ערה.

(רעט) כ' הט"ז (ס"ק ו') „ונראה דכ"ש הוא שהיא לא תישן במטה שלו דיש טפי הרהור בשכבה ובקומה אבל ישיבה בעלמא מותר לה על מטה שלו דהיא לא מרגלא ליה" [ופי' „דיש טפי הרהור וכו'" שיש להבעל הרהור טפי כשהאשה שוכבת על מטתו וכ"כ בחז"ט (ס"ק כ"ב וע"ש במו"ד ס"ק ג')] וכ"כ בחופת חתנים (ס' י"ב ס' י"א) ובן איש חי (שנה שניי' צו אות כ"ג) וצ"צ בפס"ד (ס"ק ה') ולו"ש (לחם ס"ק ט"ז) ומקו"ח (ס"ק כ"ד), אבל התוה"ש (ס"ק ז') וברכ"י מתירים אפילו שינה (וע' לקמן בהערה רפא מש"כ משיעורי שבט הלוי), ובדעת הט"ז כ' בערה"ש (ס' י"ח) „ולפ"ז שלא בפניו בוודאי מותר". וע' בבדה"ש (ס"ק ע"ט ובציונים ס"ק קס"ו) שכ' „ונראה שבשעת הדחק יש לסמוך על המקילים בזה". **דברי** החכ"א (כלל קט"ז ס"ה) בזה צ"ע וכ"כ בבדה"ש (בציונים ס"ק קס"ב וקס"ה) וע' בחיי אברהם על חכ"א (שם ס"ק ל"ב), ומשמע דמסקנת הפוסקים דלא כחכ"א.

(רפ) ערה"ש שם ופת"ת ס"ק ח'.

(רפא) ט"ז שם וקש"ע (ס' קנ"ג ס"ס ח') וכ"כ בשיעורי שבט הלוי (ס' קצ"ה ס"ה אות ב') „עיין ט"ז (סק"ו) ותוה"ש (סק"ז) דפליגי אם היא מותרת במטה שלו, ולהלכה אוסרים שכיבה, ובישיבה רוב פוסקים מקילים, ושכיבה שלא בפניו אפשר להקל" (צ"ע מה ה"אפשר להקל" אחר שכן כתבו הפת"ת וערה"ש להיתר).

(רפב) ערה"ש שם [ונראה לדייק כן מהא דכתבו דשלא בפניו מותר ולא כתבו דשרי רק כשאינו בעיר]. **כתב** בבדה"ש (ס"ק ע"ט) דלדעת האוסרים אם יש לחוש שהוא יכנס לחדר ההוא והיא עדיין שוכבת על מטתו אסור.

(רפג) כ' בפת"ת (סס"ק ח') „היא על מטתו נ"ל דמותרת שלא בפניו וכן נראה מדברי הט"ז סק"ו" וערה"ש שם וכ"כ בשיעורי שבט הלוי שם.

(רפד) כך נראה כיון דאינה מיוחדת לה, וכ"כ בבדה"ש (ס"ק פ') וחז"ט (ס"ק כ"ג) וכ"כ בשיעורי שבט הלוי (שם ס"ק ג') „אבל מיטת ארעי שרי, ולכן יש נוהגים להחליף המיטות מדי פעם כדי שלא תהי' מיוחדת לה. ונראה דאין ראוי לשנות את המיטות בימי טומאה ולייחד לה את המטה השני', רק בימי טהרה, אלא דצ"ע מהו שיעור הזמן להחשיב קביעות, אם ג' ימים דאז ישנה על המטה ג"פ, או אפשר דבלילה אחד נמי נחשב קביעות כיון שמחליפים על דעת שיהי' בקביעות" בבדה"ש (ס"ק פ"א) כ' „ונראה שמששכב שם הבעל פעם אחת תו לא חשיב כמטה המיוחדת לה ומותר לו לשכב שם עוד". **כתב** בשיעורי שבט הלוי (שם ס"ק ד') „המיוחדת לה: ודוקא שישנה עליו כבר, אבל יחוד בדיבור אינו נחשב מיוחד לה." וכ"כ בסוגב"ש (פ' י"ג ס"ל וע"ש ס' כ"ר-כ"ח ומס' ל"ד-מ"ב ואכמ"ל). **ולענין** ספה המשמשת בלילה לשינה לאשה וביום משנים צורתה ומשמשת לישיבה ע' שם (בשיעורי שבט הלוי, בפת"ש ס"ק ח' בד"ה ספה) ובשו"ת שבט הלוי ח"ד סק"ו ד"ה בפת"ש (וע' לעיל בהערה רעא). **לענין** מטתה בבית החולים שקוראים hospital bed ע' בסוגב"ש (פ' י"ג ס' ל"ב ובבא"א שם)

Touching and placing objects onto each other's bed

5. We have learned (see 4) that the husband may not sleep or even lie on his wife's bed—even if she is not present. Nevertheless, touching [or leaning on] his wife's bed is permissible—even in her presence* (**רפה**). Even touching her sheets or garments (**רפו**) [which she is not wearing] (**רפז**) (see C 1) which are soiled with her menstrual flow is permissible (**רפח**).

Similarly, she may touch [lean or even sit (see 4) on] his bed—even in his presence*. She may also touch his sheet and garments [which he is not wearing] (**רפט**) (see C 1). Concerning making his bed, see 12.

He may place objects onto her bed even in her presence. She may, similarly, place objects onto his bed even in his presence (**רצ**).

*Note: This halacha applies if she is *not* lying in her bed. It is questionable whether this is permissible—if she is lying in her bed. Similarly, the halacha regarding a wife touching or leaning on her husband's bed applies only if he is not in the bed. It is questionable whether this is permissible if he is lying in his bed. Placing objects onto her bed [or vice versa] is permissible even if the other is in the bed (**רצא**).

Using her pillow, sheet or blanket

6. We have learned (see 5) that touching her bed or sheets is permissible.

ונראה דאם נחשב המטה מיוחדת לה אסור לישב עליו אפילו שלא בפניה, וכך נראה להלכה, וע׳ בשו״ת באר משה (ח״ה ס׳ ק״מ).

(רפה) כ׳ הט״ז שם „ונגיעה שנוגע בסדין שהוא מלוכלך בדם אין איסור אע״פ שקצת נזהרין מזה ושבוש הוא״ ע׳ דע״ת (ס׳ קצ״ה ס״ה ד״ה ועי׳ ט״ז) וע׳ חכ״א (כלל קט״ז ס״ה) ודוק. **לענין** לסמוך על מטתה כשהאשה שוכבת עליה כ׳ בסוגב״ש (פ׳ י״ג ס״ה בבא״א) שאסור, ואף שכ׳ שם „ויש להסתפק להאוסרים על מטתה כשהיא אינה עליה אם שייך גם כאן לומר סמיכה כישיבה לאסור הבעל לסמוך על מטתה או דבסמיכה לא שייך הרהור״ ונראה דאף דלענין כמה הלכות חשיב סמיכה כישיבה [פירוש דהיכא דבעינן עמידה חשיב סמיכה כישיבה] אבל הכא אף בישיבה לאו כו״ע ס״ל כדעת המחבר דאסור (ע׳ לעיל הערה רעא ורעד) ואף דכ׳ במקו״ח (בס״ק כ״ג) „וכן נוהגין העולם״ ואוסרים אף ישיבה במטתה אפילו שלא בפניה נראה דיש להקל בסמיכה במטתה דדומה יותר לנגיעה ודוק, וע׳ בבדה״ש (ס״ק ע״ח) ובציונים (שם ס״ק קנ״ט).

(רפו) ע׳ שם ותוה״ש ס״ק ז׳.

(רפז) ע׳ לעיל הערה נה.

(רפח) ט״ז ותוה״ש שם.

(רפט) ע׳ ס׳ קצ״ה ס׳ י״א דרק **פריסת סדינים והמכסה שהוא דרך חיבה אסור ע״ש, וע׳** בסוגב״ש פ׳ י״ג ס״ה וס״י ובבא״א שם.

(רצ) כ״מ שם.

(רצא) ע׳ סוגב״ש שם. **ולענין אם מותר לו או לה לסבב המסבב במטה של בית חולים שקורין** hospital bed, ע׳ שו״ת בא״מ (ח״ד ס׳ ע״ד) **שהתיר אלא שכ׳ שטוב שיכרכו ידיהם באלונטית או ילבשו בתי ידים לתוספת היכר שלא יטעו. ונראה דאין זה דבר ברור, דכ׳ בנקה״כ (על הט״ז ס״ק ו׳) טעם איסור ספסל המתנדנד דהוי כנגיעה (ע׳ לקמן הערה רחצ) ואכמ״ל [וכריכת ידים באלונטית או לבישת בתי ידים נראה דאין מספיק לזה אי הוי כנגיעה] ונראה דבמקום צורך יש להקל.**

Using her pillow, sheet or blanket* is prohibited—if it is designated for her exclusive use (**רצב**). Similarly, she may not use a pillow, sheet or blanket—if it is designated for his exclusive use (**רצג**)—with the following difference: He may not use these items—even when she is not present; she is restricted from using these items—only in his presence (**רצד**) (see 4). If when they launder their sheets, they are not concerned whether the sheets get mixed up in the wash [as is customary nowadays], it is permissible for them to switch sheets after laundering. Therefore, he may use her sheet after laundering [or vice versa]. This is permissible, since it has not been designated for her [or his] use (**רצה**).

*Note: Even if the pillow or blanket is not designated for one of them, nevertheless, it is certainly prohibited for both of them to use it at the same time—even if each of them is on his or her own bed.

b) לא יושבין על מושבה—Sitting together on the same surface

7. During the time that she is a Niddah, they may not sit together on the same seat, bench, couch (**רצו**), [rowboat] or other surface (**רצז**) if the movements of one of them readily affects the other (**רחצ**). Therefore, they may not sit

---

(רצב) כ׳ החכ״א (כלל קט״ז ס״ה) „ונ״ל דה״ה על כרים המיוחדים לה דאסור״ ובפת״ת (ס״ק ח׳) הוסיף גם סדינים, ובבדה״ש (ס״ק פ״ב) כ׳ „ונראה דה״ה בשמיכה שלה״ וע׳ בשו״ת בא״מ (ח״ה ס׳ קל״ט). **ומש״כ** כרים המיוחדים ע׳ לעיל (בהערה רפד) שכתבנו משיעורי שבט הלוי (שם ס״ק ד׳) „המיוחדת לה: ודוקא שישנה עליו כבר, אבל יחוד בדיבור אינו נחשב מיוחד לה.״ וכ״כ בסוגב״ש (פ׳ י״ג ס״ל וע״ש ס׳ כ״ו-כ״ח ומס׳ ל״ד-מ״ב ואכמ״ל) וכך נראה הכא. **ומש״כ** אסור להשתמש בכר סדין או בסמיכה שלה, היינו לשכב עליהם אבל שאר השתמשות שאינו של שינה שכיבה או ישיבה מותר.

(רצג) כ׳ בפת״ת שם „וא״כ צ״ל דכ״ש על המיוחדים לו אסורה היא [לישכב עליהן] כמ״ש הט״ז סק״ו {פי׳ דיש טפי הרהור להבעל בשכבה ובקומה} ולפ״ז הא דכתב הט״ז ס״ק ז׳ דאשה נדה יכולה לישכב אסדיני בעלה מיירי באינם מיוחדים לו אי נמי מיירי שלא בפניו דאף דהוא על מטתה אסור ג״כ שלא בפניה מ״מ היא על מטתו נ״ל דמותרת שלא בפניו {פי׳ גם בסדינים שלו} וכן נראה מדברי הט״ז סק״ו״ וכ״כ בסוגב״ש (פ׳ י״ג ס׳ כ״א) וע״ש בבא״א. [ודלא כשערי טוהר (שער ט״ו ס״ז) שכ׳ „והיא מותרת לישן על כרים המיוחדים לו״ וכ׳ הטעם (**בשערי** דעת ס״ק ז׳) „דבדידה ל״ש הרהור **ואף שאח״כ** הוא ישן עליהם מ״מ כיון **שאינם מיוחדים לה** ל״ש הרהור״ דנראה דדומה למטה שלו (ע׳ לעיל הערה רעט)].

(רצד) פת״ת שם.

(רצה) כ׳ בשערי דעת שם „וכשאין שום היכר אין הרהור וגם מסתמא אינו מיוחד דמסתמא הם מתערבים״ וכ״כ בבדה״ש (ס״ק פ״ב). **ואם** אינם מיוחדים לבעל אבל שכב עליהם כ׳ בסוגב״ש (פ׳ י״ג ס׳ כ״ב) „מותרת האשה לשכב על סדינים ששכב עליהם בעלה אם אינם מיוחדים לו, אפילו בפניו (פ״ת סק״ח)״ וכ״כ לענין סדיני האשה (בס׳ כ״ג) „וסדינין ששכבה עליהם אשתו אבל אינם מיוחדים לה, מותר הבעל לשכב עליהם אפילו בפניה״ וכ״כ בבדה״ש שם „נראה שמותר לו להשתמש בסדין שהיא משתמשת בו עכשיו משעת הכיבוס האחרון דכהאי גוונא לא חשיב כסדין המיוחד לה וכן להיפך מותרת היא לשכב על הסדין שהוא משתמש בו עכשיו משעת כיבוס האחרון״.

(רצו) כ׳ המרדכי פ״ק דשבת (ס׳ רל״ח) „ובספר צפנת פענח כתב בשם רש״י שאסור לישב על כסא ארוך אשר אשתו נדה יושבת

עליו״ ובס׳ הפרדס (בס׳ רע״א) כ׳ „אבל מחמירין אנו על עצמינו וכו׳ ולא יושבין על מושבה וכו׳״ [ואולי הם מחמירין מפני טעם הריקאנטי שנכ׳ בס״ד לקמן בהערה רחצ ע״ש או מטעם שכ׳ הרמב״ן (בראשית ל״א:ל״ה) וע׳ בשו״ת חת״ס או״ח ס׳ כ״ג ד״ה מתוך]. כ׳ בס׳ אגודה (ס״פ תינוקת) „ומצאתי בתשובה דבזמן הזה יכול האיש לישב עם אשתו בקרון או בספינה ואפילו ספינה קטנה המתנדנדת או על גב ספסל רק שיפסיק אדם אחד ביניהם או תיבה או שום דבר״ כ׳ בשערי דורא (הל׳ נדה ס׳ י״ח) „ואסור לישב על כסא ארוך שאשתו נדה יושבת עליו וחומרא בעלמא הוא״ ע׳ תה״ד (ס׳ רנ״א) בענין „אשה נידה מהו שתשב עם בעלה על העגלה ללכת מעיר לעיר בדרך זה שלא יגע בה כלל כגון הוא לפנים והיא לאחור״ וכו׳ „יראה דשרי וכמדומה לי קרוב לודאי שהתיר לי אחד מהגדולים וכו׳״ והביא דברי האגודה והמרדכי [מס׳ הפרדס בל׳ אחר „שאסור לישב על ספסל אחד שאשתו נדה יושבת עליו״] וע״ש שכ׳ „והך נמי דמי להאי, נראה דאין לדמות להוראה זו אלא מילתא דדמיא לה לגמרי שאין בה סברא לחלק דבהלכות נידה כתב עליה דהוראה זו חומרא בעלמא הוא וא״כ נוכל לחלק וכו׳״ ע״ש. בב״י (סד״ה ומ״ש ולא ישב במטה) כ׳ „ב״ה וז״ל א״ח אסור לישב בספסל שהיא יושבת אם אינו קבוע שלא תוכל לנענע אנה ואנה ויש מתירין אם ישב אדם ביניהם עכ״ל״ וכ׳ הרמ״א (ס׳ קצ״ה ס״ה) „ואסור לישב על ספסל ארוך שמתנדנדת ואינה מחוברת לכותל כשאשתו נדה יושבת עליו (מרדכי פ״ק דשבת בשם צפנת פענח בשם רש״י)״ וע׳ במרדכי שלפנינו דל׳ „שמתנדנדת ואינה מחוברת לכותל״ ליתא שם אבל בתה״ד שם כ׳ „וכן שמעתי שחלק אחד מהגדולים דלעיל והיה נוהג להתיר לישב יחד על הספסל כשהוא מחובר בכותלי הבית כמו שרגילים לעשות באצטבאות בבית החורף ובבתי הקיץ והיה אומר דאין לאסור אלא כשהספסל תלוש וכו׳״. ואף שכ׳ הרמ״א „ואסור לישב״ דמשמע דהאיסור רק על הבעל, כתבנו כל׳ ערה״ש (ס׳ י״ט) „ולישב על ספסל ארוך כשהוא או היא יושב עליו אסור להשני לישב עליו וכו׳״ ואפשר דפליגי במח׳ הט״ז ונקה״כ שכתבנו לקמן בהערה רחצ אם טעם האיסור משום הרהור או דהוי [כנגיעה או גזירה אטו נגיעה ודוק ואכמ״ל. ומסתבר דלא פליגי ואסורים משום לתא דידי׳ (ע׳ לעיל הערה קא ד״ה כתב). עיין בב״י (באמצע ד״ה וכתוב עוד) וברכ״י שכ׳ „והספרדים נוהגים היתר בספסל״ ובבן איש חי (שנה שניה פ׳ צו ס׳ כ״ג) כ׳ דמנהג עירו להחמיר. לענין עמידה ביחד על דבר המתנדנד כ׳ בחז״ט (ס״ק כ״ד) צ״ע בזה, ובסוגב״ש (פ׳ י״ד ס״ז) כ׳ „מסתבר דאסורים״.

(רצז) כך נראה וראיה מספינה באגודה שם. ומש״כ בסוגב״ש (פ׳ י״ד ס״ח) „אבל אם השלחן מתנענע מסתבר דאסורים לאכול ולשתות או שאר השתמשיות עליו״ והיה מקום לומר (ע״פ שו״ת נחלת שבעה ס״ז שהביא בסוגב״ש שם) דאם הדרך לטלטל השלחן יש להחמיר בשלחן שמתנענע בקל, ואם אין דרך לטלטל השלחן אפי׳ מתנענע מותר. וצ״ע בזה דלפי״ז היה אסור לאיש ואשתו לישב לאכול יחד לבדם על שלחנות רעועות כגון אלו שקורין card tables, ולא שמענו מעולם אוסרים בדבר והמנהג להקל בזה. לפיכך נראה דאם יש שינוי ביניהם מותר כמש״כ המחבר (ס׳ קצ״ה ס״ג). כתב בשיעורי שבט הלוי (בט״ז ס״ק ו׳) „בספה נראה דנחשבת כספסל המתנדנד, ואם יש כמה כרים ואין אחד מתנדנד ע״י השני, מותר אם אין עוד מזרון קפיצי מתחתיו שמתנדנד״. כתב בסוגב״ש (פ׳ י״ג ס׳ י״ד) „אסורים שישבו שניהם על מטה אחת (דסתם מטה הוי בכלל דבר המתנדנד), אף שאינו מיוחד לאחד מהם״ וכ״כ בבדה״ש (ס״ק פ״ד) וע׳ בציונים שם (ס״ק קע״ד).

(רחצ) ע׳ בדברי הרמ״א שכ׳ לקמן „וכן לא ילך עם אשתו בעגלה אחת או בספינה אחת וכו׳״ [ואף דאיירי הכא לענין ספסל והרמ״א איירי לענין עגלה או ספינה טעמם שוה, ולכן יש ללמוד א׳ מהשני, ולכן] ע׳ אג״מ (יו״ד ח״א ס׳ צ״ב) שכ׳ „דכוונתו {של הרמ״א} לספינה קטנה שמתנדנדת מצד האשה וכן בעגלה מתנדנדת הרבה פעמים מצד ישיבתם וכו׳״. טעם האיסור כ׳ הט״ז (ס״ק ו׳) „דגם ישיבה שייך בה הרהור דהא כ׳ המרדכי ורמ״א מביאו בסמוך דאסור לישב על ספסל ארוך כו׳ וכ״ש ישיבה במטה שלה דאיכא הרהור טפי״ [וכ׳ בבדה״ש (ס״ק פ״ג) בביאור דבריו „דכיון שהספסל מתנדנד מרגיש הבעל בישיבת אשתו ודבר זה מביא שיהרהר בה ויש לחוש להרגל

together on a bench or another similar surface which moves when one sits on it (**רצט**), unless such movement is restrained by its being connected to the wall or floor (**ש**). However, if it is a sturdy seating surface (**שא**) (e.g. a heavy couch) (**שב**)

דבר" וע"ש בסוף בסוגריים שהביא ראי' קצת להטעם של הרהור] וכ' ע"ז בנקה"כ „גם מה שאמר וכו' לא דק דהתם לאו משום הרהור הוא אלא כיון דמתנודדת הוי כנגיעה א"נ וכו'" ע"ש [וכ"כ בערה"ש ס' י"ט אבל ע"ש שמסיק טעם „אבל כשאחר אינו מפסיק יכול להיות שע"י הנדנוד יגעו זה בזה" פי' דאינו כנגיעה אלא גזירה אטו נגיעה. ונראה סמך לטעם כנגיעה מרמב"ם (פ"ח ממטמאי משכב ומושב ה"ב) „הואיל ונתנדנדו מחמת הזב ה"ז כמי שנגע בהן"] ובחז"ט (במו"ד ס"ק י"א). [ואפשר הטעם ע"פ מש"כ בדע"ת (ס"ה ד"ה ועי') בשם הריקאנטי „טוב הוא ליזהר אפי' בזה"ז ממשכבה ומושבה של נדה כדי שלא תשתכח תורת טהרה מישראל" וע"פ תוס' (נ"ח. כרבי נחמי') „טעמא דר' נחמי' כיון דדבר שהכתם בו טהור גם על האשה לא גזרו טומאה" פי' דתקנו קצת מגדרי איסור נדה לבעלה כגדרי טומאת נדה שלא תשתכח תורת טהרה, לכשיבנה ביהמ"ק לא יבואו לטעות בין טומאת נדה לנדה האסורה לבעלה (וע' בנובי"ק יו"ד ס' נ"ב)]. במק"ח (ס"ק כ"ו) כ' טעם האיסור הוא משום הרגל דבר ע"ש ראיתו, ולפ"ז האיסור דוקא על האיש (ע' מש"כ לעיל בהערה רצו במח' הט"ז ונקה"כ) שכ' „וכל דבר שאיסור משום הרגל דבר האיסור דוקא באיש שאין האשה מרגילה" ע"ש ולעיל בהערה קא. וע' בסוגב"ש (פ' י"ד ס"א בבא"א) שכ' ה' טעמים בזה: א' תה"ד (ס' רנ"א) דנראה דרך חיבה, ב' לבוש (ס"ו) „שמתוך שמתנדנד יבואו לידי הרגל דבר" ג' טעם הט"ז שם משום הרהור (ומש"כ שם ס"ק ה' הוא ט"ס), ד' טעם נקוה"כ שם דכיון דמתנדנדת הוי כנגיעה, ה' עוד טעם כ' בנקוה"כ שם דכששניהם יושבים עלי' ביחד הו"ל כישן עמה במטה דאסור אפי' כשאין נוגעין זה בזה. **ישנם** ג' מדריגות בענין נדנוד, א' שמתנדנד מעצמו וממילא יתנדנד מחמתם, ב' שקבוע קצת אבל מתנדנד מחמתם, ג' שקבוע היטב ואינו מתנדנד מחמתם כלל רק מחמת סיבות אחרות. **ואיירי** כאן בב' מדריגות הראשונות, ונכ' עוד מזה לקמן בס"ד. **נראה** פשוט דאם היו יושבים על דבר המתנדנד כשהיתה טהורה ופירסה נדה אסורים להמשיך ישיבתם יחד.

(רצט) וכנ"ל.

(ש) ע' רמ"א שם שכ' „ואינה מחוברת לכותל" והוא מתה"ד בשם א' מהגדולים (וע' לעיל הערה רצו). **והנה** כשהוא מחובר לכותל אפי' דבר המתנדנד מותר כדמשמע מל' הרמ"א וכן דייק באג"מ (יו"ד ח"ב ס"ס ע"ז) „שכיון שהספסל הוא קבוע ומחובר להמאשין יש לדונו כמחובר לכותל שמשמע מסעיף ה' שמותר אף שמתנדנדת דאל"כ לא היה חלוק בין מחובר לכותל לאינו מחובר" והטעם לחלק בין מחובר לתלוש כ' באג"מ שם „משום שעצם האיסור ישיבה על ספסל הוא רק חומרא יתירא ולא אסרו זה במחובר שיש להיות לו דין המחובר שאינו מתנדנד", או כיון שמחובר אינו מתנדנד בנקל לכן לא גזרו, וכך נראה מב"י (סד"ה ומ"ש ולא ישב במטה) שכ' „ב"ה וז"ל א"ח אסור לישב בספסל שהיא יושבת אם אינו קבוע שלא תוכל לנענע אנה ואנה וכו'" ודוק, וע' בחז"ט (ס"ק כ"ה) ובבדה"ש (ס"ק פ"ו) ובציונים (ס"ק ק"פ).

(שא) כ' בבל"י (על גליון השו"ע) „ואסור לישב על ספסל ארוך. ועל הקורות ארוכות הנקצצות לבנין ושוכבת בצדי ר"ה זו למעלה מזו מותרין דכובדן קובעתן וכמחוברין דמיא. נ"ש" וכ"כ בערה"ש (ס' י"ט) „אבל על קורות כבדים שאינם מתנדנדים או ספסל כבד וכו' מותרין שניהם לישב עליו" ובסד"ט (ס"ק י"ב) ומק"ח (ס"ק כ"ז) וצ"צ בפס"ד (ס"ק ה') ג"כ הביאו דין זה מת' נחלת שבעה, וע' בבדה"ש (ס"ק פ"ו) ובסוגב"ש (פ' י"ד ס"ב ובא"א שם) ומש"כ בהערה ש' ד"ה והנה ואכמ"ל. [ע' דר"ת (ס"ק כ"ח) קושית תורת נתנאל ונראה דהתם איירי מדין טומאה וטהרה דאיירי התם בכה"ג ולא בבעלה וע' רמב"ם בהערה רחצ ודוק].

(שב) ע' שם.

in which the movements of one does not readily affect the other, it is permissible (**שג**)—as long as they do not sit that close that they (**דש**) or their garments touch (**שה**).

Sitting together on an unsteady surface is prohibited, even if it is a long bench and the husband and wife are sitting at opposite ends (**שו**). Many Poskim permit sitting together even on an unsteady surface [where the movements of one can readily affect the other]—if another person (**שז**) (e.g. even a child) sits between them (**שח**). Some Poskim hold that even if an object (e.g. a briefcase, a

---

(שג) ע׳ לעיל הערה רחצ והערה שא.

(דש) כ׳ הרמ״א שם „אבל אם הולך מעיר לעיר לצרכיו מותר אע״פ שהוא ואשתו הם לבדן ובלבד שישבו בדרך שלא יגעו זה בזה״ (וע׳ במש״כ בתחלת הערה רחצ).

(שה) ערה״ש שם ס״כ, ושו״ת חיים שאל (ח״ב ס׳ ל״ח אות מ״ג), ובבדה״ש (ס״ק ק׳) „שנגיעתם זה בזה אף דרך בגדיהם לא הותר בשום אופן וכו׳״ וע״ש (בס״ק ט׳ו).

(שו) כ׳ הרמ״א (ס׳ קצ״ה ס״ה) „ואסור לישב על ספסל ארוך שמתנדדת״ וכ״נ כוונתו. **ומש״כ** בחז״ט (ס״ק כ״ד) „ואסור לישב על ספסל ארוך כו׳ — פי׳ אפי׳ ספסל ארוך שאין לחוש משום נגיעה זה בזה״ היינו לפי סברת הפוסקים (שכתבנו לעיל בהערה רחצ) שכתבו הטעם משום נגיעה ואף דהכא אין לחוש לנגיעה אסור משום לא פלוג. אבל לפי דעות הפוסקים שכתבו משום הרגל דבר כיון שמתנדנד מחמת ישיבתם ומרגיש הא׳ בנדנוד השני יש בו משום הרגל דבר ולא בעינן טעם לא פלוג.

(שז) כ״כ באגודה הובא לעיל (בהערה רצו) וברמ״א שם בשם יש מתירים, דלא שייך הטעמים לאסור שהובאו לעיל בהערה רחצ אם אדם אחר מפסיק ביניהם, וע׳ בדי השלחן (ס״ק פ״ט). **כתב** באג״מ (יו״ד ח״ב ס׳ פ״ג) „הנה מש״כ הרמ״א בישיבה על ספסל ארוך שמתנדנד שאסור שיש מתירין כשאדם אחר מפסיק הוא כשהמפסיק הוא ברחוק ממנה שלאחרים ליכא איסור מצד הנדנוד״ ע״ש. **עיין** דע״ת (ס׳ קצ״ה ס״ה ד״ה על ספסל) על דברי הרמ״א שם שכ׳ „ואסור לישב על ספסל ארוך שמתנדדת וכו׳״ וכ׳ בדע״ת „עי׳ תה״ד שזהו רק חומרא בעלמא״ ועפ״ז כ׳ בענין חייט שקנה מכונה לתפירת בגדים וצריך ב׳ אנשים לגלגל העגלה והתיר במקום הפסד גדול לגלגל עם אשתו נדה דבמלאכתן עסוקין ובאופן שיפסיק א׳ ביניהם ויסייע בדבר. **ואף** שכ׳ ברמ״א בל׳ „יש מתירים״ נראה דהוא דעת רוב הפוסקים, דאע״ג דבטה״י (ס׳ כ״ג) ופת״ז (ס״ק ז׳) מחמירים בזה, ע׳ בקש״ע (ס׳ קנ״ג ס״ט), וחכ״א (כלל קט״ז ס״ה), וצ״צ בפס״ד וש״א שמתירים [בבדה״ש (ס״ק צ׳) כ׳ „ולעת הצורך נראה שיש לסמוך על זה״ אבל בחז״ט (ס״ק כ״ז) כ׳ „ודע דאף שכתב הרמ״א ז״ל בשם יש מתירין מ״מ אין הכרח שחולקים בזה וקיי״ל כן״ וע׳ בשו״ת קנה בושם (ס׳ פ״ח אות ב׳)].

(שח) אם המקום דחוק וליכא מקום לגדול לישב ביניהם בלי נגיעה בהאשה נראה דיש להתיר רק בקטן משום שכ׳ באג״מ שם „ורק אם המפסיק הוא אביה ואחיה ובנה או אמה ואחותה של הבעל מותר״ ע״ש. **ומש״כ** כשיושב ביניהם, נראה דוקא כשיושב ביניהם ולא מצידיהם, ע׳ חז״ט (ס״ק כ״ז) וסוגב״ש (פ׳ י״ד בבא״א ס״ס י׳) ובבדה״ש (ס״ק צ״ב) [וע׳ מש״כ בהערה שי ממקו״ח שמתיר אפילו אינו ביניהם ואפשר שמפרש ויושב ביניהם לאו דוקא, או דשאני עגלה המהלכת ואכמ״ל וצ״ע]. **ומש״כ** דמהני תינוק כ״מ משו״ת שערי צדק (ס׳ ק״מ) הובא בפת״ז (ס״ק ז׳) וכך הביאו בסוגב״ש (פ׳ י״ד ס׳ י״א בבא״א) ובדה״ש (ציונים ס״ק קפ״ד) אף שהם מסתפקים בזה, ובחז״ט (בתוספות טהרה אות קנ״ד) אף שמתחילה מסתפק בזה מ״מ נוטה להקל אם התינוק מפסיק, אף דהוה דבר הרגיל מ״מ מספיק דלא בעינן שינוי ע״ש וכנלענ״ד דיש להקל.

pocketbook) (**שט**) is placed between them, it is permissible (**שי**). Here also, this is permissible only if they are not sitting that close that they or their garments touch (**שיא**).

Sitting together in a car, bus or train

8. We have learned (see 7) that sitting together on a sturdy surface is permissible—even without an intervening person or object—as long as they do not sit that close that they [or even their clothing] touch (**שיב**).

If the seat or bench is connected to a wall or floor [so that the movements of one does not readily affect the other] but it moves or vibrates as a result of other causes (**שיג**) (e.g. seats in a car, bus, train or plane which vibrate with movements of the vehicle) (**שיד**), they may sit together on the same seat (**שטו**). This is permissible even without an intervening person or object (**שטז**)—providing that they are not sitting in a way that they or their garments touch (**שיז**).

(שט) כ׳ באגודה „רק שיפסיק אדם אחד ביניהם או תיבה או בשום דבר" וכ׳ במק"ח (ס"ק כ"ח) „והעולם נוהג בחציצה מחתיכת נסר סגי וכו׳" [אף שבבדה"ש (בביאורים ס"ה ד"ה כשאדם) נשאר בצ"ע בזה]. והטעם שכתבנו בל׳ יש מתירין כי הרמ"א השמיט היתר דדבר המפסיק ורק התיר „כשאדם אחר מפסיק" אף שבד"מ (בס"ק ה׳) הביא לשון האגודה שמתיר בדבר המפסיק.

(שי) אגודה שם וע׳ במק"ח שם „אבל אם אחר יושב אצלם בעגלה או בספינה או אם העגלה פתוח ובעל העגלה יושב עליו או הולך בצידו אפי׳ ליכא דבר החוצץ בינו לבינה מותר".

(שיא) ע׳ רמ"א שם וערה"ש ס"כ ולעיל הערה שה.

(שיב) שם.

(שיג) ע׳ אג"מ (יו"ד ח"א ס׳ צ"ב ד"ה ולענין) שכ׳ „ומאשין עדיף מספינה של הרמ"א דכוונתו לספינה קטנה שמתנדנדת מצד האשה וכן בעגלה מתנדנדת הרבה פעמים מצד ישיבתם, דמאשין הוא כספינה גדולה שאין הנדנוד כלל בשביל הישיבה וכו׳" ע"ש וע׳ פת"ז (אות ז׳) בשם שו"ת שערי צדק [שכ׳ „שהרמ"א אוסר כשמתנדנד וכ"ש בעגלה שבודאי מתנדנד וכו׳"]. **כשהוא** מחובר לכותל כתבנו לעיל (בהערה ש׳) דאפי׳ דבר המתנדנד מותר ע"ש מש"כ מאג"מ (יו"ד ח"ב ס׳ ע"ז) וחז"ט (ס"ק כ"ה).

(שיד) ע"פ אג"מ שם.

(שטו) שם.

(שטז) אף שכ׳ בבדה"ש (ס"ק ק׳) „(וטוב ליתן איזה דבר להפסיק ביניהם)" מאג"מ (ח"א שם) משמע דלא בעי דבר המפסיק ע"ש ודוק, וכ"כ החזו"א זצ"ל הובא בס׳ טהרת בת ישראל בתשובותיו על השגות המשיג (אות א׳ ע׳ לקמן בהערה שכד) וע"ש שכ׳ „אבל אם באנו לאסור לגמרי הישיבה באוטו, אנו מביאים את רוב העולם לידי נסיון, שמפני הבושה אינם יכולים להפסיק ביניהם. ומוטב לעשות כדין מלעבור על הדין וכו׳".

(שיז) שם ואג"מ יו"ד ח"ב ס׳ פ"ג ד"ה ובדבר ללכת, וע׳ לעיל בהערה שה. כ׳ הרמ"א (ס׳ קצ"ה ס"ה) „אבל אם הולך מעיר לעיר לצרכיו מותר אע"פ שהוא ואשתו הם לבדן ובלבד שישבו בדרך שלא יגעו זה בזה" והוא מתה"ד ס׳ רנ"א ע"ש ובאג"מ (יו"ד ח"א ס"ס צ"ב) כ׳ „או אף במקום אחד אם רחוקין זמ"ז". וכ׳ בבדה"ש (ס"ק ק׳) „ובלבד שישבו בדרך שלא יגעו זה בזה. היינו שיתרחקו קצת זה מזה שאף אם יתנענעו מחמת נדנוד העגלה לא יבאו ליגע זה בזה שנגיעתם זה בזה אף דרך בגדיהם לא הותר בשום אופן וכו׳".

Since they must exercise caution while travelling in a car, bus etc. that even their garments should not touch, they must certainly sit in such a way that they themselves do not touch. Therefore, while travelling in a car*, since a car seat usually does not contain adequate space for three adults to sit together without touching one another (**שיח**), a third adult should not sit with them on the same seat when she is a Niddah (**שיט**). They may sit alone together on one seat, providing that there is enough space between them so that they [and even their clothing] should not touch (**שכ**), or one of them should sit in the front seat while the other will sit in the rear seat (**שכא**). If they are sitting on one seat, one of their children may sit between them (**שכב**). However, an adult may not sit between them unless it is her father, brother or son, or his mother, sister or daughter (**שכג**).

Similarly, while travelling in a bus or train, even if the seat is built only for two people, nevertheless, if adequate place is provided so that she can sit at one end and he at the other end (e.g she will sit near the wall and he near the aisle or vice versa) so that there is enough space between them, it is permissible (**שכד**).

*Note: These halachos apply even for a non-pleasure trip. Travelling alone with a Niddah for a pleasure trip is discussed in 10].

Sitting together on a mat

9. We have learned (see D 4 Note) that it is permissible for a husband and wife to sit together at the same table without a deviation—if neither of them is

---

(שיח) כ׳ באג״מ שם (סד״ה ובדבר) „אבל במאשין שדחוק המקום לשלשה וכשיושב האחר בין האשה ובעלה הרי יהיה דבוק ודחוק להאשה אין להתיר זה שאיסור א״א חמור יותר, ורק אם המפסיק הוא אביה ואחיה ובנה או אמה ואחותה של הבעל מותר״. [ומש״כ לשלשה גדולים פשוט הוא].

(שיט) שם וע׳ בפנים אצל הערה שכג.

(שכ) ע׳ לעיל הערה שיז.

(שכא) תה״ד ואג״מ שם שכ׳ „כגון בהוא לפנים והיא לאחור או איפכא״.

(שכב) כך נראה וע׳ אג״מ (יו״ד ח״ב שם) שכ׳ „רק אם המפסיק הוא אביה ואחיה ובנה וכו׳״.

(שכג) אג״מ שם.

(שכד) ע׳ בס׳ טהרת בת ישראל (ס״ב ס׳ י״א) שכ׳ „וכשנוסעים שלא לשם טיול, מותר להם אף לשבת בספסל אחד, ובלבד שיזהרו מנגיעה״ והשיג המשיג „דאין להתיר בספסל אחד באוטו, כי ספסלי האוטובוס מכוונים לשני אנשים בצפיפות ומן הנמנע שלא יבואו לנגיעה; והרי לדברי הרמ״א (קצ״ה ה׳) צריך להזהר „שישבו בדרך שלא יגעו זה בזה״. והחזו״א זצ״ל שם בתשובותיו על השגות המשיג (אות א׳) כ׳ „לפי לשון הספר וודאי אסור לישב בצפיפות, דודאי איכא נגיעה, ולא הוזכר בספר אוטו אלא ברישא ובנוסעין לטיול, וזה אסור אפילו יושבין מרווחין. ובסיפא כתוב סתם „ובלבד שיזהרו מנגיעה״ וז״א, דבצפיפות אסור וכו׳. גם באוטו אין הדבר מוחלט, שא״א בלא נגיעה משום הצפיפות. אדרבא המדקדקים בוחרים ספסל מצומצם, שאין בו רק שני מקומות והיא יושבת אצל הכותל, והוא מצדד אצדודי לאוויר האוטו באופן שהם מובטחים מנגיעה וכו׳״ ע״ש וע׳ בשיעורי שבט הלוי (בט״ז ס״ק ו׳ בד״ה באוטובוס, ועוד, והמובחר), ובסוגב״ש (פ׳ כ״ב ס״ח בבא״א ד״ה ובספר וד״ה וגם).

(שכה) ע׳ בדה״ש (ס״ק ל״ג) מתשב״ץ (ח״ג

eating. Similarly, they may sit together on a mat, carpet or blanket on the ground if they are not eating, and they don't sit that close that they or their garments touch (**שכה**).

c) ללכת עם אשתו נדה דרך טיול—Travelling together for pleasure

10. Travelling together alone in a wagon, boat, car (**שכו**) or by any other similar means (**שכז**) is permissible (**שכח**)—even if they are sitting on the same seat or bench—if the trip is for business, shopping, visiting friends or relatives or for any other specific purpose (**שכט**) [other than pleasure or recreation] (**של**)

ס׳ נ״ח) וז״ל התשב״ץ שם אות ד׳ „לישב סמוך לה בקרקע ע״ג מחצלת מותר וא״צ הרחקת ד׳ אמות שלא נאסרה אלא נגיעה ממש וכ״כ הרמב״ם ז״ל״. **כתב** בסוגב״ש (פ׳ י״ד ס״ו) „אסורים שישבו שניהם על מחצלת חדשה אפילו אין נוגעים זה בזה מפני שמתנדנדת, (בן איש חי פר׳ צו שנה ב׳ אות כ״ג). ויש להסתפק איך הדין בזה לגבי שטיח״. **ואף** שכתבנו לעיל (בהערה רסט) מקש״ע (ס׳ קנ״ג ס״ח) „ואם שוכבין על הארץ לא ישכבו פנים נגד פנים אא״כ יש מרחק רב ביניהם״ הכא לא כתבנו דבעינן מרחק רב, דנראה דשאני שכיבה מישיבה דשכיבה חמורה (כדלעיל בהערה רפא ובפנים שם), ועוד דכששוכב ובא לידי שינה לפעמים מתגלגל אצלה, לכן צריך מרחק רב בשכיבה ואכמ״ל. **ומש״כ** שלא יגעו זה בזה היינו אף בבגדיהם כמ״ש לעיל בהערות שה ושיז.

(שכו) ע׳ תה״ד (ס׳ רנ״א) שכ׳ לענין „אשה נדה מהו שתשב עם בעלה על העגלה ללכת מעיר לעיר בדרך זה שלא יגע בה כגון הוא לפנים והיא לאחור״ ובס׳ אגודה (סוף מס׳ נדה) שכ׳ לענין קרון או ספינה (הובאו לעיל הערה רצו) וע׳ אג״מ (יו״ד ח״א ס׳ צ״ב וח״ב ס׳ פ״ג) לענין מאשין.

(שכז) ע״פ הנ״ל. **כתבנו** בלשון זה לאפוקי שניהם יושבים על אופנים אחד או בשאר דבר של התקרבות דאסור אף אם הולכים לעסקיהם ולא נוגעים זה בזה וע׳ בן איש חי (שנה ב׳ צו אות כ״ג).

(שכח) ע׳ תה״ד שם שכ׳ „דאפילו אם עכשיו אין בעגלה אלא האיש ואשתו וגם עגלה שלהם היא מ״מ לאו דרך חיבה הוא״ ע״ש וכ״כ הרמ״א (ס׳ קצ״ה ס״ה) „אבל אם הולך מעיר לעיר לצרכיו מותר אע״פ שהוא ואשתו הם לבדן ובלבד שישבו בדרך שלא יגעו זה בזה״.

(שכט) ע״פ הנ״ל. **ומש״כ** ביקור ידידים או קרובים כ״כ בסוגב״ש (פ׳ כ״ב ס״ד) ובדה״ש (ס׳ קצ״ה ס״ה בביאורים ד״ה וכן לא ילך) משו״ת רב פעלים (ח״ג יו״ד ס׳ י״ז) וז״ל (בסד״ה אך עכ״ז) „דהא הרב תה״ד נקיט בפירוש בהולך לטייל בגנות וכרמים וכיון דנקט גנות וכרמים ולא נקט לטייל בסתם משמע דהקפידה היא על טיול גנות וכרמים דוקא דס״ל בזה הטיול איכא התעוררות הרבה אבל הולך מביתו לבית חבירו אע״פ שהולכין דרך טיול ואין לו עסק וצורך לית לן בה״. **ומש״כ אפילו** על ספסל אחד ע׳ אג״מ (ח״א ס׳ צ״ב ד״ה ולענין) שכ׳ „או אף במקום אחד אם רחוקין זמ״ז״ וכ״כ (בח״ב ס׳ פ״ג ד״ה ובדבר ללכת) „כגון ברחוקין זמ״ז אף בספסל אחד וכו׳״. **ולענין** אם אחד מהם הולך לצרכיו והשני הולך שלא לצרכיו כגון שהוא הולך לפרנסה והיא הולכת אתו לטיול או שלא יהי׳ יחידי ע׳ בחזקת טהרה (ס״ק כ״ט) דמסתפק בזה וז״ל „ואפשר דאם הוא לצרכיו אע״ג שאינו לצרכי׳ שהיא אינה צריכה ללכת אלא שהוא לוקח אותה כיון שהוא בלא״ה נוסע לצרכיו לא מיקרי דרך טיול כיון שתכלית הנסיעה אינו לטייל, אך עדיין לא ברירנא להתיר״. וע׳ בבדה״ש (ס״ק צ״ז) שמחלק באופן זה וז״ל „אם הולך וכו׳ לצרכיו מותר. והני מילי כשאין נסיעת אשתו לכוונת טיול וכגון שהיא הולכת עמו כדי ללוותו או שאינה רוצה להשאר יחידית בבית וכדומה אבל אם נסיעתה היא לכוונת טיול יש להחמיר בזה אע״פ שהוא נוסע לצרכיו וכל שכן אם הוא נוסע לטיול אע״פ שהיא נוסעת לצרכיה״

(see Note after 11). This is permissible, even though the vehicle vibrates (**שלא**) (see 8) and there are no people or objects between them (see 7, 8)—as long as they do not sit that close that they or their garments touch (**שלב**).

Travelling together alone in a vehicle purely for pleasure or recreation should preferably be avoided when she is a Niddah (**שלג**). One should refrain even if the vehicle does not vibrate (see 7, 8) (**שלד**). The reason these activities

---

[ומביא זה משערי טוהר, והוא בשערי טוהר (שער ט״ו ס״ק ו׳) וז״ל „ודוקא שיש צורך לשניהם לנסוע אז מותר אבל כשאחד מהם נוסע רק לטיול אסור לנסוע בעגלה אחת״] וע׳ בסוגב״ש (פ׳ כ״ב ס״ט ובבא״א שם). ונראה דתלוי בטעמי האיסור שכתבנו לעיל בהערה רחצ ואכמ״ל.

(של) ע׳ לקמן הערה שלג.

(שלא) ע׳ לעיל הערה שיג.

(שלב) רמ״א שם. [ומש״כ דלא בעינן שיפסיק אדם או שום דבר דזה בעינן רק אם מתנדנדת מצד האשה כדמשמע מאג״מ יו״ד ח״א שם והטעם נראה כמ״ש במק״ח (ס״ק כ״ו) דהאיסור משום הרגל דבר ע״ש]. ומש״כ שלא יגעו זה בזה היינו אף בבגדיהם כמ״ש לעיל בהערות שה ושיז.

(שלג) כ׳ בתה״ד שם „אמנם ללכת בעגלה עם אשתו נידה דרך טיול לגנות ולכרמים וכה״ג לא ברירנא להתיר״ והרמ״א כ׳ שם „וכן לא ילך עם אשתו בעגלה אחת או בספינה אחת אם הולך רק דרך טיול כגון לגנות ופרדסים וכיוצא בזה וכו׳״. לענין ליסע יחד במכונית כ׳ באג״מ שם „ומאשין עדיף מספינה של הרמ״א דכוונתו לספינה קטנה שמתנדנדת מצד האשה וכו׳ דמאשין הוא כספינה גדולה שאין הנדנוד כלל בשביל הישיבה עיין בזבים פ״ג וא״כ יותר נוטה שבמאשין אף לטיול יש להתיר באופן שלא יגעו זב״ז וכו׳ ועם עוד אנשים ודאי יש להתיר״ [מש״כ דכוונת הרמ״א לספינה קטנה (וכ״כ בבן איש חי שנה ב׳ פר׳ צו אות כ״ג) יש לעיין דהא מקורו דרמ״א מתה״ד ומשמע דאיירי בעגלה גדולה דהא כ׳ „שדרך בנ״א נכרים להתקבץ וכו׳״ ואפ״ה לגבי דרך טיול כ׳ בתה״ד „לא ברירנא להתיר״ משום דהוא דרך חיבה ואף דבאגודה כ׳ ספינה קטנה הוא משום הנדנוד והתיר רק ע״י „שיפסיק אדם אחד ביניהם או תיבה או בשום דבר״ ומסתמא איירי שהולך לצרכיו מעיר לעיר והתה״ד ורמ״א לא חילקו בדרך טיול בין מתנדנד לאינו מתנדנד דמאי שנא דרך טיול משחוק וקלות ראש ושאר הרחקות שאסרו משום דרך חיבה והרגל דבר (וע׳ מש״כ בציוני טהרה ס׳ נ״ט)]. וע׳ בחז״ט (ס״ק כ״ח) שכ׳ „וכן לא ילך עם אשתו כו׳ — לא ברירא לי אם ר״ל דווקא כשהן לבדן או אפי׳ עם אחרים אסורין דרך טיול וצ״ע״. וע׳ בבדה״ש (סס״ק צ״ג ובביאורים ד״ה וכן לא ילך) שכ׳ „לאסור הנסיעה במכונית לטייל כשיושבים על ספסל אחד״ וע׳ שם (בס״ק צ״ד) „שאסורים בזה אפילו נמצאים עוד אנשים בעגלה״, ורק אם אדם אחר יושב ביניהם מתיר ע״פ החכ״א. והנראה בזה דכיון דכ׳ במק״ח (ס״ק כ״ו) טעם איסור נדנוד משום הרגל דבר ואפ״ה מותר ע״י הפסקת אדם או שום דבר וכן כ׳ בטהרת בת ישראל (פ״ב ס׳ י״א) „אסור להם לשבת בעגלה, באוטו, או בספינה אחת אם נוסעים דרך טיול, אא״כ אחר מפסיק ביניהם או שיושבים על שני ספסלים״ וכנראה מתשובת החזו״א זצ״ל (שם אות א׳) שהסכים לדבריו [שכ׳ „ולא הוזכר בספר אוטו אלא ברישא ובנוסעין לטיול, וזה אסור אפילו יושבין מרווחין״] וגם הגרמ״פ זצ״ל לא הכריע שם למעשה בברירות בדליכא עוד אנשים [שכ׳ (בח״א שם) „וא״כ יותר נוטה שבמאשין אף לטיול יש להתיר וכו׳ ועם עוד אנשים ודאי יש להתיר״ משמע דבאין שם עוד אנשים אין ברור להתיר, ואף דמאג״מ יו״ד ח״ב (ס׳ פ״ג ד״ה ובדבר ללכת) משמע שמתיר אפי׳ בלי אנשים אחרים, מ״מ] כן נראה לדינא, ובשיעורי שבט הלוי (ס״ק ט׳) כ׳ „ונראה דכשאחרים הולכים עמהם יש להתיר בטיול ואפילו אינם ביניהם, ע״י דבר המפסיק ביניהם״. כתב בסוגב״ש (פ׳ כ״ב ס״ג) „באוטובוס ובשאר כלי רכב מותרים לנסוע אף דרך טיול באופן שלא יגעו זה בזה אפילו בבגדיהם, ואפילו אחד מהם נוהג את הרכב, ולא ישבו במושב אחד אלא כל אחד בספסל אחר״ וע״ש בבא״א. ומש״כ הרמ״א וכתבנו בפנים

should be avoided is that they increase endearment and may lead to sin (**שלה**). If others are present—even if they are not sitting between them (**שלו**), or if an object is placed between them, many Poskim hold that it is permissible (**שלז**).

Application: When she is a Niddah, they should not go rowing, motorboating and the like—if they are alone in the boat. If a person (see page 198) or an object is placed between them, many Poskim hold that it is permissible.

Taking a walk together

11. Some Poskim hold that it is preferable that they refrain from [travelling or even] taking a walk together—if its purpose is purely for pleasure* or recreation (i.e. for a good time) (**שלח**). For the purpose of "getting fresh air" or for relaxation, it is permissible (**שלט**).

*Note: Sometimes it is difficult to determine whether a trip taken by a husband and wife alone together, is considered purely for pleasure. For even if it is for business or where a specific destination is involved (e.g. travelling to visit friends or relatives, travelling to another country)—which, in itself, may be pleasurable—yet it may not be considered purely for pleasure.

One may use the following criteria as a guide. Where the purpose of the trip is purely for the purpose of being alone to enjoy each other's company—it is prohibited. However, where the primary purpose of the trip is the destination (e.g. shopping to purchase an object, the examples in the previous paragraph), it is permissible (**שמ**). Here also (see Note on A 1) common sense and intellectual

---

„אם הולך רק דרך טיול" כתב בבדה"ש (ס"ק צ"ה) „ומשמע שאם הולך לטיול וגם לצרכיו מותר".

(שלד) ע' לעיל בסמוך.

(שלה) ע' שם [וחופת חתנים (ס' י"ב ס' י"ג) „שמביא ג"כ לידי חיבה" וערה"ש (ס"כ) „דכשנוסעים לטיול יש קירוב דעת הרבה וחיישינן לתקלה וכו'" ע"ש] וכן באג"מ (ח"ב שם) כ' „שכיון שהוא לטיול שאינן טרודין בשום דבר יש לחוש יותר שיתקרבו זה לזו בישיבתם ויבואו לידי נגיעה" וע' בבדה"ש (ס"ק צ"ג) ובסוגב"ש (פ' כ"ב ס"א בבא"א).

(שלו) ע' אג"מ (ח"א ס' צ"ב) שכ' „ואם עוד אנשים ודאי יש להתיר" ומשמע שם דאף אם אין אדם אחר מפסיק ביניהם וכן בשיעורי שבט הלוי (ס"ק ט') כ' „ונראה דכשאחרים הולכים עמהם יש להתיר בטיול ואפילו אינם ביניהם", אולם מש"כ „ע"י דבר המפסיק ביניהם" דבעינן שניהם לא משמע כן מאג"מ שם, ונראה דיש להקל באחד מהם. **ומש"כ** דמהני אנשים אחרים גם אם אינם מפסיקים ביניהם כך נראה ע"פ הנ"ל ודלא כחכ"א (כלל קט"ז ס"ה שכ' „ואם אדם מפסיק ביניהם לא גרע מספסל המתנדנדת דמותר" וזה קאי על איסור טיול, דלצרכיו כבר התיר אפילו הם לבדן) וע' בסוגב"ש (פ' כ"ב ס"ו ובבא"א שם) ובבדה"ש (ס"ק צ"ג ובביאורים שם) ואכמ"ל.

(שלז) ע' שם ולעיל הערה שלג.

(שלח) כ' בערה"ש שם „ואפילו לילך לטייל יחד אינו נכון מטעם זה" וכ"כ באז נדברו (ח"א ס' י"ג, וח"ב ס' ע', ע"א) אבל באג"מ (יו"ד ח"ב ס' פ"ג) כ' „אבל בטיול בהליכה ברגליהם ליכא שום איסור דאין מה לחוש". והנראה בזה דאם הולך לאויר או לנוח הוא בכלל „הולך מעיר לעיר לצרכיו" ושרי אבל אם כוונתו לשחוק וכדומה הוא בכלל דבר של חיבה ואסור, ולשון „פאר א גוד טיים" בל"א שמעתי מפי הגרמ"פ זצ"ל.

(שלט) ע"פ הנ"ל.

(שמ) כך נראה ע"פ מה ששמעתי מפי

honesty—in a Torah perspective—should dictate which trips are included within the framework and spirit of the Halacha. Where there is any question or doubt, a Rav *must* be consulted.

Introduction

Although a wife, while she is a Niddah, may perform her usual household responsibilities—even in the presence of her husband, there are three tasks which the Talmud restricts in his presence. The reason these tasks are restricted is that they increase endearment and intimacy—and may lead to sin. They are: a) **מזיגת הכוס**—pouring, serving or mixing his drink (see D 27-32), b) **הצעת המטה**—preparing his bed (see 12), and c) **הרחצת פניו ידיו ורגליו**—washing her husband's face, hands and feet (see 13).

We have discussed **מזיגת הכוס** previously (see D 27-32), we will now discuss preparing his bed.

d) הצעת המטה—Preparing his bed

12. She may not prepare his bed (**הצעת המטה**) (**שמא**) in his presence—even

---

הגרמ״פ זצ״ל, וע׳ בשיעורי שבט הלוי (ס״ק י׳). **ומש״כ** הרמ״א וכתבנו בפנים „**אם הולך** רק דרך טיול״ כתבנו לעיל (בהערה שלג) מבדה״ש (ס״ק צ״ה) „ומשמע שאם הולך לטיול וגם לצרכיו מותר״.

(שמא) ע׳ פ׳ אע״פ (כתובות ס״א.) „אמר רב הונא כל מלאכות שהאשה עושה לבעלה נדה עושה לבעלה חוץ ממזיגת הכוס והצעת המטה והרחצת פניו ידיו ורגליו. והצעת המטה אמר רבא לא אמרן אלא בפניו אבל שלא בפניו לית לן בה״ וכ׳ המחבר (ס׳ קצ״ה ס׳ י״א) „אסורה להציע מטתו בפניו וכו׳״. **עיין** לעיל הערה קצו (בד״ה כתב בשיעורי) בענין בפניו ושלא בפניו וע׳ בתה״א (בית ז׳ שער ב׳) שכ׳ הרשב״א „הצעת המטה לא אמרן אלא בפניו אבל שלא בפניו לית לן בה. ואעפ״י שהוא יודע שהיא מציעתו אין בכך הרגל כ״כ אלא בשהיא מציעתו והוא רואה״ וע׳ בבדה״ש (בציונים ס״ק רנ״ה) שמדייק מדברי הרשב״א „ומשמע דבראייה תליא מלתא וכל שמחזיר עצמו לאחוריו שרי״ וע׳ בבדה״ש (סס״ק קמ״ח) שכתב „וכן אם מחזיר עצמו לאחוריו מותר לה להציע מטתו ואין צריך לצאת מן החדר״ וכ״כ בחז״ט (בדר״י ס״ק ג׳). **בטעם** איסור דברים אלו ע׳ לעיל הערה קצו. **כתב** התשב״ץ (ח״ג ס׳ נ״ח אות ב׳) „מותרת להציע שלחן בפני בעלה שלא אסרו אלא הצעת המיטה בפניו״ (הביאו בחופת חתנים ס׳ י״ב ס׳ י״ט). **עיין** בב״ח (ד״ה כתב א״א) דמוכח דבהצעת המטה בפניו והרחצת פניו ידיו ורגליו אין היתר **אפילו** בשינוי, וכ״כ בראבי״ה (ס׳ קע״ג) וכ״כ בשיעורי שבט הלוי (ס׳ י״א ד״ה ופשוט) לענין הצעת המטה (ע׳ לקמן בהערה שנו ד״ה לענין שינוי). **ואף** שסתמנו אסורה להציע „מטתו״ כל׳ המחבר זהו מפני הרגילות שהוא יישן במטתו. אבל אפילו אם אין המטה מיוחדת לו רק שישן עליה לפי שעה ג״כ אסור, דכ׳ בבדה״ש (ס״ק ק״מ) „ונראה שאסורה בזה **אף** במטה שאינה מיוחדת לו וכגון שמתאכסנים בבית אחרים שכל שהיא מצעת המטה לצורך שכיבתו הוי דרך חיבה ואסור״ (וכ״כ בסוגב״ש פ״ט ס״ה וכ׳ שם „ואפי׳ לשכיבת ארעי מסתברא דאסור״) וכ׳ בבדה״ש (שם בציונים ס״ק רס״ג) „ולאידך גיסא מסתבר דמותר לה להציע **אף** מטתו המיוחדת לו לצורך שכיבת אחר ומכ״מ צ״ע בזה״ ובזה כ׳ בסוגב״ש (שם ס״ז) „להציע מטתו בפניו, שיהא ראוי שישכב עליה אחר, מסתברא דמותר״, וכ׳ בחז״ט (ס״ק מ״ג) „מטתו בפניו כו׳ — דווקא מטתו המיוחדת לו אבל שאר מטות הבית לא שייך בהם חשש

with a deviation (שינוי) (**שמב**), nor may he prepare her bed in her presence (**שמג**). This *issur* includes the spreading or straightening out (**שדמ**) of the sheet, pillow, pillow case or blanket (**שמה**). Certainly, it is prohibited for her to cover him or vice versa (**שמו**).

הרגל". **כתב** בסוגב"ש (שם ס' ט"ז) „יש להסתפק אם מותרת האשה להציע בפני בעלה ב' מטות בשבילה ובשביל בעלה, או בשביל בעלה ועוד אחד כשאינו מבורר להם עדיין איזה מטה יהי' לבעלה ואיזה מטה יהי' שלה או איזה לבעלה ואיזה להאחר אף שבודאי אחד מהם הוא בשבילו, וצ"ע", אבל בבדה"ש (ס"ק קמ"ב) כ' לאיסור וז"ל „ונראה שאסורה גם כן להציע ב' מטות אחת לו ואחת לה אף שאינו מבורר עדיין איזו מהן לבעלה כיון שידוע עכ"פ שאחת מהן היא לצורכו" [אפשר זה לשיטתו בס"ק קס"ז, וע' לעיל מש"כ בהערה רל] ובציונים (ס"ק רס"ד) כ' „ובמטה העשויה לצורך שניהם כגון העשויה לשינת עראי ביום ואינו מבורר בשעת ההצעה אם הוא לצורך הבעל אם לאו יש להסתפק אם מותר לה להציעה", ובסוגב"ש (שם ס"י) כ' „כל מטה שאינה מיוחדת לאף אחד משניהם, אלא לפעמים שוכב הבעל עליה ולפעמים האשה (והוא כעין הנהוג אצלינו במטה הנקראת ספה), מותרת האשה לסדר עליה את הסדינין והמכסה בפניו, שיהא ראוי לשכיבה מתי שירצה אחד מהם, מכיון שבשעת הצעתה עדיין אינו מבורר מי ישכב עליה" וכך נראה, דאין זה קירוב וחיבה אם אינו מבורר שהיא עושה בשבילו.

(שמב) ע' לעיל הערה שמא ד"ה עיין ולקמן הערה שנו ד"ה לענין שינוי. **כתב** בשיעורי שבט הלוי (שם ד"ה וכן) „וכן פשוט שאם הציעו א"צ לסתור חזרה, דהאיסור הוא גוף הפעולה ולא קיום הדבר, וכנ"ל לענין מזיגה והושטה", וע' בבדה"ש (בביאורים ס"י ד"ה שאסורה) שמסופק בזה ואף שנוטה להקל מ"מ מסיים „ועדיין צ"ע" וכן בסוגב"ש (שם ס' י"ג) כ' בזה „יש לעיין אם נאסר בזה שישכב הבעל עלי', וצ"ע" ובחז"ט (בתוספות טהרה ס"ק קנ"ו) כ' לחומרא (וע' לעיל הערה קצט).

(שמג) אע"ג דהמחבר (בס' י"ג) כ' „כשם שאסורה למזוג לו כך הוא אסור למזוג לה" ויש מקום לטעות דרק במזיגה אסור לו לעשות בשבילה כמו שאסור לה לעשות בשבילו אבל בהצעת המטה אינו כן, זה אינו, דכ' בס' האשכול (ס' מ"ט) „מה שהיא אסורה לעשות לו גם הוא אסור לעשות לה" וכ' בערה"ש (ס' קצ"ה ס' י"ד) „וכ"ש שהוא אסור לעשות לה כן והפוסקים לא הזכירו זה מפני שאין דרך האיש להציע המטות" וכ"כ בחז"ט (ס"ק מ"ג ובמו"ד ס' י"א ס"ק ב') וע' בחכ"א (כלל קט"ז ס"י) ובחיי אברהם על חכ"א (שם ס"ק נ"ה), וכ' בשיעורי שבט הלוי (ס' י"א ס"ק א') „וכמו דישיבה במטתה חמיר טפי בבעל, ואדרבה כיון שאינו מחויב ועושה הוי טפי דרך חיבה" (וזה ג"כ סברת החז"ט הנ"ל).

(שדמ) ע' תוס' כתובות (ד: ד"ה והצעת) שכ' „נראה לר"י דהצעת המטה דהכא היינו פריסת סדינין שהוא דבר של חיבה אבל הצעת כרים וכסתות שאינן דברים של חיבה שרי לנדה" ומפרש שם דהצעת כרים וכסתות „דהוי דבר שיש טורח אבל מצעת לו המטה היינו פריסת סדין ולבדין דמילי דחיבה נינהו שתחבב עליו ואין בו טורח". וכ' המחבר שם „ודוקא פריסת סדינים והמכסה שהוא דרך חיבה אבל הצעת הכרים והכסתות שהוא טורח ואינו דרך חבה שרי" ונראה דבכלל זה כל דבר שהיא עושה לתקן ולהשוות את מטתו לשינה ועי"ז תתחבב עליו אסור, אבל דברים של טורח הם מעשה עבודות (ע' ט"ז ס"ק ג') ושרי. וכ' בסוגב"ש (פ"ט ס"א) „אסורה האשה לפרוס הסדינין והמכסה (השמיכות) על מטת בעלה בפניו, שיהא ראוי שישכב עליה (שו"ע סעי' י"א), ומסתבר שאסור אפילו הסדינין לבד או המכסה לבד".

(שמה) ע"פ הנ"ל. **כתב** בסוגב"ש (פ"ט ס"ו) „אסורה לפרוס הסדינין והמכסה לבעלה בפניו, אפי' על הארץ או ספסל וכדומה, שיהא ראוי שישכב עליו". **עוד** כ' בסוגב"ש (שם ס' י"ח) „אפי' בהצעת מטה של מצוה, דהיינו בפסח בליל הסדר, לצורך מצות הסיבה אסורה האשה להציע מטתו בפניו". ונראה דכיון דאין למטה זו שום שייכות לתשמיש אפשר דשרי (ע' סוף הערה רעא). **ונראה** דהסרת המכסה (שקורין

Placing the mattress or pillow onto the bed (**שמז**), changing the linen, turning over the mattress, airing out bedding (**שמח**), or spreading out a bedspread (**שמט**) is permissible—even in the other's presence (**שנ**).

The reason for the difference between these activities is that the first group is considered as activities of endearment and intimacy (**שנא**), while the latter group may be considered as housekeeping tasks (**שנב**).

We have learned that הצעת המטה is prohibited by a Niddah in her husband's presence (**שנג**). Those activities which are included in this *issur* may be performed if her husband is not present—even though he is aware that she is doing them (**שנד**).

Since the procedure for preparing a bed nowadays differs from the manner in which it was done during the time of חז"ל, there are Poskim who hold that nowadays preparing his bed for him in his presence is only prohibited just before he goes to sleep (**שנה**).

e) הרחצת פניו ידיו ורגליו—Washing her husband

13. A Niddah may not wash her husband, even though she does not touch him. This is prohibited even with a deviation (שינוי) (**שנו**). Therefore, she may

---

bedspread) מעל השמיכה בכלל איסור הצעת המטה שהוא הכנה לשינה.

(שמו) נראה דכ"ש מהנ"ל והושטה בס"ב.

(שמז) ע' לעיל הערה שדמ. וע' בלו"ש (לחם ס"ק כ"ה) שמחמיר אף בהצעת הכרים והכסתות, וע' פר"ד (על הש"ך ס"ק ט"ו), וע' בבדה"ש (ס"ק קמ"ו) שכ' „אבל לדינא נראה שיש להקל בזה כדעת השו"ע".

(שמח) ע"פ הנ"ל וע' בסוגב"ש (שם ס"ב).

(שמט) שם [וע' בשו"ת באר משה ח"ה ס' קמ"א].

(שנ) שם.

(שנא) שם.

(שנב) שם.

(שנג) ע' לעיל הערה שמא.

(שנד) כ' המחבר שם „ושלא בפניו הכל מותר אפילו הוא יודע שהיא מצעת אותם" והטעם כ' בבדה"ש (ס"ק קמ"ח) מהלבוש „שכל שלא בפניו אינו דרך חבה ואינו מביא לידי הרגל דבר". וע' מש"כ לעיל (בהערה שמא ד"ה עיין לענין מה נקרא שלא בפניו. **כתב** בבדה"ש (ס"ק קמ"ט) „ונראה שמותר לומר לה שהוא יוצא כדי שתציע המטה וכן מותר לה לבקש ממנו שיצא בשביל כן".

(שנה) כ' בבדה"ש (ס"ק קמ"א) „ונראה שאף המקדמת להציע המטות בבוקר ואינה ממתנת עד הלילה מפני שרוצה בסדור הבית אסור להציע אז מטתו בפניו כיון שמכל מקום יש גם כן בהצעה זו הכנה לצורך שכיבתו" וכ' בשיעורי שבט הלוי (ס' י"א ס"ק ב') „יש לעיין אם מותר לסדר המטה חזרה אחר השינה, דהצעה הנזכרת כאן היא ההכנה לשינה, ונראה דשרי, דרק הכנת המטה הוא ענין של חיבה, אבל הסידור חזרה הוא רק ענין של טורח ועבודה בעלמא, וגם הוא רק ליופי הבית" וכ"כ בסוגב"ש (פ"ט ס' י"ד) „לסדר המטות אחרי השינה, (כעין מה שאנו מסדרין בבוקר) מותר אפי' בפניו לכו"ע". **ומש"כ** שאופן הצעת המטות במטות שלנו שאני, כך שמעתי בשם הגרמ"פ זצ"ל.

(שנו) ע' פ' אע"פ (כתובות ס"א.) „אמר רב הונא כל מלאכות וכו' והרחצת פניו ידיו ורגליו" וכ' הרשב"א בתה"א (בית ז' שער ב') „הרחצת פניו ידיו ורגליו אפי' הוא רוחץ והיא מוצקת שאלו לרחוץ היא בידיה אפילו בלא רחיצה אסור דהא איכא קירוב בשר ואסור ליגע בה אפילו באצבע קטנה" (הביאו הט"ז ס"ק ח') וכ' המחבר (ס' קצ"ה ס' י"ב) „אסורה ליצוק לו

not even pour* or throw water (**שנז**) on his face, hands or feet (**שנח**) or on any other part of his body (**שנט**). This is prohibited even with cold water (**שס**). It goes without saying that washing him by touching him is prohibited (**שסא**). Similarly, he may not wash his wife when she is a Niddah (**שסב**).

Many Poskim hold that she may not even *bring* water to him (**שסג**) or pour

*See Note on page 207.

מים לרחוץ פניו ידיו ורגליו אפילו אינה נוגעת בו ואפילו הם מים צוננים". **לענין** שינוי בהצעת המטה כ' הראבי"ה (ס' קע"ג) „והצעת המטה חמורה ממזיגת הכוס דהותרה ע"י שינוי אפילו בפניו אבל הרחצת פניו ידיו ורגליו אי אפשר בשום ענין אלא בנגיעה ובפניו ולכך אסור וכו'" ע"ש פי' דלא מהני שינוי ברחיצה דא"א בלא נגיעה. ויש לעיין אם מהני שינוי לרשב"א ושאר ראשונים דמפרשים איסור רחיצה דהיינו שהיא מוצקת האם דומיא למזיגת הכוס דשריא בשינוי כמ"ש המחבר בס"י או דומיא דלשגור את הכוס דמשמע דלא מהני שינוי דהוי דבר של חיבה ע' מש"כ לעיל בהערה שמא ד"ה עיין, וע' בחזקת טהרה (בדר"ק ס"ק מ"ו וע' במו"ד ס"ק ה') ובבדה"ש (ס"ק קנ"א) ובשיעורי שבט הלוי (ס"ס י"ב) ובסוגב"ש (פ"י ס"ו) ובבא"א שם. וע' במחבר (ס' ט"ו) דבהוא חולה ואין לו מי לשמשו מותרת לשמשו „רק שתזהר ביותר שתוכל להזהר מהרחצת פניו ידיו ורגליו והצעת המטה בפניו" וכ' הש"ך שם (ס"ק י"ח) „אבל מזיגת הכוס אשכחן היתרי טובי כדלעיל ס"ק י"ג. ב"ח" והתם עיקר ההיתר הוא בשינוי, משמע דברחיצה והצעת המטה לא מהני שינוי. [ומש"כ בחז"ט (ס"ק מ"ו) „אכן לפי"מ דמחמיר רבינו יונה לאסור אפי' להכין אפשר דבכגון זה יש להתיר ע"י שינוי או שלא בפניו וכו'" יש לעיין מש"כ „או שלא בפניו" דהא כל האיסור הוא דוקא בפניו ושלא בפניו אינו אסור כלל (ע' בבדה"ש סס"ק ק"נ) וצ"ע. **כתב** בסוגב"ש (שם ס' י"ג) „איסור רחיצה הוא אפי' ברחיצה שאינה של תענוג כגון משום לכלוך טיט ועפר וזיעה וכיו"ב" (וע"ש בבא"א) וכ"כ בבדה"ש (ס"ק קנ"ג). **לענין** שפיכת מים מכלי על ידי בעלה ועל ידיו של אחר ביחד ע' בסוגב"ש (שם ס"ד) וע' בבדה"ש (בביאורים ד"ה ליצוק).

(שנז) שם וכ"כ ב"י (ד"ה ואסור בד"ה ואסורה) מסמ"ג סמ"ק הגה"מ ותה"ב וכדפי' בדרישה (אות ד') „דמיירי שהוא רחוק והיא מוצקת וכו' ומוכח בהדיא מזה דבשעה שהוא רוחץ היא מוצקת מרחוק על ידיו וכו' א"נ מיירי הכא דמקטף קטף למיא דלא נגעה אפי' ע"י ניצוק ואפ"ה אסור משום חיבת שימוש דרחיצה" וע' ט"ז ס"ק ח' בביאור הענין. **ומש"כ** מים כ' בחז"ט (ס"ק מ"ז) „ונראה דכל שכן שאר משקין דשייך בהן חבה טפי ממים" וכ"כ בסוגב"ש (שם ס' י"ב).

(שנח) מחבר שם.

(שנט) אף דהמחבר כ' שם „פניו ידיו ורגליו" נראה דכ"ש כל גופו או אפילו שום חלק אחר מגופו, וקצ"ע אמאי לא ביארו זה בפוסקים, ועתה ראיתי שהעיר בזה בבדה"ש (ס"ק קנ"ג) ע"ש, ובסוגב"ש (פ"י ס"ה) כ' „וה"ה אפי' אחד משאר מקומות שבגוף".

(שס) כ' המחבר שם (מתה"ב) „ואפילו הם מים צוננים".

(שסא) שם וע' לעיל הערה נא, נב, שנו.

(שסב) כ' בחז"ט (ס"ק מ"ו) „ופשוט דה"ה דהבעל אסור ליצוק לה ולהר"ר יונה אפי' להכין" וכ' בערה"ש (ס' י"ד) „וק"ו שהוא לא יצוק לה" וכ"מ מרדב"ז (הובא בפת"ת ס"ק ט"ו) וכ"כ בבדה"ש (ס"ק קנ"ב) ובשיעורי שבט הלוי (ס' י"ב ס"ק א') ובסוגב"ש (פ"י ס' כ"ב) מספר האשכול [וכ' בסוגב"ש שם „וככל פרטי הדינים המבוארים לעיל שהיא אסורה לעשות לו, גם הוא אסור לעשות לה"], וכ"מ מחכ"א (כלל קט"ז ס"י) וע' בחיי אברהם (שם ס"ק נ"ה) וע' מש"כ לעיל בהערה שמג.

(שסג) כ' הש"ך (ס"ק ט"ז) „וכ' הר"ר יונה בספר דרשות הנשים דאסור לתת לפני בעלה קיתון של מים וכלים שירחץ בהם רגליו מפני שהוא דרך חיבה" וכ"כ בנקה"כ וחכ"א (כלל

water for him in his presence (**שסד**) for the purpose of washing his face, hands or feet or any other part of his body (**שסה**). Some Poskim hold that this is permissible (**שסו**). They should preferably conduct themselves according to the first view and she should refrain from even bringing or pouring water for him in his presence (**שסז**).

קט״ז ס״ט) וחוו״ד (ס״ק ט׳) ובן **איש חי** (שנה שני׳ פרשת צו סוף אות כ״ה) ולו״ש (לחם ס״ק כ״ו). **עיין** בבדה״ש (ס״ק ק״נ) **דמשמע דלשיטה** זו **אסור** להחם המים בשבילו בפניו, **וע״ש** בציונים (ס״ק רע״ז) דבמאירי (כתובות ד:) מתיר להדיא לחמם המים. **ועיין** בבדה״ש שם שכ׳ „ונראה שלדברי המחמירים בזה **אסורה** להביא לו מים **אף** שחסרים לו עדיין **שאר צרכי** הרחיצה כגון שצריך לעוד כלי לרחוץ לתוכו וכדומה משאר צרכי הרחיצה״. **כתב** בסוגב״ש (פ״י ס״ז) „וכן אפי׳ **שפך** אחר המים לתוך הכלי, אסורה לתת הכלי שבו המים **לפני בעלה** שירחץ בהם״. **אם** עברה והכינה לו מים **באיסור** אף שעברה איסור מ״מ נראה **דלא נאסרו** המים שירחץ בהם, כמ״ש לעיל (בהערה שמב) משיעורי שבט הלוי לענין הצעת המטה ומזיגת הכוס „דהאיסור הוא גוף הפעולה **ולא** קיום הדבר״ ואף שכ׳ שם שבסוגב״ש ובדה״ש מסופקים בזה והחז״ט שם כ׳ **לאיסור**, **הכא** שאני דכיון דפליגי הפוסקים אי הבאת מים לבעלה בכלל **איסור** הרחצת פניו ידיו ורגליו כדברי הר״ר יונה **או לא** (ע׳ לקמן בהערה שסו), **ואף** שכתבנו לקמן (בהערה שסז) דלמעשה **יש** להחמיר בזה, מ״מ לענין בדיעבד **נראה דאין** המים נאסרים.

(שסד) מלשון המחבר שם משמע דליצוק לו מים לכלי **אסור** וכ״מ מתוה״ש (ס״ק י״ג) שהבין כן בדברי הש״ך שם. **ומה** שכתבנו דדוקא בפניו **אסור** הטעם **הוא** דדומיא למזיגת הכוס בס״י והצעת המטה בס׳ י״א (וכ״כ בבדה״ש ס״ק ק״נ ובציונים ס״ק ר״פ הביא מקורות לזה) [והטעם שלא כתבו המחבר **הוא** דמקורו מרשב״א דאיירי בהוא רוחץ והיא מוצקת דלא שייך **אלא** בפניו **אבל** לש״ך בשם ר׳ יונה אפשר להכין המים גם **שלא** בפניו, **אבל** מ״מ אינו **אסור** רק בפניו.(**ואף** הב״י כ׳ לבסוף הס׳ היראה **אבל** רק **לענין** מים **צוננים**, ובחידושי הגהות שם ס״ק ו׳ **הביא** דברי ס׳ היראה לענין בפניו)]. **כתב** בסוגב״ש (פ״י ס״ט) „מותרת להביא לו מים **שלא** בפניו, שירחץ בהם בעלה פניו ידיו ורגליו, אפי׳ **הוא** יודע **שהיא** הביאתן (אשכול סי׳ מ״ט)״ וכ״כ בבדה״ש **שם**, והטעם כ׳ שם „דשלא בפניו **לא** הוי דרך חיבה כל כך״. וכ׳ שם (בס״ק קנ״ד) „ומ״מ מותרת להביא לו מים לכל אלו [וכן לשאר רחיצות] **אם** מחזיר עצמו לאחוריו **דשלא** בפניו מותר״.

(שסה) כ׳ הש״ך שם „שירחץ בהם רגליו״ והפר״ד (בשפ״ל על ס״ק ט״ז) דייק „ומשמע דלרחוץ ידיו לחוד פשיטא דשרי וכו׳״ ובחכ״**א** ובא״ח [ובמעין טהור] כתבו דה״ה פניו וידיו (וע׳ בבדה״ש ד״ה אסורה), וכ׳ בסוגב״ש (פ״י ס״ח) „האיסור להכין מים לבעלה, מסתבר דהוי אפי׳ לרחוץ בהם פניו לבד, **או** ידיו לבד, **או** רגליו לבד, וה״ה אפי׳ אחד משאר מקומות שבגוף וק״ו כל גופו״ (וכ״כ בבדה״ש ס״ק קנ״ג וע׳ בציונים שם ס״ק רפ״ה) וע׳ בבא״**א** שם. **עיין** שו״ע או״ח ס׳ קנ״ט ס׳ י״**א** ומ״ב ס״ק ס״ט וחז״ט (ס׳ י״ב במו״ד ס״ק ג׳). **ומש״כ** או שאר מקומות שבגוף, כך נראה וכ״כ בסוגב״ש שם ובבדה״ש (ס״ק קנ״ג, וע׳ בביאורים ס״ק רפ״ה) וע׳ לעיל הערה שנט.

(שסו) ט״ז ס״ק ח׳, ערה״ש ס׳ י״ד, מק״ח ס״ק נ׳, וכ״מ מדר״ת (ס״ק מ״ו), וכ״מ מחז״ט (ס״ק מ״ד) שכ׳ „אבל להכין לו מים כדי שירחץ הוא בעצמו שרי מדינא וכו׳״ [וכ״מ מלשון המחבר „אסורה ליצוק לו״ וע׳ בחז״ט (ס׳ י״ב במו״ד ס״ק א׳) שהקשה על הט״ז וז״ל „וצ״ע מה שכתב הט״ז דמלשון השו״ע משמע דאפי׳ ליתן מים בכלי אסור דהא בהדיא קאמר ליצוק משמע שתהא היא מוצקת״].

(שסז) ע׳ בשיעורי שבט הלוי (ש״ך ס״ק ט״ז ד״ה ולמעשה) שכ׳ „ולמעשה מחמירים כש״ך דאין להכין מים״ וכ״כ בבדה״ש (ס״ק ק״נ) „ויש להחמיר בזה״ (וע״ש בציונים ס״ק רע״ט שהביא מקורות לזה) וכ״כ בטה״י (ס״ק קכ״ב) וש״א.

Preparing her husband's bath, Bringing water for „נעגעל וואסער״

14. According to the Poskim who hold that even bringing water to him is prohibited, this prohibition includes preparing her husband's bath in his presence (**שסח**).

Bringing water for „נעגעל וואסער״ (to wash his hands upon arising) (**שסט**) is permissible (**שע**). Similarly, bringing water to wash before a meal or for מים אחרונים (at the conclusion of a meal) is permissible (**שעא**).

According to the Poskim who hold that even bringing water to him is prohibited, turning on the faucet for her husband to wash is also prohibited in his presence. However, if she is opening the faucet also for another person or purpose, it is permissible (**שעב**).

*Note: If he is washing from a vessel which has a spout or a hole, it is prohibited for her to pour water into the vessel while he is washing (**שעג**).

(שסח) כ״כ בסוגב״ש (פ״י ס׳ י״א) וע׳ שו״ת בא״מ (ח״ג ס׳ קמ״א). **כתב** בשיעורי שבט הלוי (ס׳ י״ב בט״ז סק״ח) „ונראה פשוט דכל זה בהבאת מים בעלמא, אבל אסור להכין אמבטי׳ בפניו לרחוץ כל גופו אפילו לט״ז, דזה הוי ממש דרך חיבה ביותר, וכן הוא אסור להכין לה, אבל לרפואה שרי גם אמבטי׳, (שבט הלוי ח״ב ס״ק)״.

(שסט) ע׳ שו״ע או״ח ס״ד.

(שע) אע״ג דהיה מקום לחלק בין להביאו בלילה שלפניו דשרי (דכ״מ מא״א שנכ׳ לקמן) ובין להביאו ממש קודם נטילה דאסור, דכן נראה כוונת ר׳ יונה „לתת לפני בעלה״ דהוא התחלת הרחיצה ודוק, אבל ע׳ שו״ת בא״מ שם שמתיר, ומשמע שם דאפילו תיכף קודם הנטילה [וצ״ע על סברתו דמנין לחלק דנט״י בבקר „אינו כלל בגדר רחיצה״, ואפשר כוונתו כמ״ש בשערי טהר (בשע״ד שער ט״ו ס״ק י״ד) לחלק בין רחיצת ידים לתפילה שהוא רק דרך שירות וטורח ולא דרך חיבה, ומביאה לו מים לרחוץ רגליו דזה הוא דרך שררות ודרך חיבה, או כמ״ש בשיעורי שבט הלוי (ש״ך ס״ק ט״ז ד״ה ולמעשה) „דאין זה מעשה רחיצה אלא מעשה מצוה״] וכ״כ בשו״ת מנחת יצחק (ח״ז ס׳ ע״ב אות א׳) ושערי טוהר (שם) ובשיעורי שבט הלוי (שם) [ובסוגב״ש (פ״י ס׳ י״ד) הביא אוסרים ומתירים ע״ש שהאריך שם בבא״א. וע׳ בא״א [בוטשאטש או״ח ס״ד ד״ה שם (לא תטול חלוקך)] שכ׳ דאשתו נדה „תעמיד לפניו המים ביד שמאלה על השלחן. אך להעמיד אצלו מים וכלי קודם שינה הוא על צד היותר טוב״], ודלא כחז״ט (ס״ק מ״ד) שכ׳ „ופשוט דגם בנטילה כגון בנט״י לסעודה או מבית הכסא וכדומה אסורה ליצוק לו ולדעת רבינו יונה אפי׳ להכין לו״ [אמנם ע׳ בתוספות טהרה (אות קנ״ט) שמתיר להכין מים לנט״י שחרית], ובדה״ש (ס״ק קנ״ד) שאוסרים (וע״ש בציונים ס״ק רפ״ז ורפ״ח). ונראה דכיון דפליגי הפוסקים בזה (ע׳ לעיל הערה שסו) יש להקל במקום מצוה, ובפרט שבהבאה זו אינה עושה דרך חיבה שהוא יהנה מרחיצה זו אלא כשירות שיקיים המצוה (וע׳ בכה״ח ס״ד אות ל״ח שכ׳ „אבל בנט״י של חיוב שאינה מביאה לידי חבה לית ביה איסור״ ודוק).

(שעא) ע״פ הנ״ל (ע׳ שו״ע או״ח ס׳ קנ״ח וס׳ קפ״א) וע׳ בסוגב״ש (פ״י ס׳ ט״ו).

(שעב) ע׳ חז״ט (בדר״י ס״ק ד׳) ובדה״ש (ס״ק קנ״ה) וסוגב״ש (פ״י ס׳ כ״א), **אף** דבסוגב״ש (פ״י ס׳ ט״ז) ובבדה״ש (ס׳ י״ב בביאורים ד״ה ליצוק לו) הניחו דין זה דלהכין מים לבעלה ועוד אחר בצ״ע, ע׳ בחז״ט שם כ׳ „אכן נראה דאם פותחת לו הברזא בשבילה או בשביל דבר אחר מותר לו לרחוץ ידיו אח״כ דלא שייך בי׳ אקרובי דעתא כיון שלא היתה פותחת הברזא בשבילו״ וכ״כ בסוגב״ש (בבא״א שם ס׳ כ״א) „וכן מותרת לפתוח הברז

These halachos apply also to the husband

15. We have learned (see 13) that he may not wash his wife when she is a Niddah (**שעד**). According to the Poskim who hold that even bringing water to him is prohibited, it is similarly prohibited for him to bring water for her or to perform for her the other activities which were discussed previously (**שעה**) (see 13, 14).

F. HOW TO CONDUCT ONESELF WHEN ONE OF THEM IS ILL

If the husband is ill

1. If the husband is ill* (**שעו**) and it is difficult to obtain the services of

*Note: Concerning what constitutes a condition of illness, see page 212.

לכתחילה בשבילה ובשביל בעלה". **כתב** בסוגב"ש (שם ס׳ י"ט) „האיסור להכין ולהביא מים לבעלה בפניו בלי שום שינוי שייך רק לרחיצה, אבל מים לשתי׳ או להשתמשות אחרת מותר". וע"ש (בס"כ) שכ׳ „להכין ולהביא מים לבעלה לשתי׳ או להשתמשות אחרת שיהיו גם לרחיצה יש להסתפק בזה וצ"ע" ע׳ בבא"א שם.

(שעג) ט"ז ס"ק ח׳.

(שעד) ע׳ לעיל בפנים אצל הערה שסב.

(שעה) ע׳ לעיל הערה שסב שכ׳ מערה"ש (ס׳ י"ד) „וק"ו שהוא לא יצוק לה" ואף שכ׳ „אבל הבאת מים בכלי או לשפוך אל הכלי והוא רוחץ בהם מותר דאין זה חיבה" [והוא לשיטתו שפסק כהט"ז דרק יציקה אסור ולא בהכנה והבאת המים, אבל רואים מכאן שמה שאסור לאשה לעשות בשביל הבעל אסור גם לבעל לעשות בשביל אשתו, וכן] בחכ"א (כלל קט"ז ס"ט) כ׳ „ואפילו ליתן לפניו הקיתון עם המים והכלי שירחוץ בו אסור וכו׳" ובס"י כ׳ „כשם שהיא אסורה לעשות לו כך הוא אסור לעשות לה" וכ"כ בסוגב"ש (פ"י ס׳ כ"ב) ובחז"ט ס"ק מ"ו.

(שעו) כ׳ בת׳ הרא"ש (כלל כ"ט ס"ג) „מי שהוא חולה ואשתו נדה ואין לו מי שישמשנו זולתה מותרת לשמשו רק שתזהר ביותר שתוכל מהרחצת פניו ידיו ורגליו והצעת המטה לפניו דמאחר שאין לו זולתה אי אפשר שלא תשמשנו" (וכ"כ המחבר בס׳ קצ"ה ס׳ ט"ו). **עיין** בתה"ד (ס׳ רנ"ב) שכ׳ הטעם דשרי לה להקימו ולהשכיבו ולסומכו „ומשום דלאו מילי דחיבה נינהו כהרחצת פניו וכהצעת המיטות בפניו אלא מילי דעבדות נינהו" וכ׳ דאין ללמוד היתר מתשובת הרא"ש הנ"ל לענין אשה שהיא חולה ורצה בעלה ליגע בה „די"ל דוקא כשהוא חולה והיא בריאה שרי כיון דחולה הוא ליכא למיחש להרגל עבירה דאין יצרו מתגבר עליו מפני שתשש כחו ואין האיש מתקשה אלא לרצונו ואין דרך להתאוות בחוליו ולהרגל דידה לא חיישינן דאין אשה תובעת בפה ואף אם היתה תובעת אין בו כח להתאוות ולהתקשות". ונראה לפי טעם זה דאינו אלא כשהוא חולה כ"כ דתשש כוחו ואין דרך להתאוות בחליו אבל אם אינו חולה כ"כ אין היתר לפי טעם זה גם אם אין לו מי שישמשנו, וכ"כ במק"ח (ס"ק נ"ח הובא לקמן בהערה שצה אחר שהביא ל׳ תה"ד) וז"ל „ומיניה אם אינו חולה ממש אלא שיש לו מיחש וכאב בעלמא דיכולה לחייש שיבוא לידי הרגל דבר אסור". וע׳ בחז"ט (ס"ק נ"ה) שכ׳ בטעם ההיתר טעם דתה"ד שם דלאו מילי דחבה נינהו וז"ל „מותרת לשמשו כו׳ — כגון להקימו ולהשכיבו ולסומכו ומשום דלאו מילי דחבה נינהו כהרחצת פניו והצעת המטה אלא מילי דעבדות נינהו" וע"ש שכ׳ טעם אחר „דבשלמא כשהוא בריא ואפשר לו לעשות בעצמו, וכן אפי׳ אם הוא חולה ויש אחר מי שישמשנו, אלא שהיא עושה לו הוי דרך חבה שהיא בעצמה משתדלת אף שיכולה באחר, אבל כשהוא אי אפשר לו לעשות בעצמו וגם אין לו מי שישמשנו אין זה דרך חבה אם משמשת

someone else (aside from his wife) to attend to him (**שעז**) (e.g. there would be a need to hire a person) (**שעח**), even though she is a Niddah—she may attend to him (**שעט**). This is permissible even though it will require her to perform some

---

אותו דהא אי אפשר שלא תשמשנו ואין נראה שהיא עושה לו בשביל חבה" ולפי טעם זה אינו מותר אלא כשאי אפשר לו לעשות בעצמו או ע"י אחר, ולפי סברת תה"ד הי' מקום לומר דשרי אפילו אפשר לו לעשות בעצמו. [אבל למעשה כ' בתה"ד וכן פסק המחבר בשו"ע דדוקא היכי דאין לו מי שישמשנו זולתה שרי]. ויהיה נ"מ בזה גם לשאלתו של בדה"ש (בביאורים ד"ה מותרת לשמשו) אם הוא חולה ומותרת לשמשו אם זה דוקא בדברים שהם צורך רפואתו או שיש במניעתם חשש של הכבדת החולי או אפילו שאינם לצורך רפואתו [כעין שאלת הותרה או דחוי' לענין חולה בשבת. וע' בסוגב"ש (פ' ל"ו ס"ה) שכ' לענין „אם הבעל חולה שיש בו סכנה, מותרת לשמשו בכל התשמישים אפילו אינו דבר הכרחי" וע"ש בבא"א] וע"ש בביאורים אריכות בזה, ונראה שזה תלוי בטעם האיסור דלפי טעמו של החז"ט דאם אין יכול לעשותו בעצמו אין זה מעשה חיבה ומותר ובלבד שהוא צריך בזה אפילו אינו לרפואתו ואין במניעתו הכבדת החולי, ולפי סברת תה"ד יש מקום להסתפק בזה ואכמ"ל. **כתב** בשיעורי שבט הלוי (ס' ט"ו ס"ק א') „לא מיירי בחולה שיש בו סכנה דבזה שרי משום פקו"נ, וגם לא במיחוש בעלמא דבזה אין היתר וכמש"כ בדרכ"ת (סקמ"ט) בשם מקור חיים (סקנ"ח), אלא בחולה שאין בו סכנה, ובזה התירו לשמשו כדי צרכו חוץ מדברים שהם דרך חיבה כמש"כ החכ"א (כלל קט"ז סי"א)" (וע"ש ובסוגב"ש שם ס' נ"א לענין חולה זקן ומשותק. וע' בסוגב"ש (שם ס"ו) בבא"א אי איירי בחולה שיש בו סכנה או אין בו סכנה).

(שעז) כ' הרא"ש והמחבר שם „ואין לו מי שישמשנו זולתה" וכ' בב"י (ד"ה כתב א"א) „ונראה בהדיא דכל היכא דאיכא מי שישמשנו אפילו ע"י הדחק לא שרינן לה לשמשו כלל" [וע' באג"מ (יו"ד ח"ב ס' ע"ז) דאין בושת האשה טעם להתיר איסורי הרחקת נדה, לפיכך אם יש אחר לשמשו אלא שהיא מתביישת לבקש ממנו שישמשנו, מפני שאינה רוצה להודיעו שהיא נדה אין זה נחשב כאין לו מי שישמשנו זולתה] וע' בדר"ת (ס"ק נ"ג) בשם ס' רוח חיים שכ' „שאם יוכל לשכור לה משרתת שישמשה צריך להחמיר כדעה א' [בס' ט"ז] ולשכור כדי שתשמשנה ולא הוי זה בכלל אין לה מי שישמשנה" ואף שאין ספר זה תחת ידי משמע דדוקא כשהיא חולה אבל כשהוא חולה דאין יצרו מתגבר עליו א"צ להחמיר לשכור אחר שישמשנו וכ"כ ברדב"ז (ח"ד ס"ב) „ולענ"ד אין הדברים אמורים אלא בזמן שאין לה וכו' דמחייבין ליה לשכור לה אשה שתשמשנה ואם חלה הוא לא מחייבין לה לשכור מי שישמשנו וכו'" [וכן ע' מה שנכתוב לקמן בס"ד בהערה ת' משיעורי שבט הלוי ובהערה תו מבדה"ש ובהערה תט מחזקת טהרה דבזה חמור דין אם חלתה היא מחלה הוא], וע' בסוגב"ש (פ' ל"ו ס"ד). **עיין** בחז"ט (במו"ד ס"ק ב') שחקר דאולי רק אם יש לו משרתים או בנים ובנות בביתו דאפשר לו להשתמש בהם נחשב דיש אחר לשמשו ואסורה אשתו לשמשו, אבל היכי שצריך לאחרים שאינם בביתו ואפשר להם שישמשו רק ע"י הדחק אולי נחשב אין לו מי שישמשנו והיא שרי לשמשו, והניח זה בצ"ע. **כתב** בסוגב"ש (פ' ל"ו ס' כ"ג) משו"ת רב פעלים (ח"ג ס' י"ב) אסורה האשה לטבול תוך הז"נ כדי שתוכל לשמש לבעלה החולה כשאין לו מי שישמשנו זולתה, ואפי' תטבול עוד הפעם בסוף הז"נ, ויותר טוב שתשרתהו בטומאה וכו'" וכ"כ בבדה"ש (בביאורים ד"ה אם הוא חולה) „וטעמא משום דחיישינן כיון דידע דטבלה שיתגרה בו יצרו לבא עליה על סמך טבילה זו" ונראה דאף אם הוא חולה ותשש כוחו דליכא למיחש שיבא עליה יש לחוש שיחבקנה או ינשקנה או אפי' יגע בה דרך חיבה.

(שעח) שם.

(שעט) מחבר שם. **עיין** בגר"א (ס"ק י"ט) ומש"כ בסוגב"ש (פ' ל"ו ס"ד בבא"א שם ד"ה ע"י) ביאור מהגר"פ אפשטיין זצ"ל.

of the activities which a Niddah is prohibited from performing for her husband (**שפ**).

Therefore, she may hand objects to him (**שפא**) (see C 2) and pour his cup (see D 27) or serve his food (see D 38) in front of him (**שפב**)—where necessary [and not feasible with a deviation] (**שפג**). She may put his shoes on his feet [and remove them] and tie and untie them, she may assist him with putting on his *Tefillin*, and even raise him, lower him (**שפד**), or support him (**שפה**) (see 3 Appli-

---

(שפ) ע' ב"י ד"ה כתב א"א.

(שפא) ב"י שם וב"ח ד"ה כתב א"א ותה"ד ס' רנ"ב הובא שם בב"י (וכתבנו לשונו לקמן בהערה שפד).

(שפב) ע' ש"ך (ס"ק י"ח) שכ' „אבל מזיגת הכוס אשכחן היתרי טובי כדלעיל ס"ק י"ג. ב"ח. ונראה דאפי' למ"ש שם דנכון להחמיר הכא בחולה שרי" וע' סד"ט (ס"ק כ"ב) ומחה"ש ולעיל הערה רמב וחכ"א (כלל קט"ז ס' י"א) שכ' „אבל מזיגת הכוס מותר שאין בזה חיבה כל כך כרחיצה" ובערה"ש (ס' כ"ד) „ובמזיגת הכוס אין קירוב כל כך" וע' בסוגב"ש (פ' ל"ו ס' י"ג ובבא"א שם).

(שפג) הכוונה בזה דאם אפשר ע"י היכר כגון ביד שמאל או תניחנו על הכר יש לנהוג כן דלא עדיפא מאם יש לו מי שישמשנו ודוק, וכ"מ מחכ"א (כלל קט"ז ס"ז) כמו שבאר בבדה"ש (בציונים ס"ק רל"ח). וכ"כ בצ"צ בפס"ד (ס"ק ט"ו) „אך אם אפשר תזהר לעשות באופן היותר טוב כגון ע"י שינויים המבוארים למעלה וכו'". וע' לעיל הערה שעו מש"כ מחז"ט ודוק.

(שפד) ע' תה"ד (ס' רנ"ב) שכ' „אמנם נוכל לומר דר"ל שימוש בלא נגיעה כגון להושיט לו דבר מידה לידו וכן שאר שימושין שהן בנגיעה ע"י דבר אחר ואפי' אם ת"ל דר"ל {פי' הטור בשם הרא"ש} כגון להקימו ולהשכיבו ולסומכו ומשום דלאו מילי דחיבה ניניהו כהרחצת פניו וכהצעת המיטות בפניו אלא מילי דעבדות נינהו וכו'" [ומחלק בין חלתה היא לחלה הוא ע"ש] והביאו הב"י, בקש"ע (ס' קנ"ג ס' י"ד) כ' „אם הוא חולה ואין מי שישמש אותו זולתה מותרת לשמשו שימוש שאין בו נגיעה רק ע"י דבר אחר אפילו להקימו ולהשכיבו ולתומכו וכו'" ומשמע מקש"ע דדוקא ע"י דבר אחר שרי להקימו וכו' ואף דלכתחילה נראה דיש לנהוג כן מ"מ נראה דאין זה כוונת תה"ד דמשמע מלשונו דאף בנגיעה מותר להקימו וכו' **באין לו** מי שישמשנו משום דלאו מילי דחיבה נינהו, **ועוד** דקיי"ל כרמ"א בס' ט"ז דאף בחלתה היא אם אין לה מי שישמשנה דמותר בכל ואיירי המחבר שם בלהקימה וכו' ולכן כ"ש בחלה הוא, וכן משמע מלשון השו"ע דבס' ט"ו כ' „אם הוא חולה ואין לו מי שישמשנו זולתה מותרת לשמשו וכו'" ולא חילק באופן השימוש משא"כ בס' ט"ז אם היא חולה כתב „אסור לבעלה ליגע בה כדי לשמשה" ע"ש. לפיכך נראה דהיכא דאפשר ע"י דבר אחר יש לעשות כן (דומה למה שכ' הפת"ש ס"ק י"ז, וע' לקמן בהערה תכט שהסכים באג"מ לעצה זו) ובאם א"א כ"א ע"י נגיעה כיון דלאו מילי דחיבה נינהו שרי [וע' בחז"ט (ס' ט"ו במו"ד ס"ק ד') ובסוגב"ש (פ' ל"ה ס"ג ופ' ל"ו ס"ז וס"ח ובא"א שם) ובבדה"ש (סס"ק קע"ו ובציונים ס"ק שט"ו) וע' בבדה"ש שם שכ' „אמנם גם הנגיעה בבשרו ממש מותר כל שאי אפשר בלא זה ומסתימת הפוסקים משמע שמותרים אז בנגיעה אע"פ שאינם נמלטים מהרגש חיבה בנגיעה זו ומכל מקום ראוי להם להסיח דעתם מזה כפי האפשר"]. ונראה דכ"ז דוקא אם הוא חולה בענין שאין לו תאוה, אבל אם יש לו arthritis בידיו או ברגליו וכדומה אבל בשאר מילי מתחזק והולך כבריא נראה דאם היכולת בידם צריכים להשכיר אחר לשמשו ולא לשמשו ע"י נגיעה (ע' סוגב"ש פ' ל"ה ס"א ובבא"א שם). **כתב** בצ"צ בפס"ד (ס"ק ט"ו) „אם הוא חולה ואין לו שישמשנו אחר זולתה מותרת לשמשו כגון להקימו ולהשכיבו ולהושיט מידה לידו איזה דבר או הנעלת מנעל והתרת מנעל (ב"ח)". **ומש"כ** לענין הנחת וקשירת תפילין כ"כ בסוגב"ש (פ' ל"ו ס' כ"ה) וז"ל „אם הבעל חולה וקשה לו בעצמו להניח תפילין ואין לו מי שיעזור לו זולת אשתו נדה מסתבר דמותרת

cation b). This should be done by indirect means (e.g. by means of a pillow or a hospital bed crank)—where feasible (**שפו**).

Similarly, where she has to hold onto him (e.g. to lift him or support him), wherever possible, she should avoid making direct contact with his body (**שפז**). Therefore, she should hold onto him through his clothes or with a towel or blanket (**שפח**).

She must exercise caution, as much as possible (**שפט**), not to wash him (**שצ**) (see E 13), nor to make his bed in his presence (**שצא**) (see E 12). However, if this is also required, it is permissible (**שצב**).

להניח לו תפילין באופן שתהא נזהרת מנגיעה דהוי נגיעה ע״י ד״א, ואם אי אפשר לה ליזהר מנגיעה תקח מפה על ידיה להפסק״ וע׳ בשו״ת באר משה (ח״ד ס״ו אות ז׳ ד״ה ועפ״י הדברים).

(שפה) לסומכו בתה״ד שם.

(שפו) שם. **כתב** בסוגב״ש (פ׳ ל״ה ס״ד) „כל מקום שצריך הפסק מפה או בגד אינו מועיל בגד או מפה המלובשים בהם הבעל או האשה (שו״ת בית שערים חיו״ד סי׳ רע״ד חמדת שאול סי׳ מ״ג)״ וע״ש בבא״א שמבאר מבית שערים דמגע ע״י דבר אחר לא מיקרי רק כשאוחז הדבר בידו ועל ידו נוגע בה, אבל כשהדבר כרוך עליה או על ידו מקרי חציצה ולא מגע ע״י דבר אחר. ונראה דאע״ג שהפת״ת (ס״ק י״ז) כ׳ ממקו״ח למשש הדפק ע״י הפסק בגד ולפי דברי הבית שערים מקרי חציצה ולא מגע ע״י דבר אחר, י״ל דשאני התם דכיון דצריך למשש הדפק, ולצורך משוש הדפק א״א ע״י דבר אחר רק בהפסק דבר דק הוי כא״א בענין אחר (ע׳ לעיל הערה שפד) ושרי.

(שפז) ע׳ שם.

(שפח) כך נראה וע׳ לעיל הערה שפו.

(שפט) כ׳ בתשובת הרא״ש (כלל כ״ט ס״ג הובא לעיל בהערה שעו) „רק שתזהר ביותר שתוכל מהרחצת פניו ידיו ורגליו והצעת המטה לפניו״ וכ״כ המחבר (ס׳ קצ״ה ס׳ ט״ו) „רק שתזהר ביותר שתוכל להזהר מהרחצת פניו ידיו ורגליו והצעת המטה בפניו״ [בהשמטת הטור תיבת „שתוכל״ ע׳ ב״י (שם בד״ה כתב א״א) שהקשה כן על הטור וכ׳ „אלא דלפי זה {פי׳ משום קושיתו ותירוצו של הב״י על הרא״ש} לא הו״ל לרבינו להשמיט תיבת שתוכל״, והמק״ח (ס״ק נ״ז) כ׳ „ומלשון הזה {פי׳ מתיבת „שתוכל״} משמע אם אינה יכולה להזהר שמוכרחת לרחוץ פניו ולהציע המטה מותרת גם בזה. ולכ״ש לפי הגהות רמ״א בסעיף שאחר {זה} שמותרת בכל מה דצריך לו הרבה כנ״ל״. וע׳ בחז״ט (ס״ק נ״ו ובמו״ד ס״ק ה׳)].

(שצ) שם. **כתב** בסוגב״ש (פ׳ ל״ו ס׳ י״ח) לענין בעלה שהוא חולה שאין בו סכנה „מותרת האשה להכין מים לבעלה בפניו לרחיצת פניו ידיו ורגליו״ והזכיר בבא״א מח׳ הש״ך והט״ז (שכתבנו לעיל בהערה שסג ושסו) וכ׳ „ומסתבר דבחולה יש לסמוך על הט״ז והסוברים כותי׳ דמותרת להכין לו מים לרחיצת פניו ידיו ורגליו״ וכ״כ בבדה״ש (ס״ק קפ״ג). **עוד כ׳** בסוגב״ש (שם ס״כ) „ולצורך מצוה כגון לנט״י שחרית או לנט״י לאכילה, וא״א להמציא לו אחר, מותרת האשה לשפוך מים על ידיו לנט״י וכו׳״.

(שצא) שם וכ׳ הב״ח „דכיון שהזכירו אותם בגמ׳ להדיא לאיסור יש להזהר בהם ביותר״. עיין לעיל (בהערה שדמ) מש״כ לענין סידור הכרים והכסתות אבל לענין חולה ע׳ בסוגב״ש (פ׳ ל״ו ס׳ ט״ו) „מותרת האשה לסדר הכרים והכסתות שיהא ראוי לשכב עליהם, אפילו בפני בעלה״ וע״ש בבא״א שם ובס׳ י״ז.

(שצב) מק״ח (ס״ק נ״ז) וכ״כ בערה״ש (ס׳ כ״ד) „ונראה דאם ההכרח גם לרחיצה והצעת המטה שא״א בלעדה מותר ג״כ וכו׳״ וע׳ בסוגב״ש (שם ס׳ י״ז בבא״א) שמדייק כן מלשון המחבר (וע׳ לעיל הערה שפט). **כתב** בשיעורי שבט הלוי (ס׳ ט״ו ס״ב) „ומ״מ כתבו הפוסקים דבשימוש שצריך נגיעה אע״פ שמותר מדינא ראוי לעשות ע״י הפסק מפה, אלא א״כ יש תועלת יותר בלי הפסק מפה״ (וע״ש לענין כפפות. ומש״כ שם מתוס׳ סוטה (י״ט.) ומנחות

These halachos apply only if he is that ill that he is unable to do these things for himself (**שצג**). However, if he is capable of doing these things for himself, she may not do these things for him (**שצד**).

If he is not ill—but is in pain or discomfort—his halachos are similar to where the wife is ill (**שצה**) (see 2).

These halachos apply even though his condition is not life-threatening. **It goes without saying that where there is any danger to life, all these restrictions are suspended** (**שצו**).

If the wife is ill

2. These halachos apply if the husband is ill. If, however, the wife is ill and she is a Niddah (**שצז**), some Poskim (**דעת המחבר**) hold that the halacha is more

---

(ס"א:) שהביאו מירושלמי דכהן מניח ידו תחת ידה והקשו דהוי כיעור וכ׳ „ופירשו בזקן, **או** ע"י כפפה" צ"ע דליתא שם כפפה אלא „מביא מפה" [וע׳ לעיל הערה שפו החילוק בין מפה לכפפה] וכתבנו לשון הירושלמי לעיל בהערה ח׳) וכ"כ בסוגב"ש (שם ס"ה וס"ח) וע׳ בשו"ת מנחת יצחק (ח"ה ס׳ כ"ז) ואכמ"ל.

(שצג) כ׳ בת׳ הרא"ש שם „ואין לו מי שישמשנו זולתה" וכ׳ הב"י „ונראה בהדיא דכל היכא דאיכא מי שישמשנו אפילו ע"י הדחק לא שרינן לה לשמשו כלל" ופשוט דאם גם בחוליו אפשר לו לשמש את עצמו ואין חשש שח"ו יכבד חוליו לית טעמא דהרא"ש „דמאחר שאין לו זולתה א"א שלא תשמשנו" וכ"כ בסוגב"ש (שם ס"ג) ובבדה"ש (ס"ק ק"פ) וחז"ט (ס"ק נ"ד). **אם** יכול לעשות בעצמו ע"י הדחק כגון שקשה מחמת חליו לעשות אבל לא יכבד חוליו אם יעשה צ"ע אם היא מותרת לעשות בשבילו אף דיהי׳ זה יותר טוב בשבילו כשאחר עושה. ונראה ודאי שאף אם יש רק חשש שמא יכבד חוליו מחמת זה שרי, ע׳ רדב"ז (ח"ד ס"ב) וע׳ בדר"ת (ס"ק נ"א) מש"כ משו"ת בשמים ראש.

(שצד) שם. ופשוט שאם הוא חולה אף שתשש כוחו לא הותר לו להקל לעשות לאשתו דברים האסורים וז"ל סוגב"ש (שם ס׳ כ"ו) „החולה אסור במזיגת הכוס והצעת מטתה ורחיצת פניה ידיה ורגליה לאשתו נדה".

(שצה) כ׳ במק"ח (ס"ק נ"ח) „מותרת לשמשו. והטעם כ׳ בתה"ד {ס׳ רנ"ב} הואיל דהוא חולה ותש כוחו לא חיישינן שיבוא לידי הרגל דבר. ומיניה אם אינו חולה ממש אלא שיש לו מיחש וכאב בעלמא דיכולה לחייש שיבוא לידי הרגל דבר אסור".

(שצו) ע׳ ערה"ש (ס׳ כ"ו) „ביאור דבריהם נ"ל דרבותינו בעלי השו"ע תרווייהו סברי דבמקום סכנה מותר וכו׳ וטעמו של דבר דאע"ג דבס"פ בן סורר ומורה (סנהדרין ע"ה.) אסרו חכמים בכל מין קורבה ואמרו ימות ואל יעבור ע"ש זהו מפני שעבר עבירה והעלה טינא ע"ש" וכ"כ הרדב"ז (הובא בפת"ת ס"ק ט"ו) וש"א, וכ׳ בצ"צ בפס"ד (ס"ק י"ז) „וכן נוהגין להתיר במקום סכנת נפשות כל מיני משמושים שעושים הרופאים מדרכי הרפואה בין באשתו נדה בין בשאר עריות". וע׳ לעיל הערה שעו (ד"ה כתב) לענין חולה שאין בו סכנה. **כתב** בסוגב"ש (פ׳ ל"ה ס"א) „בכל האופנים שהקילו בחולה בין כשהוא חולה בין כשהיא חולה, דוקא בחולה המוטל על ערש דוי ואינו מתחזק כבריא, אבל בחולה אפילו יש בו סכנה דלגבי יום הכיפורים מותר לו לאכול, מ"מ אם הולך ומתחזק כבריא לגבי דיני ההרחקות דינו כבריא ממש". **ואפילו** בחולה שיש בו סכנה כ׳ בסוגב"ש (פ׳ ל"ו ס"ה) „תזהר שלא תגע בבשרו ממש אלא ע"י הפסק דבר אחר" אם אפשר בלא נגיעה.

(שצז) כ׳ בתה"ד (ס׳ רנ"ב) „אשה שהיא חולה ורצה בעלה ליגע בה כדי לשמשנה כגון להקימה ולהשכיבה ולסומכה שרי או אסור. תשובה יראה דאסור ליגע בה וכו׳" והביא ת׳ הרא"ש (הובא לעיל בהערה שעו) וכ׳ „מ"מ אין ללמוד היתר

stringent (**שצח**). The reason of these Poskim is that although she is ill, since he is healthy there is a fear that he may succumb to his temptation and convince her to have relations with him (**שצט**).

According to these Poskim, even if it is difficult to obtain the services of someone to attend to her besides her husband (e.g. no person is available to attend to her—even for hire) (**ת**), he may not perform any activity which requires him to touch her directly (**תא**) (see 1).

משם לנ"ד די"ל דוקא כשהוא חולה והיא בריאה שרי כיון דחולה הוא ליכא למיחש להרגל עבירה דאין יצרו מתגבר עליו מפני שתשש כחו ואין האיש מתקשה אלא לרצונו ואין דרך להתאוות בחוליו ולהרגל דידה לא חיישינן דאין אשה תובעת בפה וכו' אבל כשהיא חולה והוא בריא איכא למיחש להרגל עבירה שמא יצרו מתגבר עליו ויפייסנה וכו'" ע"ש וכ"כ המחבר (ס' קצ"ה סעי' ט"ז) „אשה חולה והיא נדה אסור לבעלה ליגע בה כדי לשמשה כגון להקימה ולהשכיבה ולסמכה" וע' בגר"א (ס"ק כ') שכ' הטעם „אשה וכו' אם (בעלה) {הכוונה לסעי' י"ז} כו'. דאפי' בפיקוח נפש אסור כמ"ש בפ"ב דפסחים (כ"ה א') בכל מתרפאין חוץ כו' ובעצי אשירה ליכא אלא לאו בעלמא אלמא אפילו לאו דג' עבירות אין מתרפאין בהן ובסנהדרין (ע"ה א') בשלמא למ"ד כו' אלמא אפילו לאו דלא תקרבו כה"ג אסור" (וע' לקמן בהערה תב). פי' דעה זו ס"ל דנחשב כגילוי עריות דאסור אפילו בפיקוח נפש, וכ"כ בשיעורי שבט הלוי (ס' ט"ז ס"ק א') וע' בבדה"ש (בביאורים ד"ה אסור לבעלה) אחר שהביא דברי הגר"א כ' „ולפי מש"כ בציונים אות כ"ד בשם כמה גדולים שנגיעה דרך בגד אינו אלא מדרבנן לכו"ע א"כ יש להתיר כאן אף לדעת המחבר שיגע בה דרך בגד וכה"ג". [ולענין מש"כ דנדה כג"ע ע' בחז"ט (ס' י"ז במו"ד ס"ק ג' בסופו)]. ומש"כ לענין אשה חולה והיא נדה כ' בסוגב"ש (פ' ל"ו; ס"ב) „בכל דיני חולה אין שום חילוק אם האשה טמאה נדה מראית וסת או מחמת מציאת כתם" וכ' שם בבא"א משו"ת בית שערים „דאין להקל להבעל בדיני הרחקות לשמש אשתו החולנית כשהיא טמאה משום מציאת כתם דהוי דרבנן, אדרבא כל שקיל יותר יש לחוש יותר שיבוא לידי הרגל דבר, כמ"ש הט"ז (ס"ק ט') בשם הב"ח בימי ליבון, עיי"ש". כתב בסוגב"ש (פ' ל"ו ס' מ"ז) „ופשוט שאסורה האשה החולנית במזיגת הכוס ובהצעת מטתו וברחיצת פניו ידיו ורגליו של בעלה".

(שצח) מחבר מתה"ד שם.

(שצט) תה"ד שם.

(ת) ע' לעיל בהערה שעז דלרוח חיים ורדב"ז אם יוכל לשכור לה אשה שישמשנה מחוייב לשכור אבל אם א"א להשיג א' לשמשנה כ' ברדב"ז שם „וכי יניחנה שתמות אין זה דרכי נועם". בשיעור ההוצאה שחייבים בזה ע' בפת"ת (ס' קנ"ז ס"ק ד') אם מחוייב להוציא כל ממונו על זה, ובשיעורי שבט הלוי (ס' ט"ז ס"ג ד"ה ובשיעור) כ' „לא מסתבר שצריך למסור בזה כל ממונו, אך כשאפשר צריך לשכור אחות" וע' בסוגב"ש (פ' ל"ו ס' כ"ט ובבא"א שם).

(תא) כ' המחבר שם „אסור לבעלה ליגע בה כדי לשמשה כגון להקימה ולהשכיבה ולסמכה" בקש"ע (ס' קנ"ג ס' י"ד) כ' „אסור לבעלה לשמשה אפילו בלא נגיעה וכו'" [פשוט דאיירי בשימוש בדברים האסורים ע' ב"י וב"ח (ד"ה כתב א"א)], אבל ע' בבדה"ש (ס"ק קפ"ו) שכ' „אסור לבעלה ליגע בה וכו'. אבל להושיט חפץ לידה או ליטלו מידה וכן שאר שימושים שהם בנגיעה על ידי דבר אחר כהנעלת מנעל וכדומה מותר אף לדעת המחבר" וכ"כ בחז"ט (ס"ק נ"ט) „ליגע בה כו' — אבל שימוש בלא נגיעה כגון להושיט לה דבר מידו לידה וכן שאר שימושין שהן בנגיעה ע"י דבר אחר שרי" וכך סתמנו בפנים.

Many Poskim (דעת הרמ״א) hold (**תב**) that in case of great need (**תג**), even if there is no danger to life (**תד**), many of these restrictions are permissible (**תה**). Under these conditions, if it is difficult to obtain the services of someone to attend to her besides her husband (e.g. no one else is available to attend to her—even for hire) he may hand objects to her and pour her cup even in front of her (**תו**)—if not feasible with a deviation (**תז**) (e.g. placing it down with his left

---

(תב) כ׳ בד״מ (ס״ק ו׳) „אמנם בשערי מדורא בהג״ה כתב דיש מתירין אפילו היא חולה עכ״ל {ז״ל „ונראה אפי׳ אם היא חולה ואין לה מי שישמשנה זולתו״} ואני מצאתי ההג״ה במרדכי פ״ק דשבת שכתבה וז״ל כתב הר״ם אותן שנזהרין ליגע בנשותיהן נדות כשהן חולות שזהו חסידות של שטות מפי הר״ר טוביה מפראג עכ״ל ההג״ה שם״ וכ׳ הרמ״א (בס׳ ט״ז) „וי״א דאם אין לה מי שישמשנה מותר בכל (הגש״ד והגמ״ר פ״ק דשבת בשם הר״מ) וכן נוהגין אם צריכה הרבה לכך״ וכ׳ הגר״א (ס״ק כ״א וע׳ מש״כ בס״ק כ׳ הובא לעיל בהערה שצז) „דהלאו הזה הוא דוקא אם מתכוין בשביל ערוה אבל בלא״ה אינו אלא מדרבנן״ וכ״כ הלבוש הטעם [וע׳ בחז״ט (ס״ק ס׳) שכ׳ עוד טעם וז״ל „דבאופן כזה לא מיקרי תו מילי דחבה וכשכ״נ לעי׳ בסעיף הקודם ס״ק נ״ה, דחבה לא שייך רק היכי דאפשר באחר ואז אם הוא משתדל לעשותו הוי חבה, אבל היכי שא״א {לה לעשות בעצמה} אין שם חבה עליו״] וכ״פ בחכ״א (כלל קט״ז ס׳ י״א) ומטה אפרים (באלף למטה ס׳ תרט״ו ס״ק א׳). [ונראה דהערה״ש (בס׳ כ״ז) בתחילת הסעיף מפרש כוונת הרמ״א, דהרמ״א מתיר אפילו בחולה שאין בו סכנה, ומש״כ הרמ״א (בס׳ י״ז) דמותר „אם אין רופא אחר וצריכה אליו ויש סכנה בחלי׳״, דבזה גם המחבר מודה דמותר, אבל הרמ״א בעצמו מתיר אפי׳ בחולה שאין בו סכנה. כך כתב בפי׳ דברי הרמ״א, אבל לדינא נראה דבסוף הסעיף החמיר ערה״ש בחולה שאין בו סכנה ומתיר רק בחולה שיש בו סכנה].

(תג) כ׳ הרמ״א (ס׳ ט״ז) „אם צריכה הרבה לכך״. **בגדר** הצורך כ׳ בבדה״ש (ס״ק קצ״א) „אם צריכה הרבה לכך. לתועלת רפואתה או כדי למנוע הכבדת החולי״ וע׳ בציונים שם (ס״ק שמ״ב) ובסוגב״ש (פ׳ ל״ו ס׳ ל״ב) וע״ש (בבא״א) משו״ת בית שערים (ס׳ רע״ד) „שמסתפק אם כונת הרמ״א שהוא צורך גדול, או כונת הרמ״א שצריכה הרבה פעמים לכך ואי אפשר ע״י אחרים״.

(תד) ע׳ ערה״ש (ס׳ כ״ז) שכ׳ „וכל דינים אלו מיירא שלא במקום סכנה ולכן כשהיא חולה אסר רבינו הב״י ורבינו הרמ״א התיר מפני שאין זה בגדר ג״ע כיון שעושה דרך שימוש ולא לתאוה וזהו שכתב וכן נוהגין אם צריכה וכו׳ ולא כתב מקום סכנה״ וע׳ בבדה״ש (ס״ק קפ״ז) שכ׳ עוד טעם וז״ל „דכיון שהוא טרוד במלאכתו להקימה ולהשכיבה שצריך לדקדק שלא יזיק לה בכך אינו בא לידי תאוה על ידי הנגיעה בה ולכן התירו אע״פ שאינה מסוכנת״ וע״ש שמסיים „ומסתימת הפוסקים משמע שמותרים בזה אע״פ שאינם נמלטים מהרגש חיבה בנגיעה זו ומכל מקום ראוי להם להסיח דעתם מזה כפי האפשר״ וע״ש בביאורים (ד״ה וי״א דאם אין לה) מש״כ לתרץ הסתירה מס׳ י״ז דמשם משמע דוקא אם יש בה סכנה. וע׳ לעיל (בהערה שצו ד״ה כתב) שנוגע גם אם היא חולה. ומש״כ ברמ״א „אם צריכה הרבה לכך״ ע׳ בסוגב״ש (פ׳ ל״ה ס״ה) שכ׳ „היינו שמחמת חליה צריכין לשמשה כגון שהיא מוטלת על ערש דוי וצריכין להקימה ולהשכיבה ולסומכה כדרך החולים ואי אפשר בלא זה, אבל אם סיבה אחרת גורמת שצריכה הרבה לכך אין להתיר להוליכה ולסעדה ולתומכה בידו״ וע׳ בבא״א שם.

(תה) שם.

(תו) כ׳ הרמ״א שם „מותר בכל״. **כתבנו** מזיגת הכוס ולא פירשנו אי איירי דוקא בכוס של שאר משקין או אפילו של יין, וע׳ בסוגב״ש (פ׳ ל״ו ס׳ ל״ו וס׳ ל״ז) ובבדה״ש (ס״ק ק״צ). **ולענין** לשלוח לה את הכוס ע׳ בסוגב״ש (שם ס׳ ל״ה). **לענין** הושטת מאכלים ע״ש (ס׳ ל״ח).

hand, see D 28) (**תח**). He may put her shoes on her feet [and remove them] and tie and untie them. Here also (see 1), in case of great need, and no one else is available, he may even raise her, lower her or support her (**תט**)—preferably if done by means of some object (**תי**) (e.g. by means of a pillow or hospital bed crank)—where feasible (**תיא**).

Some Poskim (**דעת הרדב"ז**) hold that washing her, however, is prohibited (**תיב**). However, even according to these Poskim, where washing her is required

---

ומש"כ דאין מי שישמשנה אפי' ע"י שכירות ע' לעיל (הערה שעז) וכ' בבדה"ש (ס"ק קפ"ח) „דאם אין לה מי שישמשנה מותר וכו'. אבל אם מוצא הבעל לשכור לה משרתת חייב לשכור לה [ובזה חמור דין חולה היא מדין חולה הוא שאינו חייב בזה כנ"ל בס"ק קע"ח]".

(תז) ע' לעיל הערה שפג. **עיין** בסוגב"ש (פ' ל"ו ס' ל"ו) שהתיר לבעל לשמש לאשתו חולה אף שאין בה סכנה בכמה דברים בלי שינוי אפילו בפניה כגון מזיגת יין בלא הושטה, או הושטה בלא מזיגה, או מזיגה מחבית לכלי, או מזיגה של שאר משקין ע' בבא"א שם הטעם. וע"ש (בס' ל"ז) שכ' „יש להסתפק אם אסור הבעל למזוג ולהושיט הכוס לאשתו החולנית" וע' בבדה"ש (ס"ק ק"צ) ודוק.

(תח) ע' מחבר ס"י ולעיל בהערות רא־רו.

(תט) למחבר ס' ט"ז מתה"ד אסור אבל לרמ"א שם דס"ל „דאם אין לה מי שישמשנה מותר בכל" ה"נ דשרי אם צריכה הרבה לכך, וכ"כ הרדב"ז (ח"ד ס"ב) להדיא. **ומש"כ** התרת והנעלת מנעל הוא מסוגב"ש (פ' ל"ו ס' ל"ג) ובדה"ש (ס"ק קפ"ו) ע"ש. **כתב** בחז"ט (ס"ק ס"ב) „אם צריכה הרבה לכך. — פי' כגון שצריכה הרבה ההקמה או ההשכבה או הסמיכה אז יש להתיר על ידו כשאין לה מי שימשנה, אבל אם אינה צריכה הרבה לדברים האלה אף שאין לה מי שישמשנה אין לו לעשות דברים אלה — ואם יש יכולת בידו לשכור איזה אשה בוודאי מחויב לשכור ולא יעשה בעצמו. ואם מתה אשתו ר"ל מותר ליגע בה" וכ"כ בפת"ת (ס' קצ"ה סס"ק ב'). **ולענין** נגיעה ממש ע' בסוגב"ש (פ' ל"ו ס' ל"ד ובא"א שם) וע' לעיל מש"כ בהערה שפו ד"ה כתב.

(תי) ע' לעיל בהערה שפד מש"כ מקש"ע ופת"ת ובסוגב"ש (פ' ל"ה ס"ג וס"ד ופ' ל"ו ס' ל"א וס' ל"ג).

(תיא) שם. **לענין** הצעת המטה ע' בסוגב"ש (פ' ל"ו ס' ל"ט) שכ' „מותר הבעל לסדר הכרים והכסתות שיהיו ראויים שתשכב עליהם **אפילו** בפניה" (ושם ס"מ) „פריסת הסדינין והמכסה אסור הבעל לסדר בשביל אשתו בפניה" **(ושם** ס' מ"א) „כשאי אפשר ליזהר **שיציע** המטה שלא בפניה והיא חולה שיש בה סכנה, מותר הבעל לפרוס הסדינין והמכסה בפניה" ע"ש בבא"א.

(תיב) כ' הרדב"ז (ח"ד ס"ב) „אבל **מודינא** שלא ירחוץ פניה ידיה ורגליה שהם **דברים** של חיבה ביותר ואם היא מסוכנת אצל הרחיצה אפשר לו להשליך מים על פניה ידיה ורגליה ואם אי אפשר אלא ברחיצה ממש מותר **שאין** לך דבר עומד בפני פקוח נפש וכו'" **הביאו** בפת"ת (ס' קצ"ה ס"ק ט"ו ויש ט"ס שם **דהוא** בח"ד ולא בח"א) ואע"ג **דמשמע** מרדב"ז דאזלא לדעת המחבר דמיוסד תשובתו **אתשו'** הרא"ש ותה"ד אבל לדברי הרמ"א **דמותר** בכל אם צריכה הרבה לכך נראה דגם זה **שרי אף** שלא במקום סכנה [ע' לעיל הערה תב (**מביאור** הגר"א) והערה תד (מערה"ש) הטעם], **מ"מ** מדהביא הפת"ת דברי הרדב"ז על **דברי הרמ"א**, שכ' „מותר בכל" משמע שס"ל **בדעת הרדב"ז** דאפילו לדעת הרמ"א אינו מותר רק **במקום** סכנה. אבל ע' בחז"ט (ס"ק ס"א **שנכ' בס"ד** לקמן בהערה תיז) על דברי הרמ"א **שכ' „מותר** בכל" וכ' ע"ז „משמע אפי' ברחיצת פני' ג"כ שרי היכי שא"א בענין אחר וכו'" ע"ש וכן בבדה"ש (ס"ק קפ"ט) כ' „מותר בכל. **ומלשון** זה משמע קצת שגם הרחצת פניה ידיה ורגליה מותר כשצריכה לכך מחמת חליה **אמנם** בתשובות הרדב"ז כתב וכו'" וע' בסוגב"ש (פ' ל"ו ס' מ"ה בבא"א). **לענין** הכנת מים במקום חולי מותר אפילו בפניה (ע' בסוגב"ש **שם** ס' מ"ב ובבדה"ש בס"ק קפ"ט בסופו), **דכיון**

to prevent danger to life (תיג) (e.g. she fainted or has high temperature and requires a rubdown) (תיד) [and no one else is available to attend to her—even for hire], it is permissible. He should preferably pour the water, alcohol, or other liquids on her and not touch her* (תטו). However, where this is not possible (i.e. she must have a rubdown, and pouring liquid on her would not suffice), even washing her directly is permissible (תטז).

According to the view of many Poskim (דעת הרמ"א), in case of great need—even if there is no danger to life, washing her indirectly (i.e. as above, with pouring of liquid) is permissible (תיז). Where it is not possible by indirect means (i.e. she must have the rubdown), even washing her directly is permissible (תיח).

Where there is any danger to her life, he should immediately do whatever is required until the danger has passed [or until someone else becomes available] (תיט) (see 5 Application c concerning labor and childbirth).

*Note: Where required, under these conditions, it is permissible to wash her

---

דתלוי במחלוקת, במקום חולי יש לסמוך על הט"ז ודעימיה (וע' לעיל הערה שצ). **ולענין אם** מותר לשפוך מים על ידיה לנטילת ידים שחרית ולסעודה, כ' בסוגב"ש (שם ס' מ"ו) „בדוחק גדול שאי אפשר להמציא לה ע"י אחר, מותר הבעל לשפוך מים על ידיה (כפה"ח סי' קנ"ט ס"ק ע"ד) ומשמע שם אפילו כשהיא חולה שאין בה סכנה" וגם הובא דברי כה"ח בבדה"ש (ס"ק קפ"ט).

(תיג) רדב"ז שם.

(תיד) כך נראה [ציור שנתעלפה הוא מסוגב"ש (שם ס' מ"ה)].

(תטו) רדב"ז שם.

(תטז) רדב"ז שם דבמקום פיקוח נפש גם זה שרי, וכ"כ בערה"ש (ס' כ"ז) דבמקום סכנה גם המחבר מתיר.

(תיז) ע' לעיל הערה תב והערה תיב, וכ' בחז"ט ס"ק ס"א „מותר בכל כו' — משמע אפי' ברחיצת פני' ג"כ שרי היכי שא"א בענין אחר וכנ"ל גבי אם הבעל חולה, והאחרונים הביאו בשם הרדב"ז ז"ל וכו'" ע"ש ובערה"ש שם (הובא לעיל בהערה תד).

(תיח) כך נראה ע"פ הנ"ל.

(תיט) ע' לעיל הערה שצו, ופשוט דחיבוק ונישוק וכ"ש תשמיש אסור אף בכה"ג, ונראה דאף נגיעה דרך חיבה אסור דהוי בכלל אביזרייהו. **ומש"כ** עד שיבוא אחר שישמשנה, דדבר זה מותר רק אם אין שם מי שישמשנה זולת בעלה, אבל אם יש שם מי שישמשנה אפילו בשכירות אסור (כמבואר לעיל בהערה שעז והערה ת), ע' בסוגב"ש (פ' ל"ו ס' כ"ט ובא"א שם). **כתב** בסוגב"ש (שם ס' מ"ח) „אשה חולנית שיש בה סכנה ויש לה אם או אחות לשמשה, רק רצונה דוקא לעשות כל צרכיה להקימה ולהשכיבה ולסומכה ע"י בעלה, מ"מ אסור הבעל לשמשה (חנוך בית יהודה תשו' ס"ו הפ"ת ס"ק ט"ו ציין שם)" וע' בבא"א שם שכ' „עיי"ש שכתב דממ"נ אסור דאם היא בדעתה צריך להסביר לה שתבקש ההיתר ולא מה שאסור לה, ואם האשה יצאה מדעתה פשיטא שאין לחוש לדברי', דאטו נותנים לתינוק מה שחפץ". ופשוט דאם האשה יושבת על המשבר או שהיא תיכף אחר לידה ומשתוקקת לאחוז ביד בעלה אף שהיא מסוכנת צריכים להסביר לה דזה ממש דרך חיבה ואסור וע' בשו"ת מנחת יצחק (ח"ה ס' כ"ז) והובא בסוגב"ש (דף תכ"ו) וע' במנ"י שם שכ' „וכבר הארכתי בספרי (ח"ד סי' ח') באם ע"י חשש טירוף הדעת של החולה, נחשב לסכנה עיי"ש, אבל כ"ז, אם באמת יש לחוש לטירוף הדעת, אבל נשים דעתן קלות, ויש לחוש שמבקשין כן משום קלות הדעת, ולא משום טירוף הדעת וכו'" ע"ש.

(תכ) ע' לעיל הערות נה, שפד, שפו.

down by means of an intervening object such as a large sponge, brush or towel (**תכ**).

If her husband is a physician

3. If the wife is ill and her husband is a physician, he may not treat her with any treatment which involves physical contact [when she is a Niddah] (**תכא**). Therefore, he may not take her pulse (**תכב**). However, if no other physician is

---

(תכא) כ׳ בתה״ד (ס׳ רנ״ב) „וכן העתיק אחד מהגדולים בשם גדול דאשה חולה ובעלה רופא אסור למשש לה הדפק״ וכ״כ המחבר (ס׳ קצ״ה ס׳ י״ז) „אם בעלה רופא אסור למשש לה הדפק״ וע׳ ש״ך (ס״ק כ׳) „דודאי אף להרמב״ם ליכא איסור דאורייתא אלא כשעושה כן דרך תאוה וחיבת ביאה״ וע׳ מש״כ לעיל בהערה נא (ד״ה עיין) ובחז״ט (ס׳ י״ז במו״ד ס״ק ג׳) ראיות לדברי הש״ך. וע׳ מש״כ שם דהנובי״ת (יו״ד ס׳ קכ״ב ד״ה ואמנם הנגיעה) כ׳ אדברי הש״ך „וכבר פשט המנהג כדבריו וא״כ נגיעת אשתו נדה כשאינו דרך חבה אינו אלא מדרבנן וא״כ הטעם משום שמא יבא לידי הרגל דבר וכו׳״ וכ״פ החוו״י (ס׳ קפ״ב). וע׳ לקמן (בריש הערה תכג) דאף דנוהגין היתר כרמ״א בס׳ ט״ז „אם צריכה הרבה לכך״ וכ״פ בס׳ י״ז „דנוהגין היתר אם צריכה אליו״ מ״מ בדליכא צורך דוקא בו, כגון שאפשר להשיג רופא אחר דהוה מומחה כמותו לחולי שלה אין להקל, וכ״כ בסוגב״ש (פ׳ ל״ז ס״א) „אשה חולה ובעלה רופא ויש רופא אחר מומחה כמותו, לכו״ע אסור בעלה למשש הדופק שלה״ [ואיירי שם בחולה שיש בו סכנה]. וכ׳ שם (ס״ב) „אין רופא אחר בעיר חוץ מבעלה, יש אוסרים לו למשש לה הדופק (מחבר סי״ז לבוש תוה״ש ס״ק ט״ו ב״ש אהע״ז סי׳ כ׳ סק״א) ויש מתירין וכן נוהגין, (רמ״א סי״ז ש״ך סק״כ, ס״ט ס״ק כ״ד, חו״ד ח׳ ס״ק י״ג, חכ״א כלל קט״ז ס״ק י״ב, ערוה״ש ס״ק כ״ז, פר״ד ש״ל סק״כ, פת״ז סקט״ז, שו״ת בית שערים חיו״ד ס״ק רע״ד, פתח״ז בשם החיד״א)״ וע״ש בבא״א. **ומש״כ** רפואה שצריך ליגע בה כ״מ משם וכ״כ בפרדס שמחה (ס״ק ס׳) „וה״ה הקזת דם ושאר רפואות, הנצרך עי״ז ליגע בה״. **ולענין אם הוא חולה והיא רופאה** ע׳ בבדה״ש (ס״ס קצ״ה בביאורים ד״ה סכנה) שהניח בצ״ע וע׳ בסוגב״ש (פ״ ל״ז ס׳ י״א־י״ט) שהאריך בכמה פרטים בזה ע״ש.

(תכב) מחבר שם „אסור למשש לה הדפק״ ובתה״ד שם כ׳ „דמשוש הדפק לאו דרך חיבה הוא כלל אלא דרך אומנות״ ואפ״ה אסור. אבל ע׳ בש״ך שם שמוכיח דאף לרמב״ם ליכא איסור דאורייתא אלא כשעושה כן דרך תאוה וחיבת ביאה וכ׳ „וכן המנהג פשוט שרופאים ישראלים ממששים הדפק של אשה אפילו אשת איש או עובדת כוכבים אע״פ שיש רופאים אחרים עובדי כוכבים וכן עושים שאר מיני משמושים ע״פ דרכי הרפואה אלא הדבר פשוט כמ״ש וכו׳״ [וע׳ בחז״ט (בדר״ק ס״ק ס״ג) שכ׳ „ושלא כדרך רפואה משמע מדעת הפוסקים שאסור ליגע באשת איש אפי׳ שלא כדרך חבה אי מה״ת אי מדרבנן״ ע״ש ולעיל בהערה נא] ובתוה״ש (סס״ק ט״ו) רצה לדחות ראית הש״ך ממנהג הפשוט וכ׳ „אין זו ראיה כלל דיותר יש לחוש באשתו נדה שלבו גס מבאשה אחרת וכו׳״ ע״ש [וכ״כ בבדה״ש (ס״ק קצ״ה) ובציונים (ס״ק שמ״ו) מזרע אמת] אבל בכו״פ (ס״ז) וסד״ט (ס״ק כ״ד) כתבו לדחות דברי תוה״ש דטעם ההיתר הוא משום דעוסק במלאכתו (ע׳ ע״ז כ:) וכ״כ בערה״ש (ס׳ כ״ז) [והוכחת תוה״ש שם מת׳ הרשב״א והרמ״א באה״ע דחו בכו״פ וסד״ט שם וכ׳ „במה שאסרו חכמים משום הרגל דבר בהא הוא דשייך לחלק בין אשתו נדה דלבו גס בה לאשה דעלמא אבל מה שאסור מה״ת משום קריבות ערוה ודאי דחמירא א״א מאשתו נדה״] וע׳ בש״ך שם שמסיק „מ״מ באין סכנה אסור לבעלה למשש הדפק כשהיא נדה וכו׳״ וכן מסיים בערה״ש שם (וע׳ לקמן בהערה תכג), וע׳ אג״מ אה״ע ח״א ס׳ ל״ג ד״ה ומה, וח״ב ס׳ י״ד ד״ה ועוד וד״ה והנה, ויו״ד ח״ג ס׳ נ״ד אות ב׳.

available (**תכג**), or he is more qualified to treat her (**תכד**) (e.g. he is a specialist

---

(תכג) ע' לעיל בהערה תכא, וכ' הרמ"א [בס' י"ז] „ולפי מה שכתבתי {בס' ט"ז} דנוהגין יותר אם צריכה אליו דמשמש לה כ"ש דמותר למשש לה הדפק אם אין רופא אחר וצריכה אליו ויש סכנה בחליה" כ' במק"ח (ס"ק ס"א) „ורמ"א מתיר בשלשה תנאים דוקא אם אין רופא אחר, ואם יש רופא אחר ואין מומחה כל כך כמי שאינו דמי, וכן אם בעלה מקיז דם אם אין אחר דיכול להקיז דם כמותו בקל ובטוב כמו בעלה מותר להקיז לה, ותנאי שלישי וצריכה אליו היינו שחשקה נפשה לרפאות אותה ויש סכנה בחליה דאיכא סכנות נפשות ואפשר להתיר מפני פקוח נפש וכו'". [והנה במש"כ ג' תנאים ע' בסוגב"ש (פ' ל"ז ס"ב בבא"א שם) שכ' דבאמת הוי רק ב' תנאים ע"ש וצ"ע]. **הנה** מש"כ במק"ח „וצריכה אליו וכו' דאיכא סכנות נפשות" בערה"ש (ס' כ"ז) כ' „ובמישוש הדפק שאסר רבינו הב"י מיירא ג"כ שלא במקום סכנה וזהו שכ' רבינו הרמ"א דמותר כשאין אחר ויש סכנה וכו' כלומר דבזה גם רבינו הב"י מודה שהרי מקורו מהב"י ע"ש אבל לרבינו הרמ"א אפשר דמותר גם באין סכנה כמו שהתיר מקודם אך שכתב דכ"ש במקום סכנה דלכ"ע שרי [כנלע"ד] וכו' ומ"מ באין סכנה אסור לבעל למשש הדפק של אשתו נדה וכו'" וע' בצ"צ בפס"ד (ס"ק י"ז) שכ' „ומ"ש רמ"א כאן במשמוש הדופק דוקא ביש סכנה ואין רופא אחר ובשימוש להקימה ולהשכיבה כ' סתם דמותר אם אין לה מי שישמשנה משמע אף באין סכנה עכ"פ הדבר צ"ע אם יש בו [דוקא] צורך והכרח אשר א"א בלעדו השימוש להקימה או להשכיבה (משא"כ) [וכן] במשמוש הדופק צ"ע אם אין צורך בו לרפואה ואע"ג דעדיין יש בזה צורך עכ"פ אף באין סכנה כדי למהר רפואתה עי"ז שיבחין בדופק מה חלי' ויתן לה רפואות נ"ל כיון דיש כמה ספיקות בדבר אולי לא יבחין בחלי' ואם יבחין אולי לא ידע רפואתה [והתועלת] שיגיע מזה רחוק הוא ע"כ אין להתיר אלא במקום סכנה" (וכעין זה כ' בחז"ט ס"ק ס"ו). והנראה בזה דמש"כ הרמ"א „ויש סכנה בחליה" פירושו כמו שכ' בערה"ש שם ברמ"א דקאי על שיטת המחבר, או דאיירי בסכנה שאינו סכנת נפשות כגון סכנת אבר [אף דלא משמע כן מב"י (ד"ה וכתב עוד, שהוא באמצע ד"ה כתב א"א) שכ' „פקוח נפש" והוא מקורו של הרמ"א, אמנם ע' בבדה"ש (בביאורים ד"ה ויש סכנה) ובסוגב"ש (פ' ל"ז ס"ו וס"ז)], או כמו שכ' הרדב"ז (ח"ד ס"ב) „שאפי' שאין לה סכנה עכשיו אפשרי קרוב הוא שע"י שאין מי שישכיבנה ויקימנה תבא לידי חולי שיש בו סכנה" וכ"פ בלו"ש (ס"ק ל' וס"ק ל"ב). וכיון שאינו נוגע בה דרך חיבה כדפירשו הרדב"ז ולו"ש וערה"ש (בדברי הרמ"א) [אף שיש כמה פוסקים שסוברים שגם להרמ"א מותר רק במקום סכנה, ע' חז"ט (ס"ק ס"ו) ובדה"ש (ס"ק קצ"ב, קצ"ד,קצ"ח) וסוגב"ש (פ' ל"ז ס"ד)] המיקל גם בחולה שאין בו סכנה במקום צורך גדול יש לו על מי לסמוך. וכ"כ בשיעורי שבט הלוי (בש"ך סק"כ ד"ה בא"ד מ"מ) בשם הרבה גדולי האחרונים „דאפילו בחולה שאין בו סכנה שרי כשיש צורך גדול" [ונראה דיש לצרף לזה הסוברים דנדה אינה בכלל גילוי עריות ע' דע"ת (ס' י"ז) ושיעורי שבט הלוי (ס' ט"ז ס"ק ב') וחז"ט (במו"ד ס' י"ז סס"ק ג')] ובבדה"ש (סס"ק קצ"ח) כ' „וצ"ע לדינא" ובציונים (שם ס"ק שנ"ג) כ' „ובטהר"י כתב שהמיקל בזה לא הפסיד".

(תכד) דכ' הרמ"א שם „אם צריכה אליו" ובמק"ח (ס"ק ס"א) כ' „ואם יש רופא אחר ואין מומחה כל כך כמי שאינו דמי" (וכ"כ בסוגב"ש פ' ל"ז ס"ג בשם „יש שכתבו" והביאו מהדר"ת (ס"ק נ"ו בשם שו"ת זרע אמת) וע' בחז"ט (ס"ק ס"ה) שכ' „ואפשר דה"ה אם יש שם רופא אחר אלא שהוא יותר מומחה מהן, או שבו בטח לבה יותר ובפרט במקום סכנה" וע' במק"ח שהבאנו לעיל (בהערה תכג) שכ' „וצריכה אליו היינו שחשקה נפשה לרפאות אותה ויש סכנה בחליה דאיכא סכנות נפשות ואפשר להתיר מפני פקוח נפש".

and an equally competent specialist for her condition is not available) (**תכה**), in case of great need* (i.e. this treatment is crucial, see Note on page 221), it is permissible (**תכו**).

Similarly, if her condition may be serious and time cannot be wasted in order to obtain the services of another physician (**תכז**), it is permissible for her husband to perform all such services (**תכח**). Wherever possible, a method should be employed so as to avoid making direct contact with her (e.g. taking the pulse through a cloth or garment) (**תכט**).

Where one of them needs injections regularly, a Rav should be consulted (**תל**).

*Note: This halacha is according to the view of many Poskim (דעת הרמ״א) discussed in 2, which permits this in case of great need—even if there is no danger to life; this is the minhag.

Applications: a) When the wife is a Niddah, the husband may apply eye drops into her eyes [or vice versa]—if no one else is available. However,

---

(תכה) כך נראה ע״פ הנ״ל, וע׳ בבדה״ש (ס״ק קצ״ו) שכ׳ „או שהבעל בקי יותר במשוש דפק אשתו להיותו יודע טבעה מותר לבעל למשש דפקה״ (וע״ש בציונים ס״ק שמ״ז ובדר״ת ס״ק נ״ו).

(תכו) ע׳ לעיל הערות תכג־תכה. **ומש״כ** דצריכים לרפואה זו ע׳ בשיעורי שבט הלוי (ס׳ י״ז ד״ה מדידת) „אמנם מה שהולכים למשש הדופק גם כשאין כ״כ חולי אלא בודקים בכל הרגשה גם הרמ״א מודה דאסור״ וע׳ בחז״ט (בדר״ק ס״ק ס״ג הובא לעיל בהערה תכב).

(תכז) ע׳ לעיל בהערה שצו, ולפי מש״כ בהערה תכג מערה״ש שפי׳ ברמ״א שכ׳ „ויש סכנה בחליה״ (דקאי על דברי המחבר) שרי בלא זה, ואפילו לפי׳ מק״ח שם (ולש״פ שהתירו רק בסכנת נפשות) בכה״ג שרי, דלהיתר פקוח נפש לא בעינן ודאי סכנה אלא אף ספק סכנה ואכמ״ל. וע׳ בדר״ת (ס״ק נ״ד) שכ׳ מת׳ הרדב״ז (ברמ״א ס׳ ט״ז שכ׳ „וכן נוהגין אם צריכה הרבה לכך״) „ואפי׳ חולי שאין בה סכנה אני אומר שמותר דאע״פ שאין בה סכנה עכשיו אפשר וקרוב הוא שע״י שאין מי שישכבנה ויקימנה תבוא לידי חולי שיש בה סכנה וכו׳״ ע״ש.

(תכח) שם.

(תכט) כ׳ במק״ח (ס״ק ס״א) „וראיתי מורים שהורו בנדון זה להניח בגד דק על הדפק ואז מותר לבעלה הרופא למשש הדפק על אותו הבגד המפסיק״ (הובא בפת״ת ס״ק י״ז) ומקור קולא דהפסק בגד ע׳ ירושלמי הובא לעיל הערה ח׳. והסכים לעצה זו באג״מ (אה״ע ח״ב ס׳ י״ד ד״ה ועוד) וז״ל „וניחא מה שאיתא בפ״ת סקי״ז בשם ספר מקור חיים שיניח בעלה בגד על הדפק ויהיה מותר למששה, דכיון שהאיסור הוא מצד דיני התרחקות מותר בשינוי הנחת בגד שאיכא היכר״.

(תל) ע׳ בכנה״ג (נדפס בגליון השו״ע) בשם הרדב״ז ומש״כ עליו, וע׳ בחכ״א (כלל קט״ז ס׳ י״ב) לענין הקזת דם, ונראה דה״ה לענין זריקות שקורין injections. ויש ליזהר שלא ליגע בה, ואם מוכרח ליגע בה יהיה דרך בגד. ואם הזריקה צריכה להיות במקום מכוסה תיזהר שלא לגלות יותר ממה שצריכה לזה, והיכי שאפשר נכון לזרוק כשיש עליה חתיכת בגד עם נקב קטן להכניס שם המחט. **ומש״כ** דהיינו דוקא אם רגיל בזריקות דדוקא באופן זה דקשה למצוא תמיד מי שיעשה זאת אבל באקראי יש להחמיר בזה, אם לא במקום חשש סכנה, וע׳ בסוגב״ש (פ׳ ל״ז ס״ח־ס״י), וע׳ בשיעורי שבט הלוי (ס״ס ט״ז) מש״כ אדברי ת׳ בית שערים.

this should be done without direct contact with one another. If this is not possible, he should use a cloth or the like (**תלא**).

b) If he is blind and no one else is available to direct him except his wife—who is a Niddah, she may do so by holding onto his cane (**תלב**). If this is not possible, in case of necessity (e.g. to cross the street), she may even direct him by leading him by his garment (**תלג**).

c) If she is in labor, as long as she has not experienced any bleeding and she is still able to walk, he may touch her to assist her (**תלד**).

(תלא) דר"ת (ס' קצ"ה ס"ק נ"ו) **בשם שו"ת** בית שערים [ע"ש שכ' „ע"כ להטיף לתוך העין שהוא מגע ע"י ד"א יש להתיר אבל ליגע בעין גופא לפתחו אם אפשר ע"י אחר תעשה זאת ע"י אחר ואם א"א בשום אופן ע"י אחר עכ"פ יש לעשות כמ"ש הפת"ש בשם המקור חיים להניח בגד המפסיק"] וכן שמעתי מפי הגרמ"פ זצ"ל, וע' לעיל בהערה נה. **ויש** לעיין אם באופן זה צריך לכתחילה לשכור אחר להטיף לתוך עינה (כמ"ש לעיל בהערה שעז ובכ"מ). ונראה דכיון דהוה שימוש בלא נגיעה (דא"צ ליגע בה כדי להטיף לתוך עינה דהיא פותחת וסוגרת את עינה בעצמה) ואף אם במקרה יגע בה ע"י הכלי שמטיף ממנה הוה נגיעה ע"י דבר אחר ואין צריך לשכור אחר. ולא דמי להרחצת פניו ידיו ורגליו או ליצוק לו מים (בס' י"ב וס' ט"ו) דאסור אפילו אינה נוגעת בו וא"כ כ"ש הכא שהיא בריאה צריך לשכור אחר, דשאני התם דהוה דבר של חיבה משא"כ כאן הוה דבר של טורח. ונראה דה"ה אם האשה צריכה להטיף לתוך עינו אינו צריך לשכור אחר.

(תלב) ע' פתחא זוטא (ס' קצ"ה ס"ק ד') „בסומא בשתי עיניו ר"ל אם מותרת אשתו כשהיא נדה להחזיק בידו או בבגדיו בכדי להעבירו הרחוב וכדומה, ואמרתי לאסור כיון שגם ע"י הבגדים צריכה להתרחק מליגע בו, כי אין נ"מ אם הוא נוגע בה או היא נוגעת בו, וא"א להתיר מכח הרמ"א בסעי' י"ז דשם מיירי בחולה דלא חיישינן שיבוא לידי הרגל דבר משא"כ בסומא שא"א לומר טעם זה, רק באקראי וכשיש חשש סכנה אפשר דיש להתיר, [דהשואל אמר לי ששאל לגאון א' והתיר ואח"כ שאלתי בזה לש"ב הרב הגאון וכו' אב"ד דק"ק שטראסבורק וכתב לי בשם שו"ת פרי השדה לאסור, ורק ע"י מקל ושהוא יאחז בצד א' והיא תאחז בצד השני וגם זה רק בשעת הדחק". **והנה** מש"כ „וא"א להתיר מכח הרמ"א וכו'" ק' דהתב מיירי בחלתה היא דאיכא למיחש להרגל דבר כמ"ש הש"ך ס"ק י"ט ואעפ"כ נוהגין להתיר אם צריכה הרבה לכך ושם איירי אף בנגיעה ממש, ואין לומר דטעם ההיתר דהתם צריכה לכך מחמת חליה משא"כ הכא דטעם ההיתר הוא כיון דהוי דרבנן (כמ"ש לעיל בהערה תב בשם הגר"א ולבוש) ועושה דרך שימוש ולא לתאוה כמ"ש בערה"ש (הובא לעיל בהערה תד) א"כ לא בעינן מקום סכנה. לפיכך נראה דאם אפשר ע"י דבר אחר כגון ע"י מקל [דלא גרע מהושטה בס' קצ"ה ס"ב וכ' הש"ך ס"ק ג' „אפילו בדבר שהוא ארוך" בערה"ש ופר"ד כ' דדבר ארוך אסור משום לא פלוג ואף דהב"י (ד"ה ומ"ש ולא יושיט) כ' בשם רי"ו „שמא לא יזהר בטוב ויגע בידה" היינו בהושטה ממש אבל הכא להעבירו הרחוב וכד' מהיכי תיתי שאסרו. וכיון דאף הושטה גופא בשאר מילי דלאו כוס הוא רק ע"פ חומרא שהחמיר רש"י (ע' לעיל הערה נח) בנידון דידן אין להחמיר] או דרך מלבושו [דהוא דרבנן, (ע' לעיל שם), ואף במישוש הדפק כ' בערה"ש (הובא לעיל הערה תכג) לדעת הרמ"א דשרי גם שלא במקום סכנה וכ' המק"ח (ס"ק ס"א) עצה של בגד המפסיק, הכא דלהעבירו את הרחוב דהוי לפעמים מקום סכנה] אין להחמיר (וע' בשו"ת מנחת יצחק ח"ה ס' כ"ז ודוק). **עיין** בסוגב"ש (פ' ל"ו ס' כ"ד) שהביא דין זה דסומא ר"ל ובבא"א שם כ' „ומסתבר דה"ה בהיפוך כשהאשה סומא ר"ל נמי מותר בעלה להוליכה בכה"ג".

(תלג) שם.

(תלד) כ' באג"מ (יו"ד ח"ב ס' ע"ה ד"ה בדבר מה) „הנה לענין איסור נדה נאסרת

A woman in labor is considered a Niddah if she has experienced bleeding, or is unable to walk because of her labor, or if she feels the imminent need for the obstetrician [or midwife]; according to some Poskim if her water broke [even if she did not see any blood] she is considered a Niddah (**תלה**).

If she is considered a Niddah, he may touch her to assist her only if she is in great need and she is unable to obtain the services of someone else (**תלו**) (e.g. she is falling and he is needed to support her) (**תלז**). Even in this case, he should not touch her body directly, but rather only her garments—wherever possible (**תלח**).

Note: Some medical procedures are routinely performed even if there is no urgent need for this procedure (**תלט**). Where the husband is a physician and his wife is a Niddah, he is not permitted to take his wife's pulse or to perform any other procedure which involves physical contact—unless there is an urgent need for this specific procedure and no one else as competent as he is available (**תמ**).

משישבה על המשבר דהוא משעה שמשכיבין אותה במטה מצד חבלי הלידה. עיין בסד״ט סימן קצ״ד ס״ק כ״ה, וגם מסיק שלאו דוקא ישבה על המשבר אלא מיד שאחזוה צירים וחבלי לידה ומבקשת להביא לה חכמה צריך הבעל להזהר בה דודאי לאו ישיבת המשבר גורם פתיחת הקבר אלא כל שהיא קרובה ללידה כל כך שצריכה לישב על המשבר ואיכא למיחש אלו היתה המילדת מזומנת אצלה היתה מושיבה מיד על המשבר צריך להיות נזהר בה, וממילא כ״ש כשיש להסתפק שמא אינה יכולה לילך שודאי אסורה״, וע׳ בבז״ה״ש (ס׳ קצ״ד ס״ק ל׳). **אשה** שישבה על המשבר ואח״כ נפסקו הצירין והחבלין ע׳ באג״מ (שם ס׳ ע״ו), ובסוגב״ש (בהוספה דף תכ״ד), ובבדה״ש (ס׳ קצ״ד ס״ב בביאורים ד״ה מפני).

(תלה) ע׳ אג״מ (שם ס׳ ע״ה) שם וס׳ קצ״ד ס״א וסוגב״ש (פ״ב ס״ט) ובדה״ש שם (ס״ק ל׳). **ומש״כ** דאם צריכה לקרוא לרופא או למילדת ע׳ אג״מ ובדה״ש שם. **ומש״כ** דאם נשבר שק המים שנחשב התחלת לידה כך שמעתי מפי הגרמ״פ זצ״ל וכ״כ בבדה״ש שם **אף** ששמעתי שיש פוסקים אחרים שחולקים על זה משום דהרבה פעמים יכולה ללכת כן כמה ימים בלי לישב על המשבר (וע׳ במחשבת הטהרה פ׳ י״א הערה אות 2 מש״כ מהגרש״ז אויערבך שליט״א). ונראה דרק באופן זה שע״י שנשבר שק המים כאשר היא קרובה ללידה כל כך שצריכה לישב על המשבר בקרוב נחשב התחלת לידה ולא אם שוהה כך כמה ימים. כי בעובדא באשה ששהתה כך כמה ימים אמר הגרמ״פ זצ״ל שרואים שאצלה לא הי׳ התחלת לידה.

(תלו) ע׳ שו״ת מנחת יצחק (ח״ה ס׳ כ״ז), וע׳ בבדה״ש שם שכ׳ „ונראה עוד שאם היא שעת הדחק כגון שנדרש עזר הבעל להקל על צערה יש להתיר לו ליגע בה אפילו אם הגיעה לישיבת המשבר ואינה יכולה להלך בעצמה שיש לסמוך בזה על הפוסקים שלא חששו לפתיחת הקבר בזה וכו׳״ ע״ש ובמחשבת הטהרה (פ׳ י״א הערה אות 3).

(תלז) ע׳ לעיל הערה תט.

(תלח) ע׳ מנחת יצחק שם וע׳ מש״כ שם (מח״ד ס״ח) דאם יש חשש טירוף דעת של החולה נחשב לסכנה „אבל כ״ז אם באמת יש לחוש לטירוף הדעת, אבל נשים דעתן קלות ויש לחוש שמבקשין כן משום קלות הדעת ולא משום טירוף הדעת וכו׳״ ע״ש.

(תלט) ע׳ לעיל הערה תכו.

(תמ) ע׳ שם. **ולענין** אם בעינן דוקא במקום סכנה, ע׳ לעיל הערה תכג, וכ׳ בשיעורי שבט הלוי (ס׳ י״ז ס״ק ה׳ בא״ד מ״מ) „ומ״מ כתבו

הרבה גדולי האחרונים דאפילו בחולה שאין בו סכנה שרי כשיש צורך גדול". בשיעורי שבט הלוי (בס"ס קצ"ה) כ' כמה דברים נחוצים בענין בדיקות הרופאים, ואף שהוא קצת אריכות מחמת נחיצות פרסום דבריו אני מעתיקם כאן. וכתבנו עוד דברים מענין לענין באותו ענין. וז"ל שיעורי שבט הלוי שם „הנה אע"פ שהש"ך והפלתי הסכימו להקל בבדיקות הרופאים, אך אינו היתר ללכת שלא לצורך, וודאי יש להדר ללכת לרופאה אם אפשר, ואף כשיש רופא בחנם ורופאה בשכר יש ללכת לרופאה, ואם אי אפשר באשה רופאה או שהרופא מומחה יותר וכפי שבמציאות יש מעט רופאות ואינן מומחות כ"כ, מותר לילך לרופא, אך לא לבקר אצל רופא מוחזק בפריצות וחשוד מפורסם על העריות. ואין ללכת שלא לצורך והרבה פעמים על דבר קל כשינוי וסת או איחור וסת מעט, או בזמן ההריון אין ללכת כל כמה שבועות כי אין בזה צורך, ומותר רק לבדוק אם אין איזה מקרה ח"ו או כשרואה דם ח"ו וכן קודם הלידה, וריבוי ההליכה גורם מעטה הצניעות ואיבוד ממונם של ישראל, והרופאים בודקים שלא לצורך לתאוותם אע"פ שהרופא במלאכתו עוסק, אמנם פשוט דבמקרים רבים יש מצוה וחיוב ללכת לרופא, והוא לפי הצורך, והדברים מסורים ללב. וכן יש להזהיר ולהתריע על המנהג הרע שאשה שמיד אחר הנשואין לא נפקדה עוד בזרע של קיימא, מתחילה ללכת לרופאים לטיפול ממושך ומצריך כל מיני בדיקות, ויש בזה קירבה דעריות שלא לצורך, וכבר היו בזה מכשולים, ועוד דבר חמור בזה שהרופא מחייב את הבעל בבדיקת זרע ואין בזה היתר עכ"פ בשנים הראשונות אחר הנשואין, ולא רק שאין היתר לאשה שאינה מצווה, אלא גם לבעל שמצווה על פו"ר לא מצינו היתר, והקב"ה מתאוה לתפלתם של צדיקים ולפעמים בא בארוכה, וצריך להתפלל ולשמור הלכות נדה כראוי ולשמור כל עונה, ורק אחר כמה שנים אפשר ללכת לרופא, וצריך שאלת חכם מתי ללכת לרופא, (שבט הלוי ח"ג סקפ"ו וח"ד סקס"ז)". הנה מש"כ „והרבה פעמים על דבר קל כשינוי וסת או איחור וסת מעט, או בזמן ההריון אין ללכת כל כמה שבועות כי אין בזה צורך" נראה דאין דבר זה שוה בכל נשים, ובפרט בזמן הריון אע"פ שעל פי רוב ליכא צורך כ"כ מ"מ יש נשים שמוצאים הרופאים דבר שצריך לרפאות ואילו לא הלכו היו מפילות ר"ל, לכן נראה דיש בזה צורך. לענין בדיקת זרע שמבקשים הרופאים כ' באג"מ (אה"ע ח"ב ס"ס ט"ז) „ומ"מ הייתי אומר שיחכה מלעשות בדיקה זו עד שימלאו חמש שנים מיום הנישואין כי מצוי טובא שאין נשים צעירות מתעברות עד איזה שנים ולכן אולי אין הצורך גדול עדיין כי יש לקוות להשי"ת שתתעבר אשתו בקרוב ולא יצטרך לקולא זו". ושמעתי מפי הגרמ"פ זצ"ל דבפחות מב' שנים לא נחשב זה אפילו לבעי'. ונראה פשוט דאיירי היכא שלא נודע הסיבה שלא נפקדה עוד בזרע, או שהבעל או האשה אינם צעירים. עיין באג"מ (אה"ע ח"ד ס' ע"ג אות ג') „ובדבר מי שיש להם בן ובת וקיימו מצות פו"ר אבל רוצים שיולד להם עוד בנים ובנות אם עליהם ללכת אצל רופאים" וכ' שם „אם אין יודעין מאיזו מחלה שנעשה לו או לה לא שייך לחוש שהוא מאיזו חולי וכו'" ע"ש מש"כ בענין זה ובענין תפלה בענינים אלו. עוד כ' שם בשיעורי שבט הלוי „ולענין חשש יחוד עם הרופא, עיין באריכות בשבט הלוי (ח"ד סקס"ז), והעיקרים בזה שלא ללכת אלא בזמן הביקורים הקבועים לרבים דשכיחי רבים ובעבידתי' טריד, וראוי ללכת עם אשה כשרה שתחכה לה שם, וכן אפשר שבעלה ילך עמה, אך נראה שאינו נכון שהרי צריך להמתין בחדר המתנה עם נשים פרוצות ותקנתו קלקלתו, וכן תשתדל שלא לסגור דלת חדר הטיפול, ועכ"פ שלא לסגור במפתח, ולא להאריך בשיחה עם הרופא בשעת הטיפול ולא אח"כ, רק במה שנצרך ביותר." וכן ע' בענין זה דיחוד עם הרופא באג"מ (אה"ע ח"ד ס' ס"ה אות א'). בעוה"ר כבר נכשלו כמה נשים בזה שלא נזהרו בדיני יחוד, ובפרט ברופאים לחולי הרוח שקורין psychologists או psychiatrists צריכים ליזהר בזה, כי הרבה מרופאים אלו מפורסמים ומוחזקים בפריצות וחשודים על העריות (ע' אג"מ יו"ד ח"ב ס' נ"ז), ובעוה"ר ידוע דכמה נשים כבר נאסרו לבעליהם מחמת שלא דקדקו ברופאים אלו בהלכות יחוד, ועבירה גוררת עבירה. ואף שהוא דבר קשה ברופאים אלו, תשתדל שלא לסגור לגמרי דלת חדר הטיפול היכא דאפשר, ועכ"פ שלא לנעול הדלת, ויהי' בעלה יושב מבחוץ.

G. GENERAL HALACHOS AND CONDUCT

Visiting the cemetery when she is a Niddah

1. It is customary for a woman who is a Niddah not to visit a cemetery until she has immersed herself properly (**תמא**). In case of necessity, a Rav should be consulted (**תמב**).

Going to Shul when she is a Niddah

2. Some Poskim hold that a woman should refrain from entering a Shul

---

(תמא) כ׳ בפת״ת (ס׳ קצ״ה ס״ק י״ט) „כ׳ בס׳ חמו״ד כ״י נהגו הנשים שלא לילך לבית החיים להתפלל בימי נדתה ונכון הוא ע״כ״ וכ״כ בערה״ש (ס׳ כ״ח) וע׳ בסמוך, וכ׳ בחיי״א (כלל ג׳ ס׳ ל״ח) „ונ״ל שלא יכנסו לבית הקברות עד שיטבלו״ והביאו המ״ב (ס׳ פ״ח ס״ק ז׳) וכ״כ בגשר החיים (פ׳ כ״ט אות י״ג) בשם האריז״ל. **והנה** אף שצירפתי לשונות של הפת״ת והחיי״א לכאורה יש מחלוקת ביניהם עד מתי המנהג שלא לילך לבית החיים, דמלשון החיי״א שכ׳ „עד שיטבלו״ משמע דאפי׳ בימי ליבונה אסורה, ומלשון החמו״ד שכ׳ „בימי נדתה״ משמע דהמנהג שלא ללכת הוא רק בימי ראייתה אבל בימי ליבונה מותרת לילך לבית החיים וכ״מ מערה״ש שם [שכ׳ לענין ללכת לבית החיים „בימי נדתה לא תלך על בית הקברות״ ולענין ביהכ״נ כ׳ „והמנהג מהנשים שבימי נדותה אינה הולכת לבד ימים נוראים ובימי ליבונה הולכת״ משמע דהלשון „בימי נדתה״ ר״ל ימי ראייתה ולא ימי ליבונה (אם לא נאמר שיש לחלק בין ימי נדותה בוא״ו לנדתה, דנדותה הוי רק ימי ראייתה אבל נדתה הוי טומאת נדה עד שטבלה, ואם נפרש כן נסתלק הראי׳ מחמו״ד וצ״ע)]. ומזה שהוסיף החיי״א „עד שיטבלו״ מוכח דלא רק בימי ראייתה לא תלך אלא גם בימי ליבונה ואף אחר ז׳ נקיים כל זמן שלא טבלה (וגם בסוגב״ש פ״מ ס״ב כ׳ מח׳ החמו״ד והחיי״א ע״ש בבא״א) וכ״כ במ״ב שם. **עיין** בשיעורי שבט הלוי (ס׳ י״ז ס״ק ה׳) שהקשה מפרי השדה (ח״ד ס׳ צ״ג) מאי שנא להחיי״א בין ביהכ״נ דנהגו רק בימי נדות ולגבי בית החיים כ׳ עד שתטבול (והובא דברי פרי השדה גם בסוגב״ש שם בבא״א). ותי׳ „דלענין בהכנ״ס הוי רק משום מיאוס וגנאי ולכן נהגו רק ביציאת דם ואינו משום גוף הטומאה, שהרי בלא״ה כולם טמאים, אבל לגבי בית החיים מבואר דהצרוף של טומאת נדה וטומאת מת חמיר טפי ולכן אין ללכת עד הטבילה וכו׳״. [לפ״ז ולפמש״כ לקמן בהערה תמג בד״ה והטעם וד״ה ונראה, צ״ע מש״כ בסוגב״ש (פ״מ ס״ב בבא״א) „אלא הא {פי׳ לבוא לבית החיים} לא חמיר מקדושת ביהכ״נ דבימי ליבונה נהגו היתר״ דטעמיהם שונים], וע׳ בסוגב״ש (שם ס״ה בבא״א) ממעשה המובא בהקדמת שו״ת מהר״ם שיק. **שמעתי** מפי הגרמ״פ זצ״ל דיש להקל לאלמנות נדות ללכת לבית החיים כיון דלא תקנו טבילה לפנויה (ע׳ ריב״ש ס׳ תכ״ה). [ונראה ע״פ זה דה״ה פנויה]. אבל שמעתי משמו [רק בלשון] דאין למחות לאלמנה ופנויה ואפילו נשואה, רק במעוברת יש למונעה משום חשש הפלת העובר ר״ל. וע׳ בס׳ כלבו על הל׳ אבילות (פ״ג ס׳ י״ד).

(תמב) ע׳ שם ובארחות חיים ס״ס פ״ח ודוק. **כתב** בשיעורי שבט הלוי שם „אבל יכולות לילך ולעמוד חוץ מד׳ אמות לקברים״. **בסוגב״ש** (שם ס״ג) כ׳ „בהקמת מצבה וביאהרצייט יש להתיר לה ללכת אפי׳ בימי ראייתה״ ע׳ בבא״א שם הטעם. וע״פ טעם הנ״ל התיר (שם ס״ד) בימים נוראים שהם מיום א׳ דסליחות עד יוה״כ ללכת להתפלל על קברי אבות ע״ש. וע״ש (שם ס״ה) לענין אם נסעה למקום קבורת אבותיה לילך להתפלל ופ״נ, ורחוק הדרך לחזור לביתה ולשוב אח״כ, שכ׳ „יש להתיר לילך״. **ועפ״ז** נראה דמי שנסעה לא״י וכדו׳ ופירסה נדה דיש להתיר לה לילך. (ע׳ בס׳ הליכות ביתה פ׳ י״א ס׳ י״ב־ט״ז ובהערות שם כמה דברים הנוגעים כאן).

during the time that she is menstruating. These Poskim hold that when she is not menstruating—although she is still considered a Niddah (e.g. during the Seven Clean Days) it is permissible (**תמג**). Many Poskim hold that it is permissible even while she is menstruating (**תמד**).

(תמג) ע׳ ד״מ (ס׳ קצ״ה ס״ק ח׳) שכ׳ „כתב בהגמ״י פ״ד דתפלה כתב ראבי״ה הנשים נהגו טהרה ופרישות בעצמן בעת נדותן שאין הולכין לבה״כ ואף כשמתפללה אין עומדות בפני חבירותיהן וכן ראיתי דברי הגאונים וכשר המנהג ע״כ ז״ל שערי דורא וגם אין לה להחמיר ולהזכיר את השם כל ימי נדותה ולא ליכנס לבה״כ כל ימי ראייתה עד שתתלבן ורש״י מתיר ליכנס לבה״כ עכ״ל ובהגהות שם והא״ז כ׳ דיש נשים נמנעו מלילך לב״ה ומליגע בספר כל ימי נדתה ויש שאין מתפללין כשהן אחורי נדות ויפה הן עושות ע״כ וכו׳״ ע״ש [ובנימין זאב צ״ל ס׳ קנ״ג]. כתב הרמ״א (ס׳ קצ״ה ס׳ י״ז) „וע׳ בא״ח סימן פ״ח אם מותר לנדה ליכנס לבית הכנסת ולהתפלל״ והתם בס׳ פ״ח כ׳ הרמ״א „הגה יש שכתבו שאין לאשה נדה בימי ראייתה ליכנס לבית הכנסת או להתפלל או להזכיר השם או ליגע בספר וי״א שמותרת בכל וכן עיקר אבל המנהג במדינות אלו כסברא ראשונה. ובימי ליבון נהגו היתר. ואפילו במקום שנהגו להחמיר, בימים נוראים וכה״ג שרבים מתאספים לילך לבית הכנסת מותרין לילך לבהכ״נ כשאר נשים כי הוא להן עצבון גדול שהכל מתאספין והן יעמדו בחוץ״. ומש״כ הרמ״א „בימי ראייתה״ ביאר אח״כ שם „ובימי לבון נהגו היתר״ וכ״מ מב״י (ס׳ קצ״ו ד״ה ובכל) שכ׳ „כשהולכת לערבית״ ושם (ד״ה ומ״ש מיהו) שכ׳ מסמ״ג „וערבית כשהולכת לב״ה״ וחת״ס (הובא בפת״ת ס׳ קצ״ו ס״ק י׳) ע״ש, וע׳ בכה״ח (ס׳ פ״ח אות י״א). והנה מש״כ הרמ״א „בימי ראייתה״ וביאר אח״כ שם „ובימי ליבון נהגו היתר״ נראה דלאו דוקא בימי ליבון ממש אלא כל שאינה רואה עוד מותֶרת דרק בימי ראייתה אסורה כדמוכח מת׳ חת״ס הובא בפת״ת שם [שבדקה עצמה לילך לביהכ״נ אע״פ שעדיין לא התחילה ימי ליבונה], דכל זמן שאינה רואה עוד מותרת. וע׳ בסוגב״ש (פ׳ כ״ז ס״ו,ז׳) ובבא״א שם (ס״ז) כ׳ „ומסתבר שאשה שהיא טמאה מחמת כתם, או שטמאה מחמת שבעד בדיקתה היה מראה טמאה, או מחמת דם בתולים, או מחמת שהרגישה פתיחת המקור ובדקה ולא מצאה כלום, או מחמת בדיקת הרופא מותרת להיכנס לבית הכנסת, אפילו בתוך ה׳ הימים שממתנת כדי לעשות הפסק טהרה, מכיון שאין דמים מצויין בה״. והטעם לחלק בין ימי נדתה כשהיא רואה דם ובין ימי ליבונה ע׳ הגהות יד שאול (ס׳ קצ״ה ס״א) שכ׳ „עיין רמב״ן עה״ת פ׳ ויצא על פסוק דרך נשים לי שכ׳ שהיו נדות בימים קדמונים מרוחקות שידעו בחכמתם כי הבלן מזיק מאד ע״ש אך זה בימי נדתם אבל אם כבר טהר׳ ממקור דמיה זה אסור מצד מצות התור׳ שיש לה כל דין נדה עד שתבא במים וכו׳״ ע״ש. ונראה טעם החילוק בין לילך לבית החיים ובין לילך לביה״כ דמניעת הליכה לבית החיים הוא מטעם טומאה ולביה״כ הוא מטעם כבוד ע׳ בנימין זאב ס׳ קנ״ג (הובא במ״א ס׳ פ״ח ס״ק ב׳ ומ״ב ס״ק ו׳) וכן הוא לשון הגר״ז (שם ס״ב) „ומשום מנהג וכבוד עושין כן ולא משום איסור״, וע׳ ת׳ צ״צ (הישן ס׳ ס״ה ד״ה תו), ושו״ע יו״ד ס׳ רפ״ב ס״ט, וכה״ח ס׳ פ״ח אות י״א בסופו ודוק, וע׳ בשיעורי שבט הלוי (ס׳ י״ז ס״ק ה׳ שכתבנו לעיל בהערה תמא ד״ה עיין). ומלשון הרמ״א באו״ח שם שכ׳ „ליכנס לבית הכנסת או להתפלל״ משמע דב׳ ענינים הם דמנהג איסור ליכנס לביהכ״נ הוא אפילו שלא להתפלל, ע׳ בסוגב״ש (בבא״א שם ס״ב ואכמ״ל. וע״ש (בס״ד) לענין לילך לכותל המערבי ולרחבה שלפני הכותל שדינם כביהכ״נ.

(תמד) אף שכ׳ בקש״ע (ס׳ קנ״ג ס׳ ט״ז) „אשה נדה בימי ראייתה קודם ימי ליבונה, נוהגין שאינה נכנסת לביהכ״נ ואינה מתפללת וכו׳״ ע׳ במ״א (ס׳ פ״ח ס״ק ב׳) שזה מנהג שאין לה יסוד והביאו בחיי״א (כלל ג׳ ס׳ ל״ח) וז״ל „יש מקומות נוהגות הנשים, שכל זמן שהן בימי נדות קודם ז׳ נקיים שלהן, אינן מתפללות ומברכות, וזה מנהג שאין לו יסוד. ואפילו במקומות שמחמירים, מ״מ מיום ראשון

Even according to the Poskim who hold that she should refrain during menstruation, nevertheless, during the *Yomim Noraim* period (beginning from the first day of *Selichos* through *Simchas Torah*) (**תמה**) it is permissible. Similarly, for special occasions (e.g. a family *Aufruf* or Bar Mitzvah) or for *Yizkor, Parshas Zachor* or on *Purim* (**תמו**), or to attend *Kedusha* after she gave birth (**תמז**), or if she is accustomed to go to Shul every Shabbos, it is permissible to go to Shul and to *daven* there—even if she is still menstruating (**תמח**). The minhag is that women go to Shul, but do not gaze at the open *Sefer Torah* during הגבהה (when the Torah is raised) or hold [or touch] a *Sefer Torah* (**תמט**) (see 4).

דסליחות נכנסות לביהכ"נ ומתפללות. **אבל במדינתינו נוהגין היתר לעולם, ומברכות ומתפללות, ומ"מ לא יסתכלו בס"ת בשעה שמגביהים אותו להראות לעם"** והובא בגר"ז (ס' פ"ח ס"ב) ובמ"ב (שם ס"ק ז') וכ"כ באמירה לבית יעקב (פ"ב ס"ו) **„אלו הנשים החושבות שהן אסורות בימי נדתן ללכת לבית הכנסת או להתפלל או לברך את הברכות אינן אלא טועות. מותרות ללכת לבית הכנסת וחייבות להתפלל ולברך את הברכות, אבל יש יסוד למנהג לא להסתכל בספר התורה בזמן נדתה".**

(תמה) רמ"א או"ח שם מפסקי מהרא"י וע' מ"א (ס' פ"ח ס"ק ג') דימים נוראים מתחילים מיום ראשון דסליחות וכ"כ בחיי"א וקש"ע שם ומ"ב שם ס"ק ח'. **ומש"כ** עד שמחת תורה הוא מסוגב"ש (פ' כ"ז ס"ט) בשם שולחן מלכים.

(תמו) ע' מ"א שם (הובא בגר"ז או"ח ס' פ"ח ס"ב) ומ"ב (שם ס"ק ח') וקש"ע שם. **כתב** בסוגב"ש (שם ס"י) „כשמשיאה בנה או בתה (מג"א שם) מותרת להיכנס לבהכנ"ס ובכלל זה הם השבת של קודם החתונה הנקרא שבת עלית התורה, ושבת של אחר הנשואין הנקרא שבת שול פירען" וע"ש בבא"א שם שכ' „הטעם פשוט כנ"ל כיון שיהיה להן עצבון רוח ביותר, שכל הקרובים מתאספין לביהכ"נ והם יעמדו בחוץ". וע"ש שכ' דה"ה לענין „סעודת שבע ברכות, בר מצוה, ברי"מ, פדה"ב, וכיו"ב בבית הכנסת והנשים הקרובות מתאספות בעזרת נשים דמותרות להיכנס מטעם הנ"ל. וג"כ מסתבר פשוט דמש"כ המג"א בנה או בתה לאו דוקא רק כל הקרובים שרגילים ומקפידים לבוא ולהשתתף בהשמחה". וע"ש (בס' י"ב) דה"ה דשרי בימים שמזכירין נשמות, ופרשת זכור (שם ס' י"ג) ופורים (שם ס' י"ד).

(תמז) אף שלא מצאתי סמך למנהג ללכת בדוקא לקדושה מ"מ המנהג לילך לביה"כ אחר לידה ע' מ"א ס' פ"ח ס"ק ג' [שכ' „או שהיא בעצמה יולדת שהולכת לב"ה אחר ד' שבועות"] וס' רפ"ב ס"ק י"ח ד"ה ואבי (ובב"ה ס' קל"ו בד"ה בשבת ויו"ט שכ' „בעל אשה יולדת בשבת שהולכת לביהכ"נ"), וכ' בא"ר (ס' רי"ט ס"ק ה') „מצאתי בת"ח פ' חלק {דף צ"ד. סד"ה אני} עוד טעם דכשאומר ברכו את ה' [המבורך] ה"ל נמי כהודאה דכתיב הודו לו (כצ"ל) ברכו שמו וביולדת יכוון הבעל כשאומר ברכו שנותן הודאה בשביל אשתו והיא תענה אמן על ברכתו ע"כ". פי' לדבריו כיון שהיולדת היתה מסוכנת, בזמן בית המקדש היתה מביאה קרבן תודה, עכשיו שבעוה"ר אין לנו בית המקדש שיבנה במהרה בימינו, מה שבעלה עולה לתורה ואומר ברכו את ה' ה"ל כמביא קרבן תודה. אמנם מהמ"א הנ"ל מבואר דהעלייה לתורה הוא במקום קרבן יולדת, והוסיף השערי אפרים (בפתחי שערים שער ב' ס"ק א') ועולה לתורה ומנדר בעבורה שהוא דוגמת קרבן. ושמעתי הטעם למנהג ללכת לקדושה שהדבר הראשון שתצא מביתה יהא בשביל דבר שבקדושה כענין „קדש לי כל בכור" שכל התחלה תהא בקדושה. **ומש"כ** במ"א המנהג ליכנס לבהכ"נ אחר ד' שבועות מהלידה ע' בסוגב"ש (פ' כ"ז בא"א ס' י"א) אחר שהביא דברי המ"א כ' „וה"ה אפילו תוך ד' שבועות" (וכן מבואר במ"א הנ"ל בס' רפ"ב).

(תמח) ע' שם ובפת"ז ס' קצ"ה סס"ק י"ז.

(תמט) ע' לעיל הערה תמד ולקמן בהערה תנב.

Davening and reciting brochos

3. Women, even when they are Niddos, are required to *daven*, recite *Kiddush*, *Birchas Hamazone* and other *brochos* (**תנ**).

Gazing at an open Sefer Torah when she is a Niddah

4. There is, however, a basis for the minhag to prohibit women who are Niddos during the time that they are menstruating (but not during the Seven Clean Days) (**תנא**) from gazing at an open *Sefer Torah* (**תנב**).

(תנ) מ״א (ס׳ פ״ח ס״ק ב׳), פר״ח הובא בכה״ח ס׳ פ״ח אות י״א, י״ג, וגר״ז שם ס״ב, ומ״ב שם ס״ק ו׳.

(תנא) ע׳ לעיל הערה תמד.

(תנב) ע׳ ט״ז או״ח שם ס״ק ב׳ בשם רש״ל וע׳ רמב״ן (בראשית פ׳ ל״א פ׳ ל״ה, ויקרא י״ח:י״ט) ובית לחם יהודה (ריש ס׳ קצ״ה) ושו״ת חת״ס או״ח ס׳ כ״ג ודוק, וכ׳ באמירה לבית יעקב שם „אבל יש יסוד למנהג לא להסתכל בספר התורה בזמן נדתה״ וע׳ לעיל הערה תמד. **כתב** הרמ״א או״ח (ס׳ פ״ח) „יש שכתבו שאין לאשה נדה בימי ראייתה וכו׳ או ליגע בספר״ (וכ״כ באו״ז הל׳ נדה ס׳ ש״ס לענין כניסה לביהכ״נ וליגע בספר) אבל כ׳ שם „וי״א שמותרת בכל וכן עיקר (רש״י הלכות נדה) אבל המנהג במדינות אלו כסברא ראשונה״ ובמ״א שם כ׳ שהוא מנהג שאין לו יסוד, ובגר״ז (ס׳ פ״ח ס״ב) כ׳ „אין מנהג זה עיקר״. וע׳ יו״ד (ס׳ רפ״ב ס״ט) שכ׳ המחבר „כל הטמאים אפילו נדות מותרים לאחוז בס״ת וכו׳״ ואף דמכה״ח (ס׳ פ״ח סוף אות י׳) משמע דהסתכלות קיל מלאחוז בס״ת (שכ׳ שם על דברי השו״ע ביו״ד הנ״ל „דכ״ש דמותר להם לראות בכתיבת הס״ת בשעה שמראין אותו לעם״) מ״מ במ״ב (שם ס״ק ז׳) כ׳ מחיי״א המנהג שלא יסתכלו בס״ת והשמיט דין לאחוז בס״ת וכ״מ מסתימת ש״פ, וע׳ בס׳ צדקה ומשפט (פ׳ ט״ז ס׳ י״ט ובהערה נ״ג). ונראה הטעם שלא כתבו הפוסקים אודות הנגיעה כי אף בימי טהרתן אין דרכן לאחוז בס״ת. וע׳ בסוגב״ש (פ׳ כ״ז ס׳ י״ז בבא״א) שמסתפק בדברי הרמ״א [שכ׳ „ליגע בספר״] אי הכוונה לספר תורה או הכוונה בכל ספרי קודש.

H. WHEN DO THESE HALACHOS APPLY?

From the moment she becomes a Niddah

1. We have learned (see A 2) that the requirements for abstinence from marital relations and limitations of activities apply from the moment she becomes a Niddah until the time she has immersed herself properly in a kosher Mikvah—following the prescribed waiting and preparation period (**תנג**) (also see A 4 and Chapter I E 1).

We have also learned (see Chapter I B 1 and Chapter II A 1) that any woman who experienced bleeding from her uterus—regardless of how minute—is considered a Niddah (**תנד**).

These halachos apply also to stains

2. We have also learned (see Chapter I D 2) that even if a woman discovered only a stain (כתם) on her garments, nightclothes or bed linen, she is considered a Niddah if certain conditions are fulfilled (**תנה**) (ibid. a-d). Similarly, if a woman discovered a stain on her body (**תנו**), or immediately after urinating (**תנז**) or immediately after marital relations(**תנח**) she may be considered a Niddah (ibid. D 4, 5). Wherever she is considered a Niddah, these requirements for abstinence and limitations of activities apply (**תנט**).

If a woman is in doubt whether she is a Niddah

3. Wherever a woman is in doubt whether she is a Niddah and a Rav must be consulted for his determination, she must conduct herself as if she is a Niddah—until her status has been decided by the Rav (**תס**).

Similarly, if after immersing in the Mikvah she discovered a חציצה (an intervening substance (**תסא**), see Chapter VII) or other question which casts a

---

(תנג) ע׳ לעיל הערה ו׳.

(תנד) ע׳ לעיל פ״ב הערה א׳. **כתב** בסוגב״ש (פ״ב ס״ד) „ואין חילוק מה היתה הסיבה שע״י זה ראתה, בין אם ע״י טבעה כדרכה שהיא רואה תמיד, או ע״י אונס וסיבה, כגון שהרופא הוציא דם משם, או מחמת שקפצה או מחמת פחד, וכן אם ראתה במי רגלים (וצריך לעשות שאלת חכם על זה) וכן ראתה מחמת תשמיש שבכל אופן שראתה הרי היא טמאה״ (וע׳ לעיל פ״א הערות כ״ב־כ״ה).

(תנה) ע׳ לעיל פ״א הערות צה־קכה.

(תנו) שם הערה קכו.

(תנז) שם הערה קכז.

(תנח) שם הערה קכח.

(תנט) משום דטמאה היא וכ׳ המחבר (ס׳ קצ״ה ס״א) „חייב אדם לפרוש מאשתו בימי טומאתה עד שתספור ותטבול״.

(תס) פשוט וכ״כ בס׳ סוגה בשושנים (פ״ב ס׳ י״ג) ובשיעורי שבט הלוי (ס׳ קצ״ה ס״א ד״ה כשיש) ובש״א.

(תסא) כ׳ בס׳ סוגב״ש שם „וכן אם יש איזה שאלה על הטבילה צריך הבעל להתרחק ממנה בכל דיני ההרחקות משעה שנתהווה השאלה עד לבירורה״ וע׳ בס׳ קצ״ח ולקמן בפרק ז׳ לעניני חציצה.

doubt on the validity of her immersion (e.g. an uncut nail or hanging skin) (**תסב**), until a Rav is consulted for his determination, she must conduct herself as if she is a Niddah (**תסג**).

She must inform her husband

4. Since the husband must be aware that his wife is a Niddah in order to prevent their violation of these restrictions, it is essential that she inform him immediately* when she becomes a Niddah (**תסד**).

*Note: Although it is essential to inform her husband immediately that she has become a Niddah, this applies only if they are together—where it is possible that he may forget and touch her or violate one of the other restrictions required during the Niddah period (**תסה**). However, if they are not together, she is not required to telephone him or otherwise inform him of her status—until she sees him (**תסו**).

Other times when these restrictions apply

5. There are various periods of time when, although she is *not* a Niddah, certain restrictions of the Niddah period apply—and their halachos vary—as we will explain.

On the day she anticipates her period

6. Even during the permissible period (ימי טהרה)—when she is not a Niddah—there are certain days or nights when they are required to abstain from marital relations in anticipation of the onset of her menses (see Chapter II B 8 Application a). These halachos will be discussed in detail אי״ה later in this work.

For the purpose of our discussion, we will utilize a common example, of a woman who has a **וסת שאינו קבוע**—a non-established or irregular cycle, that is, she generally does not experience her period on a set day or date or with an established pattern. Such a woman is generally required to abstain on the following three days [or nights]: the thirtieth and [according to many Poskim, the] thirty-first day [or night] since her last period (**וסת החודש ועונה בינונית**), and the וסת ההפלגה (the day or night corresponding to the length of the interval between the last two periods).

On the day [or night] she is anticipating her period (this is called **יום הוסת** or **עונת הוסת**)—although she is not yet a Niddah—they are required to abstain from marital relations (**תסז**). This applies only to marital relations, however, the other

---

(תסב) ע׳ ס׳ קצ״ח ס׳ כ״א, כ״ב.

(תסג) ע׳ לעיל הערה תסא.

(תסד) פשוט משום דצריך ליזהר מיד וכ״כ בסגב״ש (פ״א ס״ז).

(תסה) פשוט.

(תסו) פשוט.

(תסז) ס׳ קפ״ד ס״ב וס׳ קפ״ט ס׳ א׳ וש״ך שם ס״ק א׳ וס׳ י״ג ברמ״א. **כתב** בפת״ת (ס׳ קפ״ד ס״ק י׳) „לענין וסתות חשבינן משקיעת החמה עד צאת הכוכבים וכן מעלות השחר עד

restrictions—even embracing, kissing [and lying together in the same bed]—are permissible* according to most Poskim. According to some Poskim, this is prohibited (**תסח**). Therefore, many Poskim hold that if they refrain even from

*See Note on page 230.

נץ החמה ללילה. ח"ד ע"ש" וכ"כ בבדה"ש (ס' קפ"ד ס"ק ט"ז) [וע"ש (בציונים ס"ק כ"ג) ובחז"ט (בדר"י ס"ק ג') לענין שיטת הפוסקים מתי הוא זמן התחלת הלילה אי תחלת השקיעה או סופה] ובסוגב"ש (פ' ל"א ס"ו וע"ש בבא"א לענין שאלה הנ"ל) וע' לעיל (פ"ב הערה ל') מש"כ מת' הגרמ"פ זצ"ל כת"י.

(תסח) כ' המחבר שם „בשעת וסתה צריך לפרוש ממנה עונה אחת ולא משאר קריבות אלא מתשמיש (המטה) בלבד" בט"ז (שם ס"ק ג') כ' „בב"י כתב דאפילו חיבוק ונישוק מותר ולא חיישינן לביאה כיון שביאה איסור דרבנן דלא כת"ה שכתב לאיסור בחיבוק ונישוק וכתב מו"ח ז"ל המחמיר בזה תע"ב ולי נראה שאסור מן הדין לדעת הרא"ש וראיה מסי' שמ"ב כתב הרא"ש לענין אבילות שיש להחמיר בחיבוק ונישוק שהוא מביא לידי חשק והוא הדין נמי הכא [ע' בסד"ט (ס"ק ב') שכ' „ואני לא מצאתי כלל ברא"ש שאוסר בחיבוק ונישוק בדינים אלו שבסי' שמ"ב אמנם ברי"ו אוסר בחבוק ונישוק גבי אבל וכו'"] וכ"ש הוא דיש לו חשק טפי כשהולך לדרך" וע' בפת"ת (שם ס"ק ה') שכ' „עבה"ט וע' בתשובת רדב"ז החדשות סי' קס"ג שפסק דחבוק ונשוק שרי כדעת ב"י וכתב דאין לחדש חומרות על ישראל והלואי שישמרו מה שמוטל עליהם ע"ש היטב". ודעת הש"ך (שם ס"ק ו' וס"ק כ"ז) כהב"ח [וע' בתוה"ש שם ס"ק ד' מש"כ בדברי הט"ז (ומה שנשאר בצ"ע עליו ע' בחוו"ד בביאורים שם ס"ק ב' שכ' דיש ט"ס בט"ז ע"ש, וע' באג"מ יו"ד ח"ג ס"ס ק"ב), ומשמע דדעת תוה"ש כהב"ח] וכ"כ בחכ"א (כלל ק"ח ס"א) „והמחמיר תע"ב" וערה"ש (ס' קפ"ד ס' כ"א) ושאר פוסקים. ונראה פשוט דאם יודע בנפשו שעלול ע"י חיבוק ונישוק לבוא לידי הוצאת זרע לבטלה ח"ו ודאי שאסור מדינא (וכ"כ בסוף דברי האג"מ שנכ' בסמוך). כתב באג"מ (יו"ד ח"ג ס' נ"ח) „ובדבר חבוק ונשוק {ביוצא לדרך סמוך לוסתה} אף שמהט"ז ס"ק ג' משמע דגם בזה אסור מ"מ כיון שהש"ך בס"ק כ"ז כתב דאין להחמיר כלל ואף מצוה איכא מסתבר שיש להתיר וכו' ולכן אף שלהרמב"ם הוי איסור חבוק ונשוק דאורייתא בנדה ממש הוי לנו בסמוך לוסתה שתי ספקות חדא דשמא עצם חבוק ונשוק הוא רק דרבנן ואף אם דאורייתא שמא פרישה דסמוך לוסתה דרבנן ולכן אין להחמיר אבל הוא רק ביודע שלא יגרום ע"י ד"ז ח"ו הוצאת זרע לבטלה דאל"כ ודאי אסור מצד אחר" וכ"כ באג"מ אה"ע (ח"א ס' ס"ח סד"ה ומה שהקשה) בקצת שינוי וז"ל „אבל אם יודע שיכול לבא לידי הרהור עי"ז פשוט שאסור דלא יתירו איסורים בשביל מצות ופקדת נוך" וכ"כ באג"מ אה"ע ח"ד (ס' ס"ו סד"ה ולכן) [דבאג"מ יו"ד שם כ' „שלא יגרום וכו' הוצאת זרע לבטלה" ובאג"מ אה"ע שם כ' לאסור אף בחשש שיבוא לידי הרהור. ואפשר ההסבר הוא כמ"ש באה"ע ח"ד שם (ד"ה אבל) ב' עניני הרהור, ודוקא ההרהור שמביא לידי הוצאת ז"ל אסור ע"ש ודוק]. ומה שכתבנו לענין שכיבה במטה אחת ע' בשו"ע הגר"ז (ס' קפ"ד ס"ק ו') שכ' בדברי הט"ז „ולפ"ז כ"ש שאין לישן עמה במטה אחת וכו'" (וע"ש בקו"א ס"ק א'), [אבל מה שכ' (שם ס"ק ו') „ומש"ה לא דמי לאבילות (דלקמן סי' שפ"ג) דביאה גופא אסורה מדברי קבלה שהן כד"ת ולא משום גזירה וחששא ומ"ה החמירו שם גם בחיבוק ונשוק ולישן במטה א'" ע' בפר"ד (על הט"ז ס"ק ג' ד"ה שוב ראיתי) שהשיג עליו ע"ש. ונראה דמש"כ בשיעורי שבט הלוי (ס' קפ"ד ס"ב ס"ק ד' ד"ה והנה) בדברי הגר"ז „דשינה במטתה אף בלא תשמיש אסור משום לך לך וכו'" נראה דהיינו לענין אבילות אבל לענין סמוך לוסת הוא בכלל המחמיר תע"ב ע"ש בגר"ז בס"ק ו'. וכן יש להעיר על דברי הדר"ת (ס' קפ"ד ס"ק י' ומש"כ סק"ז ט"ס וצ"ל סק"ו) וסוגב"ש (פ' ל"א ס"ז) ודוק ואכמ"ל]. בספר ראש אפרים [מבעל בית אפרים] על הל' טריפות (בח"ד קונטרס הראיות ס' ל"ח אות ט' רמז עליו רע"א

embracing, kissing [or lying together in the same bed] they will be blessed (**תסט**). The other restrictions of the Niddah period (e.g. touching, handing etc.) do not apply then at all [even according to the opinion of the ''many Poskim''].

*Note: Where embracing, kissing or any other form of physical contact will bring him to seminal emission, it is prohibited.

בהגהותיו על הש״ך כאן) האריך בזה, ולפי דבריו יש מקום לומר דמח׳ הט״ז והש״ך תלוי במחלוקת הרמב״ם והרמב״ן (הובא לעיל בהערה נא) אם קריבה בלא ביאה אסורה מדאורייתא או מדרבנן דאי מדאורייתא אפשר דיש להחמיר גם כאן בחיבוק ונישוק, אבל אם קריבה דרבנן „א״כ אין לאסור בסמוך לוסתה בחיבוק ונישוק שאף בנדתה ממש אין כאן איסור תורה״ דהוי כגזירה לגזירה. אבל ע״ש שהקשה על המחבר דבאה״ע (ס״כ ס״א) פסק המחבר כדברי הרמב״ם [וכ׳ „או שחבק ונשק ונהנה בקירוב בשר ה״ז לוקה״] דאסור מדאורייתא והכא פסק דלא כתה״ד מחמת דברי הרמב״ן וכ׳ „ולא משאר קריבות אלא מתשמיש״ והמחבר לא ס״ל כדברי הרמב״ן. וע״ש שהאריך בזה וכ׳ „ואע״ג דלענין ספק גמור אין לחלק בין לאו לכרת וכמו שאמר רבא בפ׳ בתרא דיבמות מכדי הא דאורייתא וכו׳ מ״מ לענין חומרא שקיבלו מעצמם שפיר אמרינן דלא קיבלו חומרא זו כ״א באיסור כרת וכו׳״ והובאו דברי הראש אפרים גם בפר״ד (על הט״ז ס׳ קפ״ד ס״ק ג׳).

(תסט) ב״ח וש״ך תוה״ש חכ״א ערה״ש וש״פ שם. לענין שאר קריבות של חיבה חוץ מחיבוק ונישוק כתב בתה״ד (ס׳ ר״נ) והאחרונים שמותר. אמנם לענין נגיעה [אף שכ׳ בתה״ד שם דנגיעה שרי ע׳ בדבריו בסמוך] נראה דיש לחלק בין נגיעה ליהנות שדומה לחיבוק ונישוק ונגיעה לצורך „כגון להקימה ולהשכיבה ולסומכה״ דכ׳ בתה״ד (ס׳ רנ״ב) „דלאו מילי דחיבה נינהו כהרחצת פניו וכהצעת המיטות בפניו אלא מילי דעבדות נינהו״ וכלל שם (בס״ס ר״נ) לענין סמוך לווסתה „שלא יגע בה״ בכלל שאר פרישות דשרי בשעת הווסת לשיטתו „דחיבוק ונישוק דאורייתא אינון אסירי״ וז״ל „ע״כ נראה דר״ל שאר פרישות כגון שלא יגע בה או שלא יאכל עמה ומזיגת הכוס וכה״ג דהן הרחקות ופרישות לאפוקי חביקות ונשיקות דנהנין מהן כמו מתשמיש ולא מיקרי פרישות ובכלל תשמיש הן ומדלא שרי אלא לשאר פרישות משמע בהדיא דחיבוק ונישוק דאורייתא אינון אסירי״ וכ״כ בבדה״ש (ס׳ קפ״ד ס״ק י״ד) „אבל שאר ההרחקות השנויים בסימן קצ״ה כמזיגת הכוס וחברותיה ואכילה על שלחן אחד ונגיעה בעלמא שלא בדרך חיבה אין להחמיר בהם״ וכ״כ בשיעורי שבט הלוי (בס״ב ס״ק ד׳ ד״ה והנה, ובש״ך ס״ק ו׳ ד״ה ושאר) ודר״ת (שנכ׳ בסמוך) וחזקת טהרה (בדר״ק ס״ק י״ג) וסוגב״ש (פ׳ ל״א ס״י). ובענין דיבור עמה בדברי הרגל ושחוק וקלות ראש ודיבורין המרגילין כ׳ בדר״ת (ס׳ קפ״ד ס״ק י׳) „ועיי׳ בס׳ מלבושי טהרה סק״ו ובבאר מים חיים סעי׳ ט״ו שהוכיח שיש להחמיר גם מלדבר עמה בדברי הרגל אבל שאר קריבות כגון מזיגות הכוס וכו׳ וכיוצא אין להחמיר עיי״ש״ וכן ע׳ בסוגב״ש (פ׳ ל״א ס״ט) בבא״א ממלבושי טהרה שם שהוכיח כן מאבות דר״נ. ובאמת מפורש כן בתוה״ב (בית ז׳ שער ב׳) וז״ל „ומכלל דברים אלו למי שאינו יוצא לדרך שאסור בעונה זו אפילו בדברים של הרגל כנדה בעלמא״. ומה שכתבנו שאם חיבוק ונישוק או שום קורבה יביאנו להוז״ל אסור מדינא פשוט הוא וכ״כ בשיעורי שבט הלוי (בש״ך שם ד״ה ולמעשה) ובאג״מ (הובא לעיל בהערה תסח ד״ה כתב) וש״א. כתב באג״מ (אה״ע ח״ד ס׳ ס״ו בד״ה הנה) לענין חבוק ונשוק לאשתו כשהיא טהורה אם יודע שלא יוציא זרע אע״פ שיש חשש לקישוי אבר דאין לאסור ע״ש וע׳ בס׳ שלמת יוסף (ס׳ י״ד). שמעתי בשם הגר״י קמנצקי זצ״ל דהליחות שאינו יורה כחץ היוצא בשעת חיבוק ונישוק קודם תשמיש, אע״פ דאפשר דהוא זרע לענין טומאה אבל אינו זרע לבטלה, וכן שמעתי בשם הגרמ״פ זצ״ל אף לענין חיבוק ונישוק ביום.

On the וסת of the אור זרוע

7. According to the אור זרוע, (**תע**) they are required to abstain from marital relations not only during the day or night she is anticipating her period, but even one עונה (day or night) *preceding* the day or night she is anticipating her

---

אחר עונת הוסת [קבוע או עונה בינונית לאשה שאין לה וסת קבוע] אסור לבא עליה עד שישאלנה אם היא טהורה (ס' קפ"ד ס' י"א) ע"ש וכ' בבדה"ש (שם ס"ק פ"ד) „וטוב יותר שישאלנה אם בדקה עצמה בשעת וסתה או עכ"פ לאחר זמן" דכ' באג"מ (יו"ד ח"ג ס"ס מ"ח) „ושאר ימים דינה כאין לה וסת שצריכה לשמש בבדיקות וכדכתב הכו"פ בתפ"י סימן קפ"ד סק"ה". וע"ש (בסי' נ') ובאג"מ יו"ד ח"ב ס' ס"ח ואכמ"ל.

(תע) כ' ב"י (ס' קפ"ד ד"ה ואע"פ בא"ד ומ"ש אם הוא ביום) „איפסיקא הלכתא כרבי יהודה דסבר הכי וכך הם דברי כל הפוסקים ולאפוקי מה שנמצא כתוב על שם א"ז פורש אדם מאשתו סמוך לוסתה כ"ד שעות אם רגילה לראות ביום פורש ממנה כל אותו היום והלילה שלפניו וכן להפך ע"כ ואין טעם ושורש לדברים אלו שהרי בגמרא מפורש כדברי הפוסקים ז"ל וכבר כתב האגור על דברי א"ז חומרא יתירה היא" [ונראה דדברי האו"ז (בהל' נדה ס' שנ"ח) אינם דברי עצמו דכתב כן בשם „מורי אב"י העזר"י וז"ל „ומורי אב"י העזר"י אמר לי שרגילים לפרוש סמוך לווסתה כ"ד שעות שאם רגילה לראות ביום פורש ממנה כל הלילה שלפניו ואם רגילה לראות בלילה פורש ממנה כל הלילה והיום שלפניה". ומשמע מדבריו דכך היתה ההנהגה בבנות ישראל בימיו ולא מדינא אלא מטעם חומרא ופרישות [וכה"ג מוכח ממהרש"ם בדע"ת (ד"ה והנה) ומתשובה (ח"ג ס' רנ"ח), אבל ע' במהרי"ל „אמהרי"ל הא דאמרו רז"ל חייב אדם לפרוש מאשתו עונה סמוך לווסתה אותה עונה ר"ל יום שלם דהיינו כ"ד שעות" משמע דכן נהגו מדינא כי כן פירשו מימרא זו]. והט"ז (שם ס"ק ב') כ' „ומו"ח ז"ל תיקן את פסק הא"ז הזה לומר אע"ג דהלכתא כר"י מ"מ ראוי להחמיר על זה ותמוה הוא להחמיר על מה שמפורש בתלמוד לקולא בפרט בווסתות דרבנן". וע' בש"ך (בנקוה"כ שם ובס"ק ז') שהביא דברי האו"ז ומש"כ ליישב „מה שהקשה הב"י דהא"ז הוא נגד הש"ס" ומסיק „גם הב"ח כתב שמשמע שהירא דבר ה' נוהג כהא"ז וכו'". והנה בספר טהרת בת ישראל (פ"ט ס"א) סתם דלא כאו"ז וכ' „כשיגיע זמן וסתה וכו' יפרוש ממנה בעלה עונה אחת, ז"א אותו יום, או אותו לילה שדרכה לראות בו" וע"ש בהשגות שכ' „המשיג סובר, שאין להקל נגד כל האחרונים הסוברים שיש לחוש ליום וללילה, ותמה שלא הובאה אפילו השיטה הזו. .וכל אחרונים שחברו ספרים קצרים החכמת אדם והקיצור שולחן ערוך הנהיגו וחששו לשיטה זו" והחזו"א השיב על השגה זו (המוקף בסוגריים מרובעים נוסף ע"י המעתיק) „אחרי שה"תורת השלמים" [סי' קפ"ד ס"ק ו'] והכו"פ [מובא בחכ"א כלל צ"ד דין ג'] {בדפוסים שלנו הוא כלל ק"ח} והתפארת למשה [מובא בפ"ת קפ"ד סק"ד] והגרע"א [בחדושיו ליו"ד קפ"ד לש"ך ס"ק ז'] והחוו"ד [קפ"ד ביאורים ס"ק ג'] וה"בית לחם יהודה" [לשו"ע קפ"ד סעיף ב'] מקילין, אין להחמיר. וכן נראה מסקנת ה"חכמת אדם" כלל צ"ד דין ג' {בדפוסים שלנו הוא כלל ק"ח}, אלא שהחמיר לענין י"ב שעות, ושאר אחרונים מקילין בזה". והנה אף דהחזו"א ועוד גדולי הפוסקים לא חששו להחומרא של האו"ז וכ' בערה"ש (שם ס"כ) „והסכימו כל גדולי אחרונים המנ"י והס"ט והח"ד להב"י והט"ז וכן עיקר לדינא" מ"מ בהרבה קיצורי הלכות נדה שיצאו ע"י ותחת פיקוח גדולי עולם כגון אמירה לבית יעקב ועוד, כולם הביאו דעת האו"ז וכתבו דהנוהג כאו"ז תע"ב, ומחת"ס (ס"ס קס"ו וס' ק"ע [הובא בפת"ת ס' קפ"ד ס"ק כ"ב] וס"ס קע"ט) מוכח דסובר דכך המנהג, וכ' בשיעורי שבט הלוי (ס' קפ"ד בט"ז ס"ק ב' ד"ה והנה) „וברוב המדינות נהגו כאו"ז, והאחרונים כתבו להחמיר" [וכן ע' בסוגב"ש (פ' ל"א ס"א בבא"א ד"ה ומנהגינו) וחז"ט (ס' קפ"ד ס"ק

period (**תעא**). Many Poskim hold that they should conduct themselves according to the אור זרוע (**תעב**). However, even according to these Poskim, the other restrictions of the Niddah period (even kissing and embracing) are permissible during the וסת of the אור זרוע (**תעג**) (see Note on page 229).

Restrictions during mourning

8. If one of them is in mourning (i.e. during אנינות and *Shiva*), they are required to abstain from marital relations—even if she isn't a Niddah (**תעד**) (see Chapter II B 8 Application b). Although they should refrain from kissing and embracing* (**תעה**) and sleeping together in the same bed—even if they are wear-

*See Note on page 233.

י״ד)] וכ״מ מדברי האג״מ שנכ׳ בסמוך. **כתב** באג״מ (יו״ד ח״ג ס׳ נ״ח) „והנה מה שמסתפק אתה איך הוא למעשה הנה אף שהרבה ראשונים {צ״ל סברי} שמותר לפקוד ביוצא לדרך סמוך לוסתה גם בתשמיש אבל יש גם הרבה האוסרים ומהגר״א סי׳ קצ״ו {צ״ל קפ״ד} ס״ק כ״ב משמע שמתיר מדינא אבל החת״ס סי׳ ק״ע מסיק לאסור מדינא אף למ״ד וסתות מדרבנן משום דהפרישה סובר שהוא דאורייתא ואין שייך לנו להכריע ובפרט שגם המתירין סברי דטוב להחמיר לכן מספק יש לאסור גם מדינא, אבל רק מה שאסור מדינא דהוא עונת הראיה ולא מה שמחמירין כהאו״ז ונקה״כ לפרוש בעונה שלפניה מטעם דנשי דידן אין להן שעה קבועה דזה יש להקל מדינא ומ״מ טוב להחמיר״ וע״ש (בס׳ מ״ח) שכ׳ „וראוי להחמיר ג״כ חומרת האו״ז וכו׳״. [ונראה דיש ט״ס במעין טהור (סימן א׳ אות ב׳, נדפס בסוף סידור קרבן מנחה) וצ״ל „און דער נאכט דער פריער דהיינו וואס קער צום דרייסיגסטין טאג איז זי אסור״ דאל״כ סותר א״ע במש״כ במשל שהביא מקודם]. אבל כיון שרוב פוסקים מקילים בזה המיקל יש לו על מי לסמוך [וכ״כ בבדה״ש (ס׳ קפ״ד ס״ק י״ז) „ויש מקומות שנוהגים להחמיר בזה אמנם גם המיקל יש לו על מי לסמוך בפרט כשיש איזה צורך בזה וכו׳״] והמחמיר תע״ב. **לענין** וסת האור זרוע בליל טבילה או יוצא לדרך או בא מן הדרך נראה דיש להקל (וכ״כ בבדה״ש שם), וז״ל שיעורי שבט הלוי (ס׳ קפ״ד בט״ז סק״ב ד״ה ועיין) „אך יש אופנים שאפשר להתיר עונת או״ז לצורך, כגון בליל טבילה וליל חופה או ביוצא לדרך ובא מן הדרך וכו׳״, ונראה דאם חזקתה לראות ביום ודאי יש להקל בזה.

(תעא) שם.

(תעב) שם.

(תעג) כך נראה דכיון דאף בעונת הוסת מניעת חיבוק ונישוק אינו אסור מדינא (כמבואר לעיל בהערה תסח) רק המחמיר תע״ב, הכא יש להקל וכ״פ בשו״ת באר משה (ח״ד ס׳ ס״ב אות ג׳) ובדה״ש שם. אבל פשוט דזהו רק למי שמכיר בעצמו שלא יכשל ח״ו בהוצאת זרע לבטלה.

(תעד) ע׳ יו״ד ס׳ שמ״א ס״א ורמ״א ס״ה וס׳ שפ״ג ס״א. **אפילו** היכא דאינם נוהגים הלכות שבעה כגון דעדיין לא חל הנהגת אבילות בפרהסיא למשל בחול המועד אחר הקבורה שכבר כלו דיני אנינות, אי נמי כשלא חל עדיין דיני אנינות כגון מת בשבת, או ביו״ט כשלא יקברו באותו היום, מ״מ דברים שבצינעא נוהג ואסור בתשמיש המטה, ע׳ בשו״ע יו״ד (ס׳ שצ״ט ס״א) „שאין הרגל מבטלו אלא נוהג ברגל דברים שבצינעא ומונה שבעה אחר הרגל״ ואו״ח (ס׳ תקמ״ח ס״ד וס״ה) ומ״ב (שם ס״ק ט״ז). **ובשבת** שבתוך השבעה אסור בתשמיש המטה דדברים שבצינעא נוהג בשבת (ע׳ יו״ד ס׳ ת׳ ס״א) וכ׳ בסוגב״ש (פ׳ מ״א ס״א בבא״א) „אפי׳ בשבת ויו״ט דמותר בבשר ויין, מ״מ דברים שבצנעה אסור, ופשוט דאפי׳ בליל טבילה שטבלה כבר אסורים בתשמיש״.

(תעה) כ׳ הרמ״א (יו״ד ס׳ שפ״ג שם) לענין

ing garments (**תעו**), the other restrictions (e.g. eating together from the same plate (D 5), pouring and serving (ibid. 27), making his bed (see E 12), washing his face, hands or feet (**תעז**) (ibid. 13) and the like) (**תעח**) are permissible (**תעט**).

If the husband is aware that his wife became a mourner but she is not yet aware of this [or vice versa] most Poskim hold that marital relations are permissible (**תפ**).

*Note: During times of grief, anguish, depression or other periods of emotional distress, they may not deviate from any of the restrictions of the Niddah period. Although it is incumbent upon the husband to give his wife [and vice versa] whatever emotional support and encouragement needed to cope with this difficult period, this does not permit violations or deviations from these halachos. Wherever there is any question or doubt pertaining to the observance of these halachos, a Rav must be consulted.

אבלות „אבל חבוק ונשוק יש להחמיר", ובערה"ש (ס' שפ"ג ס"ב) כ' „אבל חיבוק ונישוק יש לאסור כדי שלא לבא לידי הרגל דבר ועל זה נאמר עת לרחוק מחבק וכן פי' התרגום שם ע"ש". **ולענין** אונן ע' בסוגב"ש (פ' מ"א ס"א בבא"א) שכ' „ובשאר קריבות של חיבה דהיינו חו"נ אף שלא נתבאר בשו"ע ובפוסקים מ"מ מסתבר פשוט דדינו בזה כמו באבל דחו"נ אסור".

(תעו) כ' המחבר שם „ומותרת לישן עמו הוא בבגדו והיא בבגדה ומיהו משום לך לך אמרינן נזירא יש להחמיר שלא ישן [עמה] במטה כלל".

(תעז) כ' המחבר שם „אבל בשאר דבר קורבה מותר אפילו במזיגת הכוס והצעת המטה והרחצת פניו ידיו ורגליו בין באבלות דידיה בין באבלות דידה וכו' ומותרת לאכול עמו בקערה". **ומה** שכתב המחבר הצעת המטה צ"ע דאבל חייב בכפיית המטה (כמבואר בס' ש"פ ס"א), ואין לומר הטעם דשרי משום שכ' המחבר (ס' שפ"ז ס"ב) „עכשיו לא נהגו בכפיית המטה וכו'" דאף בזמן חז"ל דבר זה היה מותר ע' כתובות (ד:) „ומצעת לו המטה" ודוק. ואין לומר כוונתו ומצעת לו מטתו הכפויה (ע' מ"ק כ: וברש"י שם ד"ה קשיין) וצ"ע. **ולענין** רחיצה אף דאבל אסור ברחיצה (כמבואר בס' ש"פ ס"א) מ"מ כ' המחבר (ס' שפ"א ס"א) „רחיצה כיצד אסור לרחוץ כל גופו אפילו בצונן אבל פניו ידיו ורגליו בחמין אסור בצונן מותר ואם היה מלוכלך בטיט וצואה רוחץ כדרכו ואינו חושש". ועוד י"ל כשהיא האבילה והבעל מותר ברחיצה וצריך סיוע קמ"ל דהיא מותרת לרחצו דאין זה נקרא רחיצה בשבילה (וע' בסוגב"ש פ' מ"א ס"ד בבא"א מהב"ח והדרישה בשם מהרש"ל ואכמ"ל).

(תעח) כגון הושטה מידו לידה וכדומה.

(תעט) ע' לעיל הערה תעז. **לענין** נגיעה באשתו בשעת אבילות ר"ל נראה דדומה למש"כ לעיל (בהערה תסט) לענין נגיעה בעונת הווסת [שהט"ז (ס" קפ"ד ס"ק ג') והסד"ט (שם ס"ק ב') משווים הרחקות בשעת הווסת לאבילות, ואף שכ' (בהערה תסח) שהפר"ד חולק אשו"ע הגר"ז דמחמיר יותר באבילות מעונת הווסת, מ"מ היינו בחיבוק ונישוק ודוק] וכתבנו שם (בהערה תסט) דנראה דיש לחלק בין נגיעה ליהנות שדומה לחיבוק ונישוק ונגיעה לצורך „כגון להקימה ולהשכיבה ולסומכה" דכ' בתה"ד (ס' רנ"ב) „דלאו מילי דחיבה נינהו כהרחצת פניו וכהצעת המיטות בפניו אלא מילי דעבדות נינהו". לפיכך נראה דנגיעה בעלמא שלא בדרך חיבה אין להחמיר בשעת אבילות ר"ל, וע' בגשר החיים (פ' כ"א ס"ו).

(תפ) ספר חסידים (ס' תת"ג), ערה"ש ס' שפ"ג ס"א, משמרת שלום (אות ת' ס' ס"ה) וע' שד"ח (אבילות אות ב') שהביא כן בשם כמה פוסקים וכ"כ בסוגב"ש (פ' מ"א ס"ה). **וה"מ** לענין אבילות אבל לענין אנינות בכה"ג אם האשה אוננת והיא אינה יודעת מזה, והבעל יודע כתבו האחרונים שהבעל יחמיר על עצמו ע'

Where a death occurred in the immediate family of the *chasan* or the *kallah* just before the wedding or during the week of the Sheva Brochos, a Rav should be consulted (**תפא**).

Restrictions on Yom Kippur and Tisha B'Av

9. On Yom Kippur and Tisha B'Av, marital relations are prohibited—even if she is not a Niddah (**תפב**) (see Chapter II B 8 Application c. See also A SUMMARY OF HALACHOS OF THE THREE WEEKS, Chapter V A 2 and D 4). However, there is a difference between Yom Kippur and Tisha B'Av regarding the other restrictions which apply to a woman when she is a Niddah. On Yom Kippur, all the restrictions apply (**תפג**).

בסוגב״ש (שם ס״ב ומקורותיו שם). וכן אם הבעל אונן והאשה יודעת והבעל אינו יודע כ׳ בסוגב״ש (שם בבא״א) „ומסתבר דה״ה בהיפוך וכו׳״.

(תפא) ע׳ ס׳ שמ״ב וס׳ שפ״ג ס״ב וע׳ פת״ת ס׳ שמ״ב ס״ק ב׳. **והנה** מה שכתבנו דבשעת אבילות ר״ל ובשאר זמנים של שפילות הרוח אסור להקל בההרחקות, כך נראה פשוט דהא אפילו כשהוא חולה שיש לו מיחוש וכאב ואשתו נדה ואין לו מי שישמשנו זולתה ויש לחוש שיבוא לידי הרגל דבר כתבנו לעיל (בהערה שצה) דאסור, וכ״ש כשאשתו חולה (ע׳ לעיל בהערה שצז), ונראה דלא עדיף מהתם. **ומה** שכתבנו שצריך לעודדה ולחזקה כך נראה פשוט, ואפשר דהוא בכלל רפואתה (ע׳ אה״ע ס׳ ע״ט) מה לי רפואת הגוף מה לי רפואת הנפש. ומה שצריכה לעודדו ולחזקו הוא דבר פשוט, ואפשר דהוא בכלל „מהלכת בתאות לבו ומרחקת כל מה שישנא״ (רמב״ם פ׳ ט״ו דהל׳ אישות ה״כ). ודברים אלו בכלל גמילות חסדים שבגופו שכ׳ הרמב״ם (פ׳ י״ד מהל׳ אבל ה״א) „שאין להם שיעור״ והרי הן בכלל „ואהבת לרעך כמוך, כל הדברים שאתה רוצה שיעשו אותם לך אחרים עשה אתה אותן לאחיך בתורה ובמצות״.

(תפב) יו״כ אסור בתשמיש המטה כמבואר באו״ח ס׳ תרט״ו ס״א, ת״ב אסור בתשמיש כדאיתא שם ס׳ תקנ״ד ס״א.

(תפג) כ׳ המחבר (ס׳ תרט״ו שם) „יוה״כ אסור בתשמיש המטה ואסור ליגע באשתו כאלו היא נדה וכן אסור לישן עם אשתו במטה״ וכ׳ המ״ב (שם ס״ק א׳) „ואסור ליגע באשתו. בין בלילה בין ביום וגם לא ירבה עמה בדברים וכן בכל הפרטים שנתבאר ביו״ד סימן קצ״ה״ ומשמע דצריך לנהוג עמה בין בלילה בין ביום ככל ההרחקות דהל׳ נדה. אולם פליגי הט״ז (שם ס״ק א׳) ומ״א (שם ס״ק א׳) לענין נגיעה אי אסור דוקא בלילה או אף ביום, ואע״ג דכ׳ בערה״ש (שם ס״א) „ולכן יתרחק אדם מאשתו כל יום זה כמנדה והיינו שלא יישן עמה במטה אחת ולא יגע בה בלילה אבל ביום אין חשש כמובן [ט״ז] ויש שאוסר גם ביום [מג״א] וכמדומה שאין המנהג כן״ נראה דרוב פוסקים ס״ל כמ״א דאסור גם ביום (כדמשמע משעה״צ שם ס״ק א׳, וכ״כ בסוגב״ש פ׳ ל״ח ס״ד ע״ש). וע׳ בט״ז (סס״ק א׳) דמודה דשינה במטה אסור אפילו ביום, וכ׳ במ״ב (ס׳ תרט״ו ס״ק ב׳) „אפילו הוא בבגדו והיא בבגדה״ (וע׳ בסוגב״ש שם ס״ז ובבא״א). **לענין** נגיעת מטות ביוה״כ באלף למטה (ס׳ תרט״ו ס״ק ב׳) כ׳ להקל, ובמחה״ש (שם ס״ק א׳ הביאו בכה״ח אות ד׳) החמיר, וע׳ בסוגב״ש (פ׳ ל״ח ס״ח). **ומש״כ** במ״ב שם „וגם לא ירבה עמה בדברים״ כ׳ בסוגב״ש (שם ס׳ י״ג) „אפילו שאין בהם שחוק וקלות ראש (מט״א סק״א), ובזה חמור יותר יוהכ״פ מבנדה, (א״ר ס״ק א׳ מט״א סק״א כפה״ח סק״ג)״ וע״ש בבא״א. **והטעם** כ׳ בכה״ח שם „שלא יבא לידי הרגל עבירה ושלא יבא לידי הרהור ולידי קרי״. **ולענין** כפרות בערב יוה״כ כ׳ בסוגב״ש (שם ס״א) „מותר הבעל לסבב הכפרות על ראש אשתו נדה, אם קשה לה בעצמה רק יזהר שלא יגע בה, וכן מותרת

On Tisha B'Av, however, there is a difference between the halachos concerning the night and the day. At night, not only are marital relations prohibited, but one should not even touch his wife [or lie with her together in the same bed—even if they do not touch] (**תפד**) (ibid. Chapter V D 4). It is preferable that

---

האשה נדה לסבב הכפרות על ראש בעלה **אם** קשה לו בעצמו רק תזהר **שלא** תיגע בו, **אבל** להושיט הכפרות זה לזה אסור לכו"ע".

(תפד) כ' המחבר (ס' תקנ"ד ס' י"ח) „יש מי שאומר שלא יישן בליל ט"ב עם אשתו במטה ונכון הדבר משום לך לך אמרינן לנזירא" וכ' המ"ב (שם ס"ק ל"ז) „ונכון הדבר. **ועיין** לקמן סי' תרט"ו דאסור ליגע באשתו כאלו היא נדה ואפשר דה"ה בט"ב [כ"כ הד"מ] ומ"מ ביום יש להקל [מ"א]" וכ' בשעה"צ (שם ס"ק מ"ד) טעם החילוק בין יוה"כ לט"ב „דדוקא ביוה"כ שהנשים מקושטות לכבוד היום ויש לחוש לגירוי היצה"ר משא"כ בט"ב שהולכים בבגדים מנוולים ואם גם בת"ב הולכים מקושטות יש להחמיר בו אף ביום כמו ביוהכ"פ [מחצית השקל] ועיין בסימן תרט"ו בט"ז דהוא מצדד להקל בט"ב בנגיעה אף בלילה ואולי לא ראה הד"מ". **כשחל** ט"ב בשבת ונדחה לאחר השבת כ' המחבר (ס' תקנ"ד ס' י"ט) דמותר אפילו בתשמיש המטה וכ' הרמ"א שם „ויש אוסרים תשמיש המטה וכן נוהגין" וע' במ"ב (שם ס"ק מ') לענין ליל טבילה דיש לסמוך על המתירין להקל, וכ' בערה"ש (ס' תקנ"ד ס' י"ז) „ואם היה ליל טבילה מחוייב לשמש וכו'". **כתב** בסוגב"ש (פ' ל"ט ס"ו בבא"א) „ומסתבר לפי דעת האוסרים בתשמיש משום דדברים שבצנעה נוהג אפי' בת"ב שחל בשבת, והוי כחול לגבי דברים שבצנעה, א"כ נכון להחמיר בהרחקות שהבאנו לעיל כמו בת"ב שחל בחול דהוי ג"כ בכלל דברים שבצנעה" אבל נראה דכיון דמעיקר הדין תשמיש מותר (דכן דעת רוב פוסקים כמ"ש במחה"ש) ולכן מקילין בליל טבילה וביוצא לדרך (ע' לקמן), וא"כ די לנו להחמיר בתשמיש ולישן עם אשתו במטה אחת אבל להחמיר בהרחקות הוי חומרא יתירה, ועוד למה יהא חמור מיום הוסת שמותר בהרחקות. ונראה דנכון להחמיר בחיבוק ונישוק ונגיעה דרך חיבה אבל שאר הרחקות כגון קערה אחת וכדו' יש להקל. וע' בשו"ת מהרי"ל דיסקין (בקו"א ס"ה אות ס"ז) וז"ל „עיין מג"א סי' תקנ"ד ס"ק י"ט {כצ"ל} (דין דברים שבצנעה בט"ב ובט"ב שחל בשבת) ועיין מחצית השקל, ולפ"ז כהך דס"ק שאחר זה אסור אף ליגע" ודוק. **נשאלתי** לענין אלו שנוסעים בימי הקיץ להרים וערי השדה שקורין mountains או country ומשפחתם נשארים שם בבתים שקורין bungalows או במלון וכדו' במשך השבוע והבעל עובד בעיר וחוזר רק לשבת, אם מותר בתשמיש בליל שבת כשחל ט"ב בשבת ונדחה לאחר השבת. והנראה בזה הוא דמותר משום שכ' במ"ב שם דההיתר דליל טבילה הוא „דכיון דבליל טבילה הוא מצות עונה יש לסמוך על המתירין, והרמ"א שכתב דנוהגין לאיסור היינו במקום שאין כאן מצות עונה משא"כ ליל טבילה ע"ש בנ"א וכו'" וע' בשעה"צ (שם ס"ק מ"ו) שכ' מנ"א „דה"ה בבא מן הדרך יש להקל וכו'" ע"ש ומסיק שם „והכל לפי מה שהוא אדם עכ"ל" וע"ש בל' הנ"א (כלל קל"ו) שכ' „במקום שאין כאן מצות עונה שהרי יכול לקיים מאתמול" ולפי"ז נראה דה"ה הכא שבא בע"ש דשרי, וע"ש דמסיק שם „ולכן נ"ל דהסומך בזה על המתירין לא הפסיד והכל לפי מה שהוא אדם ומצאתי סמך לדבר בא"ר סי' תקנ"ח ס"ק ד' שכתב שלא לשמש בליל י' אם לא בליל טבילה או בא או יוצא לדרך". **חיוב** עונה בליל טבילתה ובשעה שהוא יוצא לדרך ע' שו"ע אה"ע ס' ע"ו ס"ד. ולענין בא מן הדרך ע' בחז"ט (ס' קפ"ד בדר"ק ס"ק נ"ח) שהביא בשם הזוה"ק דיש מצוה לפקוד את אשתו גם כשבא מן הדרך ע"ש [וע' בנ"א שם גם טעם ע"פ נגלה וז"ל „ונ"ל דה"ה בבא מן הדרך שאמרו בגמרא וסמכו על פסוק לא תאונה כו' שלא תבא מן הדרך ותמצא אשתך ספק נדה ופירש"י שאז מתאווה לזיווג, וא"כ בוודאי שגם האשה מתאוה וכשתתאוה אז היא מצות עונה וכו'"]. **כתב** בכה"ח (ס' תקנ"ד אות ט"ף) „ונראה דאם הוא עדיין בחור {ר"ל איש צעיר} ויש לו תאוה ויש לחוש לשז"ל ח"ו ודאי יש להתיר משום דחומרא דאתי לידי קולא

they should conduct themselves with the other restrictions of the Niddah period as well (**תפה**). During the day of Tisha B'Av, however, although marital relations are prohibited (**תפו**), if women do not go dressed up as they do on a Yom Tov [but rather wear clothing fit for a mournful day such as Tisha B'Av], even physical contact is permissible (**תפז**).

A bride following her wedding

10. A bride following her wedding who experienced hymenal bleeding* is required to conduct herself as a Niddah for all the restrictions discussed in this chapter (**תפח**). However, there are two principle differences between a bride who experienced hymenal bleeding and a regular Niddah (**תפט**):

*See Note on page 237.

הוא ויש לסמוך על דיעה ראשונה שכתב הש"ע".

(תפה) בכה"ח (שם ס"ק פ"ה) כ' „וכתב בן א"ח שם [פ' דברים או' כ"ג] דגם להושיט דבר מידו לידה בלילה נכון להחמיר. וכתב המחה"ש דאם הולכים הנשים בבנדים מקושטים בט"ב יש להחמיר גם ביום מליגע בה כמו ביוה"כ יעו"ש. והב"ד האחרונים" ומש"כ בכה"ח הושטה נראה דה"ה שאר ההרחקות דנכון להחמיר בהם וכ"כ בסוגב"ש (פ' ל"ט ס"ד) [אלא שכ' כן רק לענין הלילה, ומדברי מחה"ש הנ"ל משמע דאם הולכים הנשים בבנדים מקושטים יש להחמיר גם ביום].

(תפו) כ' המחבר (שם ס"א) „ת"ב אסור ברחיצה וסיכה ונעילת הסנדל ותשמיש המטה וכו'" וכ' המ"ב (שם ס"ק א') „ואסור בכל אלו הדברים כל היום וכו'".

(תפז) ע' שעה"צ (שם ס"ק מ"ד **הובא** לעיל בהערה תפד) ממחה"ש. **ומה** שכתב במ"ב (ס' תקנ"ד ס"ק ל"ז) לענין נגיעה „ומ"מ ביום יש להקל" אם הולכים בבגדים מנוולים (כמ"ש בשעה"צ שם) נראה דהיינו נגיעה שאינו דרך חיבה, אבל נגיעה דרך חיבה נראה דאין להקל בה כמו בשעת אבילות (ע' לעיל הערה תעה) וביום הוסת (ע' לעיל הערה תסט, **אלא** דהתם הוא בכלל המחמיר תע"ב). ומי שחושש שמנגיעה אף שלא דרך חיבה יבא לידי הוצאת ז"ל ר"ל בוודאי אסור אף באופן זה.

(תפח) כ' המחבר (יו"ד ס' קצ"ג ס"א) „הכונס את הבתולה בועל בעילת מצוה וגומר ביאתו ופורש מיד וכו' ואפילו בדקה ולא מצאה דם טמאה שמא ראתה טיפת דם כחרדל וחיפהו שכבת זרע". וכ' הרמ"א שם „ויש מקילין אם לא ראתה דם (הגה"מ בשם איכא מ"ד) ונהגו להקל אם לא גמר ביאה רק הערה בה ולא ראתה דם אבל אם בא עליה ביאה ממש צריך לפרוש ממנה אע"פ שלא ראתה דם וכו'". וכ' המחבר שם „וצריכה שתפסוק בטהרה ותבדוק כל שבעה ולא תתחיל למנות עד יום ה' לשימושה ונוהג עמה בכל דיני נדה לענין הרחקה **אלא** שנדה גמורה אסור לו לישן על מטתה אפי' כשאינ' במטה וזו מותר לו לישן באותה מטה לאחר שעמדה מאצלו ואפי' בסדין שהדם עליו".

(תפט) שם וכמו שיתבאר. **ובאמת** יש עוד ב' חילוקים, א' דמותר לגמור ביאתו אע"פ שהדם שותת ויורד (ש"ך ס' קצ"ג ס"ק א'), וב' דמותר לו לפרוש באבר חי ואין צריך להמתין עד שימות האבר (שם) [פי' דאין האיסור חל עד שיפרוש] (וע' בבדה"ש ס"ק ה'). וע' בשיעורי שבט הלוי (ס"ק ב') שכ' „דה"ה דשרי לעשות הביאה בכמה כוחות כל זמן שלא פירש לגמרי, ואפילו מת האבר קודם גמר ביאה שרי לחכות עד שיתקשה שוב ועדיין לא חל חיוב פרישה" וע' בסוגב"ש (פ' ל"ב ס"ה בבא"א ד"ה ומצינו עוד קולות בדם בתולים). **כתב** בחז"ט (בדר"ק ס"ק ג') „לענין ביאות הבאות אם מותר לגמור ביאתו ולפרוש באבר חי אם עדיין לא חיתה המכה" וע"ש בדר"י (ס"ק א') ואכמ"ל.

a) We have learned (see Chapter II B 1) that a Niddah is required to wait a minimum of five days before she is able to begin counting the Seven Clean Days (**תצ**). However, we have also learned (ibid. C 7) that a bride after her wedding who experienced hymenal bleeding—but not menstruation—is only required to wait four days—not five, before beginning the Seven Clean Days (**תצא**).

b) We have learned (see E 4) that a husband may not lie on his wife's bed when she is a Niddah—even when she is not present (**תצב**). We have also learned (ibid.) that she may not lie on her husband's bed—in his presence (**תצג**). However, concerning a bride following her wedding who experienced hymenal bleeding—but not menstruation—he may lie on her bed—after she has left it (**תצד**). Similarly, she may lie on his bed—after he has left it (**תצה**). This is permissible—even in the presence of the other (**תצו**).

*Note: Although we have discussed the halachos of a a bride following her wedding who experienced hymenal bleeding, these halachos also apply to a bride who did *not* notice any bleeding following marital relations—if there was *complete* penetration upon the consummation of the marriage (**תצז**). The reason for

---

(תצ) ס׳ קצ״ו ס׳ י״א.

(תצא) ס׳ קצ״ג וע׳ לעיל (פ״ב הערה קט). **עיין** שם (בהערה קי) לענין ביאה שנייה דאם לא בעל בפעם הראשונה בעילה גמורה יש להקל למנות מיום ה׳ וע׳ בסוגב״ש (פ׳ ל״ב ס״ד ובבא״א שם) ובבדה״ש (ס׳ קצ״ג ס״ק כ״ח). **ומש״כ** ולא דם נדה, הטעם הוא דאילו נטמאה משום דם בתולים ואח״כ פירסה נדה אז צריכה להמתין ה׳ ימים (אלא שהימים שכבר המתינה עולין לה להה׳ ימים) ואסור הוא לישן במטתה והיא במטתו בפניו כשאר נדה (ע׳ בסוגב״ש פ׳ ל״ב הערה ו׳ ובדה״ש שם ס״ק כ״ז וחז״ט בדר״ק ס״ק י׳ ובתוספות טהרה ס״ק קמ״ט).

(תצב) ע׳ ס׳ קצ״ג ולעיל הערה רעא.

(תצג) ע׳ לעיל הערה רעט.

(תצד) ע׳ ס׳ קצ״ג שמותר לו לישן על מטתה וכתבו האחרונים (חכ״א כלל קט״ו ס׳ ט״ז וסד״ט שם ס״ק ז׳) דה״ה שהיא מותרת לישן על מטת בעלה כשהוא אינו שוכב עליה.

(תצה) שם.

(תצו) כ״מ משם וכ״כ בסוגב״ש (פ׳ ל״ב ס״ה) ובבדה״ש (שם ס״ק ל״ג) וחז״ט (בדר״ק ס״ק י״ב וט״ס יש שם וצ״ל „וכן היא מותרת״). **ולענין** הצעת המטה בפניו ומזיגת הכוס ע׳ בחזקת טהרה (ס׳ קצ״ג במורה דרך ס״ק ט״ו) ובבדה״ש (בביאורים ד״ה וזו) ובסוגב״ש (בא״א ד״ה המחבר כתב). **עיין** בסוגב״ש שם במש״כ המחבר „וזו מותר לו לישן באותה מטה לאחר שעמדה מאצלו ואפי׳ בסדין שהדם עליו״ שמסתפק „אם התיר דוקא בלילה ראשונה, או דמותר כל הד׳ ימים והז״נ שהיא סופרת לדם בתולים וכן יש להסתפק אם גם בפעם השני׳ וכן בכל פעם שטמאה מטעם דם בתולים יש להם קולא זו״ וכ׳ „ומסתבר דתלוי במחלוקת האחרונים אם בפעם הב׳ ממתינים ד׳ ימים או ה׳ ימים״ ע״ש. **וא״כ** לדידן שגם בפעם ב׳ וג׳ וכו׳ ממתינים ד׳ ימים ולא ה׳ (כמו שכתבנו בהערה **תצא** ובפ״ב הערה קי בשם כמה אחרונים) יש להקל בזה. **כתב** בסוגב״ש (שם ס״ז) „אם היא טמאה מחמת דם בתולים אסורים לאכול בקערה אחת או על שלחן אחד בלא היכר (תוה״ש סק״א) וכן **בשאר** הרחקות אין שום היתר להקל, **אף** שהיא טמאה רק מחמת בתולים או חשש בתולים (מחבר קצ״ג)״.

(תצז) כ׳ המחבר (ס׳ קצ״ג ס״א) „הכונס את הבתולה וכו׳״ לאו למימרא דדוקא אם נמצא דם בתולים בפעם הראשונה צריך לפרוש ממנה אבל אם ראתה דם בתולים פעם שני׳ מותרת, אלא כל פעם שהיא רואה דם בתולים דינה שוה,

this is that the halacha assumes that there was some hymenal bleeding—which was concealed (**תצח**). If there was only partial penetration, she is not required to conduct herself as a Niddah—unless she experienced bleeding (**תצט**). Since it is normal for a *chasan* and *kallah* not to be certain whether there was complete penetration, they are required to conduct themselves as if she experienced hymenal bleeding or there was complete penetration—unless instructed by a Rav to the contrary (**תק**). Since these halachos are complex and cannot be described in detail here, wherever there is any question, a Rav must be consulted.

****

כמבואר בערה״ש (ס׳ קצ״ג ס׳ י״א) „דבר ידוע ובדוק ומנוסה שלא בביאה אחת כלו הבתולים והרבה יש שגם אחרי טהרתן בביאה שנייה היא רואה בתולים ולפעמים גם בשלישית ולכן צריכות ליזהר לראות על הסדין גם בפעם שנייה ושלישית אולי יש עודנה דם בתולים ואף אם אינו אדום כל כך מ״מ יש להחמיר ולפרוש הימנה כבפעם הראשון אך אם הסדין נקי מדם לא חיישינן לחיפוי ש״ז רק בפעם הראשון״. ומה שכתבנו בפנים (כאן ואצל הערה תפח) „כלה אחר החתונה״ כוונתינו ג״כ כהנ״ל. **ונראה** דהא דתולין בדם בתולים אפילו בפעם ב׳ וג׳ וכו׳ הוא רק כשיש ב׳ תנאים, א׳ שלא היתה ביאה **גמורה** בלא דם בתולים (ע׳ פת״ת ס׳ קפ״ז ס״ק נ״ג בשם הנוב״י), וב׳ שיש לה צער בשעת תשמיש (וכ״כ בסוגב״ש פ׳ ל״ב ס״ט מס׳ קפ״ז ס׳ י״ג וש״ך ס״ק ל״ז). **ואם** עשה רק הערָאה בביאה ראשונה וראתה טפת דם ובביאה שניה בעל ביאה גמורה ולא מצאה דם הרי היא טהורה ע׳ אג״מ (יו״ד ח״א ס׳ פ״ה). **ולענין** הבועל את הבתולה וראתה דם כ׳ המחבר (ס׳ קפ״ז ס׳ י״ג) דלא חיישינן לרואה מחמת תשמיש „עד שתשמש פעם אחת ולא תראה דם מחמת תשמיש״ ע״ש. **ופשוט** דמש״כ המחבר (ס׳ קצ״ג) „הכונס את הבתולה״ כוונתו דדוקא בכלה בתולה חיישינן לדם בתולים אבל בכלה שנתאלמנה או נתגרשה מן הנישואין (וכן בדבר השכיח בדורינו בכלות בעלות תשובה שיש מהן שאין להן בתולים) אין צורך לפרוש ממנה אם לא מצאה דם, ואם מצאה דם נאסרה [ככל אשה שראתה דם מחמת תשמיש ואין לה הקולות של דם בתולים, אם לא שיש לתלות במכה (כבס׳ קפ״ז ס״ה) או בלידה (שם ס״י ברמ״א) וכדו׳] וכ״כ בבדה״ש (ס׳ קצ״ג ס״ק י״ד). **ואשה** שהוציא הרופא הבתולים ממנה ע׳ לעיל (פ״ג הערה קח) ובבדה״ש שם ובס״ק ב׳ (ובציונים ס״ק כ״ו).

(תצח) כ׳ המחבר שם „וחיפהו שכבת זרע״. **והטעם** שלא כתבנו „ונאבד״ כמו לענין דם חימוד (בס׳ קצ״ב) ע׳ ערה״ש (ס׳ קצ״ג ס״ח).

(תצט) כ׳ הרמ״א שם „אם לא גמר ביאה רק הערה בה ולא ראתה דם״ וכ׳ בחכ״א (כלל קט״ו ס׳ ט״ו) „ומ״מ נהגו להקל אם לא גמר הביאה רק הערה בה ולא ראתה דם אבל אם בא עליה ביאה ממש דהיינו שהכניס כל האבר אע״פ שלא זרע צריך לפרוש ממנה אע״פ שלא ראתה דם״ וכ״כ בצ״צ בפס״ד (ס׳ קצ״ג סס״א) „והמנהג {כצ״ל} להקל אם לא גמר ביאה אלא הערה בה (רמ״א) ועד שיכנוס כל האבר הוא בכלל הערָאה (ס״ט)״.

(תק) ע׳ מש״כ בבדה״ש (ס׳ קצ״ג ס״ק י״ט) וע׳ בחכ״א שם שכ׳ „דאע״ג דדם בתולים הוא ואין הדם נדה כלל שאין זה בא מן המקור מ״מ נהגו כל ישראל להחמיר ולהחזיק דם בתולים כדם נדה״.

סימנים וסעיפים שבשלחן ערוך המשתייכים לפרק זה

קפ״ד:ב   **קצ״ג:א**

קפ״ט:י״א, י״ג   **קצ״ה:א-י״ז**

ספר הלכות נדה
Halachos of
Niddah

קיצור פסקי דינים
בהערות ומראה מקומות

A SUMMARY OF HALACHOS
DISCUSSED IN THE FOOTNOTES

This קונטרס *is dedicated in Honor of*

Mrs. Allegra Franco תחי׳

A woman constantly concerned with,

and praying for,

the spiritual success of her family

and who emphasized to all of us

the importance of Mikveh

May Hashem Bless her

with 120 years of good health,

and pleasure from her Family

By her children and Grandchildren

קיצור פסקי דינים בהערות ומראה מקומות
A SUMMARY OF HALACHOS
DISCUSSED IN THE FOOTNOTES
TABLE OF CONTENTS

A SUMMARY OF HALACHOS DISCUSSED IN THE FOOTNOTES

In this volume of HALACHOS OF NIDDAH, there are many halachos and applications which were discussed only in the Hebrew footnotes. They were not included in the actual text, because this would have taken away from the flow of the discussion and could cause confusion. We have, therefore, decided to summarize these halachos here. These will be divided into the various sections of the volume. A fuller discussion and the sources for these halachos can be found in the Hebrew footnotes which are cited below.

Note: This is only a summary of the halachos in the footnotes, it is *not*—nor is it meant to be—a summary of the halachos in the *sefer* itself.

All cross-references noted in this Summary (e.g. see B 1) are to halachos which were discussed in the the actual *sefer*. Where we are referring to halachos which are discussed in this Summary, the reference is preceded with the § symbol (e.g. see §B 1).

[We are beginning this Summary with section B, because section A is an introduction].

B. CONDUCT DURING THE NIDDAH PERIOD

This section is divided into the four areas which were discussed in the text: a) יחוד, b) הסתכלות, c) שחוק וקלות ראש, and d) General conduct.

a) יחוד—Being alone with a woman

Is יחוד prohibited with relatives?

1. There is a prohibition against being alone with a woman who is prohibited to him (יחוד, see B 1). However, there is no prohibition against a son being alone with his mother, or a daughter with her father. Similarly, a grandparent may be alone with his or her grandchild. A brother may be alone with his sister on a temporary basis—but not on a prolonged or permanent basis.

Example: A brother and sister should not lease an apartment together. However, where one of them is infirm or old it is permissible.

If their parents go on a trip to Eretz Yisroel, some Poskim hold that they should not be home alone together. If they are going for an extended period of time, a Rav should be consulted.

---

1. הערה יט, וע׳ בס׳ דבר הלכה (ס״ב ס״א) דמקיל גם לענין בת בנו. ענין יחוד עם אחותו ע׳ אג״מ (אה״ע ח״ד ס׳ ס״ה אות י״א) שכ׳ „אבל ודאי שאין להניחם לבדם בבית בלילה לשעות רבות לפעמים קרובות עד שיתחשב להם כקביעות ולא שייך ליתן ע״ז דבר קבוע לכל אלא כפי הכרת כל אחד את בניו ובנותיו כן נראה לע״ד״. וע׳ שם (בס׳ ס״ד אות ג׳) שכ׳ „וצריך להזהיר לאלו שיש להם בביתם רק בן אחד ובת אחת שאם ירצו לילך לזמן גדול כנסיעה לבקר בא״י וכדומה שיראו שילינו שם עוד מהקרובים וממכירים באופן שלא יהיה יחוד״ וע״ש שכ׳ „ומסתבר שעם אחותו כשלא שייך חשש לעבור על האיסור ממש כגון שהוא או היא חולים

יחוד with one's Kallah if either of them was previously married

2. The halacha that one may not be alone with his *kallah* who is a Niddah (ibid. 2) applies regardless of whether either of them was ever previously married.

b) הסתכלות—Gazing at a woman

Is it proper to gaze at a woman whom he is considering marrying?

3. Gazing for pleasure at a woman who is prohibited to him is not permitted (ibid. 3). However, it is permissible to gaze at a woman whom he is considering marrying—in order to see if she appeals to him. Not only is this *permissible,* it is *proper* to do this. However, he may not gaze at her in a lustful manner.

May a Niddah uncover her hair in her husband's presence?

4. When his wife is a Niddah, he may not gaze at any part of her body which is required to be concealed (ibid.). Although a married woman is required to cover her hair in the presence of others, it is questionable whether a woman who is a Niddah may uncover her hair if only her husband is present. [It goes without saying that this is questionable only if no one else is present; otherwise, it is definitely prohibited]. It is preferable for a woman who is a Niddah *not* to uncover her hair in her husband's presence.

If no observant woman is available, may a husband inspect his wife before immersion?

5. Where she is the only observant woman living in their community—so that no observant woman is available to inspect her before she immerses in the Mikvah [or in any other instance where there is no observant woman available to inspect her before immersion], a Rav should be consulted whether her husband is permitted to inspect her before immersion.

May a husband be present during childbirth?

6. We have discussed previously (see F 3 Application c) when a woman during labor becomes a Niddah. May a husband be present when his wife is giving birth?

There is a view which holds that a husband may be present when his wife is giving birth, in order to ascertain that it is being done properly, and to aid and support his wife emotionally. However, we have learned (ibid.) that when she

---

וזקנים אין לאסור אף לדור יחד וכו׳״ ע״ש. ומש״כ לענין נסיעה לבקר בא״י ע׳ בס׳ דבר הלכה (ס״ב ס״ד) ובהוספות שם.

2. הערה כו.

3. הערה כח.

4. הערה לא.

5. שם.

6. שם.

is a Niddah, he may not gaze at any part of her body which is required to be concealed. Therefore, even according to this view, he is not permitted to gaze at the actual birth—even through a mirror. It goes without saying that all physical contact is prohibited. Many Poskim hold that he should not be present during childbirth. In case of necessity, a Rav should be consulted.

Gazing is prohibited—even through a sheer garment

7. When she is a Niddah, he may not gaze at any part of her body which is required to be concealed—even through a sheer garment.

He must be careful not to gaze when she is nursing

8. When she is nursing and part of her body [is or] becomes uncovered, he must be careful not to gaze.

c) שחוק וקלות ראש—Light-headed behavior

Marital relations and light-headed behavior when she is anticipating her period and before he is leaving on a trip

9. Although they are required to abstain from marital relations on the night [or day] that she is anticipating her period (עונת הוסת or יום הוסת, see Chapter II B 8 Application a, also see Chapter V H 6), we have learned (see H 7), that according to the אור זרוע, they are required to abstain from marital relations an additional עונה (day or night) preceding the night or day that she is anticipating her period.

Normally, if he is to leave on a trip, there is a mitzvah to engage in marital relations on the night before he leaves. Most Poskim hold that on the עונת הוסת, marital relations are prohibited—even if it coincides with the night before he is to leave on a trip. However, if he is to leave on a trip on the עונת הוסת—so that the night before he is to leave coincides with the additional עונה required by the אור זרוע, there is a mitzvah to engage in marital relations.

These halachos apply when she is not yet a Niddah [but she is anticipating her period], however, when she is a Niddah, not only are marital relations and physical contact prohibited, but even light-headed behavior is prohibited—even just before he is going on a trip.

Normal conversation is permissible when she is a Niddah

10. Although light-headed behavior and frivolous conversation are prohibited when she is a Niddah (see B 4), normal household conversation or other

---

7. שם.

8. שם.

9. ע' הערה לב ומהערה תסז עד הערה תעג.

ולענין וסת קבוע ע' בפת"ת ס' קפ"ד סס"ק כ"ב משו"ת חת"ס. וע' אג"מ (יו"ד ח"ג ס' נ"ח אות א').

10. ע' הערה לג מצ"צ ומק"ח.

conversation is permissible—as long as it is not done in a manner of endearment (e.g. when she is a Niddah, he should not say to her that he loves her).

d) General conduct

Playing games with his wife to lift her spirit

11. We have learned that it is preferable to refrain even from quiet games (e.g. chess, scrabble) when she is a Niddah (ibid.). However, when she is depressed and the purpose of playing the game together is to raise her spirit, it is permissible. [It goes without saying, that they must exercise caution that this should not bring them to physical contact or light-headed behavior].

A personal intimate gift when she is a Niddah

12. We have learned (ibid. 5) that they may present each other with gifts when she is a Niddah, however, a personal intimate gift (e.g. perfume on the day of her immersion—prior to her going to the mikvah) is not permissible.

When should he not smell his wife's perfume?

13. Although a husband may smell his wife's perfume while it is in the bottle (ibid. 7), however, if he knows his own nature that this would lead him to improper thoughts [and it goes without saying if he may succumb to temptation], it is prohibited (see §15, also see C 2).

What to do with the spices for Havdallah

14. If she is holding the spices (בשמים) for Havdallah in her hand, it is questionable whether he may smell it [or vice versa]. It is preferable to put it down or to hand it to a child so that he [or she] may take it and smell it. Concerning the Havdallah candle, see C 13.

She should not refrain from using cosmetics as a gesture of piety

15. Since חז״ל permitted the use of cosmetics during the Niddah period in order that she should not become repulsive to her husband [although they should be used in moderation (ibid. 8)], some Poskim hold that those women who mistakenly refrain from using cosmetics during this period as a gesture of piety are not conducting themselves properly.

---

11. הערה לח.
12. הערה לט.
13. הערה מד.
14. שם.
15. הערה מח משו״ת דברי מלכיאל.

C. PHYSICAL CONDUCT

This section is divided into the two areas which were discussed in the text: a) נגיעה—Touching, and b) הושטה—Handing or receiving objects.

a) נגיעה—Touching

When is touching a woman prohibited by the Torah?

1. Touching a woman who is prohibited to him, *with* pleasurable intent is prohibited by the Torah. Touching a woman who is prohibited to him, *without* pleasurable intent is prohibited מדרבנן.

Touching is prohibited even if she is not married and even if she immersed in the Mikvah; Regardless of whether she is Jewish or gentile; Intentionally smelling her perfume is prohibited

2. Touching a woman with pleasurable intent (e.g. holding hands, embracing, kissing, dancing) is prohibited even if she is not married, and even if she has immersed in a Mikvah. This is prohibited regardless of whether she is Jewish or gentile. Even his own *kallah* [before the wedding] is included in this prohibition (see A 3).

It is even prohibited to intentionally smell the perfume on a woman who is prohibited to him, lest it lead to sin.

Touching is prohibited even through a cloth or garment

3. We have learned (see C 1) that it is prohibited to touch his wife who is a Niddah even through a cloth or garment (either by hand or by other body contact e.g. sitting too close to each other in a bus, train or car). It is even prohibited to touch the garments which she is wearing, even if by doing so he is not actually touching her (i.e. by his touching her garment with his hand, she feels his touching of the garment, but she does not actually feel his hand on her body).

This halacha applies to the garments which she is wearing—regardless of whether they are directly touching her body or on top of other garments (e.g. a jacket on top of a blouse). One should exercise caution to avoid touching garments which she is wearing even if they are loose and at a distance from her body (e.g. her coat is open, he should not even touch its flap with his hand—even if it is a distance away from her body). However, one need not be concerned where the flap of his coat touches the flap of her coat.

---

1. הערה נא, נב.
2. הערה יא, יב. ולענין ריקודים ע׳ ביאור הלכה ס׳ של״ט ס״ג ד״ה להקל.
3. הערה נו.

Each of them is prohibited to touch the other—even through a garment

4. We have learned (ibid.) that in the same manner that he is not permitted to touch her, she is not permitted to touch him. This halacha applies even through their garments (as explained in §3).

Touching her garments when she is not wearing them;
Touching her garments which have menstrual blood on them

5. When she is a Niddah, it is permissible for her husband to touch her garments—if she is not wearing them. It is permissible for him to touch her garments which she is not wearing—even if they have menstrual blood or stains on them.

b) הושטה—Handing or receiving objects

Handing or receiving objects with a deviation

6. Handing an object into his wife's hand or receiving it from her is prohibited (see C 2)—even by using the left hand or with any other deviation.

Handing or receiving objects from another woman

7. We have learned (see §1) that touching a woman who is prohibited to him, with pleasurable intent is prohibited by the Torah—regardless of whether she is his wife who is a Niddah or any other woman who is prohibited to him. However, the *gezerah* of not handing an object into his wife's hand or receiving from her hand [so that he should not come to touch her] applies only to one's wife when she is a Niddah. One may hand or receive objects from another woman (e.g. he may give money to a woman cashier or take change from her)—as long as he is careful not to touch her or gaze at her.

Handing a גט is permissible

8. Although handing an object to his wife when she is a Niddah is prohibited, it is permissible to hand a גט (a bill of divorce) to his wife when she is a Niddah.

When the Kallah is a Niddah, how should the Kesubah be given to her and how to deal with the יחוד room

9. When the bride is a Niddah at the *chupah*, we have learned (see C 3) that the *chasan* should not hand the *kesubah* to her, but the one who reads the

---

4. ע' שם והערה נז.

5. הערה נו.

6. הערה נח, ס'.

7. הערה סא, וע' בהערה ז' מש"כ מערה"ש "מ"מ הירא את דבר ה' ירחק מכמו אלה".

8. הערה סא.

9. הערה סב, וע' אג"מ אה"ע ח"ד ס' פ"ו.

kesubah should hand it to the bride. However, should the situation be that the *chasan* has to give the *kesubah* directly to her (e.g. he was instructed publicly to do it, and it would become public knowledge that she is a Niddah), there is a view which holds that it is even permissible for him to hand it to her.

In order to prevent publicizing that she is a Niddah, and yet avoid any problem in the יחוד room (i.e. since she is a Niddah, they are not permitted to be alone, see B 2), a child of the proper age or one of their close friends or relatives should enter the יחוד room before the *chasan* and *kallah* arrive there.

Feeding a child in his wife's arms

10. Although the husband may hand a bottle or a pacifier to a child—even though his wife is holding onto the child (see C 5), feeding a child in his wife's arms should be avoided. The reason for the difference is that since feeding is over a prolonged period of time, we are afraid that he may forget and touch his wife.

Lifting a baby carriage together

11. They should not pick up or push an object (e.g. a sofa, bed or a baby carriage) together. However, where an infant is in the carriage and no one else is available to help them up or down the stairs, one of them may hold the carriage from the front and the other from the rear and they may lift or lower the carriage in that manner.

Taking a piece of meat from a plate held by the other

12. Where she is holding a plate in her hand, he may not take a piece of meat, fruit [or anything else] from it—even with a fork [or vice versa].

D. SAFEGUARDS DURING MEALTIME

This section is divided into the seven areas which were discussed in the text: a) שלחן אחד, b) קערה אחת, c) שיורי כוסה, d) שיורי מאכלה, e) מזיגת הכוס, f) לשלוח לה את הכוס, and g) לישא את הקערה.

a) שלחן אחד—Eating together at the same table

It is sufficient if only the husband knows about the deviation

1. When she is a Niddah, eating or drinking together at the same table is prohibited without a visible deviation (see D 2).

---

10. הערה ע׳.
11. הערה עג.
12. הערה עד.

1. הערה קא.

Although it is advisable for both, the husband and the wife, to know about the deviation, if only the husband knows about it but the wife does not know about it, it is, nevertheless, sufficient.

Drinking water together without a deviation

2. Although drinking together at the same table without a deviation is also prohibited when she is a Niddah, where they are just drinking water some Poskim hold that no deviation is required.

A deviation is required regardless of the size of the table or how far apart they are sitting

3. The requirement for a deviation when eating together at the same table applies to all size tables—regardless of whether they are small or large. Similarly, a deviation is required even if they are sitting far apart.

Is a deviation required if they are eating on the ground?

4. The requirement for a deviation while eating applies only when they are sitting together at the same table. There are Poskim who hold that they may sit on the ground (e.g. on a mat) near each other and eat without a deviation. [It goes without saying, that they should *not* sit that close—that they may touch].

Even if they have quarreled a deviation is required

5. The requirement for a deviation while eating together at the same table when she is a Niddah applies even if they have quarreled with each other.

The deviation need not have been placed specifically for this purpose

6. The deviation need not have been placed originally on the table specifically for this purpose. If something which could serve as a deviation was already on the table, it may be used as a deviation (also see §8).

Only one deviation is needed

7. Although a deviation needs to be placed between their plates (see D 3 a), since the primary purpose of this deviation is that it should be placed between the husband's place and the wife's place, there is no need for more than one deviation—even if each of them has numerous plates.

An object which is usually on the table cannot serve as a deviation

8. We have learned (see Note after D 3 a) that the deviation should be large

---

2. הערה קב.
3. שם.
4. שם.
5. שם.
6. הערה קה.
7. שם.
8. שם והערה קז.

enough to be easily visible. Therefore, a candlestick or a lamp may serve as a deviation. However, even a candlestick or a lamp on a table cannot serve as a deviation, if it is customary to be there (e.g. Shabbos candlesticks on Shabbos, a lamp at night, see §9).

Is change of position on table considered a deviation?

9. If a lamp or candlestick is normally placed in the middle of the table but now it is placed between them, it is considered a deviation.

A deviation for meat and milk is sufficient; Where medically one cannot eat the food of the other, is a deviation still necessary?

10. The halacha is that when two people are eating together at the same table, if one is eating meat while the other is eating dairy, a deviation is required between them. If when she is a Niddah, one of them is eating meat and the other is eating dairy, the deviation which is placed between them for meat and dairy will suffice. No additional deviation is required because she is a Niddah.

If one is on a salt-free or sugar-free diet while the other is not, although medically one of them is not permitted to eat from the other's food, this alone does not permit them to eat together at the same table without a deviation.

Where they are eating alone at the same table but others are present in the room

11. Where the husband and wife are eating alone at a table (e.g. at home or even in a restaurant), a deviation is required when she is a Niddah—even if others are present in the same room.

If they started eating with other people and they left; If she became a Niddah during the meal; If the deviation was removed

12. If other people are eating together with them at the same table, we have learned (see D 4) that some Poskim hold that no deviation is required. However, [even according to these Poskim], if they started eating at a table with other people, and the others finished eating and left, from that point a deviation is required.

Similarly, if when they started eating she was not a Niddah and she became a Niddah during the meal, a deviation is then required.

If the deviation was removed in the middle of the meal, they are required to stop eating until a new deviation is placed there.

---

9. ע' בבדה"ש ס"ק מ"א בשם הפמ"ג.
10. הערה קטו.
11. הערה קיז.
12. הערה קיח, הערה קכ והערה קטז.

b) קערה אחת—Eating from the same plate

The issur applies even if each is eating a different type of food

13. The *issur* of קערה אחת applies even if there are two [or more] types of food and she eats from one type and he wants to eat from the second type.

Even if the different types of food are in separate compartments (e.g. a section plate, frozen dinners) and each of them is eating from a different compartment, it is, nevertheless, prohibited.

A bag, box or any other vessel is considered as קערה אחת

14. A bag, box or any other vessel is considered as קערה אחת. Therefore, the halacha of קערה אחת prohibits eating together from a small bag of popcorn or potato chips or from a small box of cookies. A large bag of popcorn or potato chips or a large box of cookies is considered like a serving platter (see D 7 and D 8 Example) and they may eat from the same bag or box. However, they should not take from the bag at the very same time—because of the concern that they may possibly touch each other (ibid. 5). It goes without saying that this is only permissible when the bag or box is not in the other's hand (see C 6).

They may both use the same spoon

15. If each of them is eating from his or her own plate but they have only one spoon, although they may both use the same spoon, it is preferable for one to finish using it before the other begins using it.

We have learned (see C 2) that handing an object into his wife's hands or receiving from her hands is prohibited. Therefore, care should be taken not to hand the spoon directly from one to the other.

This issur applies even where others also eat from the same plate

16. Where the *issur* of קערה אחת applies, it is prohibited even where others are present, and even if others are also eating from this same plate.

c) שיורי כוסה—Drinking from his wife's leftovers

This is prohibited even if neither had in mind to leave over for him

17. The *issur* of שיורי כוסה, drinking from his wife's leftovers, applies even if neither the wife nor the husband had in mind when she was drinking that she would leave some over for him.

---

13. הערה קכב.
14. שם.
15. שם.
16. הערה קכח.
17. הערה קמד.

Another person may intentionally drink from her cup
in order that her husband may also drink from it

18. We have learned (see D 12 a) that a husband is permitted to drink from his wife's leftovers, if another person drank from the cup after his wife—before the husband drinks from it. It is even permissible for another person to *intentionally* drink from the cup after the wife—in order that the husband should also be able to drink from it.

One may intentionally pour the contents to another cup
in order that her husband may also drink from it

19. Similarly, we have learned (see D 12 b) that if the contents were transferred to another cup, the husband may drink from his wife's leftovers. It is even permissible to *intentionally* pour the contents into a second cup in order that the husband should be able to drink his wife's leftovers [which are now in the second cup].

If she drank from a bottle, one may intentionally pour the contents
to another cup or bottle in order that her husband may also drink from it

20. Similarly, if she drank from a bottle (e.g. a small bottle of soda or juice) it is permissible to intentionally pour the remainder into a cup or into another bottle in order to permit the husband to drink from the cup or second bottle.

If he started drinking from his wife's cup—unaware that it is her cup;
If he started drinking from her cup—unaware that she is a Niddah

21. If he started drinking from his wife's cup totally unaware that it is her cup, but while drinking he discovered that his wife drank from it, he is permitted to continue drinking. However, if he forgot that she is a Niddah and began drinking from her cup, upon recalling that she is a Niddah, he is required to stop drinking immediately.

d) שיורי מאכלה—Eating from his wife's leftovers

Even tasting her leftovers is prohibited;
Even if she ate only a small amount, they are considered her leftovers

22. In the same way that he may not drink even a small amount of her leftovers, similarly, he may not eat or even taste a small amount of the food which she left over.

Even if she ate only a small amount from a dish, whatever remains is considered her leftovers (see D 23).

---

18. הערה קנג.
19. שם.
20. שם.

21. הערה קסב והערה קסד.
22. הערה קעא.

Food which touched her leftovers are not considered her leftovers

23. The *issur* of שיורי מאכלה applies only to a piece of food from which she has actually *eaten*. Even if other pieces of food have touched the piece from which she has eaten (e.g. a few slices of meat are on a plate and she ate one of the slices), the other pieces are not considered as her leftovers. Therefore, it is permissible for him to eat them. [If the food was on a serving platter, he may take directly from the serving platter; if it was on her plate, it must be transferred to another plate—because of the *issur* of קערה אחת].

Even if her original intention was to eat the other pieces, nevertheless, since she did not actually eat from them, they are not considered her leftovers, and he may eat them.

e) מזיגת הכוס—Pouring, serving or mixing beverages

If he does not see her doing it

24. Most Poskim hold that the *issur* of מזיגת הכוס applies only if he sees her doing it. Therefore, if he turns away or closes his eyes, it is permissible.

She may not pour into a cup which is standing in front of him

25. Where the pouring and serving are done simultaneously, it is unquestionably prohibited. Therefore, she may not pour into a cup which is standing in front of him.

What should she do if she poured or served in front of him?

26. If she poured or served his cup in front of him without a deviation, some Poskim hold that she should remove the cup and serve it again, this time *with* a deviation. [An alternate suggestion is for him to push it away and then move it back].

This issur applies even for Kiddush and Havdallah

27. The *issur* of מזיגת הכוס applies even for Kiddush and Havdallah. Although others are also fulfilling their requirement by listening to his recitation of the Kiddush or Havdallah, since *he* will be drinking from this cup, she may *not* pour it in front of him or serve it to him without a deviation.

This issur applies only when it is ready to drink

28. If she serves a cup of coffee or tea to her husband, a deviation is

---

23. הערה קעה, וע' בבדה"ש ס' קצ"ה ס"ק נ"א.
24. הערה קצו.
25. שם.
26. הערה קצט. והעצה שהוא יסיר את הכוס ויחזירנו בעצמו כך נראה דכיון דבטל מעשה שלה ליכא קירוב וחיבה (אבל ע"ש שכתבנו דצ"ע אם מחוייבת לעשות כן וה"נ הכא צ"ע אם הוא מחוייב לעשות כן).
27. הערה רח.
28. הערה רי.

required only if when it is served it is drinkable for him as is. However, should he need to add milk or sugar, she may serve it to him without a deviation.

She may not add milk or sugar to a cup in front of him

29. If a cup of coffee or tea is in front of him but it is not yet drinkable for him (e.g. it is missing milk or sugar), she may not add milk or sugar to it.

She may pour into a bottle which is in front of him

30. The *issur* of מזיגת הכוס applies only if she pours into his cup. It is permissible for her to pour wine or other beverages from a large bottle into a decanter or small bottle, although it is in front of him on the table. This is permissible, since he will not drink directly from the decanter or small bottle.

A cup which is usually designated for his use

31. A cup which is usually designated for his use (e.g. his Kiddush cup, a coffee mug which says "father" or "אבא") is considered as his cup. Therefore, if it contains a beverage, it is prohibited for his wife to bring it to the table and place it before him—without a deviation—even if it is brought to the table together with other cups.

f) לשלוח לה את הכוס—Passing or sending wine to his wife

This issur applies only to intoxicating beverages or a כוס של ברכה

32. The *issur* of passing or sending a cup of wine applies only to wine or other intoxicating beverages. Similarly, one may not send a כוס של ברכה (see D 33) of חמר מדינה (literally, the wine or beverage of the country, see HALACHOS OF PESACH, page 224) even if it is not an intoxicating beverage. Therefore, we see that it is prohibited to send a cup of wine or other intoxicating beverage—even if it is not a כוס של ברכה, and it is prohibited to send a כוס של ברכה—even if it is not an intoxicating beverage.

Even if the cup is partially full

33. The *issur* of passing or sending a cup applies not only to a full cup but even to a cup which is only partially full.

Only if the cup is drinkable

34. If the drink which he is sending to her needs additional preparation, and, therefore, is not yet drinkable, it may be sent.

---

29. הערה ריב.
30. הערה ריז.
31. שם.

32. הערה רכא.
33. שם.
34. שם.

Regardless of who poured the cup; if someone else sent the cup

35. This *issur* of passing or sending a cup applies regardless of who poured the cup, if the husband is the one passing or sending the cup.

There is a view which holds that if someone else sent the cup to her (e.g. her father made Kiddush and sent a cup through her husband), he may place it in front of her without a deviation.

Where he sent a cup may she drink from it? Does transferring its contents help?

36. Where a cup was sent to her by her husband, many Poskim hold that she may not drink from it. It is questionable whether transferring its contents to another cup would permit her to drink from it.

g) לישא את הקערה—Serving food

May a husband serve his wife?

37. Although the minhag is to require a deviation even for serving food, some Poskim hold that this applies only to the wife—but the husband may serve his wife without a deviation. Most Poskim hold that the husband also may not serve his wife without a deviation. In case of necessity, we have learned (see D 38) that even the wife may serve food to her husband without a deviation.

He may send a portion to his wife through others

38. Although in the previous *issur* (לשלוח לה את הכוס), sending a cup is prohibited—even through others, here, he may send her a portion of food through another person [even if that other person will serve her in the normal manner].

If his plate is in front of him a deviation is required

39. Although it is permissible for her to bring a serving platter to the table, she may not take food from this platter and place it onto his plate—without a deviation—if his plate is in front of him.

He may place a piece of bread or challah in front of his wife

40. After the husband recited המוציא, he may cut a piece of bread or challah and place it in front of his wife without a deviation.

---

35. הערה רכב, וע׳ הערה רכא.
36. הערה רכה.
37. הערה רלו.
38. הערה רמא.
39. הערה רמד.
40. הערה רמח.

E. RESTRAINTS IN AREAS OF PRIVATE LIVING

This section is divided into the five areas which were discussed in the text: a) מטה אחת, b) לא יושבין על מושבה, c) ללכת עם אשתו נדה דרך טיול, d) הצעת המטה, e) הרחצת פניו ידיו ורגליו.

a) מטה אחת—Lying together in the same bed

Even if the bed belongs to neither of them and is sturdy

1. When she is a Niddah, lying together in the same bed is prohibited (see E 2)—even if the bed belongs to neither of them. This halacha applies even if the bed is sturdy—so that the movements of one of them does not affect the other (see E 7).

One should not keep a double bed in their bedroom—unless another bed is also in the same room

2. Since the use of a double bed when she is a Niddah is prohibited (ibid. Note), one should not keep such a bed in their bedroom. Although one of them would sleep in a different bed when she is a Niddah, this is, nevertheless, prohibited because of מראית העין—it appears to the observer that this is the bed that they use even during the Niddah period. However, if there is another bed in the room, it is permissible.

Can they sleep on "double decker" beds?

3. When she is a Niddah, it is questionable whether the husband may sleep on one bed and the wife on the second bed of "double decker beds" or "bunk beds".

Beds touching is prohibited only when both are sleeping in their beds

4. The prohibition against lying in separate beds which touch each other (see E 3) applies only when both of them are in their beds. There is no *issur* for him to sleep in his bed—which touches her bed—if she is not in her bed [and vice versa].

If the legs of the two beds touch each other

5. If they are lying in separate beds in which just the legs of the two beds touch each other, it is questionable whether it is prohibited.

---

1. הערה רנו.
2. הערה רס.
3. הערה רסב.
4. הערה רסד.
5. שם.

He may not lie on his wife's pillow or sleeping bag;
A hammock, chaise longue, chair or recliner designated for one of them

6. The halacha that the husband may not sleep or lie on his wife's bed [or vice versa] applies also to a pillow or sleeping bag which is designated for her use [and has been used by her]. However, a hammock or chaise longue, chair or recliner designated for the use of one of them is permissible for the other.

When he is not present she may sleep in his bed

7. When he is not present, although he is in town, she may even sleep or lie on his bed. However, if there is a chance that he may enter the room while she is sleeping or lying on his bed, it is prohibited.

Switching beds when she is a Niddah

8. The restriction against the husband using a bed which is designated for her use applies only if it is usually used by her [or vice versa]. If it is not designated for her use but was used by her temporarily or even occasionally, it is permissible. However, even where a husband and wife switch beds with each other from time to time [e.g. for a few months, she will use the left bed and he will use the right one, and for the next few months he will use the left bed and she the right bed], they should not switch beds when she is a Niddah. This should be done during the permissible period.

Is a hospital bed considered designated for her use?
Adjusting a hospital bed

9. Some Poskim hold that a hospital bed used by her is considered as designated for her use. Therefore, according to these Poskim, it is prohibited for him to lie or even sit on her hospital bed—even if she is out of the room. One should preferably conduct himself according to these Poskim.

When she is in the bed, it is questionable whether he may adjust the position of the bed—whether this is done mechanically or electronically. In case of necessity, it is permissible.

b) לא יושבין על מושבה—Sitting together on the same surface

Standing together on the same surface

10. In the same manner that they may not sit together on the same surface if the movements of one of them readily affects the other (see E 7), similarly, they may not stand together on such a surface (e.g. a bench).

---

6. הערה רעא, הערה רעד והערה רפד.
7. הערה רפב.
8. הערה רפד.
9. שם והערה רצא.
10. הערה רצו.

Eating together at a table which shakes

11. Although there are Poskim who hold that they may not eat together at a table which shakes, the minhag is to permit it—if a deviation is used (see D 2,3).

Sitting together on a bench which shakes

12. They may sit together on a bench which is connected to the wall or floor—even if the movements of one of them affects the other—as long as they do not sit that close that they or their garments touch (see E 7).

If while they are sitting together on a bench which is *not* connected to the wall or floor [and which moves when one sits on it] she became a Niddah, they may not continue sitting there.

Large log or pieces of lumber

13. They are permitted to sit together on a large log or large pieces of lumber (such as heavy beams which are piled on the ground for building). This is permissible even if the log or pieces of lumber shake [as long as they do not sit that close that they or their garments touch]. The reason is that because of the weight of the lumber, it is considered as if it is connected to the ground.

Sitting together at a large sewing machine

14. A large sewing machine which requires the services of two people, may be operated jointly by a husband and wife—if another person is between them and assists them, and this is a case of great loss.

c) ללכת עם אשתו נדה דרך טיול—Travelling together for pleasure

Travelling together on a bicycle, motorcycle, horse and the like

15. Travelling together on the same bicycle,* motorcycle, horse and the like is prohibited when she is a Niddah—even if they do not touch each other, and even if the purpose of the trip is not for pleasure or recreation.

*Note: This is *not* meant to approve of this type of behavior—when she is *not* a Niddah.

If he is travelling for business, may she accompany him?

16. If he is travelling for business and she is accompanying him, or she is going with him in order not to remain at home alone—even though her trip is not for business, it is permissible. However, if he is going for business and she is going purely for pleasure or recreation [or vice versa], it is questionable.

---

11. הערה רצז.
12. הערה רחצ והערה ש'.
13. הערה שא.
14. הערה שז.
15. הערה שכז.
16. הערה שכט.

d) הצעת המטה—Preparing his bed

If his back is turned it is permissible; He may tell her he is leaving; She may ask him to leave

17. The halacha that she may not prepare his bed in his presence applies to where he sees what she is doing. If his back is turned, it is permissible—even if he is present in the room.

He may tell her that he is leaving—in order for her to prepare his bed. Similarly, she may ask him to leave—in order for her to prepare his bed.

Even if it is not his bed but he will sleep in it

18. The *issur* of preparing his bed in his presence applies even to a bed which is not his own, as in a case where they are guests outside of their home. Therefore, she may not prepare a bed for him—even if he will sleep on it only once, and even just to nap for a short time.

Preparing his bed for someone else

19. She may prepare her husband's bed in his presence, if it is to be used by someone else to sleep in, and not by her husband.

Preparing other beds in his presence

20. She may prepare all other beds in their house in the presence of her husband—except for his bed.

Preparing two beds if it is not determined who will sleep on which bed

21. If at the time that she is preparing the beds it is not yet determined who will sleep in which bed (i.e. one will be for her and one will be for her husband), it is questionable whether she may prepare the beds in her husband's presence.

A bed which is not designated for either of them

22. It is permissible for her to prepare a bed in his presence—if it is not designated for the use of either of them, (i.e. sometimes she will sleep on it, sometimes he will sleep on it, e.g. a sofa upon which one of them takes a nap during the day). This is permissible, since at the time that she is preparing the bed it is not determined for whom it is being prepared. Therefore, she is not considered as preparing *his* bed.

---

17. הערה שמא והערה שנד.
18. הערה שמא.
19. שם.
20. שם.
21. שם.
22. שם.

If she prepared his bed may he sleep in it?

23. If she erroneously prepared his bed in his presence, it is questionable whether he may sleep in it—without taking it apart first.

Spreading out a sheet or blanket; Placing a pillow in a position for him to sleep; Preparing a bench or the ground for him to sleep

24. The prohibition of preparing his bed in his presence does not only apply to the making of the *entire* bed. The following activities are also prohibited in his presence. She may not spread out a sheet or blanket for him. Similarly, she may not place a pillow in a position for him to sleep on. These activities are prohibited in his presence, whether they are being done on a bed—or even on a bench or on the ground.

Preparing his bed for the purpose of a mitzvah

25. Some Poskim hold that the *issur* of preparing a bed for his use applies even for the purpose of a mitzvah (e.g. on the Seder night for him to recline). Other Poskim hold that this is permissible.

Removing his bed spread

26. Removing his bed spread in his presence just before he goes to sleep is prohibited, because this constitutes preparation for sleep.

Making his bed in the morning

27. Making his bed in the morning is permitted by many Poskim—even in his presence—if it is not to be used until the evening. The reason of these Poskim is that making the bed at that time is not an act of endearment and intimacy—but rather a housekeeping task.

e) הרחצת פניו ידיו ורגליו—Washing her husband

Other liquids also may not be used

28. The *issur* of not washing her husband applies not only to the use of water, other liquids also may not be used.

---

23. הערה שמב.
24. ע' הערה שדמ והערה שמה.
25. הערה שמה.
26. שם.
27. הערה שנה.
28. הערה שנז.

Bringing water is prohibited even if other items are needed

29. Bringing water for her husband to wash with is prohibited—even if he is still in need of other items or utensils to wash with (e.g. soap, washcloth, towel).

If someone else prepared water for him

30. Even if someone else prepared the water for him, she may not bring it to him, in order for him to wash with it.

If she brought water for him, may he use it?

31. If she erroneously brought the water for him, he may use this water.

Bringing water for him if he is not present

32. If he is not present, she may bring water for him—although he knows that she is bringing it. Similarly, he may turn away in order that he will not see her bringing in the water.

Preparing his bath for medical reasons

33. It is prohibited for her to prepare his bath [or vice versa] in his presence. However, if the purpose of the bath is for medical reasons, it is permissible.

Opening the faucet for herself and for her husband

34. She may open the faucet for herself [or for some other purpose] and for her husband, since this is not being done exclusively for his use.

She may prepare water for her husband to drink

35. The *issur* of preparing water for her husband without a deviation applies only for washing. She may prepare water for drinking or for some other purpose—without a deviation. Although we have learned (see D 27) that she may not serve him without a deviation, but we have also learned (ibid. 30) that serving water is permissible—even without a deviation. Therefore, she may bring water for her husband for drinking [or for some other purpose]—without a deviation. If he should then desire to use it for washing or for any other purpose, he is permitted to do so.

---

29. הערה שסג.
30. שם.
31. שם.
32. הערה שסד.
33. הערה שסח.
34. הערה שעב.
35. שם.

F. HOW TO CONDUCT ONESELF WHEN ONE OF THEM IS ILL

This section is divided into the three areas which were discussed in the text: a) If the husband is ill, b) If the wife is ill, and c) If the husband is a physician. In addition, we will discuss d) General halachos regarding visiting a physician.

a) If the husband is ill

She may not immerse earlier to attend to him

1. If the husband is ill and she is a Niddah, although there is no one else available to attend to him, she may *not* immerse earlier in order that she may attend to him. This is prohibited, even though she would immerse again after the end of the Seven Clean Days (see Chapter IV A 2). It is preferable that she attend to him in her state of *Niddus*—[and do for him whatever is permissible, see F 1] rather than risk the chance of them succumbing to their inclinations.

This halacha that she may not immerse earlier in order to attend to him applies even if he is that sick that marital relations are impossible. The reason is that there is, nevertheless, a fear that he may embrace her, kiss her or even touch her in an endearing manner.

If the husband is not that ill, she should not treat him by using physical contact

2. The halachos which permit a wife who is a Niddah to attend to her husband who is ill (see F 1) apply to someone who is that ill that he would neither have a desire nor the ability to have relations. However, if the husband has arthritis [or a broken arm], or another condition in which he needs assistance, but where the desire and ability for relations may exist, they should hire someone to treat him. She should not attend to him with any treatment which requires physical contact, unless his condition is serious.

Where she has to hold onto him it should be through an object

3. Wherever she has to hold onto him, and indirect means are recommended, it should preferably be through an object such as a towel or blanket—not through something which he is or she is wearing (such as gloves)—unless there is no alternative.

If he is ill she may prepare water for him

4. We have learned (see E 13) that she should refrain—in his presence—from even bringing or pouring water for her husband to wash with. However, if her

---

1. הערה שעז וע׳ לעיל הערה טו.
2. הערה שפד.
3. הערה שפו.
4. הערה שצ (וע׳ הערה שסה).

husband is ill—although his condition is not life-threatening, she may prepare water for him to wash his face, hands, feet and other parts of his body.

If no one else is available she may pour water to perform a mitzvah

5. We have learned (ibid. 14) that bringing water for נטילת ידים, נעגעל וואסער before a meal, or for מים אחרונים is permissible—even in his presence. If her husband is ill and no one else is available, she may even *pour* the water onto his hands for these purposes of mitzvah.

Where no one else is available she may straighten out his bed

6. We have learned (ibid. 12) that she may not spread or straighten out his sheet, pillow, pillow case or blanket in his presence. If he is ill, and no one else is available, this is also permissible.

If he is ill, does this permit him to do prohibited things for his wife?

7. If he is ill—even if he is weak—this does not allow him to perform for his wife [who is well] those activities which are prohibited (see §9).

b) If the wife is ill

These halachos apply even if she only found a stain

8. The halachos concerning a wife who is ill and is a Niddah apply regardless of whether she became a Niddah as a result of experiencing her normal menstrual period or whether she found a stain. Therefore, one may not be lax with observance of the restrictions when she is ill, because she did not experience actual bleeding—but only found a stain.

If she is ill does this permit her to do prohibited things for her husband?

9. If she is ill, this does not permit her to be lenient in the activities which she is prohibited to perform for her husband [who is well]. Therefore, although she is ill, she may not pour his cup or make his bed in his presence, or wash him.

When are they required to hire someone?

10. When a husband is ill, the halachos are more lenient than when the wife is ill. Therefore, when *she* is ill and no one is available to attend to her except her husband, but they are able to hire a nurse to care for her—this is

---

5. שם.
6. הערה שצא.
7. הערה שצד.
8. הערה שצז.
9. שם.
10. הערה תו.

required. However, if *he* is ill and no one else is available to attend to him—unless they hire someone, this is not required, and she is permitted to attend to him.

Halachos concerning mixing, pouring and serving beverages to a wife who is ill

11. We have learned (D 32) that when she is a Niddah, the husband may not mix, pour or serve beverages for his wife in her presence—without a deviation. However, when she is ill, he may pour wine for her in her presence without a deviation—as long as he does not place it in front of her. Similarly, if someone else poured wine for her, he may place it in front of her—without a deviation [where it is difficult to utilize a deviation].

Concerning other beverages [aside from wine], when she is ill he may even mix or pour for her these beverages in front of her—without a deviation [where it is difficult to utilize a deviation].

When in great need, may he raise, lower or support her?

12. The halacha, that in case of great need and no one else is available, he may even raise her, lower her or support her (see F 2, page 215), applies only if there is a great need for raising, lowering, or supporting her. If there is no great need, although there is no one else present to assist her, this should not be done.

Where no one else is available, he may straighten out her bed

13. When she is ill and no one else is available, the husband may prepare her sheets and pillows in her presence, so that they may be suitable for her to sleep (see §6).

If no one else is available, he may even pour water on her hands for a mitzvah

14. We have learned (E 14) that even if her husband is not ill, she may bring water for him to wash נעגעל וואסער, to wash before a meal, or for מים אחרונים. We have also learned (see §5) that if her husband is ill and no one else is available, she may even pour the water on his hands for these purposes of mitzvah. Similarly, if the wife is ill and no one else is available, he may even pour the water on her hands for these purposes.

If a woman who is ill wants her husband to assist her

15. If a woman who is ill and her condition is serious has a mother or sister who is able to assist her, but she wants specifically her husband to assist her (in

---

11. הערה תז.
12. הערה תט.
13. הערה תיא.
14. הערה תיב.
15. הערה תיט.

those areas which are prohibited, e.g. raise her, lower her or support her), it is prohibited. However, if there is fear that refusal of her request [and upsetting her] may be life-threatening to her, and the prohibition cannot be explained to her, it is permissible.

If a wife passed away ר״ל

16. The restrictions apply when she is alive. If the wife passed away ר״ל, he is permitted to touch her.

c) If the husband is a physician

May a husband take blood or give his wife injections?

17. If the husband is a physician [nurse, or lab technician], he may not take blood or give her an injection—if there is a need for him to touch her during the procedure. This is prohibited only if an equally qualified physician [nurse, or lab technician] who can perform these procedures for her is available (see Note on page 221). However, even where no one else is available, he should not touch her directly, a towel or some other material should be used in order to avoid direct contact with her.

Applying eye drops in his wife's eyes

18. Where the husband is able to apply eye drops into his wife's eyes by the use of an eye dropper *without* touching her [or vice versa], this is permissible, and there is no need to hire someone for this purpose. If it cannot be done without him touching her [or vice versa], wherever possible, it should be done by someone else. Where no one else is available, we have learned (see § 17) that he should not touch her directly, a towel or some other material should be used in order to avoid direct contact with her.

If a woman experienced contractions or the water broke

19. If a woman began experiencing contractions and it appears that labor has started but then the contractions stop, a Rav should be consulted, because under certain conditions she may not be considered as a Niddah. Similarly, if her water broke, even according to the Poskim who hold that she is considered a Niddah, if a considerable amount of time has passed and labor has not yet started, a Rav should be consulted.

---

16. הערה תט.
17. הערה תכא והערה תל.
18. הערה תלא.
19. הערה תלה.

d) General halachos regarding visiting a physician

Guidelines when visiting a physician

20. Concerning a woman visiting a male physician, contemporary Poskim have established some guidelines which we will summarize here.

a) Although a woman may visit a male physician for any necessary examination or procedure, yet where an equally competent female physician is available, it is preferable to use the female physician. Similarly, even if the male physician is less expensive [or even gratus] and the female physician is for a fee [or even more expensive]—if they are equally competent [and both are accessible], the female physician should be preferred.

b) One may not visit privately with a physician who has a reputation and a history for laxity in moral standards and modest conduct—regardless of how competent he is.

Guidelines to prevent יחוד with a physician

21. We have learned (see B 1) that there is an *issur* of יחוד, that is, it is prohibited for a man to be alone with a woman who is prohibited to him. It is similarly prohibited for a woman to be alone with a man who is prohibited to her—even a physician. Therefore, this must be kept in mind when making an appointment with a physician.

The general guidelines which apply here are:

a) Only schedule an appointment during normal office hours when office personnel and other patients are present. Where this is not feasible, another woman, one of her children, or her husband should accompany her.

b) The examination room and office door should not be closed completely—or at least not locked.

c) She should not engage in unnecessary conversation during or after the examination, but should keep it purely on a professional level.

Visits with psychologists and psychiatrists

22. חז״ל were experts in human nature. When people disregard the guidelines of חז״ל—and create their own, unfortunately, all too often, this leads to serious consequences and suffering—which could have been avoided. There have been too many unfortunate incidents, nowadays, where this has occurred.

This is not only confined to the field of gynecology or general medicine. There have been numerous incidents of women who have visited psychologists

---

20. הערה תמ.
21. שם.
22. שם.

and psychiatrists and have not heeded these principles and guidelines established by חז"ל, and have, thereby, wrecked their marriages. Although those women who need these practitioners may need the privacy, nevertheless, they should insist on the door not being locked and her husband [or another relative whom she could confide in (e.g. her mother or sister)] should sit in the waiting room—wherever possible.

Visiting doctors and medical treatments when there are problems of conceiving

23. Recently, it has become a very common practice that a few months after a couple have been married and she has not yet conceived, they begin going to doctors to determine the cause. This usually involves testing—which may *not* be permissible under those circumstances. A Rav should be consulted, because this is one area where medicine [as is practiced by many physicians] and halacha are in conflict.

Normally, until after a few years following the wedding, this testing may not be permissible [unless there is a known or suspected condition, or the couple married at an older age and are close to the end of their childbearing period]. It may just be—as it occurred with our forefathers—that *Hashem* desires the *tfilos* of the couple or of צדיקים. Therefore, it is essential before beginning such testing that a competent Rav should be consulted.

It has been this author's experience, that some of the treatments given to young couples without consultation with a competent Rav, have been in violation of halacha, have caused serious—and all too often chronic problems (e.g. staining, marital, psychological), and have, unfortunately, produced opposite results. Therefore, consultation with a Rav who is competent in these areas is a necessity.

G. GENERAL HALACHOS AND CONDUCT

This section is divided into the two areas which were discussed in the text: a) Visiting the cemetery, and b) Entering a Shul.

a) Visiting the cemetery

A Niddah and pregnant woman visiting a cemetery

1. Although it is customary for a woman who is a Niddah not to visit a cemetery until she has immersed herself properly (see F 1), one should not rebuke a woman who desires to visit a cemetery when she is a Niddah. It is recommended that a pregnant woman should not visit a cemetery, because of danger to the unborn child.

---

23. שם.

1. הערה תמא.

If a Niddah does not stand within four cubits of a grave

2. There are Poskim who hold that although it is customary for a woman who is a Niddah not to visit a cemetery, nevertheless, she may visit a cemetery—if she is cautious not to stand within four cubits (approximately 8 feet) of a grave.

Visiting the cemetery for an unveiling, Yahrzeit, during the ימים נוראים period

3. There are Poskim who hold that for the unveiling of a מצבה (monument), a *Yahrzeit*, and during the ימים נוראים period (from the first day of *Selichos* until *Yom Kippur*) she may visit the cemetery.

If she became a Niddah after travelling a far distance to the grave or to Eretz Yisroel

4. If, after travelling a far distance to visit family plots, she became a Niddah there, it is permissible for her to visit those graves.

Similarly, if she travelled to Eretz Yisroel and became a Niddah there, it is permissible for her to visit a cemetery [and graves of *tzadikim*].

b) Entering a Shul

The difference between a Niddah not visiting a cemetery or not entering a Shul

5. Most Poskim hold that there is a difference between the minhag of a Niddah not visiting a cemetery and the minhag of not entering a Shul.

The minhag of not entering a Shul [according to those who hold that she should refrain, see G 2] applies only when she is actually menstruating, while the minhag of not visiting a cemetery applies even when she is no longer menstruating (e.g. during the Seven Clean Days)—as long as she has not immersed herself properly.

Therefore, if a woman became a Niddah because she found a stain on her garment or body (see Chapter I B 3), or on an examination cloth (ibid. D 1), although the minhag is not to visit a cemetery, nevertheless, she may enter a Shul.

Similarly, if she experienced hymenal bleeding (see Chapter II C 7), or she felt that her uterus had opened and upon examination did not discover any discharge or stain (see Chapter I C 1,2), or if she became a Niddah because of the examination of a doctor (ibid. B 2)—although the minhag is not to visit a cemetery, nevertheless, she may enter a Shul. In these instances, entering a Shul is

---

2. הערה תמב.

3. שם, ואין להקשות מהערה תמה שכתבנו דימים נוראים עד שמחת תורה, דהתם לענין להיכנס לבית הכנסת נחשב לבושת אם לא תיכנס בימים האלו, אבל לענין ללכת לבית החיים המנהג רק עד יום הכפורים, דהמנהג לילך שם הוא רק בימי הדין.

4. הערה תמב.

5. הערה תמג.

permissible even during the Five Day Waiting Period (see Chapter II)—before she performed the הפסק טהרה examination (see Chapter III).

Entering a Shul for special occasions

6. We have learned (see G 2) that even according to the Poskim who hold that she should refrain from entering a Shul during the time that she is menstruating, it is permissible for her to enter a Shul for special occasions. Therefore, she may attend Shul on the Shabbos before and after a family wedding. Similarly, it is permissible to enter a Shul to attend a Sheva Brochos, Bar Mitzvah, Bris, Pidyon Haben and the like.

H. WHEN DO THESE HALACHOS APPLY

This section is divided into the five areas which were discussed in the text: a) When she must observe these restrictions, b) Halachos concerning וסתות, c) Restrictions during mourning, d) Conduct on Yom Kippur and Tisha B'Av, and e) Halachos concerning a bride following her wedding.

a) When she must observe these restrictions

Regardless of the reason she experienced menstrual bleeding

1. The requirements for abstinence from marital relations and limitations of activities apply to a woman who experienced menstrual bleeding—regardless of the reason she experienced this bleeding. Whether this was her normal menstrual period or it was caused as a result of an accident (e.g. by jumping or fright), or by a doctor's examination or procedure, or if she experienced bleeding during or following urination or marital relations. However, where the bleeding resulted from any cause other than her normal menstrual period, it is recommended that a Rav should be consulted. Sometimes, a Rav may be able to determine that this bleeding does *not* render her a Niddah (see Chapter I B 1-6).

b) Halachos concerning וסתות

What is considered as day or night regarding וסתות?

2. We have learned (see H 6, 7) that even during the permissible period they are required to abstain from marital relations during certain days and nights in anticipation of her period. We have learned (ibid. 6) that this is called יום הוסת or עונת הוסת. In many areas of halacha, there is a question as to when is the precise time when day or night begins.

Concerning the halachos of וסתות, we consider the period from sunset

---

6. הערה תמו.

1. הערה תנד.
2. הערה תסז.

(שקיעה) until צאת הכוכבים (when three medium-size stars appear) as night. Similarly, we consider the period from halachic dawn (עלות השחר) until sunrise (הנץ החמה) as night. Therefore, for the halachos of וסתות, day is considered from sunrise to sunset, and night is considered from sunset until sunrise.

What type of physical contact is permissible during עונת הוסת?

3. We have learned (see H 6) that the other restrictions of the Niddah period [other than marital relations] do not apply during the עונת הוסת. We have also learned (ibid.) that although embracing, kissing [and lying together in the same bed] are permissible according to most Poskim during the עונת הוסת, many Poskim hold that if they refrain even from these activities, they will be blessed.

Regarding other forms of physical contact during the עונת הוסת, touching without pleasurable intent is permissible, touching with pleasurable intent is considered like embracing and kissing (ibid.).

Light-headed behavior during עונת הוסת

4. We have learned (see B 4) that light-headed behavior (e.g. frivolous conversation or conduct) is prohibited when she is a Niddah—for fear that it may lead to sin. Similarly, during the עונת הוסת, light-headed behavior is prohibited. However, if he is leaving on a trip that day [or night of the עונת הוסת], such behavior and conversation is not prohibited (see § B 9).

If physical contact may cause קישוי

5. We have learned (see H 6 Note) that where embracing, kissing or any other form of physical contact will bring him to seminal emission, it is prohibited—even though his wife is not a Niddah. However, where embracing, kissing or any other form of physical contact with his wife [when she is *not* a Niddah] may cause קישוי (an erection)—but not seminal emission—it is not prohibited.

After the וסת has passed

6. During the permissible period, one may have marital relations with his wife—without asking her if she is still permissible to him. The reason for this is that she has a חזקת טהרה, that is, according to halacha, she is presumed to be permissible—until it is known that her status has changed.

These halachos apply only until the עונת הוסת has arrived. We have learned (see § 2) that marital relations are prohibited during the עונת הוסת [regardless of whether she has a וסת קבוע (an established or regular cycle), or the וסת החודש, וסת הפלגה, or עונה בינונית (see H 6)—in a case of a woman who has a וסת שאינו קבוע (a

---

3. הערה תסט.
4. שם.
5. שם מאג"מ. ודבר זה לא רציתי לכתוב באנגלית אבל כיון שנוגע הרבה פעמים לשלום בית נתישבתי לכותבו.
6. ע' סוף הערה תסט וע' ס' קפ"ד ס"א וס"ט

non-established or irregular cycle)]—even if she did not experience any bleeding.

After the עונת הוסת, they may not have marital relations until he checks with her that she is permissible. It is recommended that he ask her whether she examined herself internally during the וסת. There is a view which holds that she should examine herself internally before marital relations following the עונת הוסת—until pregnancy is confirmed (see Chapter I C 7 Note), or she becomes a Niddah.

If one is leaving on a trip, are marital relations permissible during the וסת of the אור זרוע?

7. We have learned (see H 6) that according to the אור זרוע, they are not only required to abstain from marital relations during the night or day that she is anticipating her period—but even one עונה (day or night) preceding the night or day that she is anticipating her period. We have also learned (ibid.) that many Poskim hold that they should conduct themselves according to the אור זרוע. However, if he is going on a trip the following day, marital relations are permissible during the וסת of the אור זרוע. [She should, however, examine herslf internally before engaging in marital relations].

If the wedding night or the evening of the immersion occurs on the וסת of the אור זרוע

8. Similarly, if the evening of the immersion occurs on the וסת of the אור זרוע, marital relations are permissible. It goes without saying that if the wedding night occurs on the וסת of the אור זרוע, marital relations are permissible. [Here also (as in §7), she should perform an internal examination].

c) Restrictions during mourning

Marital relations are prohibited for a mourner—even during Chol Hamoed and on Shabbos and Yom Tov

9. The requirement to abstain from marital relations during periods of mourning—even though she is not a Niddah—applies even where they have not yet commenced public observance of mourning, that is, they are not "sitting Shiva" yet.

> Examples: a) When a relative—for whom observance of mourning is required—was buried on the second day of Yom Tov or during Chol

---

וט״ז ס״ק א׳ ובדה״ש שם ס״ק נ״ד וס״ק נ״ח.

7. הערה תע מאג״מ, ואף שמסיק „ומ״מ טוב להחמיר״ השמטתי זה בפנים כיון דרוב פוסקים מתירים אף בלא יוצא לדרך ואכמ״ל. ומש״כ לעשות בדיקה קודם תשמיש כך נראה וכ״כ בבדה״ש (ס׳ קפ״ד ס״ק ע״א).

8. הערה תע.

9. הערה תעד.

Hamoed, although the halachos of אנינות (mourning observance before burial) have been completed, public observance of אבילות (mourning) does not begin until after Yom Tov. However, since דברים שבצינעא (private observance of mourning) does apply then, marital relations are prohibited.

b) Where they received a שמועה קרובה on Shabbos or Yom Tov, that is, they were informed that a relative, for whom observance of mourning is required, passed away within thirty days, although they do not observe "Shiva" until after Shabbos or Yom Tov, marital relations are prohibited. Similarly, on Shabbos of "Shiva", marital relations are prohibited.

Note: A Yom Tov cancels "Shiva". Therefore, if they began observance of "Shiva"—even for a short time before a Yom Tov, marital relations are permissible on Yom Tov.

These halachos apply even on the evening of the immersion

10. These halachos apply even on the evening of the immersion. That is, if she immersed in the Mikvah on a weekday evening—or even on Shabbos or Yom Tov [when there is no public observance of mourning] and then found out that she lost a relative for whom observance of mourning is required [even if she found out after burial—but during *Shloshim*]—marital relations are prohibited.

Physical contact during mourning

11. We have learned (see H 8) that during mourning, although they are required to abstain from marital relations, kissing, embracing and sleeping together in the same bed—even if they are wearing garments, the other restrictions of the Niddah period (ibid.) are permissible.

Regarding physical contact, the halacha is similar to עונת הוסת (see § 3). That is, touching without pleasurable intent is permissible, touching with pleasurable intent is considered like embracing and kissing (ibid.) and is prohibited.

If one of them is an אונן and is not aware of it, they should refrain from marital relations

12. If the wife is an אוננת [but the husband is not], and the husband is aware of it—although *she* is not aware of it, he should refrain from marital relations. Similarly, if the husband is an אונן [but the wife is not], and, although *he* is not aware of it, the wife is aware of it, she should refrain from marital relations.

---

10. שם.
11. הערה תעט.
12. הערה תפ.

d) Conduct on Yom Kippur and Tisha B'Av

Conversation with his wife on Yom Kippur

13. We have learned (see H 9) that on Yom Kippur all restrictions of the Niddah period apply. In addition, not only is light-headed conversation prohibited—but he should even curtail all unnecessary conversation with his wife. In this respect, the restrictions concerning speaking with his wife on Yom Kippur are more severe than those of the Niddah period.

Kapporos on Erev Yom Kippur

14. Many have a minhag on Erev Yom Kippur to take a chicken [or money] in one's hand and to encircle one's head with the chicken or money and say "זה חליפתי וכו'", that this chicken should go to slaughter [or the money to צדקה], and the person should proceed "לחיים טובים ארוכים ולשלום", to a good, long life and peace. When it is difficult for the person to do it by himself or herself, his or her spouse or another person can do it for them.

When she is a Niddah, if it is difficult for the wife to do it for herself, her husband may do it for her. Similarly, if it is difficult for the husband to do it for himself, his wife may do it for him. However, they should be careful not to touch each other. Handing the *kapporos* to the other is prohibited.

When Tisha B'Av occurs on Shabbos

15. When Tisha B'Av occurs on Shabbos [and the fast is postponed until Sunday], marital relations are prohibited on that Shabbos* (see A SUMMARY OF HALACHOS OF THE THREE WEEKS, Chapter IV C 3). However, if that Friday night was the evening of her immersion, even marital relations are permissible.

Similarly, if they are spending their summer in the country (e.g. bungalow, hotel) and the husband comes to the country only on Friday (for Shabbos) and is away (e.g. at work) during the rest of the week, marital relations are permissible on that Shabbos.

*Note: Concerning the other restrictions of the Niddah period (e.g. eating from her leftovers), most Poskim hold that these are permissible—even if it was not the evening of her immersion. Embracing, kissing and touching with pleasurable intent and the like should be avoided—unless it was the evening of her immersion.

Physical contact on Tisha B'Av during the day

16. We have learned (see H 9) that during the day of Tisha B'Av—although

---

13. הערה תפג, וע"ש הטעם בכה"ח ממט"מ וש"א „שלא יבא לידי הרגל עבירה ושלא יבא לידי הרהור ולידי קרי".

14. ע' בסוף הערה תפג. ומנהג כפרות הובא באו"ח ס' תר"ה.

15. הערה תפד.

they are required to abstain from marital relations, since women do not go dressed up as they do on a Yom Tov [but rather wear clothing fit for a mournful day], even physical contact is permissible.

This halacha applies only to touching *without* pleasurable intent, touching *with* pleasurable intent is considered like embracing and kissing (ibid.) and is prohibited [similar to עונת הוסת (see §3) and during mourning (see §11)].

e) Halachos concerning a bride following her wedding

Other differences between a bride who experienced hymenal bleeding and a regular Niddah

17. We have learned (see H 10) that a bride* following her wedding who experienced hymenal bleeding is required to conduct herself as a Niddah for all the restrictions of Hilchos Niddah—except for the two differences which we mentioned there.

There are three additional differences mentioned in the Poskim:

a) Normally, if during marital relations, she should become a Niddah by experiencing menstrual bleeding, they are required to stop immediately (see b). However, if during marital relations she experiences hymenal bleeding, she first becomes a Niddah once he withdraws. Therefore, they may complete the relations normally—even though blood may be flowing.

b) If she should experience menstrual bleeding during relations, and, therefore, they are required to stop immediately (see a), they must exercise caution from that point on—until he withdraws. The reason is that deriving further pleasure is prohibited—and is punishable with premature death. Since withdrawing with קישוי is pleasurable, he is, therefore, required to wait [without leaning on her. That is, he should *not* withdraw immediately, but should support his own weight with his hands and feet] until the קישוי subsides, and then he must withdraw without קישוי.

However, if she experienced hymenal bleeding during relations, he may withdraw [if he wishes even] with קישוי, and he is not required to wait until the קישוי subsides.

c) If she experienced hymenal bleeding during marital relations, since the requirement to conduct herself as a Niddah first begins after he withdraws, and there is no requirement for him to withdraw immediately, the halacha is that as long as he has not yet withdrawn, he may utilize numerous internal movements. Similarly, if he lost the קישוי before complete penetration [as long as he has not yet withdrawn], he may even wait internally until the קישוי returns and complete the relations.

*See Note on page 280.

---

16. הערה תפז.

17. הערה תפט וע׳ יו״ד ס׳ קפ״ה ס״ד.

These halachos apply only if he did not yet withdraw from her. However, once he did withdraw from her, from that point on they must exercise caution to conduct themselves as if she is a Niddah, since she had experienced hymenal bleeding (see Note after H 10).

Where complete penetration did not take place

18. We have learned (see H 10 and Note) that a bride* following her wedding who experienced hymenal bleeding or experienced a complete penetration upon the consummation of the marriage is required to wait four days before beginning the Seven Clean Days.

If complete penetration did not take place nor did she experience any hymenal bleeding [which is very common nowadays], she is still permitted to her husband. However, as we explained (ibid. Note), since it is normal for the *chasan* and *kallah* not to be certain whether there was complete penetration, a Rav should be consulted.

*Note: These halachos apply only to a virgin bride. For the halachos of a bride who is not a virgin, see §21.

The halachos concerning a bride may apply to subsequent marital relations

19. The halachos concerning a bride following her wedding who experienced hymenal bleeding—but not menstruation (see §17 and H 10) may apply not only to the first time they had marital relations, but to subsequent instances of marital relations as well. For as long as the bleeding is attributed to the hymen and not to menstruation (see §22), she is required to wait only four days—not five, before beginning the Seven Clean Days (see Chapter II C 7).

All the other restrictions of the Niddah period apply to a bride

20. We have learned (see H 10) that there are some differences in halacha between a bride who experienced hymenal bleeding but not menstruation and a woman who became a Niddah. Only those leniencies which were mentioned are permissible for a bride, all the other restrictions of the Niddah period apply equally for a bride. Therefore, they may not eat together from the same plate (see D 5-9) nor may they eat together at the same table without a deviation (ibid. 2-4), nor may they exempt themselves from any of the other restrictions of the Niddah period.

These halachos only apply to a virgin bride

21. The halachos concerning a bride following her wedding who experienced hymenal bleeding [or complete penetration], apply only to a virgin bride.

18. הערה תצז.
19. הערה תצא, הערה תצז.
20. הערה תצו.
21. הערה תצז.

A woman who was married and is no longer a virgin at her wedding [e.g. she was previously divorced or widowed], need not separate herself from her husband following the consummation of the marriage—if she did not experience bleeding.

How do we know that bleeding from subsequent relations is hymenal bleeding?

22. If a virgin bride experiences bleeding during marital relations, we assume it is hymenal bleeding. We have learned (see §19) that this may apply to subsequent instances of marital relations. But we have also learned (see Chapter I D 5) that if a woman discovers bleeding or a stain [during or] immediately after marital relations a Rav must be consulted, because she may be considered as a רואה מחמת תשמיש [that is, a woman who experiences bleeding as a result of marital relations—which may be a serious problem]. How do we know that bleeding from subsequent relations is hymenal bleeding?

In order to consider bleeding from subsequent relations as hymenal bleeding, two conditions are required:

a) Since the consummation of the marriage, there was no instance of complete penetration during marital relations without bleeding, and

b) She experienced pain during marital relations.

If either of these conditions is missing, normally, we cannot consider it as hymenal bleeding. However, a Rav should be consulted.

---

22. שם.

Epilogue

To the non-observer, or to one who has only recently become acquainted with the laws and practices of the Torah, the observance of the laws of family purity appear to place an unnecessary and difficult burden on a marriage. Let it be noted, however, that in practice quite the opposite is true.

Jewish family law derives from the written words of the Torah, as interpreted by our holy sages, and by their observance one is following the will of G-d. As is true of all the Torah's laws "דרכיה דרכי נעם וכל נתיבותיה שלום" "Its ways are ways of pleasantness and all its paths are peace" (Proverbs 3:17). Far from being a set of burdensome restrictions, it is the common experience of those who meticulously observe these laws that when a wife returns to her husband from the Mikvah after the proper observance of the Niddah period, both husband and wife experience a renewed freshness in their marital relationship.

This has been noted in the Talmud (Niddah 31b): "Rabbi Meir used to say, why did the Torah require a woman to be prohibited for seven days? Because if a husband would be accustomed to his wife whenever he desired, he might eventually tire of her. Therefore, the Torah said, let her be impure for seven days, so that on her return to him she should be as beloved as she was at the moment she stood under the wedding canopy."

The Torah and our sages were concerned that the Jewish woman should be respected and loved—and not abused; that the Jewish home and marriage should be one of constant happiness and mutual respect. By the observance of these laws, the Torah established within the Jewish marriage a firm basis for its monthly renewal. Every month, at the onset of her menstrual period, it is as if the Torah reminds us: Honor your wife, respect her. She is not an object for your enjoyment to be handled at will. She is not your servant to pour your cup, to wash you, to make your bed. She is a person, she is your partner, do not take her for granted.

The Torah Jew does not need movements to liberate the Jewish woman. Only those who have over the centuries abused the woman and relegated her to the role of servant and pleasure object, need now seek ways to expiate themselves by freeing her from these shackles. The Torah Jew, by his observance of the restrictions of the Niddah period, demonstrates his faith in G-d and his commitment to His laws. By his abstinence and conduct during this period, he eloquently declares his respect and devotion to his wife, and to her rights for personal privacy.

When a husband and wife act in this manner, they demonstrate the permanence and sanctity of the Jewish marriage. Children conceived by adherence to these laws, and through the modest conduct of marital relations, enter this world in a state of holiness. They are worthy of being referred to by G-d as "עבדי אתה ישראל אשר בך אתפאר" (Isaiah 49:3) "You are My servant, Israel, in whom I become glorified."

תושלב״ע

282

Appendix

לוח ראשי תיבות
מפתח ענינים ומונחים בלשה״ק
מפתח ענינים בהערות ומראה מקומות
Index

טור ושלחן ערוך יו״ד ס׳ קצ״ה

לוח ראשי תיבות

א

א״א, אי אפשר, אדוני אבי, אשל אברהם, אשת איש
אא״כ, אלא אם כן
א״ב, איסור ביאה
אב״ד, אב בית דין
אב״נ, אבני נזר
אג״מ, אגרות משה
אה״ע, אהע״ז, אבן העזר
א״ו, אלא ודאי
או״ה, איסור והיתר
או״ז, א״ז, אור זרוע
או״ח, אורח חיים
או״ש, אור שמח
א״ח, ארחות חיים, איש חי
אח״ז, אחרי זה
אח״כ, אחר כך
א״י, ארץ ישראל
אי״ב, איסורי ביאה
א״כ, אם כן
א״נ, אי נמי
אכ״ע, אכולי עלמא
אמ״ו, אדוני מורי ורבי
א״ע, את עצמה
אע״ג, אף על גב
אע״פ, אף על פי
אפ״ה, אפילו הכי
א״צ, אין צריך
אצ״ל, אין צריך לומר
א״ר, אליהו רבה, אמר רב, אמר רבי
א״ש, אתי שפיר
א״ת, אם תאמר

ב

בא״א, באר אליהו
בא״ד, באמצע הדיבור
באו״מ, באותו מקום
בא״ח, בן איש חי, באורח חיים
בא״י, באר יצחק
בא״מ, באר משה
ב״ב, בן ברוך
בב״א, בבינת אדם, בבת אחת
בבא״א, בבאר אליהו
בבאה״ט, בבה״ט, בבאר היטב
בבה״ח, בבית החיצון
בב״פ, בבגד פשתים
בד״ה, בדיבור המתחיל
בדה״ב, בדק הבית
בדה״ש, בדי השלחן
בד״ק, בדרך קצרה
ב״ה, ביאור הלכה, בדק הבית, בית הכנסת
בה״א, בהוה אמינא
בה״ג, בהאי גוונא, בעל הלכות גדולות
בה״כ, בהכ״נ, ביהכ״נ, בית הכנסת
בה״ש, בהש״מ, ביה״ש, ביהש״מ, בין השמשות
בזה״ז, בזמן הזה
בזמ״ה, בזמן הבית
ב״ח, בית חדש
בחו״ס, בחורין וסדקין
בחי׳, בחידושי
ב״י, בית יוסף
ביה״כ, בית הכסא
ביהמ״ק, בית המקדש
ביה״ר, בית הרחם
בי״ש, בית שלמה
בכה״ג, בכי האי גוונא
בכ״מ, בכמה מקומות, בכסף משנה
בל׳, בלשון
בל״א, בלישנא אחרינא, בלשון אנגלית, בלשון אשכנז
בלא״ה, בלאו הכי
בל״י, בית לחם יהודה
במח׳, במחלוקת
במס׳, במסכתא
במק״א, במקום אחר
בנ״א, בני אדם
בנ״צ, בנין ציון
בס׳, בסימן, בספר
בס״ד, בסעיף ד׳, בסייעתא דשמיא
בעה״ב, בעל הבית
בעה״מ, בעל המחבר
בעו״ה, בעוה״ר, בעוונותינו הרבים
בע״כ, בעל כרחך
בפ״א, בפעם אחת
בפ״י, בפרק י׳
בפס״ד, בפסקי דינים
בפ״ע, בפני עצמו, בפני עצמה
בקו׳, בקונטרס
בקו״א, בקונטרס אחרון
בר״א, ברית אברהם
ברהמ״ז, ברכת המזון
ברה״ר, ברשות הרבים
ברי״מ, ברית מילה
ברכ״י, ברכי יוסף
בר״פ, בריש פרק
ב״ש, בית שמואל, בית שלמה
בשעה״ד, בשעת הדחק
בשע״ת, בש״ת, בשערי תשובה

ג

גזה״כ, גזירת הכתוב
ג״ח, ג׳ חדשים
ג״י, ג׳ ימים
ג״כ, גם כן
ג״ע, גילוי עריות
ג״פ, ג׳ פעמים

ד

ד׳, דברי
ד״א, דבר אחר
דא״א, דאי אפשר
דא״ב, דאיסורי ביאה
דאל״כ, דאם לא כן
דבלא״ה, דבלאו הכי
דבס״פ, דבסוף פרק
דגמ״ר, דגול מרבבה
ד״ה, דיבור המתחיל
דה״ה, דהוא הדין
דהו״ל, דה״ל, דהוה ליה
דהול״ל, דהוה ליה למימר
דה״מ, דהני מילי
דה״ק, דהכי קאמר
ד״ז, דבר זה
ד״ח, דברי חיים
די״ל, דיש לומר
דכ״ז, דכל זמן, דכל זה
דכשכ״א, דכשכל אחד
ד״מ, דרכי משה
דמח׳, דמחלוקת
דממ״נ, דממה נפשך
דמ״ש, דמה שכתב
דסד״א, דסלקא דעתך אמינא
דעי״ז, דעל ידי זה
דע״כ, דעל כרחך
דע״ת, דעת תורה
דקי״ל, דקיימא לן
דר״ז, דרבי זירא
דר״י, דרך ישרה

דרכ"ת, דרכי תשובה
דר"ל, דרצה לומר
דר"נ, דר' נתן
דר"ת, דרכי תשובה, דרבינו תם
דר"ק, דרך קצרה
ד"ת, דברי תורה

ה

ה', הלכה
הגה"מ, הג"מ, הגמ"י, הגהות מיימוניות
הגמ"ר, הגהות מרדכי
הגר"א, הגאון ר' אליהו, הגאון ר' אהרן
הגרא"ז, הגאון ר' איסר זלמן
הגר"ז, הגאון ר' זלמן (שו"ע הרב)
הגרי"א, הגאון ר' יוסף אליהו
הגרמ"פ, הגאון ר' משה פיינשטיין
הגרצ"פ, הגאון ר' צבי פסח
הגש"ד, הגהות שערי דורא
ה"ד, היכי דמי, היינו דוקא
ה"ה, הוא הדין, הרב המגיד
הו"א, הוה אמינא
הוח"ל, הוצאת זרע לבטלה
הו"ל, ה"ל, הוה ליה
ה"ז, הרי זה
הכ"מ, הריני כפרת משכבו, הכסף משנה
הל', הלכות
ה"נ, הכי נמי
הנ"ל, הנכתב לעיל, הנכתבים לעיל
ה"פ, הכי פירושו
הפס"ט, הפסק טהרה
הק', הקצר
ה"ק, הכי קאמר
הקב"ה, הקדוש ברוך הוא
הרה"מ, הרב המגיד
הר"ר, הרב ר'

ו

וא"י, ואינו יודע, ואיני יודע
ואכמ"ל, ואין כאן מקום להאריך
ואע"פ, ואף על פי
וא"צ, ואינו צריך
וא"ת, ואם תאמר
ואת"ל, ואם תמצא לומר

ובח', ובחידושי
וד"ל, ודאי לחכימא
וז"א, וזה אינו
וה"ד, והביא דבריו
וה"נ, והכי נמי
וז"ל, וזה לשונו, וזה לשון, וזרע לבטלה
וז"נ, וז' נקיים
וז"פ, וזה פשוט
וז"ש, וזה שכתב
וח"ו, וחס ושלום
וי"א, ויש אומרים
וכ"א, וכל אחד
וכד', וכדו', וכדומה
וכ"ז, וכל זה, וכל זמן
וכ"כ, וכך כתב
וכ"מ, וכן משמע
וכמו"כ, וכמ"כ, וכמו כן
וכמשי"ת, וכמו שיתבאר
וכ"נ, וכך נראה
וכנלענ"ד, וכך נראה לפי עניות דעתי
וכ"פ, וכך פסק
וכ"ש, וכל שכן
וכש"כ, וכמו שכתב, וכמו שכתבנו
וכש"נ, וכמו שנכתב
ולכ"ש, ולא כל שכן
ול"ל, ולמה ליה
ול"נ, ולי נראה
ולע"ד, ולפע"ד, ולפי עניות דעתי
ולפ"ז, ולפי זה
ולק"מ, ולא קשה מידי
ול"ש, ולא שייך
ולש"פ, ולשאר פוסקים
ומ"ה, ומשום הכי
ומה"ט, ומהאי טעמא
ומכ"מ, ומ"מ, ומכל מקום
וממי', וממילא
ומ"ש, ומש"כ, ומה שכתב, ומה שכתבנו
ונכ', ונכתוב
ונ"ל, ונראה לי
ונקה"כ, ונקדת הכסף
וע', ועיין
וע"ז, ועל ידי זה
וע"כ, ועל כל זה
וע"ע, ועיין עוד
וע"פ, ועל פי

ופרש"י, ופירוש רש"י
וצ"ל, וצריך לומר
וצ"ע, וצריך עיון
וק', וקשה

ז

ז"א, זאת אומרת, זה אינו
זא"ז, זה אחר זה
זב"ז, זה בזה
ז"ל, זכרונו לברכה, זה לשון, זרע לבטלה
זמ"ז, זה מזה
ז"נ, ז' נקיים

ח

ח', חלק
חאה"ע, חלק אבן העזר
ח"ד, חוו"ד, חוות דעת
ח"ו, חס ושלום
חו"י, חוות יאיר
חו"מ, חושן משפט
חו"ס, חורין וסדקין
חזו"א, חזון איש
חז"ל, חכמינו זכרונם לברכה
חזק"ט, חזקת טהרה
חיו"ד, חלק יורה דעה
חיי"א, חיי אדם
חכ"א, חכמת אדם
חל"מ, חלקת מחוקק
חמד"ד, חמדי דניאל
ח"ס, חת"ס, חתם סופר

ט

ט"ב, ט' באב
טה"י, טהר"י, טהרת ישראל
טו"א, טומאת אוכלים
טו"כ, טומאת כלים
ט"ז, טורי זהב
ט"ס, טעות סופר

י

יי"א, יש אומרים
יי"ג, יש גורסין
יו"ד, יורה דעה
יוה"כ, יוהכ"פ, יום הכפורים
יו"ט, יום טוב
יו"כ, יום כיפור
י"ל, יש לומר

יעו"ש, יעוין שם
יצה"ר, יצר הרע
ית', יתברך

כ

כ', כתב
כ"א, כי אם, כל אחד
כגו"ע, כגריס ועוד
כ"ד, כן דעת
כה"ג, כי האי גוונא
כה"ח, כף החיים
כו"פ, כריתי ופליתי
כ"ז, כל זה, כל זמן
כ"י, כתב יד
כיו"ב, כיוצא בזה
כ"כ, כך כתב, כל כך
כ"מ, כן משמע, כן מוכח, כסף משנה
כמ"ש, כמו שכתב, כמו שכתבנו, כמו שהוא
כמש"ל, כמו שכתבנו לעיל
כמש"נ, כמו שנכתב
כ"נ, כך נראה
כנה"ג, כנסת הגדולה
כנ"ל, כנכתב לעיל
כנלענ"ד, כך נראה לפי עניות דעתי
כ"פ, כך פסק
כצ"ל, כך צריך להיות
כר"ת, כרבינו תם
כ"ש, כש"כ, כל שכן
כשא"א, כשאי אפשר
כת"י, כתב יד

ל

ל', לשון
ל"א, לישנא אחרינא, לשון אנגלית
לב"ד, לבית דין
לבה"כ, לבית הכנסת
לבו"ש, לבושי שרד
לו"ש, לחם ושמלה
ל"ח, לחם חמודות
לכ"א, לכל אחד
לכה"פ, לכל הפחות
לכו"ע, לכ"ע, לכולי עלמא
למ"ד, למאן דאמר
למעה"ש, למען השם
למ"ש, למה שכתב
לנ"ד, לנידון דידן
ל"ס, לא סבר
לע', לעיין
לע"ד, לעניות דעתי
לעי', לעיל
ל"פ, לא פליגי
לפה"ק, לפתיחת הקבר
לפי"מ, לפי מה
לפ"ז, לפי זה
לפמ"ש, לפי מה שכתב, לפי מה שכתבנו
ל"ק, לא קשיא
ל"ש, לא שנא, לא שייך
לשז"ל, לשכבת זרע לבטלה

מ

מ', משנה
מ"א, מאכלות אסורות
מאמ"ר, מאמר מרדכי
מ"ב, משנה ברורה, משאת בנימין
מג"א, מגן אברהם
מ"ד, מאן דאמר
מד"מ, מדרכי משה
מה"ב, מהדורא בתרא
מהד"ק, מהדורא קמא
מהדר"ת, מהד"ת, מהדורא תנינא
מהל', מהלכות
מהמ"א, מהמגן אברהם
מה"ר, מהדורא ראשונה
מהר"ח, מורינו הרב ר' חיים
מה"ת, מהדורא תנינא, מן התורה
מו"ד, מור"ד, מורה דרך
מו"ר, מורי ורבי
מו"ח, מורי וחמי
מו"ש, מוצאי שבת
מ"ז, משבצות זהב
מח"ד, מחלק ד'
מחה"ש, מחצית השקל
מ"י, מנח"י, מנ"י, מנחת יעקב
מיו"ט, מעדני יום טוב
מ"כ, מצאתי כתוב
מכ"ש, מכל שכן
מל"ט, מלבושי טהרה
מ"מ, מכל מקום, מילימיטר
ממ"ש, ממש"כ, ממה שכתב
מ"נ, מי נדה
מס', מסימן
מסגה"ש, מסגרת השלחן
מ"ע, מצות עשה
מעיו"ט, מעדני יום טוב
מעל"ע, מעת לעת
מע"מ, מעדני מלך
מע"צ, מעיל צדקה
מ"ק, מהדורא קמא
מקב"ט, מקבל טומאה
מקו"ח, מק"ח, מקור חיים
מ"ר, מי רגלים
מר"ח, מר' חיים
מרע"ה, משה רבינו עליו השלום
מר"ת, מרבינו תם
מ"ש, מש"כ, מה שכתב, מה שכתבנו
משא"כ, מה שאין כן
מש"ה, משו"ה, משום הכי
משימ"ק, משיטה מקובצת
משל"מ, משנה למלך
משמה"ב, משמרת הבית
מש"פ, משאר פוסקים
מש"ק, מוצאי שבת קודש
מש"ת, משנה תורה
מ"ת, מהדורא תנינא

נ

נ"א, נוסח אחר, נשמת אדם
נ"ב, נו"ב, נוב"י, נודע ביהודה
נובי"ק, נודע ביהודה קמא
נובי"ת, נודע ביהודה תנינא
נו"כ, נושאי כלים
נט"י, נטילת ידים
נ"ל, נראה לי
נלע"ד, נלענ"ד, נראה לפי עניות דעתי
נ"מ, נפ"מ, נפקא מינה
נקה"כ, נקוה"כ, נקודת הכסף
נ"ש, נחלת שבעה
נשג"ז, נדה שפחה גויה זונה

ס

ס', ספר, סימן, סעיף
סד"א, סלקא דעתך אמינא
סד"ה, סוף דיבור המתחיל
סד"ט, ס"ט, סדרי טהרה
סה"מ, ספר המצות
סה"ת, ספר התרומה
סוגב"ש, סוגה בשושנים

סו״ס, סוף סימן
ס״ל, סבירא ליה, סבירא להו
ס״מ, סנטימיטר
סמ״ע, ספר מאירת עינים
ס״ס, סוף סימן, ספק ספיקא
ס״פ, סוף פרק
ספ״ק, סוף פרק קמא
ס״ק, סעיף קטן
ס״ת, ספר תורה

ע

ע׳, עיין
עבה״ט, עיין באר היטב
ע״ג, על גבי
ע״ד, על דבר
ע״ה, עמי הארץ
עה״ת, על התורה
ע״ז, על זה
עט״ז, עטרת זהב, עיין ט״ז
ע״י, על ידי
עי״ז, על ידי זה
ע״כ, על כרחך, עד כאן
עכ״ד, עד כאן דבריו
עכ״ה, עד כאן הגה״ה
עכו״ם, עובד כוכבים ומזלות
עכ״ל, עד כאן לשונו
עכ״פ, על כל פנים
עמש״ל, עיין מה שכתבנו לעיל
ע״ע, על עצמו, על עצמן
ע״פ, על פי
עפ״ז, על פי זה
ערה״ש, ערוך השלחן
ערל״נ, ערוך לנר
ע״ש, עיין שם

פ

פ׳, פרק, פסוק
פדה״ב, פדיון הבן
פה״מ, פתיחת המקור
פה״ק, פתה״ק, פתיחת הקבר
פו״ר, פרי׳ ורבי׳
פי׳, פירש, פירשו
פיה״א, פירוש הארוך
פיה״ק, פירוש הקצר
פמ״ג, פרי מגדים
פ״נ, פירסה נדה
פנ״י, פני יהושע
פס״ד, פסקי דינים
פ״ק, פרק קמא
פקו״נ, פקוח נפש
פר״ד, פרי דעה
פר״ר, פרדס רמונים
פר״ת, פירוש רבינו תם
פת״ז, פתחא זוטא
פ״ת, פת״ש, פת״ת, פתחי תשובה

צ

צאה״כ, צה״כ, צאת הכוכבים
צו״פ, צמר ופשתים
צ״ל, צריך להיות, צריך לומר
צ״ע, צריך עיון
צע״ק, צריך עיון קצת
צ״צ, צמח צדק

ק

ק׳, קשה, קיצור
ק״ו, קל וחומר
קו״א, קונטרס אחרון
קמ״ל, קא משמע לן
ק״נ, קרבן נתנאל
קנ״ס, ק״ס, קנאת סופרים
ק״ע, קרבן עדה
קצ״ע, קצת צריך עיון
ק״ש, קריאת שמע
קש״ע, קיצור שלחן ערוך

ר

ר׳, רב, רבי
רא״ם, ר׳ אליהו מזרחי
ראב״ע, ר׳ אלעזר בן עזרי׳
רה״מ, רב המגיד
רו״פ, רוב פוסקים
רז״ל, רבותינו זכרונם לברכה
רי״ו, רבינו ירוחם
רח״כ, ר׳ חיים כהן
ר״ל, רחמנא ליצלן, רצה לומר
ר״ס, ריש סימן
רע״א, רעק״א, רבי עקיבא איגר
רע״ב, רבינו עובדי׳ מברטנורה

ש

ש״א, שאר אחרונים
שא״י, שאינה יכולה
שא״ל, שאין לו
שבו״י, שב״י, שבות יעקב
שג״כ, שגם כן
ש״ד, שערי דורא, שפתי דעת
שד״ח, שדי חמד
שה״ה, שהוא הדין
שו״מ, שואל ומשיב
שו״ע, ש״ע, שלחן ערוך
שו״ת, שאלות ותשובות
ש״ז, שכבת זרע
שח״ו, שחס ושלום
שימ״ק, שיטה מקובצת
שכ׳, שכתב
ש״ך, שפתי כהן
שנכ׳, שנכתוב, שנכתב
שע״ד, שערי דורא
שעה״ד, שעת הדחק
שעהמ״ב, שערים המצויינים בהלכה
שעה״צ, שער הציון
ש״פ, שאר פוסקים

ת

ת׳, תשובה, תשובות
ת״ב, תשעה באב
תד״א, תנא דבי אליהו
תד״ה, תוספות דיבור המתחיל
ת״ה, תורת הבית, תרומת הדשן
תה״א, תורת הבית הארוך
תה״ב, תוה״ב, תורת הבית
תה״ד, תרומת הדשן
תה״ה, תורת הבית הארוך
תה״ק, תורת הבית הקצר
תוה״ש, תורת השלמים
תו״ח, ת״ח, תורת חטאת, תורת חיים
תוי״ט, תוספות יום טוב
תו״כ, תורת כהנים
תו״ת, תורה תמימה
ת״ח, תלמידי חכמים
תח״י, תחת ידי
ת״ל, תלמוד לומר, תמצי לומר
תע״ב, תבוא עליו ברכה
תפל״מ, תפלה למשה
תפ״צ, תפארת צבי
ת״ק, תנא קמא
ת״ר, תנו רבנן
תש׳, תשובות
ת״ש, תא שמע

מפתח ענינים בהערות ומראה מקומות

המפתח הזה רק לחלק זה הכולל בתוכו רק פרק ה׳, לפיכך האות מורה על מספר ההערה בפרק ה׳. [להערות הנוספות ב״קיצור פסקי דינים בהערות ומראה מקומות״ כתבנו מספר הדף].

Index to Section Two

ברכה לראש משביר

לכל המתנדבים להוצאת חלק זה של **ספר הלכות נדה**
יתברכו בברכת „ברוך אשר יקים את דברי התורה הזאת״

יזכור ה׳ לטובה לנפשות הקדושות הנזכרות פה
בעבור שקרוביהם שיחיו סייעו בנדיבות לבם להדפסת הספר הזה

לזכר נשמת
האשה **לאה** בת ר׳ **ישראל יעקב** ע״ה
נפ׳ כ״ז שבט תשכ״ד
תנצב״ה
בית הכנסת בית יעקב, קאלאמבוס, אהייא
הרב **דוד סטבסקי** שליט״א, מרא דאתרא

לזכר נשמת
בונצא בת ר׳ **שלום** ע״ה
נפטרה ט״ו שבט תשל״ח
תנצב״ה

לעילוי נשמת
הבחור **שמואל** ע״ה בן ר׳ **יחיאל** שליט״א
נפ׳ ו׳ אדר תשל״ה
תנצב״ה

לעילוי נשמת הורינו היקרים
ר׳ **דוד** ב״ר **יצחק מנחם ביגילאייזן** זללה״ה
נפטר כ״ד תשרי תשכ״ו
וזוגתו מרת **מירל** בת ר׳ **גרשון** זללה״ה
נפטרה כ״ג אדר תשל״ב
תנצב״ה

בית הכנסת בני תורה
טאראנטא, קנדה

לעילוי נשמת
ר׳ **נפתלי הערץ** ב״ר **מרדכי דוב** ע״ה
שו״ב ניצליך
נפ׳ י׳ אדר תשל״ז
תנצב״ה

לזכר נשמת
ר׳ **שלמה אהרן** ב״ר **צבי הלל** ווייץ ע״ה
והאשה **שיינדל** בת ר׳ **יחזקאל פייוול** ע״ה
ע״י בניהם ומשפחתם
תנצב״ה

לעילוי נשמות הורינו היקרים
הרב **שלמה** ב״ר **שאול יחזקאל** ע״ה פערלשטיין
נפ׳ ח״י אלול תשכ״ז
וזוגתו האשה **ראכעל** בת ר׳ **צבי** ע״ה
נפטרה יום א׳ דחג הפסח תשל״ה
תנצב״ה

הוקדש ע״י ר׳ **זאב גוטליב** ומשפחתו
לז״נ **בריינדל לאה** בת **רחל** ע״ה
נפ׳ י״ד תמוז תשל״א
תנצב״ה

לזכר ולעילוי נשמת
הרב מתתיהו סיני ב״ר **שלמה צבי** ע״ה
וזוגתו מרת **בלימה** בת ר׳ **מרדכי** ע״ה
שטערנברג
תנצב״ה

לזכר נשמת
ר׳ **אהרן יוסף** ב״ר **מרדכי יהודה הכהן** ע״ה
ושרה בת ר׳ **זאב** ע״ה
ושמעון ב״ר **איסר** ע״ה
וזיסל בת ר׳ **אייזיק** ע״ה
תנצב״ה

לז״נ אמי מורתי
יוכבד בת ר׳ **ישראל הלוי** ע״ה
ריינער
תנצב״ה

לזכר נשמת
ר׳ **שלמה זעליג** בן ר׳ **ישעיה** ע״ה
נפ׳ כ״ד אב תשכ״ח
תנצב״ה

לזכר נשמת
ר׳ **צבי אריה** ז״ל בן ר׳ **אהרן דוב** נ״י
רוזנבוים
שעלתה נשמתו בטהרה
י״ב מנחם אב תשל״א
תנצב״ה

ברכה לראש משביר

לכל המתנדבים להוצאת חלק זה של **ספר הלכות נדה**
יתברכו בברכת „ברוך אשר יקים את דברי התורה הזאת״

יזכור ה׳ לטובה לנפשות הקדושות הנזכרות פה
בעבור שקרוביהם שיחיו סייעו בנדיבות לבם להדפסת הספר הזה

לזכר נשמת
ר׳ זאב ב״ר צבי מנחם הלוי ע״ה
קאננער
נפ׳ י״ג אדר תשל״ח
תנצב״ה

לז״נ ר׳ **יהודה** ב״ר **שמחה דוד וויינשטאק** ע״ה
ורעיתו **פעסע רבקה** בת ר׳ **גרשון הכהן** ע״ה
ולז״נ ר׳ **שלמה** ב״ר **משה קאלוארי** ע״ה
תנצב״ה
Donated by Rabbi & Mrs. M. C. Alon

לזכר נשמת
אמנו היקרה
פייגע בת ר׳ **משה** ע״ה
נפ׳ כ״ו חשון תשכ״ח
הוקדש ע״י האחים **העריס, סקרענטאן פען.**

לעילוי נשמת
ר׳ **משה מרדכי** ע״ה בן ר׳ **חיים צבי סטבסקי** נ״י
שעלתה נשמתו היקרה השמימה
יום א׳ דחוה״מ סוכות תשל״ג
תנצב״ה

לזכר נשמות
ר׳ **מאיר יעקב קאפל** בן ר׳ **ירוחם פישל פעפער** ע״ה
נפ׳ ג׳ אדר תשי״ד
חנה אסתר בת ר׳ **יצחק הלוי פעפער** ע״ה
נפ׳ כ״ה מרחשון תשל״ה
ר׳ **יהודה ליב** בן ר׳ **יעקב אונגער** ע״ה
נפ׳ ד׳ תמוז תש״ל
תנצב״ה

לז״נ איש רב פעלים ורודף צדקה
ר׳ **יעקב משה** ב״ר
שמעון גדלי׳ ע״ה **גאלדינג**
נפ׳ כ״ז שבט תשל״ד
תנצב״ה

לכבוד הרב ר׳ **יצחק צבי וואלברג** שליט״א
מלפנים רב דק״ק שומרי אמונה
דבארא פארק
מאת בניו

לזכר נשמת
ר׳ **חיים בן ציון גדליה** ב״ר **יצחק אהרן** ע״ה
קרמר
וזוגתו **מעכה** בת ר׳ **יששכר** ע״ה
הוקדש ע״י משפחת פרידערוויצער

לז״נ
האשה **חנה** בת ר׳ **צבי הערש הלוי** ע״ה
נפ׳ כ״ט תמוז תשכ״ו
תנצב״ה

לז״ז תפארת ראשינו הורינו היקרים
רבי **חייא** בן החכם **רפאל** ז״ל
כ״ד מנחם אב תשל״ה
וזוגתו האשה **מלכה** בת ר׳ **אליהו** ע״ה
י״ח טבת תשל״ה
למשפחת אריה
תנצב״ה

לעילוי נשמת
ר׳ **יואל אלתר** ב״ר **יהודה לייב** ע״ה
נפ׳ ט״ו אייר תשל״ט
תנצב״ה

הוקדש ע״י משפחת קאמינסקי
לז״נ
ר׳ **אברהם עקיבא**
בן **גבריאל** ז״ל
שעלתה נשמתו בט״ו בשבט תשל״ב
תנצב״ה

לכבוד הרב המחבר
מאת תלמידי השיעור

לזכר נשמת
הרב ר׳ **צבי דוב קנטופסקי** זצ״ל
מלפנים רב דקהילת ישראל הצעיר
וועסט העמפסטעד, נוא יארק

לכבוד

ר׳ **שרגא פייוועל** בן ר׳ **יוסף** נ״י

והאשה **אסתר בילא** בת ר׳ **ישעיה** נ״י

Balitsky

Dedicated To The Memory Of Joyce Schulman ע״ה

חנה גיטל בת יעקב ע״ה נפטרה כ״ז חשון תש״מ

Joyce Schulman was a unique person. To her there were two major concepts which formed the foundation of Jewish life; Tahara and Mishpacha. She was in every sense of the word endowed by the Almighty with a sense of extreme purity. A woman whose every move and thought was the personification of purity as we Jews understand it. At the same time she dedicated her life to her family and typified the true *Em B'Yisrael*, seeing not only to the physical and spiritual needs of her husband and children, but preaching and teaching the importance of the wholeness and stability of the Jewish family.

It is therefore altogether fitting that this memorial page should be dedicated to her. The following is an exerpt from a manuscript which she had been preparing for publication on the subject of *Taharas Hamishpacha.*

TAHARAS HAMISHPACHA

Joyce Schulman

Every man and woman uniting in marriage, enter into a Garden. . . . And they are to each other, a tree of life centered in Eden . . . partaking of fruits with the promise of forever.

Two separate people, set apart by all they have known. They bring one another all that they are. . . . Where hopes meet dreams to plan forever.

A man and a woman plant their seed in a garden. There they feel. . . . The harmony without, take hold within. At the start of a new world in Eden.

Each time a man and a woman live together within a framework of law, there is in their union, the reunion of body and spirit, making them whole and complete. As each adds on the lost part of themselves, they are reinforced, and the world holds greater meaning. In that union they are renewed, to have the world created for them. The spirit within the two enjoins to stand them at the center of the world, to be—as it was intended for them to be by G-d, as they joy, in that strength at the peak of oness, they reach from that moment to forever.

The principle of separation and return is a cornerstone in the Jewish formula of *Taharas Hamishpacha*, Family Purity as devised by G-d, in order to assure His highest creation Gardened Existence.

This page was made possible by funds contributed through the Women's League of Congregation Mikvah Israel of Kew Gardens Hills.

ברכה לראש משביר

לכל המתנדבים להוצאת חלק זה של **ספר הלכות נדה**

יתברכו בברכת „ברוך אשר יקים את דברי התורה הזאת"

יזכור ה' לטובה לנפשות הקדושות הנזכרות פה

בעבור שקרוביהם שיחיו סייעו בנדיבות לבם להדפסת הספר הזה

לזכר נשמת
מוה"ר ר' **דוד אברהם** ב"ר **דוד שלמה** ז"ל
דאנקונא
שעלתה נשמתו על קדושת השם בימי השואה
תנצב"ה

לזכר נשמת
ר' **מאיר מנחם** ב"ר **משה יוסף** ע"ה
קייזר
נפ' כ"ז ניסן תשל"ז
תנצב"ה

לזכר נשמת
ר' **שלמה** ב"ר **ישראל** ע"ה
טעננבוים
נפ' כ"א טבת תשל"ט
תנצב"ה

לזכר נשמת
ר' **אברהם אבא** ב"ר **מרדכי ביללעט** ע"ה
נפ' בשם טוב כ"ג סיון תשכ"ט
תנצב"ה

לזכר נשמות
ר' **אליהו** ב"ר **יעקב צבי** ע"ה
נפ' ט' סיון תשכ"ה
יוטא בת ר' **יעקב מרדכי** ע"ה
נפ' כ"ה אייר תשכ"ה
תנצב"ה

הוקדש ע"י
בית הכנסת
ישראל הצעיר דנארט בעלמאר
הרב **משה שמעון גארעליק** שליט"א
מרא דאתרא

לעילוי נשמת
ר' **שלום ברוך** ב"ר **אלעזר יצחק** ע"ה
פינשאפסקי
נפ' ר"ח שבט תשכ"ז
תנצב"ה

לעילוי נשמת
אבי מורי ר' **דוד ארי'** ב"ר **יוסף הכהן** ז"ל
נפ' י"א ניסן תשכ"ו
תנצב"ה

לכבוד האשת חיל
גיטל בת ר' **משה גרעבענאו** נ"י
מאת משפחתה

לזכר נשמת
הרה"ג ר' **אליעזר גארעליק** זצ"ל
רב דנוא הייוען קאנג.
תנצב"ה

לכבוד הרב המחבר
הוקדש ע"י
הרב **מאיר גאטעסמאן** שליט"א

לזכר נשמת
ר' **משה** ב"ר **יוסף אברהם** ע"ה
דאקס
נפ' ב' סיון תשל"ז
תנצב"ה

ר' **חיים יואל ומלכה** נ"י
האלבערשטאט

לזכר נשמת
האשה רבקה רחל בת ר' **ירחמיאל פישל** ע"ה
נפ' ג' שבט תשל"ט
תנצב"ה

לזכר נשמת אבי מורי

ר׳ בן ציון בן ר׳ שמואל הלוי ע״ה

ראכקינד

תנצב״ה

לזכר נשמת

ר׳ יחיאל ב״ר נחמן דוד הלוי ע״ה

נפ׳ י״ד סיון תשמ״ה

תנצב״ה

מוקדש לזכרו הטהור
של האי גברא רבא ויקירא
איש האשכולות, אציל הרוח ורב פעלים
הר״ר מוהר״ר שלום זצ״ל
בן הגה״צ הר״ר אברהם שמואל זצללה״ה סקלאר
נפטר י״ב אייר תשמ״ג לפ״ק

אשר כל ימיו רדף צדקה וחסד,
ומסר נפשו לתורה ותעודה,
ומוקיר רבנן בכל לבו,
לב ער חם ורגיש לכל קדשי ישראל,
וביראתו הקודמת לחכמתו זכה וזיכה את הרבים,
אוהב את הבריות ומקרבן לתורה,
וזכה להקים דור ישרים מבורך
אשר בדרכיו ממשיכים.
תנצב״ה

מוקדש ע״י רעיתו הרבנית צפורה שתחי׳
בת ר׳ אהרן הכהן הקדוש זצ״ל

לעילוי נשמת
ר׳ חיים ב״ר ישראל הכהן ע״ה
In memory of
Herman Koenigsberg ע״ה
תנצב״ה

לעילוי נשמת

איש רודף צדקה וחסד

ר' יחיאל בן ר' יצחק אייזיק ע"ה

נפ' כ"ח שבט תשמ"ה

והבחור שמואל בן ר' יחיאל ע"ה

נפ' ו' אדר תשל"ה

תנצב"ה

הוקדש ע"י
משפחת קאראלניק

לזכר נשמת
האשה ליבא בת ר' אברהם ע"ה
זיידנפלד
נפ' כ"ז טבת תשמ"ג
תנצב"ה

לעילוי נשמת
האשה אסתר בת ר' צבי ע"ה
נפ' כ"ט טבת תשמ"ח
תנצב"ה

לזכר נשמת
האשה חנה בת ר' צבי הירש הלוי ע"ה
נפ' כ"ט תמוז תשכ"ו
תנצב"ה

לזכר נשמות
ר' יהודה בן ר' שמחה דוד ע"ה
נפ' תענית אסתר תשל"ה
ורעיתו פעסע רבקה בת ר' ישראל גרשון הכהן ע"ה
נפ' כ"א אייר תשל"ח
וויינשטאק
תנצב"ה

הוקדש ע"י
בית הכנסת
ישראל הצעיר דוועסט העמפסטעד נוא יארק
הרב יהודה קלמר שליט"א
מרא דאתרא

לזכר נשמת איש תם וישר
ר' מנחם מענדל בן ר' שמעון הלוי ע"ה
קאפניק
נפטר שבת קודש כ' מרחשון תשמ"ז
תנצב"ה
"איזהו עשיר השמח בחלקו"

לזכר נשמת
האשה רישעל אייזענבערג ע"ה

הוקדש ע״י
בית הכנסת
ישראל הצעיר דסטאטען איילנד
הרב **יעקב מרקוס** שליט״א
מרא דאתרא

הוקדש ע״י
בית הכנסת
ישראל הצעיר דוואודמיר
הרב **יצחק צבי בייללעט** שליט״א
מרא דאתרא

לזכר נשמת
ר׳ **צבי דוד** בן ר׳ **זאב דוב** ע״ה
קריימער
נפ׳ כ״ז שבט תשכ״ו
תנצב״ה

לכבוד
ר׳ **אברהם וגילה שלסברג** נ״י
מאת בנם **זאב** ורעיתו **רבקה** שלסברג
בלטימר, מד.

הוקדש ע״י
בית הכנסת
ישראל הצעיר דנוא רושעל
הרב **ראובן פינק** שליט״א
מרא דאתרא

בית הכנסת ישראל הצעיר
וועסט העמפסטעד, נוא יארק
הרב **שלום גאלד**, מרא דאתרא

לעילוי נשמת
ר׳ **יוסף** מיכל בן ר׳ **חיים** יצחק **וויינער** ע״ה
תנצב״ה

לכבוד האשה החשובה
אביבה שושנה בת ר׳ **גרשון שתחי׳**

לזכר נשמת
ר׳ **יצחק דוד** בן ר׳ **בנימין יחיאל איכל** ע״ה
נפ׳ כ״ח אייר תשמ״א
ולזכר נשמת
האשה רחל **לאה** ב״ר **יוסף הלוי** ע״ה, **גראסמאן**
נפ׳ יום ש״ק כ״א אלול תשל״א
תנצב״ה

לעילוי נשמת
חמי היקר
ר׳ **יחזקאל שרגא** בן ר׳ **חיים** ע״ה
לייבעל
שעלתה נשמתו היקרה השמימה
יום א׳ דחג הסוכות תשל״ז
תנצב״ה

ברכה לראש משביר

לכל המתנדבים להוצאת חלק זה של **ספר הלכות נדה**

יתברכו בברכת „ברוך אשר יקים את דברי התורה הזאת"

יזכור ה׳ לטובה לנפשות הקדושות הנזכרות פה

בעבור שקרוביהם שיחיו סייעו בנדיבות לבם להדפסת הספר הזה

לזכר נשמת

ר׳ **חיים יחיאל** ב"ר **משה** ע"ה

ור׳ **אפרים** ב"ר **יחיאל** ע"ה

והאשה **חי׳ רחל** בת ר׳ **אברהם יהודה ליב** ע"ה

תנצב"ה

בית הכנסת שערי תפלה

טאראנטא, קנדה

הרב ר׳ **משה שטערן** שליט"א

מרא דאתרא

לזכר נשמת

הרב ר׳ **יצחק צבי וואלברג** ע"ה

מלפנים רב דק"ק שומרי אמונה

דבארא פארק

נפ׳ ר"ח אדר א׳ תשד"מ

תנצב"ה

לכבוד הרב המחבר

Rabbi and Mrs. Shimon Kapnick

לעילוי נשמת

ר׳ משה מרדכי ע"ה בן ר׳ **חיים צבי סטבסקי** נ"י

שעלתה נשמתו היקרה השמימה

יום א׳ דחוה"מ סוכות תשל"ג

תנצב"ה

לזכר נשמת

האשה **פריידעל שולמית** ע"ה בת ר׳ **חיים צבי** נ"י

נפ׳ י"ז אלול תשמ"ו

תנצב"ה

לעילוי נשמת

ר׳ **יו"ט ליפמן** בן ר׳ **משולם פייבוש** ע"ה

והאשה **פינקל** בת ר׳ **שמעיהו** ע"ה

תנצב"ה

ברכה לראש משביר

לכל המתנדבים להוצאת חלק זה של **ספר הלכות נדה**
יתברכו בברכת „ברוך אשר יקים את דברי התורה הזאת"

יזכור ה' לטובה לנפשות הקדושות הנזכרות פה
בעבור שקרוביהם שיחיו סייעו בנדיבות לבם להדפסת הספר הזה

לזכר נשמת
הרב ר' **חיים מאיר** ב"ר **מנחם** ז"ל לעווי
נפטר כ"ד מרחשון תשכ"ט
ולזכר נשמת
האשה **שושנה** בת ר' **יחזקאל גרשון** ע"ה לעווי
נפטרה י"ג כסלו תשל"ט
תנצב"ה

לזכר נשמת
ר' **אלימלך גבריאל** בן ר' גרשון זצ"ל
נפ' ב' תמוז תשכ"ז
והרב ר' **אברהם** גרשון בן ר' **אלימלך גבריאל** זצ"ל
נפ' כ"א אייר תשד"מ
תנצב"ה

לזכר נשמת
האשה פעסל בת ר' **יצחק ארי'** ע"ה
שטיינהרטר
והאשה שרה בת ר' **יהושע** ע"ה
גוטמאן
תנצב"ה

לעילוי נשמת חמי היקר
ר' **יחזקאל שרגא** בן ר' **חיים** ע"ה
לייבעל
נפ' יום א' דחג הסוכות תשל"ז
ואשתו החשובה **רויזא** בת ר' **אברהם משה** ע"ה
נפ' י"ג סיון תשמ"ז
תנצב"ה

לעילוי נשמת
ר' **יעקב יוסף** ב"ר **שמעון איידער** ז"ל
שנפטר בשם טוב
ועלתה נשמתו העדינה למרום
ביום כ"ח סיון תשי"ז
תנצב"ה

לזכר נשמת
ר' **אהרן** בן ר' **הלל** ע"ה
והרב **דוד מרדכי** בן הרב **שמואל** ע"ה
והאשה **אסתר** בת הרב ר' **משה דוד** זצ"ל
תנצב"ה

לעילוי נשמת
האשה הצנועה והיקרה
יוטא ע"ה בת הרב ר' **יקותיאל יהודה** נ"י
לייבעל
שנחטפה בדמי ימיה ועלתה נשמתה היקרה השמימה
ד' כסלו תשמ"ו
תנצב"ה

לזכר נשמת
ר' **דוד** ב"ר **אברהם** אדלר ע"ה
נפ' כ"ז אלול תשד"מ
תנצב"ה
מאת משפחת הירש

ברכה לראש משביר

לכל המתנדבים להוצאת חלק זה של ספר הלכות נדה

יתברכו בברכת „ברוך אשר יקים את דברי התורה הזאת"

יזכור ה' לטובה לנפשות הקדושות הנזכרות פה

בעבור שקרוביהם שיחיו סייעו בנדיבות לבם להדפסת הספר הזה

לעילוי נשמת
הרבנית **רחל** בת ר' **יצחק משה** ע"ה ווילליגער
נפ' י"א אלול תשל"ט
ולעילוי נשמת
בתה האשה הח' **חנה ליפשא** בת ר' **משה דוד** ע"ה, שידלוב
נפ' כ"ז אייר תשל"ט
תנצב"ה

לעילוי נשמת
מוה"ר **אברהם יוסף** בן מוה"ר **יחזקאל עזריאל** ז"ל
נפ' ד' אב תשמ"ו
ומרת **שרה** בת מוה"ר **עמרם יודא** ע"ה
נפ' ט"ו כסלו תשמ"ה
מאת בנם **עמרם יחזקאל געשטעטנער**

לזכר נשמת
ר' משה ב"ר **יואל** ע"ה שרייבער־סופר
נפ' ה' טבת תרצ"ז
ולזכר נשמת
האשה **חי'** בת ר' **אהרן יוחנן** ע"ה
נפ' ב' טבת תש"ב
תנצב"ה

לזכר נשמת
ר' **קהת** בן ר' **יוסף** טענען ע"ה
ע"י ר' חיים משה ב"ר יצחק גרין נ"י
והאשה יהודית בת ר' קהת גרין נ"י

הוקדש ע"י
ק"ק בית אברהם יעקב
טאראנטא, קנדה
הרב **ברוך הכהן טאוב** שליט"א
מרא דאתרא

לזכר נשמת
האשה מרת **האדס רבקה** בת ר' **פנחס**
מרנשטין
שעלתה לשמים בטהרה
ביום י"א **אייר** תשמ"ו
תנצב"ה

לזכר נשמת
ר' **אשר** בן ר' **אורי שרגא** ע"ה
והאשה **שרה** בת ר' **צבי** ע"ה
תנצב"ה

לזכר נשמת
ר' **דוד בנימין** ב"ר **חיים מאיר** ע"ה
והאשה **הענע ריבא** בת ר' **משה** ע"ה
תנצב"ה

לזכר נשמת
האשה **שרה** בת ר' **מנחם מנדל הכהן** ע"ה
נפ' י"ט אדר ב'
תנצב"ה

לכבוד הרב המחבר
מאת תלמידי השיעור

לזכר נשמת
האשה **יהודית** בת ר' **יעקב** ע"ה
קאלווארי
נפ' י"ג מנחם אב תשמ"ז
תנצב"ה

לכבוד הר' **שמואל חיים** ב"ר **יוסף הלוי** נ"י
ואשתו **חי'** נ"י Soroka
והר' **שמעון ארי'** בר' **נחום** נ"י
ואשתו **אסתר לאה** נ"י Schwartz
מאת **יוסף משה ושרה** Soroka

נדבת ר' **חיים וטובי פולאק** נ"י
באלטימאר מד.

לכבוד
ר' **חיים** בן ר' **אהרן יוסף הכהן** נ"י
והאשה **לאה** בת ר' **שמעון** נ"י

ברכה לראש משביר

לכל המתנדבים להוצאת חלק זה של **ספר הלכות נדה**
יתברכו בברכת „ברוך אשר יקים את דברי התורה הזאת"

יזכור ה' לטובה לנפשות הקדושות הנזכרות פה
בעבור שקרוביהם שיחיו סייעו בנדיבות לבם להדפסת הספר הזה

לעילוי נשמת
ר' יונה בן ר' אהרן יוסף הכהן ע"ה
נפטר א' אלול תשמ"א
תנצב"ה

לזכר נשמת
אמי מורתי
יוכבד בת ר' **ישראל הלוי** ע"ה
ריינער
תנצב"ה

לזכר נשמת אבינו היקר
ר' **יהודה צבי** ב"ר **משה** ע"ה
ווייס
נפ' א' תמוז תשמ"ה
תנצב"ה

לעילוי נשמת הורינו היקרים
ר' **דוב** ב"ר **יצחק מנחם ביגילאייזן** זללה"ה
נפטר כ"ד תשרי תשכ"ו
וזוגתו מרת **שרה מירל** בת ר' **גרשון** זללה"ה
נפטרה כ"ג אדר תשל"ב
תנצב"ה

בית הכנסת בני תורה
טאראנטא, קנדה
הרב **רפאל מרקוס** שליט"א
מרא דאתרא

הוקדש ע"י
ר' **יוסף זאב** בן ר' **מרדכי אליעזר** נ"י
ואשתו **בתי**' בת ר' **משה חיים** שתחי'
נלקין

לעילוי נשמת
ר' **יעקב** ב"ר **יוסף צבי** ע"ה
ור' **יהודה ארי'** בן ר' **אברהם חיים** ע"ה
ור' **יואל אלתר** ב"ר **יהודה לייב** ע"ה
והאשה **מרים נחמה** בת ר' **יוסף** ע"ה
תנצב"ה

לעילוי נשמות הורינו היקרים
הרב **שלמה** ב"ר **שאול יחזקאל** ע"ה
פערלשטיין
וזוגתו האשה **ראכעל** בת ר' **צבי** ע"ה
והאשה **אסתר** בת ר' **ישראל מאיר** ע"ה
האס
תנצב"ה

לזכר נשמת
ר' **אברהם** ב"ר **משה** ע"ה
תנצב"ה

לזכר נשמת
האשה חנה סאשא בת ר' דוד מרדכי ע"ה
תנצב"ה

לזכר נשמת
ר' **אליעזר** ב"ר **ישראל** ע"ה
נפ' ו' אייר תשכ"ז
והאשה **הינדא** בת ר' **שמואל** ע"ה
נפ' ט' תמוז תשד"מ
תנצב"ה

לזכר נשמת
האשה **שרה** בת ר' **יהושע** ע"ה
גוטמאן
נפ' ב' תמוז תשמ"ו
תנצב"ה

לזכר נשמת
ר' **שלמה זעליג** בן ר' **ישעיה** ע"ה
קערצנער
נפ' כ"ד אב תשי"ח
תנצב"ה

לזכר נשמת
ר' דוב בן ר' **דוד הכהן** ע"ה
נפ' י' סיון תשמ"ג
והאשה אסתר לאה בת ר' **יוסף** ע"ה
ווייס
נפ' ח' אייר תשמ"ג
תנצב"ה

ברכה לראש משביר

לכל המתנדבים להוצאת חלק זה של **ספר הלכות נדה**
יתברכו בברכת „ברוך אשר יקים את דברי התורה הזאת"

יזכור ה' לטובה לנפשות הקדושות הנזכרות פה
בעבור שקרוביהם שיחיו סייעו בנדיבות לבם להדפסת הספר הזה

לעילוי נשמת
מוה"ר ר' **דוד אברהם** ב"ר **דוד שלמה** ז"ל
דאנקונא
שעלתה נשמתו על קדושת השם בימי השואה
והאשה **רבקה** בת ר' **יהודה אריה** ע"ה
קאצבורג
תנצב"ה

לזכר נשמת
ר' **מאיר מנחם** ב"ר **משה יוסף** ע"ה
קייזר
נפ' כ"ז ניסן תשל"ז
תנצב"ה

לזכר נשמת
ר' שלמה ב"ר ישראל ע"ה
טעננבוים
נפ' כ"א טבת תשל"ט
ואשתו דבורה מרים בת ר' מנחם מענדל ע"ה
נפ' ב' אלול תשמ"ח
תנצב"ה

לזכר נשמת
ר' **אברהם אבא** ב"ר **מרדכי** **ביללעט** ע"ה
נפ' בשם טוב כ"ג סיון תשכ"ט
תנצב"ה

לזכר נשמת
אבינו מורינו ר' **אליהו** ב"ר **יעקב צבי** ע"ה
נפ' ט' סיון תשכ"ה
ואמנו מורתנו **יוטא** בת ר' **יעקב מרדכי** ע"ה
נפ' כ"ה אייר תשכ"ה
ואחינו הרב **משה אהרן** ב"ר **אליהו** ע"ה
נפ' ה' תשרי תשל"ד
מאת ר' **דוד פינק** ומשפחתו, סקרענטאן

לזכר נשמת
האשה **בלומא** גיסא בת ר' **אהרן** ע"ה
נפ' ב' אדר ב' תשד"מ
תנצב"ה

לזכר נשמת
האשה גיטל בת ר' **אברהם** ע"ה
נפ' כ"ד ניסן תשל"ו
תנצב"ה

לעילוי נשמת
אבי מורי ר' דוד ארי' ב"ר יוסף הכהן ז"ל
בענטש
נפ' י"א ניסן תשכ"ו
תנצב"ה

לכבוד האשת חיל
גיטל בת ר' **משה גרעבענאו** שתחי'
מאת משפחתה

לכבוד הורינו היקרים
ר' **יעקב יצחק** געגס נ"י
ורעיתו **חי' מערא** תחי'
ור' **יוסף מתתיהו** באלסעם נ"י
ורעיתו **בלומא** תחי'
מאת ר' **יחזקאל** וליבא **לאה** געגס, סקראנטאן

לז"נ ר' **אשר זעליג** ב"ר יהודה ע"ה שטאל
נפ' כ"ט אייר תש"י
והאשה **חי'** בת ר' **צבי הכהן** ע"ה
נפ' ב' סוכות תשל"ו
ור' **יהודה** ב"ר **אשר זעליג** ע"ה
נפ' ט"ז טבת תשמ"ג, תנצב"ה

לזכר נשמת
ר' **משה** ב"ר **יוסף אברהם** ע"ה
דאקס
נפ' ב' סיון תשל"ז
תנצב"ה

לזכר נשמת
האשה **מיכלא** בת ר' **מרדכי הכהן** ע"ה
נפ' ר"ח ניסן תשמ"ב
תנצב"ה

לזכר נשמת
ר' **שלמה יעקב** ב"ר **משה** ע"ה ויסברגר
נפ' ח' אייר תשמ"א
האשה יהודית בת ר' **מנחם צבי** ע"ה ויסברג
נפ' כ"ג מנחם אב תשמ"ג
מאת משפחת שטאלער, סקרענטאן, פען

ברכה לראש משביר

לכל המתנדבים להוצאת חלק זה של ספר הלכות נדה
יתברכו בברכת „ברוך אשר יקים את דברי התורה הזאת״

יזכור ה׳ לטובה לנפשות הקדושות הנזכרות פה
בעבור שקרוביהם שיחיו סייעו בנדיבות לבם להדפסת הספר הזה

לז״נ איש רב פעלים ורודף צדקה
ר׳ **יעקב משה** ב״ר **שמעון גדלי׳** ע״ה **גאלדינג**
נפ׳ כ״ז שבט תשל״ד
ולז״נ אשתו החשובה והצנועה בעלת חסד
מרת **חוה** בת ר׳ **יעקב** ע״ה
נפ׳ ט״ז אדר תשמ״ח
תנצב״ה

לזכר נשמת
האשה החשובה **חנה** בת ר׳ **אהרן שלמה** ע״ה
נפ׳ ב׳ מנחם אב תשד״מ
תנצב״ה

לזכר נשמות
אבינו מורינו ר׳ **צבי** ב״ר **דוד** ע״ה
נפ׳ י״ט אדר תשמ״ג
ואמינו מורתינו האשה **פייגע** בת ר׳ **משה** ע״ה
נפ׳ כ״ז מרחשון תשכ״ח
תנצב״ה
הוקדש ע״י האחים **הערים**, סקרענטאן פען.

לעילוי נשמת הורינו היקרים
הרב ר׳ **יוסף** ב״ר **ראובן** מאדעל ז״ל
נפטר א׳ דר״ח אדר תשמ״ו
וזוגתו מרת **רות** בת ר׳ **ישראל הכהן** ע״ה
נפטרה כ״ה שבט תשמ״ח
תנצב״ה

לזכר נשמות
ר׳ **מאיר יעקב קאפל** בן ר׳ **ירוחם פישל פעפער** ע״ה
נפ׳ ג׳ אדר תשי״ד
חנה אסתר בת ר׳ **יצחק הלוי פעפער** ע״ה
נפ׳ כ״ה מרחשון תשל״ה
ר׳ **יהודה ליב** בן ר׳ **יעקב אונגער** ע״ה
נפ׳ ד׳ תמוז תש״ל
תנצב״ה

לזכר נשמת
ר׳ **אברהם שמואל** בן ר׳ **ישראל צבי** ע״ה
ברסטיצקי
נפ׳ כ״ג כסלו תשמ״ג
תנצב״ה

לזכר נשמת
ר׳ **אברהם** בן ר׳ **אליהו** ע״ה **ענגלארד**
נפטר בשם טוב י״ט תמוז תשל״ט
תנצב״ה

לזכר נשמת
ר׳ **ישראל** בן ר׳ **נחום** ע״ה
שטילרמן
נפ׳ ד׳ תשרי תשכ״ח
תנצב״ה

לזכר נשמת
אמי מורתי האשה שרה בת ר׳ מתתיהו הלוי
ע״ה
נפ׳ ט״ז כסלו תשמ״ג
הוקדש ע״י ר׳ שמעון יעקב הלוי הולנד
סקרענטאן, פען.

לז״ז תפארת ראשינו הורינו היקרים
רבי **חייא** בן החכם **רפאל** ז״ל
כ״ד מנחם אב תשל״ה
וזוגתו האשה **מלכה** בת ר׳ **אליהו** ע״ה
י״ח טבת תשל״ה
למשפחת אריה
תנצב״ה

לזכר נשמת
אבי מורי ר׳ **מנחם מענדל** ב״ר **משה** ע״ה
נפ׳ ראש חדש ניסן תשכ״ה
ואמי מורתי **רבקה** בת ר׳ **צבי הכהן** ע״ה
נפ׳ י״ז אייר תש״כ
תנצב״ה
מאת ר׳ **יעקב יצחק גענס**, סקרענטאן פען

לזכר נשמת זקני היקר
ר׳ **יוסף מרדכי** ב״ר **מנחם מענדל** ע״ה
תנצב״ה
מאת נכדו
ר׳ **יעקב מנחם דאמבראף** ומשפחתו

לזכר נשמת
אבי מורי ר׳ משה דוד בן ר׳ פסח צבי ע״ה
נפ׳ כ״ג כסלו תשכ״ו
הוקדש ע״י בנו ר׳ פסח צבי גאנז ומשפחתו
סקרענטאן, פען.

לזכר נשמת
אבי מורי ר׳ **זאב** ב״ר **אהרן** ע״ה
תנצב״ה
מאת בנו
ר׳ **אהרן** סטייר ומשפחתו

לזכר נשמת
הרב ר׳ **חיים מאיר** ב״ר **מנחם** ז״ל לעווי
נפטר כ״ד מרחשון תשכ״ט
ולזכר נשמת
האשה **שושנה** בת ר׳ **יחזקאל גרשון** ע״ה לעווי
נפטרה י״ג כסלו תשל״ט
תנצב״ה

הוקדש ע״י ביהכ״נ
ישראל הצעיר דסטאטען איילנד
לז״נ חבריהם היקרים הנעימים בחייהם ובמותם לא נפרדו
ר׳ **מרדכי חיים** בן ר׳ **משה עקיבא** ע״ה
Melvin Rosenberg ע״ה
ר׳ **חיים משה קרויס** ע״ה
Moshe Krausz ע״ה
תנצב״ה

מראה מקומות מש"ס ופוסקים
בתשובות הגאון רשכבה"ג מרן מוהר"ר משה פיינשטיין שליט"א

שאף בימי ספירתה המרבה לבדוק משובחת ובזה"ז שאין אנו בקיאין כלל במראות ומחמירין אפילו כמראה השעוה והזהב שנמצא שהרבה ממה שתמצא יאסרו רק מספק וגם רק מחומרא בעלמא ודאי אין מעלה בריבוי בדיקות.

אשה הרוחצת בים ובבריכה בז' נקיים האם יש לדקדק שבתוך הבגד יהיה כתחתונים לבנים.

כט) אשה הלובשת בגד שלובשות הנשים בעת שרוחצות בים ובבריכות האם מחוייבת לדקדק בז' נקיים ללבוש דוקא אלו שיש להם כתחתונים לבנים בתוכם.

תשובה: הנשים הרוחצות בים ובבריכות בבגדים שנעשו לזה במדינתנו אם הן בז' הנקיים צריכות שיהיו לבנים לכה"פ בצד שכלפי הגוף, הנה פשוט שאין צריכות אך ודאי צריך שיהא נקי מכתמים, דהא רשאית לרחוץ גם ערומה בלא בגדים כלל ולא גרע מה שלבשה איזה בגד אם אך הוא נקי.

לעילוי נשמת
הרבנית **רחל** בת ר' **יצחק משה** ע"ה ווילליגער
נפ' י"א אלול תשל"ט
ולעילוי נשמת
בתה האשה הח' **חנה ליפשע** בת ר' **משה דוב** ע"ה, שידלוב
נפ' כ"ז אייר תשל"ט
תנצב"ה

לזכר נשמת
ר' **צבי דוד** בן ר' **זאב דוב** ע"ה
קריימער
נפ' כ"ז שבט תשכ"ו
תנצב"ה

לעילוי נשמת
ר' **יעקב יוסף** ב"ר **שמעון איידער** ז"ל
שנפטר בשם טוב
ועלתה נשמתו העדינה למרום
ביום כ"ח סיון תשי"ז
תנצב"ה

בית הכנסת שערי תפלה
טאראנטא, קנדה
הרב ר' **משה שטערן** שליט"א
מרא דאתרא

הוקדש ע"י
בית הכנסת
ישראל הצעיר דוואודמיר
הרב **יצחק צבי ביללעט** שליט"א
מרא דאתרא

להעדיף ויפה חזר בו כתר"ה כדמסיק דספק לו מה דינה בניסת לפקח כדהזכרתי לעיל אבל לדינא דינם כחרשים גמורים כדלעיל.

אלו הנוהגים בא"י כשיטת הגר"א לענין מוצ"ש האם מותר להם להקל בדיעבד בהפסק טהרה אחר שקיעה.

כו) שמעתי מפי מרן שליט"א שיש להקל בדיעבד בהפסק טהרה עד ט' מינוט אחר שקיעה וכ"כ בקו' לתורה והוראה (חוברת ח' דף 12) והוא בצירוף שיטת ר"ת. יש הרבה אנשים כשנמצאים בא"י הם נוהגים ע"פ שיטת הגר"א [או"ח ס' רס"א ס"ב ד"ה שהיא ובכ"מ] לענין מוצאי שבת ועושים מלאכה ככ"ה מינוט אחר שקיעה. ולכאורה כיון שהם נוהגים לגמרי בא"י כשיטת הגר"א האם גם להם יש להקל כאן בהפסק טהרה ט' מינוט אחר השקיעה דלכאורה הוי תרתי דסתרי.

תשובה: בדבר מה שאמרתי שיש להקל בדיעבד בעשיית הפסק טהרה עד ט' מינוט אחר שקיעה ודאי הנוהגים כשיטת הגר"א אף לקולא במוצאי שבת אין להם להקל בזה דהא יהיו תרתי קולי דסתרי כדכתב כתר"ה והוא פשוט וברור. אבל תמה אני מי התיר להם דבר כזה וכי הם יכולים להכריע בדין זה נגד מנהג אבותינו ורבותינו הראשונים ולומר שהדין עם הגר"א נגדם אף שהרבה מרבותינו הראשונים סוברים כהגר"א מ"מ הא יש לעשות לנו שאין יכולין להכריע לחומרא, ואם היו גם הרבה מתלמידיו שעשו כמותו לא הנהיגו כן בעלמא והגר"א עצמו לא הנהיג כן אף לא בעירו ווילנא, וידעינן שגדולי עולם מתלמידי תלמידיו החמירו בזה דלא כהגר"א אף לענין ק"ש ותפלת ערבית וכ"ש לענין שבת ויו"ט ולכן אין לנו לעשות בזה כהגר"א במוצ"ש אלא כמנהגנו כר"ת לחומרא עד צאת הכוכבים.

בז' נקיים האם מחויבת גם לשים סדין לבן על מטתה אם לובשת תחתונים לבנים.

כז) בשבעה נקיים אשה שלובשת תחתונים מהודקים כששוכבת על מטתה האם מחויבת גם לשים סדין לבן על מטתה.

תשובה: כשלובשת בז' נקיים אף כשהמכנסים שלבשה הם מהודקים לגופה טוב שתשים סדין לבן על מטתה משום שאיכא דחושבין אף לשאינם מהודקים ממש לגופה שהם מהודקים דלאו כל נשי שוין בחשיבת הדוק, וגם הא יש חלוק בין ישיבה לשכיבה ובין ישיבה ושכיבה לעמידה, ולכן טוב שגם תשים סדין לבן על מטתה.

בז' נקיים האם יש לדקדק לקנח בנייר לבן.

כח) אשה המקנחת בז' נקיים בביה"כ האם מחוייבת או יש ענין לה לדקדק לקנח בנייר לבן.

תשובה: אף בז' הנקיים אין שום צורך לאשה לקנח בבה"כ לא לקטנים ולא לגדולים בדבר לבן ואין צורך לה לעיין כי סגי לה בהבדיקות שחייבו לה בז' הנקיים, ואף שכל היד המרבה לבדוק בנשים משובחת [נדה דף י"ג.] נראה בפשיטות שאין זה בבה"כ אחר שעשתה צרכיה שאף כשנאסור אותה ברוב הדברים יהיה רק מדין ספק, ובעצם היה מסתבר שמעלת המרבה לבדוק בנשים הוא בימי טהרה אבל לא בימי ספירת ז' הנקיים שאיכא עליה חיובי בדיקה בשביל ליטהר לא שייך להצריך לה יותר מהדין שקבעו שהוא לכתחלה פעמיים ביום אחת שחרית ואחת סמוך לביה"ש ובדיעבד פליגי בש"ע סימן קצ"ו סעיף ד' דללישנא קמא אפילו בבדיקה אחת עלו לה ולהי"א צריך דוקא שתי בדיקות וכן משמע קצת מהרמב"ם פ"ח מאי"ב הי"א שכתב לחידוש רק אשה שיש לה וסת אבל בכל אופן אין מעלת הבדיקות אלא כשנדע דבר ברור ולא כשיהיה לנו מזה רק ענין ספק, אף להטור והמחבר בס' קצ"ו סעיף ט' שכתבו

דשמא שמשה עם בעלה בביה"ש ואף שברור אצלה שלא שמשה הא לא פלוג, ואף שהתירו בשעה"ד כיון שאפשר לה לעשות כעצה זו אין זה שעה"ד וגם הא כתבתי שרק בהזדמנות יש לעשות כן ולא בקביעות, והבדיקה דיום ד' הוא רק לענין להתחשב הטבילה שלה ביום ח' שאינה אסורה באונס אפילו באונס קבוע כדאיתא בסימן קצ"ז סעיף ד' באונס דצנה או שסוגרין שערי העיר דיכולה לטבול בשמיני מבע"י דהוא אונס קבוע וגם לכל נשי העיר, הנה אף שעצה נכונה היא אבל מסתבר שבלא שמשה ביום דקודם שראתה דם הנדה אין צורך להחמיר בזה מאחר שהשל"ה [הובא בפת"ת קצ"ו ס"ק ט"ו] כתב להתיר בשעת הדחק, ואם שמשה שמשמע שהשל"ה מחמיר אף שמ"מ מסתבר שיש להתיר כהסד"ט [הובא בפת"ת שם] טוב לעשות עצה זו לכתחלה.

בדבר חרשת בזמננו שמלמדין אותה ע"י תחבולות, האם יש לסמוך על בדיקת עצמה.

כה) כ' המחבר (ס' קצ"ו ס"ח) דחרשת שאינה שומעת ואינה מדברת „צריכות פקחות לבדוק אותן וכו'". בזמן הזה ישנם הרבה אנשים ונשים כאלו שמלמדים אותם ע"י תחבולות וכלים שונים ומדברים בידיהם ומבינים כפקחים, איך צריכות נשים אלו לנהוג לענין בדיקותן, דלכאורה לא עדיפי מפקח שנתחרש שיש לו דין חרש לכל התורה כולה כמפורש בגיטין (ה.) ובב"ב (קכ"ח.) ובכ"מ, והנה אם נשאת לחרש כיון דאין ב"ד מצווין להפרישו כמבואר ביבמות (קי"ד:) מסתמא יכולין לסמוך על בדיקת עצמה, אבל בנשאת לפקח מה דינה.

תשובה: בדבר חרש וחרשת בזמננו עתה שע"י תחבולות מלמדין אותן שמבינים כפקחים שמסתפק כתר"ה אם יש לסמוך על בדיקת עצמן, ומסיק כתר"ה דלכאורה לא עדיפי מפקח שנתחרש שיש לו דין חרש לכה"ת כולה, ובניסת לחרש כיון דאין ב"ד מצוין להפרישו מסתמא יכולין לסמוך על בדיקת עצמה ובניסת לפקח מסתפק, וכוונת כתר"ה הוא שאינו ברור לו מש"כ תחלה דלכאורה לא עדיפי מפקח שנתחרש דלכן מסיק דספק לו מה דינו. והנה לע"ד החרשים אף שע"י תחבולות שנעשו עתה בזמננו מלמדים אותן שיוכלו להבין מה שידברו להם ויסבירו אותן מ"מ הם בדיני חרש שפטורין ממצות ושאין לסמוך עלייהו כמו שאין סומכין על כתבם, ואף לר' כהנא אמר רב בגיטין דף ע"א שבחרש שיכול לדבר מתוך הכתב כותבין ונותנין גט לאשתו מסתבר שהוא רק בכתיבה ולא ברמזים אף הטובים ביותר, ואף הכתיבה הוא דוקא בפקח שהיה יכול לכתוב ונתחרש אחר זה כדפרש"י [ד"ה חרש] אבל בחרש מתחלה שלמד ברמזים לכתוב מה שרוצה ויכתוב לגרש את יבמתו שנפלה לו מאחיו פקח שייבמה גם לדידיה לא יועיל כלום, שהכתיבה לדידיה עושה רק שלא יעשה פקח בחשיבות חרש אבל הכתיבה אינו עושה להחשיב מי שהוא חרש מעיקרו בחשיבות נשתפה מחרשותו ולומר שעתה הוא בדיני פקח, וכן מפורש ברש"י [ד"ה בחרש מעיקרו] בפירושו על רשב"ג בברייתא שהוא התנא הסובר כר' כהנא אמר רב שאמר בד"א בחרש מעיקרו שאין לו כתב יד של דעת שלא היתה לו דעת צלולה מימיו אבל פקח שלמד לכתוב מדעת צלולה ונתחרש הוא כותב גט ואחרים חותמין והיינו כר' כהנא, הרי מפורש ברש"י שכן סובר רשב"ג שרק בפקח ונתחרש מועלת הכתיבה שלמד כשהיה פקח ולא בחרש מעיקרו שלמד לכתוב שלא נעשה בזה בדין פקח, ואף בפקח ונתחרש אם בשעה שנתחרש לא היה יכול לכתוב לא תועיל שוב הכתיבה שלמד אחרי זה בחרשות להחשיבו בדיני פקח, וכן סובר ר' כהנא אמר רב, ולדינא שהלכה כרבנן אף בפקח ונתחרש הוא בדין חרש אף בהיה יכול לכתוב, וא"כ כ"ש שאין לסמוך על מה שמבינים מהרמזים שלמדום להחשיב בדין פקח אף לפקח ונתחרש שבזה הא לא מצינו אף לר' כהנא אמר רב שיסבור שיועיל. אבל לכאורה כיון שלר' כהנא אמר רב שמועיל כתיבת פקח ונתחרש שצריך לומר שזה עושה שלא נעשה בדין חרש א"כ יש להועיל גם רמיזות שלו כמו בפקח ממש שמועיל רמיזותיו וצ"ע ולדינא אין נוגע זה דאין הלכה כר' כהנא אמר רב.

ומש"כ כתר"ה דלכאורה לא עדיפי מפקח שנתחרש דיש לו דין חרש לא מובן דודאי יש טעם גדול

שטוב שלא תשמש עם בעלה כל המעל"ע שקודם זמן ראייתה כדי שיהיו לה חמשה ימים קודם שתתחיל לספור ז' הנקיים, אבל כשלא עשתה כן יש לעשות לכתחלה להתחיל לספור מיום ה' לראייתה כהשל"ה בלא שמשה ביום שקודם הראיה בפשיטות, וכשאיכא צורך יותר כגון שמצטערים טובא יש להתיר להם אף בשמשה כהסד"ט כי בעצם צדק הסד"ט שבכל אופן יש להתיר לצורך גדול כזה להתחיל לספור הז' נקיים מיום ה'.

ולכן כשצריכה לטבול בליל י"ב משום דאז לדעת הרופאים הוא הזמן שראוי לה להתעבר אף שג"כ היה יותר טוב שלא תשמש עם בעלה בהמעל"ע שקודם הוסת מ"מ אם שכחה או שלא היה ברור לה יום הוסת ולא פרשה יש לה העצה אם אפשר לה להתחיל לספור הז' נקיים מיום ה' ויגמרו ז' הנקיים ביום י"א, אבל כשזמן שאפשר לה להתעבר הוא בליל עשירי ואפשר לה ליטהר מצד נדותה משום דאינה רואה יותר משני ימים הא ליכא עצה אחרת אלא אם תפרוש קודם הוסת שלכן מאחר שהיא פורשת תחלה אין להתיר לה אלא כשתפרוש ג' ימים קודם הוסת כדכתבתי.

כשהבעל אינו יכול להיות בקאנטרי אור ליום ג' האם מותר לה להפסיק בטהרה ביום ד' לראייתה.

כג) כשאיש ואשה בקאנטרי וליל טבילה צ"ל באור ליום ג' ובעלה צריך לנסוע לעבודתו ביום ב' בבקר לכל ימי השבוע וקשה לו לחזור עד אור ליום ו' או בעש"ק ביום, האם מותר לה להפסיק בטהרה ביום ד' לראייתה (שהוא יום א' לימי השבוע) כדי שתטבול אור ליום ב'.

תשובה: כשהבעל אינו יכול להיות בקאנטרי אלא מעש"ק עד יום ב' בקר שצריך אז לחזור לעיר לעבודתו והיא פוסקת הדם באופן שיכולה להפסיק בטהרה ביום א' שהוא יום ד' לראייתה אם רשאה לעשות כן מחמת שג"ז יש להחשיב שעה"ד שכתבתי לעיל [אות כ"ב] שיש לעשות כהשל"ה, הנה השל"ה הא מתיר שם בשביל זה שאם תרצה להמתין חמשה ימים תהיה ליל הטבילה בליל שבת שאחר יו"ט ומוטב שנניח חומרא זו כדי לקרב הטבילה לחפיפה, ואם לא איכפת לן על מה שיתאחר עוד יום ויומים הא אין לנו להתיר בשביל זה דהרי יכולה לדחות טבילתה עד אחר שבת ותעשה חפיפה סמוך לטבילה אלא הוא משום אחור הטבילה ויצטער הבעל ביום יתר, שלכן הרי מחשיב זה השל"ה לשעה"ד וא"כ כ"ש כשיהיה הבעל מוכרח להמתין ג' וד' ימים כשלא תטבול שלהשל"ה יש להתיר וכיון שיש להורות כוותיה כדלעיל יש להתיר, אבל מ"מ מסתבר שהוא רק כשנזדמן פעם אחד ולא כשנזדמן כן עוד פעם בקיץ זה דיהיה נראה זה כקביעות ובטול החומרא שזה אי אפשר.

כשליל טבילתה חל בליל ש"ק והיא בקאנטרי רחוק מהמקוה האם מותר לה להפסיק בטהרה ביום ד' לראייתה.

כד) וכן אשה שליל טבילתה חל בליל ש"ק והם בקאנטרי או במקום שלא תוכל לטבול עד מו"ש כי אינה יכולה ללכת לבית הטבילה מחמת סכנת הילוך הדרך או ריחוק מקומם או שהמקוה חוץ לתחום, האם מותר לה להפסיק בטהרה ביום ד' לראייתה כדי שתטבול באור ליום ו' או יש לנהוג כעצת החת"ס (הובא בפת"ת ס' קצ"ו ס"ק ט') „להפסיק בטהרה ב"פ א' ביום ד' לראיה והשני ביום ה' כו' ומ"מ לא תתחיל לספור אלא מיום ו' ואילך אחר פסיקת טהרה שנית סמוך לבה"ש הפונה ליום ו' לראיה ואז תטבול ביום ז' שחל בעש"ק ולא תבוא לביתה עד הלילה ליל ש"ק וכו'".

תשובה: באשה שליל טבילתה חל בליל ש"ק והיא בקאנטרי רחוק מהמקוה אם יש להחמיר ולעשות כעצת הרב השואל שהחת"ס הסכים לזה שהוא לעשות הפסק טהרה ביום ד' לראייתה וגם ביום ה' לראייתה שהוא ע"ש ותטבול בעש"ק סמוך להזמן שמוכרחת לשוב ביום בשביל שבת, והטעם דרוצין שתעשה האשה מה שאפשר לה כדין, דהא לכתחלה צריכה אשה להפסיק דוקא בה' מהחשש

שייך לומר בדעתם כי למה יתקנו בלא טעם לעקור דיני תורה ולהצריך ז' נקיים אחר ז' ימי הנדה וגם מסתבר שהיה **אסור** לתקן דבר כזה שהוא עקירת דין תורה, וגם בל"ז כשאיכא מחלוקת בין שאר מדרשי חז"ל לגמ' דידן יש לפסוק כגמ' דידן ואין לחוש כלל למה שנמצא באיזה מדרש. והדין ברור ופשוט בכל מדינותינו כהרמ"א להמתין ה' ימים מיום הראיה ולספור אח"כ ז' הנקיים, אבל הוא רק כששייך מציאות חשש דסתירה שהיו לה ימי היתר לבעלה אבל כשלא היה יום ראוי לתשמיש משום שהיה יוה"כ או ט' באב או ימי אבלות שלו או שלה לא שייך לאסור.

ולשון המדרש תנחומא הוא מוקשה גם בל"ז מדברים ברורים שאיתא שם שמדינא גם בראתה יום א' ויום ב' ויום ג' מימים י"א שאחר נדותה תהיה שומרת יום אחד ורק כשתראה יום ד' תהיה זבה והוא טעות, וגם איתא שם דרק אחר ט"ו תטהר שג"כ הוא טעות דהא תיכף כשטבלה בלילה אחר שספרה ז' הנקיים מותרת לבעלה דמח"כ הוא רק לטהרות ועיין כאן בפי' עץ יוסף שהביא שהקשה זה המג"א בספר זית רענן על הילקוט.

ובאשה שהיתה אסורה מתשמיש מצד שאסרוה הרופאים מצד איזה מחלה פשוט שלא מצרפינן הזמן שפירשו בשביל זה לסך חמשת הימים דלא נחשב זה ענין איסור אף שבעצם איכא איסור דחבלת הגוף לדברי הרופא שלא נחשב זה איסור לאינשי.

אשה שאין לה בנים מחמת שלא תוכל להתעבר אלא בליל י"ב האם מותר לה להפסיק בטהרה ביום ד'.

כב) אשה הנשואה כמה שנים ולא זכו לבנים, ואמרו להם הרופאים שמהנחוץ להם שאחרי שתפרוס נדה עד זמן טבילה לא יעבור יותר מי"א ימים, דהיינו שאחרי ד' ימים מראייתה תחל למנות ז"נ, בשו"ת דובב מישרים (ס"ח) לא רצה להקל בלי הסכמת רב גדול א' ולצרף גם דעתו בזה, ובשו"ת מנחת יצחק (ח"ג ס' פ"ה) כ' שהגאון מטשעבין זצ"ל צוה לשואל להציע את השאלה לפניו, וכ' שם „וכבר בא מעשה כזה לידי ופסקתי להם שאם רצונם לעשות כדברי הרופאים אז תוכל לדלוג על טבילה אחת וכו'" וכן בהר צבי (יו"ד ס' קנ"ז) נתן עצה זו דטבילה לסירוגין. אבל בדברי מלכיאל (ח"ה ס' ק"ב) כ' שלפעמים הוא מקיל להמתין ד' ימים במקום מצוה [וכ' „דהיכא שמצינו שהקילו במנהג בשעה"ד או במקום מצוה יכולים להקל בכל מקום שיש איזה שעה"ד ומקום מצוה"] ובערה"ש (ס' קצ"ו ס"מ) אחר שהביא את דברי השל"ה (הובא בפת"ת ס"ק ט"ו) כ' „ודון מינה ומינה לשארי דברים שיש בהם צורך גדול ביכולתה למנות מיום ה' לראייתה ולשימושה". וראיתי באג"מ (יו"ד ח"ב ס' פ"ד) באשה שזמן שאפשר לה להתעבר הוא בליל עשירי שכ' מרן שליט"א „ולכן יש להתיר לה אם יפרוש ג' ימים קודם הוסת ותפסוק מלראות ביום השני לנדתה לעשות הפסק טהרה ביום ההוא ולספור ז"נ תיכף ולטבול בליל עשירי" והיינו לענין לטבול בליל עשירי אבל לענין ליל י"ב האם דעת מרן שליט"א להתיר לה להפסיק בטהרה ביום ד' ולהתחיל ז' נקיים למחר.

תשובה: אשה שאין לה בנים ולא מצאו הרופאים חסרון אלא זה שלפי טבעה והסימנים לא תוכל להתעבר כשתטבול ככל הנשים שהוא בליל י"ג אלא קודם לזה דצריכה להתחיל לספור ז' נקיים תיכף אחרי ד' ימים שהביא כתר"ה מספרי איזה גדולי דורנו שהחמירו אלא נתנו לה עצה שלא תטבול בכל פעם אלא לסירוגין שהוא שלא כדחייב מדינא מי שלא קיים פו"ר לבעול בכל עונה עד שיקיים כדאיתא בש"ע אה"ע סימן ע"ו סעיף ו' אף באופן שפטור מצד מצות עונה דחיוב הבעל להאשה, והוא אף במי שמצד טבעה נקל לה להתעבר כי הא לא ידוע מתי הוא הרצון מלפני השי"ת שתתעברי ממנו, וא"כ כ"ש שאין זו עצה לפני נשי כאלו למנוע מהן תשמיש של חדש שלם, אבל העיקר כדהביא כתר"ה מדברי מלכיאל ומעה"ש שהוא צורך גדול להתיר לה להתחיל לספור ז' הנקיים מיום ה' לראייתה אם אפשר לה, וגם בפ"ת ס"ק ט"ו הביא בשם השל"ה בלא שמשה ביום שקודם הראיה ולהסד"ט [ס"ק מ"ב] אף בשמשה אין שום טעם להחמיר בזה במקום צורך גדול כזה, אבל כשידוע מתחלה גם הסד"ט יודה

תשובה: באשה שפירשה מבעלה מחמת שהיה יום הוסת ונוהגת לפרוש כל המעל"ע ובא הוסת מיד בלילה דאח"כ כיון דמחמת איסור היתה הפרישה נחשב יום זה במנין החמשה ימים דנוהגין שלא למנותן בז' הנקיים.

וימי אבלות שלו או שלה דאסורין בתשמיש מצד איסור האבלות שלא מצד איסור נדות שבס' דר"ת ס"ק פ"ו הביא מס' תוספת ירושלים דדעתו היתה תחלה שא"צ להמתין מאחר דהיתה אסורה בתשמיש אף שהוא מצד איסור אחר דאבלות אבל חזר בו ממה שראה במדרש תנחומא דהאשה צריכה שתהא שומרת ט"ו יום ואח"כ מותרת לבעלה כיצד היא עושה שומרת ז' ימי נדותה ואח"כ סופרת ז"נ ונטהרה ביום השמיני וטובלת טבילה חמורה אחר שקה"ח שלפי טעם זה לא מהני לא אבלות ולא הבתולים, הנה לע"ד מסתבר שא"צ להמתין מיום הראיה אלא ד' ימים ויום הראשון נמנה גם מימי האבלות כיון שהוא מחמת איסור אף שאינו מחמת איסור נדה, וכן נפטרו מלמנות יום החמישי כשראתה דם תיכף בתחלת מוצאי יו"כ ובתחלת מוצאי ט' באב, ומה שחזר בו מחמת שמדרש תנחומא סובר כהמנהג שהביא הרמ"א [ס' קצ"ו ס' י"א] דיש נשים שנהגו להחמיר להמתין עוד ז' ימים, וכוונתו להוסיף בזה על דברי הרמ"א שמצד המנהג שהביא הרמ"א לא איכפת לן אם יהיו שלשה ימים הראשונים נאסרין גם שלא מצד איסור נדה ומצד מדרש תנחומא הוא דוקא לטהרה מנדותה ולא מצד איסורים אחרים. אבל דבריו תמוהין מאד לחלוק על כל רבותינו שליכא כלל מאן דסובר דנדה צריכה אף לחומרא יותר מז' נקיים אחר הימים שראתה אך כדי שלא תסתור המנין דז' הנקיים בהפסק דפליטת ש"ז אינה יכולה להתחיל מנין הנקיים קודם ד' מעל"ע ושייך להחמיר אף בלא שמשה כשהיתה מותרת בתשמיש אטו שמשה, ואף שסגי בשביל זה להחמיר רק עוד יום חמישי מ"מ מביא הרמ"א שיש קצת מחמירין שלא להתחיל למנות הנקיים עד ז' ימים מהראיה שע"ז כתב הרמ"א שאין טעם בדבר, משום דודאי לא שייך לומר שהוא משום דהצריכו ז' נקיים לנדה אחר שכלו ימי הטומאה ממש דז' ימים שטימאה התורה בנדה הוא כמו ברואה כל ז' הימים, עיין במש"כ בדברות משה ב"ק סימן ט"ז ענף ה' ד"ה והנה בנדה, דלא שייך שישנו מדרבנן גדרי דיני התורה, אלא משום שלא יטעו הנשים השוו להן שלעולם צריכות ז' נקיים ומשום שצריך שיהיו רצופין שלא תסתור גם ש"ז שסותר רק יום אחד דלכן כיון שהיתה טהורה קודם ראותה דם נדותה שהיה שייך שתשמש עם בעלה לא חלקו והצריכו לכל אשה אף שלא שמשה להתחיל לספור ז' הנקיים אחר ד' ימים אף שראתה רק יום אחד והרמ"א כתב שלא תתחיל לספור ז' הנקיים עד אחר חמשה ימים שיש עדיין חשש קטן לשמא שמשה עם בעלה ביה"ש דיום שנעשית נדה, אבל כתב שיש קצת שאין מתחילות לספור ז' הנקיים עד אחר ז' ימים וברור לו שג"כ הוא מאיזה חשש שלכן כתב שאין טעם בדבר והמיקל נשכר להקדים עצמו למצוה, ומשמע לע"ד שידע טעמם דהא לא ביטל מנהגם לגמרי אלא משום דמקדים עצמו למצוה, וגם כתב והמחמיר יחמיר שברור שכוונתו שטוב עשה לחוש להמנהג ואינו עובר על ועונתה לא תגרע אף שהיא היתה רוצית להתחיל לספור מיום הששי והוא אמר לה לעשות כמנהג חומרא זו דהמתנת ז' ימים שנהגו בעירו שם, דאל"כ אלא דהרמ"א לא חש כלל להמנהג היה מקצר לכתוב ואין לחוש למנהגם דלכן מוכרחין דסובר דרק דכוונתו להקדים עצמו למצוה רשאי אבל בשביל הרשות ראוי יותר שיעשה כהמנהג וגם הרוצה לעשות כהמנהג שפיר עושה ואינו עובר בכלום, והטעם דבעצם יש למה שנהגו טעם שהוא כדי שלא לחלק בין הנשים דהא יש הרבה נשים שרואות ז' ימים ואף כי הן עכ"פ מיעוט לגבי כולהו נשי דעלמא הן הרבה שכדאי להתחשב עמהן לעניין שיראו חלוק ואולי לא יבינו טעם החלוק ויבואו לידי זלזול, וכמו המנהג דאין מתחילות לספור עד אחר חמשה ימים שלא מצוי כלל תשמיש בביה"ש שניחא להרמ"א, ורק שהתם הפעם שמזדמן הוא דבר מובן לכל אבל המתנת גם יום ו' ויום ז' לא מובן למי שיודע דיני התורה וטעמיה אבל הוא בשביל שאין יודעים שג"ז הוא טעם לגזור, וטעם זה אינו חשוב כל כך משום דיותר טוב להסביר אותם שידעו דיני התורה מלתקן לפי חסרון ידיעתם אבל לא מבטל זה הרמ"א לגמרי דלכן רק לכוונת הקדימה למצוה סובר הרמ"א דשפיר אבל בשביל הרשות היה ראוי יותר שיעשה כהמנהג, וגם סובר שהרוצה להחמיר ולעשות כהמנהג אינו עובר בכלום. אבל לומר שיסברו דצריכה כל אשה נדה להתחיל לספור ז' נקיים אחר שיעברו שבעת ימי נדותה לא

שראויה לטבול מנדתה ואז כשעדיין היתה טהורה נתעברה מבעלה, ונמצא שאלו שהם יראים ושלמים אף שהם בני ובנות נשי שלא שמרו הלכות נדה וגם הם בעלי מדות טובות מתנהגים בדרך ארץ כראוי אין לעכב מלהתחתן עמהם אף מצד המעלה.

באשה שראתה דם אחר שקיעה עד כמה מינוט אחר שקיעה יש להחשיב עדיין כראתה ביום לגבי ה׳ ימים מחמת פולטת.

כ) לענין הא דנהגו להמתין ה׳ ימים קודם ספירת ז״נ מחמת חשש פולטת (בס׳ קצ״ו ס׳ י״א) אם מצאה דם אחר שקיעה עד כמה מינוט יש להחשיב עדיין כראתה ביום. דהנה לענין וסתות כ׳ הש״ך (ס׳ קפ״ד ס״ק י״ג) „אם רגילה לראות בין השמשות ולא קים לן אי קודם או לאחר הלילה אינה אסורה אלא בלילה״ אבל בחשש פולטת הא הטעם דיש להמתין ה׳ ימים ולא ד׳ כ׳ הרמ״א (ס׳ קצ״ו שם) „דחיישינן שמא תשמש ביום ראשון בין השמשות ותסבור שהוא יום ואפשר שהוא לילה וכו׳״ נמצא דהיכא דראתה אחר שקיעה היא גופא סיבת יום ה׳.

תשובה: באשה שראתה דם תיכף אחר שקיעה דיום ראשון שהוא ספק יום אף לשיטת הגר״א [או״ח ס׳ רס״א בס״ב ד״ה שהוא ובכ״מ] יכולה להתחיל למנות הז׳ נקיים מיום ששי כמו אם היתה רואה ביום א׳, וגם טעם כתר״ה שייך לומר, והוא עד ט׳ מינוט אחר שקיעה אבל אחר זה יש לה להחמיר להתחיל למנות הז׳ נקיים מיום השבת.

אשה שפירשה מבעלה מחמת שהיה יום הוסת ובא הוסת מיד בלילה דאח״כ האם נחשב יום זה במנין הה׳ ימים. אם האיש או האשה באבלות האם מצרפינן ימים אלו לה׳ ימים. אם ראתה מיד אחר יו״כ או ת״ב האם מצרפינן ימים אלו לה׳ ימים. אשה האסורה בתשמיש מחמת שאסרוה הרופאים האם מצרפינן ימים אלו לה׳ ימים.

כא) כתב מרן שליט״א באג״מ (יו״ד ח״ב ס״ס ס״ח) „ובראתה כתם שפרשו מחמת שלא ידעו שהוא טהור וכו׳ ואם לא שאלו לחכם שהוא להם גם עתה בספק נחשב במנין הה׳ ימים״. אשה שפירשה מבעלה מחמת שהיה יום הוסת ובא וסתה מיד בלילה אח״כ, האם יש להחשיב יום שפירשה מחמת יום הוסת ליום א׳ דה׳ ימים כיון דבאותו יום אסורים בתשמיש לא שייך חשש פולטת [ונראה דזה מיירי רק אם נוהגים כדעת האו״ז ופירשו כל המעל״ע].

ראיתי שכ׳ בדר״ת (ס׳ קצ״ו ס״ק פ״ו) מס׳ תוספת ירושלים שמסתפק אם ימי אבילות ר״ל האסורים בתשמיש [ביו״ד ס׳ שפ״ג ס״א] מצטרפים לה׳ ימים. מה דעת מרן שליט״א בזה אם האיש או האשה באבלות ר״ל האם מצרפינן ימים אלו כיון שאסורים בתשמיש, דנראה דלא שייך לומר בזה לא פלוג (כהא דכ׳ בת״ה הובא בש״ך ס״ק כ׳) דכונת הלא פלוג לחייבם בפרישה והרי היו חייבים בפרישה מחמת איסור אבילות.

וכן אם ראתה מיד אחר יוה״כ או ת״ב האם מצרפינן יוה״כ או ת״ב (דאסורים בתשמיש באו״ח ס׳ תרט״ו ס״א וס׳ תקנ״ד ס״א) למנין ה׳ ימים. וכן מה שיעור מיד בזה שהרי אם יש שם זמן מועט שהיתה מותרת לבעלה שפיר איכא למימר לא פלוג.

אשה שיש לה מכה או סיבה אחרת שאסרה הרופא מתשמיש ואח״כ בא וסתה האם מצרפינן ימים שפירשו לה׳ ימים. דנראה דכיון שאינם אסורים בתשמיש מדינא שייך הלא פלוג דומיא לאין בעלה בעיר (כת׳ מהרי״ק הובא בט״ז ס״ק ז׳). ועוד אם ירצו לשמש ולסבול היסורים או המיחוש מי יעכבם.

הערוך אבל עכ"פ גם לרש"י הוא מאוחר בלילה ולא שייך לחוש שתהא ביאה ראשונה דכלה ביה"ש, לכן מסיק האו"ש ולפ"ז אף אם אחר ביאה ראשונה פירסה נדה יש לה למנות מיום ה', והוא דלא כהט"ז וצריך לומר בטעם הט"ז שחש בזמננו שלא קביעי ב"ד בבו"ה ונושאין בכל יום ובע"ש ואיכא דנושאין ביום דאף אם מגהין בכתובה טפי יהיה שייך שיבעול בתחלת הלילה שא"כ שייך לחוש גם לביה"ש שלכן רק מטעם שדם בתולים הוא מדרבנן הקיל מהר"ל מפרא"ג אבל כשפירסה נדה אין להקל.

ולדינא כיון שמצוי טובא במדינתנו שעושין נישואין ביום שנגמרין ביום ולא אפשר כלל לימשך יותר מכפי שנקבע שכירות האולם לא שייך להקל בספירת ז"נ דאחר דם בתולים אלא רק מטעם שהוא רק מדרבנן כטעם הט"ז, דא"כ בפירסה נדה אין להקל כדסובר הט"ז, וממילא אף אלו שעשו הנישואין בלילה נמי אין להקל בפירסה נדה, ואולי היה מודה גם האור שמח במדינתנו וכה"ג בכרכים גדולים שבמדינות אחרות שמסתמא נמי הוא כמו כאן במדינתנו, וגם אלו שעשו הנישואין בערב שבת נמי לא היה שייך טעם האו"ש דהא בהכרח היתה החופה קודם שבת ולא שייך להתאחר בשביל התיגרא דאיתא בכתובה והיה שייך שיבעלנה ביאה ראשונה גם בביה"ש, שלא שייך כלל טעם האו"ש אלא טעם הט"ז שאין להקל אלא בדם בתולים דמדרבנן ולא בפירסה נדה.

בבן ובת שנולדו מן הנדה לענין שידוכין.

יט) כתב המחבר (אה"ע סי' ד' ס' י"ג) „איזהו ממזר וכו' חוץ מהבא מהנדה שאע"פ שהוא פגום אינו ממזר אפילו מדרבנן" וכ' הב"ש (ס"ק ט"ו) „כתב בד"מ הוא פגום ואין משפחתו מיוחס וראוי להרחיק מהם וכו'", והט"ז (יו"ד ס' קצ"ו ס"ק י"א) תמה אם שמשה תוך ז"נ „היה לנו להפרישה אחר שבא עליה באיסור כדי להבחין אם נתעברה באיסור כשטבלה שלא כראוי וכו'" והב"ש שם מתרץ „כי ליכא כאן חשש איסור כ"כ שתצטרך הבחנה" [ונראה פי' דבריו דהוא פגם יחוס אבל אינו פגם איסור]. ובדורינו שזכינו לראות הרבה בעלי תשובה יראים ושלמים מבניהם של אלו שלא נזהרו בטהרת המשפחה, הרבה מהם לומדים בישיבות ובבית יעקב וכדו', מה נימא לאלו ששואלים להתחתן עמהם.

תשובה: בבן ובת שנולדו מן הנדה שמותרין מדינא אפילו לכהונה ומה שאיתא בש"ע אה"ע סימן ד' סעיף י"ג שהוא פגום איתא בב"ש ס"ק ט"ו בשם הד"מ שאין זה מצד האיסור אלא שראוי להתרחק מהם, ומטעם זה כתב דאין שום צורך להמתין ג"ח כשנזדמן שטעתה ולא טבלה כראוי דלא כהט"ז יו"ד סימן קצ"ו ס"ק י"א וכן כתב בנקה"כ שם, והוא פשוט ואדרבה תמוה שיטת הט"ז שמצריך בשביל זה להמתין ג"ח דודאי הא מודה דאין בזה שום איסור ממש, ואולי כוונת הט"ז הוא כדי שלא יצטרך לגלות כשמשדכין לו איזה אשה שהוא נולד מאשה שנתעברה בנדותה ולא יהיה טענה שאם היתה יודעת לא היתה מתקדשת לו כשהוא בן הנדה וכשהיא בת הנדה לא היה מקדשה, עכ"פ לכו"ע זה שהוא פגום אינו לפוסלה ולאוסרה ממש אלא לעצה טובה להתרחקות בעלמא כשאפשר לו ליקח אשה שנתעברה בהיתר.

ומאחר שליכא איסורא כלל אלא עצה טובה להתרחקות שהוא מזה שהבנים שנולדו מהנדה הם בעלי מדות רעות כמו עזי פנים וכדומה כדאיתא במס' כלה והביאו הגר"א בסק"ל, וא"כ יש לנו סימן שאלו בנים ובנות שהם בעלי מדות טובות ואין להם עזות הרי אינם בני ובנות נדה, אבל ודאי הם רק בחשיבות סימנים ואין זה ודאי ממש, ולא היו סומכין ע"ז אם היה אסור בן הנדה אפילו מדרבנן וכ"ש אם מדאורייתא לקהל או לכהונה לא היה שייך להתיר בשביל זה אבל כיון שליכא שום איסור אלא מעלה בעלמא יש לסמוך על הסימנים אלו ולומר שאינו בן ובת נדה, ואף שידוע שלא הלכה למקוה לטבול הא אפשר שכשהלכה לרחוץ בים או בבריכות הגדולות העשויות בבתי מלון ובפונדקאות הגדולות שלרובן אין בהן פסול דאורייתא והיתה טבילתן כשרה מן התורה ששוב אינה בחשיבות נדה לענין בניה וטבילת נדה לבעלה חולין היא ונטהרה בלא כוונה כמפורש בחולין דף ל"א ואף שהיתה לבושה בהבגד שלובשות הנשים בעת שרוחצות בים ובבריכות נכנסות שם המים ועלתה לה הטבילה והיה ידוע לשמים שהוא בזמן

שהרופא אינו נאמן להעיד על גוף זה כסברת החת״ס וכו׳ הכא יש להאמינו״. כמדומני שמרן שליט״א מורה בספק מכה וכדו׳ לסמוך על הבחנת הרופא. האם זה כלל גמור או לפעמים יש לחוש שאומרים מסברא ולא מידיעה, ובאיזה אופנים נוכל לסמוך על פיהם בענינים אלו.

תשובה: לענין סמיכות על הרופא בעצם לא כתבתי שם אבל כתבתי בח״ב דיו״ד סימן ס״ט שאף אם נימא כסברת החת״ס שהרופא אינו נאמן להעיד על גוף זה בעובדא ההיא יש להאמינו מאחר דחזינן דהשערתו היתה אמת בזה שאומר שודאי תראה דם מחמת האינסטרומענט לסוף עשרה ימים שלכן הוא נאמן גם במה שאמר שהדם יהיה מן הפרוזדור ואם גם הוא קורא פרוזדור למה שלדינא אנו קורין פרוזדור תהיה טהורה, אבל לענין עצם נאמנות רופא לא כתבתי שם כלום בדבר אם יש להאמינו בספק מכה בין לענין שיאמר שיש שם מכה ובין כשידוע שיש לה שם מכה לומר שהמכה מוציאה הדם, אבל האמת לדינא מסתבר כדכתב כתר״ה שנדמה לו ששמע ממני שיש לסמוך על הבחנת הרופא דהא אף שאין הרופא נאמן כשאומר על גוף פרטי מ״מ ודאי ספק הוי בשביל דבריו מדחזינן שנאמן לענין חלול שבת לחולה ודוחק לומר שאף שאין לו נאמנות כלל מותר לחלל שבת בשביל חשש פ״נ, שלכן כיון שאינו חדוש גדול שמכה שיש באותו מקום יוציא דם נאמן, וכן מה שיש מכה הוא הרבה פעמים נראה ממש לרופא ע״י שמרחיב קצת המקום ע״י איזה דבר ומשקיף ע״י משקפים וגם ע״י איזה מראות העשויות לכך שהוא ראיה ממש לא בהשערת חכמתו לבד שלכן יש להאמין לרופא מומחה בין לזה שיש שם מכה ובין לזה שמוציאה דם. אבל יש חלוק דלענין שהמכה מוציאה דם יש להאמינו גם בסברא, ולענין שיש שם מכה אם אומר זה בסברא בעלמא קשה להאמינו אף שהוא מומחה אבל כשאומר שרואה ממש ע״י מה שהשקיף שם כדכתבתי נאמן אף שסתם אינשי לא יראו כלום דהוא משום שאין יודעין איך צריך להיות ואין מבינין שיש שם שינוי אבל לרופאים שידעין איך צריך להיות ורואין איך שבזו איכא שינוי בין במראה בין בעובי המקום הוא ראיה פשוטה לפניהם ויש להאמינם לא רק כשהן שומרי תורה, אלא אפילו כשאינם שומרי תורה ואפילו נכרים דלא מרעי אומנתייהו.

בדברי האו״ש דכלה אחר ביאה ראשונה פורש רק ד׳ ימים מחמת פולטת לא רק אם ראתה דם בתולים אלא אף אם ראתה דם נדה.

יח) קיי״ל כט״ז (ס׳ קצ״ג ס״ק ד׳) בשם מהר״ל מפראג דנהוג עלמא דאף דנדה מתחלת למנות מיום הששי כמבואר בס׳ קצ״ו מ״מ כלה אחר ביאה ראשונה של בתולים מתחלת למנות מיום ה׳. אשה שראתה דם בתולים והתחילה למנות ד׳ ימים ובאותו יום (או אח״כ) ראתה דם נדה ויכולה במציאות להפסיק בטהרה ביום ד׳ של דם בתולים ולמנות מיום ה׳, ראיתי באור שמח (פ״ו דהל׳ א״ב סוף ה׳ ט״ז) דיש לה למנות מיום ה׳ מטעם „שאני כתובה דמגהי בה טפי עד דחתמי״ לפיכך לא שייך חשש דביה״ש. [דאף שעשו חתונות ביום כדמוכח ממרדכי ריש כתובות מ״מ אין דרך להקדים ביאת נשואין בתחילת הלילה]. מה דעת מרן שליט״א בזה.

תשובה: הא דאף אנן שנהגינן שלא להתחיל למנות ז׳ נקיים עד אחר שעברו חמשה ימים מיום שראתה ויום שראתה בכלל מ״מ בכלה אחר ביאה ראשונה שפורש אחר דם בתולים הא מפורש בט״ז בסימן קצ״ג סק״ד בשם מהר״ל מפראג דמתחלת למנות מיום החמישי, וכתב הט״ז בסימן קצ״ו סק״ה ונראה טעמו דכיון דאין כאן דם נדה רק דם בתולים לא החמירו בו משום ספק תשמיש ביה״ש, ולפ״ז כשגם פירסה נדה אינה יכולה להתחיל למנות אף אם נטהרה עד יום הששי כמו כל אשה נדה שמנהגנו שלא להתחיל למנות עד יום הששי, אבל באור שמח פ״ו מאי״ב הט״ז בד״ה והנה בטור נתן טעם אחר משום דבגמ׳ דף ס״ה אמר ואב״א שאני כתובה דמגהי בה טפי עד דחתמי שלכן ארשב״ג לילה וחצי יום לעונה זו משום דנמשך מאוחר מאד בלילה כדמשמע בפרש״י ובגליון מביא מהערוך דנושאין ונותנין בה טובא ומאחרין עד חצי הלילה והאו״ש שכתב ופירושו דאין דרך לבעול קודם חצי לילה הוא ע״פ לשון

וכן אשה שהתירוה ללבוש בשעת תשמיש כלי העשוי מפלאסטיק למניעת הריון שקוראים דייאפראם, וכשמוציאה כמה שעות אחר תשמיש מוצאה עליו דם, האם דנים אותו מראה ככתם או כבדיקה לשיעור כגו״ע, דלכאורה הכא ודאי דינו כבדיקה והוי ממש כשפופרת שהכניסה בפנים ומצאה עליו דם (כמבואר בס׳ קפ״ז) דדינו כבדיקה ורק ברואה מחמת תשמיש (שם בס״ב) בהכניסה שפופרת ומצאה דם בצדדים ולא בראש המוך נסתפקו האחרונים אם יש להתירה בלי ז׳ נקיים.

תשובה: באשה שקנחה עצמה באותו מקום בעד הבדוק ומצאה דם פחות מכגריס כיון שאותו מקום בדוק הוא אצל מאכולת יש אולי לטמאה גם בפחות מכשיעור, לכאורה היה פשוט לע״ד דודאי א״א לצמצם אף בכיוונו לכך וכ״ש בלא כוונה לכך דאפילו אומרת שכיוונה אינו כלום דהא א״א לצמצם וברור שנגע הקנוח גם סביבות אותו מקום בכולהו או במקצתייהו שלכן הוא ככל כתם שלא בהרגשה דצריכה כשיעור כגו״ע. ול״ד לאותיום שאם מצאה אפילו משהו חייבין בקרבן דאין חוששין למאכולת באותו מקום דהתם הא איירי דוקא שהיתה ידה עם העד תיכף שם כמפורש בברייתא משל לשמש ועד שעומדין בצד המשקוף ביציאת שמש נכנס עד, ועל נמצא על שלה לאחר זמן שטמאין מספק וגם לתנא דברייתא חייבין אשם תלוי שהוא כדפי׳ ר״א בר׳ צדוק כדי שתושיט ידה תחת הכר או תחת הכסת ותטול עד ותבדוק בו, לכאורה היה לנו לומר דאה״נ שבנמצא פחות מכגו״ע נתלה במאכולת ויהיו גם טהורין, ובתוס׳ ד״ה וליחוש כתבו דדלמא חומרא הוא, אבל הא איכא מ״ד בברייתא דחייבין באשם תלוי וגם תנא דידין שפוטר מאשם תלוי הוא מצד אחר מחמת לחיוב אשם תלוי מצריך חתיכה משתי חתיכות, ולכן צריך לומר דכיון דסמוך כל כך לאותו מקום לא נתלה במאכולת לגמרי היינו בדרך ודאי, שאין להחשיב כליכא הרגשה כלל ולתלות גם מצד זה במאכולת, דהא מספקינן על שעת התשמיש או תיכף סמוך לתשמיש שהיה שייך שתטעה אף כשהרגישה ביציאת הדם לומר שהיה זה הרגשת שמש שלכן תהא טמאה מספק אף בפחות מכשיעור כגריס ועוד. אבל בש״ע סימן ק״צ סעיף ל״ג בכל בדיקה שבדקה אשה בעד הבדוק לה שטמאה אפילו בטיפה כחרדל שהוא משהו ומשמע שהוא גם בדין ודאי וכמפורש בט״ז ס״ק כ׳ הרי אף בבדיקה לא חיישינן למאכולת, והוא משום דסובר דסתם נשים יכולין לכוין להניח הבדיקה תיכף לרחמה דבזה אפשר להו לצמצם, ואולי משום דמשמשי באצבע תחלה לפתוח שיהא נקל להשים שם המוך לבדוק היה אז המוך בתוך ידה שמור שלא יתלכלך קודם שתשימנו בתוך רחמה ולכן אין לחוש וטמאה אף במשהו אבל בקנחה אשה אחר הטלת מי רגלים שלא לכוונת בדיקה אז ודאי לא מכוונת לצמצם לקנח דוקא אותו מקום ומקנחת סתמא גם כל סביבות אותו המקום ואולי עיקר הקינוח הוא גם מכל מקום ששייך שיתפשטו מי רגליה כשיצאו.

ונמצא לדינא שבבדקה עצמה לחשיבות בדיקה משום שהוא הזמן שיש לחוש או בזמן טהרות שהצריכוה בדיקה אין לחוש למאכולת וטמאה אפילו בנמצא משהו, ואף אם לחומרא בעלמא עשתה בדיקה, אבל אם לא היתה כוונתה לעשות בדיקה משום שהיא בזמן שא״צ לדינא לעשות בדיקה אלא עשתה זה לקנוח בעלמא בלא כוונה לדינא יש לנו לתלות שקנחה גם סביבות אותו מקום וצריכה שיעור בכגריס ועוד, וכ״ש כשלא עשתה ממש רק קנוח בעלמא שאין לחוש כשליכא כשיעור כגו״ע.

ובאשה שהתירוה להניח בגופה כלי למניעת הריון שקורין דייפראם ומצאה עליו כשהוציאתו אחר איזו שעה מצאה עליו דם לא שייך שיעור דכגו״ע דהא ליכא מאכולת שם, אבל צריך לחקור אם לא עשתה איזה פצע קטן בידיה וצפורניה כשהכניסתו והוציאתו דאם יש לחוש לזה מסתבר שהיא טהורה אף בנמצא הרבה טפות דם.

לענין סמיכות על הרופא שיש שם מכה או שמוציאה דם.

יז) כתב החת״ס (בס׳ קנ״ח ובכ״מ) דלא האמינו לרופאים על גוף ידוע חוץ מלענין פ״נ לעשות אותו ספק פ״נ, ובמהרש״ם כ׳ „וליתר שאת יוכלו לשאול את הרופא ע״ז וכו׳ [ובפת״ש ס׳ קפ״ז ס״ק ל׳ רשם הרבה שו״ת בענינים אלו], וכ׳ מרן שליט״א באג״מ (יו״ד ח״ב ס׳ ס״ט) „הנה בעצם אף שנימא

הוא גם על עוד דבר מצד טומאת הדם שהוא דאורייתא אין מחלקין ומטמאין גם האשה בטומאת ז׳ דנדה וגם לבעלה, הוא דוקא כשהנידון הוא על אותו דבר תיכף דהכתם הוא על דבר המק״ט ולא כשהוא על דבר שאינו מק״ט שעתה ליכא חלוק וסתירה אף שאפשר שיזדמן אח״כ דהיה נוגע גם לעוד דבר כגון שהדבר שאינו מק״ט שהכתם עליו נפל על דבר שמק״ט מהכתם שעליו מספק במגע או במשא לא ישתנה דין האשה בזה.

וגם נראה לפ״ז דהוא דוקא כשהיה מונח על דבר המק״ט שהיה טהור ממש ובזה נטמא, שכיון שנידון למעשה אף רק מדין ספק שהדם הוא ממנה אין לטהרה אף שאצלה הוא רק ספק דרבנן, אבל כשהיה מונח על דבר שכבר נטמא שדם זה אף אם הוא דם נדה לא טימא שום דבר אין לטמא את האשה לבעלה כיון שאצלה הוא ספק דרבנן ולא היתה שום הוראת טומאה בשביל הדם שעליו על שום דבר שנגרור גם את האשה לטמאה, ולכן סתם נשים לענין טהרות שכמעט רוב זמנם אף בטהרתן הן בטומאה דהא הפולטת ליום השלישי טמאה כדתנן בשבת דף פ״ו ואף לראב״ע דליום השלישי טהורה נמי היא זמן גדול טמאה ויש הרבה נשים שמתעצלות מלטבול אין נוגע כלל מה שיטמאו לטהרות וליכא כלל נידון ע״ז אם לא ידוע שהיא טהורה לטהרות ושומרת עצמה מליטמא שבזה״ז ליכא מציאות כלל לזה, ואף בזמן טהרות לא היה זה מצוי כל כך אף לא בחברות דהיה לה רק זמן מועט להיות טהורה, שלכן מה שהאשה קנחה עצמה לא היה נוגע לה סתמא עניני טומאת אוכלין וכלים אף בזמן טהרות כשלא היה ידוע והוא כמונח הדבר שקנחה בו על דבר טמא שלא טימא שום דבר כלל, ונשאר לענין האשה רק לענין ליטמא לבעלה שאין לטמאה מדין כתם מאחר שהוא על דבר שאינו מק״ט. ונמצא לפ״ז דאשה שקנחה עצמה בדבר שאינו מק״ט לא היה כלום אף בזמן טהרות דכיון דלא היה הכרח שמטמא אותה אף לטהרות דברוב הפעמים שהיה אירע כן לא היה מטמא אותה ולא לרובא דרובא נשים נשואות שהיה נארע אצלן ברוב הזמן, אפשר לא טימאו אותה לבעלה אף כשאירע כן כשהיתה יודעת שהיא טהורה גם לטהרות ונטמאת עתה במה שהחזיקה בידה את הדבר שקנחה בו והיה עליו כתם לטהרות כיון שהוא דבר שלא מצוי ואולי ניחא מה שצייר הסד״ט חדושו רק בהיה מונח הדבר שנמצא עליו הכתם שהיה דבר שאינו מק״ט על דבר המק״ט אף שנשכח ממנו דאין כלים מיטמאין במשא דעכ״פ הא אין זה דבר המצוי ויותר הי״ל למינקט באשה שאחזה בידה לקנח בו, דהוא משום דבאשה מודה דטהורה. אבל יותר נראה לפ״מ שכתבתי דאף עובדא דסד״ט שהדבר שעליו הכתם שאינו מק״ט אף למה שסבור דמטמא במשא את הבגדים שמונח עליו, לא שייך בזה״ז שכל הבגדים וכל הכלים בחזקת טמאין במת לבד טומאה דרבנן מעפרה ואוירה דחו״ל שיטמאו שוב במה שמונח עלייהו דבר שיש עליו דם נדה וכל דינו שייך בזמן טהרות ולא עתה ומ״מ לא נקט באשה שאחזה את הדבר שאינו מק״ט לקנח בו אלא הוא כדכתבתי שאשה שאני שלא תיטמא משום נדה דלא כדהביא כתר״ה מספר פת״ז ולא קשה כלום.

קנחה עצמה באו״מ בעד הבדוק ומצאה דם פחות מכגריס האם יש להתירה, דכיון דהוי דם בלא הרגשה הוי ככתם או כיון שאו״מ בדוק הוא אצל מאכולת טמאה בכל שהוא.
אשה שהתירוה להניח דייאפראם בגופה ומצאה עליו דם.

טז) קנחה עצמה באותו מקום בעד הבדוק לה ומצאה דם פחות מכגריס [ולא סמוך להטלת מי רגלים או תשמיש] האם יש להתירה דכיון דהוי דם בלא הרגשה הוי ככתם, או דילמא דכיון דמפורש בגמ׳ (י״ד.) „אותו מקום בדוק הוא אצל מאכולת״ ומהאי טעמא בדקה אחר תשמיש ומצאה אותיום חייבת חטאת, והתם איירי בקינוח ולא בבדיקה כמפורש בגמ׳ (שם ע״ב), א״כ כיון דליכא חשש מאכולת א״כ אפילו בפחות מכגריס תטמא דלא גרע ממצאה כתם על גופה לדעת הרמב״ם (דהוא דעת הי״א בס׳ ק״צ ס״ו וסתם המחבר דלא כוותיה שם בס״ט) דטמא בכל שהוא. ואפילו להחולקים היינו על גופה דשייך מאכולת אבל או״מ דבדוק הוא אצל מאכולת כנ״ל תטמא בכל שהוא.

החכ״א [כלל קי״ג ס״ח] לגירסא שלנו שנייר הוא דבר המק״ט מסתבר שיודה בנייר דק שלנו שאינו מק״ט לא רק אלו שנעשים מעץ ועשבים וכדומה אלא אף אם נעשה מצו״פ נמי אין זה דבר המק״ט שהרי לא נעשה לתשמיש המתקיים וגם לא ראוי לדבר מתקיים ולכן ודאי שלכו״ע לא מקבלי דין כתמים.

בדברי הסד״ט בנמצא כתם על דבר שאינו מק״ט המונח על דבר המק״ט כיון שנטמא דבר המק״ט משום משא טמאה האשה משום כתם, לענין קנחה האשה בנייר שאינו מק״ט.

טו) כתב בסד״ט (ס׳ ק״צ סס״ק צ״ג) „מזה יצא לנו חידוש דין דהא דקיי״ל בנמצא כתם על דבר שאינו מקבל טומאה דלא גזרו בהא וטהורה מ״מ אם אותו דבר שנמצא עליו הכתם מונח ע״ג דבר המקבל טומאה כיון שאותו דבר שאינו מקבל טומאה מונח ע״ד שמקבל טומאה ונטמא משום משא לכך גם האשה טמאה" (הובא בפת״ת שם ס״ק י״ז) ובס׳ טה״י [ס׳ ק״צ ס״ק נ״ב] הקשה משו״ת דברי חיים (ח״ב ס״פ) ומנ״ז ופת״ז (ס״ק ט״ז) דכלים אין מטמאים במשא, מ״מ אם האשה אוחזת בידה ומקנחת עם נייר כ׳ בפת״ז שם דטמאה מחמת טומאת משא דאדם, ומשו״ע הגר״ז (קו״א ס׳ קפ״ג ס״ק ב׳ ד״ה והנה) מוכח דאף אם אוחזת בידה טהורה משום כתמים ורק בבדיקה טמאה. מה דעת מרן שליט״א בזה.

תשובה: בהא דחידש הסד״ט סימן ק״צ ס״ק צ״ג בד״ה מזה בנמצא כתם על דבר שאינו מק״ט המונח על דבר המק״ט כיון שנטמא דבר המק״ט משום משא טמאה האשה משום כתם והובא בפ״ת שם ס״ק י״ז, ואף שדבר זה תמוה שכלים אין מק״ט במשא כדהביא כתר״ה מספר טהרת ישראל, מ״מ נוגע זה לדבר שאינו מק״ט שהוא ביד אדם שמק״ט במשא שאם קנחה האשה עצמה בנייר שאינו מק״ט דאולי מחמת טומאת משא דאיכא בהאשה נחשב כמונח על דבר שמק״ט שלחדוש הסד״ט יש לטמא, והביא כתר״ה מספר פת״ז דאה״נ דטמאה בדין טומאת כתם בכה״ג מטעם הסד״ט, אבל ראה כתר״ה בש״ע הגר״ז בקו״א סימן קפ״ג סק״ב ד״ה והנה שמוכח דאף אם האשה אוחזת בידה טהורה משום כתמים ורק בבדיקה טמאה שלכן מסתפק כתר״ה איך להורות בזה.

והנה קושיא זו קשה ביותר לטעם הנוב״ק חיו״ד סימן נ״ב ע״ז שא״ר נחמיה [נדה נ״ח.] והלכה כמותו דדבר שאינו מק״ט אינו מקבל כתמים, הוא משום דבעצם אין לטמא האשה אפילו מדרבנן שטמאה בלא הרגשה משום שהוא ס״ס שמא אין הדם ממנה כלל ואפילו אם הוא ממנה שמא נטף להדיא מאותו מקום ולחוץ ולא נגע בבשרה מחוץ ומגע ביה״ס אינו מטמא, אבל הוא רק לענין האשה שזהו במצאה דם על דבר שאמק״ט דאם נמצא על דבר המק״ט דמוכרחין לטמא הבגד משום מגע בדם נדה שלזה איכא רק ספק אחד מדאורייתא דהבגד מק״ט מדאורייתא אף מדם שיצא בלא הרגשה וממילא מוכרחים אנו לטמא גם האשה משום נדה מדרבנן דמטמא אף בלא הרגשה עיי״ש, שא״כ בקנחה האשה באיזה דבר בידה ומצאה דם אף שהיה דבר שאמק״ט הא הוא ספק אחד לגבי טומאת ערב דהאשה מצד נושא דם הנדה דשמא אינו ממנה שספקו לחומרא, דדם נדה אף שיוצא בלא הרגשה מטמא טומאת ערב גם להנושא כמו לנוגע דלא מצינו חלוק בין נוגע לנושא בדם נדה, ודוחק לומר שיפלגו הנו״ב וש״ע הגר״ז בזה.

ולכן אני אומר דכוונת הסד״ט בחדושו הוא דוקא כשתחלת מציאת הדם על הדבר שאינו מק״ט היה כשהוא מונח על דבר המק״ט דכפי המציאות תלינן שכן היה ביאת הדם עליו דהיה זה כשהיה מונח על דבר המק״ט וטימא תיכף שלכן יש לנו לטמא גם את האשה אחרי שהחלטנו אף רק מדין ספק שהדם הוא מהאשה, אבל כשתחלת מציאת הדם היה על הדבר שאינו מק״ט כשהיה לבדו שלא היה עליו דין טומאת כתמים למעשה שהרי שום דבר לא היה נוגע בו, אך שאח״כ נזדמן שבא הדבר שהכתם עליו על איזה דבר המק״ט שיש לנו לטמאו מדין ספק לא יעשה בזה שנעשה אח״כ גם דין טומאת נדה על האשה שאיכא ספק דשמא הוא ממנה הדם שכיון שכבר נעשה דין לטהר האשה כעצם דינה מאחר דאף אם ממנה יצאה דם הרי היה זה שלא בהרגשה שהוא רק מדרבנן שספקו לקולא, ורק משום שהולכין לחומרא כשהנידון

בשעת עשיית צרכיה דפליגי ר"מ ור' יוסי במתני' [נדה דף נ"ט:] ופליגי רבותינו בפי' הסוגיא ובפסקי ההלכות בהרבה פרטי דינים כפי המבואר בש"ע ורמ"א סימן קצ"א, אלא בדם שראתה על הקנוח אחר עשיית צרכיה דיש טעם גדול לומר דכנגמר עיקר קלוח השתן שאיכא אינשי והעיקר נשי שאין שוהות לישב עד שיצאו כל הטיפין מחמת שהניחה איזה תינוק ותינוקת לבדו שבוכה או שהניחה כלי על האש וכדומה, שעל זמן זה שכבר יצא עיקר קלוח השתן, ליכא שוב מניעה להוצאת הדם מן המקור כשיש שם דם המוכן לצאת מאיזה טעם בין שהוא בזמן וסתה או שלא בזמן ודרך מקרה שאיתא ברש"י בנדה דף נ"ז ד"ה יושבת שאין דרך דם נדה לצאת עם מי רגלים וכן בדף נ"ט ד"ה במזנקת דכתב דכיון דנפק בקלוח כי אורחא לא דחיקא ולא הדור מ"ר למקור ואין דרך דם מקור לצאת עם מ"ר, ולכן כשכלה הקלוח אצלה שייך שיצא דם הנדה שבא מן המקור אף שלא כלו כל המ"ר לצאת דנשארו עדיין טיפין מהמ"ר שלכן כשקנחה אז אף שאומרת שלא ארגשה ביציאת דם אפשר שארגשה וחשבה דהרגשת מ"ר הואי כדאמר ע"ז בדף נ"ז, ובזה אמרתי דאם לא מיהרה לקנח אלא ישבה עד שיצאו כל הטיפין וקנחה ומצאה דם ולא הרגישה כלום דינה ככתם דלא שייך לה לחשוב במרגשת דאימור הרגשת מ"ר הוא דהרי כבר יצאו כל המ"ר שלכן אינה מטמאה אלא בכשיעור גו"ע ולא שייך לחלק בזה בין יושבת לעומדת, ובדין הש"ע לא שייך חלוק זה דהאיירי דנמצא דם בתוך הספל שיצא הדם עם המ"ר ולא אח"כ בהקנוח. ולענין איך לנהוג למעשה אם מצאה דם בתוך הספל הא יש כמה פרטי דינים ולא שייך לפורטם וצריך לכתוב דבר ברור על שאלה מיוחדת איך דינו. ובתוך הספל ובתוך מי הספל אחת היא לספלים בבתי כסאות שלנו. והשאלה איך לנהוג אם מצאה דם על הכסא, לא מבואר דאם הוא סתם כסא שבבית וכל מקום שישבה האשה ומצאה דם ה"ז ודאי דם נדה ואם יש לה מראה דם טמאה, ואם הוא על מקום המושב שלה למעלה ממקום החלול, והיה נקי קודם שישבה באופן שברור שממנה נתלכלך בדם והיה על גופה למעלה מנקביה הרי ודאי זה בא מנקביה שבסתם אמרינן דהוא מהמקור, אך א"כ הוא בלא הרגשה בברור, שהרי בשעת הטלת המים לא יצאו הדם ממנה כי היה יורד לספל אלא היה זה קודם הטלת המים או אח"כ או שפסקה באמצע הטלת המים ויצאו איזה טפות דם ובאו דרך גופה למעלה שהיא עכ"פ טמאה אף שהוא בלא הרגשה מדרבנן.

ניירות דקות לקנוח ביה"כ
איך להורות למעשה בכתמים הנמצאים עליהם.

יד) בפת"ת (ס' ק"צ ס"ק י"ח) האריך בענין „נייר שלנו" לענין קבלת כתמים. וראיתי בקו' לתורה והוראה (ח"ה דף 37) [על מש"כ הכותב שם „ובודאי לא גרעי מנייר דכבר נפסקה הלכה בפ"ת סי' ק"צ דאינו מקבל טומאה ואפילו נעשה מצו"פ] שכ' מרן שליט"א בהוספות שם „בזה לא פליגי האחרונים והנכון כהנו"ב דמק"ט כדלעיל במאי דפליגי, אבל בנייר שלנו שהוא דק ולא שייך לכבסן שיהיה ראוי להשתמש בהו וכמו שהוא מלוכלך בהכתמים ודאי אינו ראוי נבטל זה הנייר והוא כקרוע ומושחת משום תשמיש לגמרי שודאי אינו שוב מק"ט והוי כהסד"ט ולא מטעמיה, ואף הם לא דנו אלא בנייר קשה שלא נשחת בזה וראוי למלאכה עדיין, אבל לא רוב נייר שלנו וכ"ש לא הנייר שנעשו לקנוח בבה"כ וכדומה" איך יש לנהוג למעשה באשה שיש לה כתם כגו"ע על נייר קינוח בית הכסא שקוראים טוילעט פייפער או על נייר קינוח שקוראים טישעוס האם נקיל בזה כדין רואה על דבר שאינו מקבל טומאה או רק משתמש מרן שליט"א בסברא זו לסניף לצרף בספק.

תשובה: בניירות דקות מאד שנעשו במדינותינו לקנוח בבה"כ ואף בנייר שקורין „טישוס" יש להקל גם להורות למעשה שאין ע"ז דין כתמים, דהא לענין כתמים אף בחת"ס ח"ו סימן פ"א מפורש שהנייר אף שנעשו מצמר ופשתים לא מקבלי דין כתמים והובא בפ"ת סימן ק"צ ס"ק י"ח, אבל מש"כ שלענין בדיקת עד שאינו בדוק אינו רוצה להקל נראה דהוא דוקא בנייר עב שלא נבטל מכל תשמיש ולא בניירות דקות דבמקומנו שנבטל מכל תשמיש, וגם לא נעשו מצו"פ יש להקל אף בזה בפשיטות ואף

נשים שאין להן שום הרגשה בפתיחת המקור למה אנו מקילין בכתמיהן.

יב) בטעם קולת כתמים תנן (נ"ח:) „ואשה כי תהיה זבה דם יהיה זובה בבשרה (ויקרא ט"ו: י"ט) דם ולא כתם" ובגמ' „אמר שמואל בדקה קרקע עולם וישבה עליה טהורה שנאמר בבשרה עד שתרגיש בבשרה" (נ"ז:) אולם בסוף העמוד איתא „אמר רב ירמי' מדפתי מודה שמואל שהיא טמאה מדרבנן" ופרש"י (נ"ח.) „מדרבנן. דלמא ארגשה ולאו אדעתה". בזמן הזה ישנן הרבה נשים שאינן מרגישות פתיחת המקור כלל, ולפ"ז אף שרואות בשעת וסתן הן טהורות מן התורה, אולם על זה כ' בערה"ש (ס' קפ"ג ס' ס"א) „והבל יפצה פי הנשים האלה ולא ידעי מאי קאמרי וגו'" ומסיק „אבל לכולן יש פתיחת פי המקור בהתחלת ראייתן וגו'" אלא שאינן מבינות, לפ"ז למה אנו מקילין בכתמיהן דבעינן כגו"ע ולא אמרינן דדמין להא דאיתא בגמ' (ג.) בשוטה דמודה שמאי ופרש"י „והא איכא שוטה. שאינה מבינה להרגיש".

תשובה: נשים שאין להן שום הרגשה ביציאת הדמים הוא דבר שלא מצוי כלל וגם שאינן מבינות הוא אינו מצוי כלל, דהרי חזינן דיודעות בדיוק מתי נעשו נדות וכן יודעות כשסותרות ספירתן, והאין יודעות הוא רק מה הן מרגישות אם פתיחת פי המקור או פתיחת הפרוזדור, וגם הרבה נשים מרגישות כחולות מזה כדאיתא בכתובות דף ס"ג בתוד"ה אלא, ואולי אף מיעוט ליכא שאין מרגישות כלל ואין יודעות שנעשו נדות שלכן מקילין בכתמים שממש לא הרגישו כלום, ועיין שם בעה"ש אחר זה בסעיף ס"ב שביאר דבריו דסתם נשים שהן בריאות מרגישות שנפתח פי המקור להוציא הדם אבל יש שהן מרגישות רק בשעת הפתיחה ממש והפתיחה קלה אצלן ויש שקשה אצלן הפתיחה, היינו שלא נפתח תיכף, שלכן אלו שנפתח אצלן תיכף אומרות שאין מרגישות בהפתיחה אבל ודאי הרגישו דהוא תיכף בהתחלת זיבת הדם עיי"ש והוא נכון. ולכן כשמוצאות כתמים שלא ידעו מזה הוא רק מדרבנן ומה שפרש"י דלמא ארגשה ולאו אדעתה מוכרחין לומר שאין כוונתו דמה שמטמאין הוא מספק דא"כ היתה טמאה מדאורייתא מספק דלא יהיה הכרח לומר דרש"י סובר דספק מדאורייתא שהיא לחומרא הוא רק מדרבנן, אלא כוונתו דמטעם זה שעלולה להרגיש רק הרגש קל דלא תשים לבה ודעתה על כך ותשכח שהרגישה גזרו רבנן אף בברי לה שלא הרגישה כלל, ועיין בתוס' ריש דף נ"ח ד"ה מודה שמפרשי בכוונת רש"י שאם מוחזק לה שלא הרגישה טהורה לרש"י ורק בסתמא חיישינן למה שיותר מצוי שראיית דם נדה הוא בהרגשה ומסתמא הרגישה, והוא משום דסברי דלטעם זה לא היה צריך רש"י לומר דאפשר לאו אדעתה כשהרגישה, אלא גם בל"ז שייך לגזור שלא ידעו לחלק בשביל מה שלא הרגישה, אבל אין הכרח לזה ושייך לפרש שהוא לטעם על מה שחששו לגזור גם בלא הרגשה.

באשה שמצאה דם בקנוח דאחר הטלת מי רגלים, ובמצאה דם על הכסא.

יג) אשה שמצאה דם בקינוח או בכתם אחר הטלת מי רגלים כמדומני ששמעתי ממרן שליט"א דאם ממהרת לקנח דינו כבדיקה ואם אינה ממהרת דינו ככתם לענין אם בעינן כגו"ע, ואין מרן שליט"א מחלק בין יושבת לעומדת וכדו' (ברמ"א ס' קצ"א) מה טעם מרן שליט"א בזה, דבשו"ע וברמ"א שם אינם מחלקים בין שיעור אותיום (י"ד.) לאח"כ. וכן בס' קפ"ז כ' הרמ"א דאין אנו בקיאין בשיעור הזה כל שסמוך לתשמיש ברואה מחמת תשמיש.

איך יש לנהוג למעשה אם מצאה דם בתוך הספל או בתוך מי הספל. וכן איך לנהוג אם מצאה דם על הכסא.

תשובה: מה שאמרתי כפי ששמע כתר"ה דאשה שמצאה דם בקנוח דאחר הטלת מ"ר דכשמיהרה לקנח דינו כבדיקה וכשלא מיהרה הוא רק ככתם דבעי שיעור, לא דברתי מענין אשה שראתה דם

תשובה: אלו נשים שרגילות להרגיש זיבת דבר לח יוצא מגופן וכשבודקות מוצאות מראות טהורות, אם ידוע זה להן עי"ז שכל הפעמים שהרגישה היה זה מראה טהור, ולא שייך להחשיב זה ידיעה ברורה אלא כשהיה זה בזמנים שונים ובאופנים שונים היינו כגון ביום ובלילה בשעת עבודתה ובשעת מנוחה וכדומה, אם בכל זמן ובכל אופן בדקה והיו מראות טהורות יש לסמוך אם בדקה ג' פעמים ואם היו הג' בדיקות בזמן אחד ובאופן אחד ואפילו יותר מג' אינו מועיל אלא לאותו הזמן ואותו האופן, ומהני זה רק לימי טהרה ממש שלה, וליום הוסת לא מהני בשום אופן, ולשבעת ימי ספירת נקיים שלה צריכה בדיקה ג"פ ביחוד לימי הספירה אם יהיו ג"פ אף בימי ספירה של הרבה פעמים שבדקה והיו זה מראות טהורות תוכל לסמוך ע"ז, כן נראה לע"ד.

אשה שהרגישה שנפתח מקורה או זיבת דבר לח ובדקה ולא מצאה כלום אם לבושה מכנסים ובדקה אותם ולא מצאה כלום האם יש לטהרה.

י) כמדומני ששמעתי ממרן שליט"א דאשה שהרגישה שנפתח מקורה ולא בדקה תיכף ואח"כ בדקה ולא מצאה כלום, דאם לובשת תחתונים ובדקה אותם ולא מצאה כלום דטהורה, האם יש לסמוך על זה גם אם השתינה בינתיים ושכחה לבדוק התחתונים עד אח"כ.

תשובה: הנה אשה שהרגישה שנפתח מקורה הא איתא בש"ע סימן ק"צ סוף סעיף א' אף בבדקה ולא מצאה כלום יש מי שאומר שהיא טמאה ואיתא בתוה"ש [ס"ק ב'] שלא מצינו בב"י מי שחולק עליו רק שדרך המחבר לכתוב בלשון יש מי שאומר כשלא ראה זה אלא בפוסק אחד, אבל פשוט שבמצאה מראות טהורות טהורה ומפורש כן בלשון המחבר סימן קפ"ח סוף סעיף א' והרמ"א כתב ע"ז וכן עיקר, וא"כ גם בלבושה מכנסים ואפילו מהודקים לגופה ובדקה תיכף ולא מצאה עלייהו כלום נמי אין טעם לטהרה דיש לחוש שמא יצא רק מעט דם ונתקנח על בשרה שם או אף נפל באופן רחוק, ולפ"מ שכתבתי לעיל אף בהרגשת זיבת דבר לח נמי יש לאוסרה, וא"כ כ"ש כשלא בדקה תיכף אלא אח"כ שאינו כלום, אך שייך לשאול זה באשה המחוייבת לבדוק מאיזה טעם ולא בדקה עד אחר שהשתינה אם מועיל בבדיקת המכנסים, אבל הא פשוט שבדיקת המכנסים לבד לא יועיל דצריך גם לבדוק גופה וכיון שהשתינה הא א"א שוב לבדוק גופה ואין לטהרה כשמחוייבת בדיקה אבל ציור למעשה ע"ז הוא דבר רחוק.

אשה שיש לה מכה באו"מ שמוציאה דם והרגישה זיבת דבר לח ומצאה דם או כתם האם יש לתלות במכה.

יא) אשה שיש לה מכה באו"מ ומוציאה דם והרגישה זיבת דבר לח ומצאה דם או כתם, האם יש לתלות במכה. האם יש לחלק בין ימי טהרה לז"נ או יום הוסת.

תשובה: ובאשה שיש לה מכה באותו מקום שמוציאה דם והרגישה זיבת דבר לח ומצאה דם אם יש לתלות במכה, הנה אם הרגישה שיצא מגופה דבר הלח באופן שהרגשה כזו לא שייך ביציאת דם ממכה הוא ודאי הרגשת דם נדה, ואם הרגשתה הוא רק בזה שהרגישה שנעשה לח בגופה בין רגליה אין זה בחשיבות הרגשה דדם נדה כלל והוי רק כראיית דם בעלמא שכיון שיש לה מכה יש לה לתלות במכה, וגם בימי ספירת הז' נקיים יש לתלות במכה אם כבר היה לה הפסק טהרה וגם היתה בדיקה נקיה ביום הראשון פעם אחת אבל בשעת הוסת או מל' יום לל' יום אין תולין במכתה כמפורש ברמ"א סימן קפ"ז סעיף ה', ואם לא ראתה דם אלא כתמים תולה במכתה אפילו בשעת וסתה כדאיתא שם ברמ"א וכתמים תולה בכל ענין ופי' הש"ך בס"ק כ"ז שהוא אפילו בשעת וסתה וכנראה שלא פליגי עליו שלכן יש להורות כן.

ששמעתי ממרן שליט״א דזיבת דבר לח הוי הרגשה ולאו דוקא שהרגישה שזב ממקורה אלא אף בפרוזדור כדברי הנוב״י אבל לא כשהרגישה רק ליחות מבחוץ על רגליה. מה דעת מרן שליט״א אם הרגישה ליחות בשעה שיוצא מגופה ואח״כ מוצאת על בגדיה כתם פחות מכגריס ועוד.

תשובה: במחלוקת החו״ד עם הנו״ב בהרגישה שיצא מגופה אבל לא הרגישה שזב מהמקור אלא מהפרוזדור דהחו״ד סובר דאינה הרגשה וכתב דהוא דלא כדמשמע מהנו״ב עיי״ש, הנה לא ידוע לנשי שלנו אם הרגשתה כשזב הדם מגופה אם הוא רק מפרוזדור או מן המקור וכ״ש שאין יודעות בהרגשתן אם מהמקור או מן העליה, ועיין במ״מ פ״ה אי״ב ה״ה בסופו שכתב בשם הרמב״ן שבזה״ז אין בקיאות בדבר שלכן כל דם שתרגיש האשה ביציאתן טמאה וכיון שהרגשת זיבת דבר לח נחשבה הרגשה ואין לזה דין כתם אלא דין ראיה שהוא אף במשהו הוא לדינא בכל הרגשה בשעת יציאה מהגוף, ואף שהחו״ד והנו״ב דנו בזה אנן גריעי טובא מינייהו, אבל כל זה בהרגישה יציאה מהגוף אבל מה שהרגישה שנעשה בין רגליה לח מאיזה משקה אין להחשיב זה להרגשה דהלחות שנעשה אחר שכבר יצא לא שייך שלא להרגיש דבכל אופן שבא לשם דבר הלח איכא הרגשה לכל, והרגשה אף להנו״ב ולחו״ד הוא בהרגשה בשעת היציאה שמרגשת איך שיצא מהגוף, אבל זה לבדו סגי לדידן שלא בקיאי הנשי לידע מאין הם אם ממקור או מעליה או מפרוזדור, שאם הרגישה שיצאו מהגוף טמאה אף בפחות מכשיעור, ואם לא הרגישה אלא רק אחר שיצאו מצד לחות הדם שזב הא הוא הרגש מוכרח מאחר שכבר יצאו אין זה בחשיבות הרגשה ויש ע״ז דין כתם שהוא דוקא בכשיעור כגריס ועוד אפילו על בשרה לשיטה ראשונה בסימן ק״צ סעיף ו׳, ואם מונח שם מוך ומטלית וכדומה שהדם ירד רק לשם ולא נגע בבשרה תהיה טהורה אף לשיטה שניה שהוא שיטת הרמב״ם בפחות מכשיעור דכגריס ועוד, וכמדומני שנוהגין להקל כשיטה הראשונה שהוא כרוב הראשונים אף שהש״ך [ס׳ ק״צ ס״ק י׳] פוסק להחמיר עיין בתוה״ש [ס״ק ט׳] ובסד״ט [ס״ק י״ב] שדחו דבריו ולכן אין להחמיר בכתמים.

הרגישה זיבת דבר לח ולא בדקה מיד ואח״כ בדקה ולא מצאה כלום.

ח) לענין מש״כ המחבר (ס׳ ק״צ ס״א) „ואם הרגישה שנפתח מקורה להוציא דם ובדקה אח״כ ולא מצאה כלום יש מי שאומר שהיא טמאה״ האם חיישינן אם הרגישה זיבת דבר לח שיוצא מגופה ולא בדקה מיד ואח״כ בדקה ולא מצאה כלום, דהחת״ס (הובא בפת״ת ס׳ ק״צ ס״ק ו׳) כ׳ לענין זיבת דבר לח „אפילו יהיבנא ליה להגאון נו״ב ז״ל שהוא הרגשה דאורייתא״ היינו אם ראתה דם, מ״מ אם לא ראתה אינה מוציאה מחזקת טהרתה.

תשובה: ובהרגישה זיבת דבר לח שיוצא מגופה ולא בדקה מיד ואח״כ בדקה ולא מצאה כלום שכתר״ה נסתפק אם יש לדמות זה להרגישה שנפתח מקורה להוציא דם ובדקה אח״כ ולא מצאה כלום דיש מי שאומר דהיא טמאה ולית מאן דפליג ע״ז כדאיתא בתוה״ש סק״ב, או שזיבת דבר לח אף להסוברין שנחשבה הרגשה הא הביא בפ״ת ס״ק ו׳ בשם החת״ס שאינה בדין הרגשה אלא בראתה דם להחשיבה רואה בהרגשה שהיא טמאה גם מדאורייתא אבל אם לא ראתה אינה מוציאה מחזקת טהרתה שלכן מכיון שלא מצאה כלום יש לטהר, הנה לע״ד לענין לא מצאה כלום על בדיקתה יש להחמיר דהרי כיון שהרגישה זיבת דבר לח הרי ודאי היה איזו לחלוחית והי״ל לימצא על הבדיקה אך בהכרח שנפל ממנה קודם שבדקה כיון ששהתה מלבדוק שזה לכאורה יש לאסור.

נשים הרגילות להרגיש זיבת דבר לח וכשבודקות מוצאות מראות טהורות האם יש ליעצן לבדוק ג״פ להחזיקן.

ט) אלו נשים שרגילות להרגיש זיבת דבר לח יוצא מגופן וכשבודקים מוצאים מראות טהורות, האם יש ליעצן לבדוק ג״פ להחזיק כשמרגישות אותו הרגשה שאין זה דם נדה וטהורות אח״כ בהרגשה זו כעצת המהרש״ם (ח״א ס׳ קפ״ח). האם מהני עצה זו רק לימי טהרה או גם לז״נ ויום הוסת.

וראה שהוא מראה טהור יש לו לחזור מהוראתו ולטהר ואין לחוש לנשתנה שלא מצוי, דהא אף רבי [נדה דף כ׳:] לא היה חש מתחלה לשמא נשתנה וחזר בו ממה שאחזקיה בראייתו בלילה לטמא שמשמע מרש״י [ד״ה מעיקרא] שפסק דינו לטומאה, דהא כתב על מעיקרא אחזקיה בטומאה כלומר אמש לא מספק טימא אלא שפיר חזייה ואחזקיה בטומאה דאמרינן לקמן רבי בדיק לאור הנר ומ״מ לצפרא דאשתני חזר בו וטיהר ורק אחר שחזא לאחר שעה דהדר אישתני דהוה מוכח דהוא שינוי שנעשה ביום הדר למילתיה קמייתא וטימאו, וג״כ לא מדין ודאי אף שלילה היה סבור שהיא טמאה ודאי דהא אמר אוי לי שמא טעיתי במה שחזרתי וטמאתי, הרי חזינן שאין לנו לחוש לנשתנה מכפי שיצא מגוף האשה דאף בנשתנה ודאי מכפי שחזא רבי בלילה הא בלא ההכרח דנשתנה עוד הפעם הא אומר רבי דודאי טעה בלילה ולא דנשתנה הדם היום מהמראה שיצא מהגוף אלמא דהוא דבר שלא מצוי ואין לחוש לזה אף אם היה החליט בלילה שהוא מראה טמא וגם פסק כן, וכ״ש שאין לחוש לזה כשלא החליט לזה אלא שנדמה לו בעלמא וסמך על מה שיראה ביום שאין לו לחוש לשמא היה מראה טמא ונשתנה אלא שצריך לטהר ודאי.

במראה געל כשעוה וכזהב במוך דחוק אם ההפסק טהרה היה נקי.

ו) כתב החכ״א (כלל קי״ז ס״ט) לענין הפסק טהרה „ונ״ל אפילו כמראה געל כשעוה ופשיטא כזהב יש להחמיר בבדיקה זו״ וכמדומני שכן שמעתי מפי מרן שליט״א. ראיתי בס׳ פתחא זוטא (ס׳ קצ״ו ס״ק ו׳ ד״ה וע׳ חכ״א) שכ׳ „והנה אם בדקה סמוך לביה״ש בדיקה אחת והיה נקי ואח״כ הכניסה עוד הפעם להיות שמה כל ביה״ש והיה עליו מראה געל י״ל דבכה״ג גם החכ״א יודה להקל כיון שיצאה מחזק״ט בבדיקה הראשונה וצע״ק״ [דהנה אם בתוך ז״נ יש לה חזקת טהרה פליגי האחרונים, בסד״ט (ס׳ קצ״ו ס״ק י״ח) כ׳ „דכיון דפסקה בטהרה היא בחזקת טהרה לעולם עד זמן וסתה״ ובנוב״י (מה״ק ס׳ נ״ז) תלה במח׳ רש״י ותוס׳ ואכמ״ל] מה דעת מרן שליט״א בזה.

תשובה: ומראה געל כשעוה וכזהב שהחכ״א מיקל בכלל קי״א [ס״א] אבל מ״מ מחמיר בנמצא כזה בהפסק טהרה בכלל קי״ז סעיף ט׳, הנה מלשונו משמע שרק בהפסק טהרה מחמיר ולא בבדיקות דאח״כ כדמשמע לו לספר פתחא זוטא שהביא כתר״ה, אבל לדינא מסתבר לע״ד דכיון דהשל״ה בשם מהרש״ל החמיר בגעל כשעוה וכ״ש כזהב בשם מהר״מ מינץ בשם הגדולים להחמיר אא״כ יש צדדים אחרים וסברות מוכיחות שאינן נדות לכן אף שכיון שהט״ז והש״ך לא הביאו זה והסד״ט [ס׳ קפ״ח] סק״ב שהביאו נמי מסיק שהאחרונים השמיטו דבריו אלמא דלא ס״ל הכי מ״מ כתב שבע״נ יחמיר לעצמו, ובעצם לדידן הא שייך יותר להחמיר, לכן מסתבר לע״ד שראוי להחמיר בבדיקות כל שלשה ימים הראשונים מעת שבדקה וראתה שפסקו דמיה והיא יכולה להתחיל למנות ז׳ נקיים, ואח״כ אין לחוש למראות געל כשעוה וכזהב אפילו בבדיקות, וכן אין לחוש כשהיא טהורה אף שהגיע יום וסתה ובדקה ומצאה מראה געל כשעוה וכזהב כי הרי אף שאורח בזמנו בא הא האורח שלה הוא למראה אדום ולא למראה געל אף כאלו דכשעוה וכזהב, אבל בהפסק טהרה וכן בג׳ ימים הראשונים יש לחוש במראה געל כאלו שמא מראה זו באה מצד תערובות משהו דם בתוך הגוף, ולפ״מ שחוששין במראה געל הרי יש לחשוש גם לשמא יש שם מעט דם ולא שכל המשקה הוא במראה זה, וגם בל״ז הא אין לחוש מצד וסתה אלא למראה הוסת וכיון שדרך וסתה הוא בדם אדום אין לחוש לגעל.

במחלוקת החוו״ד והנוב״י בהרגישה זיבת דבר לח בפרוזדור.

ז) אשה שהרגישה זיבת דבר לח דפליגי החת״ס (ס׳ קמ״ה, קנ״ג, קע״א) והנוב״י (מה״ק ס׳ נ״ה), והחוו״ד (ס׳ ק״צ ס״ק א׳) ס״ל דזיבת דבר לח הוי הרגשה מ״מ דוקא שהרגישה שזב ממקורה „דאם לא הרגישה שזב ממקורה רק שמרגשת שזב בפרוזדור נראה דטהורה״ ופליג אנוב״י שכ׳ „דאפילו במרגשת שדבר לח זב בפרוזדור אפילו לא הרגישה בשעה שזב ממקורה ג״כ מקרי הרגשה״. כמדומני

וטעה ודאי במה שחזר בו אח"כ מהוראתו בבקר ואיך אמר שמא טעה, אלא מדדחיק רש"י לפרושי בטעם המקשה כדלעיל הוא מוכרח דאזלינן בכל אופן בתר מה שיצא מהגוף.

וא"כ פשוט שגם אם נזדמן שההיפוך היה למראה טמא דבעת יציאתו היה מראה טהור ואח"כ נהפך למראה טמא דטהור משום שאזלינן בתר יציאה מן הגוף, ומסתבר דעוד כ"ש הוא דהא כשיצא מן הגוף מראה דם טמא ונשתנה אח"כ אדמימותו למראה טהור היה מקום לומר דאין זה הדם נדה המטמא שאין דרכם להשתנות, דהא היה זה חדוש לרבי ומ"מ טימא זה רבי כשראה אח"כ שמה שנשתנה היה משום דמפכח הוא דקא מפכח, כ"ש כשיצא מראה טהור שאינו דם שלא שייך מה שישתנה אחר כך להתחשב ליציאה מהגוף מראה דם, ועיין בחו"ד סימן קפ"ח סק"א בסופו שעל מה שהביא מהחכ"צ ביצא מהגוף מראה טהורה ונשתנה אח"כ למראה אדום סובר שטהור כתב והדין עמו דכמו שהדין במראה אדום שנהפך ללבן ביובש דאזלינן בתר יציאה מהגוף כן הוא להיפוך, אבל בעצם לא דק כ"כ דהוא עוד כ"ש כדכתבתי, ומש"כ הב"ח הובא בש"ך סק"ג דבירוק שאחר שנתייבש נעשה אדום בקצותיו טמאה דכשנעקר מן הגוף הוא לקה וכשנתייבש חזר למראהו קצת שהיה אדום מתחלה, לא מסתבר כלל דאף אם נימא שהאמת כן מסתבר שאף אם ברור הדבר שהיה מתחלה אדום ונשתנה מראהו למראה אחר בעודו בגוף למראה אחר לבן וכדומה בין שהוא בדרך הטבע בין שלא בדרך הטבע אם היציאה מהגוף היה כשכבר נעשה במראה אחר טהורה, ול"ד למראה שחור שטמאה משום דא"ר חנינא [נדה דף י"ט.] שחור אדום הוא אלא שלקה, שהוא על כל צבע השחור דהוא אדום בעצם ולא על שאר מראות שהן מראות בעצם מצד עצמן שלא שייך זה, ולכן אף אם באמת שהיה אדום מתחלה בתוך הגוף ואח"כ נשתנה ללבן ושאר מראות בתוך הגוף ויצא אינו מטמא את האשה ככל משקין ודמים טהורין שיצאו מן הגוף דלא טימאה תורה אלא חמשה דמים, וליכא בכלל זה דמים לבנים ושאר מראות שיצאו מהגוף אף אם נדע ע"י אליהו הנביא שהיה אדום מתחלה בתוך הגוף קודם שיצאו ואף אם יהיה דם כזה בדרך הטבע, וגם לא משקים לבנים ושאר משקין שיצאו אף אם במשך הזמן יעשו אדומים דכן הוא פשטות הקראי ופשטות הגמ' וכן הדעת נוטה, ותמוה על שבנו הגר"י יעבץ הובא בפ"ת סק"ג שפליג בזה על אביו ומטמא ושפיר לא חש לזה החו"ד ולכן לדינא יש להורות בפשיטות כהחכ"צ והחו"ד דאזלינן תמיד בתר יציאה מן הגוף בין להקל בין להחמיר, אבל פשוט שהוא דוקא כשהרב עצמו ראה מתחלה אבל לא תהא האשה עצמה נאמנת שבשעת יציאה מן הגוף לא היה במראה זה טמאה אלא במראה אחר שהיא טהורה, וגם לחומרא מסתבר שאין להאמינה ויש לנו לומר כי רק נדמה לה, דהא אף רבי שסובר שחכם רואה דמים בלילה וטימא כשראה בלילה מ"מ חזר בו כשראה לצפרא דאישתני למראה טהרה וטיהר מאחר דעכ"פ יש לסמוך על ראיית היום יותר כשסותרין, ואף אח"כ כשראה עוד הפעם אחר שהמתין שעה אחת וחזא דהדר אישתני שחזר וטימא הוא מחמת דמוכח שהשינוי היה משום דמפכח קא מפכח נמי חשש שמא הוא טועה ושפיר הדר ביה בצפרא, שא"כ ודאי על ראיית האשה נגד ראייתנו עתה אינו כלום שאם החכם רואה שאינו מראה טמא אינו כלום מה שהיא אומרת שנשתנה המראה טובא ועדיין יש לעיין בזה.

במראה שראה הרב לאור החשמל והיה מסופק והשאירו למחר וראהו לאור היום והוא מראה טהור.

ה) וכן במראה שרואה המורה לאור החשמל בלילה ונראה שנוטה לאדום ומחמת שמסופק משאירו למחר. למחר כשרואה לאור היום הוא נראה מראה טהור, האם יש להתירו או צריכים לחוש שמא נשתנה מהלילה.

תשובה: ובמראה שראה הרב המורה לאור החשמל בלילה והיה נראה לו נוטה למראה דם ומחמת הספק השאירו למחר לעיין לאור היום וראהו לאור היום כמראה טהור, פשוט שצריך להתירו לא רק כשלא פסק עדיין שהיה גם בעצמו מסופק שמא אין הראיה דלאור החשמל היה בטוב, אלא אף כשהחליט בדעתו בלילה להורות שהיא טמאה ע"פ ראיתו לאור החשמל אבל נשארה אצלו המראה שנשאל עליה

לטהר" וכ' הפת"ת דבת' שבו"י חלק עליו ובס"ט כ' שאין ראיתו מוכרחת גם הח"ד הסכים עם הח"צ בזה, מה דעת מרן שליט"א בזה.

תשובה: הנה בנעשה שינוי בין הראיה תיכף שהיה לח לראיה אח"כ כשנתייבש שבפ"ת סימן קפ"ח סק"ג הביא מחכ"צ שיש למיזל בתר יציאה מן הגוף בין לטמא בין לטהר, והוא ברור ופשוט דמה לנו מהשינוים שנעשו אחר שיצא מהגוף אם לא שנימא שא"א מצד המציאות להשתנות שלכן אמרינן שטעה בפעם ראשון כשראה ויש לן למיזל לעולם בתר ראיה שניה, ובגמ' נדה דף כ' בעובדא דרבי שראה דם בלילה וטימא ראה ביום וטיהר המתין שעה אחת חזר וטימא, ומפרש בגמ' דמעיקרא אחזקיה בטמא כשראה בלילה לאור הנר דהא אמרינן רבי בדיק לאור הנר וטימא בדין ודאי דם טמא כיון דחזא לצפרא דאישתני למראה טהור אמר ודאי טהור הוי ובלילה הוא דלא איתחזי שפיר, ולא היה קשה מהא דתניא לא יאמר חכם אילו היה לח היה ודאי טמא אלא אין לו לדיין אלא מה שעיניו רואות, משום דהיה רבי מוכיח מזה שאין לבדוק לאור הנר דלא כדהיה סובר, אבל כיון דחזא אח"כ דהדר אישתני אמר האי טמא הוא כדראיתי בלילה לאור הנר דשפיר עושה מה שבדיק לאור הנר וטמא הוא והשינוי דהוא ראה ביום מפכח הוא דקא מפכח ואזיל, אך שמ"מ תניא דהיכא דלא ראה בלילה אלא ביום אין לו לחוש לשמא אישתני דאין לו לדיין אלא מה שעיניו רואות היכא דלא אחזיה כשהוא לח ולא אידמי ליה כטמא כדפרש"י [ד"ה מפכח] והטעם דבסתמא לא חיישינן לזה משום דאינו מצוי דהרי לא אמר רבי דצריך לבדוק דוקא תיכף אף שהוא לאור הנר, וזה אשמועינן בברייתא על החכם שהביאו לו לראות כשהוא יבש לא יאמר אילו היה לח היה ודאי טמא אלא אין לו אלא מה שעיניו רואות ואין לו לחוש, ואף ששייך שישתנה ולא יהיה אדום כל כך כהא דהיה בעובדא דרבי שאז הא הדין הוא דטמא, לא חיישינן לזה משום שלא מצוי וגם מעמידין על חזקתה, עכ"פ חזינן מגמ' שאם נשתנה המראה בין יציאתו מן הגוף ובין זמן דאח"כ אזלינן בתר היציאה מן הגוף.

ומסתבר שלאו דוקא ראיות בשינוי באותו הדם כגון כשראהו פעם ראשונה לח ובשניה כשהוא יבש, אלא אפילו כששתי הראיות היו שוות כשהוא לח או כשהוא יבש אזלינן בתר מה שראה בראשונה אם ליכא במה לתלות שלא ראה היטב בראשונה, דהא פרש"י [ד"ה חזר וטימא] בטעם המקשה על מה שאמר רבי שמא טעיתי דהא ודאי טעה משום דקס"ד דלא חזר וראהו פעם שלישית אלא רק שתי פעמים פעם ראשון בלילה ולא טימא בדין ודאי כיון שהיה בלילה, והיה נחשב רק הוראתו תיכף כשראה ביום שהוא פעם שניה לראיה ראשונה, ולכן הוקשה לו שודאי טעה במה שחזר בו אח"כ וטימא דאף שהיה יבש אין לדיין לחוש שמא אם היה לח היה מראה טמא, וכיון דהיה סבור המקשה דלא היה רואה דמים בלילה הא אינו כלום ראיית הלילה ושפיר הורה ביום בפעם ראשון, אבל לכאורה הא לא קשה כלום דאף שאין רואין בלילה לדון על זה מ"מ הא עכ"פ ראה בלילה והיה סבור שביום יראה מראה שהיא טמאה והיה שייך שיראה קרוב למה שראה בלילה אך שעדיין לא הגיע למראה דם טמא, אבל הוא רחוק מהאודם שראה בלילה שלכן לא רצה לסמוך על מה שראה ביום שהוא מראה טהור וזהו הטעם שחזר וטימא מספק ומה שאמר אוי לי שמא טעיתי היה משום דאולי משתנה להאדם ראיית היום מראיית הלילה אף בטובא דא"כ טעה במה שחזר וטימא, וצריך לומר בטעם המקשה דכיון שהצריכו להדיין להורות בראיות דם נדה דוקא ביום אף כשנזדמן שראתה בלילה יש לנו לתלות שלא נשתנה מראה הדם כלל ולכה"פ לא כל כך להשתנות הדין בשביל שינוי המראה, וא"כ לא הי"ל לרבי לחוש למה שראה בלילה אלא רק למה דראה ביום אף שהוא פעם שניה ולא היה רבי שייך לחוש לטעות, ואם היינו הולכים בתר זמן ראיית החכם או בתר זמן הראוי לראות דהוא ביום הרי היא קושיא בפשיטות דהא אין נוגע לנו רק מה שראה היום ואף אם בלילה כשראה רבי היה עדיין לח והיום יבש ונימא דאיכא חלוק בזה הי"ל להמקשה להזכיר בלשון הניחא אם בלילה כשראה רבי היה לח ועכשיו ביום יבש אבל אם גם בלילה כשראה רבי כבר היה יבש הרי ודאי טעה, וגם הי"ל להקשות בכל אופן אם בלילה היה לח ועכשיו יבש הא טעה רבי בהוראתו בבקר שחזר בו, ואף אם אין רואין דמים בלילה מ"מ אם כבר ראה אין להשתנות דינו מצד ראיית היום שהיה יבש שהוא בשינוי מראיית הלילה שהיה בלח, ואם גם בלילה היה יבש כמו בראיית היום הא הורה שפיר

בכתם שאין ידוע אם דם או צבע.

ג) כתב ביד אברהם (ס׳ ק״צ ס׳ ל״א) „מצאה כתם וא״י אם הוא דם או צבע יש לצדד להקל כיון דעכשיו א״א בבדיקה ולא מקרי חסרון ידיעה בכה״ג כמו שמבואר מדברי האחרונים והוי ס׳ דרבנן ועיין במ״י ובח׳ רע״א (שם ס׳ כ״ג) צידד לאסור בספק צבע, מה דעת מרן שליט״א בזה, דנראה דאם יש תלייה בצבע יש להקל שהרי בכל תלייה א״צ לבדוק אחריו (כמבואר בס׳ ק״צ בכ״מ) ורק היכא דליכא תלייה ובטביעת עין א״א להבחין אם הוא דם או צבע, לכאורה זהו דין דז׳ סמנים. ונראה דכיון דאין לדידן העברת ז׳ סמנים (כמ״ש המחבר ס׳ ק״צ ס׳ ל״א) נראה להחמיר, וכדעת הלבוש הובא בתוה״ש (שם ס״ק ל׳).

תשובה: בהא דפליגי בכתם שאין ידוע לה אם דם או צבע שבזמן הגמ׳ וגם בזמן הגאונים היו בודקין בהעברת עליו ז׳ סמנים ועכשיו אין לנו העברת סמנים מפני שאין אנו בקיאין בקצת משמותם כדכתב המחבר אבל לא מסיק המחבר איך הדין בשביל זה וגם הש״ך והט״ז לא כתבו כלום בזה, שבתורת השלמים כתב בסק״ל דכיון שא״א בבדיקה יש להקל דהא הוא ספק דרבנן אבל הביא מהלבוש שמחמיר, וכתב הלבוש שאף שהוא ספק דרבנן אזלינן לחומרא משום שהוא ספק שאפשר לברר אמיתתו דלא אזלינן לקולא אפילו בדרבנן, ואף שבזה״ז וגם מדורות הקודמים מאות בשנים היה ספק ועד שיבא אליהו ומלך המשיח משמע שלא יתברר, ולא שייך הטעם דמסיק הלבוש משום זילותא דרבנן דמ״ש מכל הבעיות שנשאר בהו תיקו בגמ׳ שכשיבא אליהו יפשוט אותם ומ״מ הם לקולא, אולי הלבוש היה מסתפק שמא רק אצלינו נשכח אבל אפשר יבואו חכמים ממדינה רחוקה שהם יודעים שזה כבר לא שייך במאות אחרונות ובפרט במאה אחרונה שידועין כל אחינו בני ישראל אשר נמצאו בכל העולם ולא מצאנו מי שיודע מהסמנים יותר מאלו ששייך לסמוך עלייהו וליכא כחשש דשמא יתברר היפוכו להתחשב מצד זה זילותא יותר מכל הבעיות וספקות דרבנן שבגמ׳ שאזלינן לקולא, לכן כתב בתוה״ש בטעם הלבוש שמחמיר משום דהוי כספק חסרון ידיעה, וכן איתא בחדושי רעק״א בסעיף כ״ג שכתב ואם נתעסקה בצבע אדום יש לעיין דלכאורה אסור דאפשר לברר ע״י העברת ז׳ סמנים ואף דאין אנו בקיאים הוי ספק מחמת חסרון ידיעה, אבל ביד אברהם כתב בפשיטות להקל משום שהוא ספק דרבנן דלא מיקרי ספק חסרון ידיעה בכה״ג, ובוודאי הנכון כיד אברהם וכדסובר כן גם בתוה״ש בעצמו רק שהביא מהלבוש דיש להחמיר מספק ומפרש בטעמו דהוי כספק חסרון ידיעה הרי הוא בעצמו סובר דאין להחשיב זה כספק חסרון ידיעה מטעם דהא אנן ודאי לא יהיה לנו ידיעה דהרי אין לנו ולכו״ע הסמנים דמחמת הספק ליכא מציאות שיהיה לנו, ואם היה המציאות שלא יהיו בעולם הרי ודאי אז היה ספק המותר בדרבנן, ומה לנו מה שהוא ספק עשה שלא יהיה לנו הסמנים עכ״פ הרי עתה ודאי אין לנו ולא לכו״ע הסמנים שיבררו אם הוא דם או צבע, ול״ד להא דאיסור שנתערב בהיתר וא״א לעמוד על שיעורו שבסימן צ״ח סעיף ג׳ שאסור אף באיסור דרבנן כגון כשאין אנו יודעין כמה איסור נפק מיניה, דהכא הרי הוא בעצם ספק המותר בדרבנן דהא הוא ספק צבע שלא נתברר לנו ורק שמה שאפשר לברורי ע״י הסמנים עושה שלא יתחשב לספק וידוע שלא יתברר דהרי אין לנו והחסרון ידיעה עשה רק לסלק המציאות דהשגת הסמנים ובלא השגת הסמנים הרי נשאר ספק ממש לכו״ע, וה״ה אם לעמוד על השיעור לא היה אפשר אף להחכם שיכול לשער בלי איזה דבר שנשכח היכן אפשר להשיג אותו הדבר נמי היה אותו ספק מותר בדרבנן אבל כיון שאפשר לחכם לשער בעצמו וכל אדם כשיעשה חכם ישער בעצמו נחשב זה חסרון ידיעה.

בנעשה שינוי בין הראיה שהיה לח לאח״כ כשנתייבש. להאמין להאשה שבשעת יציאה מן הגוף היה מראה זה טמא נגד ראית החכם אח״כ שאינו מראה טמא.

ד) במראה שמתחילה בעת יציאתו מן הגוף היה מראה טהור ואח״כ כשנתייבש נהפך למראה טמא בפת״ת (ס׳ קפ״ח ס״ק ג׳) הביא דברי החכ״צ דשרי „ואזלינן תמיד בתר יציאה מן הגוף הן לטמא או

מעוברת שלא הוכר עוברה עם אינה מעוברת כלל תולין באינה מעוברת כלל. וא״כ ראיה שגם בזמן הב״י כבר פסקו המעוברות תיכף כשנתעברו מלראות דם ולא היו חוששות בסתמא אף כשהגיע זמן וסתה כשהיו יודעות בודאי שהן מעוברות, אבל בראתה אף פעם אחת יש לה לחשוש שמא טבעה כבדורות הראשונים ויש לה לחשוש לשמא תראה עוד הפעם עד הכרת העובר כדלעיל.

נמצא שבעצם אין טעם להחמיר לחוש לשמא ראתה במעוברת בזמננו גם קודם הכרת העובר כי ליכא שום ראיה לזה ואדרבה איכא ראיה שאין להחמיר אלא בראתה אבל מ״מ למעשה כיון שרעק״א מסתפק בזה ובאב״נ כתב בפשיטות שאסור אין להקל. אך מה שראיתי בד״ת סימן קפ״ט ס״ק קל״ב בשם שערי צדק להגה״צ מדעש שהצריך תשובה לצורבא מדרבנן שלא פי׳ מאשתו תיכף כשנתעברה ולא ראתה ואח״כ ראה דבש״ע מצריך דוקא שתהא הוכר עוברה לא נראה לע״ד משום שבעצם הא מסתבר שהדין במעוברת בזמננו שמותרת בלא ראתה ואין לה לחוש לוסתה מצד הידיעה דכו״ע דמעוברות בזמננו פוסקות תיכף לראות דם, והמחבר בש״ע דינא דגמ׳ נקט, וממה שלא הוזכר באיזה ספר מדורות האחרונים היתר אין זה הוכחה גדולה, וגם הי״ל לחשוב שאולי הוזכר זה אך הוא לא ראה מאחר ששייך לומר שהוא ברור שלא ראתה, והוי זה רק כעבר בשוגג על דברי רבותינו רעק״א ואב״נ שלא מסתבר לחייבו כפרה ע״ז שלא כל צורבא מדרבנן בקי בכל ספרי רבותינו האחרונים. אך אולי מאחר שהעובדא היתה שהצורבא מדרבנן לא פי׳ משום שלא ידע גם מלשון המחבר בש״ע ע״ז חייבו כפרה ויותר נראה כמו שהביא מס׳ אבני צדק שלא הצריכו לכפרה וצ״ע. ובספרו צריך כתר״ה לכתוב בלשון הזה, מעוברת קודם הכרת העובר צריכה לבדוק כשהגיע זמן וסתה ואח״כ אם לא ראתה תבדוק בכל יום פעם אחת וקודם תשמיש ואם שכחה איזה פעם מלבדוק מותרת אבל כשיגיע יום הוסת או ביום שלשים כששכחה ולא בדקה תיכף בשעת הוסת אסורה עד שתבדוק אבל יש מקום להקל אף כשאיחרה מלבדוק בזמן הוסת כהב״י שהביא הש״ך סימן קפ״ד ס״ק כ״ג דמדאורייתא ודאי אין לאסור בזמננו שפוסקות מעוברות תיכף כשנתעברות מלראות דם, אבל כשראתה אף רק פעם אחת יש לה לחוש עד ג״ח שהוכר עוברה ואם לא בדקה בזמן הוסת תהא אסורה כהש״ך שמסיק דלא כהב״י אלא כהב״ח דיש להחמיר כמסקנת המרדכי.

בדבר מינקת בזה״ז שחוזרות וסתן בתוך כ״ד חדש האם חוששת לוסתה.

ב) לענין מינקת תנן (ז.) „מינקת עד שתגמול את בנה״ ובגמ׳ פליג ר״מ אר׳ יהודה ור׳ יוסי ור״ש דלדברי ר״מ דם נעכר ונעשה חלב ולדברי ר״י ור״י ור״ש אבריה מתפרקין ואין נפשה חוזרת עד כ״ד חדש וכ״פ המחבר (ס׳ קפ״ט ס׳ ל״ג). בזמן הזה שמעתי שרוב נשים המניקות חוזרות וסתן בתוך כ״ד חדש [וכן שמעתי מרופאים שיש הרבה נשים שגורמת ההנקה גופא שתראה דם ממקורה] האם אמרינן בזה נשתנה הטבע וקובעת וסת או חשבינן גם בזה״ז למינקת שמסולקת דמים.

תשובה: בדבר מינקת בזה״ז ג״כ נשתנה הטבעין ואלו שאינן מניקות כמעט שכולן רואות ואף מהמניקות איכא הרבה שרואות דם ויש להן הוסת, ולקולא ודאי אין לומר שיהיו בדין דורות הראשונים שמניקה לא קבעה וסת ולא חששה לוסת הראשון ולא רק במניקה אלא כל כ״ד חדש אף כשאינה מניקה משום שהלכה כר׳ יוסי דאבריה מתפרקין ואין נפשה חוזרת עד כ״ד חדש, וברור שצריכות לחוש לקביעות וסת אבל עכ״פ נראה שכ״ז שלא ראתה עדיין במיניקותה אין לחוש אבל כשראתה אפילו פעם אחת יש לה לחוש ולבדוק בזמן הוסת אם היה לה קבוע או ביום שלשים. ומה ששמע כתר״ה מאיזה רופא שיש נשים שההנקה גופא גורמת שתראה דם מסתבר שאינו אמת ואף אם אמרו זה איזה רופאים גדולים הוא רק השערה בדויה בעלמא שאינו כלום.

חכז"ל בעלי הש"ע שנשתנה משום דהא אפשר שאותן שנולדו לט' מקוטעין היו בעלי ז' שאישתהו שלכן לא היה שייך שנסמוך על עצמנו לומר מזה שנשתנו הטבעין ואף אותן שמתו קודם שלשים ודאי לא היו נפלים מכיון שנכנסו מקצת בתשיעי, אבל הא דרובא דרובן של כולהו נשי דעלמא שתיכף כשמתעברות פוסקות מלראות דם הוא רק ידיעה בעלמא שהמציאות בזמננו הוא כן שע"ז היה סגי בעדות בעלמא, והרי ע"ז אית לן עדותן דכו"ע ובתוכן כל מי שיש לו אשה וכל מורי הוראה דעלמא ואין זה סמך על דמיונות אלא על ידיעה ברורה דכולהו אינשי, ורעק"א לא כתב שלא אמרינן שנשתנה מאחר שלא הוזכר בש"ע אלא שכתב שלא הוזכר שלדידן נשתנה הדין בשביל זה שאף שלא הוכר עוברה לא חיישינן, משמע דאף שודאי ברור שנשתנה מ"מ מקשה דמזה שלא הוזכר בש"ע ולא באחרונים שהדין נשתנה יש לנו לומר דלא נשתנה הדין אף שנשתנו הטבעים, והטעם אולי משום דאפשר דנסתלקו מהראיות דרבוי דם ובהרגשה אבל רואות משהו ובהרגשה קלה ששייך שידמה לה שהוא ענין הרגשה אחרת שלכן ברוב הפעמים נאבד זה, ומה שחוששין לזה הוא אולי משום הפקעה מהטבעיות שהיה ידוע בזמן הגמ' והגאונים ואף אח"כ מאות בשנים שהיו רואות דם, וגם מטעם זה שעכ"פ אנחנו יודעין שאין רואות דם ואיך שנימא הוא שינוי גדול בהטבעיות שלכן יש לנו לומר שנשתנה לגמרי שאין רואות כלל, וכן היה מסתבר לרעק"א בעצם לומר כן, מסתפקא ליה בזה, ומסיק עוד דיחוי להוכחה שלא היתה מעוברת מהא שטבלה דדלמא טבלה לכתם או דראתה למראה שרק נוטה לאדמימות שמחמרינן מצד שאין אנחנו בקיאין, ואולי יש לפרש כוונת האב"נ כדבארתי בכוונת רעק"א שלא ידוע לנו איך הוא השינוי דאולי רק לחוש שמא היא רואה משהו ורק בהרגשה קלה אף שהוא דוחק גדול, וגם הוא יסבור שהוא רק ספק דנסתלק חזקת טהרה ממנה כשבא שעת וסתה.

ובכלל ראית רעק"א מהא דמעוברת דאינה קובעת וסת הוא דוקא אחר ג"ח שכבר הוכר עוברה, אינה ראיה דאולי כיון שראתה דם כשהיא מעוברת ושניא היא משאר מעוברות בזה"ז הרי איגלאי שאשה זו יש לה כטבע הנשים שהיו בדורות הקדמונים שהיו רואות דם עד שהוכר עוברה שלכן דינה כדורות הראשונות, דכיון שהיה הטבע דעלמא כך אלפים בשנים אפשר שאף שנשתנו הטבעים איכא נשי כאלו שגם עתה הם בטבעים שהיו, וכבר ראיתי אשה יולדת שלא הניקה הולד כלל ולא חזרה לראות דם עד שעברו כ"ד חדש מלידתה, אף שבזמננו אף אלו שמניקות יש שרואות דם וכשאינן מניקות רואות כולן, ואמרתי דכיון שבדורות הראשונים היה כן שהלכה כר' יוסי דאומר בברייתא דנדה דף ט' דאבריה מתפרקין ואין נפשה חוזרת עליה עד כ"ד חדש, אף שעתה נשתנו הטבעים אירע שגם עתה נמצאו נשים כאלו, ומטעם זה כל שלא ראתה אין לה לחוש כלל דתלינן דודאי לא ראתה עדיין כיון דהיה דרך הנשים שלא יראו דם, ורק כשראתה יש לה לחוש, ול"ד לראתה אחר שהוכר עוברה שמעולם לא היו ראויות לראות דם, אך ראייתו איכא מסעיף ל"ד דגם לזה שאינה חוששת לוסת הראשון איתא דהוא רק משהוכר עוברה, אך אולי נקט משהוכר עוברה בשביל הסיפא דאפילו שופעות ורואות דם אינו אלא כמקרה שבלא הוכר עוברה כיון שחזינן שראתה הרי טבעה כדורות הראשונים שיש לה לחוש, ובסימן ק"צ סעיף נ"ב בהיו ישנות במטה אחת ונמצא דם שאיתא אחת מעוברת שהוכר עוברה ואחת שאינה מעוברת שהביא רעק"א נמי ראיה שדוקא בהוכר עוברה לא חיישינן לכאורה ניכר שחסר שם איזו בבא דהי"ל למינקט ואחת שלא הוכר עוברה ועיין בעה"ש [סעיף קל"ג] שמשמע שעמד בזה ונקט הוא ואחת אינה מעוברת או לא הוכר עוברה דג"כ תמוה דהא ואחת אינה מעוברת מיותר לגמרי דהיא בכלל לא הוכר עוברה דאינה מעוברת כלל הא ודאי לא הוכר עוברה דלא שייכת כלל לזה, אלא מוכח שנחסר בבא שלימה דצריך להיות אחת מעוברת שהוכר עוברה ואחת שלא הוכר עוברה תולין בלא הוכר עוברה אחת מעוברת ואחת שאינה מעוברת תולין באינה מעוברת, והוא מטעם דכתבתי דהמעוברת אף שלא הוכר עוברה עדיין היתה כבר פוסקת מלראות דם גם בזמן הב"י כמו בזמננו אבל מ"מ כיון שבדורות הראשונים היו רואות דם כ"ז שלא הוכר עוברה אירע מעוברות כאלו גם בזמננו שרואות דם דלכן כשמעוברת שלא הוכר עוברה ישנה במטה אחת עם מעוברת שהוכר עוברה ונמצא דם תולין בלא הוכר עוברה ואם ישנה

תשובות הגאון רשכבה״ג מרן מוהר״ר משה פיינשטיין שליט״א בהלכות נדה

בבואי כעת בעזהי״ת לסדר לדפוס חלק ראשון **מספר הלכות נדה** הבאתי לפני הוד כבוד גאון מעוזינו רשכבה״ג מרן מוהר״ר משה פיינשטיין שליט״א ר״מ דמתיבתא תפארת ירושלים כמה שאלות נחוצות הלכה למעשה בהלכות נדה. חלק מהן מסרתי למרן שליט״א בכתב, ואשר הואיל בטובו לענות עליהם ג״כ בכתב הנני מעתיק כאן תמצית השאלות, והתשובות ככתבם וכלשונם.

מקום אתי כאן להגיד קבל עם הכרת תודתי מעומקא דליבא בעד חסדו הגדול של מרן שליט״א שעל אף רוב עוצם טרדותיו המרובות בלימוד התורה ברבים והנהגת הכלל וחולשתו הגופני, הקדיש מזמנו המוגבל והיקר וקבלני תמיד בסבר פנים יפות בכל עת, והתעסק אתי ולענות על כל משאלותי.

יאריך ה׳ ימיו ושנותיו בנעימים, עוד ינוב בשיבה טובה דשן ורענן יהיה בעבודתו התמימה לשם שמים, ויראה ויזכה לקבל פני משיח צדקינו עם כל ישראל בב״א.

[הערה: כדי להקל להמעיין הוספנו בסוגריים מקורות שנשמטו מתשובות מרן שליט״א]

בדבר מעוברות בזמננו, האם אמרינן נשתנה הטבע ותיכף משמתעברות פוסקות מלראות דם.

א) לענין מעוברת, תנן (נדה ז:) „מעוברת משיודע עוברה" ובגמ׳ איתא „וכמה הכרת העובר סומכוס אומר משום ר״מ שלשה חדשים" וכ״פ המחבר (ס׳ קפ״ט ס׳ ל״ג) [וכ׳ המאירי (שם ד״ה ראתה) ביאור הענין „שאין סלוק הדמים עד שעת הכרת העובר, שהולד מכיר חיותו ומכביד ראשה ואבריה ודמיה מסתלקין וכו׳" (כגמ׳ ט.)] וכ״כ בערה״ש (סי׳ קפ״ט ס׳ פ״ב) „ומעוברת קודם ג׳ חדשים קובעת וסת אף שידענו שהיא מעוברת משום דקודם הכרת העובר אין ראשה ואבריה כבידים עליה (ב״י בשם הרשב״א) ואינה בחזקת מסולקת דמים משא״כ לאחר הכרת העובר". כמדומני ששמעתי ממרן שליט״א דיש לסמוך בזה״ז על בדיקה שעושים הרופאים ע״י מי רגליה [וגם בדיקת הרופא בפנים] להבחין שמעוברת היא אף קודם ג״ח דאמרינן נשתנה הטבע. אולם בת׳ רע״א (ס׳ קכ״ח בא״ד לענ״ד) כ׳ דלא אמרינן בזה נשתנה הטבע, וז״ל „לענ״ד הא הסילוק דמים הוא רק משהוכר עוברה, ואף דעינינו רואות בנשי דידן דמיד כשנתעברו מסולקות דמים ונשתנו הטבעים וכמ״ש תוס׳ גבי עינוניתא דוורדא, הא חזינן בש״ע (ס׳ קפ״ט ס׳ ל״ג) וכן (בס׳ ק״צ ס׳ נ״ב) וא׳ מעוברת שהוכר עוברה. ולא נזכר רמז באחרונים שלדידן אף בלא הוכר עוברה כן" וכעין זה כ׳ באב״נ (ס׳ רל״ח) „ומה שהקשה שעינינו רואות שתלוי בהנקה אף אני אקשה במעוברת עינינו רואות מעוברת מסתלק דמיה בתחילת עיבורה ואין לנו לסמוך על דמיונינו לבד בהנולד למקוטעין דקים ליה לחכז״ל בעלי הש״ע שנשתנה".

תשובה: בדבר מעוברת שידוע שבזמננו תיכף מכיון שמתעברות פוסקות מלראות דם, ובגמ׳ בנדה דף ז׳ תנן לענין מה שאר״א דמעוברת דיה שעתה דהוא משודע עוברה ופי׳ בברייתא [דף ח:] סומכוס משום ר״מ דהוא ג׳ חדשים ואיפסק כן בכל הפוסקים ובש״ע סימן קפ״ט סעיף ל״ג, ואף שידוע שעתה נשתנו הטבעים ותיכף משמתעברות פוסקות מלראות דם איתא בתשובת רעק״א סימן קכ״ח שכתב לדחות מה שפקפק הרב דפילא בשם בנו דבמה שירדה לטבול בתענית אסתר ראיה שלא היתה אז מעוברת דדרך המעוברות שמסולקות מדמים בלשון זה לע״ד הא הסילוק דמים הוא רק משהוכר עוברה ואף דעינינו רואות בנשי דידן דכיון שנתעברו מסולקות דמים ונשתנו הטבעים הא חזינן בש״ע סימן קפ״ט וסימן ק״צ דגם שם איתא משהוכר עוברה ולא נזכר רמז באחרונים שלדידן אף בלא הוכר עוברה כן, וכן ראה כתר״ה באבני נזר סימן רל״ח שג״כ כתב שאין לסמוך על מה שעינינו רואות שמעוברת מסתלק דמה בתחלת עיבורה ואין לנו לסמוך אלא בנולד למקוטעין דקים להו לחכז״ל בעלי הש״ע שנשתנה, ולשון האב״נ תמוה לכאורה דהא ודאי בהא דנולד למקוטעין צריכין אנו דוקא למה שאמרו

מפתח ענינים

ספר הלכות נדה
Halachos of
Niddah

תשובות הגאון

רשכבה״ג מרן מוהר״ר משה פיינשטיין זצ״ל

בהלכות נדה

קצו (א) ונוהגי' לכתחלה ליזהר . רש"א בתחלתו כו' ס"פ ג' כתב דכיון שנוהגין שלנו מתחילין למנות מיום ו' כמ"ש בסעיף זה פשוטו טובלה למנות אחר תפלת ערבית : (ב) היאך לא ראתה רק יום א' . בטעם כולל ומעיינת פתוח

בשם הרשב"א וב"י אף לפי דברי (הרא"ב)[הרא"ש][הרמב"ן][ה"ה](הרא"ה) ולעולם ילמד אדם (להחמיר לעצמו) בתוך ביתו שתהא בודקת ביום הפסק טהרתה במוך דחוק ותהא שם כל בין השמשות שזו הבדיקה מוציאה מידי כל ספק (רסב"א בת"ה"ק)

הנה י"א אם התחיל' הקהל כו' . **קצו דיני לבישת הלבון ובדיקתה .** ובו י"ג סעיפים:

א * שבעת ימים (א) שהזבה סופרת מתחילין ממחרת יום שפסקה בו (ב) . וכך משפטה אם תראה ב' ימים או ג' ופסקה למלאות (ג) בודקת ביום שפסקה בו כדי השמשות (ד) ובריק (ה) זו תהיה סמוך לבין השמשות (וכן נוהגין) לכתחלה אם מצאתן עצמה טהורה ספרי בכך)

ב [ז] ראתה יום אחד בלבד ופסקה בו צריכה לבדוק לעצמה במוך דחוק ושיהא שם כל בין השמשות :

ג [י] יום שפסקה למלאות ובודקת עצמה כאמור תלבש חלוק (ג) הבדוק לה שאין

ביאור

באר היטב

תורת השלמים

פתחי תשובה

טז ודוקא פריסת סדינים כו' עיין בא"ע סי' פ' ס"ק ג':

יז וי"א כו'. וכ' הר"ד ר"י יונה בספר דרשות הנשים כו'...

יא אסורה להציע מטתו בפניו [טז] ודוקא פריסת סדינין והטבת הכר והכסתות שהוא דרך חבה י"א דבה זה אבל הצעת הכרים והכסתות שהוא דרך חבה שרי ושלא בפניו בכל מותר י"א אפילו הוא דבר חבה:

יב (ח) אסורה [י] [יג] ליצוק לו מים לרחוץ פניו ידיו [טז] ורגליו אפילו אינה נוגעת בו כי ואפילו הם מים צוננים:

יג [יז] כב כשם שאסורה למזוג לו כוס אסור לשלוח לה כוס של יין אסור כי לא עוד אלא אפילו כוס אחר אם הוא מיוחד לה כי אבל אם שותים הם מאותו הכוס ושותה אחריו [יד] לית לן בה:

יד [יח] כח כל אלו ההרחקות צריך להרחיק בין בימי נדותה בין בימי ליבונה שהם כל ימי ספירתה כי ואין חלוק בכל אלו בין רואה ממש למוצאת כתם:

טו [יט] כי אם הוא חולה ואין לו מי שישמשנו זולתה מותרת לשמשו רק [יג] שתזהר ביותר שתוכל להזהר יח מרחצת פניו ידיו ורגליו והצעת המטה בפניו:

טז [כ] י"א אשה חולה והיא נדה יט אסור לבעלה ליגע בה כדי לשמשה כגן להקימה ולהשכיבה ולסומכה [כא] וי"א אסור:

יז [טז] [כו] אם בעלה רופא כב אסור למשש לה הדפק:

טורי זהב

נמי איכא הרהור ומלד ההרהור יבוא לידי הרגל עבירה כ"כ ב"י וכיש ספרים איתא בטור כאן לא ישכב ומו"ח ז"ל כתב דטעות סופר בגירסא של לא ישב כיון שלעיל סוף סי' קל"ג כ' בטור וש"ע לא יישן *)ולא נראה דהתם קמ"ל דבכלה אפי' שינה שם מותר אבל זה ודאי דגם ישיבה שייך בה הרהור דהא כ' המרדכי ורמ"א מביאו בסמוך דאסור לישב על ספסל ארוך כו' וכ"ש ישיבה במטה שלה דאיכא הרהור טפי ונראה דכ"ש הוא שהיא לא תישן במטה שלו דיש טפי הרהור בשכבה ובקומה אבל ישיבה בעלמא מותר לה על מטה שלו דהיא לא מרגלא ליה כן נ"ל ונגיעה שנוגע בסדין שהוא מלוכלך בדם אין איסור אע"פ שקצת נזהרין מזה ושבוש הוא: (ז) **לא יסתכל כו'**. והעונש על זה בגמ' דהויין ליה בנים שאינם מהוגני': **מצאתי** בהג"ה סמ"ק ישן בשם מהר"ר פרץ אשה נדה יכולה לשכוב אסדיני בעלה ונזהרות מסדינים ששכב עליהם איש אחר פן תתעבר משכבת זרע של אחר ולמאי איכא חוששת פן תתעבר בנדותה משכבת זרע של בעלה ויהא הולד בן הנדה והשיב כיון דאין כאן ביאת איסור הולד כשר לגמרי אפילו תתעבר משכבת זרע של אחר כי הלא בן סירא כשר היה אלא דמשכבת זרע של אחר קפדינן אהבחנה וגזירה שמא ישא אחותו מאביו כדאיתא ביבמות עכ"ל הועתק מספר מו"ח ז"ל: אסורה

שלחן ערוך

סימן רנ"א) וכן לא ילך עם אשתו בעגלה אחת או בספינה אחת אם הולך רק דרך טיול כגון לגנות ופרדסים וכיוצא בזה אבל אם הולך מעיר לעיר לצרכיו מותר אף על פי שהוא ואשתו הם לבדן ובלבד שישבו בדרך שלא יגעו זה בזה (כל זה בת"ה סימן רנ"א):

ו [ח] י לא יישן עמה **יא** במטה (י) אפילו כל אחד בבגדו ואין נוגעין זה בזה:

הגה ואפילו יש לכל אחד מצע בפני עצמו (ב"י דלא כר' ירוחם) ואפילו אם שוכבים בב' מטות והמטות (יא) נוגעות זו בזו אסור (מרדכי פ"ק דשבת בשם הר"מ):

ז (ז) [יא] יא לא יסתכל [ט] אפילו בעקבה יב ולא במקומות המכוסים שבה. [יב] (אבל מותר להסתכל בה במקומות הגלוים **יב** אע"פ (ח) שנהנה בראייתה) (ב"י בשם הרמב"ם):

ח יג ראוי לה שתייחד לה בגדים לימי נדותה כדי שיהיו שניהם [י] זוכרים תמיד שהיא נדה:

ט [יג] יד בקושי התירו לה להתקשט בימי נדתה אלא כדי [יא] שלא תתגנה על בעלה:

י (יב) טו כל מלאכות שהאשה עושה לבעלה נדה עושה לו [יג] חוץ **יג** ממזיגת הכוס שאסורה למזוג הכוס **יד** [יד] (ט) (יג) (בפניו) (ב"י וכן משמע ממרדכי פ"ק דשבועו' וכ"מ מדברי הפוסקים) ולהניחו לפניו [טו] על השלחן אא"כ תעשה שום היכר כגון שתניחנו על השלחן טז ביד שמאל או תניחנו על הכר (°) או על הכסת אפילו ביד ימינה:

שפתי כהן

אפי' בפניה: **יא במטה כו'**. מיהו במטה של עץ או של בנין מותר שם עם אשתו הוא במטתו ואשתו במטתה וכ"כ הר"מ אלשקר בתשו' סי' ל"ח והוא מפרק הדר דף ס"ג ע"ב היכן בקילעה שאיש ואשתו שם וכו': **יב אע"פ כו'**. הואיל והיא מותרת לו לאחר זמן אינו בא לידי מכשול: **יג ממזיגת הכוס כו'**. כתב הב"ח מ"כ בדרשות מהר"ש מאוסטרייך דשלא כדין עושין הבעלי בתים שמניחין נשותיהם לישא הקערות וכיוצא בהן על השלחן מידי דהוה אמזיגת הכוס עכ"ל מיהו למ"ש הגמי"י בשם ראב"ן דמזיגה בלא הושטה או הושטה בלא מזיגה מותר אפי' בלא שינוי ה"ה בקערה דליכא אלא הושטה דשרי וכן למ"ש הרשב"א (והב"י לדעת ה"ה) דמזיגת יין במים דוקא אסור אבל שאר משקים אי נמי מזיגה מן הכלי כמו שאנו עושים שרי ה"ה בקערה אין קפידא ועוד נראה דאפי' את"ל דנתינת הקערה על השלחן ה"ל כמזיגת הכוס מ"מ אף במזיגת הכוס אין איסור אלא בכוס המיוחד לבעלה בלבד דאיכא חיבה אבל להביא הקער' על השלחן שכל בני בית אוכלים ממנה אין קפידא אע"ג שגם בעלה אוכל עם בני ביתה מאותה קערה דליכא הכא חיבה והכי נקטינן אבל להביא קערה המיוחדת לבעלה אסורה וכדמוכח מתנא דבי אליהו וממ"ש סה"ת דאף בהושטה בלבד כשאין בו שינוי אסור במאכל ובמשתה ע"כ ולפי זה משמע דמחמיר ג"כ בשאר משקים: **יד בפניו**. והב"ח כתב דאע"פ שהמזיגה שלא בפניו אם מניחה על השלחן בפניו אסור ואף הגמי"י דדוקא בדאיכא תרווייהו מזיגה והושטה הוא דאוסר מודה בזה ואל"ל כשהוא יודע שהיא מוזגת את הכוס דכיון שהניחה על השלחן בפניו חשיב כמזיגה בפניו ג"כ ואסור עכ"ד ואין דבריו מוכרחים גם מדברי הרא"ש פ"ק דכתובות מוכח דשלא בפניו ליכא איסורא כלל ע"ש: ודוקא

ביאור הגר"א

בגמ' שלא לצורך אלא דעל כולן אמר אליהו ז"ל ברוך המקום כו' ושתיה חיינו ששתה אחריה וכן באכילה וז"ש בתוספ' (בס י"א א') לא יאכל עם הזבה ולא להיפך דהיא מותרת אחריו וכמ"ש בס"ד בהג"ה: [יא] לא יסתכל כו'. עבת"ה ולא היה נירסתו שם ארשב"ל עקיבה כו': [יב] אבל כו'. נלמד מהג"ל דקאמר עקיבה: [יג] בקושי כו'. עבה"ג ובאבות דר"נ פ"ב כל המנבלת עצמה בימי נדתה רוח חכמים נוחה הימנה וכל המתקשטת כו' ומשמע דאף לר' עקיבא מדקאמר אין רוח כו': [יד] בפניו. כ"ש מהצעת המטה: [טו] על השלחן.

חידושי רע"ק

(סע"א): (ט"ז סק"ז) **הועתק** מספר מו"ח ז"ל וע' בב"ש אה"ע (ס"א סק"י): ואין

באר היטב

שהיא לא תישן במטה שלו דיש טפי הרהור בשכבה ובקומה אבל ישיבה בעלמא מותר לה על מטה שלו דהיא לא מרגלא ליה ונגיעה שנוגע בסדין שהוא מלוכלך בדם אין איסור אע"פ שקצת נזהרין בזה ששבוש הוא וכתב הב"ח בשם סמ"ק ישן דאשה נדה יכולה לשכב אסדיני בעלה ונזהרת מסדינים ששכב עליהם איש אחר פן תתעבר משכבת זרע של אחר ולמאי איכא חוששת פן תתעבר בימי נדותה מש"ז של בעלה ויהא הולד בן הנדה והשיב כיון דאין כאן ביאת איסור הולד כשר לגמרי ואפילו אם תתעבר מש"ז של אחר כי הלא בן סירא כשר היה אלא דמשל אחר קפדינן אהבחנה וגזירה שמא ישא אחותו מאביו כדאיתא ביבמות עכ"ל: (ח) שנהנה. הואיל והיא מותרת לו לאחר זמן אינו בא לידי מכשול. ש"ך: (ט) בפניו. והב"ח כתב דאע"פ שהמזיגה שלא בפניו אם מניחה

פתחי תשובה

(י) **אפילו כל אחד בבגדו**. נ"ע אי מותר לשמוע קול זמר שלה מאחר דבגמרא דשבת דף י"ג אמר מקים אשה נדה לאשת רעהו רק דיחוד שרי משום דהתורה העידה סוגה בשושנים כדאיתא בסנהדרין דף ל"ז ועי' בתוספות שם ד"ה התורה העידה א"כ נראה דאסור דהא כאשת רעהו אסור כמ"ש בברכות דף כ"ד קול באשה ערוה וכתב הרא"ש שם פירוש לשמוע וכ"כ כל הפוסקים וצ"ע: (יא) **נוגעות זו בזו**. עיין בספר מקור חיים ס"ק ל"ג שכתב דמלשון המרדכי (שממנו הוציא הרב דבר זה) משמע דדוקא אם רגלי המטות נוגעים זו בזו אסור דאז שוכב האיש והאשה פנים נגד פנים ויכולים להסתכל זה בזו ויכול לבוא לידי הרגל דבר משא"כ אם ראש המטה נוגעת ברגלי חברתה וכ"ש ראש המטה בראש חברתה שאין יכולין לראות זה פנים של זו מותר אלא דמ"מ העולם נוהגים כפשיטות לשון רמ"א דבכ"ע שנוגעים זה בזה אסור אבל בהפרש כל שהוא בין מטה למטה מותר עכ"ד ועיין בחכמת אדם כלל קט"ז דין ה' שכתב דאפשר דאם המטות מחוברין בכותל דמותר ע"ש. ולי נראה דהרמ"א לא אמר דבר זה אלא דוקא במטות שלהם שלא היה מוקף נסרים למעלה כמו שמשמע לעיל סי' ק"צ ס"ק כ"ה ולקמן סי' ש"א סק"ב ואז כשהיו המטות נוגעות זו בזו היה נראה כמטה אחת ארוכה אבל במטות שלנו העשויים כתיבה מוקף בנסרים למעלה מותר. [ועיין בספר עקרי דינים סי' כ"א אות מ"ו הביא בשם ספר שער המים סי' א' שכתב הגם דמהר"ם אלשקר בסי' כ"א התיר לישן תחת הכילה עם אשתו נדה כשלכל אחד יש כסת בפ"ע מ"מ הנכון להחמיר אם לא במחילת סדין תלויה בין המטות שאינה רואה אותה עוד. וראיה לאיסור בלא זה עי' בתשב"ץ ח"ג סי' מ"כ]: (יב) **כל מלאכות**. בשל"ה דף ק' כתב דזה מלד הדין לפי שראו את העם שלא יסכלו יותר מחמת חסרון ספיות אבל מ"מ המחמיר שומר מארות נפשו וע"ש עוד; (יג) **בפניו**. עש"ך שכתב דלהביא קערה המיוחדת לבעלה אסורה אבל להביא קערה על השולחן שכל בני בית אוכלים ממנה אין קפידא אע"ג שגם בעלה אוכל מאותה קערה ע"ש וכן

תורת השלמים

לא מרגלא כדלעיל לענין שתים וכן יש קצת ראיה מהא דכתבו הפוסקים דהיא מותרת לשתות כדאמרי' בפ"ק דשבת גבי עובדא דאליהו אכל ושתה עמי ולא אמרה אכלתי עמו ושתיתי עמו (ועיין בביאורי סמ"ג לאוין למהרש"ל) והתם נמי קאמר וישן עמי ועיין בס"ק ח' אכן הס"ז כתב דאף היא אסורה לישן על מטתו המיוחד לו ואין דבריו מוכרחים כלל וכתב עוד הס"ז מנגיעה שנוגע בסדין שהוא מלוכלך בדם אין איסור אע"פ שקצת נזהרין בזה ושבוש הוא עכ"ל. וכ"כ הדרישה ס"ס קנ"ג ונ"ל קצת ראיה לזה מהא דאיתא בתוס' סוף פ"ב דנדה דמותר לראות דמי אשתו ומבואר בש"ס וברמב"ם ס"ה מהא"ב שלוקה המטלית בידו ועושה גל בידו הרי דמותר ליגע ועיין בדרישה שכתב טעות המנהג מהיכן בא ע"ש: [ח] **לא יישן עמה**. עיין בב"ח וס"ז שהעתיקו בשם ההג"ה באשה נדה יכולה לשכב אסדיני בעל וזהרי מסדינין ששכב עליו איש אחר דאולי תתעבר מש"ז של אחר ואע"ג דהולד כשר שאין כאן ביאת איסור מ"מ יש להקפיד אהבחנה וגזירה שמא ישא אחותו מאביו משא"כ בנדה דליכא חשש כלל ע"כ ועי' בחלקת מחוקק בא"ה סי' א' ס"ק ח': [ט] **אפילו בעקבה**. כן הוא בש"ס פ"ב דנדרים כל המסתכל בעקבה של אשה הויין ליה בנים שאינם מהוגנים. אמר ר' יוסף ובאשתו נדה א"ר שמעון בן לקיש עקבה דקתני במקום הטנופת שהוא מכוון נגד עקבה ע"כ וא"כ קשה על הטור שהוא כל' המחבר שכ' דה"ה מקומות המכוסים והלא שם קאמר דוקא עקבה. ומ"ש הב"י ושאר אחרונים דהטור סובר דכל מקומות המכוסים שבה בכלל מקום האורף וכ"כ הרשב"א בת"ה דמן העקב נלמד לכל מקום מכוסה עכ"ל אבל באמת גם זה תמוה דהא בש"ס מדקדק וקאמר דוקא במקום הטנופת שהוא מכוון נגד עקבה וגם ל' אפילו בעקבה שכתב הטור אינו מדוקדק לכאורה. לכן נ"ל פשוט דדעת הרשב"א והטור דריש לקיש לא קאי כלל אמלתא דרב יוסף ותרווייהו פליגא בפירושא דברייתא דרב יוסף מוקי ברייתא בעקבה ממש ובאשתו נדה וריש לקיש מפרש הברייתא בסתם אשה אפי' אינו נדה ומה עקבה מקום הטנופת. נמלא דלרב יוסף עקבה ממש קאמר ואפ"ה אסור להסתכל כיון שהוא מקום המכוסה וה"ה לכל המקומות המכוסות וכן מלאתי בספר בעל הנפש להראב"ד דף מ"ס ע"א שפי' כן הסוגיא דשמעתא ומסיק וכתב וז"ל ונקטינן כתרווייהו להחמיר דאסור להסתכל בעקב אשתו נדה ומן העקב נלמוד כל מקום המכוסה שבה ואסור להסתכל במקום הטנופת אע"פ שאינה נדה עכ"ל. וזה נראה ג"כ דעת הרשב"א והטור נמלא דדבריהם נכונים וברורים ואין אנו לריכין לדחוקים של הב"י והב"ח והדרישה בזה עיין שם: [י] **זוכרים תמיד שהיא נדה**. וכן הוא ל' הטור ולא ידעתי מאין ילא להם טעם זה הלא הטעם מפורש להדיא בש"ס ס"פ אע"פ כדי שלא תתגנה על בעלה ופירש"י בימי טהרה אם לובשת בגדים שלבשתה בימי נדתה עכ"ל ותמיהא גדולה היא על כל האחרונים שלא הרגישו בזה על הטור ויש כמה נפקותות לדינא בין השני הטעמים וצ"ע. (וזכירה זו למה דלא לריכין היכר אא"כ שיש איזה הרגל וחבה וקירוב דעת) ונראה פשוט דלכל הטעמים אם יש לה בגדים מיוחדים אפי' נאים ומקושטים שמותרת להלבישם ואע"ג דקאמר שם הש"ס מותר בלאו' (פי' בגדים ישנים ובלואים) לאשה שמהכסה בהן בימי נדתה היינו שהבעל אינו מחוייב לתת לה בגדים חשובים להתכסה בהם בימי נדתה אבל אם יש לה פסיעא דמותרת להלבישם וזהו בכלל מ"ש בסעיף ט' דהתירו לה להתקשט בימי נדתה והוא פשוט דלא כמ"ש מהרש"ל בביאורו לסמ"ג לאוין דף פ' ע"א דאין הלכה כר"ע דמתיר להתקשט ומלינו בדברי רבותינו שלא תתקשט האשה בימי נדתה ויש לה בגדים מיוחדים לנדתה כדלעיל כהל' אישות עכ"ל ובאמת כל זה אינו דבגדים מיוחדים לאו מטעם שלא תתקשט הוא ועיין בס"ד בפסק ג"כ שלא התקשט האשה ועיין ס"ק י"א: [יא] **שלא תתגנה על בעלה**. ואע"ג דקאמר בש"ס עד שבא ר"ע ולימד א"כ אתה מגנה על בעלה ונמלא בעלה מגרשה ומשמע מדקדוק לשון הש"ס דר"ע אזיל לשיטתו בסוף גיטין דאמר אפי' מלא אחרת נאה ממנה יגרשנה ע"כ מתיר כאן להתקשט וא"כ אכן דלא קי"ל לענין גטין כוותיה א"כ יהא אסורה להתקשט וצ"ל דהרמב"ם והטור וסייעתם סוברים דאף דר"ע דקאמר הכי אזיל לשיטתו מ"מ אף בלא האי טעמא דיגרשנה מ"מ מותר להתקשט כדי שלא תתגנה על בעלה וכה"ג מלינו כמה פעמים בש"ס (ועיין בס"ק יו"ד) ועיקר הטעם דנדה לשבעה הוא כדי שלא יהא רגיל וקץ בה וכמ"ש לעיל בסי' קפ"ג ע"ש וק"ל. שוב מלאתי בלחם חמודות ס"פ התינוקת דף ש"ג ע"ג הרגיש ג"כ בזה ותירץ דאע"ג דאכן קי"ל דאסור לגרש במלא אחרת נאה ממנה מ"מ יש לחוש ע"י שתתגנה ישים לה עלילות דברים עד שיגרשנה עכ"ל: [יב] **חוץ ממזיגת הכוס**. ועי' בב"ח

באר הגולה

יותר: י אבפיא שם בפ"ק דשבת ונפסקא: יא ברייתא נדרים דף כ' ע"א וכדמפרש רב יוסף שם: יב טור וכ"כ הרשב"א בת"ה דמן העקב נלמוד לכל מקום המכוסה בה: יג שם וכ"כ מפירוש רש"י בכתובות דף ע"ב ע"א וקדושין דף פ' ע"א מהא דהותזקה נדה בשכנותיה וכו': יד ברייתא משמיה דר"ע שבת דף ס"ד ע"ב: טו מימרא דרב הונא כתובות דף ס"א ע"א: טז כאיתא דשמואל שם: (°) כאיתא' דאביי

נקודות הכסף

(סימן קצ"ה בט"ז ס"ק ו') **השיג** על הש"ך שלא כדת דעיקר ראייתו מלשון הראב"ד שהביא הרא"ש ומביאו ב"י בסוף סימן קנ"ג ע"ש (וגם בלשון הט"ו סוף סימן קנ"ג משמע כן כרישא ע"ש) משמע דוקא לישן אסור ואם כן מנא ליה לאסור לישב גם מה שאמר דהא אסור לישב על ספסל ארוך כו' לא דק דהתם לאו משום הרהור הוא אלא כיון דמתנודדת הוי כנגיעה אי נמי כיון דשניהם יושבים עליה כיחד ה"ל כישן עמה במטה דאסור אע"פ שאין נוגעין זו בזו מה שאין כן הכא:

ברכי יוסף

לישן על מטה שלו ודלא כהרב ט"ז וכן כתב הרב תורת השלמים: (שם לעיל בהג"ה) **ואסור** לישב על ספסל ארוך וכו'. והספרדים נוהגין היתר בספסל. הרב מהריק"ש בהגהותיו והוא מדברי מרן בב"י: ויש מי שכתב דה"ה בעגלה דהרי הרב תה"ד פשיטא ליה בספסל והוא מסתפק בעגלה ע"ש ובתשובת מהרי"ו בחדושי אגדה אסר שם מתיר בספסל ובעגלה ובלבד שיפסיק אדם ביניהם ע"ש דף נ"ו:

עצי לבונה

אוכלין על שולחן וכו' אסור אפילו הוא רגיל לאכול עמה בקערה אחד ומשמע מדבריו דה"ה כשאין שם ב"ב כלל אסור כנ"ע. ר"ל דלהב"ח אין זה היתר כשאוכלין כ"א לבדן דמ"מ הן אוכלין על שולחן א' הוי דרך חיבה ויש איקרובי דעתא אם לא כשיש ג"כ ב"ב שאוכלין על אותו שולחן ג"כ וכתב הש"ך ע"ז דאין דבריו מוכרחים בזה היכי דליכא ב"ב כלל י"א דשפיר מהני אם אוכל כ"א לבדו כיון דכשהיא טהורה רגיל לאכול עמה ביחד הוי שפיר היכרא רק כשיש ג"כ ב"ב אצלו והם אוכלין על שולחן אחר והם לבדן אוכלין על שולחן אחד או אף שאוכלין כ"א לבדו יש בזה דרך חיבה מה שאין בני בית אוכלין ג"כ שם על אותו שולחן רק הם לבדם ויש חשש איקרובי דעתא ואסור אף בזה אף להש"ך כנ"ע: ועיין ט"ז סק"ג מ"ש משמע לכאורה שאף מאכל לא תביא לו וכו' ומסיק שאין קירוב בזה רק מעשה עבדות שיש בו טורח וכו' אך הש"ך סק"ג מסיק להביא קערה המיוחדת לבעלה אסורה

נחלת צבי

דם לכל דבר יש לחשבו כדם גמור גם לענין זה שחייב לפרוש מיד כאבר מת דהכא לא שייך לבו נוקפו דמנא ידע שתראה כאמצע תשמיש דדוקא גבי דם בתולים שייך לבו נוקפו כיון דבודאי תראה משא"כ הכא (ואף דברים נדה דף ג' משמע דאף בכה"ג שייך לבו נוקפו מ"מ קשה דמנ"ע ללמוד מדם בתולים כיון דהתם שייך טפי לחוש לזה ממה שיש לחוש כיון ועוד דשאני הכא דהוי מילתא דלא שכיח שתראה כאמצע תשמיש) ועוד דהכא לא חיישינן אם יהיה לבו נוקפו ויפרוש כל ימי עוהר כמ"ש הח"צ בתשובה סימן ח' מאחר דכימים אלו אין רגילות שתתעברה ואין בזה חשש ביטול פ"ו פ"ש אסר ע"כ נולא דמסתפינא הייתי אומר דיש להחמיר וצריך לפרוש מיד כאבר מת ומיהו אם עבר ופירש כאבר חי יש להקל וא"צ כפרה:

קצה (א) לחם או קנקן וכו'.

בית לחם יהודה

ברכי יוסף

ביאור הגר"א

באר היטב

פתחי תשובה

חידושי רע"ק

השלמים

תורת

גליון מהרש"א

עצי לבונה

נחלת צבי

דרכי משה

מקילין בימי ליבונה ואין נראה לסמך ע״ז וראבי״ה יחיד הוא בדבר זה כתב בהגמיי׳ פ״ד דתפלה כתב ראבי״ה הנשים נהגו טהרה ופרישות בעצמן בעת נדותן שאין הולכין לבה״כ ואף כשמתפללה אין עומדות בפני חבירותיהן וכן ראיתי דברי הגאונים וכשר המנהג ע״כ זה לשון שערי דורא וגם אין לה להחמיר ולהזכיר את השם כל ימי נדותה ולא ליכנס לבה״כ כל ימי ראייתה עד שתתלבן ורש״י מתיר ליכנס לבה״כ עכ״ל ובהגהות שם והא״ז כתב דיש נשים נמנעו מליכך לב״ה ומליגע בספר כל ימי נדתה ויש שאין מתפללין כשהן אחורי נדות ויפה הן עושות ע״כ : וז״ל מהרא״י בפסקיו סימן קל״ב ועל הנשים בשעת נידתן אמת התרתי להם בימים נוראים וכה״ג שרבות מתאספות לב״ה לשמוע תפלה וקריאה שילכו לבהכ״נ וסמכתי על רש״י שהתיר משום נחת רוח לנשים כי היה להן לעצבון רוח שהכל מתאספים להיות בצבור והמה יעמדו חוץ עכ״ל ובאגור ואני מחבר ראיתי במדינות נוהגים ליכנס לבהכ״נ ומתפללים ועונים כל דבר שבקדושה רק נזהרות שלא לראות בס״ת בשעה שהחזן מראה לעם עכ״ל וכ״ה בזאב סיכן רנ״ג והאירנא במדינותינו המנהג כדברי שערי דורא אבל ב״י כתב בא״ח סימן פ״ח והשתא נשי דידן לא נהיג להמנע כלל מלכנס לבהכ״נ וכתב רבינו ירוחם בנתיב כ׳ ח״ג שראה אנשים ונשים טועים לומר שהיולדת צריכה ליזהר מליכנס לב״ה עד שיעברו מ׳ לזכר ופ׳ לנקיבה ומנהג בטעות הוא וצריך למחות בידם עכ״ל ולקמן סימן רפ״ג מתיר לנדה לקרות בתורה וכ״כ הרי״ף והרא״ש סוף מי שמתו נידות חייבות בתפלה אבל המנהג במדינות אלו כאשר כתבתי :

מרדכי

דרישה

רג״לין לטבול אמר ו׳ . והורה הר״ס ב׳ מטות שרגליהם זו כנגד זו לא ישכב הוא בא׳ ואשתו נדה באחרת אם לא שישימו שום הפסק בנתיים מ״ק בפ״ק דשבת מ״ו . ומ״ש שרגליהם זו כנגד זו לכאורה נראה דדוקא קאמר שרגליהם זו כנגד זו דאז פניהם ראש ואשה זה כנגד זה ואיכא לד מינה משא״כ כשראשי המטות זה כנגד זה אבל לא משמע כן מדברי רמ״א דכתב סתם ב׳ מטות נוגעות וא״ו וצ״ל דהוא פי׳ רגליהם ל״ד מרגלותיו אלא כל ראש כרעי המטה נקרא רגלי המטה והסתא מ״ש דצריכה דוקא ליגע דאילו לטעמ׳ דפניהם זה כנגד זה קשה אפי׳ בלי נגיעה נמי אסור :

באר הגולה

א תוספות שבת דף י״ג והרא״ש בפסקיו בפרק ה׳ דכתובות וכ״כ הרשב״א ושכן הוא דעת הרי״א ודעת כל הגאונים וכן כתב הרמב״ם בפי״א מהא״ב וסמ״ג וסה״ת מהא דשבת דף ס״ד ע״ב בנדתה תהא עד שתבא במים : ב רמב״ם שם בפרק כ״א : ג מסקנת הגמ׳ בכתובות דף ד׳ ע״א : ד תוס׳ שם בשבת די״ג מסדר אליהו וכ״כ הרמב״ם שם פי״א והרשב״א : ה שם

ברכי יוסף

(סימן קצ״ה סעיף ב׳ בהג״ה) וכן על ידי זריקה מידו לידה וכו׳. הרשב״ץ בתשובותיו ח״ג סימן כ״ח שרי לזרוק מידו לידה ע״ש וגם הרב מהריק״ש בהגהותיו שרי בזריקה כשאינו דרך שחוק : יש נוהגים שאם יש בידו מפתח וכיוצא ורוצה ליתנו לה זורק החפץ למעלה וכרדתו היא תקבלנו ויש מי שכתב דשרי וכן נראה לי

גליון מהרש״א

רוה נגר הגהת ש״ע ס״א ומצאתי שתמה כן בס׳ מנחת יעקב בתורת השלמים ובס׳ בית ישראל על הל׳ נדה

עצי לבונה

(סימן קצ״ד בשו״ע סעיף י״ד) יוצא דופן וכו׳. עיין בפלתי שהביא דברי התוי״ט בפ״ח מבכורות מ״ב דלהרמב״ם בפירוש המשנה שם בהכרת תמות עיין שם והא ניטלה האם כשרה ומאן דמטריף הוי סופה כדבר משנה אלא דעת הרמב״ם דס״ל דווקא ניטל אבל ניקב טריפה דהלקותא יותר מזיק מניטל כולו פ״ל סימן מ״ה לכן כיוצא דופן והבא אחריו צ״ע דניטל כל האם דא״כ גם השני היה יוצא דופן אע״כ דחתכה לאסוהאליא לזה כולד והשני טלד כדרכו והוי זה כניקב ולקה בתכלית הכאב לכן שפיר כתב הרמב״ם שם דתמות אבל אם נטלו כל האם יכוללחיות רק הש״ג אמעגידים שאח״כ מתעברת ויולדת דזה שקר נממ״ל אם רק קורעים האם כיוצא דופן ואם כן זהו טריפה וע״כ שתמות ואם נוטלין כל האם אף דזה יכול לחיות אך אין אפשר שתחזור ותלד כיון דלית לה אם כלל אלא דזהו שקר א״כ יש במציאות כיוצא דופן דיכול לחיות אבל לא להולידע״ש ועי׳ במ״י בשם הרמב״ם דיולדת נקבה לשמונים ומביא ראיה

קצה דברים האסורין בזמן נדותה. ובו י״ז סעיפים :

א א חייב אדם לפרוש מאשתו בימי טומאתה עד שתספור ותטבול [א] (ואפילו שהתה זמן ארוך ולא טבלה **א** תמיד היא כנדתה עד (א) שתטבול (ב״י בשם פוסקים) [ב] (א) ב ולא ישחוק ולא יקל ראש עמה ב (אפילו בדברים) (טור וב״י בשם רשב״א מאבות דר״ן) שמא ירגיל לעבירה [ג] [א] ג אבל מותר להתייחד עמה [ד] דכיון שבא עליה פעם א׳ תו לא תקיף יצריה (ל׳ עצמו) :

ב [ה] (ב) ד לא יגע בה אפילו באצבע קטנה ג [ו] ה ולא (ג) יושיט מידו לידה שום דבר (ג) ולא יקבלנו מידה שמא

ביאור

דלאפוקי נפל דלא כפירש״י שם : [טז] ואע״פ כו׳ . רש״י שם ד״ה חוסר כו׳ : [יז] אינה טמאה כו׳ . עש״ך וענמ׳ כ״ח א׳ וכ׳ בת״ה דה״ה לכל אבר : [יח] אם לא כו׳ . כר׳ יוחנן ס״א ב׳ :

קצה [א] ואפילו כו׳ . עבה״ג ס״ק א׳ : [ב] ולא ישחוק כו׳ . באבות דר״נ הה״א

הגר״א

ואל אשה בנדת טומאתה לא תקרב יכול יחבקנה וינשקנה וידבר עמה דברים בטלים ת״ל לא תקרב כו׳ : [ג] אבל כו׳ . פ״ק דכתובות (ד׳) ופ״ד דסנהדרין (ל״ז א׳) ופ״ו דעירובין (ס״ג ב׳) ופ״ק דסוטה (ז׳ א׳) : [ד] דכיון שבא כו׳ . כתובות שם : [ה] לא יגע כו׳ . פ״ק דשבת (י״ג ב׳) ח״ו כו׳ : [ו] ולא יושים כו׳ . עתוס׳ דשבת שם

באר היטב

דהייט כ״ד יום עם יציאת הש״א . ב״י והאחרונים : (ז) בולד . פי׳ ולד זכר . ש״ך : (ח) אחר . כתב הש״ך ולדידן שאין אנו בקיאין לעולם נוהגים לה ימי טומאה של נקבה : (ם) רובו . היינו מדאורייתא אבל מדרבנן טמאה לידה אם יצא אבר אבר והחזירו (כדלקמן סעיף י״א) וטמאה ג״כ נדה אפי׳ מדאורייי׳ דא״א לפתיחת הקבר בלא דם . ש״ך ולבוש : (י) פדחתו . הטור וב״י כתבו רוב פדחתו משמע דס״ל דפדחתו שבמשנה היינו רוב פדחתו וע״ל סימן י״א ס״א ש״ך : (יא) טמאה. לשון הטור הוציא ידו או רגלו והחזירו הרי זו טמאה לידה ואין נותנין לה ימי טוהר עד שיולד ע״כ :

קצה (א) שתטבול . ואף בימי לבונה כל דין נדה יש לה כדאיתא בפוסקים . ש״ך : (ב) יושיט . אפילו דבר שהוא ארוך :

פתחי תשובה

שבעה נקיים והב׳ שיהיו לה י״ד יום מיום לידתה ואחר כלא אידך לא סגי אבל הא פשוט דהשבעה נקיים יכולים להיות מכלל הי״ד יום דלעיל ס״א ע״ש] : (ח) רובו . עבה״ש של הר׳ מהרי״ט ז״ל שהביא בשם תשובת גאלת שבעה סי׳ ט׳ באשה שישבה על המשבר ופסקו החבלין ולירין דצריכה שבעה נקיים משום דאמרינן בשבת מאימתי מחללין עליה שבת משעת פתיחת הקבר וקתני עלה מאימתי פתיחת הקבר משעה שישבה על המשבר וא״א לפתיחת הקבר בלא דם ע״ש ועיין ח״ד שחלק על דברי נ״ש אלו ופסק להתיר ע״ש (וכן הסכימו בספר כרתי ופלתי וכ״ע אלא דבמקום שנהגו איסור לא ישנו [גם בשאלות ותשובות תשובה מאהבה חלק א׳ סי׳ קי״ד השיג על הנ״ש והורה להתיר והסכים עמו רבו הגאון בעל נו״ב ז״ל [וכן הסכים בתשו׳ חתם סופר סי׳ קע״ע והוסיף עוד לומר דאף המנהג שהעידו נשי פולין לפני בעל נ״ש אינו אלא בסתם אבל אם בדקה המילדות ומצאו הפתח סגור אפילו מנהג ליכא ע״ש] . ועי׳ בספר בינת אדם ועמש״ל סק״ד : (ט) ושמעה קול של ולד . איש ואשתו היו במטה והאשה מעוברת והיתה ישינה והאיש היה ניעור ושמע קול העובר בוכה במעי אמו הורה בתשובת נו״ב ח״ד סי׳ קי״ב דטמאה י״ד יום ולא אמרינן אילו יצאה ראשו אבג נערה היתה מתעברה

כדאיתא בנדה דף ג׳ דהכא כיון דרוב ולדות אינם בוכים קודם הוצאת הראש מידי ספיקא לא נפקא ולא אמרינן ס״ס שמא זכר ושמא לא הוציא ראשו דהכא לא מהני ס״ס ע״ש ועמ״ש לקמן סי׳ רס״ב סק״ו אימת ימולו את הולד :

קצה (א) ולא ישחוק . עי׳ בא״ח בש״ת סי׳ רי״ז סק״ה שכתב בשם ברכי יוסף דאסור להריח מבשמים שלה אף שהתורה העידה סוגה בשושנים מ״מ יש להתרחק וסימן לדבר סוגה בשושנים דצריך סייג גם בשושנים ועי׳ בט״ז שם ס״ק ג׳ שכתב דאפילו אם הסירה כו׳ וה״ה בבשמים של אשתו נדה אם הסירה מעליה ומונחים על השולחן אפ״ה אסור להריח מהם . וכתב בספר תמודי דניאל כ״י נראה אפילו לדידן שמקילין בה״ה ביוצא לדרך סמוך לווסתה כדלעיל סי׳ קפ״ד מ״מ בדברי הרגל באשתו נדה אסור : (ב) לא יגע בה . בתשו׳ ע״כ מציינא ח״ד סי׳ קכ״ב נשאל באיש ואשה הדרים בכפר ואין שם יהודי או יהודית זולת הזוג לבדם אם מותר לבעלה לעמוד עליה כשהיא טובלת לראות שתהא כולה תחת המים ואם יכול לתמכה בידיו לדחפה תחת המים וכתב שמצד הסברא נראה כיון דאיסור נגיעה (כדעת הש״ך סק״ב) וכן איסור הסתכלות במקומות המכוסים הוא שמא יבא לידי הרגל דבר ברגע זה לא חיישינן דלא שביק היתרא שתיכף ברגע זה מותרת בעליותה מן המים ולכן אם אי אפשר בענין אחר יש להתיר ע״ש . ועי׳ בתשובת שמש צדקה חי״ד סי׳ ס״ו שכתב מי שמתה אשתו ר״ל והיא נדה רשאי ליגע בה ע״ש : (ג) ולא יקבלנו מידה . עי׳ בתשובת יד אליהו סוף סי׳ ס״ס שכתב דאין אשה נדה רשאה להחזיק נר בידה כדי שיסתה בעלה טאבא״ק או לחמם עצמו בנר ההוא או להדליק ממנו נר אחר ולהיפך ממשנה י״ח פ״ה דמכשירין אשה שהיו ידיה כו׳ וסי׳ הרע״ב לפי שהכלל מחבר כו׳ ע״ש ועי׳ בתשב״ץ ח״ג סי׳ נ״ח ובסי׳ ר״ל שכתב דמותר ליטול מידה התינוק משום דחי נושא את עצמו והוא אינה עושה כלום אלא התינוק עצמו הוא יוצא מחיק אמו ובא אל אביו ע״ש . ונראה דאם התינוק קטן או חולה או כסות

תורת השלמים

[ד] עד שיצא רובו . ומבואר מדברי הפוסקים דהייט מדאורייתא אבל מדרבנן טמאה לידה : [ה] את ידו . לאו דוקא ה״ה אבר אחר : קצה [א] אבל מותר להתייחד עמה . ודוקא אם אינה נאסרת עליו רק משום נדה דיש היתר לאסורה ואין יצרה תקפו כ״כ משא״כ אם זינתה

פריש טומה ארבעים יום קודם יצירת הולד ב״ק יוצא בת פלוני לפלוני וכתבו שם התוס׳ קודם יצירת הזכר והיינו מדקאמר מ׳ יום קודם משא״כ בנקבה דיצירתה לפ׳ ומשמע כאותה שעה שמוריע ב״ק יוצא וכ״ פ׳ לפ׳ וכו׳ והשיג שם על הפרישה שכתב לסיוע מהתוס׳ אך מהטור והשו״ע כאן דכתב דאח״כ תושבת לזכר ולנקבה מבואר דהלכתא כחכמים דיצירת שניהם לארבעים לכן מיישב שם הסוגיא יותר דהכרות קאי אנקבה מדקאמר בפ׳ פ׳ וכו׳ משמע דמכריזין עליה וכל״ל לפ׳ יום משעה שמוריע עד שעלרת דאו הבת קול יוצא ויש פ׳ יום . א״ז דשניהם שוין למ׳ יום ע״ש : (סימן קצ״ה סעיף א׳ בהג״ה) תמיד היא בנדתה עד

נחלת צבי

פשטה לא יגמור ביאתו ומשני אם כן לכו טקפו ופרש ע״ש אם כן מבואר דלא אמרינן בזה אין לך בו אלא חידושו רק דמסתבר דכיון דמתמריק לתשבו כדם גמור אף בהוצאה ביאה הוא כדם גמור לענין: שיפ:וש מיד אל: דשם

מלאכות שהאשה עושה לבעלה נדה עושה לו [ג] חוץ ממזיגת כוס שאסורה למזוג לו הכוס ולהניחו לפניו על השולחן אא"כ תעשה שום היכר כגון שתניחנו על השולחן ביד שמאל (י) או תניחנו על הכר או הכסת אפילו ביד ימינה ואסור להציע מטתו בפניו ודוקא פריסת סדינין והמכסה שהוא דרך חבה אבל הצעת הכרים והכסתות שיש בו טורח ואינו דרך חבה שרי ושלא בפניו הכל מותר אפילו הוא יודע שהיא מצעת אותה [ד] ואסורה ליצוק לו מים לרחוץ הוא פניו ידיו ורגליו אפילו אינה נוגעת בו וכשם שאסורה למזוג לו כך הוא אסור למזוג לה ולא עוד אלא אפילו לשלוח לה כוס של יין אסור (יח) לא שנא כוס של ברכה לא שנא כוס אחר אם הוא מיוחד לה [ס] וכל אלו הרחקות צריך להרחיק בין בימי נדותה ממש בין בימי ליבונה (ח) שהן ימי ספירתה ואין חילוק בכל אלו בין רואה ממש למוצאה כתם :

קצו שבעת ימים שהזבה סופרת מתחלת ממחרת יום שפוסקת בו וכך משפטה. (א) אם תראה א שני ימים או שלשה ופסקה לראות בודקת ביום שפסקה כדי שתפסוק בטהרה

ב"ח

כדרשות מהר"ש אוסטרייך וז"ל דשלא כדין עושין הבעלי בתים שמניחים נשותיהן ליטא הקערות וכיולא בהן על השולחן מידי דהוה אמזיגת הכוס עכ"ל מיהו למ"ש בשם רא"ש דמזיגה בלא הושטה או הושטה בלא מזיגה מותר אפילו בלא שינוי ה"נ בקערה דליכא אלא הושטה שרי : וכן למ"ש הרשב"א דמזיגת יין במים דוקא אסור אבל שאר משקים מותר אי נמי מזיגה מן הכלי כמו שאנו עושים שרי ה"ה בקערה אין קפידא · ועוד נראה אפילו את"ל דנתינת הקערה על השלחן הויא לה כמזיגת הכוס מ"מ אף במזיגת הכוס אין איסור אלא בכוס המיוחד לבעלה וה"נ נכון להזהר בקערה המיוחדת לבעלה בלבד דאיכא חבה טפי . אבל להביא הקערה על השלחן שכל בני בית אוכלים ממנו אין קפידא כלל אע"פ שגם בעלה אוכל עם בני ביתו מאותה קערה דליכא הכא חבה והכי נקטינן דלהביא הקערה על השלחן שכל בני בית אוכלין ממנו שרי אבל להביא הקערה המיוחדת לבעלה אסורה להביא וכדמוכח מדתנא דבי אליהו ומ"ש סה"ת דלעיל דאף בהושטה בלבד כשאין בו שינוי אסור במאכל ובמשתה . כתב ב"י נראה דמזיגת הכוס שלא בפניו שרי וכו' מיהו נראה דאע"ם דהמזיגה שלא בפניו אם מניחו על השלחן בפניו אסור והכי משמע מלשון רבינו שאמר שאסורה למזוג לו הכוס ולהניחו לפניו על השלחן שהיה לו לומר שאסורה למזוג לו הכים בפניו ולהניחו לפניו על השלחן מדלא אמר הכי אלא סתם למזוג לו הכוס אלמא דאפי' מזגה שלא בפניו אם הניחה לפניו על השלחן אסור ואף להגהת מיימוני דדוקא בדאיכא תרווייהו מזיגה והושטה הוא דאסור מודה הוא דבהניחה על השלחן לפניו אע"ג דמזיגה שלא בפניו אסור כיון דאיכא מזיגה והושטה בפניו ואין צריך לומר כשהוא יודע שהיא מזגה את הכוס אע"פ שמזגה שלא בפניו מ"מ כיון שהניח' על השלחן בפניו חשוב כאילו מזגה בפניו והניחה גם על השלחן בפניו ואסור :

קצו שבעת ימים וכו' הכי איתא בר"פ בנות כותים (ד' ל"ג) ופ' תנוקת (דף ס"ט) ונתבאר לעיל בסימן קפ"ג . ומ"ש וכך משפטה אם

ב"י

נדה עושה לבעלה חוץ ממזיגת הכוס והצעת המטה והרחצת פניו ידיו ורגליו ומזיגת הכוס שמואל מחלפי ליה דביתהו בידא שמאלא אביי מנחא ליה אפומא דכובא רבא אבי סדיא רב פפא אשרשיפא וכתב סמ"ג אפילו ליתן מידו לידה מפתח או חפץ אחר היה רש"י נזהר אע"פ שמתוך ההלכה לא למדנו אלא הושטת כוס של יין שהוא דבר של חבה שאסור מיד ליד כדאמרינן רבא מנחא ליה אבי סדיא רב פפא אשרשיפא אמר רב הונא כל המלאכות נדה עושה לבעלה חוץ ממזיגת הכוס כשהכוס בידו וכסדר אליהו שכתוב שמא הבאת לו את הפך שמא הבאת לו את השמן ונגע ביך פי' שע"י כך נגע ביך כדמשמע הלשון גם שמן לסיכה הוא דבר חיבה ע"כ וכ"כ בסה"ת ומ"ת כתב שמתע"כ אבל הרא"ש כתב פרק אף על פי וז"ל רבינו שמעיה כתב שרש"י היה נזהר שלא לקבל מפתח מיד אשתו נדה ומכאן אין ראיה דדוקא מזיגת הכוס שהוא דרך חבה לא היתה נותנת לידו אלא דרך שינוי אבל שאר דברים אין נראה שיהא אסור ול"נ דהכא במזיגת הכוס לא היתה נותנת הכוס לידו אפילו דרך שינוי דלא איירי הכא כמו הושטת הכוס לידו אלא מוזגת לו הכוס כדרך שנותנים מים בתוך הכוס של יין ומניחין על השלחן ומגביה את הכוס ושותה כשהוא צמא ומזיגה זו דרך חבה הוא כשהאשה מוזגת לבעלה ודביתהו דשמואל היתה מוזגת המים ביין ביד שמאל ומנחת הכוס על השולחן ואיכך היו מוזגות במים ולא היו נותנות הכוס על השולחן אבל להושיט חפץ לידו מיזהר זהיר כולי עלמא עכ"ל וכן כתב הרשב"א בת"ה והרמב"ם כתב סתם כפי"א דמזיגת הכוס אסור ולא חילק בין ע"י שינוי לשלא ע"י שינוי ואיפשר שטעמו משום דמשמע ליה שלא התירו ע"י שינוי אלא לאדם גדול דומיא דהנך רבנן שהיו זכורים וחרדים לדבר ה' ביותר ולא יבואו לחטוא אבל לא לשאר כל אדם : **כתבו** הגהות מיימון כתב רא"ם דלא בעי שינוי אלא כששניהם יחד מזיגה והושטה אבל מזיגה בלא הושטה או הושטה בלא מזיגה שרי אפילו בלא שינוי : **וכתבו** עוד נראה דמזיגה האמורה בגמרא היינו דוקא מזיגה במים אבל מזיגה מן הכלי כמו שאנו עושים אין נראה בזה קירוב דעת ומיהו על השולחן נראה דאסור אם לא על ידי שינוי כדשמואל דמחלפא ליה ומיהו ר"ת פי' מוזגת ואח"כ מחלפא ליה ולס"ז היה מותר עכ"ל : **כתב** הרשב"א בת"ה הקצר מזיגת הכוס בכוס של יין שהוא המרגיל לדבר ערוה ונראה מדבריו שכל המשקים מותרין חוץ מן היין ואע"פ שכתב ה"ה בפרק י"א מזיגת הכוס של יין דוקא אבל של מים מותר דאיפשר למידק מינה דלא שרי אלא של מים דוקא אבל לא של שאר משקים הא איכא למידק איפכא מרישא דנקט כוס של יין ולמימר דלא אסר אלא של יין ולא של שאר משקים ומים דנקט סיפא לאו דוקא דה"ה לשאר משקין חוץ מן היין והאי דיוקא עדיף טפי כיון דבהכי דבריו מכוונים עם דברי הרשב"א : **נראה** דמזיגת הכוס שלא בפניו שרי כדאמרינן גבי הצעת המטה ולרבותא נקטו בגמרא שלא בפניו גבי הצעת המטה דהוי חבה טובא ואפ"ה שרי וכ"ש דמזיגת הכוס שרי ועוד דלא גרע שלא בפניו מע"י שינוי דשרי אפילו בפניו וכן נראה מלשון המרדכי במסכת שבועות וכתבתיו אבל לא יאכל עמה : **ואסור** להציע מטתו בפניו שם בפרק אע"פ הצעת המטה אמר רבא לא אמרן אלא בפניו אבל שלא בפניו לית לן בה : ומ"ש ודוקא פריסת הסדינים והמכסה שהוא דרך חבה אבל הצעת הכרים והכסתות שיש בו טורח ואינו דרך חבה שרי כ"כ בתוס' בריש כתובות (ד :) והביאו ראיה מפרק אע"פ ואף ע"ג דכתבו דלגירסת קצת ספרים אין משם ראיה הרא"ש כתב דבריהם סתם ולא חשש לגירסת אותם ספרים וכ"כ המרדכי בשבועות וכ"פ רבינו ירוחם וכ"כ הגהות מיימון בשם ר"ת ורש"י : ומ"ש ושלא בפניו הכל מותר פשוט הוא כמימרא דרבא שכתבתי בסמוך : ומ"ש אפילו הוא יודע שהיא מצעת אותה כ"כ הרשב"א שכל שאינו בפניו אין בכך הרגל דבר : ואסורה ליצוק לו מים לרחוץ הוא פניו ידיו ורגליו אפילו אינה נוגעת בו כ"כ סמ"ג וסמ"ק והגמיי' וכ"כ הרשב"א בת"ה דהרחצת פניו ידיו ורגליו שאמרו אפילו הוא רוחץ והיא מוצקת דאלו ליגע היא בידיה אפילו בלא רחיצה אסור דהא איכא קירוב בשר ואסור ליגע בה אפילו באצבע קטנה וכתב עוד והרחצה זו אפילו בכגון קאמר י ובספר היראה כתוב : וכשם שאסורה למזוג לו כך הוא אסור למזוג לה ולא עוד אלא אפילו לשלוח לה כוס של יין אסור וכו' עד אם הוא מיוחד לה הכל לשון הרשב"א בת"ה הקצר : ומ"ש דגם הוא אסור למזוג לה טעמא דמסתבר הוא דכי מזיג איהו נמי איכא למיחש להרגל דבר : ומ"ש דלשלוח לה כוס של יין אסור נתבאר בת"ה הארוך וז"ל כתב הר"א מדברי ז רב אחא דגדה אסירא למישתי מכסא דגברא וכתב הוא ז"ל לא ידענא מ"ט ואי איתא להא מילתא בכה"ג בלחוד הוא דאיתא במיוחד לה כסא וקא משדר ליה ניהליה משום דקא יהיב דעתיה עליה ח והכי תניא במס' נדה המשגר כוס של ברכה לאשה שלא מדעת בעלה חייב מיתה מפני שדעתו רבה עליה ד"א ט מפני שילא דבה ע"ה ונדה לבעלה נמי להא מילתא דמיא ומסתברא דל"ש כוס של ברכה ול"ש כוס אחר היכא דקא מיחד לה ומשדר ניהליה אסור דהא מעייל דעתיה עילוה מיהו היכא דקא שתו מההוא כסא ושתיא איהי בתרייהו לית לן בה עכ"ל : וכל אלו הרחקות צריך להרחיק בין בימי נדותה ממש בין בימי לבונה שהם ימי ספירתה וכבר נתבאר בתחלת סימן זה : ומ"ש ואין חילוק בכל אלו בין רואה ממש למוצאה כתם כ"כ הרשב"א בת"ה הקצר והטעם משום דבעלת כתמים עשאוה כרואה לרוב דבר חוץ מלטענין קביעות וסת כמו שנתבאר בסימן ק"ץ :

קצו שבעת ימים שהזבה סופרת מתחלת ממחרת יום שפסקה בו בר"פ בנות כותיים (לג :) אמרינן דטעמא דבנות כותיים טמאות נדה משום דיום שפוסקת בו סופרות למנין שבעה ואע"ג דאתקיף עלה רמי בר חמא אבן נמי נספריה דמקצת היום ככולו הא אהדר ליה רבא דא"א לומר כן מדילפינן מקרא בריש המפלת דשכבת זרע סותר יום א' מימי ספירת ז' נקיים דזב ואי מקצת היום ככולו לא הו"ל למיסתר ואע"ג דרמי אהדר ליה דקרא לא מיירי בחזה פלגא דיומא אלא בדחזיא בין השמשות כבר כתב הר"ש דדיחויא בעלמא הוא דדחיק לאוקמיה תיובתיה ולאו עיקר הוא ואיהו גופיה לא ס"ל הכי אלא דמתמה ואבן נמי נספריה ולא היה יודע טעמו של התנא ובפ' בתרא (סט ·) אמרינן בהדיא אטו בכותאי אמרה רב לשמעתיה ואצטריך לשנויי דלאו בכותאי אמרה וכן הסכימו כל הפוסקים דיום שפוסקת בו אינה סופרתו למנין ז' : **ומ"ש** וכן משפטה אם תראה ב' ימים או ג' ופסקה לראות בודקת ביום שפסקה כדי

דרכי משה

(ח) וכבר כתבתי כן ריש סימן זה אמנם מצאתי ההג"ה בשם אביה וז"ל אחר ימי ליבון ליכא הרגל עבירה וטוב לאכול עמה כדי שתרצה לטבול אם יכולה לטבול עכ"ל וע"ז ראיתי מקילין

דרישה

דרבינו קאי אפ"כ דנדרים דאמרינן התם המסתכל בעקבה של אשה סויין ליה בנים שאינן מהוגנים אמר רב יוסף ובאשתו נדה אמר ר"ל מאי עקבה מקום התורף וכתב ב"י וז"ל כלומר שסעקב מכוון כנגד מקום התורף ומשמע ליה לרבינו דכל המקומות המכוסים הוו בכלל מקום התורף וכ"כ הרשב"א בת"ה דמן סעיקב נלמד לכל מקום מכוסה שבה עכ"ל ב"י. ולעד"נ דהרשב"א ורבינו ס"ל דמ"ש בגמרא מאי עקבה מקום התורף אינו ר"ל שהוא מכוון נגד מקום התורף אלא כל דבר מכוסה נקרא תורפה וכמ"ש בס"פ מי שמתו טפח באשה ערוה וכמ"ש רבינו וב"י בא"ח סימן ע"ה וכשתא א"ש דגמרא לרבותא נקט עקבה אע"פ שהוא קצת מגולה וזהו כוונת רבינו ג"כ שכתב אפי' עקיבה ואו"כ ממילא יש איסור בשאר אברים המכוסים במכ"ש וזהו שמסיק וכתב ולא בכל המקומות המכוסים ולפ"ז נ"ל דרבותא דעקיבה היא מפני שהיא סוף הרגל וכמעט מגולה ואפ"ה משכה מקום מכוסה ואסור וכמ"ש ועיין בב"י : [ג] חוץ ממזיגת הכוס שאסורה למזוג לו כו' [illegible]

פרישה

(י) או תניחנו על הכר או הכסת פירוש בימיהם היו רגילין לאכול ולישב על המטות :

(יח) ל"ש כוס אחר אם הוא מיוחד לה פירוש לאפוקי היכא דקא שתה איהו ההוא כסא ושתיא איהי בתרה ל"ל בה רשב"א ומשמע שם דה"ה דמותרת לשתות ג"כ מיד אחר בעלה ואפי' אין לו בני בית ששתו גם כן מאותו כוס ולא אסור אא"כ מיחד לה כוס דאז נותן דעתו עליה (ובכל מקום שכשוה אשתו עם בני ביתו לשתות מכוס של ברכה או מכוס אחר מותר לשתות אחריו עכ"ה) :

סי' קצו (א) אם תראה ב' ימים או ג' כו' ק"ק הא אין נעשים זבה בב' ימים ואי מיירי בזמן הזה דמחזיקין אותה בזבה אפי' בראייה אחת הו"ל למנקט יום אחד ודוחק

כתב הרשב"א דוקא של יין שהוא מרגיל לדבר עבירה · [illegible]

חדושי הגהות

ו ובספר היראה כתב וז"ל ואסור לתת בפני בעלה קיתון של מים וכלים שירחוץ בהן רגליו אע"פ שאינה נוגעת בו מפני שהוא דרך חיבה ע"כ צ"ל לענ"ד : ז בשאלתות פ' אחרי סי' צ"ו ברם צריך ג' : ח וכבי תניא במס' כלה כצ"ל : ט ד"א מפני שיצרו רבה עליו כצ"ל : י דקא שתו כולהו מההוא כסא כצ"ל

קצו א ק"ק הא אין נעשית זבה בב' ימים ואי מיירי בזה"ז דמחזקין אותה כזבה אפי' בראיה אחת הו"ל דנקט יום א' [illegible] וכתב הרשב"א בחקר עצמה

כל אחד ואחד בבגדו ואין נוגעים זה בזה כתב א"א הרא"ש ז"ל בתשובה שאם הוא חולה ואשתו נידה ואין לו מי שישמשנו זולתה (מ) מותרת לשמשו רק שתזהר ביותר מהרחצת פניו ידיו ורגליו והצעת המטה בפניו (ט) [כ] ולא יסתכל אפילו בעקיבה ולא בכל המקומות המכוסות בה וראוי לה שתייחד בגדים לימי נידותה כדי שיהיו שניהם זוכרים תמיד שהיא נדה ובקושי התירו לה להתקשט בימי נירותה אלא כדי שלא תתגנה על בעלה כל מלאכות

אבל עגלה כיון דדרך בני אדם נכרים להתקבץ ולשכור עגלה לילך בה מעיר לעיר תו לא הוי דרך חבה אחנס ללכת עם אשתו נדה בעגלה דרך טיול לגנות ולכרמים וכה"ג לא כרירנא להתיר עכ"ל (ה) ואני מצאתי כתוב בשם ספר אגודה יכול האיש לישב עם אשתו בקרון או בספינה ואפילו הספינה קטנה המתנדנדת או ע"ג ספסל רק שיפסיק שום אדם ביניהם או תיבה או שום דבר אחר עכ"ל וחומרא זו דישיבת ספסל שמעתי שנוהגי' בה האשכנזים אבל הספרדים לא נהגו בה: כתב המרדכי פ"ק דשבת הר"ת כתב דצריך ליזהר אם יש ב' מטות ורגלי אחת נוגע בחברתה שלא ישכב הוא באחד ואשתו נדה באחרת אם לא ישימו הפסק בנתיים עכ"ל ומדין ספסל דכסמוך וגם מדין דהר"ס משמע דליתא להא דכתוב בספר רבינו ירוחם בשם הרשב"ן על הא דאסור לישן על המטה אפילו כל אחד בבגדו ואין נוגעים זה בזה דיש לחלק בזה אם המטה היא רחבה ואינם מתקרבים זה לזה ודאי מותר שלא אסרו אלא קריבה אבל זה אינו אלא ייחוד ומותר ובלבד שתישן בכלי מלא מיוחד לה והוא בכלי מלא מיוחד לו עכ"ל:

כתב א"א הרא"ש ז"ל בתשובה שאם הוא חולה ואשתו נדה ואין לו מי שישמשנו זולתה וכו' וז"ל הרא"ש בתשובה רק שתזהר ביותר שתוכל מהרחצת פניו ידיו ורגליו והצעת המטה לפניו דמאחר שאין לו זולתה א"א שלא תשמשנו ע"כ ונראה בהדיא דכל היכא דאיכא מי שישמשנו אפילו ע"י הדחק לא שרינן לה לשמשו כלל ואיכא למידק מאחר שהוא כותב שתזהר מהרחצת פניו והצעת המטה מאי ניהו שאר תשמישים שהיא אסורה לעשות לו אם היה לו מי שישמשנו הא כל מלאכות שהאשה עושה לבעלה נדה עושה לבעלה חוץ מג' הנך תרי ומזיגת הכוס ואיפשר דמזיגת הכוס בלבד הוא דקא שרי לה מפני שאין לו מי שישמשנו אלא דלישנא דמותר לשמשו לא משמע דליהוי משום תשמיש חד לחודיה ואיפשר דמשום דהרחצת פניו והצעת המטה נמי שרו היכא דאי אפשר בענין אחר וכדדייק לישנא דתזהר ביותר שתוכל אלא דלפי זה לא הו"ל לרבינו להשמיט מזיגת שתוכל ושמא י"ל דשאר תשמישים דקא שרו לה אם אין לו מי שישמשנו היינו להושיט מידו לידה כל דבר וכ"כ שהיה מפרש מה"ר איסרלן שכתב בת"ה על אשה חולה שאסור לבעלה ליגע בה כדי לשמשה כגון להקימה ולהשכיבה ולסומכה ואע"ג דכתב ביורה דעה דאשירי כתב בתשובה ואם הוא חולה ואין לו מי שישמשנו זולתה מותרת לשמשו נוכל לומר דר"ל שימוש בלא נגיעה כגון להושיט לו דבר מידו לידה וכן שאר שמושים שהם בנגיעה ע"י ד"א ואפילו את"ל דר"ל כגון להקימו ולהשכיבו ולסומכו ומשום דלאו מילי דחבה נינהו כהרחצת פניו והצעת המטה בפניו אלא מילי דעבדות נינהו מ"מ אין ללמוד היתר לנדון דידן די"ל דוקא כשהוא חולה והיא בריאה שרי כיון דחולה הוא ליכא למיחש להרגל עבירה דאין יצרו מתגבר עליו מפני תשש כחו אבל כשהיא חולה והוא בריא איכא למיחש להרגל עבירה שמא יתגבר יצרו עליו ויפייסנה (ו) רבינו ירוחם כתב בשם הגאונים מי שהוא חולה ואשתו נדה לא תרחץ פניו ידיו ורגליו ולא תציע לו את המטה ושאר המלאכות מותרת לעשות עכ"ל ומשמע דהני ג' מלאכות לא משתרו בשום גוונא כלל אפי' אין לו מי שישמשנו ומ"מ מ"ש ושאר המלאכות מותרות איני יודע מה בא ללמד דהא אפילו הוא בריא הוו שרו שאר מלאכות דאם להתיר מזיגת הכוס לא הו"ל שאר המלאכות בלשון רבים: וכתב עוד בתרומת הדשן בשם גדול אחד דאשה חולה ובעלה רופא אסיר למשש לה הדפק ונראה מדבריו שאפילו כשאין רופא זולתו אסור וגם בתשובת להרמב"ן סימן קכ"ז אסור לבעל למשש דפק אשתו נדה ואע"פ שלשון השאלה היה בשיש שם רופאים אחרים אלא דבעלה ניחא לה משום דמזומן תדיר נראה דלמאי דאסר ל"ש לן בין יש שם רופאים אחרים לאינם ומיהו אם החולי מסוכן ואין שם רופאים משמע קצת מדבריו דשרי משום פקוח נפש אלא דאיכא למימר דלטעמיה אזיל דסבר דנגיעת נדה אינה אסורה אלא מדרבנן אבל להרמב"ם דנגיעת ערוה אסורה מן התורה הכא אף על פי שיש בו פקוח נפש איפשר דאסור משום דהוי אביזרא דג"ע וג"ע (ז):

ולא יסתכל בעקבה ולא במקומות המכוסות ממנה בפ"ב דנדרים (כ.) המסתכל בעקבה של אשה הויין ליה בנים שאינם מהוגנים אמר רב יוסף ובאשתו נדה ואע"ג דאמר ר"ל התם מאי עקבה מקום התורף כלומר שהעקב מכוון כנגד מקום התורף משמע לרבינו דכל מקומות המכוסים שבה הוו בכלל מקום התורף וכ"כ הרשב"א בת"ה דמן העקב נלמוד לכל מקום מכוסה שבה ומ"מ משמע דבשאר מקומות שאין דרך לכסותן מותר להסתכל בהן וכן נראה ממה שהתירו לה להתקשט בימי נדותה כדי שלא תתגנה על בעלה וממ"ש הרמב"ם בפכ"א מהא"ב מותר אדם להביט באשתו נדה ואע"פ שהיא ערוה ואע"פ שיש לו הנאה לב ממנה בראייה הואיל והיא מותרת לו לאחר זמן אינו בא לידי מכשול אבל לא ישחק ולא יקל ראש עמה שמא ירגיל לעבירה ע"כ: **וראוי** לה שתייחד בגדים לימי נדותה וכו' כן נראה ממה שפרש"י בפ' המדיר (עב.) ובפ' יוחסין (ס.) אהא דאמר רב יהודה הוחזקה נדה בשכנותיה בעלה לוקה עליה הוחזקה נדה בשכנותיה שראוה לובשת בגדי נדות: ומ"ש ובקושי התירו לה להתקשט בימי נדותה אלא כדי שלא תתגנה על בעלה בפ' במה אשה (סד:) תניא והדוה בנדתה זקנים הראשונים אמרו שלא תכחול ולא תפקוס ולא תתקשט בבגדי צבעונים עד שבא ר"ע ולימד א"כ אתה מגנה על בעלה ונמצא בעלה מגרשה אלא מה ת"ל והדוה בנדתה תהא עד שתבא במים וכתבה הרי"ף בפ"ב דשבועות וכ"פ הרמב"ם בפי"א מהא"ב: כל מלאכות שהאשה עושה לבעלה נדה עושה לבעלה חוץ ממזיגת הכוס וכו' בפרק אע"פ (ד' סא.) אמר רב הונא כל מלאכות שהאשה עושה לבעלה

נדה

בבגדו והיא בבגדה אסור אף אשתו נדה הוא בבגדו והיא בבגדה אסור והתוספות הקשו כיון דייחוד איסורא דאורייתא היא כדדרשינן מכי יסיתך אמאי שרינן לייחוד עם נדה ולא אסרינן ליה מהיקשא דאשת רעהו וכדאמרי בפ' א' ד"מ (דף ל"ז) סוגה בשושנים התורה העידה עלינו שאפילו כסוגה בשושנים לא יפרצו בהן פרצות והוא בבגדו והיא בבגדה דלא הוי אפילו כאשת איש אלא מדרבנן היכא דליכא ייחוד כגון דהפתח פתוח לר"ה אסרינן בנדה מהיקשא דאשת איש איפוך אנא וי"ל דמסתבר טפי לאסור הוא בבגדו והיא בבגדה לפי שמתקרבים ובהגין ומתחממין זה מזה ואפילו היכא דליכא ייחוד אסור עכ"ל וע"ש פ"ק דשבת ופרק אחד ד"מ. ולפ"ז מ"ש רבינו אפילו כ"א ואחד בבגדו ואין נוגעין זה בזה היינו לומר שאין נוגעין בקירוב בשר זה בזה אבל ודאי נוגעין זה בזה בבגדיהם ומתקרבין יחד ומתחממין זה בזה ולעיכך אסור אבל אם המטה רחבה ואינן מתקרבין זה לזה ודאי מותר מדינא וכמ"ש הר"ר ירוחם ומביאו ב"י מיהו לפי מ"ש המרדכי ע"ש הר"ס דאפילו בב' מטות צריך הפסקה בנתים כ"ש דיש להחמיר במטה אחת רחבה אפילו יש לכ"א מלא מיוחד וכ"כ ב"י וכ"פ בש"ע והכי נקטינן:

כתב א"א הרא"ש בתשובה שאם הוא חולה וכו' נראה דה"ק דכל מה שנדה אסורה לעשות לבעלה כגון להושיט לו חפץ מידו לידה או לשמשו לכל תשמישי גופו הצרת מנעל והנעלת מנעל ושאר תשמישים שהוא צריך מותרת לשמשו כשהוא חולה רק שתזהר ביותר מהרחצת פניו ידיו ורגליו פי' שתהיה זהירה שלא תשפך על ידיו אפילו הוא רוחץ והיא מוצקת וכן אפילו אינה מוצקת על ידיו אלא נותנת מים חמין בספל והיא רוחץ בספל הזהר שלא לעשות בפניו אם אפשר דומיא דהצעת מטה בפניו דאסור אע"פ שאינה נוגעת בו ותימה למה לא כתב הרא"ש תזהר ביותר במזיגת הכוס בפניו וי"ל דמזיגת הכוס יש לו היתר בקצת שינוי כגון להניח לפניו ביד שמאל או על הכר וכיוצא בו אבל הצעת המטה ורחיצת פניו אין להם היתר בשעושה בפניו ולכך כתב שתזהר מהם ביותר שתוכל להזהר ועי"ל דס"ל להרא"ש כמ"ש בהגהות מיימו' בשם רא"ס דלא בעינן שינוי אלא כששניהם יחד מזיגה והושטה אבל מזיגה או הושטה כ"א בלבד שרי אפי' בלא שינוי ועוד כתב שם דוקא מזיגה במים אבל מזיגה מן הכלי כמו שאנו עושים אין נראה בזה קירוב דעת וכו'. ועוד כתב הרשב"א דדוקא מזיגת היין אסור אבל שאר המשקים חוץ מן היין שרי וכמפורש כל זה בב"י ולכך לא כתב הרא"ש שתזהר ביותר רק מהצעת מטה בפניו והרחצת פניו ידיו ורגליו דאילו מזיגת הכוס אשכחן ליה היתירא טובא כדפרישית: כתב בסדר אליהו רבה דא"ל לאשתו של אותו תלמיד שמת הבאת לו את הפך שמא הבאת לו את השמן ונגע ביך א"ל ח"ו שלא היה מקפיד כ"א במאכל ומשתה ע"כ ומביאו בסה"ת סימן פ"ט וז"ל בקצר אסור ליגע באשתו כל ימי נדתה אפי' באצבע קטנה ויש נזהרין אפילו להושיט לה שום דבר ולכל הפחות דבר מאכל ומשתה וטוב ונכון ליזהר שלא יושיט מידו לידה עכ"ל. ולפי זה נראה נכון דהרא"ש בתשובה ה"ק אע"ג דבבריאה במאכל ומשתה נכון ליזהר כמו בהרחצת פניו ידיו ורגליו והצעת המטה מ"מ בחולה מותרת לשמשו בכל הושטת הדברים שהוא צריך ובכל תשמישין ואפי' במאכל ומשתה רק שתזהר ביותר מהרחצת פניו וכו' דכיון שהזכירו אותם בגמ' להדיא לאיסור יש להזהר בהם ביותר: **ולא** יסתכל אפי' בעקבה וכו' סוף פרק שני דנדרים כל המסתכל בעקבה של אשה הויין לו בנים שאינן מהוגנים א"ר יוסף ובאשתו נדה ארשב"ל עקבה דקתני במקום הטנופות שהוא מכוון כנגד העקב ונראה דקשיא ליה לרשב"ל אמאי נקט עקבה טפי משאר מקומות המכוסים בה. ותו דאמאי נענש כל כך דהויין לו בנים שאינן מהוגנים ולכך קאמר דעקבה דקתני אינו עקבה ממש אלא מקום הטנופת היא ולכן הויין לו בנים שאינן מהוגנין אבל לענין איסורא אפילו עקבה ממש אסור להסתכל בו וכ"ש שאר מקומות המכוסים בה דההסתכלות בהם מביא לידי הרגל עבירה טפי מעקבה וזהו שכתב רבינו ולא יסתכל אפילו בעקבה וכו' ודו"ק: **כל** מלאכות שהאשה עושה לבעלה וכו'. בפרק אע"פ (דף ס"א) מצאתי כתוב

נדרשות

דרכי משה

הכוס לכלי אחר ויחזור וישפכנו כדלעיל וכתב בקונטרס של הלכות נדה ת"ה באכילה דינא נמי הכי וכתב שם דאם הלכה האשה לאתר ששתתה או אכלה מותר הבעל לאכול או לשתות ממותר דאין כאן חיבה עכ"ל: (ח) ומשמע מדברי ת"ה דלא התיר אלא כשאינם נוגעים זה בזה אלא אחד יושב בפנים ואחר יושב לאחור מיהו לטייל אפי' בכה"ג אסור ובספר אגודה פרק התנוקת מצאתי בתשובה דבזמן הזה יכול האיש לישב עם האשה בקרון או בספינה ואפי' בספינה הנודדת רק שיפסיק אדם ביניהם או תיבה או שום דבר אחר עכ"ל: (ו), אמנם בשערי מדורא בהג"ה כתב דיש מתירין אפי' היא חולה עכ"ל ואני מצאתי ההג"ה במרדכי פ"ק דשבת שכתבה וז"ל כתב הר"ם אותן שנזהרין ליגע בנשותיהן נדות כשהן חולות שזהו חסידות של שטות מפי הר"ר טוביה מפראג עכ"ל ההג"ה שם: (ז) ע"ל סי' קנ"ז מדין זה:

וכבר

פרישה

נגיעות וכו (מרדכי פ"ק דשבת) רמ"א: מ) מותרת לשמשו רק שתזהר ביותר בהרחצת פני' כו' ואע"ת מכו מותרת כשהיא אסורה באלו וי"ל כגון מזיגת הכוס וגם הושטה מיד ליד ועיין בת"ה דמשמע משם דשרי גם כן להקימו ולהשכיבו ולסמכו והחמיר יותר כשהיא חולה שאשה ישמשה שילר שאיש תקפו עליו מכשהוא חולה עיין בב"י שמביאו (וכד"מ אמנם בש"ד בהג"ה כתב דיש מתירין אפילו היא חולה. והג"ה במרדכי פ"ק דשבת כתב וז"ל כתב הר"ם אותן שנזהרים מליגע בנשותיהן נדות כשהן חולות שזהו חסידות של שטות מפי ה"ר טוביה עכ"ה וכתב רמ"א בש"ע וכן נוהגין אם אין לה מי שישמשנה וצריכה הרבה לכך מותר עכ"ה) ורבינו כתב לקמן בסי' של"ה דאיש חולה מעים משמשתו אשה אבל לא איפכא ובסימן שכ"ב כתב אשה כורכת איש אבל לא איפכא ע"ש: (ט) ולא יסתכל אפי' בעקבה ולא בכל המקומות כו' עיין בדרישה:

או

דרישה

ממנו כיון שנשתנה בשפורק מכלי אל כלי ואם שתה שלא בפניו אינה צריכה להגיד לו אלא מניחתו לשתות שאין כאן חיבה מהר"ס. נמצא בשם רש"י שאוסרין לישב יחד בספסל א' התלוש מ"ק. ובתוספת בהלכות נדה וסימנא בעלמא הוא. אשה בימי נדתה אין לה ללבוש בגדים נאים ולא לפרוק שערה ולא למחוך לפרניה וגם אין לה להזכיר השם בימי נדתה. אמר הר"מ שבימי נדותה (דהיינו בימי ראייתה כ"כ רמ"א עכ"ל) אין לה לילך לבה"כ אלא תעמוד מבחוץ ותתפלל מבחוץ (ומהרא"י בפסקיו סימן קל"ב התיר לילך לב"ה בימים נוראים וכה"ג שרבות מתאספות לב"ה לשמוע תפלה וקריאה כי הוא עצבון גדול שבכל מתאספין והן יעמדו בחוץ וכ"כ רמ"א. ע"ל סימן רפ"ב שם כתב רבינו דאפילו נדות מותרין לאחוז בס"ת ולקרות בו וכ"ש שלא יהי ידיהן מטונפות או מלוכלכות וכהגה ש"ד דיש נשים נמנעות ויפה הן עושות עכ"ה). רבים נוהגין ומקילין בימי ליבונה ושותין בכלי אחד שטות ואיסור גמור ע"ש גם שאלתי פי הר"מ אם יש למצא שום היתר והשיב שאין נידנוד ושום היתר להסתפק בוס דהר"מ מ"ו. עוד ראיתי שטות גדול מוס כשמכתמים בשר למתיכות קטנות אוכלין בקערה אחת הוא נוטל מתיכה אחת והיא נוטלת אחת עד גמר אכילה ושיבוש גדול היא דפשיטא דמשיב אכילה. והאנשים שאוכלין עם נשותיהן בימי ליבונה שלא ירגישו בני הבית שיבוש הוא לעבור על דברי חכמים ונתקבלו כל הקהילות וכתבו חרם ע"ז דהר"מ מ"ו: [כ] ולא יסתכל אפי' בעקיבה ולא בכל המקומות כו' הא דכתב אפי' בעקיבה גם המרדכי בלשונו דהו"ל למכתב בקיצור ולא יסתכל בכל המקומות המכוסים בה נלע"ד

דרבינו

חדושי הגהות

ע"ג מטתה אע"פ שאינה בבית עכ"ל ושוק חזי מאן גברא דססייען והרבה פעמים מצינו שהשור דרך בעקבות הספר הזה (עיין בא"ח בב"י סוף סימן ג' ד"ה ואחר וכו') ולכן הדין עם הרב"י: ד כלל כ"ש דין ו': ה סימן רנ"ב:

ובספר

[א] ולא יאכל עמה על השולחן ואצ"ל בקערה א' ודוקא בימים הראשוני' שהיו להן שלחנות קטנות כל אחד לבד על שולחנו אבל האידנא שרגילין רבים לאכול על שולחן אחד מותר ובלבד שיעשו שום היכר כגון שפירש לו מפה לבד או יתן שום דבר ביניהם להיכר (ד) כגון קנקן או ככר וכיוצא בו (ס) ומותרין לשתות זה אחר זה בכוס אחד וכתב בס"ה (ו) ונוהגין להפסיק אדם אחר ביניהם ולא ישב במטה המיוחדת לה אפי' שלא בפניה ואצ"ל שלא ישן עמה במטה (ו) אפי' כל

מושטה מידה לידו ודלא כפי' הרא"ש בפרק אע"פ וכך מבואר מדברי התוספות בפ' אע"פ למדקדק בס והיינו בימי ליבונה שבימיהם אבל בזמן הזה ל"מ דהושטה אפי' ע"י שינוי אסור מידו לידה ומידה לידו ואפי' בדבר ארוך כמ"ש ה"ר ירוחם ומביאו ב"י אלא אפי' זריקה נמי אסור וכ"ש להרא"ש דמפרש הך דמתלפא בידה דשמאלא שהיתה מוזגת המים כיין ביד שמאל ומנחת הכוס על השולחן אבל הושיט חפץ לידו מזהר וזהירי כולי עלמא אין כאן ראיה להתיר להושיט הלכך אפילו על ידי זריקה אסור כיון דלא אשכחנא היתירא בשום הושטה בעולם והכי נקטינן:

ולא יאכל עמה על השלחן פי' אפילו כל אחד אוכל מקערה שלו ואצ"ל בקערה אחת דאף כשאוכלין על שלחן אחד ביחד כ"א מקערה שלו איכא חיבה כיון שאין זולתן מבני בית אוכלין עמהן ומ"ש ודוקא בימים הראשונים וכו' דקשיא לכאורה מ"ש נפקותא איכא לדידן במה שהיה בימים הראשונים אבל לתא דפריש' ניחא דאתא לאורויי דאף לדידן דומיא דימים הראשונים דהיינו דאחרים אין אוכלין על אותו שלחן אלא על שלחן אחר אסור וכ"כ הרא"ש בפרק קמא דשבת וכ"כ הר"ן לשם ע"ש הראב"ד בספר בעלי נפש והביא ראיה ברורה מהסוגיא ע"ש ומשמע לי דלדידהו אע"פ דהיה רגיל לאכול עמה בקערה אחת כשהיא טהורה ועכשיו אוכל כ"א מקערה שלו נמי אסור כשאוכלין על שלחן אחד ובני בית אוכלין על שלחן אחר דבעינן דליהוי היכירא להרחקה בשעה שאוכלין הן לבדן על השולחן כגון שכ"א אוכל על מפה בפני עצמה אבל על מפה אחת אסור אע"פ שכ"א אוכל מקערה שלו דזה רגילות הוא שכ"א יש לו קערה מיוחדת ואין ניכר הרחקה כל כך אע"פ שרגילין לאכול מקערה אחת כשהיא טהורה ואע"פ שבהגה' אשיר"י פ"ק דשבת מיקל בזה ע"ש ר"י וכ"כ בהגה"ת אלפסי פ"ק דשבת במרדכי ד"ג (דף ק"ע) והרב בהגהת ש"ע נמי כתב דכן נוהגין נ"ל דדברי המחמירין עיקר וב"י כתב נ"כ והכי נהוג עלמא לאיסור על שלחן אחד אלא ע"י היכר מפה וקנקן וכו' ועוד נ"ל עיקר דאף ר"י בהגה"ת אשיר"י והרב בהג"ה ש"ע שכתב שכן נוהגין להקל אפילו בלא שום היכר מפה וקנקן אינו אלא כשגם בני הבית אוכלין עמהם על שולחן אחד ביחד התם הוא דשרי כשהיא אוכלת מקערה שלה אע"פ שאוכלין על מפה אחד בלא שום היכר אבל כשבני בית אוכלין על שלחן אחר והאיש והאשה אוכלין בלבדן על שולחן אחד כל אחד מקערה שלו אסור אפי' היה רגיל לאכול עמה בקערה אחת כשהיא טהורה ואף ר"י מודה בזה דאסור אם לא בהיכר מפה וקנקן: עוד מצאתי בהג"ה וז"ל ראיתי כשמנתחין בשר לחתיכות קטנות אוכלין בקערה אחת הוא נוטל חתיכה אחת והיא נוטלת אחת עד גמר אכילה ושבוש גדול פשיטא דחשוב אכילה יחד דהר"מ:

ומותרים לשתות זה אחר זה בכוס אחד כ"כ בסמ"ק וז"ל ואין קפידא לשתות בכוס אחד אחרי שהם שותים בזה אחר זה ונהגו העולם להפסיק באדם אחר עכ"ל מספר מדוייק ונראה דהא פשיטא דאין שניהם שותים מכוס אחד ביחד אלא בזה אחר זה אלא לפי דיש אוסרים כדמוכח מהך עובדא דתנא דבי אליהו דאמרה אכל עמי ושתה עמי וכו' ועל כל דבריה השיב לה ברוך המקום שהרגו משמע שעל כל אלה נענש דאל"כ למה הזכיר אותו בגמר' וכדכתב בהגה"ה מיימוני פי"א דביאה ומביאו ב"י ולפי זה ודאי דלא נקרא שתה עמי ואסור אלא כשזה שותה קצת מחה שבכוס וזו שותה הנשאר בכוס אבל כשזה שותהו כולו ואח"כ חוזרים וממלאים אותו ושותהו האשה או איפכא אע"פ שמכוס אחד שניהם שותים פשיטא דשרי וכדי לחלוק על סברא זו דמחמירין כתב דמותרין לשתות זה אחר זה בכוס אחד פי' אף על פי דשני שותה מה שנשאר בכוס אין קפידא ושרי וס"ל דלא היה נענש אותו תלמיד על מה ששתה עמה אלא על הדברים אחרים נענש ולא הוזכר בגמר' אלא שכך היה המעשה שספרה האשה וכ"כ התום' פ"ק דשבת וז"ל ומהכא דקאמר אכל עמי ושתה עמי יכול להיות שלא הקפיד אלא על השכיבה עכ"ל. פי' לא הקפיד לומר ברוך המקום שהרגו: ומיהו נראה דהעיקר כמ"ש בהג"ה מיימוני להחמיר אם לא שהפסיק אדם אחר ביניהם כמ"ש הסמ"ק דנוהגים להפסיק אדם א' ביניהם דבזה שרי לד"ה דאינו נקרא שתה עמה כיון דהפסיק אדם אחר ביניהם וכן כשהורק המשקה ששתה מכלי אחר נמי שרי כדכתב בהג"ה מיימונית:

ולא ישב במטה וכו' כך היתה נוסחת ב"י ותימה מנ"ל לרבינו דלא ישב דהרא"ש בפרק התינוקת לא כתב ע"ש הראב"ד אלא שלא ישן וכ"כ רבינו לעיל סוף סימן קצ"ג ונ"ל דט"ס הוא וצ"ל ולא ישן וכס"א כתוב ולא ישכב והיא הגירסא הנכונה וכ"כ בת"ה דדוקא לישכב שם ולישן כשפושט בגדיו הוא דאסור אבל ישיבה בעלמא כשהוא לבוש בגדיו אין בו איסור שלא בפניה כנ"ל ודלא כמ"ש בש"ע לא ישב במטה וכו': מצאתי בהגהת סמ"ק ישן מהר"ר פרץ שכתב אשה נדה יכולה לישכב אסדיני בעלה ונזהרות מסדינים ששכב עליהן איש אחר פן תתעבר מש"ז של אחר ואמאי איכא חוששת פן תתעבר בנדותה מש"ז של בעלה ויהא הולד בן הנדה והשיב כיון דאין כאן ביאת איסור הולד כשר לגמרי אפילו תתעבר מש"ז של אחר כי הלא בן סירא כשר היה אלא דמש"ז של איש אחר קפדינן אהבחנה גזרה שמא ישא אחותו מאביו כדאיתא ביבמות עכ"ל:

ומ"ש ואצ"ל שלא ישן עמה במטה ואפי' כ"א ואח' בבגדו ואין נוגעין זה בזה בעיא דאיפשיטא פ"ק דשבת (דף י"ג) מדכתיב ואת אשת רעהו לא טמא ואל אשת נדה לא קרב מקיש אשת נדה לאשת רעהו מה אשת רעהו הוא בבגדו

ומ"ש ולא יאכל עמה על השולחן בפ"ק דשבת (יא ·) תנן לא יאכל הזב עם הזבה מפני הרגל עבירה כלומר דאע"פ שהוא זב דשוב אין לו להקפיד מלינע בזבה משום טומאה שכבר הוא טמא עכ"ז לא יאכל עם אשתו זבה מפני הרגל עבירה ומדברי הרמב"ם בפי"א מהא"ב נראה דדוקא בקערה אחת הוא דאסור וכתב עליו הראב"ד אנו נוהגים אפילו על שולחן אחד וכ"כ א רב אחא עד כאן וכתב ה"ה שכן דעת הרמב"ן והרשב"א דאפי' על השולחן קתני דאסור וכתבו דבפריסת מפה על השולחן להיכר סגי ויש מקילין כדברי רבינו ע"כ (ב) והר"ן כתב שכדברי הרמב"ן והרשב"א משמע בברייתא בגמרא (יג) דאפילו על השלחן אסור ומיהו אם הפריסה מפה אחרת לעלמא מותר דהא איכא היכירא וזה לשון הרא"ש שם ומה שרגילין עכשיו לאכול עם אשתו נדה בשולחן אחד לפי שבימיהם היו רגילין לאכול כל אחד לבדו על שולחן קטן וכשאשתו עמו על שולחן קטן נראה דרך חבה אבל האידנא שכל בני הבית אוכלים על שלחן אחד אינו דרך חבה ויש שעושים היכר ביניהם והוי כמו שנים שאוכלים יחד זה בשר וזה גבינה עכ"ל ורבינו ירוחם (נתיב כ"ו ח"ד) כתב יש שנהגו לעשות היכר בינו לבינה כמו ב' האוכלים א' בשר וא' גבינה או בשתי מפות או ליכפול המפה ויש מתירים שתשנה היא ולא תשב במקומה ע"כ (ג) והגמיי' בפי"א בשם סמ"ג וסה"ת כתב כדברי הרמב"ן והרשב"א והר"ן וז"ל אסור לבעל לאכול עמה על השולחן אא"כ יש שום שינוי לחם או קנקן בין קערה שלו לקערה שלה תדמדמי להו כפ"ק דשבת לב' בנ"א שמכירים זה את זה שאסורי' לאכול על שולחן א' זה בשר וזה גבינה אא"כ יש הפסק ושינוי ביניהם להיכרא ע"כ והכי נהוג עלמא:

ומ"ש ומותרים לשתות זה אחר זה בכוס א' כ"כ בסמ"ק וזה לשונו ואין קפידא לשתות בכוס א' אחר שהם רגילין לשתות בזה אחר זה וגם הרמב"ם והרשב"א והרא"ש ורבינו ירוחם וסמ"ג וסה"ת מתירים שהרי לא הזכירו שום איסור בדבר כלל וגם המרדכי כתב בפ"ב דשבועות א"ר אבי"ה נדה ששתת בכוס ונשאר בו קצת הלכה קבלתי מרבותי להיתר דאין זה שותה עמה ממש דבאכילה ושתיה אין קרובי ביאה יותר מהלעת המטה דשריא שלא בפניו עכ"ל ומ"ש רבינו בשם סה"ת הוא בסמ"ג והגמיי' כתב בפי"א מהא"ב כלשון הזה אפילו לשתות ממשקה שבכלי ששתה ממנו כתב רא"ם דאסור כדמשמע התם גבי עובדא דתנא דבי אליהו דאמרה אכל עמי ושתה עמי וכו' על כל דבריה השיב לה ב ברוך המקום שעקרו משמע שעל כל אלה נענש דאל"כ למה הזכיר אותו בגמרא אבל אם הורק זה המשקה ששתה מכלי זה לכלי אחר אפילו הוחזר לכלי ראשון מותר לו לשתות ממנו אחר שנשתנה כשהורק מכלי לכלי וכן אם שתה הוא תחלה היא מותרת לשתות אחריו דלא יאכל הזב עם הזבה תנן וה"ה לא ישתה לא תאכל ולא תשתה לא תנן ואם שתתה והוא אינו יודע נראה שא"צ להגיד לו אלא מניחתו לשתות שאין כאן חיבה כלל עכ"ל הר"ת ז"ל עכ"ל הגהות וכ"כ ג"כ המרדכי בפ"ק דשבת וכן נוהגי' העולם שלא לשתות משיורי הכוס ששתתה הנדה · ואנו נוהגים או להדיח הכוס בין שתיה דידה לשתיה דידיה ומנהג כשר הוא (ד) ומשמע דטעמא דמילתא דלא קפדינן אלא שלא ישתה הוא אחריה כדי שלא יבא ליתן לבו עליה ויבא לידי הרגל דבר אבל לשתות היא אחריו לית לן בה דאיהי לא מרגלא ליה וכן נראה מדברי הר"ת שאכתוב בסוף סימן זה: ב"ה כתוב בא"ח ובקערה לאכול זה מה שהותיר זה מותר:

ומ"ש ולא ישב במטה המיוחדת לה ז"ל הרשב"א כ' הר"א מדברי רבינו האי גאון ז"ל נראה שאסור לישן על מטתה אפילו אינה עמו במטה מפני הרגל עבירה · ונראין הדברים שאפילו להציע מטתו בפניו אסור משום הרגל עבירה · ונראין הדברים שאפילו להציע מטתו בפניו אסור משום הרגל עבירה לשכב על מטתה ממש שיש הרגל יותר לא כל שכן ע"כ וכ"כ ה"ה בשמו ובשם הרמב"ן וגם הגהות כ"כ בשם הרמב"ן וכבר כתבתי לשון הראב"ד בארוכה בסימן קצ"ג כמו שכתבה הרא"ש בפרק תנוקת וכתב רבינו דאסור אפילו שלא בפניה דהרהור איכא אפילו שלא בפניה ואע"ג דהראב"ד לא אסר אלא לישן על מטתה משמע לרבינו דה"ה דאסור ג לישב עליה דבישיבה עליה נמי איכא הרהור ומלד הרהור יבא לידי הרגל עבירה: ומ"ש ואין צ"ל שלא יישן עמה על המטה ואפילו כל אחד ואחד בבגדו ואין נוגעים זה בזה בעיא דאיפשיטא בפ"ק דשבת (שם) וכתב המרדכי פ"ק דשבת בשם ספת פענח כתב בשם רש"י שאסור לו לישב על כסא ארוך אשר אשתו נדה יושבת עליו וכתוב על זה בתה"ד (סימן רנ"א) ובהלכות נדה כתב עליה דהוראה זו חומרא בעלמא היא וכתב ששמע שאחד מהגדולים היה נוהג להתיר לישב יחד על הספסל כשהוא מחובר בכותלי הבית כמו באצטבאות דאין לאסור אלא כשהספסל תלוש: ב"ה וז"ל א"ח אסור לישב בספסל שהיא יושבת אם אינו קבוע שלא תוכל לנענע אנה ואנה ויש מתירין אם ישב אדם ביניהם עכ"ל:

וכתוב עוד בתרומת הדשן דלילך בעגלה עם אשתו נדה מותר אפילו אין בעגלה אלא האיש ואשתו וגם העגלה שלהם דלאו דרך חבה הוא כמו ישיבת ספסל דשאני התם שדרך אוהבים להתקבץ יחד ולהתוועד בכהאי גוונא אבל

דרכי משה

(ב) ובמדינות האלו הוא המנהג בכל מקום שראיתי שאוכלת עמו על שולחן אחד אבל לא בקערה אחת: (ג) מצאתי הג"ה באלפס מסכת שבת בשם ר"י אם רגילין יחד כשהיא טהורה לאכול שתיהם בקערה אחת אז בנידותיה יש שינוי שאוכלת בקערה אחת לבדה אבל אם רגילה כשהיא טהורה לאכול בקערה לבדה אז צריך לאכול בשלחן אחר לעשות היכר בימי נידותה ע"כ. וכ"ה בהג"ה אשר"י (בשם ר"י) הכי וכתב שם דאם הלכה אשה לאחר ששתה או אכלה מותר לבעל לאכול או לשתות המותר ממה ששתה או ממה שאכלתה דאין כאן חיבה לבעל עכ"ל: (ד) ומנהגינו כדעת ספר המצות להפסיק אדם אחר ביניהם ולא מצריכין לכוס הדחה ואפי' אי ליכא אדם אחר שיפסיק מ"מ יורק הכוס

דרישה

סי' קצה [א] לא יאכל הזב עם הזבה מכאן שאם שתה האיש אשתו שותה אחריו דלא יאכל תנן ה"ה לא ישתה אבל לא תאכל ולא תשתה לא תנן ואם שתה זה בפני זה וסריקן בכוס אחר שרי מ"מ בפ"ק דשבת ואפי' מור וסריקו לכלי ראשון מותר לו לשתות ממנו

פרישה

וכ"כ רמ"א ול"נ מדאצטריך לאסור לקמן ליצוק לו מים לרחוץ פניו ידיו ורגליו אפילו אינה נוגעת בו משמע דרבינו סובר שהוא דוקא דבר של חיבה אבל שאר וריקות שאינם של חיבה מותר ועד"ר סעיף י"א עכ"ה): (ד) כגון קנקן או ככר ע"ל סימן פ"ח דשם כתבתי בהפסק שצריך לעשות בבעלות גבינה ובשר על שלחן אחד בככר או קנקן דהיינו דוקא כשאינן אוכלין מאותו ככר או

שותין מאותו קנקן והכ"כ בוס דכוותיה דמר דינא אית להו: (ס) ומותרין לשתות זה אחר זה בכוס א' עיין בב"י שמביא הגהות מיימוני דסוברים דיקא כשהוא שותה תחלה אבל לא היא: (ו) ונוהגין להפסיק אדם אחר ביניהן וכ"ה דאסור לאכול משיורי מאכלה (ואם הלכה האשה לאחר ששתתה או אכלה מותר לבעל לאכול או לשתות המותר דאין כאן חבה כ"כ בקונטרס נוגעות של כל' נדה ד"מ עכ"ס) רמ"א: (ו) אפילו כל אחד ואחד בבגדו ואפי' בשני מטות אסורות אם

חדושי הגהות

קצה א בשאלתות פ' אחרי סי' צ"ו בד"ה ברם צריך שפחה וכו': ב בגמרא איתא ברוך המקום שהרגו: ג הב"ח כ' שבתגם האריך הרב"י בזה דנוסחא מוטעת היה לפניו אבל הנכון כפי מ"ש בקצת נוסחאות ולא ישכב במקום ולא ישב דאל"כ קשיא כנ"ל יהטור לאסור בישיבה דהא לא מצינו איסור רק לישן ודלא כמ"ש בש"ע לא ישב וכו' ע"כ וכ"כ הש"ך ועי' ט"ז ולענ"ד רוח קדשו דבר בו שנוסחא הנכונה היתה לפני הרב"י שכן מצאתי להדיא בספר היראה להרב הגדול רבינו יונה ז"ל וח"ל ואסור לבעלה לישב ע"ג

ומ"ש שהוציא ידו או רגלו והחזירה ה"ז טמאה לידה וכו' כבר נתבאר בסמוך ודברי רבינו שם כפולים :
היולדת תאומים ושהה ולד אחר חבירו משילא הראשון טמאה לידה ולא האחרון מונין לו משעת יליאתו וכו' כ"כ הרשב"א בת"ה וז"ל היולדת תאומים מונין לה מן האחרון בין לימי טומאה בין לימי טהרה כילד ילדה נקבה קודם שקיעת החמה ונקבה אחרת לאחר שקיעת החמה מונין לה שבועים תולד שני וכן הדין לימי טוהר וה"ה ליולדת שני זכרים ילדה נקבה לפני שקיעת החמה חכר לאחר שקיעת החמה מונין לה מן הנקבה לפי שימי טומאה וימי טהרה של זכר נכללים בתוך ימי הנקבה ילדה נקבה קודם שקיעת החמה ונפל לאחר שקיעת החמה ואין ניכר אם זכר אם נקבה הולכים בשלו לחומרא ומונין לה שבועים מן הנפל שמא נקבה היא וימי טהרה מן הראשון שמא נפל זכר היה וכן הדין כשילדה זכר לפני שקיעת החמה ונפל לאחר שקיעת החמה מונה שבועים מן האחרון שמא נקבה היא וימי טהרה מן הזכר עכ"ל וכת"ה האריך הביא ראיה מס' ד' מחוסרי כפרה (ע :) גבי האשה שילדה ולדות הרבה : יוצא דופן אמו טהורה לגמרי מלידה ונדה וזיבה אפילו יצא דם עמו במסכת נדה ר"ם יוצא דופן (מ.) אין יושבין עליו ימי טומאה וימי טהרה ר"ש אומר הרי הוא כילוד ויודע דהלכה כת"ק ומפרש בגמרא (מא :) דטעמיה דת"ק משום דכתיב אשה כי תזריע וילדה עד שתלד ממקום שמזרעת וא"ר יוחנן דלד"ה אם לא יצא דם אלא דרך דופן היא טהורה משום דכתיב את מקורה הערה מלמד שאינה טמאה עד שילא מדוה דרך ערותה :

סוף סימן רס"ה : **הוציא** ידו או רגלו וכו' מימרא דרב הונא שם בהוציא את ידו. וכתב רבי' דה"ה רגלו כיש מרכוותא שכתבו הרשב"א דהורו בין ביד בין ברגל וכ"כ בקצר ואע"ג דרבינו כבר כתב בסמוך דמשילא אבר אחד טמאה לידה התם איירי במחותך וקאמר דבנחתך ממנו אבר אחד ולא לחוץ אמו טמאה לידה אבל כאן מדבר בשלם והוציא ידו והחזירה וקמ"ל דאפילו הכי טמאה לידה והכא דנחתך ממנו אבר ולא לחוץ דלעיל נלמד במכ"ש מהוציא ידו והחזירה דהכא דקאמר רב הונא דטמאה לידה והב"י כתב ודברי רבינו כפולים ולמאי דפרישית אינן כפולים אלא לא זו אף זו קאמר : היולדת תאומים וכו' כ"כ הרשב"א בת"ה והאריך בחלוקי דיניו ורבינו נקט בקצרה :

הוציא ראשו חוץ לפרוזדור הוציא ידו או רגלו והחזירה הרי זו טמאה לידה (לו) ואין נותנין לה ימי טהרה עד שיולד היולדת תאומים ושהה ולד אחר חברו משיצא הראשון טמאה לידה (לח) יצא האחרון מונין לו משעת יציאתו ואם היה הראשון ניכר מהו אם זכר או נקבה והשני אינו ניכר אם ולד או זכר או נקבה מונין לה שבועיים ימי טומאה מן השני שמא נקבה היה וימי טהרה מן הראשון · (לט) יוצא דרך דופן אמו טהורה לגמרי מלידה ונדה וזיבה אפי' יצא דם עמו :

קצה חייב אדם לפרוש מאשתו בימי טומאתה (א) עד שתספור ותטבול ולא מתשמיש לבד אלא בשום דבר לא יתקרב אליה (ב) אפילו בדברים אם מרגילים לערוה לא ידבר בהם עמה אבל מותר להתייחד עמה ולא יגע בה אפי' באצבע קטנה ולא יושיט מידו לידה שום דבר (ג) ולא יקבלנו מידה ולא

קצה חייב אדם לפרוש מאשתו בימי טומאתה עד שתספור ותטבול פי' אפי' לאחר שהפסיקה בטהרה וסופרת ז' נקיים דהיינו בימי ליבונה דינה כאילו היא עדיין רוא' דם עד שתספור כל ז' נקיים ותטבול אחריהם אז היא טהורה ולאפוקי מפרש"י בפ' אף ע"פ (דף ס"א) אהא דקאמר התם א"ר הונא כל מלאכות שהאשה עושה לבעלה נדה עושה לבעלה חוץ ממזיגת הכוס והצעת המטה והרחצת פניו ידיו ורגליו וקאמרינן תו ומזיגת הכים שמואל מיחלפא ליה דביתהו בידא דשמאלא ופירש רש"י מיחלפא ליה בימי ליבונה משמע דס"ל לרש"י שיש להקל בימי ליבונה מבימי נדותה וכדמשמע מפשטא דעובדא בתלמיד אחד שמת בחצי ימיו פ"ק דשבת (דף י"ג) דא"ל אליהו לאשתו בימי נדותך מה הוא אצליך א"ל ח"ו אפי' באצבע קטנה לא נגע בימי ליבונך מהו אצלך וכולי אלמא משמע דיש לחלק בין נדות לליבון והתוס' פ"ק דשבת והר"ן בפ' אע"פ כתב שרבינו חננאל פי' כפרש"י וכל הגדולים חלקו עליהם ופי' דעכשיו אין חלוק אלא דלפי שהיו רגילין בימי חכמי התלמוד לטבול אחר ז' לראייה כשפוסקת ולחזור ולטבול אחר שספרה ז' נקיים לכך שאל אליהו לאשתו דילמא היה מיקל בימי ליבונה דכיון שטבלה לאחר ז' לראייה שוב אינה אסורה אלא מדרבנן אבל בזמן הזה שאינן טובלין אלא לאחר ספירת ז' נקיים אין חלוק בין ימי נדות לימי ליבון כדאמר בפ' במה אשה (דף ס"ד) והדוה בנדתה בנדתה תהא עד שתבא במים והך דמחלפא בידא בשמאלא נמי אף בימי נדותה הוה מחלפא דאין חלוק בין ימי נדה לימי ליבון . וכך מלאתי בהגה"ה וז"ל רבים שוגים ומקילים בימי ליבונה ושותים בכלי אחד שטות ואיסור גמור עושין וגם שאלתי את פי הר"ם אם יש למצוא שום היתר והשיב שאין שום נדנוד היתר ולהסתפק בזה דהר"ח והכי נקטינן ודלא כמקלתן שנוהגין לאכול יחד מקערה אחת בימי לבון ואפשר שנסמכים על הגה"ה במרדכי פ"ק דשבת בדפוס גדול (דף ק"ע סוף ע"ב) שכתב לשם ע"ש ספר לפנת פענח שאחר ימי לבון ליכא הרגל עבירה וטוב הוא שיאכל עמה שתתרצה לטבול אם היא יכולה לטבול עכ"ל נראה דרצונו לומר דביום השביעי של ז' נקיים יאכל עמה כדי שתתרצה שתטבול לערב · ומה שאמר דליכא הרגל עברה רצונו לומר דאין לנו לחוש שמא יבא לשמש עמה ביום השביעי כיון שהיא טובלת לערב ליל ח' מיהו אף לפי זה טועין הן שמקילין לאכול יחד כל ימי ליבונה ואף ע"פ שמקלתן נזהרים שכשהוא מושיט ידו לתוך הקערה היא מושכת ידה מן הקערה וכן כשהיא מושטת ידה לתוך הקערה הוא מושך ידו מן הקערה מכל מקום כיון שלא נמצא היתר זה כתוב בספר אין לנו להקל מדעתינו ולכן יש לדרוש ברבים דאיסורא קא עבדי הני דאוכלין יחד מקערה אחת בימי ליבונה. וכן כתב בהגה"ת אשיר"י פרק קמא דשבת . והרב בהגהת ש"ע כתב סימן י"ד וז"ל ויש אומרים דאין להחמיר בימי ליבונה בענין איסור אכילה עמה בקערה וכן נוהגין להקל בזה ויש להחמיר עכ"ל ואיני יודע מי שמיקל בזמן הזה בימי ליבונה ואם נתכוון למה שכתב בהגה"ה סביב המרדכי בדפוס גדול שהבאתי הלא מפורש לשם דלא התיר אלא ביום השביעי כדי שתתרצה לטבול וגם זה סברא קלושה היא ואין שומעין ליחיד להתיר איסור המפורסם בכל החיבורים שמעולם · ומלאתי בהגה"ה ואנשים האוכלים עם נשותיהם בימי ליבונה שלא ירגישו בני הבית שיבוש הוא לעבור על דברי חכמים ונתקבלו כל הקהלות ונתנו חרם על זו דהר"ח עכ"ה : **ומ"ש** ולא מתשמיש לבד וכו' פירוש לא מיבעיא שאסור לשמש עמה אפילו טבלה לאחר ז' לראייה כיון שלא טבלה אחר ספירת ז' נקיים אלא בשום דבר לא יקרב אליה לא מיבעיא חבוק ונשוק אלא אפי' דברים בטלים המרגילים לערוה נמי אסור וכ"כ הרשב"א בת"ה דה"א באבות דר' נתן : **ומ"ש** ולא יגע בה באצבע קטנה פי' לא תימא דאינו אסור אלא חבוק ונשוק ודברים המרגילים לערוה אבל נגיעה בעלמא דאינו מרגיל לערוה ליה לן בה קמ"ל דאף נגיעה בעלמא אסור אפי' באצבע קטנה : ומ"ש ולא יושיט מידו לידה שום דבר וכו' כ"כ התוספות ע"ש רש"י והביא ראייה מדאמר ליה אליהו לאשתו של אותו תלמיד שמא הבאת לו את השמן שמא הבאת לו את הפך אלמא דאסור לה להושיט שום דבר מידה לידו · וה"ה מידו לידה אסור · ונראה דכיון דלפ"ז הוה קשיא ליה לרש"י הך דפרק אע"פ דקאמרינן שמואל מחלפא ליה דביתהו בידא דשמאלא דמשמע דהושיטה לו מידא דשמאלא לידו ושרי כיון דהושיטה על ידי שינוי בידה דשמאלא על כן פירש רש"י בימי ליבונה · וגם רש"י ז"ל ס"ל דבימי חכמי התלמוד היו טובלין שני פעמים טבילה אחת לאחר ז' לראייה וטבילה שנייה לאחר ספירת ז' נקיים ולפיכך שרי בימי ליבונה להושיט ע"י שינוי דיד שמאל אבל בזמן הזה שאינה טובלת אלא פעם אחת לאחר ספירת שבעה נקיים אסור להושיט אפי' ע"י שינוי ואפי' ע"י זריקה אסור וז"ל מהר"ם בתשובה סימן קל"ד ועל אותם הזורקים המפתח או מעות ביד נשותיהם בימי נדותיהם ראוי לגעור בהם דהא אמרינן בפרק אע"פ אביי מנחא ליה אפומא דכובא רבא אבי סדיא רב פפא מנחא ליה אשרשיפא והוא נוטל אח"כ אבל בזריקה לא אשכחנא דשרי ואפילו לשמואל דמיחלפא ליה דביתהו בידא דשמאלא ה"מ בימי ליבונה דבימיהם שטובלות לסוף ז' לנדות כדפי' ר"ת אבל בזמן הזה תהיה בנדתה עד שתבא במים אפי' בר ברוך עכ"ל · הנה מבואר כדפרי' לרש"י דהך דמחלפא ליה בידא דשמאלא היינו שהיתה מושיטה

קצה חייב אדם לפרוש מאשתו בימי טומאתה עד שתספור ותטבול כלומר דכל זמן שלא טבלה אפילו עברו כמה ימים שלא ראתה לעולם היא בטומאתה עד שתטבול ואין חילוק בין ימים שאינה רואה בהם לימים שהיא רואה בהם דכל שלא טבלה דין כל הימים שוה לכל הדברים כמו שאכתוב בתחלת סימן קצ"ז בס"ד וכ"פ הרשב"א וכתב שכן הוא דעת הר"א ודעת כל הגאונים וכ"כ הרמב"ם פי"א מהא"ב וכ"פ סמ"ג וכ"כ התוס' בפ"ק דשבת (יג :) ובפרק אף ע"פ (ס"א ·) וכ"כ הרא"ש בפרק אף על פי ודלא כר"ח ורש"י שפירשו דהא דאמרינן בפ' אע"פ שמואל מחלפא ליה דביתהו בימי לבונה ואין נראה דהא אמרי' בפרק במה אשה (סד :) הרי הוא בנדתה עד שתבא במים והא דאמר אליהו לאשת אותו תלמידי בימי לבוניך מהו אצליך לא משום שיש לחלק בין נדות ללבון אלא לפי שידע אליהו שכך היה המעשה שהיה מיקל בימי לבונה שאל לה כן ור"ת פירש שהיו רגילים לטבול שתי טבילות א' אחר ז' כשפוסקת קודם שתשב ז' נקיים דלא אסירא השתא אלא מדרבנן ולכך היה מיקל אותו תלמיד אבל האידנא שאין רגילין לטבול עד שתשב ז' נקיים אין חילוק בין ימי נדותה לימי ליבונה וכן כתב סה"ת : ומ"ש ולא מתשמיש לבד אלא בשום דבר לא יתקרב אליה אפילו בדברים מרגילים לערוה לא ידבר בהן עמה כ"כ הרמב"ם בפכ"א מהא"ב לא ישחק ולא יקל ראש עמה שמא ירגיל לעבירה וכתב הרשב"א דהכי איתא באבות דר' נתן (פ"ב) ואל אשה בנדת טומאתה לא תקרב יכול יחבקנה וינשקנה וידבר עמה דברים בטלים כלומר דברי הרגל ת"ל לא תקרב :
ומ"ש אבל מותר להתייחד עמה כך מפורש בפ"ק דכתובות (ד ·) דכשלא באה עליה מעולם הוא דאסור להתייחד עמה משום דתקיף ליה יצריה אבל כיון שבא עליה פעם אחת תו לא תקיף ליה יצריה : ומ"ש ולא יגע בה אפילו באצבע קטנה כ"כ הרמב"ם והרשב"א וכתבו התוספ' בפ"ק דשבת גבי עובדא דאותו תלמיד שקרא הרבה ושנה הרבה ומת בחצי ימיו וכו' דאיתא בסדר אליהו אמר לה שמא הבאת לו את השמן שמא הבאת לו את הפך ונגע ביד באצבע קטנה :
ומ"ש ולא יושיט מידו לידה שום דבר ולא יקבלנו מידה בפ"ק דשבת ובפרק אע"פ כתבו התוספות שרש"י היה נזהר בכך מדאמרינן בסדר אליהו בההוא עובדא דקרא ושנה הרבה ומת בחצי ימיו שא"ל אליהו שמא הבאת לו את השמן שמא הבאת לו את הפך וה"ה ז"ל כתבו דאין משם ראיה וכ"כ סמ"ג וסה"ת ואכתוב לשונם גבי כל מלאכות שאשה עושה לבעלה נדה עושה לבעלה והרא"ש בפרק אע"פ כתב דשפיר יש ראיה משם למנהג רש"י וה"ה בפכ"א מהלכות איסורי ביאה דקדק מלשון הרמב"ם שכתב שנדה אינה טותנת הכוס ביד בעלה משמע שאר דברים יכולה היא להושיט מידה לידו וכן דעת קצת מפרשים ויש מחמירים בכל דבר עכ"ל והרשב"א מן האוסרים שכתב וז"ל לא יושיט מידו לידה שום דבר שמא יגע בשרה וז"ל רבינו ירוחם העידו על רש"י שלא היה רוצה לתת מפתח מידו לידה וכן נכון להחמיר אפילו בדבר ארוך שמא לא יזהר בטוב ויגע בידה עכ"ל (א) : ומ"ש

מושיטה

דרכי משה

קצה (א) כתוב בבניסין זאב סימן קנ"ט ועל אותן המתירין לעצמן חורקין מפתח או דבר אחר מידו לידה וכו' ראוי לגעור בהן עכ"ל וכ"ה בש"ד בהגהות בשם מהר"ם ז"ל : ובמדינות

פרישה

מורה לימנות ימי טומאה וטהרה וכן גבי הוליא ידה והחזירה עכ"ל : (לו) ואין נותנין לה ימי טהרה עד שיולד ונראה דמשיולד או משכיבין ימי טוהר משהוליא היד דלעולם אזלינן לחומרא וכ"כ בסמוך : (לח) יצא האחרון מונין לו משעת יליאתו וז"ל הרשב"א בת"ה היתה יולדת נקבה לפני שקיעת החמה ונפל לאחר שקיעת החמה ואין יודעין מהו אם זכר אם נקבה הולכין באלו לחומרא ומונין לה שבועים מן הנפל שמא נקבה היא וימי טהרה מן הראשון שמא נפל זכר היה : (לט) יוצא דרך דופן אמו טהורה דכתיב אשה כי תזריע וילדה עד שתלד במקום שמזרעת :
סי' קצה (א) **עד** שתספור ותטבול אבל אם לא טבלה אפי' לא ראתה כמה ימים אסורים בכל אלו : (ב) אפי' בדברים אם מרגילין לערוה כגון שחוק וקלות ראש :

דרישה

רוב ראשו ופדחתו סגורה במשכה בילא כדרכו וכתב ב"י טעמו דס"ל דאינו נקרא ראש אלא הגלגולת לבד לא מקום העינים והפה והלחיים ואי אמרת דמתני' משילא כל פדחתו קאמר א"כ למה אמרה רוב ראשו וה"ק מתני' איזהו רוב ראשו משילא רוב פדחתו שמיבת רוב הטוהר בתחלה מושך עצמו ואחר עמו עכ"ל ב"י : (יוצא דופן כו' עפ"ר ועוד טעם אחר משום שנא' את מקורה הערה מלמד שאינה טמאה עד שילא דמים דרך ערותה ופרש"י יוצא דופן ע"י סם נפתחו מעיה ונתרפאת עכ"ה) : לא

(ג) ולא יקבלנו מידה וה"ה וריקה מיד ליד אסורה (כ"כ בנימין זאב סימן קכ"ט והגהות ש"ד וכ"כ

ספר הלכות נדה

Halachos of
Niddah

טור ושלחן ערוך יו"ד

הלכות נדה

ס' קצ"ה

ספר הלכות נדה

Halachos of
Niddah